LANGAGES SECRETS : CODES, CHIFFRES
ET AUTRES CRYPTOSYSTÈMES

LANGAGES SECRETS CODES, CHIFFRES ET AUTRES CRYPTOSYSTÈMES

– des hiéroglyphes à Internet –

PAR FRED B. WRIXON

KÖNEMANN

Certaines parties de l'édition originale ont été publiées sous les titres :
Codes, Ciphers, and Secret Languages © 1989 Fred B. Wrixon
Codes and Ciphers © 1992 Fred B. Wrixon

Illustrations : Patty Hune
Maquette : Martin Lubin, Graphic Design
Mise en page : Brad Walrod, High Text Graphics

Titre original : *Codes, Ciphers & other Cryptic & Clandestine Communication*

Traduction de l'anglais : Francine Sirven
Réalisation et coordination éditoriale : Belle Page, Boulogne
Lecture : Laurent Pinon
PAO : Critères, Paris
Fabrication : Ursula Schümer

Imprimé en Hongrie
Impression et reliure : Dabasi Nyomda

ISBN 3-8290-3889-5

10 9 8 7 6 5 4 3 2 1

REMERCIEMENTS

Une mention spéciale à Elise Andaya, mon éditrice, et à Patty Hune, illustratrice, pour leur contribution à cet ouvrage. Je tiens également à remercier Joshua Weitz pour son concours à la réalisation du chapitre *Cryptographie quantique*.

Toute ma reconnaissance aux personnes citées ci-dessous, sources d'inspiration et d'informations : Barry Carleen, Alex Chartier, Laura Clark, John Finnegan, Jim Foti, René Frank, David Gaddy, Jacque Guy, David Hatch, Jack Ingram, le révérend Kevin Massey-Gillespie, Richard Pekelney, Rebecca Raines, Ed Simmons, Gustavus J. Simmons, David Woods.

Les équipes et membres des organismes suivants ont fait preuve d'une disponibilité et d'une efficacité sans faille : Association cryptographique américaine, Société philosophique américaine, bibliothèque Carnegie de Pittsburgh (Pennsylvanie), Central Intelligence Agency (CIA), Certicom Corporation (Canada), *Collier's Encyclopedia*, Crown Publishing Group, bibliothèque de l'université Denison, Dover Publications, Inc., *Encyclopedia Americana*, *Encyclopedia Britannica*, Federal Bureau of Investigation (FBI), Imperial War Museum (Angleterre), bibliothèque Kungl (Suède), bibliothèque du Congrès, bibliothèque municipale Martins Ferry, Archives nationales, National Security Agency (NSA), Naval Historical Center, bibliothèque municipale de New York, bibliothèque municipale du comté de l'Ohio, Simon & Schuster Inc., US Army Military History Institute, bibliothèque de l'US Coast Guard Academy, US Naval Institute, bibliothèques de l'université West Virginia.

SOMMAIRE

CRYPTOLOGIE : DES HIÉROGLYPHES À INTERNET 17

CHIFFRES 141

CHIFFREMENT PAR TRANSPOSITION 144

Transposition par inversion 146

VARIATIONS SUR L'INVERSION 146

Transpositions géométriques 146

TRANSPOSITIONS PAR ALIGNEMENT 147

Rail Fence 149
Variations sur le Rail Fence 150
Alignement horizontal 151
Alignement horizontal alterné 153
Alignement vertical 154
Alignement vertical alterné 155
Alignement diagonal 156
Alignement diagonal alterné 158
Alignement en spirale 159
Alignement en spirale inversée 161

Transposition à tableau 162

TRANSPOSITION À TABLEAU INCOMPLET 163

TRANSPOSITION À TABLEAU PAR ALIGNEMENT DIAGONAL 165

TRANSPOSITION À DOUBLE TABLEAU 167

Transposition à « quatre angles » 169

Transpositions triangulaire et trapézoïdale 171

Transposition de mots 174

CHIFFREMENT PAR SUBSTITUTION 178

Substitution monoalphabétique 178

SUBSTITUTION PAR SIMPLE DÉCALAGE 179

Substitution par décalage avec mot-clé 180

SUBSTITUTION PAR PHRASE-CLÉ 181

CHIFFREMENT PAR SUBSTITUTION ALÉATOIRE 182

Le chiffre de Charlemagne 183
Le chiffre du zodiaque 184
Le chiffre de Marie Stuart 185
Le chiffre du chevalier de Rohan 185
Le chiffre Rose Greenhow 186
Le chiffre du Scarabée d'or d'Edgar Allan Poe 187
Le chiffre de « L'Aventure des hommes dansants » de Sherlock Holmes 188
Les chiffres de The Shadow 189

CHIFFREMENTS GÉOMÉTRIQUES 191

Le chiffre des rosicruciens 192
Le chiffre des francs-maçons 193

CHIFFREMENTS ALPHANUMÉRIQUES 194

Le chiffre de Franklin-Dumas 195
Le chiffre de L'Homme de Scotland Yard 197

SUBSTITUTIONS MONOALPHABÉTIQUES À REPRÉSENTATIONS MULTIPLES 200

Le carré de Polybe ou carré de 25 200
Le chiffre d'Elizabeth Van Lew 201
Le chiffre Knock 202

VARIATIONS SUR LA SUBSTITUTION MONOALPHABÉTIQUE À REPRÉSENTATIONS MULTIPLES 203

Substitution monoalphabétique à représentations multiples 204
Variantes 205
Substitutions monoalphabétiques à représentations multiples avec mot-clé 206
Table de substitution monoalphabétique à représentations multiples 207
Le chiffre des nihilistes 208

TABLEAU À UN ET DEUX INDICES PAR RANGÉE ET COLONNE 210

Substitution polyalphabétique 212

LES CADRANS CHIFFRANTS 212
Le cadran chiffrant d'Alberti 213
Le cadran chiffrant de Porta 214

TABLEAUX 215
Le Tabula recta de Trithème 215
Le carré de Vigenère 217

ÉVOLUTION DES CLÉS DE CHIFFREMENT 220
Le chiffre de Marie-Antoinette 222

VARIATIONS SUR LE CARRÉ DE VIGENÈRE 223
Le chiffre de Gronsfeld 223
Le chiffre de Beaufort 224

CHIFFREMENTS POLYGRAMMATIQUES 226
La table bigrammatique de Porta 226
Le procédé Playfair 227
Chiffrement à deux carrés 229
Chiffrement à quatre carrés 231
Chiffrement trigrammatique 232

CHIFFREMENT ALGÉBRIQUE 232

CHIFFREMENT PAR FRACTIONNEMENT 236
Chiffrement par fractionnement apériodique 238
Chiffrement par fractionnement périodique 239
Chiffrement par fractionnement de trinômes 240
Chiffrement tomogrammique de Félix-Marie Delastelle 242
ADFGX 243
ADFGVX 245

CRYPTOGRAPHES ET MACHINES À CHIFFRER 248

Cryptographes 248

LE CYLINDRE CHIFRANT DE JEFFERSON 248

L'INSTRUMENT DE WADSWORTH 249

LE CRYPTOGRAPHE DE WHEATSTONE 250

LA RÉGLETTE DE SAINT-CYR 252

LE CYLINDRE CHIFFRANT DE BAZERIES 253

L'INSTRUMENT DE PLETTS 254

SYSTÈMES À BANDES M-138 ET M-138A 255

SYSTÈME À BANDES M-94 257

Les progrès des machines à chiffrer 258

CONVERTER M-209 259

Machines à chiffrer à rotors électriques 263

MACHINE À CHIFFRER ÉLECTRIQUE D'EDWARD HEBERN 264

MACHINE À CHIFFRER ÉLECTRONIQUE (ECM)
ET ECM MARK II 266

SIGABA 269

ENIGMA 271

TYPEX OU TYPE X 273

COLOSSUS 276

RED 277

MACHINE À CHIFFRER 97 À CLAVIER
ALPHABÉTIQUE ET PURPLE ANALOG 278

Chiffres incassables 280

CODE BAUDOT/CHIFFRE DE VERNAM 280

CLÉ ALÉATOIRE UNE FOIS DE MAUBORGNE 283

CLÉS-BLOCS 285

CHIFFRE DE VIC 290

Informatique et cryptographie 291

DATA ENCRYPTION STANDARD (DES) 292

CRYPTOGRAPHIE À CLÉ PUBLIQUE 294

ALGORITHME DU SYSTÈME DE CHIFFREMENT RSA 295

AUTHENTIFICATION 296

GÉNÉRATION DE CLÉS 300

CRYPTOGRAPHIE QUANTIQUE 303

Principes élémentaires de mécanique quantique 304

Cryptographie quantique 306

LA CRYPTANALYSE 308

TECHNIQUES CRYPTANALYTIQUES 308

CASSER UNE SUBSTITUTION POLYALPHABÉTIQUE 313

CODES 321

Les nomenclateurs 326

ÉLABORATION D'UN NOMENCLATEUR 328

Le nomenclateur de Benjamin Tallmadge 328

Le nomenclateur XYZ 330

Les nomenclateurs de James Madison 331

Le livre comme instrument de codage 332

ÉLABORATION D'UN CODE À PARTIR D'UN LIVRE 334

Le livre de code de Benedict Arnold 335

Le livre de code de Nicholas Trist 335

Élection présidentielle de 1876 337

Les répertoires 338

ÉLABORATION D'UN CODE ORDONNÉ 340

ÉLABORATION D'UN CODE DÉSORDONNÉ 341

PREMIERS CODES DU DÉPARTEMENT D'ÉTAT AMÉRICAIN 341

Le code de 1867 341
Le code de l'officier en chef du Signal Corps (vers 1871) 345
Le chiffre du Département d'État de 1876 347
Le chiffre du Département d'État de 1899 351
Le code Green 352

CODES DE LA PREMIÈRE GUERRE MONDIALE 354

Le télégramme Zimmermann 354
Le code de tranchées américain 355
La série des rivières : le Potomac 360
La série des rivières : le Mohawk 361
Le code téléphonique 362
La série des lacs : le Champlain 363
La série des lacs : le Huron 364
Le code radio américain n°1 365
Les « parleurs de code » Choctaw 367

Codes commerciaux 367

Le code Slater 368
Le code Acme 370
Le téléimprimeur de Murray 371
Le code Q 372

CODES DE L'ENTRE-DEUX GUERRES 375

Le code GREY 375
Le code A-1 du Département d'État américain 375
Le code BROWN 376

CODES DE LA SECONDE GUERRE MONDIALE 377

Le code BLACK 377
Le code des navires de commerce 378
La série J 379
Le JN25 380
Les « parleurs de code » indiens 381
Le code Quadratic 382

CODES AU QUOTIDIEN 382

Le code à barres 383

Le code Zip ou code postal américain 384
Le code ASCII 385
Les codes de sécurité bancaire 386
Le code génétique 387

Briser un code 389

DÉCRYPTER UN CODE SURCHIFFRÉ 391

SIGNAUX 395

Signaux à main, à bras 398

Signalisation maritime par pavillons 400

Signaux à main : drapeaux, disques et torches 409

Signaux lumineux 423

SIGNAUX LUMINEUX CONSTANTS 423

SYSTÈMES PYROTECHNIQUES ET CHRONOSÉMIQUES 435

RÉFLECTEURS ET FLASHS 442

Systèmes de signalisation mécaniques 449

Sémaphore à main 461

Les avancées de la technique 464

La guerre électronique : sécurité des transmissions et renseignement d'origine électromagnétique 474

STÉGANOGRAPHIE 479

Les techniques de camouflage 482

LES ENCRES INVISIBLES 483
Recettes d'encre invisible 486

TECHNIQUES CRYPTOPHOTOGRAPHIQUES 487
Les micropoints 488

Camouflages linguistiques 491

LES SÉMAGRAMMES 491
Les sémagrammes dans le texte 493

LES GRILLES 498

LES NULLES 501

LE JARGON 505

Sécurité et transmissions 510

TECHNOLOGIE LASER ET INFRAROUGE 512

MODULATIONS PAR IMPULSIONS CODÉES 513

TRANSMISSIONS FLASH 513

LARGE SPECTRE 514

ÉCRITURES ET LANGAGES 517

Protoécriture 517

Les écritures déchiffrées 524

DÉCHIFFRER UNE ÉCRITURE DISPARUE 525

ÉCRITURE CUNÉIFORME 528
Le déchiffrement 531

LES HIÉROGLYPHES ÉGYPTIENS 536
Le déchiffrement 537

CUNÉIFORME ET HIÉROGLYPHES HITTITES 540
Le déchiffrement 541

LINÉAIRE B 541
Le déchiffrement 544

LES GLYPHES MAYAS 549
Le déchiffrement 551

Écritures indéchiffrées 553

PROTO-ÉLAMITE 553

ÉCRITURE PROTO-INDIENNE SUR SCEAUX 553

LINÉAIRE A 556

LE DISQUE DE PHAÏSTOS 557

L'ÉTRUSQUE 559

RONGORONGO 560

LE MANUSCRIT DE VOYNICH 562

Écritures chiffrées 564

LES RUNES 564

OGAM 567

Écritures pictographiques modernes 569

LE CHINOIS 569

LE JAPONAIS 571

Écritures et signes destinés à des collectivités particulières 574

STÉNOGRAPHIE 576

ÉCRITURES À L'USAGE DES MALVOYANTS 580

Le braille 580

Le système Moon 582

LANGAGE DES SIGNES 583

Langages inventés, internationaux et artificiels 585

SOLRESOL 589

VOLAPÜK 589

ESPERANTO 590

ANNEXES 593

BIOGRAPHIES 595

Alberti, Leon Battista **595**
Bazeries, Étienne **596**
Cardan, Jérome **597**
Champollion, Jean-François **598**
Chappe, Claude **599**
Driscoll, Agnès **600**
Evans, sir Arthur J. **602**
Fabyan, George **603**
Friedman, Elizabeth **604**
Friedman, William **606**
Hagelin, Boris **609**
Hebern, Edward **611**
Hitt, Parker **613**
Kasiski, Friedrich **614**
Kerkhoffs, Auguste **615**
Kullback, Solomon **617**
Lamphere, Robert **618**
Mauborgne, Joseph **619**
Myer, Albert **620**
Porta, Giovanni **623**
Rawlinson, sir Henry **625**
Rossignol, Antoine **626**
Safford, Laurence **627**
Trithème, Jean **629**
Ventris, Michael G. F. **630**
Vigenère, Blaise de **631**
Wheatstone, sir Charles **632**
Yardley, Herbert **634**

GLOSSAIRE 637

BIBLIOGRAPHIE 647

INDEX 663

CRYPTOLOGIE : DES HIÉROGLYPHES À INTERNET

Codes et chiffres, signaux et langages secrets s'appliquent depuis des siècles à brouiller les cartes ; qu'il s'agisse de communication orale ou écrite, gestuelle, sonore ou électronique, aucun mode n'y échappe. Impossible de dater précisément les premiers procédés cryptographiques ; le temps et la nature même de leur finalité – le secret – ont fait leur œuvre. En revanche, aucun message codé n'a jamais pu le rester bien longtemps. Recherches pointilleuses, éclair soudain de génie, vilenie de la trahison et nécessités de la guerre sont toujours parvenus à faire tomber les masques.

La rivalité farouche qui oppose cryptographes et décrypteurs est bientôt baptisée cryptologie,du grec *kruptos*, « secret, caché » , et *logos*, « parole, discours » ou encore *logikê,* « science du raisonnement ». Le terme cryptologie recouvre en fait deux pratiques concurrentes : la dissimulation par cryptographie (de *kruptos* et *graphein*, « écrire ») et la révélation par cryptanalyse (du grec *analusis*, « décomposition, résolution »). Sur les origines de la cryptologie, les avis sont partagés, car nous pouvons penser que, pour chaque langue se constituant, s'est développée en parallèle une recherche d'artifices destinée à en travestir l'usage.

Les historiens font remonter les premières activités cryptographiques à l'ancienne Égypte, soit à quelque 4 000 ans.
En retraçant les vies de leurs souverains sur la pierre des monuments et des tombeaux, les scribes apportèrent des variantes aux hiéroglyphes standards, sortes de figures de style chargées d'insuffler plus de solennité aux écritures. Les scribes du Temple adaptèrent aussi cette pratique aux textes religieux ; le message acquiert alors un caractère plus ésotérique et véhicule une

autorité certaine aux yeux des profanes. La hiérarchie religieuse abuse de l'hermétisme de ces « traductions » sur le peuple, de loin moins avisé, et de ce fait davantage soumise au pouvoir de la prêtrise. Le développement de la civilisation égyptienne s'enrichit bientôt d'une écriture hiéroglyphique plus élaborée. Symboles, représentations pictographiques et prononciation finissent par nouer un tout cohérent. Rebuté par la « logorrhée » affichée par certains édifices, le peuple, lui, se lasse. Selon les égyptologues, les scribes officiels tentent alors de revoir leur copie dans l'espoir de titiller la curiosité publique, de raviver l'intérêt général. Bien qu'on ne puisse pas encore parler de langage codé ou de chiffrement, ces modifications n'en impliquent pas moins l'apparition des deux principes de base de la cryptologie, à savoir la transformation de l'écriture et son camouflage – une évolution dont nous n'avons pas la preuve qu'elle ait été appliquée à grande échelle à des fins diplomatiques, commerciales ou militaires.

Les côtes méditerranéennes fournissent des échantillons cryptographiques plus tangibles, œuvres des civilisations prospères de Mésopotamie aux abords du Tigre et de l'Euphrate, et dans les régions orientales de la Méditerranée. C'est l'écriture cunéiforme qui, la première, véhicule les faits et gestes des fondateurs d'empires de Mésopotamie, Babyloniens, Assyriens et Chaldéens en tête. Une tablette d'argile datant de 1500 av. J.-C. env. énonce une formule jalousement gardée, destinée à la fabrication d'un vernis à poterie. Les caractères cunéiformes renvoyant aux ingrédients de la recette sont délibérément embrouillés ; c'est là le tout premier document secret authentique avéré.

Dès 500 av. J.-C., l'Inde recourt à son tour à l'écriture secrète ; il s'agit de faciliter les échanges entre espions, aussi bien que de retranscrire les paroles de Bouddha (env. 563-env. 483 av. J.-C.). Ces méthodes exploitent, entre autres, la substitution phonétique, qui consiste à changer la position des voyelles et des consonnes ; à l'occasion, on écrit tout simplement à l'envers ou l'on dispose des caractères de façon incongrue. De nombreux textes hindous, dont l'Arthasastra (env. 321-300 av. J.-C.), révèlent une sensibilité certaine aux procédés cryptographiques. L'écriture secrète figure même dans la liste des 64 arts que doit maîtriser une femme, dans le Kama-sutra, ouvrage classique dû à Vatsyayana, traitant de l'érotisme et d'autres formes de jouissance.

Les anciens textes hindous mentionnent également la toute première utilisation connue du langage des signes à destination des malentendants et des muets – méthode dans laquelle les doigts correspondent aux consonnes et leurs articulations aux voyelles. Dans certaines adaptations de ce langage, les espaces entre chaque doigt sont eux aussi porteurs de sens. Ce langage des signes restera en vigueur, à quelques variantes près, notamment chez les mendiants et les prêteurs sur gages.

De leur côté, les Saintes Écritures évoquent certaines traditions orales et écrites, quelques rudiments de transformation de mots, procédés quelque peu obscurcis par le temps. Dans ce cas, les historiens estiment que les exemples relevés dans la Bible participent plutôt d'une proto-cryptographie, parce qu'ils sont dénués de ce secret qui forme l'essence même de la cryptographie. Quoi qu'il en soit, d'un point de vue historique, ces exemples sont des plus fascinants.

Dans l'Ancien Testament, deux cas de transformations de mot recourent à un système de substitution, où une lettre de l'alphabet hébreu traditionnel vient en remplacer une autre, selon la méthode dite *Athash*. On a ici affaire à une substitution réciproque, dans laquelle la première et la dernière lettre de l'alphabet permutent, tout comme la seconde et l'avant-dernière, et ainsi de suite.

Dans le *Livre de Jérémie* (chap. 25 verset 26 et chap. 51 verset 41) *Sheshak* vient remplacer *Babel* (Babylone). Dans ce cas, l'absence d'une volonté de secret semble évidente puisque Sheshak et Babylone se suivent de très près dans le même verset :

COMMENT A ÉTÉ PRISE SHESHAK, ET SAISIE LA GLOIRE DE TOUTE LA TERRE ? COMMENT BABEL EST-ELLE DEVENUE UN OBJET D'HORREUR PARMI LES NATIONS ?

Dans l'*Apocalypse*, Babel est représentée symboliquement sous la forme d'une vieille femme dépravée. Dans le chap. 17

verset 5 de l'*Apocalypse*, Babylone figure Rome et l'empire romain en ces termes :

ET SUR SON FRONT ÉTAIT MARQUÉ LE NOM DU MYSTÈRE : BABYLONE LA GRANDE, MÈRE DES COURTISANES ET DE TOUTES LES ABOMINATIONS DE CE MONDE.

La Bible évoque d'autre part un homme qui pourrait bien être le tout premier cryptanalyste. Selon l'histoire biblique, Daniel fut fait prisonnier en 605 av. J.C. lors de l'invasion de la Palestine par Nabuchodonosor. Il atteint la maturité sous son règne, à Babylone, où il acquiert bientôt la réputation d'interprêter les rêves. Cette qualité lui procure un certain prestige auprès de différents souverains, dont Neriglissar, Labash-Marduk et Nabonide. Dès lors personnage incontournable de la haute-société babylonienne, Daniel ne perd cependant pas sa foi ni ses préceptes moraux face à l'idolâtrie d'un royaume en péril, qui semble condamné par ses propres excès.

Vers 534 av. J.-C., Balthazar, fils de Nabonide, règne alors sur une nation rongée par la décadence et la corruption de puissants intouchables. Balthazar ne peut plus guère compter sur le dévouement de son peuple, dont les ancêtres ont combattu corps et âme pour la gloire de Babylone. Daniel, déjà âgé mais toujours influent, est un jour convié par le roi à un banquet. Au beau milieu des festivités, une main trace sur le mur « Mané, Thécel, Pharès » (pesé, compté, mesuré, en hébreu), (*Livre de Daniel* chap. 5 versets 5-28).

Mané, thécel et *pharès* ont leurs équivalents en langue araméenne, où ils qualifient différentes valeurs monétaires. Un mina (« mané ») est une pièce valant 1/6e de talent, le teke (« thécel ») vaut un shekel araméen, soit 1/6e de mané et le peres (« pharès ») enfin équivaut à un demi mané. Les mots tracés en lettres de feu sur les murs du palais annoncent l'imminence de la ruine de Babylone et la dislocation de l'empire. La prophétie que déchiffre Daniel est en effet sans appel (chap. 5 versets 26-28) :

MANÉ : DIEU A MESURÉ TON ROYAUME ET L'A LIVRÉ. THÉCEL : TU AS ÉTÉ PESÉ DANS LA BALANCE ET TON POIDS SE TROUVE EN DÉFAUT. PHARÈS : TON ROYAUME A ÉTÉ DIVISÉ ET DONNÉ AUX MÈDES ET AUX PERSES.

Cette nuit-là, Balthazar est assassiné ; Darius le Mède lui succède. Peu de temps après, un puissant général perse, Cyrus, prend à son tour le contrôle de l'empire babylonien.
Cette conquête sonne la fin de la prestigieuse Babylone… et confirme la prophétie de Daniel.

La Bible mentionne également l'usage du mot de passe, l'ancêtre du mot codé. Dans le *Livre des Juges* (chap. 12 versets 5-6), on voit les hommes de Judée tenter de couper la retraite des Éphraïmites vaincus ; sur la rive du Jourdain, on exige de tous les passants qu'ils énoncent le mot *Shibboleth*. Manœuvre habile, puisque les Éphraïmites sont incapables de prononcer le *sh* correctement ; tous ceux qui échouent à cette épreuve sont immédiatement passés par les armes.

D'un point de vue strictement cryptologique, tous ces mots ne relèvent pas véritablement du secret. La transformation, au sens strict, en est absente. Cependant, ces quelques exemples ont sans nul doute pesé sur le développement de la cryptologie.

LES BALBUTIEMENTS DE LA CRYPTOLOGIE

Le mot *chiffre* est issu de l'arabe *sifr*, signifiant « vide ».
Au VIIe siècle, la civilisation arabe déploiera un ascendant culturel d'une grande ampleur en Occident, avec, dans ses bagages, une érudition incontestée en matière de sciences et de mathématiques, tout comme de techniques d'écritures secrètes. En outre, ses mathématiciens ont mis au point des procédés de décryptage par analyse des caractéristiques linguistiques de leurs propres textes, en s'intéressant aux fréquences de lettres et de mots bien précis, une science qui prendra le nom d'« étude de la fréquence des lettres » et, bientôt, de cryptanalyse.

À l'époque où les Arabes dévoilent leur science de la cryptologie à l'Occident, celui-ci est encore imprégné d'une tradition du secret. Les premiers Grecs et Perses exploitaient déjà des techniques cryptographiques rudimentaires pour transmettre leurs ordres tactiques aux soldats engagés sur les champs de bataille. Au Ve siècle av. J.-C., l'historien grec Thucydide décrit ce que l'on considère comme l'ancêtre des systèmes de transmission d'information secrète. Il attribue ainsi aux Spartiates la mise au point d'un instrument, la « scytale », basé sur le principe de la transposition : on enroulait un ruban de papyrus autour d'une baguette de longueur et d'épaisseur précises avant de rédiger transversalement le texte en lignes droites successives. Une fois déroulé, le parchemin ne laissait apparaître que des séquences de lettres incohérentes.

Quelques années plus tard, lorsque Cyrus et d'autres grands chefs perses tentèrent d'élargir les frontières de leur empire vers la mer Egée, ils se trouvèrent contrariés par la résistance farouche des cités grecques, notamment Sparte et Athènes. À ce moment, le rapport oral cède le pas au message écrit, et le conflit engagé entre grecs et perses abonde en intrigues diverses où les messages et les signaux secrets joueront un rôle majeur. Si les deux camps ont recours au messager classique, ils exploitent également le procédé stéganographique qui dissimule purement et simplement le libellé. Selon l'historien grec Hérodote, les Spartes procèdent, entre autres, en coulant une couche de cire sur les tablettes de bois gravées, les faisant ainsi apparaître vierges ou en camouflant leur courrier dans le ventre de lièvres fraîchement tués.

À cette époque, les signaux de feu sont également très à la mode. La mythologie grecque est pleine de récits évoquant des messages transmis au moyen de torches ; la nouvelle de la chute de Troie serait ainsi parvenue via de tels signaux jusqu'à la forteresse d'Agamemnon, à Mycènes. Hérodote parle de vaisseaux grecs recourant au feu pour alerter de l'approche d'une armada perse. Athènes et d'autres cités grecques mettront au point une signalétique spécifique, destinée à faciliter la circulation des navires dans le dédale de hauts-fonds périlleux. Au début, on utilise de simples lampes et torches placées en des points stratégiques, le feu balisant les côtes menaçantes ; mais, bientôt, des systèmes de communication plus élaborés prennent le relais. Vers 350-345 av. J.-C., l'érudit grec Énée le Tacticien compile des textes relatifs aux choses de la guerre ; on y découvre tout une mécanique signalétique, basée sur la combinaison terre, air, eau et feu.

Polybe, historien et cryptographe grec, serait à l'origine de progrès considérables en matière de signalisation et de chiffrement. Sur une idée lancée par le philosophe Démocrite, le système Démocrite/Polybe exploite différents signaux de torche pour représenter chaque lettre de l'alphabet grec. Le même Polybe peut prétendre siéger au Panthéon des cryptographes pour la mise au point d'un système de chiffrement basé sur l'alphabet, le fameux « carré de Polybe » ou « carré de 25 ». Ce procédé est le premier à proposer la traduction de lettres en chiffres selon un schéma relativement simple ; le carré de Polybe servira d'ailleurs de base de travail à de nombreuses générations de cryptologues.

Au plus fort de la gloire de l'empire romain, Jules César recourt à l'association de postes de signalisation et d'un chiffre pour communiquer avec ses généraux, au cours de ses campagnes à travers la Gaule. Dans son œuvre, *La Guerre des Gaules*, César raconte comment il choisit les caractères grecs pour masquer la teneur de ses messages en latin. Il réorganisera également l'alphabet standard (ou clair) en substituant à chaque lettre celle située trois rangs plus loin (le *a* par le *d* par exemple) – procédé qui porte aujourd'hui encore le nom d'« alphabet de Jules César ».

Comme d'autres civilisations avant elle, Rome sombre à son tour dans la déchéance avant l'effondrement total de l'empire ; la culture occidentale entre alors dans l'obscurantisme. Les lueurs fragiles du savoir, et la cryptologie dans son sillage, vont être quasiment exterminées par une chasse aux sorcières généralisée, menée contre les érudits sur tout le continent européen.

LA RENAISSANCE

Quelques siècles de souffrances et violences plus tard, le renouveau italien dans les domaines de la littérature, de l'art et de la connaissance prend des allures de renaissance. Nous sommes au XIVe siècle. Dans cette atmosphère toute intellectuelle, les lettrés et moines cloîtrés qui avaient préservé les écrits et autres incunables des flammes et de la terreur vont progressivement ouvrir les portes de sublimes bibliothèques.

On découvre alors, au milieu de parchemins, des documents révélant d'anciens chiffres avec leurs solutions et toute une culture ancestrale de l'écriture secrète. En Europe, l'intérêt croissant pour les écritures et les pratiques occultes remet la cryptologie au goût du jour. Cependant, à la même époque, les progrès de cette science font les frais d'un amalgame avec le mysticisme. Le Moyen Âge avait entretenu toutes sortes de superstitions, brassé les pires magies noires, et le petit peuple trouvait son réconfort dans les sortilèges ou les augures. Pour échapper aux accusations de sorcellerie, souvent synonymes de mort par le feu ou la noyade, nombre de devins et alchimistes furent ainsi obligés de dissimuler leurs expériences sous le couvert des signes du zodiaque.

Avec le développement du catholicisme, on assista d'abord à l'interdiction de l'écriture secrète, puis à sa mise au ban. Finalement, l'Église consentira à restaurer et financer des centres d'apprentissages ; le pouvoir catholique sauvera ainsi la cryptologie des ténèbres, trouvant là le vecteur idéal à la transmission de sa correspondance, au beau milieu des querelles de doctrines et des conflits avec la toute-puissance royale et nobiliaire. Au début du XIIIe siècle, les secrétaires pontificaux mirent au point une certaine forme de code en utilisant des abréviations pour certains noms : la lettre *A* renvoie ainsi à un roi et *D* au pape. À la fin du XIIIe siècle, les correspondances entre les différents duchés italiens recourent aux substitutions de lettres et à des listes de noms symbolisés par des paires de lettres. Bientôt connu sous le nom de nomenclateur – du latin *nomen*, « nom », et de *calator*, « héraut, celui qui appelle » – ce procédé associe mots de code (en lieu et place de mots, syllabes et noms) et alphabet de chiffrement. Les nomenclateurs tiendront le haut du pavé jusqu'au XIXe siècle.

De nombreuses scissions agiteront les communautés religieuses au cours du XIIIe siècle, engendrant naturellement la mise en circulation de certains codes basiques tels que substitutions, abréviations ou jargons. Les Guelfes, faction pro-papale, s'opposent à cette époque aux Gibelins d'Italie, fervents partisans de l'Empereur du Saint Empire romain. Le conflit est d'ordre politique et vise le trône du Vatican. Chaque camp recourt au jargon pour s'identifier : les guelfes se baptisent Enfants d'Israël, les gibelins se rallient, eux, sous la bannière

dite des Égyptiens. Le grand schisme voit les factions antipapales faire sécession avec Rome dans l'intention de trôner en Avignon ; on communique alors à l'aide de codes élémentaires, basés sur l'abréviation de noms.
Très vite, les deux prétendants à la papauté vont tenter de rameuter leurs troupes. Pour asurer la sécurité de sa stratégie, Clément VII, le souverain d'Avignon, chiffre sa correspondance en substituant à certains noms communs ou mots deux lettres (*reine* devient ainsi *gh*).

La croisade de l'Église contre l'hérésie va déchaîner tout son fanatisme contre les adeptes des codes et chiffrements, allant même jusqu'à les accuser de sorcellerie.

La Fraternité de la Rose-Croix compte au rang des persécutés. Il s'agit d'une confrérie d'érudits et de religieux, dont l'appellation exacte est l'Ancien et Mystique Ordre Rosae Crucis (AMORC). La naissance de ce mouvement, que l'on fait remonter au XVe siècle, est quelque peu embrouillée par les mythes et légendes, mais de nombreuses sources historiques attribuent sa fondation au chevalier Christian Rosenkreuz, ou Rosenkreutz, en allemand « croix rose ». La confrérie aurait décidé de son symbole et de son sceau, une rose fixée au centre d'une croix, en hommage à ce sage.

La doctrine rosicrucienne enseigne que toute chose est liée à un être divin. Le symbole clé du rosicrucien est la croix ; ses missions visent entre autres à la paix universelle et à la poursuite d'un savoir scientifique empreint de morale.

Pour le rosicrucien, dès lors que l'homme prend conscience de la part du divin œuvrant dans son être, il accède au statut de microcosme de l'Univers. Cette sagesse acquise, il peut agir sur les énergies et les forces satellites – pouvoir qui servira à contrer efficacement toutes les manifestations du mal.

Au sein même de la confrérie, la polémique sur les origines de la Fraternité reste d'actualité. Certains historiens voient dans le chevalier Rosenkreutz un pur produit de légende ; d'autres membres datent son existence de la fin du XVe siècle, lorsque les duchés de langue allemande manifestaient un intérêt croissant pour le mouvement. Selon eux,

Rosenkreutz aurait fondé la toute première loge dans une principauté germanique.

Quelques rosicruciens font remonter leur origine plus loin dans l'histoire. Du fait de certaines accointances de leurs symboles, croyances et rituels avec l'ancienne Égypte, ceux-là en ont conclu à des relations étroites entre les rosicruciens et les mystères du Sphinx. Bien qu'aucun texte n'évoque la moindre filiation, Pharaons et anciens initiés sont fréquemment invoqués.

Selon cet ordre d'idée, l'organisation originelle, dite la Grande Loge Blanche, était située en Egypte, mais l'AMORC ne parvint jamais à savoir exactement où. On supposa néanmoins qu'un savoir particulier, ce qu'on appelle les Mystères Osiriens, y aurait été prodigué pour la première fois. Cet enseignement relevant du dieu Osiris contiendrait les réponses à une multitude de questions sur le destin de l'homme ; seuls quelques élus illuminés y auraient été formés. Parmi eux, des grands prêtres, comme Kheri Hebs, qui reportent ces données mystiques sur des papyrus religieusement conservés ; ces sages lèguent ensuite ce savoir secret à des élèves, les adeptes ou initiés. L'Ordre va peu à peu s'affirmer ; les illuminés jalonneront l'actuel Moyen-Orient, fondant sur leur passage des centres de culte et d'initiation.

Les historiens et archivistes sans attache avec l'AMORC proposent quant à eux une tout autre version. Ainsi, le *Fama Fraternitatis*, manifeste soi-disant rédigé par Rosenkreutz, ne serait en fait qu'un pamphlet anonyme. Imprimé en 1614 à Kassel, en Allemagne, le *Fama* renfermerait la toute première allusion aux rosicruciens. D'après ce texte, Rosenkreutz aurait été éduqué dans un monastère avant d'aller parcourir les pays islamiques, pour s'initier aux énigmes de l'Univers. Il aurait aussi créé dans la foulée l'ordre monastique rosicrucien et voué ses membres au secret par serment sacré. Ses fidèles s'engageraient à se dévouer corps et âme au renouveau du monde et à la paix, par la seule force de leur foi et une rigueur toute scientifique.

Un autre récit, le *Chymische Hochzeit*, est publié deux ans plus tard. Ce document, où Rosenkreutz apparaît comme un prophète âgé, aurait été rédigé par Rosenkreutz lui-même. Quelques années plus tard, le luthérien Johann Andrea confessait avoir monté de toutes pièces ce fameux récit, comme une bonne farce ; certains chercheurs pensent qu'il pourrait bien avoir poussé la plaisanterie jusqu'à signer les textes du *Fama*.

On trouve déjà la trace d'une doctrine proche de celle des rosicruciens, sous diverses formes, chez les érudits grecs, les philosophes hermétiques, les philosophes gnostiques d'Égypte et les prêtres hindous. En dépit des accusations de rituels occultes et païens, les rangs des rosicruciens ne cessent d'enfler. Le message s'élargit depuis la Grèce jusqu'en Italie, en passant par le nord, l'est et les Balkans. Récits et documents rosicruciens évoquent des épisodes de persécutions et de raids, d'exclusion et d'ostracisme social. Comme beaucoup d'autres groupes de ce type, les rosicruciens cristalliseront régulièrement sur eux la haine des hommes devant l'inconnu ; et malgré tout, à travers les pires tourments, ses membres les plus loyaux réussiront à garantir la survie de leur doctrine. Communiquant entre eux, à l'aide d'un simple chiffre, dissimulant ainsi aux regards inquisiteurs leurs textes sacrés, les rosicruciens ressortiront de ces temps de terreur plus forts et plus unis que jamais. Leur chiffre restera inviolé, jusqu'à ce que certains membres, rompant avec la confrérie, brisent leur vœu de secret.

À la fin du Moyen Âge, la Fraternité de la Rose-Croix est devenue une société influente ; elle accueille entre autres des philosophes, tels Descartes, mais aussi des membres de la famille royale, comme Louis XIII. Dans les années 1700, l'ordre s'embarque pour les Amériques, où Thomas Jefferson est déjà tout acquis à sa cause. La Fraternité ne cesse de prospérer aujourd'hui encore aux États-Unis comme en Europe ; son chiffre secret, en revanche, est obsolète.

Une nouvelle confrérie s'inspirera par la suite des croyances et pratiques des rosicruciens ; c'est la franc-maçonnerie, dont les origines sont bien plus limpides que celles des rose-croix. Initialement tailleurs de pierres, les maçons gagnent en notoriété en édifiant entre 850 et 1650 les grandes cathédrales et d'autres bâtiments prestigieux. Ils se structurent bientôt en corporations avec d'autres bâtisseurs ayant pour but la solidarité entre les membres et l'élaboration d'une charte de qualité. Ces racines médiévales, et les tentatives de certains historiens de rattacher les francs-maçons aux bâtisseurs de pyramides égyptiens, sèmeront quelque peu le trouble sur la naissance du mouvement. Néanmoins, à la différence des rosicruciens, les francs-maçons sont à même de dater très précisément la création de leur confrérie.

Le 24 juin 1717, quatre associations de maçons se rencontrent à Londres ; certains d'entre eux vont adhérer à ce que l'on nomme des loges qui, fusionnées, formeront la Grande Loge maçonnique. Cette entité fraternelle va choisir pour symboles des outils de maçon. Sa doctrine repose sur la fraternité entre les hommes, dont Dieu est le guide suprême, et puise ses préceptes dans différentes religions. De confessions variées, les maçons préconisent toutefois la charité et prônent le dépassement de soi.

La franc-maçonnerie s'imposera véritablement dans les colonies britanniques, chez ces petits artisans qui ont choisi de rallier le Nouveau Monde. En 1730, des loges sont créées à Philadelphie et à Boston. Benjamin Franklin, membre influent de la colonie de Pennsylvanie, imprimera en 1734 le tout premier texte maçonnique du Nouveau Monde. Le mouvement compte aussi des leaders de la Révolution américaine, George Washington, John Hancock ou encore Paul Revere.

La franc-maçonnerie sait entretenir des relations cordiales avec la société ; en revanche, le secret est de rigueur dès qu'il s'agit de l'initiation de nouveaux membres ou bien de certains rites. Les textes portant sur l'histoire et les rituels, tout comme les correspondances entre chefs de loges, circulent souvent dissimulés par un chiffre comparable à celui des rosicruciens. Cette loi du secret finit par faire des maçons des adeptes de la magie noire ; mais ce mystère confère en même temps un certain prestige à la confrérie, qui ne va cesser de prospérer à travers les siècles. Avec le temps, du fait de l'indiscrétion de certains membres et de révélations d'ex-maçons, le chiffre maçonnique perdra toute son efficacité.

Les progrès de la cryptologie, au cours des XIVe et XVe siècles, doivent énormément à l'Italie de la Renaissance, à sa littérature, ses arts et ses sciences. Les querelles incessantes opposant les différentes puissances italiennes s'accompagnent d'impératifs sécuritaires ; dans chaque camp, la cryptologie devient un vecteur capital pour procéder dans le secret à divers trafics commerciaux, diplomatiques et militaires. Âge d'or des sciences et de l'érudition, la Renaissance offre un terrain propice aux travaux de mathématiciens et d'inventeurs, qui contribueront décisivement à l'avancée de la cryptologie.

Avec l'exacerbation des rivalités, les grands de Venise s'entourent d'individus chargés de déchiffrer les courriers destinés à d'autres cités. Les tout premiers « espions postaux » officient au début des années 1500 dans le secret d'un cabinet, au palais des Doges ; trois cryptanalystes y étudient la correspondance des différentes familles des marchands de Venise et les nombreuses dépêches des ambassadeurs. Leurs découvertes permettront aux dignitaires de Venise d'appliquer, durant des décennies et avec bonheur, différentes stratégies militaires et économiques. Ce type de cabinet devient vite d'un usage courant, indispensable aux intrigues de cour. Bientôt, Florence, Gênes et Naples s'équipent à leur tour de secrétaires spécialisés – cellules structurées que la France baptisera Cabinets noirs.

La Renaissance va faire des progrès significatifs en matière de cryptographie, grâce au travail de pionniers tels Leon Alberti, Jean Trithème, Giovanni Porta, Girolamo Cardano et Blaise de Vigenère. Des procédés de substitution simple ou du recours au symbole, on passe à la substitution polygraphique, aux grilles et aux clés. La cryptanalyse, ou déchiffrement de messages codés ou chiffrés, gagne également en fiabilité, en s'appuyant sur les notions de fréquences et d'occurrences linguistiques.

MONARCHIES ET RÉVOLUTION

L'Angleterre du XVIe siècle est le théâtre d'un schisme radical opposant catholiques et protestants ; à la clé de ce conflit, le trône d'un empire en pleine expansion. L'agitation politique, palpable dans toutes les couches de la société anglaise, se manifeste par une succession de complots et d'intrigues entre Marie, reine d'Écosse, et Élisabeth Ire d'Angleterre – épisode dans lequel le chiffrement jouera un rôle majeur.

Élizabeth la protestante accède au trône en 1558, dans le fracas de rumeurs projetant de la destituer et d'asseoir une catholique à la tête du royaume. Consciente de la menace, Élisabeth s'entoure de ses fidèles les plus dévoués. Parmi eux, on trouve un contingent d'une cinquantaine d'officiers, chargés presque exclusivement des renseignements. Le très fameux espion sir Francis Walsingham choisira rigoureusement ces agents en fonction de leurs talents personnels.

Né dans le Kent en 1530, Walsingham poursuit ses études au collège royal de Cambridge. Formé aux langues étrangères, aux coutumes et traditions diplomatiques, il fera ses preuves dans les cours européennes ; ce talent lui vaut en 1577 le titre de chevalier et, très vite, celui de secrétaire d'État. De ce poste, il n'a aucun mal à identifier tous les ennemis de la reine. Sur sa liste noire figure, entre autres, le nom de Marie Stuart.

Marie, née en 1542, est la fille de Jacques V d'Écosse et de Marie de Guise. Elle est l'héritière directe du trône d'Angleterre, au titre de cousine d'Élisabeth Ire, sans descendance. Un mari décédé, un autre assassiné et un troisième envolé : Marie se voit contrainte de quitter l'Écosse sous l'injonction de la noblesse. Estimant pouvoir bénéficier de la sympathie et de la protection d'Élisabeth, elle se trouve, au contraire, placée en résidence surveillée, 19 années durant.

Pour des raisons politiques autant que personnelles, Élizabeth ne décidera pas la mort de sa rivale. Marie la recluse devient le symbole du martyre catholique pour la foule de ses fidèles, qui n'accorde à Élisabeth que le seul titre d'usurpatrice.
Les hommes de main de Walsingham interceptent des projets destinés à couronner Marie, mais Élisabeth exige des preuves

formelles avant de signer l'arrêt de mort de sa parente. Pour ce faire, Walsingham déploiera tous ses efforts, comptant bien protéger Élisabeth et le protestantisme. En 1586, il forcera les choses, provoquant l'implication d'un cercle de conspirateurs dans ce qui sera plus tard connu sous le nom de complot de Babington.

Dans cette entreprise, Walsingham compte pour proche collaborateur Thomas Phelippes, premier cryptanalyste notable d'Angleterre. Dès la pose des premiers rets de la conspiration, Phelippes met en application son talent exceptionnel pour interpréter messages et langues étrangères.

L'instigateur du complot, Anthony Babington, aventurier richissime, était le rejeton d'une famille de souche normande. Fervent catholique de l'ombre, l'homme avait jadis été le page de Marie. Sa fortune lui permettant de financer n'importe quelle intrigue, il flattera l'ambition de devenir le sauveur de Marie, fomentant pour cela un plan qui permettrait de renverser le gouvernement. Avec quelques amis, dont John Ballard, prêtre particulièrement zélé, Babington part en quête d'appuis français et espagnols pour une opération qui devrait rendre sa liberté à Marie et, accessoirement, supprimerait Élisabeth.

Dans le rang de ses complices se trouve Gilbert Gifford. Fils de bonne famille catholique, Gifford, s'était d'abord destiné à la prêtrise, mais il quittera bientôt le froc, se dévoyant à tel point que, sans l'intervention de Walsingham, il prenait le chemin du cachot. Désireux de manifester sa reconnaissance à son bienfaiteur, Gifford accepte d'exploiter son appartenance religieuse et de noyauter la confiance des prêtres et des fidèles de Marie. Revendiquant haut et fort son catholicisme, l'intrigant parvient à gagner de nombreux appuis auprès de catholiques anglais et continentaux, de quoi conforter Babington dans son rêve d'union sacrée, destinée à s'assurer la liberté et la courronne d'Angleterre.

Marie est alors tenue au secret au château de Chartley, dans le Staffordshire. Gifford se trouve également dans ces murs, où il prétend être un ecclésiastique, mandaté par Walsingham ; patiemment, il acquiert la confiance de la captive, lui offrant son aide pour transmettre des missives secrètes à ses amis, allant même jusqu'à la conseiller pour les dissimuler.

Avec le concours d'un sympathisant, brasseur de son état, des messages enveloppés de cuir sont ainsi glissés dans un tube de liège fiché dans la bonde de tonneaux de bière. Une fois le tonneau dans l'enceinte du château, l'un des comparses de Gifford récupère la correspondance, transmise aussitôt à Marie. Celle-ci utilise ensuite le même moyen de transport pour véhiculer les lettres hors des murs de Chartley. Particulièrement méfiante, Marie code chacun de ses messages à l'aide d'un nomenclateur. Gifford, agent double et tout acquis à Walsingham, intercepte cette correspondance… qui ne résiste pas au talent de cryptanalyste de Phelippes. Le cryptage exploité par la reine d'Écosse, un amalgame simpliste de lettres grecques, de nombres et de symboles, est systématiquement décrypté.

Entre-temps, le complot projeté par Anthony Babington, John Ballard et onze autres partenaires commence à prendre de l'envergure. Le plan des conspirateurs, relativement complexe, comporte plusieurs phases : exécution d'Élizabeth, de William Cecil, son ministre, et de Walsingham ; libération de Marie et sa mise en sécurité ; attaque des bâtiments de la Royal Navy sur la Tamise ; appel à la révolte de tous les bons catholiques. Dans la confusion qui s'ensuivra, on compte sur le soutien de Philippe II d'Espagne. Une fois la monarchie protestante renversée, Marie sera alors immédiatement couronnée reine d'Angleterre.

Anticipant sur l'issue du complot, Babington tient à ce que Marie sache qu'il est le meneur de l'insurrection. Recourant une fois encore au stratagème du tonneau et du message crypté, il insiste pour qu'elle le reconnaisse comme tel par une dépêche. Dans sa lettre fatale du 12 juillet, il va jusqu'à expliquer par le détail l'assassinat d'Élisabeth et la libération de Marie. À nouveau, il requiert une réponse personnelle de la reine d'Écosse.

Le 17 juillet, Marie se trahit, malgré tout le soin qu'elle met à rédiger hermétiquement l'aval tant attendu. Gifford intercepte suffisamment tôt ce message dont il fait prendre copie ; quelques heures suffiront à Walsingham et Phelippes pour le déchiffrer. Ce qui semblait être un subterfuge fiable se révèle un bien pauvre leurre au regard de nos cryptanalystes. Les deux hommes avaient eu, il est vrai, maintes fois l'occasion de décortiquer des messages présentant les mêmes phrases types, notamment au niveau des salutations préliminaires et des formules de politesse. Walsingham et Phelippes en savent long sur les analyses de fréquence de lettres et les répétitions. Une fois la séquence clé mise à jour, les premiers nœuds du chiffre se délient et tout le reste s'éclaircit. Dans cette fameuse lettre, Marie se compromet nettement en ces termes : « Une fois les préparatifs achevés en Angleterre comme à l'étranger, laissez agir les six gentlemen chargés d'assassiner Élisabeth ; la chose faite, venez me libérer. »

Soucieux de terrasser définitivement les conspirateurs, Walsingham demande à Phelippes de rédiger à cette missive un post-scriptum chiffré dans lequel Marie chercherait à connaître les noms des six futurs assassins de la reine Élisabeth. Désormais, plus rien ne s'oppose à ce que Walsingham frappe un grand coup. Babington et ses pairs sont arrêtés, mis à la question et condamnés à mort. Un autre procès portera exclusivement sur les missives chiffrées, pièces à conviction fatales pour Marie : difficile pour Élisabeth d'accorder une quelconque grâce à sa cousine. Marie est déclarée coupable de haute trahison et sa complicité avec Babington avérée. Les sentiments mitigés d'Élisabeth ne résistent pas à la pression politique ; elle doit finalement se plier à la loi condamnant les actes de trahison envers un souverain. Marie est décapitée le 8 février 1587, au château de Fotheringhay, dans le Northamptonshire.

Le destin voudra qu'un autre Stuart disparaisse à son tour de façon dramatique ; là encore, le chiffrement sera au cœur de l'action. Il s'agit du petit-fils de Marie, le roi Charles Ier qui, comme sa grand-mère, se trouve aux prises avec une Angleterre tourmentée. Né le 19 novembre 1600, Charles est couronné au début de la guerre civile d'Angleterre (1642-1652).

Le conflit qui agite la nation fait suite à des querelles d'ordres religieux, social et politique. Les principaux incidents provviennent des griefs de Charles à l'encontre du Parlement et des prétentions d'ennemis tout puissants. Ces rivaux vont prendre le nom de Puritains parce que leur désir consiste en effet à « purifier » l'Église d'Angleterre. On les affublera d'un surnom plus moqueur, les « Têtes rondes », allusion à leurs cheveux, résolument plus courts que le modèle arboré par les fidèles de Charles, dits les Cavaliers.

Aux tout premiers feux du conflit, le 22 août 1642, les Puritains sont débordés et menacés. Les Cavaliers occupent la plupart des grandes cités anglaises, excepté Londres et une bonne partie des campagnes. Les Puritains décident alors de recourir à deux armes secrètes capitales. La première se révèlera très tôt en la personne d'Olivier Cromwell, chef brillant et tacticien hors-pair. Une discipline rigoureuse, une instruction minutieuse et un sens aigu de la stratégie lui permettent de façonner le corps divisé des Puritains en une véritable machine de combat. Ainsi, malgré leur sobriquet, les Têtes rondes ne font plus rire, ne tardant pas à semer la terreur parmi les royalistes.

Le deuxième joker des Puritains se nomme Sir John Wallis, mathématicien considéré comme le père de la cryptologie anglaise. Wallis, ordonné prêtre, passe ses loisirs à résoudre des problèmes mathématiques. Doué pour l'arithmétique comme pour la musique, ses talents semblent le vouer à une grande carrière de cryptanalyste.

En pleine guerre civile, Wallis gagnait ainsi sa vie comme chapelain au service d'une veuve fortunée quand, après la bataille de Chichester, apparût une lettre secrète appartenant aux partisans de Charles Ier. Un des hommes de Cromwell apporte alors à Wallis, puritain déclaré, la lettre dérobée aux Cavaliers. Celui-ci n'aura aucun mal à traduire la lettre en clair, ce qui lui vaut immédiatement la reconnaissance de Cromwell. Wallis déchiffrera à son service correspondances et dépêches militaires rédigées par les Cavaliers, fournissant ainsi à Cromwell les moyens d'inverser le cours de la guerre.

Les Puritains vont tout tenter pour impliquer Charles dans des complots contre les membres du Parlement ; les Cavaliers s'appliquent de leur côté à mener la guerre sans que le roi soit nommément en cause. C'est la découverte de certaines missives privées qui va finalement trancher le destin de Charles.

Le 14 juin 1645, la paroisse de Naseby dans le Leicestershire est le cadre d'une victoire puritaine. Les hommes de Cromwell dénichent parmi leur butin une série de lettres et de dépêches militaires du plus grand intérêt ; le lot est aussitôt confié à Wallis. N'espérant que quelques indices sur les projets des Cavaliers, les Têtes rondes jubilent devant l'ampleur des révélations de leur décrypteur. Cette correspondance fait sonner à elle seule la défaite de l'armée adverse. Ce que Wallis a déchiffré, ce sont des courriers signés du roi à l'intention de son épouse. Dans ces lettres, Charles expose des faits qui l'impliquent directement dans des projets dirigés contre le Parlement. Cette confiance aveugle dans le chiffre le condamne, comme elle avait condamné son ancêtre. Quatre ans plus tard, le petit-fils de Marie Stuart connaît à son tour la hache du bourreau.

En 1652, la guerre civile n'est plus qu'un mauvais souvenir ; les Têtes rondes victorieuses n'en continuent pas moins de confier des courriers de tous types à Wallis. Au cours de la Restauration, l'homme réalisera de véritables chefs-d'œuvre mathématiques, dont *Arithmetica Infinitorum*, un classique qui servira de base de travail à Isaac Newton.

De l'autre côté de la Manche, les affrontements cruels entre catholiques et protestants s'étendent jusqu'au siècle suivant, préparant l'entrée en scène du plus grand cryptologue français du XVIIe siècle, Antoine Rossignol. En 1628, une armée catholique conduite par Henri II, prince de Condé, assiège Réalmont, bastion des huguenots (protestants français), dans le sud de la France. Les protestants semblent indélogeables, prêts à soutenir un siège interminable et fort coûteux.

C'est alors que les soldats catholiques mettent la main sur un habitant de Réalmont, porteur d'une missive chiffrée destinée aux huguenots de l'extérieur. Devant l'incapacité de ses chefs militaires à décrypter le message, Henri l'expédie au jeune Rossignol, habitant une ville toute proche. En quelques heures, le jeune homme analyse le pli où l'on apprend que les Protestants manquent cruellement d'armes et de munitions.

Sans tarder, les catholiques réexpédient la traduction de ce courrier aux assiégés qui, voyant leur faiblesse exposée, capitulent aussitôt.

La carrière de Rossignol est lancée ; bientôt, on le retrouve en bonne place aux côtés du puissant cardinal de Richelieu, lequel vient d'ordonner à l'armée catholique d'aller faire le siège d'une nouvelle forteresse huguenote, La Rochelle. Les catholiques vont y intercepter plusieurs courriers signés de l'ennemi, aussitôt décryptés par Rossignol : les Rochelais sont menacés de famine. On y apprend également qu'ils comptent sur le secours de la flotte britannique. Fort de cette nouvelle information délivrée par Rossignol, Richelieu place sa flotte dans les eaux de La Rochelle et arme les forts à proximité. À son arrivée, les vaisseaux britanniques se retrouvent nez à nez avec une artillerie déjà amorcée. Impossible de pénétrer dans le port ; les Britanniques n'ont plus qu'à faire voile arrière. La famine aura enfin raison de la résistance des Rochelais.

Rossignol va devenir le cryptologue attitré de la dynastie des Bourbon. Louis XIII le tient en profonde estime et lui accorde des honneurs que nombre de nobles lui envient. Durant le règne de Louis XIV, sa position reste toujours aussi enviable ; il évolue sous une monarchie marquée par le renouveau des arts, des sciences et de la philosophie.

Il accumule les succès et améliore la méthode conventionnelle du nomenclateur en créant les « répertoires à deux parties ». Le procédé élaboré à l'intention de Louis XIV prend le nom de Grand Chiffre ; considéré comme inviolable, il résistera plusieurs années aux experts de différentes nations.

À la mort de Rossignol, en 1682, le Grand Chiffre ne dissimule plus systématiquement la correspondance royale ; cette légèreté va coûter cher aux Français. Pour décrypter les secrets les mieux gardés de France, l'Angleterre détient un sérieux atout en la personne de Sir John Wallis, le maître de la cryptanalyse anglaise.

Les compétences de Wallis sont telles que Charles II le garde à son service, même après la déchéance de la souveraineté puritaine, en 1660. Sous le règne de Guillaume et Marie, il occupe le poste de cryptanalyste au service du comte de Nottingham, ministre de la guerre du roi Guillaume. En 1689, Wallis parvient à déchiffrer la correspondance échangée entre Louis XIV et l'ambassadeur de France en Pologne, non protégée par le Grand Chiffre et, de ce fait, facile à percer par Wallis. Néanmoins, ces révélations s'avèrent capitales.

Quand Wallis découvre la teneur des communiqués français, il en saisit toute l'importance : Louis projette de s'allier au roi de Pologne, afin de déclarer la guerre à la Prusse. Dangereuse pour l'équilibre des puissances européennes, cette alliance fait peser par ricochet une lourde menace sur l'Angleterre. Wallis connaît les grandes lignes de la politique de Guillaume : des nations européennes divisées et une France, vieille ennemie de l'Angleterre, isolée. Nottingham s'empresse d'informer son souverain.

Les manœuvres de Guillaume, expert avisé des intrigues de cour, finissent par faire de ce secret diplomatique un vulgaire secret de polichinelle. Louis est dans le plus grand embarras ; son plan d'attaque de la Prusse tombe à l'eau, le corps diplomatique français est expulsé de Pologne et toutes relations avec les Polonais rompues pour plusieurs années. La Prusse, toujours sur le pied de guerre, décide même de se montrer plus entreprenante, au grand bonheur de Guillaume, qui voit les puissances continentales entrer dans une grande brouille et Louis XIV répudié par toutes les nations.

Au XVIIe siècle et au début du XVIIIe siècle fleurissent toutes sortes de codes, chiffres et autres langages secrets. La cryptologie connaît une période faste, avec le développement d'une cryptanalyse officielle représentée par les Cabinets Noirs. Si, au XVIe siècle, l'interception de dépêches tâtonne, elle est au XVIIe siècle l'activité phare des membres de ces fameux Cabinets Noirs, où œuvrent des spécialistes parfaitement organisés et royalement alloués par leur nation respective. Les cabinets joueront un rôle décisif dans l'évolution de la cryptographie ; chaque camp s'emploie en effet à décrypter le chiffre du parti adverse. Face à ces empêcheurs de communiquer en paix, les expéditeurs travaillent à peaufiner leurs méthodes cryptographiques ; des deux côtés, la bataille fait rage.

Le plus célèbre des Cabinets Noirs reste le *Geheime Kabinets-Kanzlei* d'Autriche, fondé sous le règne de l'impératrice Marie-Thérèse. Dans les années 1700, Vienne s'impose comme la plaque tournante du commerce européen, un centre vital de la diplomatie et de la communication. Les dirigeants et généraux d'Autriche n'ignorent rien des marchandises, voyageurs et dépêches transitant par Vienne, à destination ou en provenance des capitales d'Europe occidentale ou de cités plus lointaines, comme Constantinople et Saint-Pétersbourg. Le règne de Marie-Thérèse favorise les fonctionnaires du Cabinet Noir autrichien. On prodigue sans compter primes, promotions et honneurs aux cryptanalystes les plus méritants. Marie-Thérèse elle-même semble au fait des choses cryptograpiques ; elle aurait ainsi requis la modification du nomenclateur et des clés de chiffrement appliqués au courrier autrichien, de peur que leur surexploitation ne finisse par les rendre vulnérables aux briseurs de codes.

Au plus fort de sa productivité, entre les années 1730 et 1760, le Kabinets-Kanzlei passe pour être l'un des meilleurs bureaux de la spécialité en Europe. Toutefois, il est intéressant de noter que les historiens s'intéressent essentiellement au baron de Koch, l'un de ses directeurs les plus avisés, non pour ses aptitudes dignes d'un Wallis ou d'un Rossignol, mais pour ses talents de gestionnaire et son respect du personnel. Dans les années 1700, d'autres nations vont se doter de bureaux de ce type : l'Angleterre fonde la *Deciphering Branch*, la France son propre Cabinet Noir et la Russie sa police secrète.

Le fonctionnariat privilégié du Kabinets-Kanzlei ne le met pourtant pas à l'abri de l'espionnage. En 1774, l'abbé Georgel, secrétaire de l'ambassadeur de France en Autriche, achète à un mystérieux individu un lot de documents qu'il fait parvenir à Louis XV, par courrier spécial. Le roi découvre dans ce paquet un ensemble de copies, résultat des derniers déchiffrements réalisés par le Kabinets-Kanzlei, ainsi que quelques-unes de ses propres missives. Le travail rigoureux du cabinet autrichien avait fini par donner des idées à l'un de ses employés.
Le traître semble ne jamais avoir été identifié. On sait en revanche que l'aventure rapportera tous les honneurs à l'abbé. L'expérience décide en tout cas Louis XV à recourir plus

régulièrement au Grand Chiffre afin de se protéger, à l'ouest, de l'Angleterre, et à l'est, des Autrichiens.

À la fin du XVIIIe siècle, l'Angleterre doit se résoudre à l'envoi de troupes dans ses jeunes colonies américaines, où la rébellion fait rage. Les patriotes américains ne disposent pas alors d'une cryptographie ou d'une cryptanalyse aussi structurées que l'Europe, mais nombre de trahisons et hauts faits méritent de figurer dans la grande histoire de la cryptologie.

Dès les premiers mois du conflit avec l'Angleterre, Benjamin Franklin s'adjoint les talents de Charles William Dumas, sympathisant d'origine allemande de la cause coloniale. C'est lui qui va suggérer à Franklin de chercher assistance auprès de l'Espagne et de la France, ennemies des Britanniques. En 1776, agent secret au service de l'Amérique, Dumas profite de la neutralité de la Hollande et de son amitié avec des capitaines de vaisseau pour transmettre plusieurs dépêches à destination des patriotes ; dans ces courriers, des données capitales concernent la guerre coloniale. Dumas crypte ces messages en conjuguant mots de code et chiffrement alphanumérique.

Dans sa croisade diplomatique pour la cause des rebelles, Franklin correspond sur la base du même procédé depuis le ministère des Colonies basé à Passy, près de Paris. Son intelligence et son charisme lui rallient nombre de sympathisants. C'est d'ailleurs son sens inné de la diplomatie qui va cimenter l'alliance essentielle avec la France et faire évoluer la guerre en faveur de la rébellion.

Le jugement de Franklin n'a cependant rien d'infaillible. Son grand ami et protégé, Edward Bancroft, secrétaire de la légation coloniale en France, représente un atout maître ; son poste lui permet d'accéder en effet aux documents officiels et dépêches chiffrées. L'homme a excellé en tant qu'espion au service de Franklin et rien de ce qui concerne l'espionnage ne lui est étranger. Pourtant, dans les années 1880, on découvre que Bancroft est en fait un agent double, œuvrant pour les Anglais, et qu'il a même manigancé pour que Silas Deane, le second de Franklin, adhère à la cause britannique. Pour certains historiens, Franklin était parfaitement au fait de la duplicité de Bancroft et Deane ; il aurait même exploité cette trahison pour la bonne fin de ses projets, en faisant circuler de faux documents, des rumeurs et autres indiscrétions.

Benjamin Church, autre agent double de la Révolution, moins célèbre, communiquait quant à lui à l'aide de symboles. Docteur réputé et membre du réseau d'espions de Paul Revere à Boston, Church profitait de sa position pour intercepter des informations qu'il transmettait ensuite à Thomas Hutchinson, gouverneur royal du Massachusetts. Il procédera à l'identique avec le successeur d'Hutchinson, Thomas Cage, commandant en chef des troupes britanniques, auquel il dévoile la cachette de l'artillerie des forces coloniales, à Concord, au cours du printemps de 1775.

C'est la maîtresse de Church qui scelle sa chute, en confiant une lettre chiffrée par son amant à un ancien galant, nommé Wenwood, résidant à Newport, dans le Rhode Island. Plutôt que de transmettre ce courrier aux officiers britanniques comme l'en priait son amie, Wenwood, soupçonneux, s'empresse de le remettre entre les mains du général George Washington. La jeune femme est aussitôt convoquée et interrogée ; elle résistera longtemps à la question, avant de révéler le nom du médecin. Washington fait alors appel aux talents de cryptanalyste du révérend Samuel West, ainsi que d'Elbridge Gerry et du colonel Elisha Porter, de la milice du Massachusetts. Leur travail résoudra le chiffre du docteur, très disert sur les corsaires coloniaux, l'approvisionnement américain en armes et vivres et autres secrets vitaux. Church est aussitôt appréhendé, puis expulsé du Massachusetts. Malheureusement, le schooner qui l'emmène vers les Antilles sombre corps et biens.

Les Britanniques et leurs alliés loyalistes vont exploiter différents systèmes cryptographiques et stéganographiques, avec plus ou moins de bonheur. Au début de la guerre, le physicien Benjamin Thompson expédie un courrier rédigé à l'encre sympathique au quartier général britannique de Boston ; il y dévoile les plans des troupes rebelles de Nouvelle-Angleterre. Plus tard, Sir Henry Clinton, général britannique basé à New York, décide de protéger plus sûrement sa correspondance en utilisant un répertoire alphabétique, un nomenclateur, une substitution de nombres et une grille. Clinton recourra à cette grille pour une dépêche destinée au général John Burgoyne, en 1777. Il est question dans ce message de l'invasion par Burgoyne du Canada, via la région du lac Champlain et la vallée de l'Hudson.

Toutefois, en octobre 1777, la bataille de Saratoga voit la reddition de l'armée de Burgoyne. Cette victoire des rebelles provoque une véritable onde de choc dans toutes les cours européennes. Le général en chef Horatio Gates hérite de la gloire, même si quelques observateurs attribuent la victoire à Benedict Arnold, meneur d'une charge héroïque. Arnold, sans doute frustré par ce déni de reconnaissance, décide alors de changer de camp. Les actes infâmes d'Arnold, probablement le cas de trahison le plus célèbre de l'histoire américaine, s'appuieront sur un instrument de chiffrement peu pratique, appelé livre de code. Poussé par son ambition bafouée, Arnold rallie la cause loyaliste et décide de faire tomber la forteresse stratégique de West Point qui commande aussi Stony Point et North Castle. Le traître a pour complice le major britannique John André, un gentleman cultivé. C'est Arnold en personne qui rédige les messages codés ; les Habits Rouges faisant appel pour leur part aux cryptologues Jonathan Odell, pasteur new-yorkais, et Joseph Stansbury, marchand de Philadelphie.

Étrangement, la résistance du code des conspirateurs ne sera jamais testée. Sans doute le passif d'Arnold en matière de loyauté joua-t-il sur le crédit de son éventuel savoir-faire ; du coup, on n'analysera jamais la moindre de ses correspondances. Aucune de ses dépêches ne sera interceptée à des fins d'analyse, pas plus que ne sera vérifiée la validité de son code. André sera finalement capturé par trois miliciens rebelles qu'il a confondus avec des soldats britanniques ; c'est cette patrouille qui déjouera la conspiration. Il est pendu pour cause d'espionnage à Tappan, dans l'état de New York. Arnold parvient de son côté à rejoindre les lignes britanniques, la vie sauve mais déshonoré à jamais.

La perte de la forteresse de l'Hudson, position stratégique vitale, incite le général Washington et d'autres chefs de l'armée des colonies insurgées à développer sans attendre codage et espionnage sur tous les fronts. L'un des sites clés des rebelles se trouve curieusement à New York City, alors aux mains des loyalistes. C'est là que logent trois des meilleurs agents cryptologues rebelles : le major Benjamin Tallmadge, du 2e Régiment de dragons du Connecticut, Robert Townsend, de New York et Samuel Woodhull, de Setauket, Long Island. Townsend prend pour nom de code Culper Junior, Woodhull se baptise quant à lui Culper Senior. Leur tâche est ingrate ; les trois hommes, et leurs amis, doivent en effet récolter des informations dans une ville dont les Habits Rouges ont fait leur quartier général. Dans l'impossibilité de communiquer par signaux visuels, tels que lanternes ou objets accrochés aux portes ou aux fenêtres, les trois cryptologues correspondent avec Washington à l'aide d'un nomenclateur et d'un dictionnaire de code, mis au point par le fameux espion Tallmadge.

Nos trois agents recourent également à des procédés supplémentaires, comme les colorants et les encres sympathiques, à base de jus de citron et d'oignon, appliqués sur des parchemins, à la plume d'oie. Ces messages, invisibles à l'œil des non initiés, sont « développés » au quartier général de Washington en les exposant à une source de chaleur. La composition chimique de certains colorants créés par Sir James Jay, frère du médecin John Jay, ne sera quant à elle jamais dévoilée. Les agents rebelles amassent ainsi des informations capitales sur les forces britanniques, le moral des troupes et leur approvisionnement, voire sur les vaisseaux de la Royal Navy, ancrés dans le port.

En 1780, c'est Clinton qui préside à l'effort de guerre britannique, depuis son camp de base, dans la garnison de New York. S'appuyant sur les révélations fournies par Robert Townsend, Washington apprend que Clinton projette d'attaquer les troupes françaises et les navires basés à Newport, dans le Rhode Island. Plaçant discrètement ses troupes autour de la ville sur des sites stratégiques, Washington parvient à tromper la vigilance de Clinton. Townsend de son côté fait parvenir à Washington, par un détour de 240 km, plusieurs messages codés par dictionnaire, révélant dans le détail la puissance militaire et les mouvements de la flotte ennemie – informations qui sont ensuite transmises aux Français.

Le 30 juillet, Clinton se prépare à lancer ses troupes, depuis Long Island ; deux surprises l'y attendent. La région de Newport bénéficie en fait de solides fortifications. De plus, il découvre que le général Washington a déplacé une grande partie de ses hommes sur la rive est de l'Hudson, à proximité de New York City. Clinton, malgré sa supériorité offensive, ne se résout pas à perdre ce port capital pour sa flotte. Pris en tenaille entre, à l'avant, une défense puissante et, à l'arrière, la menace qui pèse sur la ville, il se voit contraint de modifier ses plans et se retrouve finalement en position défensive ; nombre de ses hommes s'aventurant hors de la ville tomberont ainsi sous les balles de tireurs isolés.

Les experts en stratégie militaire se perdent en conjectures sur l'inaction de Clinton. Certains affirment qu'il aurait pu contourner maintes fois, et en toute sécurité, les troupes coloniales encerclant la ville. Néanmoins, en matière de guerre, l'analyse rétrospective est toujours aisée ; rien à voir avec la position de l'homme scrutant à la longue vue les bois ou les côtes, à la veille d'une bataille. Ce qui demeure certain, c'est que Washington fut assez rusé pour faire évoluer cette position défensive de l'adversaire, extrêmement fragile, vers une impasse. S'appuyant sur un réseau d'espions et sur la généralisation du code, il aura l'intelligence de prendre en compte la moindre information.

Cette guerre de position a d'autres répercussions, du fait des troubles agitant les colonies du Sud. Washington maintenant une pression constante sur Clinton, le général britannique n'aura guère le loisir de déplacer à volonté sa fantastique garnison ; impossible également d'envoyer des renforts aux Habits Rouges harcelés dans le Sud.

Une fois encore, lors de l'ultime campagne de cette guerre, les cryptanalystes aidèrent à point nommé les forces coloniales. En automne 1781, l'armée britannique de Cornwallis fait route pour Yorktown, sur la côte de Virginie, où elle espère obtenir des renforts et un approvisionnement de New York. À la place de la Royal Navy, chargée de lui ouvrir la voie maritime jusqu'à New York, c'est l'armée coloniale, conduite par Nathaniel Greene et le marquis de Lafayette, qui l'accueille. Une révélation capitale s'ensuit, lorsqu'une navette est saisie en mer avec ses dépêches au moment où elle tente une liaison entre le général Clinton, à New York, et Lord Cornwallis. Le courrier est immédiatement expédié au cryptographe rebelle James Lovell : il en ressort que les Britanniques projettent de secourir Cornwallis par la mer.

Certains de ces cryptogrammes sont scellés par une substitution monoalphabétique. D'autres associent des alphabets simples et multiples à des chiffres. Lovell constata que toutes les communications de l'ennemi exploitaient les mêmes procédés. Il découvrit également que lorsque des modifications de ces systèmes avaient lieu, elles se résumaient à quelques décalages au sein du même alphabet. Une fois le chiffre décrypté, Lovell informe Washington des libellés, ouvrant ainsi la voie à de nouvelles stratégies.

En fin tacticien, Washington feint de vouloir maintenir le blocus sur New York. En fait, il envoie la majorité de ses troupes rejoindre Lafayette et Greene. Berné par Washington, Clinton retient ses forces trop longtemps à New York. Pendant ce temps, le général Washington et son allié français, l'amiral de Grasse, disposent leurs forces sur terre et sur mer, autour de Yorktown et dans la baie de Chesapeake. Cornwallis dépose les armes le 19 octobre 1781 et le 30 du même mois, l'amiral de Grasse met en déroute la flotte anglaise ; la victoire de l'armée coloniale est totale.

Alliée de l'Amérique, la France des années 1780 est, de son côté, le théâtre de dissensions sociales et économiques préoccupantes. Des années de gabegie royale ont engendré une situation explosive ; la dynastie des Bourbon, jadis si bien conseillée, voit son destin reposer entre les mains très critiquables de Louis XVI. L'homme n'a rien d'un mauvais bougre, mais souffre de tous les défauts afférents à sa royale position, depuis une superbe indifférence jusqu'à une totale ignorance des maillons de la hiérarchie militaire.

Son épouse, Marie-Antoinette, dépensière à l'excès, passe pour niaise et sans cervelle ; ses sujets la méprisent. Pourtant, en situation de crise, elle semble s'être montrée ingénieuse et pleine de ressources. Nous avons évoqué l'intérêt de sa mère, Marie-Thérèse d'Autriche, pour les correspondances secrètes, et cela semble avoir eu une influence sur Marie-Antoinette, elle aussi adepte du chiffrement. Elle utilisa pour son compte un chiffre semblable à celui de Giovanni Porta, et un autre encore, basé sur un roman populaire, *Paul et Virginie*, qui lui servira à correspondre avec ses divers amants.

Retirée de la vie publique, Marie s'entoure d'une cour de flagorneurs experts en bassesses. La cour de Versailles, jetée en pâture aux intrigues et aux jalousies meurtrières, s'enfonce dans la décadence. Marie passe son temps entre fêtes et querelles avec Louis, insidieusement encouragée par un entourage qui bénéficie de ses largesses et de ses faveurs.

Progressivement, Marie et Louis XVI consomment leur rupture et multiplient les aventures galantes. Une des relations de Marie-Antoinette nous intéresse particulièrement, puisqu'elle met en scène lettres d'amour chiffrées et intrigues politiques. Son protagoniste est Axel Fersen, un jeune comte suédois très avenant, héros de la Révolution américaine, mais surtout l'amant de la reine et son conseiller en matière de cryptographie.

Les événements de 1789 vont menacer directement le régime des Bourbon. Si la prise de la Bastille, résultant de la colère populaire, fut davantage symbolique que dangereuse pour la monarchie, la situation n'en évoluera pas moins vers une crise politique des plus sérieuses. Face aux rapides bouleversements, Louis et Marie sont obligés de fuir Versailles, rejoignant sous bonne garde le Palais des Tuileries. Louis, totalement dépassé par les événements, n'oppose aucune réaction ; Marie, elle, montre une détermination qui surprend même ses détracteurs. Avec la complicité du comte Fersen, elle recourt au chiffrement pour échanger des plans avec des monarchistes dévoués. Tous espèrent rallier les provinces, nombreuses mais désorganisées, restées fidèles à la royauté. Fersen, en homme aguerri, gère les réunions clandestines de ces inconditionnels. De son côté, Marie cherche du secours auprès de ses parents et amis monarchistes d'Europe, par des dépêches chiffrées dont le procédé a été mis au point par Fersen – une substitution polyalphabétique avec mot clé.

L'inviolabilité de ce système à alphabets multiples reste modeste en comparaison d'autres systèmes et pourtant, il parvient à duper la foule sans cesse croissante des mécontents parisiens. Les chefs des différentes factions, dont Georges Jacques Danton et Maximilien de Robespierre, ne pensent alors qu'à affirmer leur position au milieu d'un jeu d'alliances instables ; aucun d'eux ne remarque les manœuvres royalistes. De plus, on ne dispose pas d'hommes de l'envergure de Rossignol pour faire œuvre de cryptanalyse.

Louis et Marie s'allouent les services d'un orateur populaire, Mirabeau, afin de tenter d'instaurer une monarchie constitutionnelle. Mais en 1791, le décès de Mirabeau et le danger qui plane toujours sur sa vie décident la reine à convaincre le roi de s'enfuir vers les provinces françaises de l'est.

On élabore dès lors un plan complexe, dans lequel la famille royale prétend se retirer pour la nuit à son palais des Tuileries. En fait, chacun se déguise en domestique, avant de monter dans une voiture fermée dont le fidèle comte Fersen tient les rênes. On espère trouver assistance à proximité de la frontière ; bientôt, il semble que le but soit enfin atteint. Mais, une fois parvenu à Varennes, l'équipage se trouve bloqué à l'entrée d'un petit pont par le chariot d'un villageois. La famille ne tarde pas à être reconnue, arrêtée et reconduite à Paris.

Le comte Fersen s'arrangera pour échapper à la sanction ; il restera fidèle à la famille royale, mais sera séparé de la reine.

Plus déterminée que jamais, Marie cherche de l'aide à l'étranger. Elle tente de pousser son frère, Léopold II, empereur du Saint Empire germanique, à défier les révolutionnaires jacobins, poursuivant au fil d'une correspondance secrète le projet de soulever diverses royautés contre le développement du radicalisme.

Tandis que Louis accepte de se soumettre à une nouvelle constitution instaurée par les modérés, Marie maintient le contact avec différents gouvernements. Elle est prête d'aboutir en 1792, quand un affrontement entre France et Autriche semble imminent. Espérant la défaite des forces rebelles, Marie prend la terrible décision de divulguer les plans de l'armée française à ses amis viennois.

De nouvelles luttes intestines renversent en août 1792 la monarchie constitutionnelle. Les modérés sont balayés. Les menaces de Léopold s'estompent. Le pouvoir est à présent aux seules mains des Jacobins. Cependant, en s'acharnant à prendre leur revanche sur des années de profondes injustices, ceux-ci se perdront vite dans les contradictions de leur propre pouvoir, trop divisés sans doute, et trop corrompus pour le peuple qui en arrive finalement à les rejeter. Commence alors une période qui voit la France gouvernée par la seule loi de la masse, c'est le règne de la Terreur.

Entre-temps, on a pu décrypter le chiffre de Marie ; la complicité de la famille royale avec d'autres monarques est à présent de notoriété publique. L'accusation de complot contre-révolutionnaire est alors prononcée, et le gouvernement jacobin encore en place inculpera Marie et Louis de trahison.

Presque 8 mois après l'exécution du roi, le 21 janvier 1793, Marie est déclarée coupable de haute trahison et guillotinée. Rescapé de la Terreur, Axel Fersen, lui, sera accusé sur de fausses allégations de l'empoisonnement du prince héritier de Suède, finissant lynché par la foule en 1810 à Stockholm.

L'anarchie propre à la Révolution française a un peu refroidi la troupe des antiroyalistes les plus radicaux des États-Unis. Les alliés d'autrefois, qui avaient participé à défaire les Britanniques au cours de la Révolution américaine, sont à présent indésirables ; en 1797, les liens militaires et diplomatiques unissant les États-Unis à la France dégénèrent en reproches et menaces réciproques. Sur ce fond de crise sociale vient se greffer la méfiance des Américains envers les diplomates français, Edmond Genet et Pierre Adet. Genet outrepasse, il est vrai, son pouvoir de délégué étranger en privilégiant des rencontres non autorisées avec des responsables du gouvernement américain et en multipliant les pots de vin pour services rendus. Washington réagit en exigeant le rappel de l'indélicat sur le sol français. Adet, son successeur, aggrave encore cette situation explosive en déclarant que la France considère les marins américains servant à bord des vaisseaux britanniques comme de vulgaires pirates, sans aucune légitimité. Les Américains exigent de leur nouveau président, John Adams, qu'il prenne des mesures.

Celui-ci obtempère en expédiant en France une commission spéciale, constituée, entre autres, de Charles C. Pinckney, John Marshall et Elbrige Gerry. Les deux premiers représentent le point de vue du parti fédéral conservateur sur les relations étrangères ; le troisième est tout acquis à la cause du libéral Jefferson.

Le trio, arrivé fin septembre 1797, se retrouve impliqué dans une dangereuse intrigue politico-financière, l'Affaire XYZ. Un banquier suisse, Jean Hottinguer (X), réclame 250 000 dollars de dessous de table pour les représentants du gouvernement français. Bientôt, un marchand de Hambourg, M. Bellamy (Y), propose de son côté un traité secret, en échange d'une somme conséquente. Enfin, peu de temps après, Lucien Hauteval (Z), messager de Charles Maurice de Talleyrand-Périgord, ministre français des Affaires étrangères, cherche à son tour à faire payer la délégation américaine.

Marshall, Pinckney et Gerry expédieront un courrier codé par nomenclateur au Secrétaire d'état Timothy Pickering ; cette dépêche comporte tous les détails de l'affaire. Lorsque Hottinguer présente ainsi cette participation financière comme un élément indispensable des négociations, les délégués américains, sous le couvert de leur nomenclateur, transmettent une lettre à Pickering où l'on peut lire « Non, non, ils n'auront pas le moindre sou ». Le message deviendra d'ailleurs un morceau d'anthologie de l'histoire diplomatique américaine. La réponse des représentants de la jeune, et fière, nation américaine est sans appel. Ainsi avec le temps, l'indignation d'un grand nombre de citoyens américains poussera la France à adopter un profil bas, et si les dissensions entre les deux pays restèrent un moment d'actualité, les États-Unis parviendront finalement à gagner le respect de la communauté internationale.

Comme le XVIIIe siècle touche à sa fin, l'Amérique acquiert son émancipation sous la houlette de son président, Thomas Jefferson. Troisième président de la nation, principal auteur de la Déclaration d'indépendance, architecte et inventeur, Thomas Jefferson est un touche-à-tout de talent. Ce que l'on connaît moins, c'est son intérêt pour la cryptologie.

Entre 1785 et 1793, Jefferson recourt ainsi à différents nomenclateurs pour correspondre avec James Madison et Robert Livingston, Secrétaire américain aux Affaires étrangères.

Pourtant, la contribution la plus célèbre de Jefferson à la cryptologie, un appareil de chiffrement baptisé « cylindre chiffrant », passe complètement inaperçue de son vivant. Simple et sûr, ce mécanisme en avance sur son temps est bien supérieur à la plupart des inventions européennes similaires. Pourtant, ni l'armée ni le jeune corps diplomatique des États-Unis ne bénéficieront du cylindre chiffrant de Jefferson. Celui-ci range sa trouvaille au placard et semble l'oublier définitivement. Il faut attendre 120 ans pour qu'un cylindre de conception identique serve aux forces armées américaines ; ses performances seront telles que l'US Navy exploitera encore le mécanisme des décennies après sa mise en service.

On ne peut évoquer Thomas Jefferson sans faire référence à un certain scandale, à l'occasion duquel codes et chiffres ainsi qu'un candidat à la présidence, Aaron Burr, sont propulsés sur le devant de la scène. Né en 1756, Burr grandit dans la tourmente de l'Amérique naissante. En 1777, on le retrouve à la tête d'un régiment de l'armée coloniale ; une année plus tard, sur le champ de la bataille de Monmouth, il se comporte en héros. Il servira également un temps sous Benedict Arnold, qu'il quittera avant la trahison de West Point. Pourtant, ce poste auprès d'Arnold l'amène à rencontrer un autre jeune officier, James Wilkinson. Dans le New York affairiste d'après-guerre, Burr embrasse une carrière d'homme de loi ; il montre un don certain pour les affaires politiques et affiche d'indéniables bonnes manières. Il parvient à faire du Tammany Social Club une véritable machine politique. Burr exploite ce tremplin pour occuper un poste stratégique au sein du corps législatif de New York et finalement, pour contrôler le vote des grands électeurs pour la présidence de New York.

Cet homme influent finit par susciter l'intérêt des Républicains jeffersoniens, qui le sollicitent pour le poste de vice-président de Jefferson, en 1796 et 1800. Au premier scrutin, Burr est troisième. En 1800, les résultats du Collège Électoral aboutissent à une situation originale. Les électeurs accordent le même nombre de voix à chaque homme, soit 73 votes ; le candidat Fédéral John Adams n'en récolte, lui, que 63. Il appartient donc à la Chambre des Députés de trancher.

Comme les partisans de Jefferson sont également les chefs du parti, les députés ne voient pas d'un très bon œil la soudaine promotion de Burr. Jefferson n'agit pas personnellement contre Burr, mais on sait qu'il prête une oreille attentive à ses conseillers qui lui recommandent de prendre du recul face à cet enfant du New Jersey à la réussite fulgurante. Les espoirs de présidence de Burr ne s'effondreront pas tant à cause des jeffersoniens que de son rival politique new-yorkais, Alexander Hamilton. Après une semaine de débats à la Chambre et 35 scrutins, Hamilton suggère à certains de ses proches new-yorkais de voter blanc. Au 36e scrutin, les partisans de Jefferson offrent tous la même détermination ; leur candidat est élu à la présidence.

Burr assume son mandat de vice-président, fort justement désabusé, mais vers 1804, il briguera une position politique plus influente. Il se lance alors dans la course au poste de gouverneur de New York, avec le soutien de Fédéraux. Au même moment, certains Fédéraux de Nouvelle-Angleterre, les groupes « Essex Junto » et « River Gods » en tête, critiquent si violemment la politique de Jefferson que l'on envisage sérieusement la création d'une confédération Nouvelle-Angleterre – New York.

Ayant vent de ce projet, Hamilton dénonce publiquement en Burr le complice d'un complot mené contre la nation. Ces accusations portent un coup fatal à sa réputation dans la partie nord de l'État de New York, et lui coûtent son poste de gouverneur. Ulcéré, Burr va provoquer l'auteur de tous ses maux en duel. Le 11 juillet 1804, à Weehawken, New Jersey, Hamilton est mortellement touché. Estimant avoir ainsi lavé son honneur, Burr sonne du même coup le glas de sa carrière politique.

La mort de Hamilton provoque une indignation publique qui prend Burr de court. Alors que ses plus proches amis du Tammany Club se détournent de lui, il réagit en élaborant l'un des projets les plus singuliers de l'histoire américaine, un complot qui mettrait en scène une armée privée, la circulation de devises étrangères, des conquêtes de territoires... et de la cryptographie.

Burr renoue avec James Wilkinson, à cette époque général en charge du tout nouveau Territoire de Louisiane. Renfloué par son gendre, Joseph Alston, et un Irlandais fortuné, Harman Blennerhassett, Burr acquiert plus d'un million d'acres du Territoire d'Orléans. Certains voient dans cet appui financier (on parle d'un demi-million de dollars) la main des Britanniques et des Espagnols, qui cherchent alors à mettre en pièces l'union récente des colonies. Burr occupe, quant à lui, un site stratégique sur une île de la rivière Ohio, propriété de Blennerhassett, et assemble en 1806 une petite armée – marque de ses intentions de conquête et de ses projets de création d'un empire indépendant dans le sud-ouest. C'est de cette place forte, toujours en 1806, que Burr communique avec Wilkinson ; il combine pour ce faire un dictionnaire-code, bâti sur le *New Spelling Dictionary* de John Entick, et un alphabet de symboles. À la fin de l'été de la même année, il quitte l'île de Blennerhassett, avec 60 hommes et 13 bateaux à fond plat.

Tous les plans de Burr vont néanmoins tomber à l'eau ; Wilkinson retourne sa veste et soumet les dépêches en clair de son ex-associé au Président Jefferson. En fait, on apprendra ultérieurement que Wilkinson était un agent à la solde de l'Espagne, pays extrêmement intéressé par les terres de Louisiane, frontalières du Mexique et de ses autres territoires du sud-ouest. À la lecture de ces missives, celui qui autrefois avait partagé avec Burr le vote républicain ordonne de mettre un terme à l'expédition et d'interpeller le traître. Il faudra plusieurs mois avant que Burr ne soit capturé. Ses projets anéantis, l'homme fut conduit à Richmond, en Virginie, et sera accusé de trahison.

La suite paraissait tracée d'avance. Et pourtant, par un nouveau retournement, le juge en charge du dossier surprend tout le monde. Désirant mener une instruction rigoureuse, le juge John Marshall n'est visiblement pas aussi empressé que certains de trouver Burr coupable. Malgré la preuve des lettres déchiffrées, il fera précautionneusement appel à deux témoins impliqués dans l'affaire. L'accusation ne résiste pas à d'évidentes contradictions et Burr est acquitté le 1er septembre 1807. Méprisé par l'opinion publique et discrédité auprès de ses proches, l'homme qui avait frôlé la présidence sombrera dans un abject anonymat.

L'aventure, les plans et le procès pour haute trahison de Burr focalisent un certain temps la conscience nationale et l'opinion publique américaines. Peu après, toutefois, les journaux attirent l'attention de l'Amérique sur l'actualité européenne ; on y mentionne un individu dont les actions affectent des nations entières. Empereur de 1804 à 1815, Napoléon, dit le « petit caporal », prend en vrai génie militaire les rênes de l'Europe pendant une génération.

Né en Corse en 1771, Napoléon est très vite touché par le virus révolutionnaire qui embrase les États-Unis et la France. Engagé dans l'armée française, il y connaît de rapides promotions, malgré la Terreur. Pendant qu'il accumule les victoires à l'étranger, le peuple français supplie que l'on mette un terme au carnage qui ravage le pays. Il se tourne donc bientôt vers ce général couvert de gloire, en qui il voit le seul homme apte à rétablir l'ordre et la stabilité. En une petite génération, la France n'aura donc renversé un monarque que pour se livrer à un homme qui se couronnera lui-même empereur.

Napoléon est un stratège avisé et le meilleur tacticien de tous les champs de bataille avant les années 1860. Mais l'homme dispose également d'une carte maîtresse : Claude Chappe, inventeur français du télégraphe aérien fonctionnant sur un réseau de sémaphores dont l'empereur se sert pour transmettre les ordres de mouvements de troupes et l'envoi de renforts et de munitions. Les conquêtes européennes de Napoléon se succèdent ; l'empereur remplace alors son système de sémaphores, trop visible, par des moyens de communications plus discrets.

Plus sûr que le télégraphe aérien, le Petit chiffre de Napoléon n'a pourtant rien d'exceptionnel ; il s'agit d'un nomenclateur rudimentaire, un répertoire de deux cents groupes de lettres environ. L'orgueil de l'empereur et l'incompétence de ses officiers le poussent à mépriser l'importance d'une cryptographie plus complexe. Au cours de ses multiples campagnes, son talent de stratège se satisfera donc de quelques rares messages codés. L'invasion de la Russie, en 1812, va modifier le cours de ce destin unique.

Outre des conditions climatiques spécifiques et l'ampleur de son territoire, le tsar Alexandre Ier bénéficie de l'appui d'un autre atout– la cryptographie. C'est que la cryptologie russe a fait d'énormes progrès depuis Pierre le Grand, et, bien vite, le Petit Chiffre du Corse n'aura plus de secret pour la science des cryptanalystes d'Alexandre. La campagne de Russie entraîne, entre autres revers, le décryptement du répertoire de Napoléon et la déroute complète du Petit chiffre. Dans l'incendie qui balaie Moscou et encercle les forces napoléoniennes, les copies du Petit chiffre sont détruites ; l'empereur n'a d'autre choix que de rédiger ses ordres en texte clair. Ces dépêches probablement interceptées, serviront à défaire une armée française déjà mal en point, lors de la fameuse retraite de Russie.

C'est également une faille de chiffrement qui, un an plus tard, scelle la seconde grande défaite de Napoléon dans la bataille des Nations. Du 16 au 19 octobre 1813, près de Leipzig, l'empereur subit le feu des troupes anglaises, belges, prussiennes et autrichiennes. Espérant pouvoir se retirer dignement de Leipzig, il expédie des ordres chiffrés au maréchal Augereau, qui assure ses arrières. Celui-ci doit rejoindre la ville, s'emparer du grand pont de la rivière Elster et édifier des ponts temporaires. Les officiers de Napoléon croient lire dans la réponse chiffrée d'Augereau l'annonce de son arrivée imminente. Erreur : non seulement les troupes d'Augereau débarquent dans la plus grande confusion, mais, en outre, le maréchal fait inexplicablement sauter le pont de l'Elster. Piégés, Napoléon et ce qu'il reste de son armée ne trouvent leur salut que dans la fuite. Les heures de méditation du Petit Caporal dans son exil sur l'île d'Elbe ne lui servent pas à améliorer la complexité de ses systèmes de chiffrement. S'en évadant bientôt, il parvient à rassembler une armée et à fondre sur les alliés là où l'on ne l'attendait pas – en Belgique. Pourtant, Napoléon va subir deux revers décisifs, du fait de messages et d'ordres plutôt confus.

Le 16 juin 1815, au carrefour de la ville de Quatre-Bras, les maréchaux français Michel Ney et Jean d'Erlon échangent des ordres qui vont être mal interprétés. Au lieu de rester en soutien de Ney, les hommes d'Erlon perdent du temps à faire marche vers l'armée de Napoléon, à Ligny, laissant les forces de Ney à leur triste sort. Les troupes d'Erlon ne sont d'aucune utilité à Napoléon et, en outre, Ney cède sa position à Quatre-Bras au général Arthur Wellesley, duc de Welllington. Deux jours plus tard, on retrouve le même Wellington aux abords d'une certaine ville, Waterloo.

La bataille historique de Waterloo repose sur bien d'autres facteurs que ceux qu'aborde cet ouvrage. Il n'en demeure pas moins, qu'à un moment critique, l'armée de Napoléon fera les frais de son incompétence en matière de communication. Le Petit Caporal a lancé le maréchal français Emmanuel de Grouchy aux trousses du général prussien, Gebhard von Blücher. Or, vers 4 heures de l'après-midi, en ce jour de juin, on est toujours sans nouvelle de Grouchy. Aucune dépêche, aucun message chiffré ; Napoléon ne sait rien de la position de Blücher, jusqu'à ce que les unités prussiennes se présentent sur son flanc droit. De même que l'exceptionnelle Garde impériale avait été mise en échec par Wellington, le maréchal Grouchy s'était vu assaillir par l'arrière-garde de Blücher à Wavre, ville située à 13 km à l'est. Grouchy n'aura pas l'occasion de participer à la bataille de Waterloo, où se joue le dernier acte du Corse, dans une campagne belge abreuvée de sang.

L'ÈRE MÉCANIQUE

Février 1838 ; Samuel Morse expédie le tout premier message télégraphique de l'histoire : « What that God wrought ! » (en français : « Qu'est-ce que Dieu a forgé ? »), marquant ainsi l'entrée dans une nouvelle ère mécanique. En permettant de convertir les nombres et les lettres en une simple suite de points et de traits, ce nouveau système fait faire un pas de géant à la cryptographie. Le procédé, bientôt connu sous le nom de code Morse, connaît son apogée avec l'adoption universelle du télégraphe électrique, qui devient vite un moyen de communication indispensable aux militaires comme aux civils.

À la même époque, le chiffre de Playfair fait l'effet d'une révolution. Au début des années 1850, Charles Wheatstone avait mis au point ce qu'il appelait le chiffre réciproque. C'est un ami de Wheatstone, Lyon Playfair, premier baron de Saint-Andrews, qui présente le procédé au ministre de l'Intérieur lord Palmerston et au prince Albert au cours d'un dîner, en 1854. Playfair jouissant d'une excellente réputation dans les milieux militaire et diplomatique, l'invention de Wheatstone va hériter pour la postérité du nom de « procédé Playfair ».

Ce chiffre offre des qualités pratiques inestimables pour l'armée ; on pouvait même espérer qu'il régisse entièrement aux destinées diplomatiques et militaires britanniques. Mais au milieu des années 1850, l'état-major politique et le ministère des Affaires étrangères de Grande-Bretagne ont une seule préoccupation : la Crimée. Dès le début du conflit, les militaires britanniques préféreront se fier à des tactiques et à des méthodes déjà éprouvées.

La Crimée, péninsule sous pavillon russe du littoral septentrional de la mer Noire, focalise au milieu des années 1850 les revendications territoriales et les intérêts religieux de la Russie, de la Turquie et des provinces limitrophes de la mer Noire. Le conflit repose essentiellement sur le manque de confiance absolu de la Russie en la Turquie. Le tsar Nicolas Ier ne mâchera pas ses mots : la Turquie est abruptement désignée comme la « gangrène de l'Europe ». Les terres ottomanes, jadis unies, commencent à se poser en nations indépendantes, sur la base de revendications économiques et religieuses ; la Russie annexe de son côté certains de ces territoires, proches de ses frontières. Le tsar Nicolas revendique la paternité et la protection de près de 12 millions de sujets orthodoxes, à l'intérieur même de régions d'obédience musulmane ; le pouvoir turc est alors convaincu que le tsar projette l'invasion de la Turquie, passage obligé vers des ports stratégiques.

La France va à son tour entrer en lice, sous la houlette de Napoléon III dont le trône a été édifié sur les décombres de la Seconde République. Confronté chez lui à des conflits d'ordre économique et politique, impatient de distraire l'attention de ses sujets, Napoléon juge qu'une guerre à l'étranger est l'occasion idéale de gagner en popularité, même s'il faut pour cela en passer par une alliance avec le rival de toujours, l'Angleterre.

La Grande-Bretagne, elle, n'a aucun intérêt direct dans la zone de la mer Noire ; cependant, du fait de son engagement en Inde, la reine Victoria et ses conseillers considèrent avec méfiance la moindre modification de l'équilibre des puissances en Asie occidentale. Les possessions territoriales turques s'élèvent en frontière contre une éventuelle progression russe dans la région ; indirectement, l'Angleterre a tout intérêt à y maintenir un statu quo.

Russes et Turcs sont des ennemis héréditaires, mais l'implication des puissances européennes va bouleverser les schémas traditionnels. Début 1853, une alliance est signée contre la Russie ; elle regroupe la Turquie, l'Angleterre, la France et la Sardaigne, royauté insulaire à quelques kilomètres de l'Italie. Quelques tentatives seront effectuées pour trouver une solution pacifique à la crise, mais la méfiance tenace qui ronge chaque camp sabote les négociations.

En juillet, la Russie occupe les principautés turques de Valachie et de Moldavie ; aussitôt, la Grande-Bretagne réagit en ordonnant à ses bâtiments de mouiller dans le détroit stratégique des Dardanelles, zone de contrôle de la mer Noire. Le tsar reste sourd à un ultimatum lancé en octobre, où ordre lui est donné d'abandonner les principautés ; du coup, sur terre, les affrontements sporadiques se multiplient. En novembre, à Sinope, en Turquie, les Russes mettent en déroute la flotte turque. Très vite, la rumeur parlera du « massacre de Sinope » ; on réclame à grands cris l'intervention de l'Angleterre et de la France. Le 28 mars 1854, les deux nations déclarent la guerre à la Russie.

On compte beaucoup sur la puissance navale anglaise ; la toute nouvelle alliance Angleterre-France décide donc de lancer une offensive générale sur les eaux de la mer Noire. En attaquant Sébastopol, port fortifié de Crimée, les alliés visent non seulement la fermeture de toutes les voies maritimes russes mais cherchent également à porter la guerre sur le sol russe.

En quelques mois, la perspective d'une victoire rapide s'évanouit ; cette guerre souffre d'un manque évident de préparatifs et de plus, les conditions climatiques ne cessent d'empirer. La boue piège les chariots d'approvisionnement, la famine menace les soldats ; on manque de munitions, de logistique médicale. Si la Royal Navy contrôle efficacement la mer, sur terre c'est une coûteuse guerre de position. Les généraux de l'alliance n'ont absolument pas retenu les leçons de l'invasion catastrophique de la Russie menée, 42 ans plus tôt, par Napoléon. Une fois de plus, le terrain et le froid glacial pèsent sur un conflit qui s'embourbe.

La guerre de Crimée donne son premier grand rôle au télégraphe, même s'il n'est pas d'ordre stratégique. Pour la première fois, en effet, le télégraphe offre à la presse les moyens de couvrir efficacement l'événement. Paris, Londres et Moscou sont informés avec régularité des pertes imputables aux affrontements, aux épidémies et au froid cinglant. À mesure que la guerre s'éternise, le chiffre sans cesse croissant des morts et des blessés glace l'euphorie des premiers jours de guerre.

Chacun se félicite de la rapidité et de la relative fiabilité du télégraphe, mais la construction de stations télégraphiques reste au début un luxe onéreux. Des batailles comme celles d'Inkerman, Malakoff et Balaklava, auraient sans nul doute connu d'autres issues si les dépêches avaient circulé plus rapidement et si on avait su les chiffrer.

La bataille de Balaklava est le théâtre d'une charge dramatique conduite par la Brigade légère britannique ; l'événement marquera au fer l'imagination de toute une génération et inspirera le poète Alfred Lord Tennyson. Après maints débats et maintes hypothèses, son véritable déroulement demeure mystérieux, confus, tant l'incohérence des ordres donnés semble le disputer à l'absence de stratégie.

Le 25 octobre 1854, le prince Menshikov, général russe, sonne la charge sur le camp de base britannique de Balaklava. Plusieurs pièces d'artilleries sont prises – pertes qui fragilisent la position britannique sur cette partie du front. Après bien des hésitations, on opte pour une attaque éclair afin de récupérer l'artillerie perdue. Réputée pour ses montures rapides et son armement léger, la Brigade légère est toute désignée pour une telle mission.

James Brudenell, septième comte de Cardigan, reçoit l'ordre de franchir une vallée proche, mais sans le moindre support d'unités ou d'une quelconque puissance de feu. On polémique encore sur la préparation de cette opération car, en effet, une fois lancée, aucune liaison télégraphique ne permettait d'en changer le cours. Certains historiens vont jusqu'à avancer que l'ennemi intime de Cardigan, Lord Lucan, son beau-frère, aurait volontairement interprété ses ordres de manière erronée. C'est lui, en effet, qui dirige la division à laquelle est rattachée la Brigade légère ; plus tard, il sera vertement critiqué pour ne pas avoir porté secours à Lord Cardigan et à la cavalerie sinistrée. Ne se doutant pas du danger de la situation, la Brigade légère pénètre sous le feu concentré des Russes, qui vont l'anéantir.

Il faudra d'autres sacrifices de ce type, aux rivières Redan et Tchernaïa entre autres, avant que les alliés ne s'emparent de Sébastopol, en septembre 1855. Le traité de Paris impose à la Russie la neutralité de la mer Noire et lui interdit toute ingérence dans les affaires internes turques, aboutissant finalement à une paix relative dans la région.

La Guerre civile américaine (1861-1865) est le premier conflit majeur à exploiter pleinement le potentiel du télégraphe ; les forces de l'Union, plus en avance dans le domaine industriel, font office de pionniers. Divers procédés cryptographiques joueront également à cette occasion un rôle décisif ; plans de bataille et dépêches d'agents de renseignement circulent ainsi en toute liberté sur le territoire.

Le général George B. McClellan recourt en 1861 à un système de transposition de mots pour assurer le succès de ses campagnes dans la vallée de l'Ohio et à l'ouest de la Virginie. Ce chiffre est l'œuvre d'Anson Stager, premier surintendant de la Western Union Telegraph Company. Son procédé va peu à peu prendre de l'intérêt, à tel point que John C. Frémont, commandant en chef de l'Union, et Allan Pinkerton, détective reconverti en espion, vont tous deux l'appliquer, le premier à l'ouest, le second à l'est. En 1862, la transposition de Stager est partout en usage dans l'Union, essentiellement grâce au recours massif du télégraphe à des fins militaires. Le président Lincoln fréquente assidûment le bureau des télégraphes du département de la Guerre, attentif aux moindres révélations.

Du fait de la simplicité du système, le chiffre de Stager s'adapte parfaitement aux transmissions télégraphiques. Basé sur le principe de la transposition de mots, le message est d'abord inscrit en lignes puis recopié par colonnes. La difficulté de déchiffrement tient au sens de lecture de ces colonnes : de haut en bas, ou de bas en haut ? Avec le temps, on sécurise le procédé en rajoutant des nulles, des mots convenus pour des termes essentiels et des transcriptions à sens multiples.

Les différentes factions de l'armée de l'Union ne sont pas toutes abonnées au chiffre de Stager. Certaines s'en tiennent encore à de rudimentaires transpositions de mots et des membres du nouveau Signal Corps, tels le sergent Edwin Hawley et le major Albert Myer, préconisent d'autres procédés. Hawley met au point une série de 26 pièces de bois comportant différents alphabets chiffrés qui fonctionnent avec un mot-clé ; c'est la première méthode de chiffrement américaine à faire l'objet d'un brevet. Myer, commandant du Signal Corps, développe, quant à lui, un disque chiffrant ainsi qu'un procédé de signaux à base de drapeaux, de torches ou de tout autre objet tenu à bout de bras, bientôt connu sous le nom de système « wigwag ».

Le *wigwag*, sorte de code sémaphorique, consiste à orienter un drapeau selon différents angles pour relayer visuellement un message. Le système, apparu au milieu des années 1800, est l'œuvre de trois hommes que séparent des milliers de kilomètres : en Angleterre Philip Colomb, capitaine dans la marine, et Francis Bolton, capitaine dans l'armée ; en Amérique, le chirurgien inventeur Albert J. Myer. Myer baptisera son procédé à base de drapeaux, inventé vers 1856, le « télégraphe-drapeau ». Certains récits, dont le *Traditions of the Signal Corps* (1959), attribuent la paternité du surnom « wigwag » à un général de la Guerre civile, resté anonyme. D'abord employé pour qualifier les mouvements de cette signalétique (*wigwag* signifie oscillation), la métaphore finit par supplanter définitivement le nom choisi par Myer.

En 1856, Myer rédige à l'intention de sa hiérarchie un mémoire de ses découvertes, où le système *wigwag* tient la vedette. Les officiers responsables, modérément impressionnés, n'y donneront cependant pas suite. Myer ne baisse pas les bras pour autant et s'applique sans discontinuer à améliorer son système et à tester des variantes, épaulé jusqu'en 1859 par l'un de ses assistants en chef, Edward P. Alexander. La Guerre civile séparera les deux hommes, alors au service de l'US Army. Aux premières échauffourées, Alexander rallie le camp des Confédérés, et c'est lui, non Myer, qui le premier emploie le *wigwag* sur les champs de bataille.

Le 21 juillet 1861, un samedi, Alexander, alors capitaine confédéré, opère sur l'une des quatre tours d'observation édifiées à son initiative et à celle du général P. T. Beauregard. Ces tours sont équipées pour la transmission de message par drapeaux, et dominent la campagne aux abords d'une gare de Virginie, à Manassas Junction. À proximité, un cours d'eau, Bull Run.

La nuit précédente, les divisions du général de brigade de l'Union, Irvin McDowell, contournent le flanc gauche des Confédérés. Retardées par un terrain hostile, les unités de McDowell finissent par atteindre Sudley Ford le 21 juillet, à 8 h 45. Prête à fondre sur les forces sudistes à Stone Bridge – position stratégique – l'armée de l'Union ne prend pas garde aux rayons du soleil qui se reflètent sur ses canons.

Ces reflets, tout comme l'éclat renvoyé par les baïonnettes, attirent l'attention des jumelles d'Alexander vers le gué. Le danger est imminent. Aussitôt, et avec une adresse acquise au contact de Myer, Alexander alerte à grands renforts de mouvements de drapeaux les troupes postées à Stone Bridge, sous les ordres du colonel confédéré Nathan Evans : « Regardez sur votre gauche, vous êtes exposés ».

Le colonel Evans fait alors tirer canons et mousquets ; l'assaut des fédéraux est brisé dans l'œuf, avant même d'avoir été lancé. En ce jour de juillet, l'application du nouveau système de signalisation joua un rôle capital dans la défaite cinglante de l'Union. Pourtant, en ce moment précis du conflit, personne ne réalise véritablement toute la portée du message envoyé par Alexander.

Dans le vent de panique qui suit la bataille de Bull Run, Myer s'acharne à perfectionner les systèmes de communication de son camp. Son étoile reprend alors un peu d'éclat le 26 juillet 1861, avec l'arrivée de McClellan à la place de McDowell. Myer expose alors ses projets à ce nouveau général, lui-même en quête de solutions pour pallier l'inefficacité des systèmes de communication de l'Union. Conscient du rôle du télégraphe en Crimée, McClellan s'attache les services assidus et créatifs de Myer, mais ce sera sans compter sur l'obstination du Congrès, aussi bien que du tout-puissant secrétaire à la guerre Edwin Stanton, qui font preuve d'un traditionalisme aveugle. Il faudra décidément plus d'un revers militaire pour les convaincre de la nécessité d'un changement.

Pour McClellan, l'été 1862 est catastrophique. Ses tentatives pour s'emparer de Richmond, à force de revirements coûteux, mènent à l'impasse et discréditent sa stratégie. Myer, en revanche, trouve enfin chez certains commandants en chef une oreille plus attentive, les persuadant d'utiliser sur le front des systèmes de communications plus performants.

En septembre 1862, Robert E. Lee ordonne la première invasion du nord ; ses troupes franchissent discrètement le Potomac, à 50 km environ au nord de Washington. Son armée progresse vers la ville de Frederick, dans le Maryland, sans rencontrer d'opposition — jusqu'à ce que l'une de ses unités de ravitaillement soit repérée.

Ce ne sont pas les éclaireurs officiels de l'Union qui surprennent cette colonne de chariots, mais un certain lieutenant Miner, responsable du poste de signalisation du mont Sugar Loaf. Le 6 septembre, notre lieutenant agite donc ses drapeaux, en direction de la base du Signal Corps de Point of Rocks. De là, l'alerte parvient jusqu'à Washington, via les lignes télégraphiques qui longent la voie ferrée de Baltimore et de l'Ohio.

Aussitôt, l'armée du Potomac reçoit l'ordre de la contre-attaque. La vigilance d'un sémaphoriste et l'efficacité du réseau de signalisations ont réduit à néant l'attaque de Lee.

C'est l'événement qui décide enfin le Congrès et le département de la Guerre à allouer les fonds nécessaires à la communication militaire. On s'équipe de fils de cuivre pour le télégraphe ; on fournit des drapeaux de signalisation dignes de ce nom aux hommes qui agitaient de vulgaires manches à balai et des lambeaux de vêtements. Cet investissement portera pleinement ses fruits une année après l'exploit du lieutenant Miner, dans une ville du sud de la Pennsylvanie.

En juin 1863, le général Lee pénètre une fois encore sur le sol nordiste. Le 24, un réseau extrêmement performant de drapeaux signale le franchissement du Potomac par les troupes sudistes. Malgré des coupures de lignes télégraphiques, le message parti du poste d'observation des hauteurs du Maryland parvient rapidement au département de la Guerre de Washington.

Le haut commandement de l'Union est alors en plein désarroi. Le 8 juin, le général Joseph Hooker démissionne ; George Meade est nommé commandant de l'Armée du Potomac. Meade prend une série de mesures et dresse un quartier général provisoire à Taneytown, dans le Maryland. Alors que l'on s'applique à rassembler les troupes, des nouvelles alarmantes parviennent à Taneytown, relayées par des sémaphoristes consciencieux. Des accrochages opposent une patrouille de l'Union, commandée par le général John Buford, aux Confédérés, à proximité de la frontière du Maryland. Les messages transmis par *wigwag* mettent les choses au clair : un bataillon entier menace Buford, non pas au Maryland, mais en Pennsylvanie. En fait, c'est le général Lee en personne qui est à la tête des troupes confédérées dans la ville de Gettysburg.

Dans les deux camps, les sémaphoristes réclament des renforts. Les unités de secours doivent parcourir des dizaines de kilomètres à pied, et le 1er juillet 173 000 Gris font finalement face aux 88 000 Bleus, sur l'un des champs de bataille les plus décisifs de l'histoire américaine. Si les historiens n'évoquent que très rarement le rôle des systèmes de signalisation dans cet événement, les renseignements transmis par les observateurs n'en demeurèrent pas moins d'une importance cruciale pour contrecarrer la tactique de Lee.

Le 2 juillet, des sémaphoristes de l'Union, postés sur deux points culminants, Big Round Top et Little Round Top, aperçoivent des troupes rebelles dans les bois jouxtant la route stratégique d'Emmitsburg. Des renforts sont aussitôt dépêchés vers les forces du Nord, pour contrecarrer cet assaut du Sud par le flanc, qui aurait pu lui assurer la victoire.

Le 3 juillet, dans une tentative désespérée, le gros des hommes de Lee lance l'assaut contre les positions centrales de l'Union. Le feu de l'artillerie et des carabines est soutenu ; les observateurs, sur les éminences voisines, ne peuvent opérer sans s'exposer à la violence des tirs. On laisse donc tomber les drapeaux et on recourt aux dépêches transportées par estafettes. L'un de ces coursiers valeureux parvient ainsi à délivrer des nouvelles essentielles au poste de commandement de l'Union.

En position sur Cemetery Ridge, le capitaine David Castle apprend ainsi que le général rebelle George Pickett a entamé une charge d'importance sur les lignes centrales de l'Union. Sur la crête, les tirs de barrages de l'artillerie des Confédérés n'empêchent pas le trafic des sémaphoristes ; le capitaine Castle recourt pour sa part à un piquet de bois et à un drap pour alerter le quartier général de l'Union. Le message parvient en temps voulu au général Meade, qui ordonne aussitôt d'intensifier le feu des canons et les mouvements de troupes. Les sémaphoristes, jusqu'alors méprisés, permettent ainsi par leur action de stopper la charge de Pickett avant qu'il ne perce les lignes de l'Union ; l'entreprise ultime de Lee a échoué.

Loin du front, les femmes s'engagent ; elles évoluent dans l'ombre, dans le cercle des espions et des codes secrets. Aucun camp ne dispose de centres de formation particuliers ; en revanche, chacun peut se vanter de posséder un solide réseau d'agents secrets. Déjà le Sud avait su s'imposer grâce aux drapeaux de signalisation ; par la suite, les Rebelles multiplieront les succès grâce à un espionnage très actif.

Rose Greenhow, espionne sudiste, donne très vite du fil à retordre à l'Union. La quarantaine passée, elle est veuve d'un éminent médecin de Washington. Rose tire parti de ses entrées dans les clubs très fermés de la haute société de Washington pour recueillir des informations capitales. Elle est de toutes les soirées, repérant le visage de chaque officier, enregistrant la moindre indiscrétion sans jamais baisser la garde. Elle montre un talent accompli à infiltrer les relations des industriels les plus prospères et des membres influents du Congrès. Un esprit pénétrant lui permet de jauger et de trier rumeurs, bavardages et faits négligemment révélés. Ce n'est qu'après des vérifications rigoureuses qu'elle fait parvenir ses rapports aux généraux rebelles, par le biais d'un chiffrement de substitution à base de nombres et symboles.

1861, bataille de Bull Run : « Rebel Rose » Greenhow expédie une dépêche aux forces défensives des Confédérés. Les historiens sont formels ; cette dépêche contient des informations sur les mouvements et la puissance des troupes de l'Union. Aide inestimable pour le général Beauregard et ses alliés, en ce jour fatidique ! À ce premier coup d'éclat succède bientôt une série d'autres ; Rose véhicule ses informations aussi bien dans des poches secrètes que sous forme de codes, brodés sur ses robes. Ses révélations au profit des Rebelles sont d'une telle portée que le Nord met en place sa propre section de contre-espionnage. On multiplie le nombre des agents, on remonte la piste des fuites touchant aux secrets militaires jusqu'à leur source, dans les soirées et les salons.

La haute société de Washington forme à cette époque un bloc très uni et Rose Greenhow a de plus en plus de difficultés à cacher sa double vie. Allan Pinkerton, le pionnier des détectives, parvient à mettre fin à ses agissements ; elle est incarcérée à la Old Capitol Prison.

Qu'à cela ne tienne ! Depuis sa cellule, Rose parvient à renouer le contact avec son réseau. Au bout du compte, elle bénéficiera d'une amnistie avant d'être expulsée à Richmond. Son courage et son ingéniosité seront récompensés par Jefferson Davis, président des Confédérés, qui la charge de trouver à Londres et Paris des soutiens à la cause sécessionniste.

Une autre espionne à la solde des Confédérés, Belle Boyd, n'est âgée que de 18 ans lorsque la guerre civile éclate. Cette enfant de l'ouest de la Virginie sillonnera la vallée Shenandoah, au cours de missions périlleuses bientôt immortalisées par des récits et des chants populaires. Les experts avancent que c'est son rapport sur l'activité des troupes de l'Union qui permet au général Stonewall Jackson de remporter la victoire près de Front Royal, en Virginie.

Le gouvernement fédéral, de son côté, dispose d'agents secrets aussi bien que de sympathisants, opérant au sud de la Ligne Mason-Dixon. Elizabeth van Lew, une vieille fille aux manières affables, évolue en toute liberté dans la sphère de Richmond, en Virginie ; mais son cœur est indéniablement voué au nord. Non contente de procurer des renseignements sur les troupes de Richmond, Elizabeth joue un rôle actif dans l'évasion de prisonniers nordistes des geôles de Belle Isle et Libby. Elle va même jusqu'à abriter un temps ces hommes épuisés, dans les caves de son manoir de Church Hill. Dans ses appartements, elle réunit des données qui seront précieuses au général Grant pour le siège de la capitale rebelle ; toutes ses dépêches sont chiffrées par un procédé de substitution.

L'Union bénéficie également d'un autre appui en la personne de Pauline Cushman. Actrice au New Orleans Creole, Pauline atteint sa trentième année quand elle est contactée pour mettre son talent de comédienne au service du Nord. En représentation à Nashville en mai 1863, elle en profite pour pousser jusqu'à Shelbyville, dans le Tennessee. Là, elle se présente comme une sympathisante de la cause rebelle, répudiée par son entourage ; bientôt, elle gagne l'amitié des résidents aussi bien que du personnel militaire. Grâce à une mémoire exercée par des années de théâtre, elle enregistre toutes sortes d'informations sur le général Braxton Bragg et les forces des Confédérés postées dans la région.

Le temps et le secret même des missions ont quelque peu jeté le voile sur les différents procédés mis en œuvre par les militaires et leurs espions durant la guerre civile américaine. La majorité des chiffres consistait en nomenclateurs simples, à base de combinaisons élémentaires de symboles, de nombres et de lettres. Les deux camps exploitaient également un chiffre, le *railfence* (alignement et transposition de suites de lettres), relativement simple à retenir et à appliquer. Plutôt sommaires, le *railfence* et les procédés de substitution gagnent néanmoins en popularité dans certaines phases critiques de la guerre, quand la capacité de chiffrer et déchiffrer rapidement les dépêches relevait plus de la nécessité que du secret.

En règle générale, la politique cryptographique du Sud montre bien des défaillances face aux performances du Nord. La mémorable bataille de Shiloh voit le général Albert Sidney Johnston communiquer avec son homologue, Pierre Beauregard, à l'aide d'un alphabet de substitution, dit de Jules César ; avec Jefferson Davis il aura recours à un répertoire établi d'après un dictionnaire. Les cryptographes du Sud préfèrent de leur côté se fier au carré de Vigenère, en partie à cause des erreurs de transmission commises par les employés du chiffre. Leur traduction des dépêches en morse laissait en effet à désirer et plongeait régulièrement les officiers confédérés dans la perplexité. Ces mêmes messages étaient en revanche lestement déchiffrés par les cryptanalystes avisés de l'Union.

Tous les codes et les chiffres mis en œuvre au cours de la guerre civile, malgré leur diversité, sont néanmoins loin d'avoir eu les mêmes répercussions que le télégraphe, outil judicieusement exploité par les Yankees, déjà en avance sur le plan industriel. En 1864, Ulysses S. Grant, général en chef de l'Union, entame contre le général Lee une guerre d'usure, obligeant le commandant des Gris à se concentrer sur la protection de sa chère terre de Virginie et sa capitale, Richmond. Très vite, Lee s'essouffle, ne parvenant plus à reproduire les attaques éclair et les assauts finement menés au début du conflit. Les affrontements de Spotsylvania Court House, Wilderness et Cold Harbor entraînent des pertes catastrophiques. Lee se retrouve en position de faiblesse, harcelé par la puissance de feu et la technologie de l'Union.

L'accélération de la production industrielle, la pose de kilomètres de voies ferrées et l'installation de milliers de poteaux télégraphiques : telle est la stratégie ordonnée par le général Grant. Les télégrammes de Grant l'emportent sur les plus rapides des estafettes sudistes ; les troupes de l'Union devancent systématiquement les Rebelles sur les sites stratégiques, avant même que Lee ne puisse passer à l'action. Les progrès du télégraphe comme du morse donnent à Grant la possibilité d'appliquer une stratégie à grande échelle, jusqu'alors inédite. Il peut simultanément diriger un assaut, tout en envoyant ou recevant des messages chiffrés d'un autre front. Seule une armée disposant des mêmes atouts pourrait riposter, mais ce n'est pas le cas du Sud, profondément meurtri, qui ne peut plus rivaliser avec la puissance technologique et cryptologique de l'Union.

Le 9 avril 1865, cerné par les forces de Grant, Lee dépose les armes à Appomattox Courthouse et ses 30 000 Rebelles sont autorisés à regagner leur foyer. Le 10 mai, Jefferson Davis est arrêté en Géorgie et le 26, c'est la reddition de la dernière armée des Confédérés. En quatre ans, la guerre civile a fait près de 360 000 victimes côté nord et 258 000 chez les Confédérés.

Le spectre de la guerre civile hantera la nation bien après Appomattox. En 1876, soit 11 ans après la guerre, en pleine course à la présidence, la rancœur latente et les opérations secrètes sur un achat de votes viennent corrompre les élections.

Samuel J. Tilden, gouverneur de New York, est le candidat du parti Démocrate. Il a su se construire une image respectable et gagner l'estime de la nation pour avoir su stopper William M. « Boss » Tweed et la machine politique corrompue de l'organisation démocrate (Tammany Hall) de New York. Les Démocrates avaient en outre dénoncé avec succès les troubles agissements des Républicains placés à des postes-clés et condamné leur politique douteuse de Reconstruction. Tilden avait pour adversaire Rutherford B. Hayes, gouverneur de l'Ohio et homme intègre. Or, la corruption mène déjà la danse dans les différentes capitales d'État et à Washington. Nombre d'États du sud restent sous contrôle de profiteurs intéressés et de politiciens nordistes peu recommandables, dont la seule ambition est de tirer avantage d'un contexte mouvant. On ne dispose alors d'aucune réglementation en matière de procédures de vote ni d'arrêtés à l'échelle nationale. Tous ces facteurs finissent par déboucher sur l'une des élections présidentielles les plus conflictuelles de l'histoire de l'Amérique.

Pour la première fois en 20 ans, le scrutin attribue la présidence aux Démocrates. Les votes contestés de l'Oregon, de la Caroline du Sud, de la Floride et de la Louisiane jettent un doute sur l'issue de cette élection. Tilden devancerait son adversaire de quelque 250 000 voix, ce qui lui donne 184 voix au collège électoral présidentiel – malheureusement trop juste d'une voix pour une complète victoire – et crée des protestations au sein du collège électoral. Une commission spéciale, pro-républicaine, annule les votes démocrates en faveur de Hayes. Aussitôt, on crie à la fraude et à la corruption. Hayes, trois fois gouverneur et pourtant sans reproche, est accusé. Les démocrates contestent violemment cette élection ; la controverse s'empare du Congrès et le Sénat, à majorité républicaine et la Chambre, sous contrôle démocrate, campent sur leurs positions. C'est l'impasse.

On crée alors une commission électorale spéciale de 5 membres, tous issus de la Cour suprême, du Sénat et de la Chambre, afin de mettre un terme au litige. Au cour de sa mission, ce groupe va se montrer plus que partial. Quatre mois durant, la rumeur et la presse font état de trafics d'influence. Enfin, lorsque l'un des juges de la Cour suprême est remplacé par un républicain intègre, la victoire de Hayes est proclamée par huit voix seulement, contre sept pour son adversaire.

Les 22 suffrages de la discorde sont attribués à Hayes qui, du coup, décroche le quota gagnant, soit 185 voix. Les hauts cris démocrates n'y changent rien ; la commission reste ferme. Rutherford B. Hayes est nommé 9e président des États-Unis. Même si l'homme se garde bien de toute illégalité, son administration, au demeurant satisfaisante, restera entachée par ce fameux conflit.

C'est dans ce contexte qu'en 1878 le *New York Tribune* et certains cryptanalystes publient des révélations compromettantes. Le *Tribune*, journal républicain, jette en pâture à ses lecteurs des télégrammes chiffrés, saisis à la Western Union par un comité d'enquête du Congrès, dont les membres républicains sont tout acquis au quotidien.

Au cours de l'été 1878, le *Tribune* imprimera 27 dépêches encore chiffrées ; la nation est scandalisée. Lecteurs et cryptanalystes amateurs s'essayent à décrypter ces messages. Au bout du compte, John Hassard, rédacteur au *Tribune*, William Grosvenor, le rédacteur financier, et Edward Holden, mathématicien de l'Observatoire naval de Washington, effectuent chacun de leur côté le déchiffrement de ces messages.

Pour l'essentiel, ces dépêches sont chiffrées par transpositions de mots, mots de code tirés d'un dictionnaire et substitutions monoalphabétiques utilisant des couples de nombres. Ces décryptements apportent la preuve irréfutable que William Pelton, neveu de Tilden, a trafiqué et marchandé les votes. Le coup de grâce tombe lorsque l'on apprend que certaines correspondances de Pelton étaient adressées au 15 Gramercy Square, la résidence new-yorkaise de Tilden.

L'opinion se retourne, indignée, contre les démocrates ; au Congrès, les républicains multiplient les victoires. Tilden a beau nier toute implication dans ces manigances, et bien qu'aucune charge ne soit retenue contre lui, sa réputation est définitivement ruinée. L'homme qui avait frôlé d'une seule voix la présidence perd ainsi tout espoir de pouvoir, par le seul jeu du déchiffrement.

L'Amérique entière se passionne pour ces querelles politiques, avant de s'intéresser à l'extension de ses frontières. Son expansion à l'ouest s'accélère en partie grâce à l'utilisation civile des « arbres qui parlent » et des « chevaux d'acier » - le télégraphe et le chemin de fer – qui surmontent le handicap des distances.

La guerre civile a laissé des dizaines de milliers de citoyens amers ; l'Ouest représente pour beaucoup l'occasion d'un nouveau départ. Sur ce territoire, jusqu'alors occupé par les Indiens et de rares trappeurs et aventuriers, la migration des nouveaux colons provoque l'hostilité des tribus indigènes.

À mesure que la tension se métamorphose en menace de guerre, Indiens et armée américaine recourent sur ces vastes prairies à différents systèmes de signalisation. Les Indiens des plaines utilisent des nuages de fumée, codés en fonction de différents intervalles, tant spatiaux que temporels, pour transmettre des messages de plateaux à vallées, de bois à prairies.

Ces signaux véhiculent des informations qui prennent de court les messagers de l'armée, tout comme ses unités de cavalerie, chargées de sillonner les terres entre le Mississippi et le Missouri, jusqu'au Rio Grande. Les Indiens ont ainsi systématiquement une longueur d'avance. Il est vrai que le système *wig-wag* se heurte à la topologie et au climat des lieux ; de plus, les fils et poteaux télégraphiques sont des cibles faciles. En désespoir de cause, l'armée américaine décide de recourir à l'héliographe (du grec *helios*, soleil, et *graphein*, écrire), un procédé exploité par les civils et militaires européens dans la dernière partie du XIXe siècle. Ce système de miroirs reflétant la lumière du soleil permettait de communiquer jusqu'à une distance de 50 km ; l'héliographe sera amplement sollicité dans les régions dénuées de stations télégraphiques.

Cependant, ce type de communication ne passe guère inaperçu. La plupart des messages sont interceptés par des « sémaphoristes » indiens accomplis, qui brouillent les signaux optiques à l'aide de leurs propres miroirs (des plaques de silice). Chacun revendique fermement le Far West – mais le soleil, lui, n'appartient à personne.

LA PREMIÈRE GUERRE MONDIALE

Ce devait être la dernière, la « der des ders » ! En Europe, des années de tensions ont fini par exacerber les vieilles querelles couvant au sein des grandes lignées royales et de leurs armées ; chacun s'efforçant d'étendre son empire en Asie et en Afrique. Dans le même temps, à l'intérieur de ces empires, des factions minoritaires revendiquent leur autonomie politique et économique. Du coup, chaque nation rivale forme des alliances avec d'autres empires sur des questions d'ordre économique et géographique, ou par calcul stratégique. Ces pactes, le surarmement qu'ils provoquent et la violence du mouvement indépendantiste qui embrase les Balkans annoncent inexorablement l'implosion redoutée.

En 1914, un nationaliste serbe assassine en Bosnie l'archiduc d'Autriche, François-Ferdinand ; l'attentat met le feu aux poudres. Le 28 juillet, l'Autriche déclare la guerre à la Serbie. D'autres déclarations s'enchaînent, et par un jeu d'alliances militaires antérieures à 1914, deux camps finissent par s'opposer. On a d'un côté les Alliés, ou la Triple-Entente, composée de la Grande Bretagne, de la France et de la Russie, ainsi que de la minuscule Serbie et du lointain Japon. Face à eux, les Empires centraux, qui réunissent l'Allemagne et l'Autriche-Hongrie, rejointes ultérieurement par la Bulgarie et la Turquie.

Du fait d'une cryptologie encore balbutiante, les Alliés laissent échapper de nombreuses occasions de remporter rapidement la victoire. La bataille décisive de Tannenberg restera un exemple type de la nécessité de coder les communications en temps de guerre. Au début du conflit, en août 1914, le tsar Nicolas de Russie lance deux de ses plus importantes armées à l'assaut de la Prusse orientale — un point hautement stratégique, tenu par un seul corps militaire allemand. Supérieures en nombre, les forces russes sont néanmoins victimes du manque de matériel le plus élémentaire en matière de communications, tout comme s'avèrent déficientes les méthodes de cryptage nécessaires à la protection de leurs plans d'invasion. Privés d'un nombre suffisant de systèmes de chiffrement, les opérateurs russes du télégraphe sans fil n'ont d'autres recours que d'expédier des messages en clair. Les Allemands, à l'affût, interceptent ces communications, aussitôt confiées au haut commandement, qui a tout le temps de mettre en place une impitoyable contre-offensive.
Les derniers jours du mois d'août sont le théâtre d'une succession d'affrontements ; la victoire des généraux du Kaiser est totale. La conjonction de l'imprudence et de la médiocrité des systèmes de chiffrement n'a laissé aucune chance aux Russes ; près de 30 000 soldats sont tués, quelque 100 000 sont faits prisonniers et les pertes en matériel sont catastrophiques.

L'inadaptation des services de renseignements alliés avant-guerre se fait cruellement sentir lors de l'interception d'un message radio expédié en août 1914 par le *Göben*, un bâtiment de guerre allemand. Le message est bien déchiffré, mais trop tard pour empêcher le navire de pilonner les ports russes de la mer Noire ; du coup, la Turquie, stratégiquement placée, se rallie à l'Allemagne et à l'empire austro-hongrois. L'Angleterre est sous le choc ; le Parlement exige de l'armée qu'elle redouble de vigilance et d'initiatives en matière de communications. C'est ainsi qu'émerge un groupe de cryptanalystes, officiellement appelé Section XXV de l'Intelligence Division, plus communément connu sous le nom de Bureau 40, après son installation dans les bâtiments de l'Amirauté. Sous la houlette de sir Alfred Ewing, directeur de l'enseignement maritime, le Bureau 40 s'impose très vite comme le principal service cryptographique des Alliés.

La chance semble tout d'abord sourire au Bureau 40 dans l'affaire du croiseur léger *Magdeburg*, échoué dans la Baltique en septembre 1914. Le commandant a bien tenté de saborder son navire à l'explosif, mais sans véritable succès. Lorsque la marine russe arrive sur les lieux, elle découvre dans la chambre de navigation le livre du chiffre (on parle même de deux) de la marine allemande ; aussitôt, le document est expédié à l'Amirauté, alors sous le commandement de Winston Churchill. Ce document résistera un temps aux efforts des cryptanalystes, mais le Bureau 40 en viendra finalement à bout. Il faut trois semaines à cette équipe de déchiffreurs inexpérimentés pour découvrir que les groupes codiques de quatre lettres ont fait l'objet d'un surchiffrement — une découverte qui permet de décrypter toute une série de messages radio interceptés auparavant.

Le Bureau 40 connaît une seconde chance en décembre, lorsqu' un chalutier britannique récupère un coffre jeté par-dessus bord par un bâtiment de guerre allemand deux mois auparavant, au cours d'une échauffourée en baie d'Heligoland, à proximité de la côte nord-ouest allemande. Déjà en possession du matériel de travail arraché au Magdeburg, le Bureau 40 hérite ainsi d'un nouveau livre du chiffre.

La cryptanalyse britannique bénéficie en outre largement du développement des stations de repérages radiogoniométriques, l'un des progrès marquants de l'époque dans le domaine du renseignement. Si, dans les deux camps, la radio fonctionne à temps plein (c'est un outil à la rapidité et à la précision indispensables) chacun a cependant la possibilité d'intercepter les messages de l'autre, à condition de se trouver sur la bonne longueur d'ondes. Le Bureau 40 exploite cette faille à son avantage. Les antennes de repérage gonio captent les émissions radio et facilitent la localisation de l'émetteur. La vigilance de Winston Churchill et de sir Arthur Wilson, ancien premier lord de la mer, encourage l'utilisation des antennes gonio dans l'interception des signaux et des communications maritimes allemandes, lesquels prennent directement le chemin du Bureau 40.

En janvier 1915, le Bureau 40 déchiffre un message radio capital, brouillé par le code maritime germanique. Les cryptanalystes britanniques apprennent ainsi que les navires allemands qui avaient pilonné les villages côtiers d'Angleterre projettent d'appareiller le 16 juillet pour le Dogger Bank, zone peu profonde de la mer du Nord, au large de la côte septentrionale britannique. Les Anglais dépêchent le vice-amiral sir David Beatty à leurs trousses. Au cours de la bataille qui s'ensuit, les bâtiments de guerre allemands *Derfflinger* et *Seydlitz* sont fortement endommagés et le *Blücher* est envoyé par le fond. Avec la victoire du Dogger Bank, l'équipe du Bureau 40 gagne enfin l'estime de l'armée.

Pour autant, certains généraux s'obstinent toujours à considérer les messages décryptés avec la plus grande méfiance, comme le prouve la bataille du Jutland. En mai 1916, le déchiffrement de messages radio allemands, et la nouvelle technologie radiogoniométrique, permettent de localiser avec précision la flotte de haute mer du Kaiser. Le combat semble prévu pour le 31 mai. La flotte britannique largue alors les amarres sous les ordres de commandants impatients d'un combat décisif, qui donnerait à l'Angleterre le contrôle absolu des mers ; malheureusement, une succession d'erreurs fait capoter l'affaire.

Le vice-amiral allemand Reinhard Scheer, commandant en chef de la flotte de haute mer, avait baptisé son vaisseau amiral, le *Friedrich der Grosse*, de l'indicatif radio *DK*. Espérant pouvoir cacher à l'ennemi tous ses mouvements, Scheer attribue le même indicatif à la base navale allemande de Wilhelmshaven, sur la rivière Jade. Cette tactique n'échappe pas aux experts du Bureau 40 et pourtant personne ne songe à aviser le haut commandement de ce nouvel élément.

Le 31 mai, au matin, sir John Jellicoe, amiral de la flotte britannique, demande par radio la provenance d'un message signé DK. Les autorités maritimes britanniques répondent que le bateau amiral DK a été localisé au port ; Jellicoe en conclut que le reste de la flotte allemande y est elle aussi ancrée. En début d'après-midi, les navires britanniques ont cependant la mauvaise surprise de croiser en mer du Nord des bâtiments allemands ; la bataille s'engage, en même temps que disparaît la confiance de Jellicoe dans les services de renseignement de l'Amirauté. Son désarroi atteint un paroxysme lorsqu'un rapport fourni par l'Amirauté localise un croiseur allemand au même endroit que son propre navire. On apprendra plus tard que le navigateur du croiseur allemand avait commis une erreur en établissant le point ; les cryptanalystes n'avaient donc rien à se reprocher. Jellicoe ne peut néanmoins qu'afficher son scepticisme. L'affrontement se poursuit jusqu'au soir, causant des pertes égales dans les deux camps, sans désigner de vainqueur.

Vers 21 heures, le vice-amiral Scheer ordonne la retraite par un ordre décrypté sans fausses notes par le Bureau 40. Jellicoe cependant doute de l'exactitude de l'information fournie par l'Amirauté sur la route empruntée par Scheer. En revanche, il accorde toute sa confiance à un rapport émis par le bâtiment *Southampton*, qui fait état d'une tout autre voie de retraite.

L'information donnée par les cryptanalystes du Bureau 40 était la bonne ; mais, trop méfiant, Jellicoe manquera l'occasion de surprendre la flotte de Scheer. Malgré cette succession de malentendus et d'erreurs, les historiens considèrent qu'il s'est agi d'une vraie victoire britannique, et en effet, la flotte allemande ne s'avisera plus de se frotter à la Royal Navy au cours de la Première Guerre mondiale.

En octobre 1916, la responsabilité du Bureau 40 passe de sir Alfred Ewing au capitaine William R. Hall, directeur des Renseignements de la Marine ; l'homme se trouve à la tête du service quand intervient l'interception la plus décisive du conflit. Le message concerné est aujourd'hui connu sous le nom de télégramme de Zimmermann. En août 1914, le câblier britannique *Telconia* avait coupé les câbles transatlantiques ennemis, obligeant du coup les Allemands à transmettre leurs messages par deux autres voies parallèles. L'une, le « circuit suédois » était un câble reliant Stockholm à l'Argentine (via une étape britannique). Une fois à Buenos Aires, les messages étaient remis aux mains des Allemands, qui les expédiaient alors à Washington. La seconde voie empruntait le câble diplomatique américain au départ de Berlin, avant de transiter par Copenhague et Londres, pour franchir enfin l'Atlantique. Par un manque de perspicacité aujourd'hui choquant, l'Amérique avait accepté cette solution afin de préserver ses relations avec l'Allemagne et sa neutralité dans le conflit.

Le 16 janvier 1917, le ministre allemand des Affaires étrangères, Arthur Zimmermann, expédie de Berlin un télégramme codé, très certainement par les deux voies. Le message arrive à Washington, où il est récupéré par le comte Johann von Bernstorff, ambassadeur d'Allemagne aux États-Unis ; de là, le télégramme est dirigé vers l'ambassadeur du Kaiser à Mexico, Heinrich von Eckardt.

L'Allemagne est alors sur le point d'engager une guerre sous-marine totale, sans souci de neutralité. Craignant que ce plan ne range les États-Unis dans le camp britannique, Zimmermann propose une alliance au Mexique. En échange d'une guerre de diversion qui détournerait l'Amérique du champ des batailles maritimes, le Mexique se verrait remettre le Texas, l'Arizona et le Nouveau-Mexique, perdus au cours de la guerre de 1846-1848. La proposition comporte également une aide financière conséquente, indiquant même l'éventualité d'une agression japonaise contre les États-Unis, dans le Pacifique.

Le Bureau 40 intercepte le télégramme de Zimmermann ; les cryptanalystes en percent le contenu grâce aux commentaires de divers autres messages allemands déjà interceptés. On s'arrange pour que le déchiffrement du fameux télégramme soit attribué aux services de renseignements américains, de façon que les Allemands ne se doutent pas de l'implication des cryptologues britanniques et ignorent même jusqu'à l'existence du Bureau 40.

Le 22 février 1917, le capitaine Hall confie le texte clair du télégramme à l'ambassade américaine d'Angleterre. Une décision, prise au plus haut niveau, ordonne la publication du document, expurgé, par Associated Press. Le 1er mars 1917, sa révélation choque les États-Unis. On ignore pourquoi Zimmermann a consenti à ce plan et de son côté, l'homme rejette même vigoureusement toute accusation de conspiration destinée à tromper les États-Unis pour les forcer à la guerre. Le 2 avril, le président Wilson dépose une requête de déclaration de guerre, requête votée par le Congrès le 6 avril 1917.

Pendant la Première Guerre mondiale, le Bureau 40 n'a pas le monopole de la cryptanalyse. L'Autriche-Hongrie, alliée de l'Allemagne, opère également sur ce terrain. Avant la guerre, le chef des services de renseignements, le colonel Max Ronge, avait acquis une copie du chiffre de l'état-major italien, le *Cifrario rosso*, ou chiffre rouge. En 1915, quand l'Italie consomme sa rupture avec les Empires centrauxt, les Austro-Hongrois se mettent en devoir d'intercepter la moindre transmission radio émise par ce nouvel ennemi.

Les cryptanalystes autrichiens montrent un grand talent à décrypter les dépêches italiennes et ce, en dépit des changements de clés du *Cifrario rosso*. À partir du déchiffrement d'autres codes, le service du major Andreas Figl, cryptanalyste en chef, est en mesure de discerner la teneur de la tactique défensive italienne — sérieux coup de pouce pour la réussite des manœuvres austro-hongroises du printemps 1916. Quelques mois plus tard, les compétences du même service permettent de stopper la contre-offensive de la rivière Isonzo, infligeant de lourdes pertes à l'Italie.

Il faut attendre l'automne 1917, et le désastre de Caporetto, pour que les Italiens prennent la mesure de la non-confidentialité de leurs dépêches. À Caporetto, du 24 octobre au 12 novembre, les forces italiennes fléchissent : 40 000 hommes sont tués et 275 000 blessés. L'Autriche-Hongrie ne déplore que 20 000 soldats tués ou blessés. Suite à cette terrible défaite, l'Italie s'équipe de systèmes de chiffrement plus sûrs, en l'occurrence des codes numériques. Les progrès de la cryptographie italienne feront dès lors barrage aux généraux austro-hongrois, jusqu'à la fin de la guerre ; impossible désormais de fonder une quelconque stratégie militaire sur l'interception de télégrammes.

L'époque est également marquée par un cas de trahison impliquant une femme, dont le rôle controversé d'espionne est révélé grâce à l'interception de télégrammes et, au concours de la cryptanalyse. Danseuse hollandaise, Margaretha Gertrude Zelle (1876-1917), plus connue sous le nom de Mata Hari (« Œil de l'Aube »), avait coutume d'épicer son jeu de scène de costumes exotiques et de chorégraphies d'inspiration indienne ou javanaise. Dès le début de la guerre, l'Allemagne recrute Margaretha sous le pseudonyme agent H-21. Pour s'approprier certains secrets militaires, elle va jusqu'à cultiver des liaisons intimes avec plusieurs hommes d'influence, en France comme en Espagne.

Au cours du mois de décembre 1916, l'attaché naval allemand en poste à Berlin télégraphie plusieurs requêtes à Madrid : l'agent H-21 est en manque de fonds et de mission. Bientôt, le Bureau 40 intercepte et déchiffre ces télégrammes sur la liaison Madrid-Berlin. L'information est aussitôt transmise aux Français qui s'en servent pour décrypter un surchiffrement capital. Arrêtée et confrontée aux preuves de financements en sa faveur, Mata Hari se défend en prétendant qu'il s'agit d'émoluments accordés par de simples amants. Rien n'y fait ; elle est reconnue coupable et condamnée à mort. Les historiens s'interrogent sur la valeur de ses renseignements pour les Empires centraux ; quoi qu'il en soit, Margaretha fera preuve d'un courage exemplaire. En octobre 1917, près de Vincennes, elle sera fusillée après avoir refusé de se laisser bander les yeux.

En automne 1917, l'arrivée du Corps expéditionnaire américain (AEF), stimulé par le dynamisme industriel des États-Unis, change le cours de la guerre. Ce déploiement d'hommes sur le champ de bataille s'accompagne d'une politique systématique de cryptage des messages radio, téléphoniques et autres dépêches ; mais, comme bien d'autres dispositifs de guerre américains, la mise en place d'une section de confection des codes (Code Compilation Section) ne prendra réellement effet qu'en décembre 1917.

C'est Howard Barnes, originaire de l'Ohio, qui dirige la Code Compilation Section. Avec son équipe, il met au point deux codes de campagne, l'American Trench Code (code de tranchées américain) et le Front-Line Code (code de première ligne). Un temps exploités par la 1re armée du Corps expéditionnaire sur le front, ces systèmes de chiffrement s'avèrent en fait trop vulnérables. Leur surchiffrement n'offre aucune sécurité et, de plus, il exige des cryptographes, déjà victimes de la pression des champs de bataille, deux fois plus de travail.

La section de confection des codes décide donc lors de l'été 1918 de recourir à une série de codes de campagne bien plus élaborés. Ces codes, de la série « rivières », ont pour nom *Potomac*, *Suwanee*, *Wabash*, *Mohawk*, *Allegheny*, *Hudson* et *Colorado*. Il s'agit de répertoires ordonnés et désordonnés, disposant d'un vocabulaire typiquement tactique (munition, approvisionnement et armement). Riche des expériences des Anglais et des Français, systématiquement dépouillés de leurs répertoires, l'AEF conçoit ses codes pour une durée de vie très limitée. Ainsi, lorsque le *Potomac* est dérobé, le *Suwanee* vient aussitôt prendre sa place.

Dans les mois qui suivent, le rythme de production de répertoires s'accélère afin de protéger au mieux les messages concernant l'arrivée massive des troupes américaines en Europe. Une deuxième armée est constituée ; elle publie sa propre série de codes, cette fois sous des noms de lacs : le *Champlain*, le *Huron*, l'*Osage* et le *Seneca*. Ces codes de campagne protègent les communications au sein même des divisions, ou entre elles et le quartier général ; l'ensemble est sécurisé par d'autres documents spécifiques comme l'Emergency Code List (tableau codique d'urgence).

En dépit de cet assaut soutenu de batailles cryptographiques, c'est davantage au déchiffrement d'un seul code pivot que l'on devra une aide précieuse ; un succès attribué au Bureau du Chiffre français et à Georges Painvin, capitaine d'artillerie et éminent cryptanalyste, alors âgé de 29 ans. Initié à la cryptographie par le capitaine Paulier, Painvin montre très vite de brillantes aptitudes et c'est avec la plus grande facilité qu'il décrypte, le 5 mars 1918, le nouveau chiffre de campagne allemand.

Ce chiffre, connu sous les lettres ADFGX, est l'œuvre du colonel Fritz Nebel, contemporain de Painvin et officier talentueux des services radio, très conscient de la nécessité de coder les transmissions. Selon les historiens, Nebel et d'autres officiers auraient opté pour les lettres *a*, *d*, *g*, *f* et *x* par crainte d'éventuels brouillages des ondes. Les équivalents du code Morse pour ces lettres sont en effet très particuliers, ce qui permettait aux Allemands d'éviter toute confusion lors de la transmission des télégrammes.

Trois mois durant, Painvin va lutter sans faillir contre l'ADFGX et son petit frère, le ADFGVX, décryptant des télégrammes chiffrés où il est question de station d'émission, de mouvements de troupes, de demandes de munitions et de besoins en carburants. Ses efforts s'avèrent finalement fructueux, à un moment décisif du conflit.

Les généraux du Kaiser Guillaume II avaient en effet projeté une offensive majeure, visant à s'assurer la victoire avant que l'arrivée des Américains ne vienne compromettre leurs chances. Grâce aux travaux de Painvin, on parvient à localiser le fer de lance de cet assaut, entre Compiègne et Montdidier, à 80 km au nord de Paris.

Les Alliés dépêchent alors hommes et matériels dans la région. Le 9 juin, l'assaut est donné ; les lignes défensives plient, mais ne rompent pas. Au bout d'une semaine, de canonnades en charges, l'issue de la bataille est plus qu'incertaine. Enfin, la poudre cesse de parler, le gaz moutarde et autres poisons se dissipent : l'offensive allemande est bel et bien stoppée. D'autres affrontements dramatiques suivront, mais le conflit a définitivement amorcé un virage.

LES ANNÉES 1920 ET 1930

Pendant la paix fragile qui suit la Première Guerre mondiale, beaucoup se prennent à rêver d'un monde sans secret ni conspiration. Néanmoins, Herbert Yardley, cryptologue actif au cours du conflit, insiste pour que soit maintenue une unité cryptographique américaine. En 1917, à l'entrée en guerre des États-Unis, c'est lui qui pousse le département de la Guerre à constituer le service cryptologie (le MI-8) de la Military Intelligence Division. Sous l'égide de Yardley, cette section, modeste mais dynamique, donne toute satisfaction. On y traite différents problèmes tels que traductions de documents allemands, encres invisibles et enquêtes sur attentats ; jusqu'à la fin du conflit européen, le service alimentera sa hiérarchie en informations vitales.

Après la guerre, Yardley finit par gagner la confiance du secrétaire d'État, Frank Polk. Celui-ci se révèle d'un soutien crucial, puisqu'il permet de récolter les fonds nécessaires à la création, à New York, d'un MI-8 nouvelle version. Bientôt connu sous le surnom de Cabinet noir américain (en hommage aux offices-d'interception de messages secrets de la fin du XVIe siècle), ce service est en fait le premier véritable bureau du chiffre américain. Soutenu par les départements de la Guerre et d'État, partenaire de l'union des compagnies de télégraphe américaines, Yardley s'applique d'abord à résoudre avec son équipe les communications entre ambassadeurs, hommes d'affaires et différents monopoles commerciaux.

Installés dans un bâtiment obscur au 141, East 37e street, à quelques pas de Lexington Avenue, Yardley et sa vingtaine de collaborateurs accumulent les bons résultats, en dépit de moyens de fortune et de salaires modestes. Un des premiers coups d'éclat de la section concerne le déchiffrement de quelques-uns des codes diplomatiques clés du Japon — tâche que rend plus ardue encore la complexité de l'écriture idéographique japonaise. Au cours de l'été 1921, les membres du Cabinet noir parviendront à décrypter le libellé d'un télégramme nippon, expédié de Londres à Tokyo ; la petite équipe découvre que Tokyo exploite un alphabet, le kata kana, riche de quelque 70 syllabes ayant leur équivalent en lettres latines.

Les cryptanalystes de Yardley isolent d'abord les syllabes courantes et les mots où se répètent *ari*, *aritashi*, *daijin* et *gyoo*, et ils établissent un relevé de fréquences et d'associations de groupes de lettres ; de tâtonnements en erreurs, l'équipe finit par découvrir la signification de toute une série de bigrammes. Ces groupes phonétiques sont en fait organisés sous forme de code où les messages sont hachés et désordonnés, de façon à masquer les premières et dernières lettres d'un mot, ceci jusque dans les salutations et les formules de politesse. Yardley a laissé à la postérité un exemple de ce type de dépêche résolu par ses soins :

TEXTE CODÉ :	RE	UB	BO	AS	FY	OK	RE	OS	OK	BO
TEXTE CLAIR :	do	i	tsu	o	wa	ri	do	ku	ri	tsu
	(Germany)			(stop)			(independence)			

Yardley et toute son équipe voient leurs efforts généreusement rémunérés. En novembre 1921, la conférence de Washington pour le désarmement naval met une fois de plus le Cabinet noir à contribution ; il s'agit de décrypter les télégrammes en provenance de Tokyo et d'ailleurs. Parfois, il suffit de quelques heures pour que l'armée américaine soit avisée des prétentions japonaises ou d'autres puissances maritimes.

Les messages codés japonais précédant la conférence montrent que le pouvoir impérial est prêt à accepter certains termes de la négociation, au sujet de la limitation en nombre et tonnage des flottes de combat. En cas de pression, la délégation japonaise se plierait même à certaines concessions. Le Japon réclame alors un rapport de dix à sept navires. Par là, les Japonais prétendent lancer sept bateaux d'un tonnage supérieur à 10 000 tonnes armés de canons de 8 pouces, pour dix bateaux lancés par l'Amérique et l'Angleterre. Chaque différence de rapport équivaut à un rapport de tonnage de 50 000. Tous ces calculs ont une grande importance pour les Japonais, car en plus de sa capacité militaire la flotte a une valeur symbolique pour le prestige national.

Au fait des manœuvres nipponnes pour leur arracher le rapport le plus favorable, les États-Unis sont en mesure de mener la conférence en faisant pression sur le Japon. Finalement, le rapport est fixé de dix à six. L'accord final prend le nom de Traité des cinq puissances et réunit Japon, Angleterre, Amérique, France et Italie. C'est bien la détermination de Yardley et les compétences de son équipe qui font aboutir la conférence pour le désarmement, une victoire diplomatique décisive pour les États-Unis.

La cryptographie ne tarde pas à occuper à nouveau le devant de la scène américaine ; des cryptanalystes font en effet éclater au grand jour un scandale pétrolier d'envergure nationale, l'affaire *Teapot Dome*, du nom d'une réserve pétrolière de la marine américaine, située dans le Wyoming. Depuis des années, des rumeurs entachent de hauts responsables de l'administration républicaine de Warren G. Harding, ainsi que des employés du Veterans Bureau et du département de la Justice ; on soupçonne ces individus de toucher des dessous de tables au détriment des bases pétrolières gouvernementales. En 1924, le Sénat ouvre une enquête officielle au sein du Public Lands Committee. Le personnel de la commission d'enquête découvre des messages codés, dont un a été envoyé à Edward Doheny, de la Pan American Petroleum Company. Impuissant à déchiffrer ces communications, le Sénat les expédie au bureau du Signal Corps de l'armée américaine, plus précisément à sa section chiffre, dirigée par William Friedman.

Pour ce dernier, il est clair que le message destiné à Doheny a été composé à l'aide d'un code privé, propriété de la Pan American Petroleum Company. Friedman démontre également que la correspondance échangée entre le président du *Washington Post* et Edward McClean, le complice de Harding, recourt à un système de chiffrement appartenant au Bureau des enquêtes du département de la Justice.

La publication de ces courriers pique la curiosité des Américains ; il est vrai que ces échanges comportent des passages énigmatiques émaillés de mots-clés tels *opaque*, *hosier* (bonnetier), *bedraggled* (débraillé) et *chinchilla*. Friedman déchiffre ces télégrammes et quelques autres, en analysant le répertoire codé du Bureau des enquêtes, récupéré par un McClean repenti, à présent agent spécial du département de la Justice.

Les découvertes de Friedman, jointes à d'autres enquêtes ouvertes par le Sénat apportent finalement des preuves irréfutables de fraude et de corruption. On apprend ainsi qu'Albert Fall, ministre de l'Intérieur, a, dans le plus grand secret, accordé l'exploitation de concessions de Elk Hills, une réserve pétrolière de Californie, à Edward Doheny, et de Teapot Dome à la compagnie pétrolière d'Harry F. Sinclair. En retour, Doheny s'est acquitté envers Fall de 100 000 dollars. Sinclair a de son côté diversifié ses rétributions : têtes de bétail, 85 000 dollars en liquide et 223 000 autres dollars sous forme de bons.

En 1927, le gouvernement gagne le procès qui l'autorise à annuler ces concessions, même si le jury déclare Sinclair, Doheny et Fall non coupables. Sinclair est néanmoins accusé de subornation du jury et Fall de corruption ; la sentence impose 100 000 dollars de dommages et une année de prison.

Forcée de s'adapter à la politique isolationniste de son pays, l'armée américaine n'a d'autre possibilité que de se fier à ses stations d'écoutes si elle veut rester au fait des événements se déroulant hors de son sol. On baptise l'équipe chargée d'espionner le Pacifique nord *On the Roof Gang* (le gang du toit). Dans les années 1920, la Navy dispose d'une station d'écoutes dans les murs mêmes du consulat américain de Shangai ; c'est là que des espions radio intercepteront les messages diplomatiques émis par Tokyo. En 1926 et 1927, les sections de renseignements rattachées à la première Flotte asiatique américaine emménagent à Guam et à Olongapo, dans les Philippines.

En 1928, une salle de classe très particulière ouvre ses portes tout en haut du département de la Marine, à Washington ; en guise de professeurs, des instructeurs du service cryptologie de la marine (le OP-20-G) chargés de former les « roofers ». L'objectif premier de cette formation de quatre mois est d'accroître le nombre d'opérateurs radio initiés au kata kana, la version japonaise du code Morse.

Dès la fin des années 1920, la Navy a placé ses stations d'écoutes en des avant-postes aussi divers que Bainbridge Island, près de Seattle, Dutch Harbor, en Alaska, ou Heeia sur l'île d'Oahu, à Hawaï. Bientôt, le *H* de Heeia devient le nom de code des renseignements de l'unité navale, basée à Hawai, la station Hypo. La station de la Cavite Naval Base aux Philippines prend, elle, le pseudonyme de Station Cast. Baptisé Station Negat, le *N* renvoyant à Navy, l'OP-20-G de Washington est le centre de toutes ces écoutes humaines et électroniques.

Les membres du *On the Roof Gang* qui réussissent à franchir toutes les étapes de leur formation reçoivent des postes de responsabilité à l'étranger. Outre l'interception et la traduction des messages kata kana, mission première des décrypteurs de la marine américaine, le *Gang* s'est fait une spécialité de la radiogoniométrie et de l'analyse du trafic radio. Aux États-Unis, les citoyens se battent contre la Dépression et attendent beaucoup du New Deal ; pendant ce temps, les « roofers » se penchent sans repos sur les traits et les points japonais, craignant qu'ils n'aient un jour un sens sinistre.

Quelques années après le beau succès du Traité des Cinq Puissances de la fin des années 1920, le crédit budgétaire du Cabinet noir se voit sérieusement amputé. Une nouvelle politique administrative vient également l'handicaper ; les deux géants du télégraphe, Postal et Western Union, se montrent en effet de moins en moins coopératifs. Or, sans ce support, impossible pour les membres du Cabinet noir de travailler efficacement. Ce problème n'est cependant que la partie émergée de l'iceberg.

Dans l'esprit de bonne volonté internationale qui règne du milieu jusqu'à la fin des années 1920, cryptologie et espionnage passent pour des activités peu recommandables, immorales, voire antipatriotiques. La haute teneur morale du discours électoral de Herbert Hoover en 1928 jette l'anathème sur l'interception et l'analyse du chiffre. Mais c'est Henry L. Stimson, Secrétaire d'État du président Hoover, qui assène le coup fatal au Cabinet noir.

Idéaliste et bien pensant, Stimson est tout simplement horrifié d'apprendre que le Cabinet noir fonctionne sous protection du département d'État. Il souhaite que cette branche du gouvernement soit irréprochable dans ses échanges avec les autres nations ; il juge de plus indigne d'un gentleman et d'un diplomate qu'ils puissent lire le courrier d'autrui. Stimson coupe les vivres ; le Cabinet n'a plus qu'à fermer ses portes.

Cette annulation pure et simple du service jette Yardley dans un profond désarroi. L'homme déverse alors sa bile dans un ouvrage de souvenirs, *The American Black Chamber*, immédiatement best-seller et objet de toutes les controverses. Yardley défend son livre : il s'agit d'alerter l'opinion publique sur les risques liés à une politique médiocre du chiffre et à une pratique étriquée de la cryptographie ; néanmoins, en 1931, date de publication de l'ouvrage, les critiques pleuvent sur le texte, qualifié de scandaleux et irresponsable. Largement médiatisé grâce à des extraits publiés dans *The Saturday Evening Post*, le livre de Yardley est en tout cas une belle réussite, tant sur le plan financier que sur celui du style. Si les critiques littéraires s'enflamment pour cette force narrative et le sensationnel de ces révélations, certains cryptologues américains, dont William Friedman, considèrent que cette publicité autour des méthodes de déchiffrement et de décodage des services américains nuit sérieusement au renseignement.

Les craintes de Friedman semblent se confirmer ; des observateurs basés à l'étranger signalent en effet que certaines nations s'appliquent à modifier leurs méthodes de codage, particulièrement le Japon, où le livre de Yardley déchaîne les passions. À la lecture du passage évoquant le déchiffrement du code diplomatique japonais au cours de la conférence sur le désarmement de Washington, le sentiment général nippon s'exprime en un seul mot : déshonneur. Des historiens estiment même que ces révélations sont à l'origine du surcroît de vigilance de l'Armée impériale et de sa flotte dans le domaine des communications militaires, durant la guerre qui suivit.

La suprématie cryptologique américaine, aussi brillante qu'éphémère, s'étiole ; pendant ce temps, le Japon s'arme de nouvelles structures. L'invasion de la Mandchourie est imminente. En 1925, on met en place la *Tokumu Han*, ou section spéciale, une unité de déchiffrement intégrée au service de communication de l'état-major général de la marine japonaise.

En 1929, une unité d'interception radio (*tsushintai*) parfaitement organisée, rejoint le ministère de la marine et, en 1932, au moment de l'occupation nippone de Shangai, une autre unité radio (la *X Facility*) débarque en même temps que les forces navales. C'est cette unité qui intercepte les messages des forces chinoises nationalistes de Tchang Kaï Chek et les livre à la Tokumu Han. Les troupes du Guomindang vont tout tenter pour stopper l'invasion ; mais la supériorité des forces navales japonaises, comme leur aptitude en matière de chiffre, ont finalement raison de cette résistance.

En parallèle, la Tokumu Han travaille à casser le *Grey Code* utilisé par le département d'État américain, un code ordonné en usage chez les diplomates basés en Asie. Les cryptanalystes japonais parviennent à découvrir une série de voyelles et de mots-clés avec l'aide de la police militaire de Tokyo (la *Kempetai*), qui récupère clandestinement des fragments de télégrammes dans les poubelles de l'ambassade américaine. Le chiffre américain cède à la détermination japonaise quand les cryptanalystes identifient *nadad* comme équivalant à « stop/phase » ; suivent d'autres découvertes, qui ébranlent tout le système cryptographique du département d'État.

La résolution du Grey Code entraîne un revers militaire en Chine. En 1932, les membres de la *X Facility*, installés dans Shangai occupé, déchiffrent un code chinois ressemblant à un code numérique employé pour les télégraphes commerciaux. En recoupant ce message chinois e avec un autre, chiffré en Grey Code et décrypté par la Tokumu Han, les Japonais apprennent l'intention de la Chine de lancer ses forces aériennes sur leurs troupes. Le Japon réagit sans attendre et lance son aviation sur les appareils chinois basés à Changsha ; un seul raid suffit à anéantir la quasi totalité des forces aériennes chinoises.

À l'automne 1932, le tanker japonais Erimo espionne les manœuvres américaines dans le Pacifique et découvre que la Navy exploite une machine à chiffrer à rotor, la *Electric Code Machine,* ou ECM. Les Japonais sont déjà familiers de ce type d'engin ; très vite, ils sont en mesure de casser le chiffre émis par ce nouveau modèle.

Le travail de la cryptanalyse américaine sur certaines communications japonaises révèle bientôt que le chiffre de la ECM est démasqué ; la Navy se rabat alors sur le vieux système à bandes, composé d'alphabets inscrits sur des bandes de carton ou de papier. Différentes versions de cet appareil de chiffrement rudimentaire sont à cette époque en activité. L'une des plus connues reste la Navy Code Box (NCB), créée par le lieutenant Russell Willson en 1917, toujours en service dans la Navy en 1935. Un autre système à bandes, le CSP 642, servira sous la bannière étoilée jusqu'en 1941. Le CSP 642, considéré comme un procédé cryptographique de bas étage, se compose de 30 bandes alphabétiques à options multiples dont on n'employait pas chaque jour la totalité. Ainsi, on utilisait un jour 25 bandes, le lendemain 28. La Navy recourait également au modèle à bandes M-138-A, de concert avec l'armée américaine. Les 100 bandes, dont 30 étaient utilisées simultanément, faisaient plus que tripler le nombre total d'options disponibles avec le CSP 642 et autorisaient cent fois plus de combinaisons alphabétiques.

À mesure que les systèmes de chiffrement américain se multipliaient et se sophistiquaient, les succès de la Tokumu Han se raréfiaient.

LA SECONDE GUERRE MONDIALE

Durant la grande dépression des années 1930, aucun pays n'était plus averti de la nécessité de nouvelles stratégies militaires, ou des progrès du chiffrement, que ne l'était le IIIe Reich. Tandis que les Français dépensent des millions de francs pour renforcer la Ligne Maginot, Hitler et ses généraux conçoivent la *Blitzkrieg*, ou guerre éclair. En un éclair effectivement, des divisions de chars d'assaut Panzer, accompagnées de convois d'approvisionnement, contourneront les bastions prétendument imprenables de la ligne Maginot, en révélant très brutalement l'inconséquence. Alors, tandis que les membres des quartiers généraux français et belges font circuler les ordres par messagers à bicyclette, la Luftwaffe lâche ses parachutistes pour s'emparer des sites-clés, ou encore pour saboter les pièces d'artillerie et les systèmes de communication, bien en deçà du front allié. Ici encore, tandis que les forces défensives s'efforcent de se regrouper – mais les lignes téléphoniques sont détruites –, la Wehrmacht appuie son agression par un système radio des plus structurés.

Sept mois après la déclaration de la Seconde Guerre mondiale, les Britanniques se donnent un nouveau premier ministre, Winston Churchill. Fort d'une expérience dans le renseignement et la sécurité des communications acquise au cours de la Première Guerre mondiale, Churchill saisit toute l'urgence qu'il y a à résoudre le chiffre germanique. Au cours de ces terribles mois où l'Angleterre se retrouve seule face à Hitler, Churchill s'appliquera à soutenir activement les différents services du renseignement. L'un d'eux occupe un domaine appelé Bletchley Park où officient des cryptanalystes très peu expérimentés.

Superbe demeure victorienne à proximité de Bletchley, à environ 70 km de Londres, Bletchley Park accueille dès le début de la guerre une petite équipe de cryptanalystes britanniques ainsi que la *Government Code and Cipher School* (GCCS). Dans ces murs opèrent d'éminents linguistes et mathématiciens, accompagnés de leur équipe. C'est là que l'on va mener, souvent avec des moyens de fortune, le projet de déchiffrer les systèmes de cryptage allemands et tout particulièrement Enigma.

Machine à chiffrer à rotors, Enigma permet de produire électriquement un nombre colossal d'alphabets de substitution. Les capacités d'Enigma emportent l'adhésion inconditionnelle du haut commandement allemand, à tel point que les forces du Reich se reposent de plus en plus sur cette machine et ses successeurs pour chiffrer des communications ultra secrètes. La tâche des hommes de Bletchley Park, qui n'a rien d'une sinécure, est baptisée Ultra, du nom de code des amiraux anglais aux jours de la bataille de Trafalgar. Ultra restera l'un des secrets les mieux gardés de toute l'histoire militaire en général, et de l'espionnage en particulier. Il faudra d'ailleurs attendre plusieurs décennies pour en savoir un peu plus sur la cryptanalyse des secrets d'Enigma ; certains faits seront divulgués en 1967 par l'historien polonais Wladyslaw Kozaczuk et, en 1973, par Gustave Bertrand, résistant actif et ancien pirate d'Enigma. Ce n'est qu'en 1974 que l'existence d'Ultra sera véritablement révélée avec la parution de l'ouvrage de Frederick Winterbotham, *The Ultra Secret*.

Ultra va d'emblée bénéficier de l'aide des Français et des Polonais, déjà familiarisés avec la mécanique Enigma. La Pologne s'était en effet offert une version de la machine dans les années 1920 ; de plus, elle tient de ses agents du renseignement des croquis d'un modèle Enigma, expédié par erreur à Varsovie en 1929. Des savants de l'université de Poznan sont également parvenus à résoudre certains énoncés mathématiques ardus sous-jacents au procédé Enigma. En octobre 1931, un employé du ministère de la Défense allemand, Hans-Thilo Schmidt, au nom de code Asché ou encore Source D, vend à la France des documents cryptés. Sur une période de huit années, l'homme aurait ainsi livré aux Français une notice d'emploi d'Enigma, un répertoire de clés, des cryptogrammes accompagnés du texte clair correspondant et des informations sur toutes les modifications apportées à la machine.

Au milieu des années 1930, des Polonais de l'usine de radio AVA, près de Varsovie, ont mis au point, en partenariat avec des techniciens français, plusieurs versions d'Enigma ; c'est un tremplin pour la recherche alliée. En 1938, le travail assidu des Polonais sur différents rotors mécaniques aboutit à la conception d'un appareil baptisé *Bomba*, hommage à une crème glacée polonaise. Nommée *bombe* par les Britanniques et les Français, cette machine à chiffrer facilite considérablement le déchiffrement des différents messages Enigma.

Des rencontres secrètes tenues à Paris et Varsovie en 1939 décident de répartir et d'intensifier ces recherches entre Polonais, Français et Britanniques. S'inclinant devant les moyens scientifique et technique de la Grande-Bretagne, Français et Polonais acceptent de livrer leurs travaux cryptographiques aux services spécialisés britanniques, Bletchley Park en tête. Alfred D. Knox, chef du service de déchiffrement britannique, Gordon Welchman et Alan Turing, mathématiciens de Cambridge, aidés d'universitaires, s'attaquent dès lors exclusivement à faire céder Enigma. Entre 1939 et jusqu'à fin avril 1940, l'équipe britannique réussit à mettre au point une nouvelle *bombe*, un caisson de cuivre de 2,40 m de haut sur 2,40 m de large. Le ventre de la machine consiste en un enchevêtrement de circuits électriques, censés fonctionner sur le schéma des rotors d'Enigma. L'engin voit le jour dans le baraquement 3, vaste structure édifiée sur les terres de Bletchley.

Les stations britanniques d'interception fonctionnent à plein régime ; chaque message de l'armée ennemie, transmis par voie diplomatique ou par ses services de renseignements est soigneusement piraté. La moindre transmission émanant d'Enigma est aussitôt mise sur bande magnétique, avant d'être soumise à la *bombe*. Dans un bruit d'aiguilles à tricoter, l'appareil réussit à isoler les clés de chiffrement de plusieurs messages. Le Baraquement 6 est alors consacré aux transmissions de l'armée de l'air, le Baraquement 8 à celles de la marine ; chaque équipe tentant de débrouiller les différents chiffres. La *bombe* sera ainsi l'aînée d'une génération de systèmes qui, tout au long de la Seconde Guerre mondiale, contrera la cryptographie allemande ; c'est le début d'une terrible bataille cryptographique, plus tard baptisée par Churchill, « guerre des mages », car c'est bien, en effet, le génie des cryptanalystes qui contribuera à façonner la victoire des Alliés.

Aux États-Unis, une politique isolationniste sclérosante sévit sur tout le territoire depuis la fin de la Première Guerre mondiale ; la population, comme les instances gouvernementales, auront longtemps d'autres soucis que de se préoccuper de la paix mondiale. Pourtant, le 7 décembre 1941, l'attaque surprise d'une base jusque-là anonyme, Pearl Harbor, réveille la conscience américaine.

On a beaucoup blâmé les services cryptographiques américains pour leur totale incompétence à interpréter correctement les événements qui devaient conduire à la catastrophe de Pearl Harbor. Les critiques portent autant sur l'alerte, tombée trop tard, que sur les détections radars, erronées ; aucune réponse satisfaisante n'a été donnée à ce jour. À la décharge de la cryptanalyse, on sait que les forces défensives américaines n'avaient alors rien de robuste et que les troupes autant que les services cryptographiques disposaient d'une technologie militaire plutôt médiocre. L'armée a néanmoins négligé plusieurs signes alarmants, indices précurseurs de l'imminence du danger.

L'un de ces avertissements est lancé par Copek, nom de code d'un procédé cryptographique ultra secret reliant les bases américaines du Pacifique à Washington, avant et durant la Seconde Guerre mondiale. L'US Navy communique alors au moyen de l'ECM, machine dont les rotors électriques constituent à l'époque un moyen de chiffrement des plus élaborés.

Les unités reliées par Copek et leur réseau radio offrent le meilleur comme le pire en matière de sécurité des communications. Copek relie Negat Station, à Washington, aux cellules de renseignements de la marine américaine d'Hypo, à Hawai, ainsi qu'à celles de Cast, à Cavite, dans les Philippines. Chacune de ces cellules travaille, selon des responsabilités bien définies, à l'interception et au déchiffrement des méthodes cryptographiques japonaises : l'équipe Hypo cherche ainsi à briser le code des amiraux nippons ; le groupe de renseignements sur la flotte asiatique, basé à Cast, se consacre quant à lui à résoudre le principal système de chiffrement de la marine japonaise, le JN25.

Copek a su garder une certaine confidentialité, en partie parce qu'il est moins exploité que d'autres méthodes. Des décisions sécuritaires, discutables et timorées, font que le centre Hypo d'Hawai ne dispose pas du déchiffrement de la série « J », chiffre des consulats japonais basé sur la transposition, alors même que l'un de ces consulats s'élève à proximité de la base navale US, Pearl Harbor. On estime aujourd'hui que si Hypo avait eu accès à ces données, il aurait permis de contrer l'attaque japonaise.

Il y a pire ; les informations vitales, émanant des centres cryptographiques japonais et concernant leur machine à chiffrer « Purple », ne sont pas distribuées à tous les avant-postes américains. Or, avant même l'entrée en guerre de l'Amérique, les cryptanalystes yankees s'étaient efforcés de décrypter les chiffres japonais ; ils étaient même parvenus à reconstituer les messages cryptés par la machine à chiffrer dite *Red*. L'une des dernières dépêches chiffrées par Red apprenait ainsi en février 1939 aux Américains l'arrivée d'une machine japonaise plus perfectionnée. L'engin porte le nom de « Machine 97 à clavier alphabétique », dont le nom de code américain sera Purple.

Purple est un procédé polyalphabétique extrêmement complexe, servant à chiffrer l'alphabet britannique et à créer des substitutions par centaines de milliers. Ces performances semblent d'abord insurmontables aux experts américains. C'est sans compter sur le premier cryptanalyste du pays, William Friedman, efficacement entouré d'une équipe de véritables héros, qui se jettent corps et âme dans l'entreprise.

L'essentiel des victoires cryptologiques américaines est l'œuvre du SIS (Signal Intelligence Service), un organe de l'armée conduit par William Friedman, et par l'OP-20-G, service du renseignement de la marine, dirigé par Laurence Safford. L'un des plus grands exploits des deux groupes est sans aucun doute d'avoir su mettre au point une mécanique capable de reproduire les opérations effectuées par Purple permettant le déchiffrement des messages diplomatiques japonais.

La troupe des cryptanalystes américains est déjà familière des salutations et formules de politesses japonaises types, grâce au déchiffrement du code diplomatique de Tokyo, effectué par Yardley et le Cabinet noir américain, à l'occasion de la conférence sur le désarmement de Washington. Les stations radio de l'armée basées dans le Pacifique enregistrent alors systématiquement la moindre transmission radiotélégraphique ; on recherche même d'éventuels indices dans les communications les plus anodines. Peu à peu, fréquences et modèles commencent à s'imposer.

Des télégrammes sont déchiffrés par hasard, sur la base d'erreurs commises par les opérateurs radio japonais, peu habitués au nouveau système et donc souvent forcés d'expédier des rectificatifs de dernière minute. Côté Alliés, le travail de recherche porte ses fruits ; l'un des techniciens civils de l'équipe Friedman, Leo Rosen, réalise un jour que les commutateurs téléphoniques permettent d'améliorer le test de techniques de déchiffrement. La découverte donne le jour à une vision totalement nouvelle des connexions et des processus électriques. Un mois plus tard, en août 1940, Friedman et ses collaborateurs ont couché sur le papier les plans du mécanisme effectuant les mêmes opérations que Purple. Rosen assemble le premier appareil opérationnel pour un coût de 685 dollars. Vers septembre 1940, ce jumeau de Purple (Purple Analog) permet aux cryptanalystes américains de décrypter les communiqués diplomatiques les plus confidentiels du Japon.

Adoptant le surnom donné par le Général Joseph Mauborgne aux cryptanalystes, Friedman prend pour habitude de comparer son staff à des « magiciens ». Devant les exploits accomplis par Purple Analog, l'armée répertorie peu à peu sous le nom de « Magic » tout renseignement livré par déchiffrement. Mais alors que l'antagonisme États-Unis/Japon prend de l'ampleur, la dissémination des déchiffrements Magic vient diviser le camp américain.

Tout ce que déchiffre Purple est mis à disposition du président Roosevelt, de certains membres de son cabinet et de militaires de haut rang. Parmi ces derniers, quelques-uns préfèrent ne pas distribuer à tous les avant-postes certaines de ces informations. Plus tard, par le biais de documents rendus publics, on apprendra le nom de deux de ces officiers : l'amiral Husband Kimmel et le général Walter Short, en poste à Pearl Harbor.

Malgré le manque de communication évident entre Washington et l'avant-poste d'Hawai, les cryptanalystes progressent. Un déchiffrement capital est ainsi effectué par Dorothy Edgers, linguiste américaine et spécialiste du Japon. Ancienne résidente de l'empire du Soleil Levant, Dorothy avait déjà pour elle 30 ans de maîtrise des subtilités de la langue nippone. C'est cette expérience, plus que ses aptitudes de cryptanalyste, qui lui a permis de décrocher un emploi de traductrice dans la Section Z de l'OP-20-G, à Washington.

Le 6 décembre 1941, une série de messages diplomatiques japonais, décryptés mais non traduits, atterrit sur son bureau. Ces communiqués avaient été chiffrés par le système PA-K2, code relativement simple réservé aux affaires de routine, l'effort cryptographique japonais étant généralement porté sur des communications de plus haute importance.

Un élément relevé sur l'un des documents décryptés va attirer l'attention de Dorothy, à tel point qu'elle en parle à son frère, également expert en langues, Fred Woodrough, qui lui conseille de fouiller plus avant — ce qu'elle fait, sans ménager sa peine. Dorothy transmet régulièrement ses découvertes à son supérieur, le capitaine de corvette Alwin Kramer, mais celui-là est déjà débordé de travail et, tout absorbé par les communications chiffrées par Purple, il n'a guère le temps de se pencher sur la traduction de son assistante. Lorsque Dorothy met un point final à son travail, elle dépose le tout sur le bureau de son responsable hiérarchique.

En fait, sous ce message de second ordre, Dorothy Edgers a découvert un câble signé du consul japonais Nagao Kita, émis d'Hawai à destination de Tokyo, et concernant un certain agent en poste à proximité de Pearl Harbor, ainsi qu'un envoi de signaux lumineux à un sous-marin japonais depuis une plage. L'information concerne directement la flotte du Pacifique de Pearl Harbor ; malheureusement, la traduction de Dorothy ne quitte pas le bureau du colonel Kramer. Les supérieurs de Dorothy ont alors bien d'autres chiffres à fouetter.

Tard dans la nuit du 6 décembre, les stations radio de la marine américaine interceptent plusieurs dépêches émanant de l'ambassade japonaise ; documents aussitôt transmis au département de la Marine, à Washington. Au matin du 7 décembre, on déchiffre une réponse du gouvernement japonais, chiffrée par Purple, aux ultimes négociations entreprises avec les États-Unis. C'est ainsi que l'on apprend que le Japon a pris la décision de rompre le même jour, à 13 heures, toute relation diplomatique avec les Américains.

Les cryptanalystes de l'OP-20-G et du SIS (Signal Intelligence Service) ont connaissance de l'ultimatum dès 7 heures 30, heure de Washington. Le jour n'est pas encore levé à Hawai. Dans les camps de Schofield, Wheeler Field et de Battleship Row, la majorité du personnel américain dort encore paisiblement. Ce matin-là, les premiers rayons de soleil hawaïens se reflètent à l'horizon sur des centaines d'avions japonais. Plus tard, on accusera la cryptologie US de tous les maux : mauvaise appréciation, absence de réaction et lacune au niveau de l'information. Les équipes spécialisées ont pourtant réagi aussi rapidement que les méthodes et les impératifs gouvernementaux de l'époque le permettaient. Les cryptanalystes américains avaient bien su déchiffrer toutes les dépêches clés justifiant largement de passer à l'action. Après tout, jamais aucun message japonais intimant clairement l'ordre d'attaquer Pearl Harbor n'était passé entre leurs mains. Les conséquences de l'attaque surprise japonaise sur la base de Pearl Harbor et les installations militaires environnantes sont effroyables. On dénombre 2 403 tués, dont 68 civils, 1 178 blessés ; pas moins de 18 vaisseaux de guerre, cuirassés, croiseurs et autres destroyers sont détruits. La marine américaine déplore également la perte de 21 avions de reconnaissance, 13 avions de chasse, 4 bombardiers et 46 patrouilleurs ; de son côté, l'armée de l'air a perdu 18 bombardiers, 59 avions de chasse et la plupart de ses infrastructures, hangars et terrains d'aviation.

Le bilan dramatique des pertes subies par ce bastion soi-disant imprenable soulève dans les 48 États de la nation la même indignation. Les hauts responsables américains en ont désormais fini du principe moral selon lequel un ambassadeur bien élevé ne met jamais son nez dans les communications d'autrui.

Fortement handicapée par sa politique isolationniste et par le manque d'anticipation de certains de ses leaders, l'Amérique entre dans une guerre dominée par les Puissances de l'Axe. L'Allemagne dispose d'une technologie militaire face à laquelle la production américaine paraît obsolète. Des espions infiltrent les bases étrangères alliées presque aussi rapidement que leurs obusiers anéantissent villes et villages.

Outre la restructuration économique et industrielle nécessaire à son entrée en guerre, l'Amérique a un besoin urgent d'améliorer ses services de renseignements, si elle veut défendre efficacement ses intérêts. C'est alors que d'immenses ressources, tant sur le plan financier qu'intellectuel, sont versées pour le renforcement de services cryptologiques. Après leur entrée dans la Seconde Guerre mondiale, l'équilibre des forces de renseignements et des performances cryptanalytiques se transforme ainsi à l'avantage des États-Unis.

BATAILLES NAVALES

La lutte pour le contrôle des mers est déterminante pour la suite de la guerre, pour les Alliés autant que pour les Puissances de l'Axe. La bataille de l'Atlantique voit les escadres de U-boote nazis, les terribles « meutes de loups », décimer les bâtiments militaires et la marine marchande des Alliés. Aussi habiles que rusés, les commandants des sous-marins allemands sont, il est vrai, efficacement secondés par la cryptanalyse. Leur tactique bénéficie des révélations que leur transmet le haut commandement naval germanique (*Oberkommando der Kriegsmarine*), siège de l'organisation cryptologique allemande ; leurs experts vont réussir, dès les premiers jours de la guerre, à casser les méthodes cryptographiques top secret de la Royal Navy.

Plus que toute autre source, c'est le *Beobachtungs-Dienst*, ou B-Dienst, qui fournit des informations aux forces germaniques terrestres et navales. Le B-Dienst est la création du commandant de la marine allemande, l'amiral Karl Dönitz, service, somme toute modeste mais aux solides compétences. En mars et avril 1940, au moment où Hitler prépare l'invasion de la Norvège et la confiscation de son fabuleux stock de minerai de fer, le B-Dienst parvient à décrypter des messages britanniques révélant l'intention de la Royal Navy de miner le port de Narvik, en Norvège. Cette révélation incite les Nazis à adopter la tactique du leurre en attirant une partie des croiseurs britanniques au large ; la manœuvre réussit pleinement et les troupes d'occupation allemande débarquent sans accroc sur le sol norvégien.

Le B-Dienst déchiffre en parallèle nombre de messages transmis par les navires de commerce britanniques. Ces bâtiments exploitent alors un code, le BAMS, ainsi nommé parce que les messages chiffrés sur ce principe sont transmis via le *Broadcasting for Allied Merchant Ships* (réseau radio pour les navires de commerce alliés). Au cours de la deuxième année du conflit, le B-Dienst décrypte des communiqués donnant la position de convois entiers. Ces ordres, destinés à guider les navires de ravitaillement hors des zones à risque, servent au contraire la stratégie allemande ; la meute des U-boote n'a plus qu'à fondre sur ces proies. Le printemps 1941 est désastreux ; les pertes alliées se succèdent à un rythme alarmant. On parle d'un navire coulé toutes les 16 heures. En mars 1943, le B-Dienst parvient à décrypter un message radio britannique, un rapport sur la situation des U-boote : une aubaine pour les sous-marins allemands, qui trompent ainsi la défense des convois. Les membres du B-Dienst sont en mesure de repérer les convois à port, de connaître leur destination, la durée de leur traversée et leur vitesse de croisière. Du 16 au 19 mars, les escadres de Dönitz enverront par le fond 21 vaisseaux, soit un total de 141 000 tonnes. L'Allemagne, elle, ne déplore la perte que d'un seul sous-marin. Cet état de fait permet au haut commandement naval allemand de préserver ses autres bâtiments ; hors ses sous-marins, l'Allemagne ne dispose en effet que d'une flotte modeste en comparaison des forces navales alliées.

Après bien des pertes en vies humaines, les Alliés mettent en place une stratégie destinée à lutter efficacement contre les « meutes ». L'organisation des convois est repensée, on multiplie le nombre d'escorteurs, on améliore la surveillance aérienne et l'exploitation du sonar ; en parallèle, on recourt à une politique cryptographique plus élaborée afin de sécuriser les communications. Les chiffres de la marine allemande, Hydra et Triton entre autres, sont décryptés par l'appareil Ultra des services de renseignements britanniques, avec l'aide d'une machine Enigma et de documents cryptographiques trouvés sur le sous-marin U-110, en mai 1941. Ces différents exploits cryptographiques, et le déchiffrement britannique des messages Enigma, fournissent aux Alliés des informations décisives ; on connaît désormais les points de ravitaillement des sous-marins allemands, proies faciles quand ils sont à quai.

Par ailleurs, les conquêtes japonaises en Asie menacent de plus en plus les intérêts américains dans cette région du monde ; on surveille donc de très près les mouvements de la flotte nipponne. Les cryptanalystes américains et ceux du *On the Roof Gang* consacrent tout leur talent à l'interception et au déchiffrement des chiffres de la marine japonaise.

Avant la déclaration de guerre, postes d'écoutes alliés et cryptanalystes s'étaient concentrés sur les systèmes cryptographiques des forces armées impériales et sur les méthodes de chiffrement du corps diplomatique japonais. Ces efforts souvent récompensés incitent les experts américains à s'intéresser à d'autres cibles : les vaisseaux d'approvisionnement en nourriture, matériel médical et matériel de guerre, des forces japonaises établies à l'étranger.

Le code des navires de ravitaillement japonais (le *Maru*, d'après le suffixe japonais étiquetant toute la marine marchande) est un code à quatre chiffres, dit « code S ». Cinq mois de recherches acharnées seront nécessaires pour le briser ; l'exploit sera réalisé au début de l'année 1943, par l'équipe de renseignements de la station Hypo, à Hawai. Les données délivrées par ces déchiffrements éclaireront les services de renseignements de la flotte Pacifique sur les mouvements des convois japonais. Au milieu de l'année 1943, des communications nippones déchiffrées livreront aux Alliés des informations précieuses : horaires, itinéraires et destinations des convois. Ces renseignements, et un meilleur usage des sous-marins et des torpilles, accroissent de façon significative les pertes ennemies. Au cours du seul mois de janvier 1944, les sous-marins américains détruiront 330 000 tonnes de navires de commerce japonais. En 1945, quelque 8,5 millions de tonnes nipponnes auront été détruites par les Américains.

Le système exploité par la flotte impériale est baptisé JN25, tout simplement parce qu'il est le 25e de la série des codes navals japonais étudiés par les Américains. Alors que le Japon progresse dans le Pacifique, le JN25 résiste encore aux cryptanalystes. En 1940, Agnès Driscoll, cryptanalyste à l'OP-20-G, parvient à déverrouiller le système. Les révélations extraites du déchiffrement du JN25 marquent un tournant sur l'évolution de la situation des Alliés dans le Pacifique.

S'appuyant sur une information capitale, tirée d'une transmission radio cryptée par JN25, l'US Navy dresse les plans du raid Doolittle, célèbre mission de bombardement menée par le colonel James H. Doolittle. Début 1942, le moral des Alliés dans le Pacifique a bien besoin d'un coup de fouet. Les forces américaines de Pearl Harbor ont été anéanties. Les Philippines sont harcelées et, sur la péninsule de Bataan, la situation des forces américaines, assistées des troupes philippines, n'a rien de confortable. En outre, l'armée de terre et les forces navales japonaises ont investi une grande partie du sud-est asiatique.

L'heure est venue de faire la démonstration de la puissance américaine dans le Pacifique. L'état-major et le commandant en chef de la flotte du Pacifique, Chester Nimitz, décident de frapper un grand coup. En avril 1942, une escadre de deux porte-avions (nom de code : *Task Force Mike*) fait route sous les ordres de l'amiral William Halsey vers les îles japonaises, chargée d'une mission secrète. À bord du porte-avion *Hornet*, des bombardiers B-25 ; l'*Enterprise* transporte quant à lui les avions de combats chargés de la sécurité des bâtiments.

Nimitz et Halsey se fient au déchiffrement de plusieurs messages codés en JN25, qui donnent les coordonnées des escadres navales et aériennes de Tokyo. On en sait également un peu plus sur les intentions immédiates du Japon. Autant d'éléments qui poussent les Américains à tenter un assaut. Le 18 avril, sans garantie de succès, le colonel Doolittle lâche ses bombardiers : seize B-25 décollent pour la postérité. Sans doute, l'opération n'affecte-t-elle que superficiellement le Japon, mais le mythe de l'inviolabilité de son ciel a vécu. Les Alliés reprennent confiance.

Les tentatives pour pénétrer les systèmes cryptographiques des forces navales impériales commencent à porter leurs fruits. Vers la mi-avril 1942, par recoupements d'indices, on apprend que la marine impériale japonaise projette l'assaut (nom de code RZP) de Port Moresby, en Nouvelle-Guinée ; le site est de la plus haute importance pour l'Australie.

Les troupes alliées ignorent tout de cette région du globe ; on se tourne donc vers les données transmises par les cryptanalystes de l'ICS (*Islands Coastwatching Service*), le service de renseignements australien, habitués à surveiller l'immensité de leur littoral. Fondé en 1919, l'ICS regroupe entre autres des pêcheurs et des planteurs, des fermiers autant que des fonctionnaires, qui communiquent entre eux par radio. Au cours de la Seconde Guerre mondiale, l'ICS se verra rattaché aux renseignements de la marine australienne et au bureau des services secrets alliés. Ce dernier est chargé de coordonner et de répartir les différentes missions d'espionnage et d'infiltrations entre Australiens, Américains, Britanniques, Hollandais et les autres forces de résistance présentes dans la zone sud-ouest du Pacifique. C'est le général américain Douglas MacArthur, responsable de l'Extrême-Orient, qui chapeaute chacune de ces opérations.

Sur les îles occupées par les Japonais, ceux qui espionnent les activités cotières mènent une existence difficile. Leur radio couvre une zone qui s'étend de Port Moresby aux îles Salomon. S'aidant de différents systèmes, comme le chiffre de Playfair, ces hommes fournissent des données cruciales sur la situation des navires japonais, les transports de troupes, les convois et les sites d'atterrissage ennemis — informations déterminantes pour le succès des opérations alliées sur les îles Salomon (Guadalcanal) et en Nouvelle-Guinée.

Quand Port Moresby se trouve menacé d'invasion, les forces navales américaines ne sont pas au complet, deux porte-avions participant alors au raid Doolittle contre le Japon. Nimitz décide néanmoins de dépêcher sur place les porte-avions Lexington et Yorktown, afin de contrer l'assaut.

Les deux bâtiments, et la Task Force 17, sous les ordres du contre-amiral Frank Fletcher, rencontrent la marine impériale le 7 mai 1942, dans les eaux de la mer de Corail, au nord-est de l'Australie. Les avions américains coulent le porte-avions léger *Shoho,* escorte des forces de débarquement japonaises. On détecte au cours de l'affrontement des transmissions radio cryptées par le JN25 (dont le tout récent JN25b), émanant de sources différentes ; néanmoins, le contre-amiral Fletcher montre quelques doutes quant à la validité des déchiffrements.

La bataille opposant flottes américaine et japonaise se poursuit jusqu'au lendemain : on l'appellera la bataille de la mer de Corail. Il s'agit de la première confrontation navale impliquant uniquement des forces aériennes ; jamais les bâtiments des deux camps ne seront en présence. Le porte-avions *Shokaku* subit de lourds dommages et ses navires escorteurs sont expédiés par le fond ; la flotte du Pacifique ne sort pas non plus indemne de la bataille et déplore la perte du porte-avions *Lexington* et un *Yorktown* en bien piteux état.

On reprochera plus tard à Fletcher son manque de discernement face aux informations tactiques radio dont il disposait ; certains historiens estiment que le contre-amiral laissa échapper l'occasion d'une victoire décisive. On lui doit cependant d'avoir contrecarré l'invasion japonaise de Port Moresby, ce qui porta un coup fatal au moral des forces japonaises.

Juin 1942 : bataille de Midway, autre affrontement crucial opposant les flottes américaine et japonaise. La bataille elle-même reste l'un des revirements les plus stupéfiants de l'histoire militaire ; elle sera pour les forces armées américaines le révélateur de l'importance du renseignement radio.

Tandis qu'en mer de Corail la bataille fait rage, le quartier général de Tokyo émet l'ordre n° 18, qui met en branle l'opération MI, soit l'invasion de Midway et l'occupation de différents points stratégiques, dans l'ouest des îles Aléoutiennes. La stratégie japonaise vise la destruction de la marine américaine et veut forcer les États-Unis à une conférence de paix, qui marquerait la fin du conflit dans le Pacifique.

Les cryptanalystes lisant les transmissions radio chiffrées en JN25 parviennent à isoler et à traduire le bigramme *AF*. La découverte est capitale, car les Japonais transmettent toutes leurs coordonnées de lieux géographiques au moyen d'un code, le système *CHI-HE*. Les Américains ont pu reconstituer et interpréter certains des bigrammes de ce code ; on suppose ainsi que Pearl Harbor est désigné par *AK* et Johnston Island, à 800 km au sud-ouest des îles Hawai, par *AG*. Tout porte à penser qu'*AF* désigne Midway. Le capitaine Joseph Rochefort et l'équipe de la station Hypo à Hawai en acquièrent la certitude au mois de mai, quand ils découvrent l'expression *koryaku butai* (force d'invasion), suivie de l'intitulé *AF*. Le commandement de la seconde flotte japonaise a également transmis des messages à ses forces aériennes sur la position des infrastructures et des équipes au sol à proximité de *AF*.

Souhaitant vérifier ce qui restait une hypothèse, Rochefort met au point un plan complexe, en partenariat avec Edwin Layton, officier de renseignement de la marine, et Jasper Holmes, capitaine de corvette. On ordonne au quartier général de Midway de transmettre un message radio en clair, mentionnant la panne de son installation de distillation d'eau, que l'on souhaite voir intercepté par les stations d'écoutes japonaises. Quelques jours plus tard, la réponse japonaise tombe, aussitôt décryptée. Le piège a fonctionné ; le message mentionne en effet qu'*AF* manque d'eau potable. La preuve est faite !

Au fait de l'objectif japonais, l'amiral Nimitz et son équipe vont faire preuve d'audace. La Task Force 16, dirigée par le contre-amiral Raymond Spruance, rassemble les porte-avions Enterprise et Hornet, épaulés par cinq croiseurs lourds, un croiseur léger et neuf destroyers. Le 28 mai, le convoi fait route vers Point Luck, à 560 km au nord-est de Midway. Au même moment, on lance une opération radio piège, mettant en scène l'hydravion ravitailleur *Tangier* à Efate, dans les Nouvelles-Hébrides, et le croiseur lourd *Salt Lake City*, en mer de Corail. Les deux bâtiments émettent des messages radio s'appuyant sur le même schéma que ceux employés par la Task Force 16 pour ses avions de reconnaissance et de combat. L'amiral compte sur ce leurre tactique pour abuser les analyses de trafic japonaises et faire croire à l'ennemi que les porte-avions américains et la flotte d'avions de combat sont loin de la région de Midway. Tandis que l'intoxication radio bat son plein, la Task Force 17 se dirige sur Point Luck :elle comprend le porte-avions Yorktown, remis en état après les dommages subis dans les eaux de la mer de Corail, deux croiseurs lourds et six destroyers, le tout sous les ordres du contre-amiral Fletcher.

La flotte impériale qui fait face aux Américains est certes importante, mais elle se trouve déployée entre les îles Mariannes et les îles Aléoutiennes. Le plan d'invasion établi par le Japon projetait dans un premier temps de lancer des chasseurs depuis deux porte-avions de la Force nord à l'assaut de Dutch Harbor, dans la baie d'Unalaska, et de poursuivre par l'occupation des îles Aléoutiennes occidentales de Kiska et Attu. Le jour suivant, les avions des quatre porte-avions de la force d'attaque mobile (Kido Butai) commandés par l'amiral Chuichi Nagumo, l'Akagi, le Hiryui, le Kaga et le Soryu, auraient dû bombarder l'île de Midway. Le lendemain, la deuxième flotte impériale aurait débarqué les troupes d'occupation sur l'île stratégique, tandis que, 480 km plus à l'ouest, l'amiral Isoroko Yamamoto, à la tête du vaisseau amiral Yamato, aurait attendu patiemment la contre-attaque de la flotte du Pacifique en provenance de Hawai avec deux autres bâtiments, un petit porte-avions et quelques vaisseaux de soutien.

Avant le début de la bataille, les Japonais avaient apporté une modification au système de cryptage naval JN25,et le 28 du même mois, ils en éditent une nouvelle version, censée impossible à déchiffrer sur-le-champ par les Alliés. Le nouveau chiffre arrive cependant trop tard pour masquer leurs intentions sur Midway. La flotte américaine intercepte les forces japonaises et l'affrontement qui s'ensuit (du 3 au 6 juin 1942) laisse un Japon cruellement défait. Les États-Unis perdent dans la bataille 347 hommes, 147 avions, 1 porte-avions et 1 vaisseau de soutien. Les pertes du Japon se chiffrent à 2 500 vies humaines, 322 avions, 4 porte-avions et 1 croiseur.

Au-delà de la catastrophe humaine et matérielle, c'est là une atteinte sévère au moral de la Marine impériale. En ces premiers jours de juin, son statut de maîtresse absolue du Pacifique est balayé à jamais.

ESPIONNAGE ET CONTRE-ESPIONNAGE

La guerre terrestre se joue également en Europe occupée dans le secret des réseaux de résistance. Là, des cryptanalystes déchiffrent des informations sur les plans de l'Allemagne et tentent de prévoir ses prochaines manœuvres. Tout aussi importante que la contribution occidentale, l'information provenant des réseaux soviétiques aura un rôle décisif, en particulier avec le groupe Rote Kapelle, ou « Orchestre rouge ».

Malgré le pacte de non-agression signé avec le IIIe Reich en 1939, l'URSS avait en effet maintenu sans discontinuer l'activité de ses agents de renseignements pour surveiller les faits et gestes allemands. Réunissant les plus doués des cryptographes russes, le Rote Kapelle entre en action sitôt que l'URSS commence à douter des intentions allemandes. Son nom lui vient du cliquetis des émetteurs radio soviétiques, surnommés

« boîtes à musique », qui émettaient de l'intérieur même du Troisième Reich, aussi bien que de diverses villes européennes, et dont les opérateurs s'appelaient des « pianistes ». L'Orchestre rouge aura beau alerter Staline, messages déchiffrés à l'appui, de l'imminence de l'agression allemande, celui-ci n'en tiendra pas compte.

Missions sur le front, falsifications de documents, faux papiers : le réseau use de tous les procédés de l'espionnage classique jusqu'au 22 juin 1941, quand Wehrmacht et Luftwaffe violent les frontières de l'Union soviétique. L'opération Barberousse est en marche. Aussitôt, l'Orchestre réagit par un barrage d'informations : plans de batailles, renseignements sur la production des usines d'aviation, sur les décisions politiques, sur le développement et la consommation énergétiques, etc.

La transmission de ces données est protégée par un chiffre dit « des nihilistes », qui se fonde sur l'emploi du carré de Polybe, auquel sont combinés des textes tels que *La Femme de trente ans* d'Honoré de Balzac, ou *Le Miracle du Professeur Wolmar* de Guy de Teramond. À cette époque, les systèmes cryptographiques soviétiques sont plus efficaces que ceux des Allemands. Alors que le ministère des Affaires étrangères nazi est infiltré par espions et traîtres, les ambassades russes protègent leurs transmissions diplomatiques par le procédé de la clé aléatoire une fois, une méthode de chiffrement inviolable.

Au début du mois de décembre 1941, toutefois, les stations radiogoniométriques du Funkabwehr (service du contre-espionnage radio allemand) parviennent à localiser certains sites d'émission de l'Orchestre rouge. En décembre 1942, le réseau est réduit au silence, même si les services de renseignements allemands vont un temps exploiter certains de ses sites et de leurs émetteurs, au sein de l'opération baptisée Funkspiel (« Funk » signifie radio, « Spiel », jeu), pour véhiculer de faux messages. Les agents nazis tenteront par ce subterfuge d'amener Soviétiques et Alliés à la rupture, en tentant de faire croire que ces derniers mènent des négociations secrètes de paix avec l'Allemagne pour la paix, et pis encore, qu'ils fournissent aux Nazis armes et munitions.

Heureusement pour les Alliés, des rescapés de l'Orchestre rouge parviennent à prévenir leurs supérieurs de l'imposture. Une série d'opérations russes, où se mêlent fausses pistes quant aux sources de renseignements, agents fantômes et demi-vérités, réussit à amener les Nazis à divulguer, pour préserver la supercherie même de l'opération Funkspiel, d'importantes informations. Lorsque Berlin s'aperçoit qu'il a été grugé, il est trop tard.

Une autre importante opération d'espionnage fut menée par le docteur Richard Sorge. Sous couvert de journalisme, Sorge avait déjà dirigé un réseau d'espionnage soviétique à Shanghai, en Chine, entre 1929 et 1931. Infiltré dans le parti nazi, proche des grands décisionnaires, il gagne la confiance germanique et se fait envoyer au Japon, dans les années 1930. Là, correspondant d'un grand journal allemand, il établit des contacts importants avec plusieurs membres du gouvernement et de l'armée de Tokyo ; l'Union soviétique lui doit des révélations inestimables sur ses deux ennemis majeurs.

L'opérateur radio attitré de Sorge, Max Clausen, avait acquis pour sa part au cours de la Première Guerre mondiale une solide expérience en matière de transmission. Les deux hommes chiffrent leurs messages en combinant la substitution par tableau et le surchiffrement par suite-clé numérique, procédé assez proche de celui de l'Orchestre rouge. Sorge et Clausen prélèvent cette suite-clé numérique dans des ouvrages aussi anodins que des tables statistiques commerciales. Comme ces documents étaient d'accès public, on ne peut pas dire que leur procédé était aussi fiable qu'une suite numérique à usage unique choisie au hasard ; néanmoins, ce chiffre sera suffisamment hermétique pour confondre les oreilles indiscrètes du contre-espionnage allemand.

Entre autres découvertes, Sorge apprend deux faits cruciaux. Staline néglige l'un d'eux, ce qui manque de provoquer la débâcle complète de l'Union soviétique. Le second, toutefois, sera pris au sérieux et conduira à des actions décisives.

Sorge découvre que Hitler se prépare à envahir l'URSS ; il connaît même la date approximative de l'assaut. Moscou, pourtant, n'accorde aucun intérêt à ses messages d'alerte. Le

22 juin 1941, pourtant, l'armée allemande se met en branle et tente d'envahir le pays. Sorge ne se laisse pas abattre et poursuit sa mission d'informateur ; finalement sa détermination sera récompensée. Moscou avait alors placé le gros de ses troupes dans les régions orientales de Russie, en rempart contre la menace japonaise ; or, un des contacts japonais de Sorge lui révèle à ce moment que le Japon s'intéresse plutôt au Pacifique.

Sur la foi des informations de Sorge, l'Armée rouge rapatrie à temps hommes et matériel sur le front ouest ; l'URSS peut dès lors bloquer le siège de Moscou entamé par la Wehrmacht et la Luftwaffe. Ce surcroît de troupes, combiné au froid intense qui règne alors sur la Russie, bloque l'assaut nazi et prévient la chute de la capitale.

Sorge n'eut pas autant de chance. Les indiscrétions de plusieurs informateurs, à l'extérieur comme à l'intérieur du réseau, entraînent son arrestation et celle de Clausen, au mois d'octobre 1941. Soumis à la torture, ce dernier livre les clés du chiffre russe. Au terme du procès qui s'ensuit, l'opérateur radio est condamné à la prison à vie ; Sorge est pendu en novembre 1944.

On doit aussi mentionner à l'actif de l'espionnage soviétique les prouesses du réseau Lucy, du nom de code de l'un de ses agents les plus productifs, Rudolf Rössler, dont le pseudonyme vient de son lieu de résidence : Lucerne, en Suisse – laquelle, pays neutre, offre aux agents russes plus de liberté de mouvement que les territoires occupés par les Allemands. Le chef de ce réseau est Alexander Rado, au nom de code Dora, un communiste hongrois.

Rössler tient, entre autres, ses informations d'un groupe de camarades, avec lesquels il s'est lié lors de la Première Guerre mondiale, et qui depuis ont accédé à de hautes fonctions dans la Wehrmacht. Comme Rössler, chacun d'eux est anti-nazi ; dès le début du conflit Allemagne/Union soviétique, ils livrent à leur ami suisse des informations militaires de la plus haute importance. Le réseau Lucy transmet ces informations par radio, en les masquant selon un système de substitution par tableau, et en recourant à une suite-clé numérique, puisée dans un ouvrage de statistiques commerciales suisses. Leurs révélations sont capitales : elles décrivent la force de frappe allemande mobilisée pour l'invasion de la Russie. Les généraux de l'Armée rouge s'en servent pour préparer leurs propres plans. Ils bénéficieront de ces précieux renseignements jusqu'en octobre 1943, date à laquelle la police helvétique finit par localiser le réseau et le démanteler, sous la pression de la Funkabwehr.

Si les opérations menées par l'Orchestre rouge, par Lucy et par le réseau de Sorge, compensent les premières victoires militaires du Troisième Reich, les Allemands disposent eux aussi de leurs propres agents. En 1942, un groupe d'espions nazis va tenter de collecter des informations sur les forces britanniques qu'affronte le général Erwin Rommel, le « Renard du désert », en Afrique du nord – c'est la mission Condor. John Eppler et Peter Monkaster en sont les têtes pensantes. Le premier est né en Égypte, de parents allemands, et a déjà à son actif une expérience d'agent provocateur à la solde de l'Abwehr, s'appliquant à attiser la vieille haine des Arabes pour la Grande-Bretagne. Peter Monkaster, résident allemand de longue date en Afrique orientale, travaille quant à lui dans le pétrole.

Au mois de mai, les deux hommes franchissent les points de contrôles britannique et égyptien, aidés de faux papiers et de leur maîtrise de l'anglais. Une fois au Caire, ils s'appliquent à rassembler des partisans, qui comptent des nationalistes arabes, un prêtre pro-nazi et une danseuse orientale, Hekmeth Fahmy. Grande vedette du cabaret Le Kit Kat, mademoiselle Fahmy passe pour l'une des danseuses du ventre les plus populaires d'Égypte. C'est également un agent dévoué du mouvement des officiers égyptiens anti-Britanniques, qui vise à établir l'indépendance de l'Égypte et à contrecarrer les intérêts britanniques. Hekmeth entretient déjà à l'époque des relations galantes avec un certain major Smith, rattaché au quartier général du gouvernement britannique, au Caire. Monkaster et Eppler ont, de leur côté, emménagé sur le Nil, à bord d'une péniche où ils installent un émetteur-récepteur radio. Les deux espions profitent des rendez-vous du major, sur le boutre voisin de mademoiselle Fahmy, pour étudier les documents de l'Anglais ; ils mettent ainsi la main sur des rapports de mouvements de troupes et d'autres plans. Les deux hommes codent ces révélations capitales à l'aide d'un répertoire, basé sur *Rebecca*, le roman de Daphné du Maurier. Les données ainsi cryptées sont transmises à d'autres agents nazis, soit au service de renseignements radio de Rommel (Horch), soit à la station radio de la Wehrmacht, à Athènes. Là, avec un exemplaire du roman, le texte clair est rétabli avant de parvenir à bon port.

Heureusement pour la Huitième armée britannique, des négligences, mais aussi le courage d'un agent du contre-espionnage, vont mettre un terme à ce stratagème. Au cours d'une mission, Eppler rencontre une jeune femme, Yvette, dont il paie les services avant de quémander un nouveau rendez-vous. La jeune femme accepte, non pour le charme de l'Allemand ni pour son argent. Elle est en fait membre de l'Agence juive, qui collabore alors avec le MI-6, le service de renseignements britanniques. Yvette trouve suspects le comportement et la fortune d'Eppler. Elle se rend donc une fois encore sur l'embarcation de l'espion nazi, où elle fait une importante découverte. Entre bouteilles vides et cendriers pleins, Eppler et Monkaster dorment d'un sommeil lourd ; Yvette en profite pour visiter les lieux. Elle met la main sur un exemplaire de *Rebecca*, ainsi que sur des papiers, annotés de bigrammes et de tracés de grilles. Avant même de pouvoir quitter la péniche et d'entrer en contact avec les siens, elle est arrêtée par la police locale qui la surveillait depuis un moment. Yvette trouvera malgré tout le moyen d'informer son camp de ses découvertes.

Les services secrets britanniques du Caire s'emparent alors des deux acteurs de la mission Condor, qui refusent de livrer leurs secrets. Grâce aux révélations d'Yvette portant sur le répertoire, les cryptanalystes britanniques parviennent néanmoins à résoudre le code Rebecca.

Des usurpateurs prennent alors la place des membres véritables de Condor, emprisonnés, et commencent à expédier de fausses informations à Rommel. Ces rapports ne suscitent aucune méfiance chez les Allemands ; leurs retombées permettent cependant de gêner l'activité nazie dans la région.

En 1941, l'Italie, troisième membre de l'Axe, réussit à s'emparer du Black Code américain, utilisé pour chiffrer les communiqués des ambassades et des attachés militaires américains dans le monde. Si l'organisation de sécurité et de renseignements de l'armée italienne, le Servizio Informazione Segreto (SIM), abrite bien une section cryptologique, qui compte déjà à son actif la résolution de nombreuses dépêches diplomatiques et militaires, c'est l'espionnage, non la cryptanalyse, qui lui livre le précieux code secret américain. Au mois de septembre de la même année, le Black Code n'a plus de secret pour les puissances de l'Axe – ce qui affecte gravement la sécurité des États-Unis.

Le responsable de cette révélation est un coursier, au service de l'attaché militaire américain de Rome. C'est lui qui aurait permis aux Italiens, en août 1941, de planifier ce vol, soit en leur fournissant l'empreinte de la clé du bureau de son supérieur, soit en leur révélant la combinaison de son coffre-fort. Très vite, les agents du SIM pénètrent dans le bureau de l'ambassade américaine, ouvrent le coffre et photographient le Black Code ainsi que ses clés de surchiffrement.

On suppose que le SIM a ensuite fourni à l'Abwehr, le service de contre-espionnage allemand, une copie du fameux document, accompagné de ses clés. Nul ne sait si les cryptanalystes du Reich avaient déjà réussi à briser par eux-mêmes le code américain ; quoi qu'il en soit, ils parviennent bientôt à lire les dépêches des attachés militaires américains, où se trouvent des données vitales sur les secrets économiques et militaires des Alliés.

En Égypte, encore, en 1942, les puissances de l'Axe réussissent une autre opération importante lorsque l'attaché militaire américain en poste au Caire dévoile, par mégarde, des informations militaires alliées de la plus haute importance. Cet attaché, Frank B. Fellers, établit et transmet en effet des rapports zélés, autant que détaillés, sur les activités britanniques en Afrique du Nord. Les espions allemands interceptent ces messages chiffrés par le Black Code ; une fois décryptés, puis rechiffrés avec un code allemand, ils sont expédiés directement au quartier général de Rommel.

Pendant l'année 1941, le Renard du Désert de l'Afrika Korps s'était mis sur la défensive. Dès les premiers mois de 1942, en revanche, grâce aux dépêches interceptées, il est à même de contre-attaquer, faisant alors reculer les Britanniques de quelque 480 km sur un terrain âprement conquis. Aidé des rapports de Fellers, Rommel dispose au jour le jour de toutes les informations militaires de l'ennemi ; ses victoires sur le camp britannique se succèdent.

Il faut attendre la mi-juin 1942 pour qu'un prisonnier de guerre fasse état de ces interceptions aux Britanniques. Les Anglais ont, eux aussi, décrypté le Black Code américain et commencé à étudier de près les télégrammes de Fellers. Ils s'aperçoivent alors que ces rapports, par trop détaillés, expliquent l'apparente omniscience allemande en Afrique du Nord. Ils alertent aussitôt les autorités américaines. Fellers est rappelé aux États-Unis, en juillet. Son successeur au Caire est muni du système de chiffrement alphabétique à bandes, le M-138 : les cryptanalystes de Rommel sont dès lors privés de leur première source de renseignements.

Livré à lui-même, le Renard du désert a désormais le plus grand mal à gérer l'affectation de ses modestes forces blindées et leur approvisionnement en carburant. Le 23 octobre 1942, lorsque la 8e armée britannique lance une attaque surprise sur El Alamein, en Égypte, la débâcle qu'il subit le chasse définitivement d'Afrique du Nord.

Nourrie des informations que glanent les espions des deux camps, la « guerre des mages » se poursuit, tandis que chaque équipe de cryptanalystes s'efforce de briser le chiffre de l'autre. Les experts anglais de Bletchley Park prennent une longueur d'avance par le biais de la machine « Heath Robinson », la rivale électronique du Geheimschreiber allemand, un téléimprimeur chiffrant. Conçue en 1943, la Heath Robinson, un téléimprimeur qui fonctionne sur les codes Baudot et Murray, décrypte avec succès certains des ordres émis par Hitler et les messages du ministère des affaires étrangères allemand.

De toutes les inventions de ce type, le Colossus s'impose sans nul doute comme l'engin le plus perfectionné de l'époque.

Ancêtre de l'ordinateur contemporain, même si ses dimensions sont plus imposantes (il occupe l'espace de trois grandes armoires), il sert à décrypter les messages du Geheimschreiber à dix roues-clés. En décembre 1943, à Bletchley Park, Colossus tourne à plein régime ; cellules photoélectriques, tubes radio, système de transmission ultra rapide et mécanismes sophistiqués de bandes de lecture donnent aux cryptanalystes la possibilité d'analyser des milliers de caractères chiffrés à la seconde. En 1944 et 1945, Colossus et son successeur, Mark II, fournissent aux Alliés des informations essentielles, captées dans les transmissions radio ultra secrètes de la hiérarchie du Troisième Reich, qui vont de données tactiques de grande envergure à des mouvements de troupes spécifiques. Chaque mouvement de l'Axe est ainsi connu des Alliés.

LA FIN DE LA GUERRE

Face au conflit qui s'enlise, le haut commandement allié prépare en grand secret le Jour J (*D-Day*), opération d'une envergure sans précédent. Cette invasion de l'Europe sous occupation nazie (répondant au nom de code Overlord) n'a aucun équivalent dans l'histoire. La cryptologie va jouer un rôle déterminant dans ce tour de force : les décryptements britanniques par Ultra des messages d'Enigma et, plus tard, des machines à chiffrer allemandes, exposent les plans complexes du commandement nazi. Par ailleurs, l'accord Brusa, signé en mai 1943 entre le Royaume-Uni et les États-Unis, établit, entre autres, des échanges de données, différentes procédures de sécurité et un nouveau répertoire de noms de code et de mots codés. L'armée américaine partage en outre avec les Britanniques les décryptements de la catégorie « Magic », concernant les dépêches diplomatiques japonaises chiffrées par Purple qui s'échangent entre Berlin et Tokyo et qui permettront aux Alliés d'apprendre les projets de contre-attaque et de fortifications de l'Allemagne.

Dans l'Europe occupée, les mouvements de résistance sont actifs, s'appliquant à intercepter messages écrits, transmissions radio et autres communications nazies. Un tel travail suppose des agents sur le terrain, œuvrant non loin des camps de la

Wehrmacht, et, donc, des mots de passe, des codes camouflés et d'autres moyens cryptologiques, tout ceci afin de transmettre des messages, d'organiser des rendez-vous ou de protéger l'identité des personnes en cause. Les Alliés prennent également diverses mesures de sécurisation des communications : campagnes publiques (« Les murs ont des oreilles »), transmissions chiffrées mer-côte et air-sol, mots de code, destinés à prévenir l'interception de tout message important. Alors qu'approche le Jour J, les émissions radio qui, d'Angleterre, inondent les territoires occupés, bruissent de mots hermétiques, tantôt des phrases anodines, tantôt des poèmes, tantôt des messages personnels, voire des prévisions météorologiques. Pour les membres de la Résistance, ce sont des ordres qui leur signalent où et comment passer à l'offensive et conduire tel sabotage, telle prise de sites stratégiques, telle embuscade contre les forces allemandes.

Il est alors primordial de préserver tout ce qui a trait au Jour J, qu'il s'agisse du calendrier du débarquement ou de l'emplacement précis du quartier général des préparatifs, en Angleterre. Les manœuvres destinées à dissimuler et à intoxiquer le camp adverse reçoivent le nom de code : Fortitude. L'assaut lui-même, baptisé Neptune, est scindé en plusieurs opérations, intitulées Fortitude Nord pour la Scandinavie, Fortitude Sud, pour la Belgique et le littoral normand côté français et, enfin, Fortitude Sud II pour les régions de la Manche, après le débarquement.

Les Alliés finalisent les détails de l'opération Fortitude au début de juin 1943, au cours de la conférence de Largs (nom de code « Rattle »), en Écosse. C'est là que l'élite des stratèges décide que le débarquement allié doit avoir lieu en Europe occidentale, tout comme se trouve formulée une stratégie globale de subterfuges, faisant entre autres intervenir l'aviation, l'électronique, l'espionnage et le camouflage, dont le but est de garder l'état-major nazi en alerte constante.

Fortitude Nord vise à maintenir quelque 27 divisions nazies en Norvège, au Danemark et en Finlande, sous la menace d'un assaut imminent. On parvient à persuader l'ennemi de l'existence d'une 4e armée britannique fictive, forte de 350 000 hommes, soi-disant concentrée en Écosse, épaulée, qui plus est, d'un tout aussi virtuel 15e corps de l'armée des États-Unis, ainsi que de troupes russes. C'est l'opération Skye.

Fortitude Sud créé de toutes pièces un mythique Premier Groupe armé américain, censé passer à l'attaque dans le Pas-de-Calais. Il s'agit de tromper la puissante 15e armée allemande et de l'éloigner, pour enrayer sa défense en Normandie. L'ensemble de ces manœuvres d'intoxication prend le nom de code Quicksilver.

Ces leurres mettent à contribution des transmissions de codes et de chiffres, destinées à être interceptées par les services secrets nazis. Un grand nombre d'entre elles se faisaient par voie radio, les Alliés s'appliquant à réaliser de « vrais faux » messages cryptés, riches en détails trompeurs sur les armées imaginaires. On fait émettre ces messages radio dans le sud de l'Angleterre, d'un quartier général inexistant, situé près de Douvres ; les Allemands en concluent que le gros des forces alliées est posté à Douvres, face au Pas-de-Calais.

Pour que l'illusion soit parfaite, on fait mouiller une flotte entière de navires factices, dans les ports du sud-est de l'Angleterre ; en parallèle, opérateurs radio et agents doubles s'affairent à donner plus de vérité encore à ces forces navales inexistantes. On expédie des messages chiffrés à de fausses bases aériennes, abritant des bombardiers et des avions de chasse en contre plaqué. Ces rapports fallacieux sont confirmés par les vols de reconnaissance que la Luftwaffe lance au-dessus de ces forces aériennes inoffensives.

Les puissances de l'Axe avaient pour habitude de s'informer mutuellement de leurs différentes opérations militaires, fournissant ainsi une somme de précieux détails interceptés et déchiffrés par les hommes de l'opération Magic. Le général Hiroshi Oshima, ambassadeur nippon en poste à Berlin, est pour les Alliés une source intarissable de renseignements. Comme d'autres responsables consulaires et diplomatiques japonais en poste à l'étranger, Oshima transmet ses rapports à Tokyo par radio – après chiffrage par la « Machine 97 à clavier alphabétique », qui n'a plus depuis longtemps de secret pour les cryptanalystes américains. Parmi ces nombreux messages cryptés, excessivement précis, Oshima aurait donné un certain nombre d'informations sur les défenses allemandes composant le mur de l'Atlantique et la ligne Siegfried. Interceptées et décryptées par les Américains, ces données vont grandement faciliter le débarquement en Normandie, comme d'autres opérations militaires sur le continent européen.

Le 1er juin 1944, la BBC diffuse un message personnel codé destiné aux forces de la Résistance française, tiré du poème « Chanson d'Automne », de Verlaine. Le premier vers lancé sur les ondes, « Les sanglots longs des violons de l'automne », annonce l'imminence du débarquement. Le 5 juin, un vers tiré de la seconde strophe, « Blessent mon cœur d'une langueur monotone », est à son tour émis ; il indique que l'opération démarrera dans les 48 heures, à minuit précisément. La réception de ces messages donne le feu vert aux actions programmées du Maquis et des autres forces de Résistance. Leurs opérations de sabotage, combinées aux actions des troupes aéroportées, des commandos de Marines et des unités de Résistance vont, ensemble, assurer le succès du débarquement ; en ce 6 juin 1944, le cours de la guerre en Europe prend une nouvelle orientation.

Sur les plages de Normandie, le SIS (Signal Intelligence Service) de la 849e unité américaine parvient à percer des communiqués nazis déterminants pour la suite des opérations. C'est le décryptement d'une dépêche émanant de la Wehrmacht qui permet au général Omar Bradley de la 12e armée de réagir à temps à un assaut massif allemand, engagé contre une position fragile des forces alliées. À mesure que les Alliés progressent dans la campagne française, cette unité permet également à Bradley d'adopter des tactiques offensives décisives.

À l'inverse, peu importent les qualités et les capacités de réaction d'une unité d'interception et de cryptanalyse, dès lors que l'ennemi opte pour le silence radio ou se montre d'une extrême prudence à communiquer. Ce cas de figure se présente avec l'ultime entreprise d'un Hitler désormais aux abois, lors de la contre-offensive hivernale allemande, la fameuse bataille des Ardennes.

Nombre d'historiens ont étudié l'intensification de la puissance en hommes, en armements et en munitions qui a conduit à une attaque surprise des panzers et de la Luftwaffe, le 16 décembre 1944. Certains estiment que le manque de préparation des Alliés trouve son origine dans une négligence des services secrets. À la publication ultérieure de documents classés, on a en effet pu constater que certaines interceptions faisaient mention de mouvements de troupes. Espions et informateurs avaient par exemple fait à l'époque état de convois de transport de troupes ou de carburant, concentrés en des régions données. Au cours de l'automne 1944, des déserteurs viennent à leur tour alimenter la rumeur, en évoquant l'approche d'un événement déterminant. De plus, des vols de reconnaissance témoignent d'une activité fébrile sur certains ponts, routes et voies ferrées, jusque-là épargnés par les bombardements.

Néanmoins, le haut commandement allié s'interroge ; ces mouvements et ces concentrations de forces servent-ils une action offensive ou s'agit-il tout simplement d'une stratégie défensive ? Les Alliés imaginent mal que les Allemands puissent, ou veuillent, lancer une attaque dans des régions accidentées et densément boisées ; on ne maintient donc sur ces lignes de front qu'un nombre réduit de forces.

L'une des régions ainsi exposées est la forêt des Ardennes, au sud de la Belgique et au nord-est de la France ; c'est elle qui sera le point d'engagement des combats. L'évaluation erronée des Alliés quant aux intentions et aux capacités allemandes a bien failli conduire au désastre.

Après de nombreuses pertes dans les rangs alliés, la déferlante de la Wehrmacht est enfin stoppée. C'est une équipe radio, basée à Bastogne, qui permet de refouler l'offensive nazie. Les hommes du SIS interceptent des échanges radio émanant des forces mobiles allemandes, où se trouvent plusieurs informations précieuses, notamment celle qui donnera la possibilité au général George Patton d'anéantir une formidable division parachutiste.

À la fin de l'hiver 1944-1945, rien ne peut plus arrêter la progression des Alliés ; on perce la ligne Siegfried, avant de pénétrer au cœur même du territoire nazi. L'ensemble des réseaux de renseignements Ultra et Magic, et les unités cryptographiques de combat, vont intercepter et déchiffrer jusqu'aux ultimes ordres d'un Troisième Reich condamné.

La guerre en Europe est bien finie ; en revanche, l'avenir du Pacifique reste encore incertain. En avril 1943, une victoire hautement symbolique vint remonter le moral américain : l'amiral japonais Isoroku Yamamoto, commandant en chef de la Flotte combinée et architecte de l'attaque de Pearl Harbor, est tué dans une embuscade.

Âgé de 59 ans, Yamamoto jouissait d'une réputation de fin stratège et de meneur charismatique. Les forces japonaises ayant subi de nombreux revers dans les îles Salomon, l'homme décida donc de profiter d'une tournée d'inspection en avion pour stimuler leur moral. En préambule à ce voyage, on expédie par les ondes une description, riche en détails, de l'itinéraire de l'amiral ; les officiers japonais de la région concernée reçoivent ce descriptif crypté au moyen de la version à jour du JN25, complété d'un code de l'armée impériale.

Le 13 avril, les Américains interceptent ces dépêches, qui sont aussitôt décryptées. D'une ponctualité sans faille, l'amiral est attendu dans le rayon d'action des forces aériennes américaines de Henderson Field, à Guadalcanal. Les renseignements sont d'une telle précision que les officiers alliés n'ont aucun mal à planifier l'interception de l'avion transportant Yamamoto. En cas de succès de l'opération, on risque d'amener les Japonais à douter de l'étanchéité de leur chiffre, et donc à en changer, et pourtant le désir d'éliminer un si important responsable et de venger l'affront de Pearl Harbor se fera valoir par dessus tout.

Le 18 avril, l'escadrille de Yamamoto, composée de deux bombardiers et de six avions de chasse, approche du littoral de l'île de Bougainville. Aussitôt, 18 chasseurs P-38 de l'armée américaine passent à l'attaque ; l'appareil de Yamamoto prend bientôt feu sous les rafales des pilotes yankees, avant de s'écraser dans la jungle de Bougainville. C'est une victoire pour la cryptanalyse, autant que pour l'armée.

Les troupes de différentes nations, dont l'Australie, la Grande-Bretagne, la France, la Nouvelle-Zélande et les Pays-Bas, luttent jour après jour, avec le soutien précieux de la marine américaine, pour repousser les Japonais hors du Pacifique. Tandis que le conflit s'éternise, l'Amérique développe une arme dont beaucoup souhaitent ne jamais avoir à l'employer – la bombe atomique.

Aux États-Unis, codes et chiffres protègent les recherches top secret portant sur la mise au point des têtes nucléaires. Le nom de code de l'entreprise est Manhattan Engineer District, ou plus simplement projet Manhattan. Certains de ses participants reçoivent également pour l'occasion un nom de code ; c'est ainsi du général Leslie Groves (Relief), de Niels Bohr (Nicholas Baker) et d'Enrico Fermi (Henry Farmer). Les centres de recherches n'échappent pas à la règle ; Los Alamos, au Nouveau-Mexique, devient le Site Y et Oak Ridge, au Tennessee, K-25. La bombe elle-même hérite de divers pseudonymes, tels S-1, le Gadget ou encore la Chose. Le Signal Corps protège par ses méthodes de chiffrement toutes les liaisons télégraphiques relevant de la question. Jargons personnalisés et allusions codées truffent les conversations privées, les communications téléphoniques sont protégées par différents systèmes, comme le code carré.

Le tout premier essai nucléaire (nom de code Trinité) prend place dans le désert d'Alamogordo, au Nouveau Mexique, le 16 juillet 1945 ; c'est un succès. La nouvelle est aussitôt transmise, cryptée, au nouveau président, Harry S. Truman ; elle parvient en même temps au secrétaire à la guerre L. Stimson, à Postdam, en Allemagne, qui participe alors à une conférence sur l'avenir de l'Europe et l'évolution de la guerre contre le Japon.

L'été arrive, sans que le conflit ait cessé ; on projette alors une invasion du Japon, opération qui prend le nom de code Centerboard. Plusieurs chefs militaires redoutent en effet de lourdes pertes humaines pour le camp allié, en cas de prolongation des combats. En outre, on sait que les Japonais vont rejeter toute reddition inconditionnelle, trop lourde de conséquences pour le maintien du trône impérial. Au vu de ces constats, et en fonction d'autres facteurs, le président Truman et le haut commandement militaire américain prennent la décision de lâcher la bombe atomique sur des villes japonaises.

Le 5 août, la première bombe touche Hiroshima ; trois jours plus tard, c'est Nagasaki qui est soufflée. Peu après ces deux cataclysmes, le 2 septembre 1945, le Japon se rend. La Seconde Guerre mondiale vient de s'achever.

La fin du conflit mondial inaugure l'ère nucléaire. Les États-Unis semblent avoir le monopole de cette nouvelle et redoutable toute-puissance ; pourtant, en dépit des précautions qui entourent la recherche atomique, les fuites se multiplient. Un réseau d'espions soviétiques parvient à infiltrer tous les niveaux de la recherche et du développement aux États-Unis, comme au Canada ou en Angleterre ; moins de quatre ans après l'explosion de la première bombe atomique, l'Union Soviétique déclare posséder à son tour l'arme nucléaire.

L'APRÈS-GUERRE : ESPIONNAGE ET SÉCURITÉ

Le Reich de mille ans prédit par Adolf Hitler n'en aura duré que douze, abominables. À sa chute, le monde aspire à la paix. Pourtant, alors même qu'Américains et Soviétiques opèrent leur jonction à Torgau, sur les bords de l'Elbe, en Allemagne, en avril 1945, les premières fissures de leur alliance apparemment inébranlable se font jour.

La conférence de Yalta, en Crimée, a décidé de la libération des nations occupées par les Nazis, mais aussi de la redéfinition des frontières et de la mise en place de nouvelles directives économiques. Cependant, en très peu de temps, les différences de vues idéologiques, la multiplicité des revendications nationales et des querelles sur l'interprétation de cet accord mènent à la dislocation du pacte Est/Ouest. Onze mois après Torgau, le 5 mars 1946, Winston Churchill affirme, dans un discours prononcé à Westminster College, dans le Missouri, qu'un « rideau de fer traverse le continent de part en part, de Stettin, sur la mer Baltique, à Trieste, dans l'Adriatique ».

C'est en effet un rideau de fer qui s'est abattu sur les frontières de l'Europe de l'Est, un rideau composé de troupes soviétiques, de police secrète et de mesures politiques rigoristes. Moins d'une année après la débâcle des envahisseurs nazis, la majeure partie de l'Europe orientale fait face à une agression tout aussi menaçante, dirigée cette fois par Moscou. C'en est fini des accords de Yalta ; au lieu d'élections libres et d'autonomie politique, ces pays voient arriver les blindés de l'Armée rouge, la lourde machinerie de la propagande soviétique et la répression de toute opposition.

Au cours des quatre années suivantes, les États-Unis répondent de diverses manières, à commencer par l'aide humanitaire prodiguée à la ville de Berlin, alors en état de blocus, jusqu'au vaste programme de relance économique (le plan Marshall), en passant par la création d'alliances militaires, au sein de l'Otan. En dépit d'une pression internationale constante, les Soviétiques refusent obstinément d'abandonner les territoires occupés. Les radios crépitent et la clé aléatoire une fois est largement sollicitée ; l'Armée rouge communique au moyen d'un formidable réseau d'agents secrets, infiltrant toute l'Europe de l'est. Dans les villes, les troupes russes prennent la relève de la Wehrmacht ; communistes et sympathisants sont implantés à tous les niveaux et mandatés pour suivre les directives des responsables du Kremlin.

Les agents secrets russes sont même parvenus à pénétrer le cœur de la sécurité américaine. Cinq mois environ avant le discours de Churchill, les Alliés du bloc occidental ont déjà été échaudés par une tromperie du camp soviétique, que leur révèle un ancien communiste.

Igor Gouzenko est employé du chiffre, à l'ambassade soviétique d'Ottawa, au Canada. Le 5 septembre 1945, il « passe à l'Ouest ». Igor a d'abord été responsable du cryptage des transmissions officielles de l'ambassadeur russe Georgy Zarubin et du colonel Nikolai Zabotkin, attaché militaire et chef du réseau canadien du GRU (Direction centrale des renseignements soviétiques). De par son poste, il a pu constituer une mine de renseignements sur l'activité des deux hommes. Ces données, interceptées dans des télégrammes ou dérobées dans le propre journal de Zabotkin, apportent la preuve irréfutable de l'infiltration par les Russes des services secrets anglais, canadiens et américains – visant avant tout à obtenir des renseignements sur la bombe atomique. Sur la foi des témoignages de Gouzenko, plusieurs Canadiens sont accusés d'espionnage et emprisonnés ; le scientifique britannique Alan N. May subira le même sort. Gouzenko, accompagné de son épouse et de son fils, ira quant à lui prendre sa retraite au Canada, en bénéficiant du tout nouveau programme de protection des témoins.

Le FBI et les services de sécurité militaires américains savent pertinemment que le monde entier regorge de réseaux d'agents secrets soviétiques ; or, durant la Seconde Guerre mondiale, le FBI s'attachait avant tout à l'espionnage des puissances de l'Axe. L'Union soviétique était après tout un allié ; il arrivait même, dans certains cercles, que l'on désignât Staline du pseudonyme d'Oncle Joe.

Les services de renseignements de l'armée américaine gardent cependant un œil sur l'espionnage soviétique, malgré leur manque de personnel. Durant la guerre, pour des impératifs de sécurité nationale, les compagnies du câble et du télégraphe avaient conservé des copies des messages expédiés par les autres nations. Depuis 1939, on recueille aussi parfois des télégrammes soviétiques chiffrés, dont ceux de diplomates russes et d'entreprises commerciales. Le 1er février 1943, les services secrets militaires américains décident officiellement de s'intéresser de plus près à ces échanges et de les déchiffrer.

Avec la guerre, le SIS avait gagné en importance et ses activités s'étaient éparpillées ; pour autant, il continue de s'intéresser aux transmissions soviétiques. En Virginie, à Arlington Hall, un nouveau centre de renseignements est établi, où les recherches menées sur une série de câbles aboutissent à la découverte que 5 systèmes cryptographiques ont servi à 5 groupes différents dans leurs communications avec Moscou. Ces groupes se catégorisent selon le volume des messages récoltés : représentants de commerce ; diplomates d'ambassades et de consulats ; police secrète soviétique (KGB) ; GRU de l'armée ; GRU de la marine. L'analyse des systèmes de chiffrement de ce trafic révèle l'emploi d'une méthode à clé aléatoire une fois. Les plus hauts représentants soviétiques et les dirigeants de Moscou surchiffrent leurs codes numériques avec une suite-clé numérique aléatoire.

Le procédé restera impénétrable jusqu'en octobre 1943, date à laquelle les cryptanalystes de l'armée américaine parviennent à démontrer que les suites-clés numériques ne sont pas entièrement aléatoires. Il semble en fait qu'une bévue soit intervenue au centre de recherches cryptographiques russe, dans la production même des clés. On a en effet appliqué les mêmes suites numériques à plusieurs séries de clés ; c'est cette faille qui offre aux Américains la possibilité de comparer différentes dépêches, pour en extraire les suites numériques récurrentes.

Les cryptanalystes américains travaillent à repérer et à décortiquer les séries de clés additives, à en dégager nombres et mots de code. Certaines découvertes ont lieu ; on parvient ainsi à établir une liste significative, où se succèdent les pseudonymes d'espions et des références à des activités clandestines. Les responsables de la G2 (Radio Intelligence Section) alertent le FBI.

Outre les révélations de Gouzenko, le FBI a hérité d'une série d'indices sur les activités de plus en plus nombreuses des Soviétiques. En 1945, il interroge en profondeur le journaliste Whittaker Chambers, un ex-communiste dont les avertissements, en 1939, sur le système d'espionnage russe n'avaient pas été pris au sérieux par un responsable du Département d'état. En 1942, un précédent interrogatoire n'avait rien donné, Chambers se montrant à l'époque trop gourmand en matière d'immunité, et donnant des réponses où se mêlaient fausses et vraies informations. C'est en novembre 1945 que l'essentiel des accusations de Chambers est enfin corroboré par les renseignements d'un informateur précieux, Elizabeth Bentley.

Agent de liaison et espionne expérimentée, Elizabeth Bentley s'était désolidarisée du camp soviétique, fournissant au FBI toute une chaîne d'indications précises. En juillet et août 1948, Gouzenko et Bentley rendent leurs accusations publiques devant la commission d'enquête chargée des activités anti-américaines, plus connue sous le sigle HUAC. Leur témoignage fait l'effet d'une bombe.

En octobre 1948, Robert Lamphere, au service du FBI, occupe à temps complet le poste d'agent de liaison entre les services de renseignements de l'armée américaine et le FBI. C'est à Arlington Hall qu'il fait la rencontre d'une brillante cryptanalyste, Meredith Gardner. Elle l'initie à différents procédés qu'il appliquera dans ses activités de contre-espionnage, à la fin des années 1940 et au début des années 1950. Les gros titres se font l'écho des exploits des agents américains. Les condamnations pleuvent, telles celle de Judith Coplon, employée au département de la Justice, qui livre des documents à un contact russe, Valentin Gubitchev, membre de la mission soviétique auprès de l'ONU. Klaus Fuchs, scientifique britannique, est quant à lui accusé d'avoir divulgué à des agents soviétiques des renseignements top secret sur la bombe atomique. Mêmes charges à l'encontre de Harry Gold, chimiste américain, adepte de l'espionnage industriel. Enfin, on démantèle le réseau conduit par Julius et Ethel Rosenberg, condamnés en même temps que David Greenglass et Morton Sobell.

Le travail de décryptement se poursuit sous différents noms de code, tels que Jade, Bride et Venona. Les Britanniques et d'autres membres de l'Otan livrent aux Américains les conclusions de leurs propres opérations de contre-espionnage, en échange d'informations. En dépit de toutes les initiatives et d'une cryptanalyse assistée par informatique, des pans entiers de transmission restent impénétrables ; les recherches ultérieures ne parviendront jamais à égaler les acquis réalisés entre 1948 et 1953. Si l'opération Venona prend fin le 1er octobre 1980, sa portée véritable ne sera pas dévoilée officiellement au grand public avant juillet 1995, quand seront déclassifiés certains documents confidentiels.

Avec la présence obsédante d'un espionnage étendu partout, la guerre froide devint un centre de préoccupation quotidien pour les politiciens américains. On multiplia les agences de renseignements, nationales et internationales, afin de parer à la moindre éventualité. L'accord Brusa donne ainsi lieu à des échanges avec l'Australie et le Canada ; en 1947, plusieurs nations paraphent un pacte de sécurité top secret, au nom de code Ukusa (*United Kingdom-United States Security Agreement*). Les signataires en sont les États-Unis, la Grande Bretagne, le Canada, l'Australie et la Nouvelle-Zélande. Chaque nation s'engage par ce pacte à procurer à ses pairs toute information interceptée dans sa sphère d'influence, susceptible de receler des renseignements précieux pour l'un de ses partenaires. Les États-Unis peuvent ainsi pirater certaines fréquences chinoises depuis leurs positions au Japon, à Taiwan et en Corée. L'Angleterre, présente à Hong Kong, capte de son côté d'autres ondes, toujours émises par la Chine. Les espions australiens entendent eux, tout ce qui se fomente dans le Pacifique Sud et dans certaines régions de l'océan Indien. Canadiens et Américains quadrillent les ondes de l'Amérique du Nord et des régions du pôle, hautement stratégiques. D'autres pays de l'Otan, mais aussi la Corée du Sud et le Japon, rallient plus tard le pacte, mais ils n'y figurent qu'en tiers et ne disposent que d'un accès restreint aux informations d'Ukusa. Même si ses compétences sont aujourd'hui plus étendues, la vocation spécifique du pacte reste le maintien d'un réseau de sources de renseignements ultra secret.

Les services secrets et la politique étrangère des États-Unis sont essentiellement déterminés par la détention de la bombe atomique et des capacités technologiques de pointe. Or ce monopole vole en éclats en 1949, avec le premier essai atomique russe. Aidés de documents top secrets dérobés par des traîtres américains, l'Union soviétique réussit ce qui semblait impossible pour un pays anéanti par la guerre. Le temps est venu de s'apercevoir que la Russie constitue autre chose qu'un Léviathan enneigé et rétrograde ; il faut désormais regarder le Kremlin comme un ennemi de taille.

Ces révélations conduisent les États-Unis, dès 1949, à mettre en place un nouvel organisme de renseignements.
L'AFSA (*Armed Forces Security Agency*) a pour mission de coordonner les travaux des services secrets des forces armées et ceux des services de communication. Même si l'AFSA supervise les agences de renseignements et le trafic relevant de la sécurité du territoire, chaque service conserve la responsabilité tactique de l'analyse des communications dans les zones instables. En parallèle, l'Amérique s'équipe du Communications Intelligence Board, qui centralise les transferts de données émises par l'AFSA, le FBI et le Département d'état.
L'efficacité de ce processus de rationalisation se heurte cependant bientôt à des difficultés. Certains historiens blâment la

mécanique même de l'AFSA ; les incessantes rivalités entre services internes et civils seraient à leurs yeux en partie responsables de l'échec du renseignement américain à identifier les signes annonciateurs de la guerre de Corée.

Les carences évidentes des services secrets au cours de cette guerre décident, en 1952, le président Truman à remplacer l'AFSA par la NSA (*National Security Agency*) ; au fil des années qui suivent, cette organisation se montre bien plus efficace dans la coordination des renseignements et de la sécurité. Aujourd'hui encore siège de la cryptologie américaine, la NSA met au point, dans l'ombre, divers systèmes de chiffrement pour les divers départements du gouvernement américain ; elle a également pour but d'analyser les codes et chiffres des autres nations. Située à Fort Meade, dans le Maryland, la NSA est également le maître d'œuvre d'une multitude de systèmes de contrôle qui, inlassablement, depuis l'espace jusqu'au fond des mers, gardent la planète entière sous surveillance.

Un réseau de renseignements de dimension planétaire s'est tissé peu à peu pour alimenter la NSA en données. Il combine plusieurs éléments : le renseignement d'origine humaine (HUMINT), fourni par la Central Intelligence Agency (CIA), fondée en 1947 pour remplacer l'Office of Strategic Services de la Seconde Guerre mondiale, le tout premier réseau d'espionnage international américain ; les agents de renseignements militaires ; les stations d'écoutes terrestres ; les plates-formes navales et aéroportées. Les informations recueillies auprès de ces sources sont expédiées, au vu de leur teneur, de la difficulté de leur chiffre et leur région d'émission, à l'un ou l'autre des départements de la NSA. Même s'ils ne revendiquent que de rares exploits cryptologiques, les cryptanalystes de la NSA restent cependant vigilants, espérant intercepter çà ou là l'élément qui révélera le chiffre de l'adversaire, ou une transmission accidentelle en texte clair, en s'appuyant sur l'apport de l'informatique, pour des analyses électroniques plus rapides. Bien entendu, tout dissident est le bienvenu, même si c'est avec circonspection que l'on accepte ses révélations.

Reino Hayhanen, de nationalité russe, est un de ces transfuges. Soigneusement formé, à la fin des années 1940, au métier d'espion, Hayhanen usurpe l'identité d'Eugène Maki, un Américain porté disparu en Finlande. C'est sous ce nom qu'il est autorisé à formuler une demande de passeport pour les États-Unis – et qu'il l'obtient. Débarqué à New York en octobre 1952, Hayhanen y fait bientôt venir son épouse. Le couple va résider dans différents districts de la région, avant de s'offrir une maison, près de Peekskill. Ce n'est cependant pas le cadre enchanteur de la vallée de l'Hudson qui motive le choix de Hayhanen ; l'homme recherche en fait un site approprié à l'installation d'un émetteur radio. Son chiffre fétiche est un système cryptographique peu pratique, baptisé VIC, qui combine tableau de substitution et tableau à double transposition. Incommode et laborieux, ce chiffre n'en réussit pas moins à berner les services secrets américains.

Dès son arrivée, Hayhanen entre en contact avec l'agent soviétique Rudolf Ivanovitch Abel, qu'il doit assister au titre de messager et responsable des communications. Abel est un agent expérimenté, formé aux meilleurs systèmes de chiffrement. Après un début de carrière au Canada en 1948 sous les pseudonymes Andrew Kayotis puis Emil Goldfus, Abel a fini par s'installer à New York. Prétendant être un photographe et un artiste à la retraite, il occupe une chambre de l'hôtel Latham ; c'est là qu'il cache un récepteur radio, sur lequel il enregistre les communications en provenance de Moscou, avant de les décrypter.

Hayhanen et Abel entament leur correspondance secrète au moyen de microfilms déposés dans des boîtes à lettres convenues : par exemple, derrière une brique descellée sous un pont de Central Park. Ces messages sont aussi parfois dissimulés dans des culasses ou la pile d'une lampe électrique. On ignore à quel moment précis la relation Hayhanen-Abel se détériore. Pour certains historiens, le désaccord surgit lorsqu'un vendeur de journaux tombe par hasard sur une pièce de monnaie évidée, dans laquelle se trouve un microfilm enveloppé de papier de soie. Aussitôt, le jeune garçon expédie sa trouvaille au FBI. D'autres sources affirment que Hayhanen, alcoolique, montrait trop peu de soin et de zèle dans sa mission, ce qui aurait

fini par lasser Abel. Ce dernier exige donc le retour de son comparse à Moscou, pour des « vacances ».
Hayhanen préfère gagner Paris, où il se réfugie à l'ambassade des États-Unis et fait état de son association avec Abel, ainsi que de leurs différents systèmes de chiffrement.

Abel est arrêté en juin 1957. Dans sa chambre d'hôtel, on découvre une clé aléatoire une fois, dans un document dissimulé dans une bille de bois creuse, ainsi que d'autres équipements accusateurs. L'homme est détenu comme immigré clandestin et accusé d'espionnage ; on l'accuse de tentative de vol de secrets défense et de défaut d'enregistrement de ses activités d'agent étranger. Condamné à 45 ans de prison, il sera échangé, en 1962, contre le pilote de U2, Francis Gary Powers, abattu par la défense anti-aérienne russe en 1962.

Hayhanen met également en cause le sergent Roy Rhodes, en poste à l'ambassade américaine de Moscou, lequel fut victime en 1951 de chantage, et accepta de livrer aux Russes des informations cryptographiques. Rhodes passe devant une cour martiale, où il est condamné à 5 ans d'emprisonnement.

Le destin de Hayhanen reste mystérieux. Après avoir obtenu le statut de réfugié politique aux États-Unis, il semblerait qu'il soit décédé des suites d'un accident d'automobile ; d'autres affirment qu'il a succombé à l'alcool.

L'Angleterre subit elle aussi l'infiltration d'espions au plus haut niveau, mais les actions de son contre-espionnage furent beaucoup moins spectaculaires. Il est vrai que les services secrets britanniques sont la proie de « taupes », tels Anthony Blunt, Guy Burgess, Donald Maclean, Harold Kim Philby, tous issus de Cambridge, mais aussi d'agents soviétiques qui bloquent les enquêtes. En 1959, le quartier général des communications britannique (le GCHQ) fait une découverte qui éclaire d'un jour nouveau les transmissions soviétiques en Angleterre durant de la Seconde Guerre mondiale. Il apprend en effet que le Service d'espionnage radio suédois a intercepté des échanges radio entre des agents basés en Grande-Bretagne et leur quartier général en Union soviétique, la fameuse Direction centrale des renseignements russes (GRU). Les autorités suédoises doivent passer outre à leur politique de neutralité et fournir ces données aux Anglais. Sous le nom de code HASP, les cryptanalystes du GCHQ se lancent dès lors à l'assaut des systèmes cryptographiques employés par le GRU[1].

Bénéficiant de l'apport des progrès informatiques en matière de décryptement, l'opération HASP obtient ses premiers résultats en 1972, et permet d'apprendre que des dizaines de journalistes, de techniciens et de scientifiques britanniques ont, au cours de la guerre, fourni des informations aux Russes. Parmi ces traîtres se trouve le spécialiste du cinéma et journaliste free-lance Ivor Montague, de Cambridge, dont les activités d'espionnage concernaient le Labour Party et d'autres formations politiques. Plus choquante est la trahison de J. B. S. Haldane, biochimiste honorablement connu, travaillant en collaboration avec l'Amirauté à des expérimentations sous-marines.

Le décryptement des documents émanant du GRU révèle finalement l'existence d'un ancien réseau d'espions, parfaitement structuré ; parmi eux, l'agent Sonia, l'espion Klaus Fuchs, spécialiste de la bombe atomique, son contact Alexander Foote, basé en Suisse, et bien d'autres transfuges. D'autres révélations sont plus traumatisantes encore. On découvre en effet qu'une large majorité des membres du MI-5, le service de sécurité et de contre-espionnage anglais, a fait preuve d'une négligence criminelle ; en fait, c'est tout le système qui est truffé de taupes soviétiques.

1. Comme pour les documents Venona, les informations relevant de Hasp n'ont pas encore été toutes déclassifiées.

LA COURSE TECHNOLOGIQUE

Au cours des années 1950 et 1960, la Guerre froide battait son plein : les deux blocs affrontaient leurs stratégies politiques, chacun tentant de déjouer les manœuvres tactiques de son adversaire. Dans les années 1970 toutefois, la guerre des « mages » se joue sur un tout autre terrain. Du fait des progrès de la science et de l'industrie, du développement des avions à réaction, des sous-marins nucléaires, d'engins balistiques intercontinentaux, ainsi que de l'extraordinaire bond de l'informatique, c'est désormais sur les avancées technologiques que se concentrent tous les efforts. Les scientifiques américains font de telles avancées en des domaines si divers que les Soviétiques, et d'autres avec eux, craignent de se voir distancés. Une nouvelle ère de l'espionnage industriel voit le jour, dont les participants sont des agents « technologiques ».

L'espionnage technologique s'attache avant tout aux performances de l'informatique. Les centres industriels américains deviennent le même type de cibles que l'avait naguère été pour le KGB le projet Manhattan. L'un des principaux exemples de trahison technologique survient au milieu des années 1970, au cours de l'opération dite « Le faucon et le bonhomme de neige ».

Le premier satellite Rhyolite a été placé en orbite en mars 1973 ; son rôle était d'intercepter les signaux à ondes courtes et les données télémétriques soviétiques. Les Russes, habituellement obsédés par le secret, n'imaginent alors pas que ce type de transmission puisse être piraté. Près de quatre ans durant, les États-Unis vont donc amplement profiter de la situation.

Néanmoins, vers le milieu de l'année 1977, un espion nommé Christopher Boyce informe les Soviétiques de leur vulnérabilité. Originaire de Californie, le faucon (Christopher Boyce) et le bonhomme de neige (Andrew Lee), sont des amis de longue date. Tous deux sont en désaccord avec la politique étrangère et nationale que mène l'Amérique depuis la fin des années 1960. Bénéficiant de la sécurité plutôt relâchée de la compagnie aérospatiale TRW, Lee et Boyce réussissent à transmettre des informations capitales aux agents soviétiques implantés en Californie du sud et à Mexico. Comme il travaille dans le centre des communications de TRW, Boyce est à même de procurer des données sur les satellites de surveillance de la CIA, ainsi que des listes confidentielles de chiffres et de codes à Lee, que ce dernier négocie aux Soviétiques.

Le manège des deux hommes échappe à toute surveillance pendant plusieurs années. Un jour cependant, l'impatience que montre Lee à entrer en contact avec l'ambassade russe aboutit à son arrestation par la police de Mexico. Au cours de l'interrogatoire brutal qui s'ensuit, Lee avoue tout et donne le nom de Boyce ; les deux hommes sont accusés d'espionnage. À l'issue d'un procès qui fascine la nation américaine, le verdict tombe ; la prison à vie pour Lee, 40 ans d'emprisonnement pour Boyce.

Les dommages subis par les services secrets américains sont irréversibles. Sur la base des informations livrées aux agents de Moscou, les Soviétiques décident de protéger leurs lancements par des signaux télémétriques plus minutieusement chiffrés ; la surveillance américaine des tests de missiles russes est ainsi sérieusement compromise.

En 1985, une fois de plus, c'est le choc aux USA quand on apprend par la presse l'arrestation, grâce au FBI, de l'adjudant de marine en retraite, John Walker. L'enquête révèle que cette famille d'officiers de la Navy est un vrai nid d'espions. John Walker, son fils Michael, Arthur, le frère de John, et Jerry Whitworth, ami de la famille, passent devant les juges entre 1985 et 1986 ; il ressort des différents procès que chacun œuvre depuis longtemps, et avec zèle, dans l'espionnage militaire. Ainsi, dans le cas de John, le trafic a-t-il duré deux décennies au moins, au détriment des bases navales de Virginie et de Californie. L'homme a procédé de manière effrontée, allant jusqu'à transporter des documents top secrets dans un simple sac marin. C'est à son ex femme Barbara et à sa fille Laura, qu'il doit d'avoir été découvert.

Opérateur radio, John Walker travaillait sur un KL-47, principal outil des communications navales, un engin à rotors électronique qui représente une version plus élaborée de la fameuse machine allemande, Enigma. Très intéressé par les performances de ce KL-47, le KGB envoie ses scientifiques les plus talentueux à la chasse.

Les experts soviétiques réussissent à procurer à Walker un engin appelé contrôleur de continuité, de la taille de la paume de la main, actionné par pile, qui réussit à dévoiler le schéma de câblage des rotors du KL-47. Les scientifiques russes n'ont alors plus qu'à exploiter ces données pour reproduire le circuit, avant de demander à leurs ordinateurs de calculer les millions de combinaisons chiffrées possibles. En outre, Walker livre aux agents russes des documents chiffrés et codés accompagnés de leur clé – compromettant entièrement les systèmes de protection de la Navy.

La trahison de Walker, mais aussi celle de son frère, capitaine de corvette, de son fils, en station sur le porte-avions Nimitz, et de Whitworth, un cryptologue originaire de Californie, représente une catastrophe pour la sécurité américaine. Parmi les systèmes percés à jour on compte : les stratégies top secret des sous-marins et de la flotte en général ; l'emplacement des bases sous-marines et leur armement ; le SOSUS (Sound Surveillance System), réseau sonar de la Navy, dont l'hydrophone sert à pister les sous-marins soviétiques ; la technologie cartographique sous-marine ; les acquis des tests des missiles Polaris, Tomahawk et Harpoon ; les données informatiques tirées de la surveillance espace-mer ; des méthodes de piratage informatique.

De 1984 jusqu'au printemps 1987, des données relevant de machines à chiffrer sont dérobées à Moscou par des voleurs high-tech (baptisés les « voleurs de bijoux »). En 1987, des rapports impliqueront des gardes de l'ambassade et du consulat américains, séduits et abusés par des agents soviétiques en jupons.

Jewels (bijoux) est le nom de code des machines à chiffrer, supposées demeurer sous haute protection, dont se servaient au cours de la Guerre froide les diplomates et les employés du chiffre au service de la NSA et de la CIA à Moscou. Le matériel se trouve au 9e étage de l'ambassade américaine, entre les murs d'une chambre forte, la Communications Programs Unit (CPU). Cette pièce donne sur une annexe, où les machines à chiffrer travaillent à crypter et à décrypter les transmissions effectuées entre l'ambassade et le quartier général de la CIA à Langley, en Virginie. La CPU abrite également diverses machines chargées de transmettre les données recueillies au cours des opérations d'écoute menées par la NSA ; à elles également d'échanger des dépêches entre le Département d'état et ses représentants en poste à Moscou.

L'aménagement de la CPU a fait l'objet de toutes les précautions afin de garantir une sécurité absolue. Ainsi, les murs, l'installation électrique, l'alimentation en énergie et en air ont été soigneusement conçus. Les machines à chiffrer elles-mêmes sont des modèles de haut niveau, mises au point par la NSA ; les nombres clés sur bandes magnétiques sont modifiés toutes les 24 heures. Les messages sont doublement cryptés à l'aide de deux machines à chiffrer différentes. Ces prouesses en matière de sécurité confèrent une aura d'inviolabilité à la CPU et à ses « bijoux ».

En dépit de ces précautions, les Soviétiques parviennent à infiltrer le circuit d'alimentation des machines à chiffrer, réussissant à contourner les filtres électroniques de sécurité et à dévier les signaux des Jewels. On a remplacé les plaquettes et les puces électroniques des imprimantes reliées aux machines à chiffrer ; l'initiative permet aux espions du KGB d'intercepter et d'enregistrer les impulsions au moment de la phase non cryptée des communications, dans les cartes électroniques et le processus d'impression. Une fois le texte clair en main, les Russes n'ont qu'à procéder à des comparaisons avec les messages cryptés, avant de reproduire les précieuses clés du chiffre. Les infrastructures top secret du chiffre à Moscou et Léningrad sont en fait devenues un extraordinaire service d'écoutes.

Les conséquences de ces fuites relèvent du cauchemar pour les États-Unis ; des agents de la CIA sont découverts et expulsés, les pratiques de la NSA révélées, les négociations politiques des USA compromises, des informateurs russes au service de la CIA exécutés.

La presse s'empare de l'affaire ; chacun y va de son enquête. Si plusieurs Marines en poste à Moscou et Léningrad sont traduits en cour martiale, rétrogradés ou renvoyés, seul le sergent Clayton Lonetree, un Indien Winnebago, est condamné à une peine de prison de 25 ans à Fort Leavenworth, au Kansas. Aucun officier des Marines, aucun représentant du Département d'État ni aucune autre autorité du renseignement n'encourt un tel châtiment, malgré la présence d'informations tendant à démontrer la négligence de certains hauts responsables.

La NSA obtiendra plusieurs informations essentielles sur les carences de ses services de sécurité, grâce aux révélations d'un transfuge qui se rend aux autorités françaises en 1984. La DGSE, les services secrets français, informe également son contact à la NSA de la découverte d'appareils d'écoute dans les machines à écrire de l'ambassade de France, à Moscou. La NSA décide de réagir ; c'est l'opération Gunman. On rapatrie aux États-Unis les machines à écrire de l'ambassade de Moscou et du consulat de Leningrad qui, en effet dissimulent des mécanismes d'écoute extrêmement sophistiqués. Les mouvements des billes d'impression des machines Selectric IBM sont ainsi interceptés, avant d'être transmis sous forme de signaux intermittents en direction d'antennes, dont l'une est tapie dans la cheminée de l'ambassade. Ces antennes renvoient ensuite les données à un agent du KGB, stationné dans un appartement proche. Les autorités américaines savent en outre que des agents soviétiques ont installé des engins d'écoutes en différents endroits de l'ancienne ambassade des États-Unis et du nouveau bâtiment érigé à proximité, au milieu des années 1980. En dépit de ces informations, la sécurité américaine à Moscou et de Leningrad reste vacillante. Ce n'est qu'en août et en septembre 1987, que les unités de la CPU des deux villes sont rapatriées aux États-Unis. Trop exposé, le service doit être refondu totalement.

À la suite de ces révélations, le FBI lance une enquête approfondie, sous le nom de code Power Curve. Achevée en juin 1988, l'investigation conclut que les Marines incriminés sont loin d'avoir agi seuls ; bien d'autres individus sont responsables de la violation de secrets d'état où ont pris part à des trafics illicites. Néanmoins, jamais la CIA ni la NSA n'ont souhaité révéler l'identité de ces taupes, très haut placées. La vérité sur ces événements risque de n'être jamais entièrement connue.

En plein scandale des Marines, l'histoire de l'espionnage connaît un nouvel épisode, assez étrange. Pour beaucoup d'ailleurs, l'année 1985 restera « l'année des espions ». Outre la famille Walker, plusieurs autres traîtres sont démasqués, tels Clyde Lee Conrad (de l'armée américaine), Richard Miller (FBI), Edward L. Howard (CIA) ou Ronald W. Pelton (NSA), qui vendent des informations concernant les interceptions de communications soviétiques qu'effectue la NSA.

En août 1985, un espion clé du KGB, Vitaly Yurchenko, passe à l'ouest. Anciennement responsable auprès du KGB d'opérations de première importance aux États-Unis et au Canada, Yurchenko offre au contre-espionnage américain le moyen de redorer un peu son blason. Après plusieurs interrogatoires conduits par le FBI et la CIA, Yurchenko aborde un problème sensible : la CIA serait truffée de taupes. Le transfuge donne la preuve de la véracité de ses déclarations en livrant les noms de Pelton et Howard, qui ont vendu au KGB des informations top secret sur les activités de la CIA à Moscou. Si Pelton est arrêté et condamné à la prison à vie, Howard parvient pour sa part à échapper au FBI. On le retrouvera plus tard en Union soviétique, où lui est accordé le statut de réfugié politique.

Un temps, la trahison de Howard semble expliquer la succession de revers subis par la CIA en Union soviétique, au nombre desquels on compte plusieurs opérations dévoilées, ainsi que des arrestations, suivies d'exécutions de citoyens soviétiques qui avaient aidé les États-Unis. Or, en novembre 1985 Yurchenko prend le contre-espionnage américain de court en revenant dans le giron soviétique. Du coup, on s'interroge sur la valeur de ses révélations ; vrais mensonges ou fausses vérités ?

Quand éclate le scandale des Marines, en 1987, les fuites imputables aux machines Jewels éclairent la complexité du puzzle. Pour nombre d'experts, la CIA doit attribuer ses pertes en agents et en diverses sources d'information aux révélations de Howard et au piratage des « Bijoux ».

Dans la dernière semaine de février 1994, une véritable onde de choc ébranle la CIA : l'Agence abrite bien des taupes. L'un de ses membres informerait depuis des années les Russes des activités de son service. Il s'agit d'Aldrich Ames, employé modèle de la CIA, dont le père, Carleton, a occupé dans les années 1950 un poste de responsable du contre-espionnage dans la même maison. Ironie de l'histoire : Aldrich a participé en 1985 à l'interrogatoire de Yurchenko.

En contact avec de nombreux Russes et alliés de l'est en qualité d'agent recruteur d'espions, il semblerait qu'Ames ait retourné sa veste au début des années 1980. L'homme dissimulera ses activités par le biais de différents procédés cryptographiques, dont certains sont extrêmement simples (l'initiale B renvoie ainsi à Bogota, Colombie, dans le message « rendez-vous à B ») ; d'autres impliquent des messages à la craie sur des boîtes à lettres, avec des noms de code comme « nord » ou « sourire ». Ces inscriptions vont de la réponse courte, (« voyage prévu » ou « voyage suspendu ») à des renseignements plus conséquents.

En 1991, CIA et FBI auront dû unir leurs compétences pour renforcer la sécurité du pays. Au terme de délais inexplicables, on en viendra à suspecter les agissements de Ames et de Rosario, sa femme, et l'on accumulera des preuves à leur encontre. Une équipe d'espions met leur téléphone sur table d'écoute, examine leurs relevés bancaires, récupère le ruban des machines à écrire et des ordinateurs du couple dans sa poubelle. Il est fort probable qu'à cette occasion, on mette en pratique un tout nouveau système de détection, qui intercepte et enregistre les ondes électromagnétiques émanant de l'écran de l'ordinateur des Ames. Les preuves accumulées sont bientôt suffisantes.

Après son arrestation, et pour que son épouse elle aussi accusée bénéficie de l'indulgence des magistrats, Ames raconte sa trahison par le détail ; il est condamné à la prison à vie. Pour 1,5 million de dollars, le traître a livré les noms de code et les missions de plus de 10 citoyens soviétiques, éléments clés des services secrets américains. On apprendra plus tard l'exécution de tous ces agents. Les experts en sont encore aujourd'hui à analyser l'étendue des dommages subis.

Deux mois seulement après l'arrestation du couple Ames, un vétéran de la CIA, Harold J. Nicholson, se lance dans une brève, mais néfaste, carrière d'espion pour le compte des Russes. Délégué adjoint de la CIA à Kuala Lumpur, en Malaisie, Nicholson a de cruels besoins d'argent : il doit acquitter une pension alimentaire, satisfaire les goûts de luxe de sa maîtresse et assumer les frais de scolarité de ses enfants.

De la fin d'avril 1994 jusqu'à son arrestation, à la fin novembre 1996, Nicholson reçoit 120 000 dollars. En retour, il révèle le nom d'agents dont il avait lui-même assuré la formation, quelques années plus tôt, au centre d'instruction de la CIA, à Williamsburg, en Virginie. Il subtilise également des données informatiques appartenant à l'agence, photographie d'autres documents et livre le nom d'hommes d'affaires américains installés en Russie, de mèche avec la CIA.

Le changement brutal de son train de vie, et son oubli trois fois répété de subir le test d'un détecteur de mensonge, intriguent la CIA et le FBI ; l'homme est placé sous surveillance, puis arrêté. La sévérité du verdict (il est condamné à la prison à vie) s'explique par la présence de fichiers top secrets sur le disque dur de son ordinateur et la découverte de cartes postales sibyllines destinées à ses nouveaux maîtres – où figurent d'étranges phrases, telles « la neige devrait être bonne », qu'il a signées de différents noms de codes, par exemple Nevil R. Strachey.

Plus récemment, c'est dans les rangs du FBI qu'on découvre un traître, endossant par intermittence le rôle d'espion à la solde de Moscou. Au cours de son procès, au printemps 1997, on apprend que Earl Pitts est espion depuis le début des années 1990. Perfectionniste et psychologiquement fragile, Pitts, qui éprouvait une intense rage à l'encontre de ce qu'il appelait « la bureaucratie du FBI », décide de se métamorphoser en espion soviétique. Après un rendez-vous avec son recruteur dans la Bibliothèque de New York, Pitts s'enferme dans un univers de demi-vérités. Il révèle ainsi à son chef des données authentiques sur les diplomates russes sous surveillance du FBI ; en revanche, souffrant d'un sentiment de culpabilité, il invente bientôt d'autres informations de toutes pièces pour se rendre indispensable. Peu de temps après avoir quitté New York pour Washington, il se dégage de son passé d'espion ; ses contacts russes le considèrent alors comme un agent « en sommeil ».

C'est un diplomate russe passé à l'ouest qui aide le contre-espionnage américain à démasquer Pitts. Des hommes du FBI organisent un coup monté : ils se font passer pour des agents russes, à nouveau intéressés par les services de Pitts. En échange de 15 000 dollars, celui-ci livre à ces contacts des éléments sur les mécanismes de brouillage/cryptage des communications téléphoniques. La divulgation d'une partie de ce système de sécurité et les 224 000 dollars reçus des Russes pour d'autres révélations (fausses et vraies) pèseront lourd dans sa condamnation à 27 ans de prison.

LA NOUVELLE CRYPTOLOGIE : LES SOLUTIONS PUBLIQUES ET PRIVÉES

Autrefois réservés à l'usage quasi exclusif des espions, codes et chiffres se sont peu à peu vulgarisés. Qu'il s'agisse des révélations d'après-guerre concernant les systèmes Magic et Ultra ou plus récemment, la divulgation des agissements des pirates informatiques et autres criminels en col blanc, cela ne fait plus de doute que le grand public est désormais sensibilisé aux questions de cryptologie.

Dans les années 1950 et 1960, des organisations telles que la NSA ont réalisé qu'il était impératif de sécuriser les échanges informatiques et les communications, et cela à proportion de leur développement. Une cryptographie de forme publique était alors requise pour des usages généraux, par exemple des opérations bancaires ou encore la constitution de fichiers médicaux. En 1973 et 1974, le National Bureau of Standards (l'organisme de normalisation américain) conduit ainsi des recherches sur des systèmes cryptographiques qui seraient à la fois publics et protégés par des clés privées. Cette procédure de protection des données prend pour nom *Data Encryption Standard* (Norme de chiffrement de données), ou DES.

Entre toutes celles qui sont envisageables, une méthode finit par l'emporter. Mise au point par Horse Feistel, d'IBM, elle s'appuie sur la transposition assistée par ordinateur. On savait que l'exploitation des nombres binaires autorisait une transposition démultipliée, donc bien plus fiable que le simple décalage de lettres de la transposition classique. Chez IBM, ce système de chiffrement est dans un premier temps testé en tant que « chiffre de démonstration ».

D'abord identifié par les noms « Demon », puis « Lucifer » (le premier pour « démonstration », le second pour son allusion au mot anglais « cipher », chiffre), le DES est une procédure de chiffrement élaboré, qui se fonde sur des groupes d'unités claires à 64 bits. Après plusieurs réunions de travail avec la NSA, la somme des bits est réduite à 56, huit étant réservés à l'authentification des transmissions, appelée parité des bits. Ce système est présenté en 1975 sous le titre *Federal Information Processing Standard* dans le Federal Register.

Industriels et cryptologues s'interrogent sur les qualités et la sécurité du DES. On veut en savoir davantage sur le rôle de la NSA dans cette affaire, et de nombreuses personnes affirment même que le gouvernement américain aurait délibérément fragilisé le procédé pour que ses experts puissent le pirater en secret. Après bien des réunions, des articles et des débats, la même clé de 56 bits (plus la parité des huit bits) fait à nouveau l'objet d'une publication en janvier 1977, sous le titre de *Federal Information Processing Standards Publication 46*. Outre ses applications pour le gouvernement fédéral, le DES est aussi destiné à accroître la sécurité des entreprises. Des compagnies rivales, certains pays, font de temps à autre croire qu'ils ont réussi à percer l'inviolabilité du DES ou accusent la NSA de décrypter quotidiennement courriers électroniques et contrats commerciaux chiffrés. À cette date toutefois, il n'existe aucun cas avéré de percement du DES, que ce soit dans ou hors de la NSA.

En 1976, alors que le développement du DES touche à sa fin, un nouveau genre de cryptographie voit le jour. Connu sous le nom de cryptographie à deux clés, ou à clé publique, le système est mis au point à l'université Stanford, en Californie, par le professeur Martin Hellman et deux étudiants en électronique, Whitfield Diffie et Ralph Merkle. Le petit groupe de recherches présente la clé publique comme une solution aux problèmes inhérents à l'acheminement des clés secrètes vers leurs correspondants. Le procédé des trois hommes fait appel à deux clés. La première est mise à la disposition du grand public par publication ou annuaire ; la seconde reste secrète, réservée à l'usage exclusif d'une personne ou d'une entreprise. Ses inventeurs affirment qu'il est impraticable, voire impossible, à l'ordinateur le plus performant de déduire une clé de déchiffrement privée au moyen de la clé de chiffrement publique.

Le procédé Hellman-Diffie-Merkle semble un temps inviolable. En 1982 néanmoins, un trio de mathématiciens de l'Institut de technologie du Massachusetts, Leonard Adleman, Ronald Rivist et Adi Shamir, percent le secret de certaines données capitales de son système de sécurité. Le groupe met bientôt au point un procédé concurrentiel, basé sur des nombres premiers. Leur version de la clé publique est baptisée RSA, des initiales de ses concepteurs. RSA, qui implique la factorisation de très grands nombres, est plus lent que le système DES et sert avant tout à garantir la sécurité des réseaux où interviennent de nombreuses communications et où l'échange de clé pose problème.

DES, comme le procédé à clés publiques, sont l'objet de nombreuses controverses, supputations et malentendus, même chez les experts. Les ordinateurs se montrent peu à peu indispensables dans l'organisation et le stockage de données personnelles relevant de la finance, des assurances et de la santé. Du fait de leur usage toujours plus important des téléphones, des télécopieurs et des systèmes satellites, ni les entreprises ni les particuliers ne veulent voir leurs communications mises en péril, du fait d'actes de piratage informatique ou d'erreurs mécaniques dans la transmission.

Aussi, les problèmes de sécurité, naguère domaine réservé du renseignement militaire ou du FBI, deviennent-ils intensément personnels. N'ayant autrefois conscience que de son numéro de Sécurité sociale, de celui de son permis de conduire ou de son compte en banque, c'est désormais tout son quotidien que le grand public voit numérisé. L'identification alphanumérique est partout : digicodes, boîtes à lettres vocales digitales, fiches numériques de santé, cartes de crédit téléphonique, numéros d'identification personnelle pour les retraits bancaires, Alphapages, téléphones cellulaires, etc.

Si la majorité de ces lettres et chiffres n'ont pas à être codés, nombre d'entre eux touchent pourtant à la sécurité des personnes et des biens. La nécessité de répertorier et de vérifier ces codes fait participer l'individu à une communauté d'échange de données. Aidé d'un numéro de Sécurité sociale ou de quelques données statistiques, des pirates informatiques sont en mesure de parcourir comme ils l'entendent des banques de données d'informations générales offrant adresses et numéros de téléphone. Armés de ces renseignements, rien ne leur est plus facile que de s'approprier alors l'identité de leur victime pour effectuer des achats, intercepter des données médicales ou se lancer dans diverses activités frauduleuses. Les journaux mentionnent presque chaque jour ce type de falsifications, qu'elles soient de faible envergure ou qu'elles relèvent d'escroqueries financières de dimension internationale.

De plus en plus fréquemment, le grand public cherche à garantir sa sécurité et l'inviolabilité de ses données personnelles en se tournant vers des solutions cryptographiques. C'est par exemple le cas du programme *Pretty Good Privacy* (PGP), qui s'applique aux courriers électroniques. Mis au point en 1991 par un expert informatique, Phil Zimmerman, PGP est jusqu'ici peu apprécié de nombreuses autorités gouvernementales, inquiètes, de manière parfois légitime, de voir un secret inviolable entourer désormais toutes les communications publiques.

S'aidant d'écoutes téléphoniques, autorisées par la loi, et de différents dispositifs d'interception, le FBI, les services militaires du contre-espionnage et d'autres unités officielles ont par le passé réussi à mettre fin aux activités de bien des criminels. Tout en reconnaissant à chacun le droit à l'intimité de sa vie privée, beaucoup redoutent maintenant les conséquences d'un système où individus et groupes d'individus seront à même de communiquer librement sur des réseaux, sans crainte d'aucune interception, ce qui peut faire courir de grands dangers à la sécurité générale.

Au début des années 1990, des experts de la sécurité ont tenté de faire adopter des procédures impliquant une nouvelle technologie, la « mise en dépôt de clés ». Elle s'applique au matériel d'émission ou de réception et donc, aux ordinateurs et aux téléphones : il s'agirait de les amener à choisir, mutuellement, par électronique, un algorithme donné, parmi les millions de clés disponibles, pour chiffrer conversations ou échanges de données. Les clés de ces systèmes seraient confiées à deux agences de sécurité, choisies par le ministre de la Justice américain. Pour les obtenir, aux fins d'enquête ou de cryptanalyse judiciaire (en cas de menace sur l'ordre public ou de péril pour la sécurité du territoire), un mandat du tribunal serait nécessaire. Une puce informatique, appelée « Clipper Chip », devait permettre d'accéder à ces clés. Bien que ses possibilités soient prometteuses, la « mise en dépôt des clés » a rencontré une vive opposition et n'a jamais reçu l'assentiment du public.

Jour après jour, de nouveaux procédés de sécurité viennent relancer le débat opposant le droit privé et la raison d'état – le sujet, n'en doutons pas, sera d'importance au cours du prochain millénaire.

JRLONDW
CHIFFRES

On définit le chiffre, catégorie reine de la cryptologie, comme une méthode de dissimulation dont l'unité première est la lettre. Le mot dérive de l'arabe *sifr*, signifiant *vide*. Dès le VIIe siècle, la civilisation arabe, l'une des plus éclairées de son temps, voue une véritable passion aux chiffres, un intérêt partagé par les Grecs et les Romains. À la chute de l'Empire romain, l'usage du chiffre tombe quelque peu dans l'oubli ; il faut attendre le Moyen Âge pour assister à sa timide résurgence, orchestrée par la toute puissante Église. Bientôt, le chiffre jouit de la même popularité que les codes et les nomenclateurs.

Vers le milieu du XIXe siècle, avec l'invention du télégraphe, les procédés de chiffrement font un retour en force. Les livres de codes s'avèrent en effet bien peu adaptés aux aléas de la guerre, trop vulnérables et tout aussi incommodes. La Première Guerre mondiale prouvera ce peu de fiabilité et relancera l'intérêt des militaires pour les chiffres : seuls les chiffres sont à même d'assurer la protection nécessaire à leurs échanges, à condition, bien entendu, que les clés de chiffrement soient régulièrement changées.

Le XXe siècle confirme la suprématie du chiffre sur les codes, du moins dans les rangs de l'armée, qui l'adopte pour toutes ses communications. La nature même du chiffrement, basée sur la manipulation de lettres et de syllabes, s'adapte sans peine à l'évolution de l'électronique, aux opérations numériques et aux calculateurs. L'émergence de machines rapides et surpuissantes renforce le chiffrement polyalphabétique et lui confère une complexité jusqu'alors inédite.

À la différence du code, où la substitution opère sur des mots entiers, le chiffre s'attache à des unités plus discrètes, les lettres, qu'il manipule selon les communications. Le chiffrement fait appel à deux principes fondamentaux, la *substitution* et la *transposition*, deux traitements impliquant une transformation de lettres. La transposition perturbe l'ordre de succession des lettres dans un message ; la substitution procède au remplacement de ces lettres par des nombres, des symboles ou d'autres lettres. Par unité cryptographique, on entend une lettre chiffrée, mais aussi une paire de lettres, appelée *bigramme* (ou *digramme*) et des groupes plus importants, à savoir des *trigrammes*, ou encore des *polygrammes*. L'alphabet qui se substitue à l'alphabet classique est connu sous le nom d'*alphabet de chiffrement*.

Par *texte clair*, on entend le message non chiffré ; le texte résultant d'un chiffrement est désigné, quant à lui, du nom de *cryptogramme, chiffré* ou *crypté*. Le message révélé après déchiffrement est également qualifié de texte clair. Autrefois, le terme « déchiffrement » recouvrait toutes les opérations mises en œuvre pour résoudre un cryptogramme ; on lui préfère aujourd'hui celui de « cryptanalyse », mot inventé par William Friedman (1920). Un message brut, sans protection, est dit clair ou *en clair*.

Les cryptogrammes se présentent souvent sous forme de polygrammes de cinq lettres, ceci pour éviter les répétitions d'une même lettre, mais aussi pour faciliter la transmission. Cette convention fut adoptée entre les années 1870 et 1880, lors de conférences internationales regroupant les principaux acteurs de la télégraphie. Les polygrammes à cinq chiffres ou à cinq lettres s'imposent aux différents systèmes de communication comme un standard. Sachant que cinq lettres étaient attendues, il était du coup plus commode pour le destinataire de vérifier où les unités cryptographiques commencaient et où elles finissaient, l'ordre des transmissions se trouvant ainsi amélioré. Le chiffrement ne saurait se passer d'une clé, véritable sésame qui détermine un ensemble de procédures. Un *mot-clé* dévoile le schéma de placement des lettres d'un alphabet cryptographique ; un *nombre-clé* régit l'ordre de succession des lettres d'une transposition. Dans l'exemple ci-dessous, la première et la troisième lettre du mot-clé *here* déterminent le profil de l'alphabet de chiffrement.

ALPHABET CLAIR : *h* i j k l m n o p
q r s t u v w x y z a b c
d e f g

ALPHABET DE CHIFFREMENT : *r* s t u v w x y
z a b c d e f g h i j k l
m n o p q

Dans l'alphabet clair, 10 lettres séparent le *h* du *r*. Ce décalage, répercuté de façon cyclique sur un alphabet standard de 26 lettres, normalement ordonnées, permet d'élaborer l'alphabet de chiffrement. Sur la base de cet alphabet, le mot *message* sera chiffré *wocckqo*.

Un chiffrement par transposition, avec 34512 pour nombre-clé, peut signifier que la troisième lettre d'un mot en clair doit être permutée avec la première, la quatrième lettre avec la seconde, et ainsi de suite. En appliquant ce nombre-clé au mot *biche*, on obtient le cryptogramme *chibe*.

La clé peut être convenue avant la transmission, ou véhiculée au cœur même du cryptogramme. De la variété des clés dépend la sécurité du chiffrement ; mots et phrase récurrents suffisent à alerter l'œil expert du cryptanalyste. Aucune modification de clé ne doit intervenir sans qu'en soit informé le destinataire ; de la clé dépend toute l'architecture du chiffrement. Elle seule oriente la marche à suivre, renseigne sur le procédé utilisé, et mène au déchiffrement.

Certains artifices permettent de renforcer le chiffrement ; ainsi l'insertion de *nulles*, lettres dépourvues de sens, participe au brouillage d'un alphabet ou d'une matrice. En altérant les schémas syntaxiques des phrases, en modifiant la longueur des mots et les groupes syllabiques, les nulles aident à compliquer considérablement le travail du cryptanalyste. Les mots ou les chiffres cryptés peuvent être surchiffrés par le biais d'un procédé destiné à assurer un surcroît de protection au message. Le surchiffrement d'un cryptogramme fait indifféremment appel à la transposition ou à la substitution.

Progrès mathématiques et informatiques ont aujourd'hui propulsé le chiffrement vers de nouveaux sommets. À la base cependant, les règles du genre restent inchangées ; les millions de combinaisons générées par les ordinateurs dépendent encore et toujours de clés, de procédés de transposition ou de substitution.

CHIFFREMENT PAR TRANSPOSITION

La transposition est un procédé qui bouleverse l'ordre des lettres d'un texte en clair, sans pour autant remplacer les lettres du message par d'autres lettres, nombres ou symboles. Chiffré par transposition, le mot *montre* pourra former les cryptogrammes *ternom* ou *romnte*. L'ordre de succession des lettres change, mais chaque unité conserve son identité. L'anagramme illustre l'une des applications les plus populaires du procédé de transposition. C'est au XVIIe siècle que des hommes comme Galilée et Johann Kepler le mettent au goût du jour. Les lettres d'un mot, prélevées dans le désordre, servent à former un autre mot de longueur équivalente ; par exemple, *mire* devient *rime* et *percussion* donne *supersonic*.

Quoique obscures, les origines de la transposition pourraient remonter à l'Antiquité ; par souci de sécurité ou observance d'un rituel, un scribe aurait ainsi dissimulé l'identité de son souverain en altérant l'ordre des caractères de son nom. Des manuscrits témoignent de l'usage d'une forme de transposition dès le Ve siècle, chez les Spartes et les Arabes. La fameuse scytale des Spartes, premier instrument à figurer à l'arsenal de la cryptologie, marque la naissance du chiffrement par transposition. Voici une description de l'outil, empruntée à l'historien grec Thucydide : il s'agit d'un cylindre de bois, parfois d'un bâton de commandement, autour duquel on enroule fermement un étroit ruban d'étoffe, de cuir ou de papyrus. Le message en clair, inscrit en lignes droites parallèles à l'axe de bois, disparaît sous un fatras d'alignements de lettres nulles.

Une scytale

Le procédé ne joue pas tant d'un surcroît de protection que d'une désorientation de l'adversaire. Si par exemple, le ruban de cuir ou le papyrus est déroulé par un intrus, les lettres apparaissent alors comme un fouillis incohérent.

En revanche, arrivé à bon port, le ruban est soigneusement réenroulé autour d'un bâton de même longueur et de même diamètre ; on récupère ainsi l'alignement original des lettres, et le libellé du message.

La scytale fait partie de toutes les campagnes ; le procédé n'est basé ni sur la mémoire, ni sur la possession d'un code élaboré. La méthode est abordable et le déchiffrement des plus simples.

Dans l'Europe médiévale, quelques ecclésiastiques s'essaient à la transposition de lettres et à l'inversion de phrases. C'est à la Renaissance que les cryptologues italiens vulgarisent et développent le procédé, enrichissant la pratique de la transposition et développant une nouvelle méthode, la substitution. Dans son *De Furtivis Literarum Notis*, publié en 1563, l'érudit napolitain Giovanni Porta présente la transposition comme une méthode de chiffrement inégalable. L'heure est toutefois aux nomenclateurs, et la transposition reste en coulisses.

La guerre de Sécession aux États-Unis ramène le procédé sur le devant de la scène. Les fédéraux chiffrent leurs dépêches télégraphiques en exploitant toutes les variantes de la transposition dite « par alignement ». Si de nos jours, la transposition est rarement utilisée comme moyen exclusif de chiffrement, elle est toutefois combinée à d'autres procédés cryptographiques comme un supplément de protection.

La robustesse d'un chiffrement par transposition repose sur le nombre de permutations possibles, seul élément susceptible de décourager un éventuel intercepteur. Au nombre des exemples offrant un niveau de protection acceptable, on retiendra le découpage du message en polygrammes de huit lettres et espaces. Le premier et le dernier caractère, comme le quatrième et le cinquième caractère de chaque polygramme, font l'objet d'une transposition. Les symboles • et `.` , représentant un espace et une ponctuation, n'échappent pas à la permutation.

TEXTE CLAIR : `hold • 800 • shares • of • acmo • industries. • nate • smith. •`

TRANSPOSITION : `0ol • d80h • shraes • • f • camooindsutrie. n • ate • smtih. •`

Chiffrements par substitution ou par transposition se valent, dès lors que le niveau de sécurité exigé reste faible. Cependant rappelons que la transposition, où le cryptogramme se résume à un simple mélange de lettres, ne saurait échapper à la perspicacité d'un cryptanalyste averti, tandis que la substitution s'avère plus fiable en travestissant l'identité des lettres et des caractères du cryptogramme.

Transposition par inversion

Le cryptogramme résulte de l'inversion des lettres du texte clair. Prenons comme exemple le message *meet her at nine tonight* (rencontre-la ce soir à 9 heures). On obtient le cryptogramme suivant :

CRYPTOGRAMME : `thginotenintarehteem`

En vue d'une transmission, découpons le cryptogramme en polygrammes de cinq lettres :

`thgin oteni ntare hteem`

Une autre possibilité consiste à inverser les lettres de chaque mot pour former le cryptogramme inversé suivant :

`teem reh ta enin thginot`

Le cryptogramme est à son tour découpé en polygrammes de cinq lettres :

`teemr ehtae ninth ginot`

VARIATIONS SUR L'INVERSION

En se basant sur le premier cryptogramme inversé ci-dessus, changeons l'ordre de succession des lettres de chaque polygramme ; la première lettre se substitue à la troisième et la deuxième à la quatrième :

PREMIER CRYPTOGRAMME : `thgin oteni ntare hteem`

SECOND CRYPTOGRAMME : `githn enoti arnte eehtm`

En inversant à nouveau les polygrammes et l'ordre de succession des lettres, le nouveau cryptogramme s'écrira :

`mthee etnra itone nhtig`

Transpositions géométriques

Un chiffrement par transposition géométrique répartit les lettres du texte clair au sein de figures géométriques, matrices, tableaux ou grilles. Les lettres sont inscrites selon un ordre convenu : par colonnes, de haut en bas et de bas en haut, ou encore en diagonale.

Une clé définit la longueur et le sens de relèvement des lettres. Le recours à des noms de code, pour identifier certaines personnes ou certains lieux, l'emploi de nulles et l'alignement en diagonale, renforcent la sécurité du procédé.

Les formes géométriques simples excluent toute fantaisie de combinaisons. Dans l'exemple ci-dessous, le rectangle sert de matrice au message *meet her at nine tonight* (rencontre-la ce soir à 9 heures).

m	i
e	n
e	e
t	t
h	o
e	n
r	i
a	g
t	h
n	t

Les bigrammes du chiffré correspondent aux unités claires regroupées en paires horizontales.

`mi en ee tt ho en ri ag th nt`

Le cryptogramme transmis est formé par le regroupement des bigrammes en polygrammes de cinq lettres.

`miene tttho enria gthnt`

TRANSPOSITIONS PAR ALIGNEMENT

Le procédé tire son nom des schémas de placement et de permutation des lettres. Les unités claires sont inscrites dans les cases, ou cellules, des matrices, et relevées selon un ordre précis pour former le cryptogramme. De toutes les figures géométriques exploitées, le rectangle l'emporte couramment, mais aussi le triangle, le cercle, voire le trapèze, ce quadrilatère à deux côtés parallèles, toutes sollicitées par les cryptologues.

Quatre facteurs essentiels, convenus entre l'expéditeur et le destinataire, conditionnent la réussite du déchiffrement de ce type de transposition. Il s'agit, dans un premier temps, de déterminer la taille et la forme de la matrice, puis de s'entendre sur la position de départ de la première lettre du message, ainsi que sur la direction à donner aux autres lettres. On doit aussi déterminer la position de départ et le sens de relèvement des unités claires du message pour former le cryptogramme. Enfin, il convient de fixer la longueur des polygrammes chiffrés du message à transmettre.

Prenons comme exemple le message *he is the allies' courier* (c'est le messager des alliés). Les lettres sont réparties sur deux rangées égales, sans prendre en compte l'apostrophe. Les signes de ponctuation, bien trop révélateurs, sont systématiquement occultés. Ainsi, l'apostrophe dans la langue anglaise est généralement suivie d'un *a* ou d'un *t*, indice qui ne saurait échapper à un cryptanalyste aguerri.

Le libellé du message est inscrit dans les cellules, comme suit :

h	e	i	s	t	h	e	a	l	l
i	e	s	c	o	u	r	i	e	r

Ce genre d'alignement, comparable à un rectangle, ne s'apparente pas, au sens strict du terme, à une matrice ou à une grille. L'ordre de relèvement des lettres reste ouvert. Le procédé le plus simple se contente de regrouper les unités en polygrammes de cinq lettres, à partir de la première rangée. Pour former le cryptogramme, on relève le premier polygramme de la rangée supérieure, puis le premier polygramme de la rangée inférieure, le deuxième polygramme de la rangée supérieure, et ainsi de suite :

```
heist   iesco   heall   urier
```

On peut sécuriser le chiffrement en prélevant, de façon alternée, des bigrammes des rangées supérieure et inférieure :

```
he   ie   is   sc   th   ou   e   ri   ll   er
```

L'opération suivante consiste à regrouper les bigrammes en polygrammes de cinq lettres :

```
heiei   sscth   ouear   iller
```

Clés de déchiffrement : Avant tout, il est impératif de connaître le mode de formation du cryptogramme et, donc, la matrice. En présence d'une série de polygrammes à cinq lettres, prélevés alternativement sur les rangées supérieure et inférieure, l'opération consistera à aligner les cinq premières lettres, *heist*, sur la rangée supérieure ; on inscrira ensuite le deuxième polygramme, *iesco*, exactement au-dessous ; on alignera enfin le troisième, *heall*, à la suite du premier et le quatrième, *urier*, à la suite du deuxième.

Si le message a été chiffré par une suite de bigrammes, prélevés alternativement sur les rangées supérieure et inférieure, le déchiffrement se borne à retrouver l'ordre de succession des bigrammes. On commence par inscrire le premier bigramme *he*, avant de noter le deuxième, *ie*, exactement au-dessous. Le troisième bigramme, formé par l'association du *i* et du *s* (première lettre du deuxième polygramme de cinq lettres), sera placé à côté du premier, le quatrième bigramme *sc* sous le troisième ; *th* suit le troisième bigramme, *ou* suit le quatrième, *ea* est accolé au cinquième, *ri* succède au sixième, le bigramme *ll* clôt la première ligne et *er* la seconde.

```
heistheall

iescourier
```

La lecture ligne à ligne, et de gauche à droite, révèle la teneur du message.

Rail Fence

Une des formes les plus élémentaires de transposition par alignement. Son surnom *rail fence*, littéralement *palissade*, s'inspire des alignements caractéristiques des lettres, en rangées décalées. Le procédé connaît son heure de gloire aux premières heures de la cryptographie. Le développement de systèmes plus élaborés, comme les nomenclateurs du Moyen Âge et les répertoires de codes des XVe et XVIe siècles, sonnera sa perte. Le *rail fence* bénéficie d'un regain de popularité pendant la guerre de Sécession ; les espions, confédérés autant que fédéraux, en chiffrent leurs dépêches.
Un *rail fence* à deux niveaux se présente sous la forme de deux rangées, ou suite de lettres, de *n* colonnes chacune ; le nombre de colonnes dépend de la longueur du message. L'inscription du texte clair dans les colonnes obéit à un sens spécifique d'alignement. Dans l'exemple ci-dessous, les lettres s'inscrivent de haut en bas de chaque

colonne, les unes à la suite des autres. Un léger intervalle de niveau permet de compléter éventuellement un message. Plaçons les lettres du message *lamp signal her cottage at midnight* (ferme éclairée à minuit) :

RAIL FENCE :

```
l   m   s   g   a   h   r   o   t   g   a   m   d   i   h
  a   p   i   n   l   e   c   t   a   e   t   i   n   g   t
```

En regroupant les lettres de gauche à droite, à partir de la première rangée, on forme le cryptogramme composé de polygrammes à cinq lettres :

TEXTE CHIFFRÉ : `lmsga hrotg amdih apinl ectae tingt`

Clés de déchiffrement Les polygrammes sont divisés en deux groupes égaux de 15 lettres, séparés par une ligne verticale :

`lmsga hrotg amdih | apinl ectae tingt`

Le relèvement des lettres s'effectue à partir de la première lettre de gauche, *l*, et se poursuit sur la première lettre du deuxième groupe de droite, *a*. Vient le tour de la deuxième lettre de gauche *m*, puis de la deuxième lettre du groupe de droite, *p*, et ainsi de suite, jusqu'à restitution complète du message.

Variations sur le Rail Fence

À partir de la ligne chiffrée ci-dessus, *lmsga hrotg amdih apinl ectae tingt*, on peut varier l'ordre d'inscription des lettres, de gauche à droite dans la première rangée, et inversement dans la deuxième rangée. Tout aussi bien, on inversera l'ordre des deux rangées :

A. DE GAUCHE À DROITE ET DE DROITE À GAUCHE:

```
l   m   s   g   a   h   r   o   t   g   a   m   d   i   h
  t   g   n   i   t   e   a   t   c   e   l   n   i   p   a
```

TEXTE CHIFFRÉ : `lmsga hrotg amdih tgnit eatce lnipa`

B. INVERSION DES DEUX RANGÉES

```
h   i   d   m   a   g   t   o   r   h   a   g   s   m   l
  t   g   n   i   t   e   a   t   c   e   l   n   i   p   a
```

TEXTE CHIFFRÉ : hidma gtorh agsml tgnit eatce lnipa

Un *rail fence* à trois niveaux, élaboré à partir du même message, varie les combinaisons de lettres formant les polygrammes :

```
l       s       a       r       t       a       d       h
  a   p   i   n   l   e   c   t   a   e   t   i   n   g   t
    m       g       h       o       g       m       i
```

TEXTE CHIFFRÉ : lsart adhap inlec taeti ngtmg hogmi

Clés de déchiffrement Si l'ordre de placement des lettres correspond à un alignement de gauche à droite et de droite à gauche, il convient de distinguer le sens de transcription de chaque polygramme, voire de séries de polygrammes. Une fois ordonnées, les lettres sont partagées en deux groupes égaux, séparés par une ligne verticale. Le message est déchiffré selon la procédure décrite plus haut. En cas d'inversion intervenant sur toutes les rangées, le nombre total de lettres est divisé en deux. Les 15 premières lettres, de *l* jusqu'à *h*, sont ordonnées en sens inverse, à gauche de la ligne de division ; on obtient, à la lecture, *l m s g…a*. Le deuxième groupe de 15 lettres, de *t* à *a*, est placé à droite de la ligne de division, de façon à lire, dans l'ordre, *a p i n l…t*. La suite du déchiffrement s'effectue selon le processus décrit plus haut.
Le déchiffrement d'un *rail fence* à trois niveaux débute par l'alignement des huit premières lettres du cryptogramme (*l s a r t a d h*) sur une rangée dite supérieure. Les 15 lettres suivantes (*a p i n l e c t a e t i n g t*) forment la rangée intermédiaire et les 7 dernières lettres (*m g h o g m i*) composent la rangée inférieure ; l'ensemble s'apparente à une sorte de pyramide inversée. La lecture en zigzag, de haut en bas sur les trois rangées, révèle le message en clair.

Alignement horizontal

Le recours à des schémas d'alignement strictement géométriques multiplie le nombre de combinaisons possibles. Avec l'alignement horizontal, les unités claires peuvent prendre place au sein d'un rectangle ou d'un carré, selon le nombre de lettres du message et les dimensions nécessaires à la matrice. Prenons le message *secret pact today* (accord secret aujourd'hui) ordonné dans une grille de 3 x 5 :

s	e	c	r	e
t	p	a	c	t
t	o	d	a	y

Les séquences de lettres de chacune des rangées peuvent être inversées (A), procédé peu fiable, ou retranscrites par colonnes (B) :

A. `erces tcapt yadot`

B. `sttep ocadr caety`

Une autre méthode propose de ne transcrire, dans un premier temps, qu'une lettre sur deux du texte clair :

s	c	e	p	c
t	d	y		

La nouvelle grille débute par la première séquence de lettres, ordonnées de gauche à droite. La seconde séquence, constituée par les lettres « sautées », s'inscrit à la suite de la première :

s	c	e	p	c
t	d	y	e	r
t	a	t	o	a

Le simple fait de décaler une séquence de lettres suffit déjà à compliquer le cryptogramme, *scepc tdyer tatoa* ; mais l'inversion des polygrammes protège plus efficacement encore le message :

`cpecs   reydt   aotat`

Clés de déchiffrement Décalage d'une séquence de lettres ou simple inversion ? Le choix du procédé détermine la marche à suivre. En présence d'un chiffrement par décalage, on aligne toutes les lettres du cryptogramme dans la grille, de la première cellule, en haut à gauche à la dernière, en bas en droite, soit : *scepc tdyer tatoa.*

Si le cryptogramme résulte d'un chiffrement par inversion simple, *cpecs reydt aotat,* la première lettre du premier polygramme, *c,* s'inscrit dans la dernière cellule de la rangée supérieure. La deuxième lettre, *p,* lui succède et ainsi de suite, jusqu'à formation de la première ligne. La dernière cellule de la rangée intermédiaire est réservée à la première lettre du deuxième polygramme, *r,* à laquelle succèdent sur cette même rangée les lettres *eydt.* Enfin, le *a* occupera la dernière cellule de la dernière rangée, suivi des lettres *otat.*

Dans les deux cas de figure, on aboutit à une grille complète. Sur une grille à configuration identique, on reporte toutes les deux cases les lettres de la première rangée. Il suffit alors de combler les cellules vides avec les lettres des deux autres rangées, prélevées dans l'ordre. La lecture de gauche à droite révèle le sens du message.

Alignement horizontal alterné

L'alignement horizontal alterné commence à la transcription du texte clair sur la grille. Le message *contact their headquarters at once* (contactez immédiatement leurs quartiers généraux) est inscrit dans un rectangle de 5 x 6, dans le sens gauche/droite, droite/gauche, d'une rangée à l'autre :

c	o	n	t	a
e	h	t	t	c
i	r	h	e	a
r	a	u	q	d
t	e	r	s	a
e	c	n	o	t

Pour corser le tout, on inverse les lettres d'une rangée sur deux à partir de la première ; le relèvement de ces lettres donne le cryptogramme :

`atnoc ehttc aehri rauqd asret ecnot`

Clés de déchiffrement La première lettre du polygramme, *a*, est placée dans la dernière cellule de la première rangée. On inscrit, de droite à gauche, dans les autres cellules de cette rangée, les lettres *t n o c*. La première lettre du deuxième polygramme, *e*, s'inscrit dans la première cellule de la deuxième rangée ; les lettres *h t t c* lui succèdent, de gauche à droite sur la même rangée. On complète les autres rangées suivant le même principe d'alternance. Le troisième polygramme, *aehri*, s'inscrit de droite à gauche, en commençant par la lettre *a*, placée dans la dernière cellule de la troisième rangée. Le quatrième polygramme, de *r* à *d*, s'ordonne de gauche à droite ; le cinquième, de *a* à *t*, s'aligne de droite à gauche et, enfin, le dernier polygramme, de *e* à *t*, clôt la dernière rangée de la grille, de gauche à droite.

Le procédé décrit ci-dessus permet de retrouver la configuration de la grille originale, à savoir celle de l'expéditeur. La lecture, effectuée alternativement de gauche à droite et de droite à gauche, restitue le message.

Alignement vertical

Le procédé assure un niveau de protection comparable à celui de l'alignement horizontal. Ici, les lettres se succèdent de haut en bas, dans chaque colonne de la grille :

c	t	h	a	a
o	t	e	r	t
n	h	a	t	o
t	e	d	e	n
a	i	q	r	c
c	r	u	s	e

Alignement horizontal ou vertical ? Les deux méthodes, apparemment très proches, diffèrent sur le plan de l'élaboration et de la fiabilité. L'alignement horizontal classique exige l'inversion du sens conventionnel de lecture, de gauche à droite, à l'inscription et/ou au relèvement des lettres du cryptogramme. Dans l'alignement horizontal alterné, l'inversion intervient par inscription des lettres de droite à gauche. De par sa nature, l'alignement vertical produit des coupures bien plus radicales :

```
ctha   otert  nhato  teden  aiqrc  cruse
```

Permutation d'un caractère ou modification dans l'ordre de relèvement des lettres renforcent la robustesse du chiffrement. L'exemple ci-dessous propose une simple inversion sur les polygrammes relevés par rangées :

```
aahtc  treto  otahn  nedet  crqia  esurc
```

Clés de déchiffrement Dans le cas d'un alignement vertical classique, on aligne le premier polygramme de cinq lettres sur la première rangée de la grille. Les autres polygrammes viennent tour à tour s'inscrire dans les rangées suivantes. La lecture s'effectue successivement de haut en bas, à partir de la première colonne de gauche.

Le déchiffreur doit être informé de la moindre inversion de polygramme. L'ordre de relèvement des lettres, convenu entre les correspondants, permet de rétablir le sens d'inscription des lettres dans chaque rangée.

Alignement vertical alterné

Il s'agit d'une variante plus élaborée du *Rail Fence*. On place les lettres du message *contact their headquarters at once* de haut en bas, et de bas en haut, de chaque colonne.

c	r	h	s	a
o	i	e	r	t
n	e	a	e	o
t	h	d	t	n
a	t	q	r	c
c	t	u	a	e

Un relèvement classique par rangée, de gauche à droite, permet d'obtenir les polygrammes à cinq lettres suivants :

`crhsa   oiert   neaeo   thdtn   atqrc   ctuae`

L'ordre de succession des lettres de chaque polygramme est inversé :

`ashrc   treio   oeaen   ntdht   crqta   eautc`

L'ordre de succession des lettres d'un polygramme sur deux est inversé :

`crhsa   treio   neaeo   ntdht   atqrc   eautc`

Clés de déchiffrement Sachant qu'il se trouve face à un alignement vertical et connaissant le sens de transcription du message, le déchiffreur se contente de placer correctement les lettres dans la grille. Dans le cas d'un alignement vertical alterné, le déchiffreur inscrit la première lettre en haut de la colonne de gauche, et complète les cellules suivantes, vers le bas. On traite la deuxième colonne de bas en haut, la troisième de haut en bas, et ainsi de suite. On informe le déchiffreur d'une simple inversion par la mention « Alternance A » ; une inversion alternée des polygrammes est étiquetée « Alternance B ». L'ordre de succession des lettres doit être rétabli avant toute inscription dans la grille.

Alignement diagonal

Voici une entorse à la rigueur géométrique : on inscrit le texte clair en diagonales, de haut en bas et de gauche à droite. Soit le message *formula sent to you by courier stop answer today* (formule expédiée par courrier stop réponse aujourd'hui) :

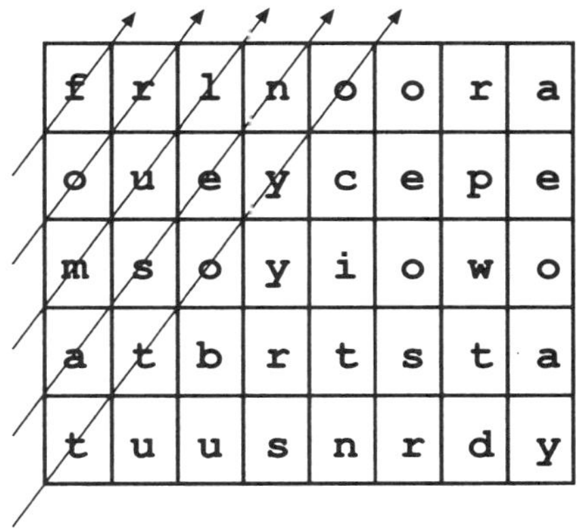

Un relevé horizontal permet d'obtenir les polygrammes suivants :

frlno oraou eycep emsoy iowoa tbrts tatuu snrdy

Un relevé vertical alterné débouche sur les polygrammes :

fomat utsur leobu sryyn ocitn rsoeo rpwtd yaoea

En fait, l'alignement diagonal, bien plus que l'alignement horizontal ou vertical, accroît les possibilités d'inscription et de relèvement des lettres.

Clés de déchiffrement Les dimensions de la grille, le sens d'alignement des lettres en diagonale, l'ordre de relèvement etc. : autant d'informations indispensables au déchiffreur. Un ordre de relèvement horizontal implique un banal alignement des lettres dans les cellules de chaque rangée, de gauche à droite.

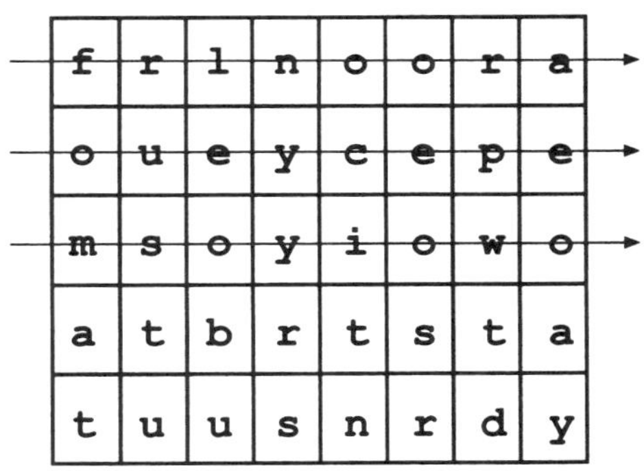

La lecture en diagonale débute en haut à gauche de la grille et se poursuit jusqu'en bas, à droite.

Si l'ordre de placement suit le schéma d'un alignement vertical alterné, le dernier polygramme chiffré transmis correspondra à la suite *yaoea*. Le déchiffreur, suivant l'ordre de placement convenu, inscrit la première lettre du polygramme dans la cellule en bas à droite de la grille ; suivent les autres lettres, en remontant la colonne jusqu'au *a*. Le deuxième polygramme, *rpwtd*, prend place de haut en bas dans la colonne suivante. On complète la grille en alternant le sens des polygrammes, jusqu'à la colonne de gauche.

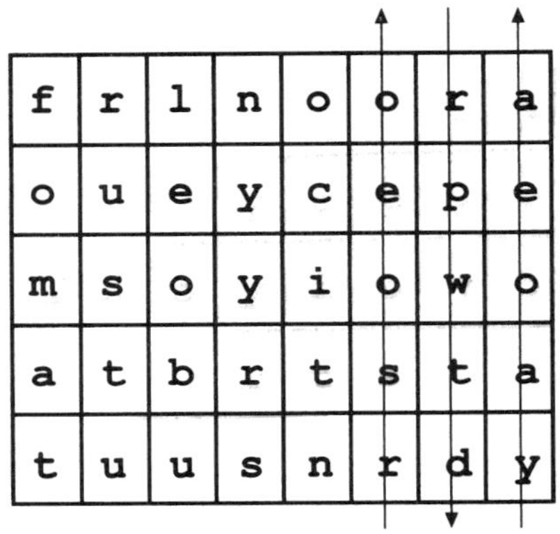

La lecture s'effectue en diagonale de gauche à droite, à partir du haut de la grille.

Alignement diagonal alterné

En s'inspirant de l'alignement diagonal classique, le chiffreur peut placer les lettres en inversant leur ordre de placement sur certaines diagonales :

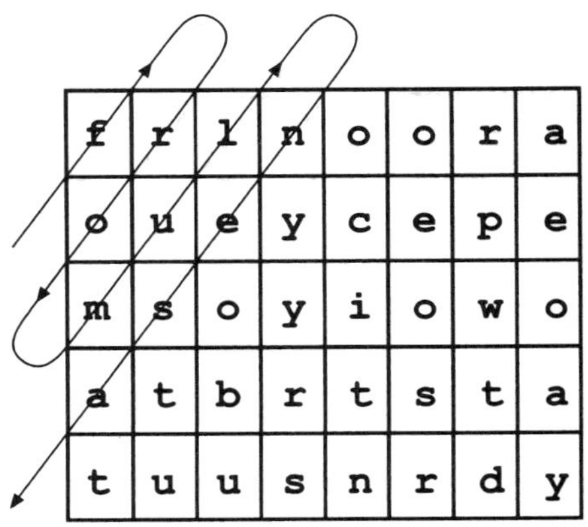

En relevant les lettres à partir du coin gauche supérieur, on obtient les polygrammes :

fromu inesa ttoyo ocybu urier apots nsweo trday

Clés de déchiffrement Sachant que l'on se trouve face à une inversion alternée selon un alignement diagonal, la dernière lettre du cryptogramme, *y*, vient s'inscrire dans le coin inférieur droit de la grille. L'avant-dernière lettre, soit *a*, s'inscrit dans la cellule juste au-dessus du *y*. Le processus d'alternance débute à l'alignement en diagonale des lettres *r t o*, dont le sens est inversé par rapport à celui des lettres *a* et *d*.

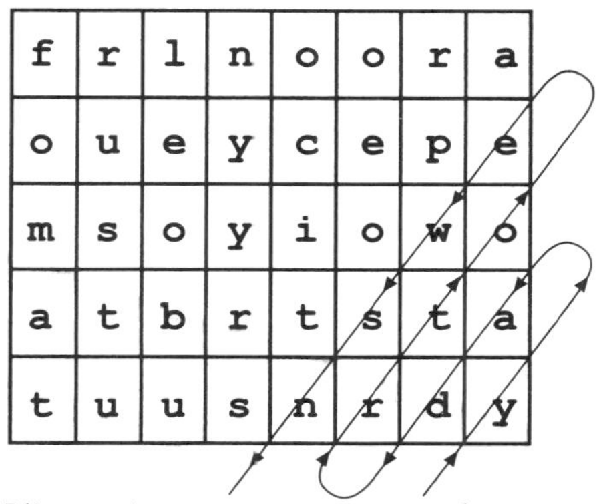

L'inversion se poursuit par placement de la lettre *e* en haut de la diagonale, suivie par les lettres *w*, *s* et *n*, sur la même diagonale. L'alignement de la suite de lettres *l*, *u*, *m*, *o* et *r* permet de compléter la grille. Reste à s'appuyer sur des lignes repères tracées le long des diagonales pour retrouver le sens de lecture, inversé une fois sur deux.

Alignement en spirale

La spirale, qui obéit au sens des aiguilles d'une montre, démarre de l'un des angles, ou se déroule à partir du centre de la figure géométrique choisie. Dans l'exemple ci-dessous, le message, relatif aux mesures de protection d'un réseau informatique, est chiffré selon un alignement en spirale, au sein d'une matrice rectangulaire.

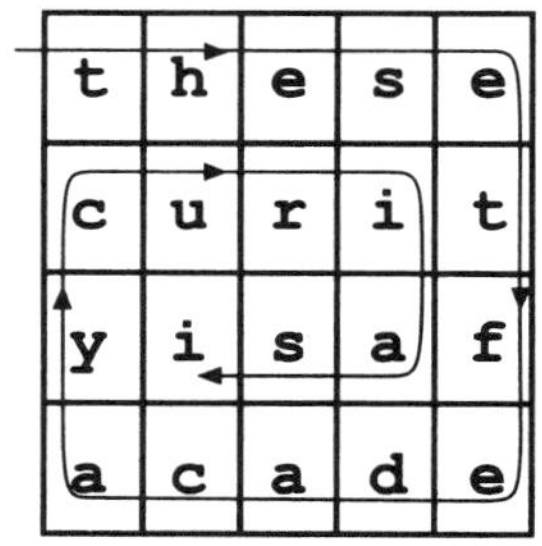

Le texte *the security is a facade* (la sécurité n'est qu'une façade) horizontal est retranscrit en spirale. Le relèvement des lettres permet de former les polygrammes :

these tfeda caycu riasi

Le nombre de lettres se resserre à mesure que l'on approche du centre. Ainsi, au premier tour vers la droite, se succèdent les lettres *e, t, f* et *e* ; au second tour vers la droite, seuls le *i* et le *a* entrent en scène. Enfin, le *s* et le *i* clôturent la spirale. Déployée à partir d'une lettre centrale, le *r*, la spirale pourrait se poursuivre par la succession *i a s i*, remonter et s'enrouler par *u h e s e*, avant de redescendre vers *t f e d a*, pour achever sa course par *c a y c t*. Chaque tour distribue les lettres le long d'une spire continue, de l'intérieur vers l'extérieur.

Clés de déchiffrement L'expéditeur informe le destinataire du point de départ de la spirale, un coin de la grille ou son centre. Dans le cas d'un alignement selon le sens des aiguilles d'une montre, la première lettre du cryptogramme, le *t*, prendra place dans le coin supérieur gauche de la matrice convenue. Lui succéderont de gauche à droite, *h e s e* sur la première rangée horizontale. La première lettre du deuxième polygramme, *t*, est placée exactement au-dessous de la dernière lettre de la première rangée, *e ; la suite f e d a* s'inscrit au-dessous, complète la colonne à l'extrême droite et s'enroule vers la gauche au niveau de l'angle inférieur droit.

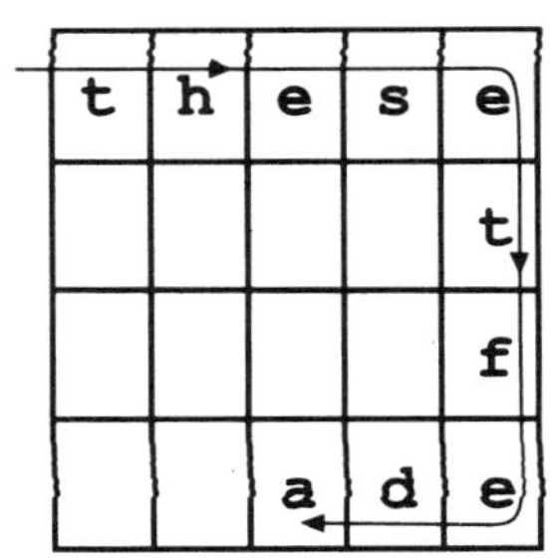

Les lettres du troisième polygramme, *caycu*, complètent la dernière rangée, remontent la première colonne et se dirigent sur la droite, au niveau de la deuxième rangée.

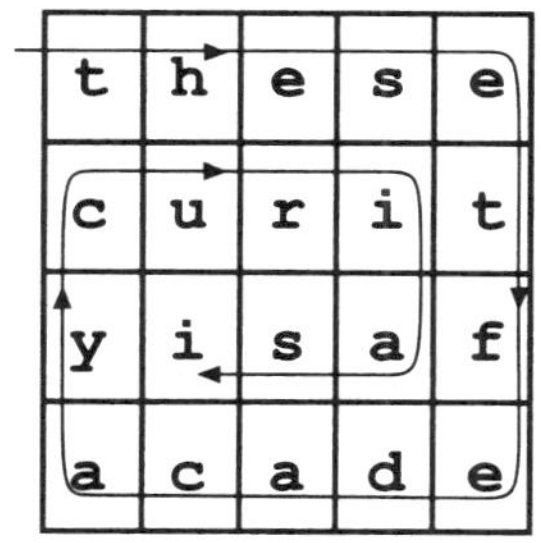

Le dernier polygramme, *riasi*, met un terme à la course de la spirale. La lecture, effectuée de gauche à droite dans le sens des aiguilles d'une montre, restitue le message.

Alignement en spirale inversée

L'alignement débute dans l'un des angles de la grille, puis se poursuit dans le sens inverse des aiguilles d'une montre pour rejoindre le centre :

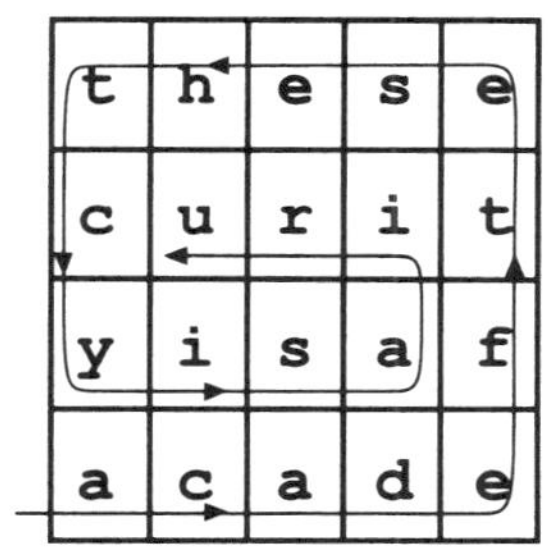

En partant de l'angle gauche inférieur, on forme le cryptogramme :

`acade   ftese   htcyi   sairu`

En partant du *r*, au centre, et en poursuivant dans le sens contraire des aiguilles d'une montre, on obtient le cryptogramme :

`ruisa   iseht   cyaca   defte`

Clés de déchiffrement Ici, le point de départ de la spirale inversée se situe dans l'angle inférieur droit de la grille. Les lettres du premier polygramme, de *a* à *e*, occupent la dernière rangée, de gauche à droite. La deuxième série de lettres s'inscrit en remontant la dernière colonne à droite et se poursuit, de droite à gauche, sur la première rangée. Cette disposition permet de rétablir l'ordre de placement des lettres de la grille originale. La lecture s'effectue de gauche à droite, dans le sens des aiguilles d'une montre.

Transposition à tableau

Les procédés de transposition à tableau impliquent l'utilisation d'une clé, qui détermine l'ordre de relèvement des lettres. L'inscription d'un message dans un tableau rectangulaire procède généralement par alignement horizontal, de gauche à droite et de haut en bas. Dans l'exemple ci-dessous, le cryptogramme se compose de polygrammes à quatre lettres.

L'élaboration d'une clé numérique relève d'un processus élémentaire. Supposons un mot-clé : *diplomat*. Chaque lettre est numérotée selon la place qu'elle occupe au sein d'un alphabet classique. ; ainsi *d* = 4, *i* = 9, *p* = 16, *l* = 12, *o* = 15, *m* = 13, *a* = 1, *t* = 20. On aligne le mot-clé, et les nombres qui lui correspondent, au-dessus des unités claires, elles-mêmes ordonnées au sein d'un tableau rectangulaire. Soit le message : *microfilm will be arriving by courier* (le microfilm arrivera par porteur).

d	i	p	l	o	m	a	t
4	9	16	12	15	13	1	20
m	i	c	r	o	f	i	l
m	w	i	l	l	b	e	a
r	r	i	v	i	n	g	b
y	c	o	u	r	i	e	r

La première lettre de l'alphabet du mot-clé, *a* (1), correspond à la colonne *iege ; cette série de lettres formera le premier polygramme du texte chiffré. Selon l'ordre alphabétique, à la lettre d* (4) du mot-clé correspond la colonne *mmry*. Le processus se poursuit, dans l'ordre alphabétique, avec toutes les autres lettres du mot-clé pour former le cryptogramme :

`iege mmry iwrc rlvu fbni olir ciio labr`

Clés de déchiffrement À partir du mot-clé (*diplomat*), le déchiffreur bâti un tableau rectangulaire, ou quelque autre figure géométrique, convenue avec l'expéditeur. La longueur du mot-clé détermine le nombre de colonnes du tableau ; la longueur du cryptogramme régit le nombre de rangées. Au-dessus du tableau prend place le mot-clé et la suite numérique correspondant à la position de chacune des lettres du mot-clé dans l'alphabet classique. Le premier polygramme chiffré s'inscrit de haut en bas, dans la colonne surmontée du plus petit nombre, ici 1. En respectant un ordre croissant, le deuxième polygramme vient s'inscrire dans la colonne 4. Toutes les cellules du tableau sont complétées selon ce processus.

d	i	p	l	o	m	a	t
4	9	16	12	15	13	1	20
m	i		r			i	
m	w		l			e	
r	r		v			g	
y	c		u			e	

Une fois les quatre premières colonnes complétées, on dispose de suffisamment de lettres pour préciser le contenu et le sens de lecture du message, qui va de gauche à droite.

Les variantes de ce type de chiffrement exploitent aussi bien l'inversion que l'alternance. Dans ce cas, expéditeur et destinataire s'entendent au préalable sur les modifications du sens de relèvement et de placement des lettres.

TRANSPOSITION À TABLEAU INCOMPLET

Ici, le tableau affiche certaines cellules vierges, stratégiquement disposées. Les cellules muettes permettent de varier la longueur des séquences de lettres. Imaginons que le mot-clé *verify* détermine l'ordre d'alignement des unités claires du message *she is the only person who is trusted* (c'est la seule personne de confiance). La succession horizontale des lettres est interrompue par des cellules muettes :

v	e	r	i	f	y
5	1	4	3	2	6
s	h		e		i
s		t	h		e
o	n		l	y	p
	e	r	s		o
n		w	h	o	
	i	s	t	r	
u	s	t		e	d

On inscrit les unités claires dans le tableau, selon l'ordre alphabétique des lettres du mot-clé. Ainsi, à la première lettre du mot-clé, *e* (1), correspond la colonne *hneis*. Sous la deuxième lettre du mot-clé, *f* (2), seules quatre lettres prennent place dans la colonne, *yore*. Chargé de former des polygrammes chiffrés de cinq lettres, le cryptologue récupère la lettre manquante de la séquence *yore* dans la première cellule de la troisième colonne (sous le *i* du mot-clé) : le *e*. Les autres lettres de la colonne, *hlsht*, constitueront le polygramme chiffré suivant. Le relèvement se poursuit, *trwst* sous le *r* (4), *ssonu* sous le *v* (5) et *iepod* sous le *y* (6). Le cryptogramme est donc :

`hneis yoree hlsht trwst ssonu iepod`

Clés de déchiffrement Chiffreur et déchiffreur doivent impérativement travailler sur le même tableau, configuré de façon identique, avec les mêmes cellules muettes, aux mêmes endroits, soit, dans notre cas, les cellules 3 et 5 de la première rangée, 2 et 5 de la deuxième rangée, etc. On inscrit le mot-clé *verify* au-dessus du tableau. On numérote chaque lettre, de 1 à 6, d'après sa position dans le mot-clé, en respectant l'ordre alphabétique. On aligne le premier polygramme *hneis* dans la colonne sous le *e* (1). Le polygramme *yoree* s'inscrit dans la colonne sous le *f* (2). Une cellule muette dans la colonne fait barrage au dernier *e* du polygramme. Ce *e* prendra place dans la première cellule de la troisième colonne, sous le *i* (3). Une fois tous les polygrammes ordonnés, avec *ieopd* dans la sixième colonne sous le *y* (6), on découvre que l'on est devant une lecture gauche/droite.

TRANSPOSITION À TABLEAU PAR ALIGNEMENT DIAGONAL

Il s'agit d'un hybride de l'alignement diagonal et horizontal d'un tableau classique. Dans l'exemple ci-dessous, le mot-clé *hamiltonsville* régit l'alignement du message *website sabotage at their first location probable stop take all precautions today* (sabotage de sites web à la source probable stop prendre précautions aujourd'hui). Au-dessus du tableau prend place le mot-clé, dont les lettres répétitives sont numérotées séquentiellement. Dans l'exemple ci-dessous, la numérotation des deux *i*, successivement 5 et 4, échappe à cette règle, le but étant de faciliter l'alignement du texte en diagonale, de part et d'autre du tableau :

h	a	m	i	l	t	o	n	s	v	i	l	l	e
3	1	9	5	6	13	11	10	12	14	4	7	8	2
w	e	b	s	i	t	e	s	a	b	o	t	a	g
e	a	t	t	h	e	i	r	f	i	r	s	t	l
o	c	a	t	i	o	n	p	r	o	b	a	b	l
e	s	t	o	p	t	a	k	e	a	l	l	p	r
e	c	a	u	t	i	o	n	s	t	o	d	a	y

La formation du cryptogramme se base sur le relèvement des lettres le long de quatre diagonales ; les quatre premiers nombres de la clé déterminent le point de départ des diagonales. Dans l'exemple ci-dessus, la première diagonale démarre à la lettre *e*, en haut à gauche du tableau, sous le *a* (1) du mot-clé, puis descend vers la droite, englobant au passage les lettres *ttpi*. La diagonale suivante est amorcée à la lettre *g*, sous le *e* (2) du mot-clé, descend vers la gauche en intégrant les lettres *talt*. La troisième diagonale part sous le *h* (3) du mot-clé, puis descend vers la droite, pour former la suite *waaot*. La quatrième diagonale s'engage sous le *i* (4) du mot-clé, puis descend vers la gauche en embarquant les lettres *oirko*.

h	a	m	i	l	t	o	n	s	v	i	l	l	e
3	1	9	5	6	13	11	10	12	14	4	7	8	2
w	e									o			g
	a	t							i			t	
		a	t					r			a		
			o	p			k			l			
				t	i	o			t				

Le relèvement des lettres alignées le long des quatre diagonales permet de former les quatre premiers polygrammes chiffrés du cryptogramme. La suite du relèvement s'opère à la verticale. Il s'agit de former le cinquième polygramme de cinq lettres, en relevant dans la première colonne, sous le *a* (1) du mot-clé, les lettres non encore utilisées, soit *csc* ; le polygramme est complété par le relèvement des deux premières lettres de la deuxième colonne, *ll*, sous le *e* (2) du mot-clé. Les lettres restantes de cette même colonne, *ry*, seront raccordées à la suite *eoe* de la troisième colonne, sous le *h* (3) du mot-clé, pour former le polygramme *ryeoe*. Le processus se répète dans toutes les colonnes du tableau, selon un ordre numérique croissant. Le texte chiffré est constitué d'une suite de polygrammes à cinq lettres :

```
ettpi  gtalt  waaot  oirko  cscll  ryeoe  erbos
tuihi  tslda  bpapt  asrpn  einaa  feste  otboa
```

Clés de déchiffrement Connaissant le mot-clé et le schéma formé par les quatre diagonales, le déchiffreur commence par compléter les cellules le long des diagonales. Le cinquième polygramme, *cscll*, est aligné à la verticale sous le *a* (1) du mot-clé ; deux cellules de la colonne sont déjà occupées par les lettres *a* et *e* des diagonales. Les deux dernières lettres du polygramme, *ll*, seront reportées dans la deuxième colonne, sous le *e* (2) du mot-clé. On inscrit sur la deuxième colonne les deux premières lettres du sixième polygramme, *ryeoe ; les trois dernières lettres rejoindront la troisième colonne, sous le h* (3) du mot-clé. La première lettre du septième cryptogramme, *erbos*, occupera la dernière cellule de la troisième colonne.

h	a	m	i	l	t	o	n	s	v	i	l	l	e
3	1	9	5	6	13	11	10	12	14	4	7	8	2
w	e									o			g
e	a	t							i			t	l
o	c	a	t					r			a		l
e	s	t	o	p			k			l	l		r
e	c			t	i	o			t				y

Le processus de remplissage des cellules se poursuit, colonne après colonne, polygramme après polygramme, jusqu'à couverture complète du tableau. La lecture, de gauche à droite, restitue l'intégralité du texte clair.

TRANSPOSITION À DOUBLE TABLEAU

Ce procédé de transposition fait appel à deux tableaux et recourt à deux mots-clés. Les lettres des mots-clés sont numérotées selon leur position dans l'alphabet classique, *a* = 1, *h* = 8, *m* = 13, ainsi de suite. L'exemple ci-dessous propose le message *the key list is guarded at night* (le répertoire de clés est sous surveillance la nuit) avec pour mots-clés *secure* et *locale*. Le premier mot-clé permet de bâtir le tableau suivant :

s	e	c	u	r	e
5	1	3	6	4	2
t	h	e	k	e	y
l	i	s	t	s	i
t	e	i	s	g	u
a	r	d	e	d	a
t	n	i	g	h	t

Les unités cryptographiques sont relevées par colonne, alphabétiquement ; dans l'exemple ci-dessus, le relèvement de la première colonne, correspondant au *e* (1) du mot-clé, permet de former le premier polygramme du chiffré, *hiern*. Le relèvement des polygrammes donne le cryptogramme :

hiern yiuat esidi esgdh tltat ktseg

Les polygrammes sont reportés, rangée après rangée, dans le second tableau. La longueur du deuxième mot-clé, *locale*, a déterminé le nombre de colonnes du deuxième tableau, soit six. L'inscription du premier polygramme de cinq lettres ne suffit pas à compléter la rangée ; c'est donc la première lettre du deuxième polygramme, *y*, qui s'inscrira dans la sixième cellule de la première rangée. Toutes les cellules du tableau sont remplies, de gauche à droite, selon le même processus.

l	o	c	a	l	e
4	6	2	1	5	3
h	i	e	r	n	y
i	u	a	t	e	s
i	d	i	e	s	g
d	h	t	l	t	a
t	k	t	s	e	g

Le relèvement des lettres, opéré par colonnes selon un ordre numérique croissant, aboutit au cryptogramme :

rtels eaitt ysgag hiidt neste iudhk

Clés de déchiffrement On bâtit deux rectangles, côte à côte, chacun surmonté de son mot-clé. Le premier mot-clé, *locale*, détermine le placement des polygrammes dans les colonnes du premier tableau. Sous le *a* (1) du mot-clé, on aligne à la verticale le polygramme *rtels* ; sous le *c* (2) prend place le polygramme *eaiit*, et ainsi de suite jusqu'à la sixième colonne, avec *iudhk*.

Dans un deuxième temps, on relève les lettres à l'horizontale, de gauche à droite, en commençant par la première rangée avec la suite *hierny*. On reporte ces lettres dans la première colonne du deuxième tableau, située sous le premier *e* du mot-clé *secure*. La lettre *y* s'inscrit dans la première cellule de la deuxième colonne, sous le deuxième *e* (2) du mot-clé. On complète cette même colonne par la suite *iuat* du groupe *iuates*. Les lettres *es* occuperont les deux premières cellules de la troisième colonne, elle-même complétée par les lettres *idi* du groupe *idiesg*.

s	e	c	u	r	e
5	1	3	6	4	2
	h	e			y
	i	s			i
	e	i			u
	r	d			a
	n	i			t

Le relèvement des lettres des rangées du premier tableau emplit les colonnes du deuxième tableau, jusqu'à la sixième colonne, sous la lettre *u* (6) du mot-clé, avec la suite *ktseg*. Le message s'obtient par une lecture gauche/droite.

Transposition à « quatre angles »

La transposition exploite parfois des figures inédites. Dans la transposition dite « à quatre angles », une succession de croix régit le placement des unités claires du message. Dans l'exemple ci-dessous, la suite de lettres du message s'ordonne en croix, dans le sens des aiguilles d'une montre. Le message *proceed to Philadelphia stop examine their key exchange* (rendez vous à Philadelphie stop contrôler leur échange de clés) pourrait se présenter comme suit :

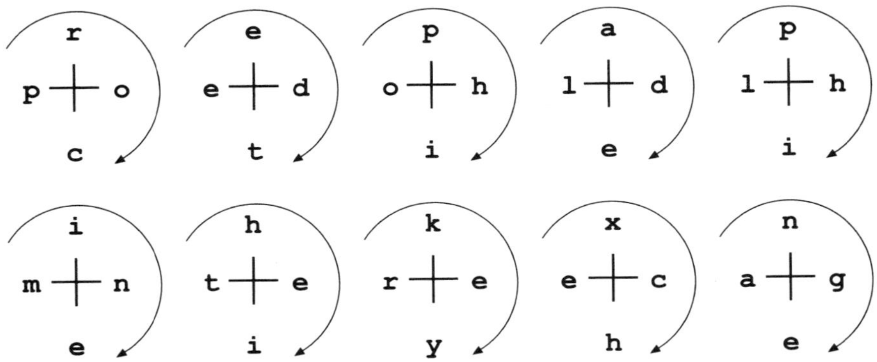

On relève à l'horizontale sur la rangée supérieure, et de gauche à droite, un groupe de cinq lettres, *repap*. Même opération sur la rangée intermédiaire, avec les dix lettres *poedo hldlh*, puis avec cinq sur la rangée inférieure, *ctiei*. Le relèvement des cinq premières figures achevé, on procède de façon identique au relèvement des 20 lettres des cinq figures suivantes.

Le relèvement horizontal des lettres des deux dernières croix, de haut en bas, permet de former les polygrammes *xneca* et *ghe* ; le trigramme s'enrichit des nulles *x* et *z*, de façon à obtenir un polygramme à cinq lettres.

TEXTE CHIFFRÉ : repap poedo hldlh ctiei seihk
atpxm utere oaeiy xneca ghexz

Clés de déchiffrement Au fait du nombre de croix en jeu et informé de l'emploi de nulles, le déchiffreur reporte les cinq premières lettres du chiffré au sommet des cinq premières croix. Il aligne les dix lettres suivantes sur la rangée intermédiaire, et les cinq suivantes à la base des cinq croix :

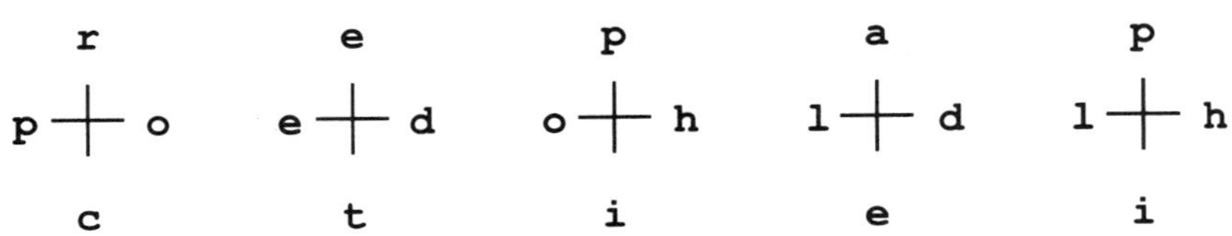

Même opération sur les cinq croix suivantes :

Comme les deux dernières croix ne regroupent que huit lettres, les nulles *x* et *z* sont éliminées. La lecture de chaque croix, dans le sens des aiguilles d'une montre, révèle la teneur du message.

Transpositions triangulaire et trapézoïdale

Ces deux figures géométriques sont souvent sollicitées dans l'élaboration d'un chiffrement par transposition. La longueur du message détermine la forme et les dimensions de la figure.

Soit le message *peace can be achieved when it is built upon vigilance and strength* (seule la paix bâtie sur la vigilance et la force est durable). Les lettres du mot-clé *diplomatics* sont numérotées séquentiellement, dans l'ordre alphabétique. Dans le triangle ci-dessous, on dispose les unités claires horizontalement, du sommet à la base. La largeur du triangle implique la répétition de certaines lettres du mot-clé, à leur tour numérotées séquentiellement.

```
                           p
                        e     a
                     c     e     c
                  a     n     b     e
               a     c     h     i     e
            v     e     d     w     h     e
         n     i     t     i     s     b     u
      i     l     t     u     p     o     n     v
   i     g     i     l     a     n     c     e     a
n     d     s     t     r     e     n     g     t     h
--------------------------------------------------------
4  6  15 9  13 11 1  18 7  3  17 5  8  16 10 14 12 2  19
d  i  p  l  o  m  a  t  i  c  s  d  i  p  l  o  m  a  t
```

Le relèvement des lettres s'opère par colonne, de haut en bas, même si la colonne ne comporte qu'une seule lettre. On relève ainsi les lettres *aett* de la première colonne, au-dessus de la lettre *a* (1) du mot-clé. La lettre *a* du haut de la deuxième colonne, correspondant à *a* (2) du mot-clé, complétera la première suite pour former un polygramme de cinq lettres. On relève le deuxième polygramme, *pehia*, dans la troisième colonne, au-dessus du *c* (3) du mot-clé. Le suivant, *ncisn*, prend en charge la lettre *n* de la quatrième colonne, au-dessus du *d* (4), et la suite *cisn* de la cinquième colonne, au-dessus du *d* (5). Des colonnes au-dessus de *i* (6) et *i* (7), on extrait le polygramme *iendu*. Le *r* de la colonne *i* (7) rejoint la suite *ehon* de la colonne *i* (8), et ainsi de suite. On obtient le cryptogramme :

aetta pehia ncisn iendu rehon ngeng
aiivt vlsue idebc abwpe cctlh

Clés de déchiffrement Le déchiffreur, informé du mot-clé, travaille sur un triangle identique à celui du chiffreur. Le déchiffreur connaît également l'ordre de relèvement et de placement des lettres dans les colonnes, de bas en haut ou inversement. On place les lettres du premier polygramme *aetta* au-dessus du *a* (1) du mot-clé dans la première colonne, qui ne compte que quatre cellules ; la dernière lettre du polygramme *a* vient s'inscrire dans l'unique cellule de la deuxième colonne, au-dessus de *a* (2) du mot-clé. Les cinq lettres du polygramme suivant, *pehia* s'alignent de haut en bas, dans la troisième colonne, au-dessus de *c* (3). Dans l'unique cellule de la quatrième colonne, *d* (4), s'inscrit la première lettre du troisième polygramme, *n* ; les quatre lettres suivantes, *cisn*, s'alignent de haut en bas dans les cellules de la cinquième colonne, *d* (5). La boucle est bouclée une fois toutes les cellules remplies.

		p		
		e	c	
	a			
		h	i	
	e			
		i	s	
	t			
		a	n	a
n	t			
4	**1**	**3**	**5**	**2**
d	**a**	**c**	**d**	**a**

La lecture des rangées successives, de gauche à droite et du sommet à la base, donne le contenu du message. La transposition basée sur un trapèze exige une mise en forme légèrement différente. Les diagonales de la figure imposent une répartition particulière des lettres et du mot-clé, selon des alignements spécifiques à ce procédé.
L'exemple ci-dessous recourt au même mot-clé que précédemment, *diplomatics*, et au même message, *peace can be achieved when it is built upon vigilance and strength* (seule la paix bâtie sur la vigilance et la force est durable). La seule différence vient de l'emploi de la nulle *z*.

```
            p   e   a   c   e
          c   a   n   b   e   a
        c   h   i   e   v   e   d
      w   h   e   n   i   t   i   s
    b   u   i   l   t   u   p   o   n
  v   i   g   i   l   a   n   c   e   a
n   d   s   t   r   e   n   g   t   h   z
-------------------------------------------
3   4   9   6   8   7   1   11  5   2   10
d   i   p   l   o   m   a   t   i   c   s
```

Le premier alignement diagonal, *nnpid*, appuyé sur la base *a* (1), remonte vers la droite de la figure. Le deuxième alignement, démarré en *c* (2), ne compte que deux lettres, *ha* ; les trois premières lettres de la troisième diagonale, *d* (3), compléteront le bigramme *ha* pour former le polygramme *hanvb*. Les autres lettres de cette diagonale, *wccp*, seront rattachées au *d* du quatrième alignement amorcé en *i* (4). La suite de lettres de la diagonale *i* (4) permet d'obtenir le polygramme *iuhha* ; le *e*, isolé rejoint le trigramme *ten* de la cinquième diagonale, *i* (5), puis le bigramme *ti* de la sixième diagonale, *l* (6), pour donner le polygramme à cinq lettres *etenti*. De la sixième diagonale, *l* (6), on extrait le polygramme *lnebc*. Le processus de relèvement en diagonale, de bas en haut, se poursuit à l'identique, jusqu'aux lettres des alignements *s* (10) et *t* (11), regroupées pour former le polygramme *zgcos*.

TEXTE CHIFFRÉ : nnpid hanvb wccpd iuhha etenti lnebc eaute arlti veesg ieina zgcos

Clés de déchiffrement Connaissant le mot-clé, l'ordre de relèvement des lettres et la figure utilisée (ici, le trapèze) le déchiffreur commence par aligner, de bas en haut vers la droite, le polygramme *nnpid* sur une diagonale amorcée en *a* (1). Les deux cellules de la diagonale *c* (2) sont complétées par les deux premières lettres, *h* et *a*, du deuxième polygramme. Les trois autres lettres, *nvb*, occuperont les premières cellules de la diagonale *d* (3). La suite *wccp* complétera cette diagonale. La dernière lettre du troisième polygramme, le *d*, s'inscrira dans la première cellule de la quatrième diagonale, *i* (4). Le quatrième polygramme, *iuhha*, complétera en partie la quatrième diagonale.

						p		e												
					c		a													
				c		h										d				
			w		h										i					
		b		u										p						
	v		i										n						a	
n		d										n						h		
3		4		9		6		8		7		1		11		5		2		10
d		i		p		l		o		m		a		t		i		c		s

Le nombre de cellules d'une diagonale détermine les reports de lettres des polygrammes sur la diagonale suivante. La lecture, de gauche à droite, révèle le sens du message.

Transposition de mots

Certains procédés de chiffrement par transposition reposent sur la permutation de mots, plutôt que de lettres. Voici l'exemple d'une dépêche militaire, régie par le mot-clé *friday* :

f	r	i	d	a	y
3	5	4	2	1	6
move	to	area	one	at	sunrise
attack	enemy	deployed	south	of	fortress
stop	seize	all	weapons	and	supplies

L'ordre alphabétique des lettres du mot-clé détermine le placement des mots listés au-dessous. Sous la première colonne, correspondant au *a* (1) du mot-clé, se retrouvent les mots *at, of* et *and*. On sait que le mot *friday*, en tête du communiqué, fait office de clé. Suivent les mots *at, of* et *and*. Sous la deuxième colonne, *d* (2), s'alignent les mots *one south weapons ; ils succéderont aux trois premiers mots du texte chiffré. On dispose les autres mots sur le même schéma, de f* (3) à *y* (6). On obtient le cryptogramme :

TEXTE CHIFFRÉ : `friday at of and one south weapons move attack stop area deployed all to enemy seize sunrise fortress supplies`

Clés de déchiffrement Le mot-clé *friday*, intégré à la transmission, oriente tout le processus de déchiffrement. Le nombre de mots du message chiffré (18) détermine la hauteur des colonnes : ici, trois rangées sous chaque nombre et lettres du mot-clé (18 divisé par 6, le nombre de lettres du mot-clé, égale 3). Chaque lettre du mot-clé est numérotée dans l'ordre alphabétique ; on inscrit les mots relevés par groupe de trois sous chaque nombre, selon un ordre numérique croissant. Les trois premiers mots du chiffré, *at, of* et *and*, prennent place sous *a* (1) ; le deuxième trio, *one south weapons*, sous *d* (2) ; le troisième sous *f* (3), et ainsi de suite :

f	r	i	d	a	y
3	5	4	2	1	6
move		area	one	at	
attack		deployed	south	of	
stop		all	weapons	and	

On débouche sur le libellé du message une fois toutes les colonnes remplies.

Pour un cryptanalyste confirmé, les procédés de chiffrement par transposition de mots n'ont rien d'insurmontable. Durant la guerre de Sécession, les forces de l'Union multiplient les procédés d'alignement, dont une série de 12, appuyée par des répertoires de quelques dizaines de pages, uniquement consacrées aux alignements et aux noms de code. Chacun de ces alignements se base sur l'usage d'un mot-clé, de noms de code destinés à masquer un terme stratégique, et, enfin, de nulles, pour compléter certaines suites et dérouter les cryptanalystes du camp adverse. Le mot-clé détermine la longueur et le sens de l'alignement. Voici un exemple de chiffrement par transposition de mots, inspiré de la guerre de Sécession

MOT-CLÉ: `watch`

NOMS DE CODE :

```
brass (gunboats)
bronze (Vicksburg)
copper (bombardment)
gold (General Grant)
iron (Mississippi)
lead (1:00 p.m.-message time)
metal (New Orleans)
nickel (wired)
ore (telegram)
pewter (five)
silver (Admiral Farragut)
steel (General Sherman)
```

NULLES : `air, earth, fire, ice, water`

Message chiffré (avec noms de code et nulles) prêt à la transmission :

```
gold has nickel a ore to metal and will have
silver send pewter brass up the iron to bronze
for copper hold your sector steel lead air earth
ice fire
```

Par souci de clarté, les noms de code utilisés dans l'exemple ci-dessus correspondent à des métaux, les nulles se référant, elles, aux cinq éléments. En fait, le stratagème n'a rien d'insurmontable ; des mots issus du même champ sémantique éveillent forcément les soupçons du cryptanalyste et lui offrent sur un plateau les clés de déchiffrement. L'ordre alphabétique des lettres du mot-clé *watch* est $a = 1$, $c = 2$, $h = 3$, $t = 4$ et $w = 5$; les cinq lettres du mot déterminent la largeur de l'alignement. L'ordre de placement et de relèvement, convenu entre

l'expéditeur et le destinataire, joue sur l'alternance bas/haut de la première à la dernière colonne.
Voici le cryptogramme et le mot-clé d'en-tête, qui précise l'ordre de placement des mots.

```
watch gold to silver the copper lead air hold
iron send metal has nickel and pewter to your
earth ice sector bronze brass will a ore have
up for steel fire
```

Clés de déchiffrement Suivant la méthode mentionnée ci-dessus, le déchiffreur s'appuie sur le mot-clé pour déterminer le nombre et l'ordre des colonnes, ainsi que le nombre de mots à y inscrire. Le nombre de mots du message, 30, est divisé par le nombre de lettres du mot-clé, 5 : chaque colonne comprendra donc six mots. Connaissant l'ordre de placement des mots (de haut en bas pour la première colonne, de bas en haut pour la deuxième, inversement pour la troisième, et ainsi de suite) il suffit d'inscrire, de haut en bas, les six premiers mots du chiffré dans la colonne indiquée *a* (1). Les six mots suivants s'inscrivent de bas en haut dans la colonne *c* (2), inversement dans la colonne *h* (3), de bas en haut pour *t* (4) et, enfin, de haut en bas pour *w* (5) :

A	C	H	T	W
1 (keynumber)	2 (keynumber)	3 (keynumber)	4 (keynumber)	5 (keynumber)
gold (General Grant)	has	nickel (wired)	a	ore (telegram)
to	metal (New Orleans)	and	will	have
silver (Admiral Farragut)	send	pewter (five)	brass (gunboats)	up
the	iron (Mississippi)	to	bronze (Vicksburg)	for
copper (bombardment)	hold	your	sector	steel (General Sherman)
lead (1:00 PM)	air (null)	earth (null)	ice (null)	fire (null)

1 (clé numérique) 2 (clé numérique) 3 (clé numérique) 4 (clé numérique) 5 (clé numérique)

Une fois les noms de codes décryptés, la lecture s'effectue de gauche à droite, rangée après rangée.

```
General grant has wired a telegram to New
Orleans and will have Admiral Farragut send five
gunboats up the Mississippi to Vicksburg for
bombardment hold your sector General Sherman
1:00 p.m. null null null null
```

CHIFFREMENT PAR SUBSTITUTION

Les procédés de substitution s'attachent à remplacer des unités claires par des lettres, des nombres ou des symboles, tout en conservant l'ordre de succession des mots ou de lettres d'un message.

Ainsi, le mot *security* peut être remplacé par *rdbtqhsx*, cryptogramme simplement composé des lettres précédant celles du clair dans l'alphabet classique. De même, on pourrait opter pour la suite numérique 19, 5, 3, 21, 18, 9, 20 et 25, correspondant à la position de chaque lettre du clair dans l'alphabet, ou on pourrait encore recourir à des symboles plus hermétiques, comme #&*$-/=s. Ces exemples illustrent tous une substitution appliquée à chacune des lettres du clair. Sécurité oblige, il arrive parfois que les procédés de chiffrement combinent transposition et substitution. Les codes, eux aussi, emploient la substitution, mais ce sont des ensembles de mots entiers qui sont remplacés.

Substitution monoalphabétique

Le procédé, aussi appelé substitution simple à représentation unique, n'exploite qu'un seul alphabet de chiffrement, ou de substitution. Dès les années 1400, la méthode s'impose dans toute l'Europe. Les premiers nomenclateurs des cités italiennes exploitaient la substitution monoalphabétique pour chiffrer leurs répertoires. Voici un exemple d'alphabet de chiffrement unique :

ALPHABET CLAIR : a b c d e f g h
i j k l m n o p q r s t u
v w x y z

ALPHABET DE CHIFFREMENT : b c d e f g h i
j k l m n o p q r s t u v
w x y z a

Les unités cryptographiques équivalentes se présentent ici sous forme d'un alphabet désordonné.

ALPHABET CLAIR : a b c . . . m . . . z

ALPHABET DE CHIFFREMENT : w l x . . . q . . . h

L'alphabet de substitution adopte parfois, pour unités cryptographiques, une succession de symboles ou de nombres. Outre le système d'équivalence lettre à lettre de la substitution simple, le procédé dit à représentations multiples assigne à une même lettre du clair plusieurs unités cryptographiques. À la lettre V du clair peut ainsi correspondre le nombre 7, ou une série de nombres comme 21, 28, 36 et 46. Ces unités cryptographiques sont alors dites *homophones*. Quel que soit leur nombre, les homophones ne remplacent qu'une seule et même lettre du clair. Le recours aux homophones, même s'il permet de varier les possibilités de chiffrement, n'en relève pas moins de la substitution simple, avec son alphabet de chiffrement unique.

SUBSTITUTION PAR SIMPLE DÉCALAGE

C'est Jules César qui, le premier, recourt au procédé de chiffrement par simple substitution. Le chiffre qui porte son nom, l'alphabet de Jules César, sert à crypter les dépêches militaires des généraux au cours de leurs campagnes en Gaule. Le général lui-même commente dans son œuvre, la *Guerre des Gaules*, sa substitution de lettres grecques aux caractères latins et ses manipulations de l'alphabet clair. Le chiffre de Jules César peut se définir comme une substitution basée sur des décalages cycliques ; un nombre convenu détermine la valeur de décalage entre lettres de l'alphabet chiffré et lettres de l'alphabet clair. Dans l'exemple ci-dessous, chaque unité claire est remplacée par celle qui est située trois rangs plus loin, dans un alphabet ordonné classique.

ALPHABET CLAIR : a b c d e f g h i
k l m n o p q r s t u v w
x y z

ALPHABET DE CHIFFREMENT : d e f g h i k
l m n o p q r s t u v w x
y z a b c

Ainsi la phrase *alea jacta est* sera chiffrée *dohd mdfwd hvw*.

Clés de déchiffrement Dès lors que l'on connaît la valeur de décalage de l'alphabet de chiffrement, qui est ici de trois rangs, il suffit de décaler pour aboutir à l'alphabet clair. La comparaison entre texte chiffré, alphabet de chiffrement et alphabet clair donne le texte clair.

Substitution par décalage avec mot-clé

Une variante de l'alphabet de Jules César s'appuie sur un mot-clé pour déterminer les décalages de lettres dans l'alphabet de chiffrement. Le mot-clé ne doit présenter aucune répétition de lettres. Ainsi, à partir du mot-clé *cipher*, on élabore un alphabet débutant par le mot-clé et ordonné séquentiellement pour le reste.

ALPHABET CLAIR : a b c d e f g h i
j k l m n o p q r s t u v
w x y z

ALPHABET DE CHIFFREMENT : c i p h e r a b
d f g j k l m n o q s t u
v w x y z

Dans l'exemple ci-dessus, les huit dernières lettres des deux alphabets sont identiques ; l'ajout d'une nulle, *z* par exemple, à la fin du mot-clé, suffirait à décaler tout l'alphabet de chiffrement.

Parce qu'il bouleverse l'alphabet de chiffrement, le changement régulier du mot-clé déroutera l'éventuel intercepteur.

Clés de déchiffrement Le rétablissement de l'alphabet chiffré à l'aide du mot-clé et sa comparaison avec un alphabet clair permettent de retrouver les correspondances entre unités cryptographiques et unités claires.

SUBSTITUTION PAR PHRASE-CLÉ

Dans ce cas, le rôle de clé est tenu par une phrase entière. Edgar Allan Poe fait la promotion du procédé dans le *Graham's Magazine* de Philadelphie ; l'écrivain, passionné de cryptologie, encourage ses lecteurs à lui expédier des cryptogrammes, qu'il promet de déchiffrer. Selon lui, c'est la duchesse de Berry qui, la première, exploite la substitution par phrase-clé dans sa correspondance avec un groupe de révolutionnaires parisiens. Sa phrase-clé *le gouvernement provisoire* régit tout le processus de substitution. L'alphabet clair utilisé est amputé des lettres X et Z.

ALPHABET CLAIR : a b c d e f g h i
j k l m n o p q r s t u v
w y

PHRASE CLÉ : l e g o u v e r n e
m e n t p r o v i s o i r
e

La phrase-clé n'engendre pas de substitution lettre à lettre ; ici, une unité cryptographique peut se substituer à plusieurs unités claires. Dans l'exemple ci-dessus, la lettre chiffrée *e* peut tout aussi bien remplacer *b*, *g*, *j*, *l* ou *y*. L'unité cryptographique *o* se substitue à *d*, *q* et *u*, le *r* sert, lui, à masquer les unités claires *h*, *p* et *w*. Le procédé prête ainsi à confusion ; il faut donc étayer la phrase-clé d'instructions rigoureusement détaillées.

Le procédé de chiffrement des Carbonari italiens et français au début du XIXe siècle, fut assez proche de celui évoqué par Edgar Allan Poe, s'appliquant néanmoins à différencier les lettres répétitives de la phrase-clé par une numérotation. Ainsi, la première occurrence du *a* dans la phrase-clé reste *a*, puis a^1 à sa deuxième apparition. Dans l'exemple ci-dessous, la phrase-clé italienne (bonne nuit aux amis de la liberté) sert à masquer le message *The crown will be ours* (La couronne sera nôtre).

ALPHABET CLAIR : a b c d e f g h i k
l m n o p q r s t u v w x
y z

PHRASE-CLÉ AVEC NOMBRES : b u o n a s e r
a^1 a^2 m i c i^1 d e^1 l l^1 a^3 l^2 i^2
b^1 e^2 r^1 t $à^4$

TEXTE CLAIR : t h e c r o w n w i
l l b e o u r s

TEXTE CHIFFRÉ : l^2 r a o l^1 d e^2 i^1 e^2 a^1
i i u a d i^2 l^1 a^3

Clés de déchiffrement La phrase-clé permet de bâtir l'alphabet ci-dessus. Le déchiffreur s'assure que toutes les lettres récurrentes sont numérotées par ordre croissant. Après avoir isolé la première unité cryptographique de la phrase-clé, il la compare à l'unité claire correspondante de l'alphabet. L'opération se poursuit jusqu'au déchiffrement complet du cryptogramme.

CHIFFREMENT PAR SUBSTITUTION ALÉATOIRE

Dans cette méthode de substitution, les équivalences entre unités claires et unités cryptographiques sont totalement aléatoires. Dans l'exemple ci-dessous, un alphabet clair ordonné précède un alphabet de chiffrement désordonné :

ALPHABET CLAIR : a b c d e f g h i
k l m n o p q r s t u v w
x y z

ALPHABET DE CHIFFREMENT : i x e q y o h f v z a u d b l s g k m p w c r j t n

Le cryptologue remplace les unités claires par les unités cryptographiques correspondantes. Ainsi, l'avertissement *outpost in danger* (avant-poste en danger) sera chiffré :

TEXTE CLAIR : o u t p o s t i n d a n g e r

TEXTE CHIFFRÉ : l w p s l m p v b q i b h y k

Dans la substitution aléatoire, nombres, lettres, symboles, ou combinaison des trois, peuvent composer l'alphabet de chiffrement. Plus difficile à déchiffrer que la simple substitution par décalage, le procédé s'avère néanmoins peu commode ; outre la mémorisation, peu évidente, des unités cryptographiques, la circulation de clés reste elle aussi exposée à bien des dangers (interception ou perte).

Ici, la place accordée au hasard autorise la création de tous les alphabets possibles et imaginables. La seule règle en la matière consiste à attribuer une unité cryptographique à chacune des lettres du clair.

Le chiffre de Charlemagne

Charlemagne, roi des Francs, sacré empereur d'Occident en l'an 800, eut recours à un procédé de chiffrement par substitution plutôt original. Une série de symboles, en guise d'alphabet cryptographique, servait sa correspondance secrète avec ses généraux.

Le chiffre de Charlemagne

Le chiffre du zodiaque

Au Moyen Âge, le zodiaque eut une grande importance pour les alchimistes, lesquels versaient dans plus d'une expérience, poursuivant plus d'une quête, dont l'improbable pierre philosophale reste l'exemple le plus fameux. Pour ces hommes, persécutés et souvent accusés de sorcellerie, la dissimulation des écrits est une question de survie. Leurs procédés de substitution passent souvent par l'utilisation de simples symboles.

Voici un tableau de correspondance entre signes du zodiaque et lettres de l'alphabet.

Le chiffre du Zodiaque

☉	a	soleil	♌	n	Lion
♃	b	Jupiter	♍	o	Vierge
♄	c	Saturne	♎	p	Balance
♆	d	Neptune	♏	q	Scorpion
♅	e	Uranus	♐	r	Sagittaire
♁	f	Terre	♑	s	Capricorne
♀	g	Vénus	♓	t	Poissons
♂	h	Mars	♈	u	Bélier
☿	i	Mercure	♒	v	Verseau
☾	j	Lune	>	w	
♉	k	Taureau	⋙	x	
♊	l	Gémeaux	工	y	
♋	m	Cancer	<	z	

Le chiffre de Marie Stuart

La cryptologie joua un grand rôle dans la chute de Marie Stuart. Reine d'Écosse de 1542 à 1567, elle devint la victime d'une série d'intrigues et de correspondances chiffrées. Héritière présomptive du trône d'Angleterre, est fut ainsi l'objet des persécutions d'Élisabeth Ire. Emprisonnée, elle en arrive à protéger ses propres missives par la cryptographie.

Le procédé de chiffrement utilisé dans ses lettres recourt au nomenclateur, qui est une liste, sous forme de code de noms propres et de mots, doublée d'un alphabet de chiffrement.

Le chiffre de Marie Stuart

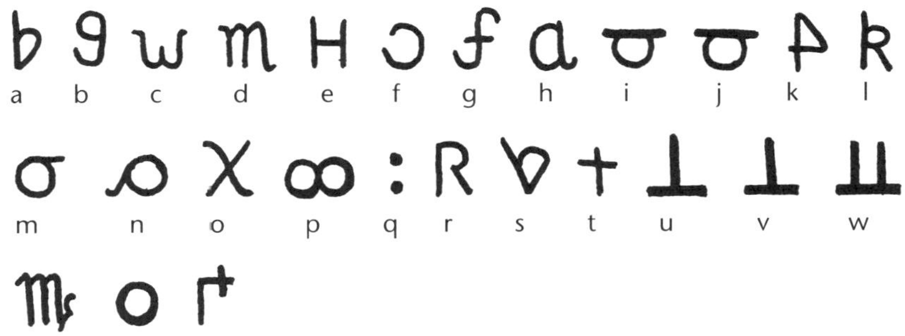

Le nom de la reine pourrait être chiffré :

Marie Stuart

Le chiffre du chevalier de Rohan

Il s'agit d'une substitution aléatoire basée sur un alphabet romain. Accusé de conspiration pour avoir remis son fort de Quillebœuf aux Hollandais, le prince de Rohan est emprisonné en 1670. De son complice, Trouaumont, arrêté et lui aussi incarcéré, dépend l'issue du procès. Si Trouaumont parle, Rohan sera reconnu coupable de trahison et exécuté. Doutant de la loyauté de son ami, le prince ronge son frein, miné par l'angoisse.

La veille du procès, Rohan reçoit des vêtements ; à l'intérieur du paquet, un message est fixé à la manche d'une chemise.

```
mg      eulhxcclgu     ghj     yxuj    lm      ct
ulgc    alj
```

Rohan passe la nuit à tenter de déchiffrer le cryptogramme ; en vain. Harcelé par ses juges, il finit par avouer ; la sentence est sans appel, Rohan est condamné à mort.

Cruel destin, quand on sait que son salut reposait uniquement sur le déchiffrement d'une substitution élémentaire avec répétition de lettres.

Le prisonnier est mort; il n'a rien dit.

Le chiffre de Rose Greenhow

Rose Greenhow, espionne à la solde des sudistes, fut une inconditionnelle de la stéganographie et de la cryptographie. Avec elle, les missives secrètes transitent dans les ourlets des vêtements ou camouflées dans des objets emportés par des compatriotes sécessionnistes.

Son maître à penser, le Colonel Thomas Jordan, l'initia à une méthode cryptologique particulière. On ne sait toujours pas d'où Jordan tint ce procédé, ni si Rose Greenhow fut la seule à l'appliquer. Cet alphabet de substitution consiste en une suite de symboles, équivalents aux lettres de l'alphabet clair, hormis le *q* et le *z*, qui disparaissent. Quant au *r*, il hérite, par le jeu des correspondances, de deux symboles.

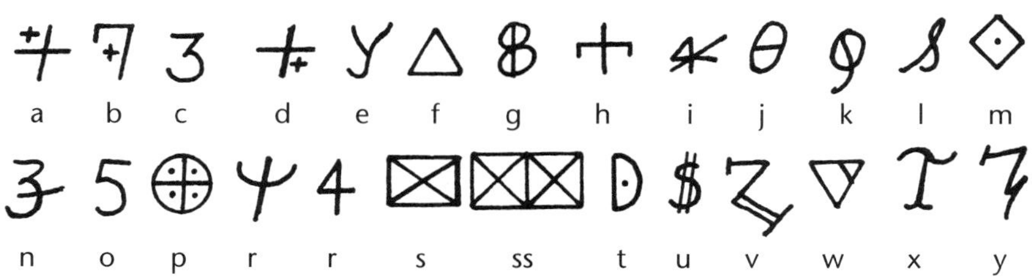

Le chiffre de Rose Greenhow

Le chiffre du Scarabée d'or d'Edgar Allan Poe

L'écrivain était déjà célèbre lorsque sa curiosité l'incita à tâter des codes et des chiffres. Une de ses œuvres de fiction, *Le Scarabée d'or*, confirme son talent en la matière. Publié pour la première fois en 1843 dans le *Graham's Magazine*, le récit fait sensation. Chacun s'enthousiasme pour ce qui n'est, après tout, qu'une approche sommaire de la cryptanalyse et de certaines méthodes de chiffrement. Quelques années plus tard, le récit fait l'objet d'une adaptation théâtrale et est publié en volume.

William Legrand, le héros de l'histoire, réside sur l'île Sullivan, près de Charleston, en Caroline du Sud. C'est là qu'il croise un jour un étrange scarabée, caparaçonné d'or. Aussitôt, Legrand croque l'insecte sur un bout de papier qu'il envoie à son ami, le narrateur. Or, ce papier comporte un message rédigé à l'encre invisible. À la chaleur d'une flamme, la feuille livre son secret ; c'est un cryptogramme, chiffré par substitution aléatoire.

Le chiffre du *Scarabée d'or*

```
53‡‡†305))6*;4826)4‡.
)4‡);806*;48†8¶60))85
;1‡(;:‡*8†83(88)5*†;46
(;88*96*?;8)*‡(;485);5
*†2:*‡(;4956*2(5*-4)8¶
8*;4069285);)6†8)4‡‡;1
(‡9;48081;8:8‡1;48†85
;4)485†528806*81(‡9;48
;(88;4(‡?34;48)4‡;161
;:188;‡?;
```

L'analyse des répétitions de symboles permet à Legrand de venir à bout du message :

"A good glass in the bishop's hostel in the devil's seat-forty-one degrees and thirteen minutes northeast and by north-main branch seventh limb east side-shoot from the left eye of the death's head-a bee-line from the tree through the shot fifty feet out."

Les spécialistes applaudissent du bout des doigts les supposés talents de cryptanalyste de Poe ; mais le succès du récit suscite, dans le public, un nouvel engouement pour la cryptologie.

Le chiffre de « L'Aventure des hommes dansants » de Sherlock Holmes

C'est aussi un chiffrement par substitution aléatoire qui met à l'épreuve la perspicacité du célèbre Sherlock Holmes, dans *L'Aventure des hommes dansants*. Le récit d'Arthur Conan Doyle met en scène la femme d'un châtelain anglais, destinataire de bien étranges, et tout aussi anonymes, messages ; à première vue, simples gribouillages d'enfants, ces inscriptions à la craie sont tracées sur certains murs de la demeure.

Le chiffre de *L'Aventure des hommes dansants*

En fait, sous ces dessins stylisés de personnages filiformes adoptant diverses positions, se cache un alphabet de chiffrement — code connu d'Elsie Cubitt, la femme du châtelain, et d'Abe Slaney, criminel notoire de Chicago et amant éconduit. Après une longue séparation, Abe vient de retrouver la trace d'Elsie, et entre de nouveau dans sa vie.

Sherlock Holmes, en fin détective, réalise que les symboles masquent un chiffre basé sur une substitution monoalphabétique. Il parvient à déchiffrer le message ci-dessus : *Elsie je suis de retour Abe*. Entretemps, le châtelain confronté à un Slaney courroucé et armé, tombe sous les balles de son rival, avant que Sherlock Holmes puisse intervenir.

S'il échoue à déjouer cette tragédie, le détective réussit en revanche à déchiffrer la signification de chaque idéogramme ; dans cette suite de figures, il finit par découvrir que chaque drapeau marque la fin d'un mot. Holmes rédige alors un message chiffré sur la base de cet alphabet, en prenant soin de le signer du nom d'Elsie.

Le cryptogramme de Sherlock Holmes inclut un personnage dans une singulière position :

Le message se lit *come here a_ once* (retrouve-moi à onze heures). Le personnage inversé représentant la lettre t.

Les chiffres de The Shadow

Dans les années 1930, l'Amérique se passionne pour les aventures d'un superhéros, le mystérieux *The Shadow* (« L'ombre »). Dans *Chain of Death*, l'un des épisodes de la série, il est question d'un « code directionnel », quoiqu'en fait ce procédé s'apparente plus au chiffrement qu'au codage.

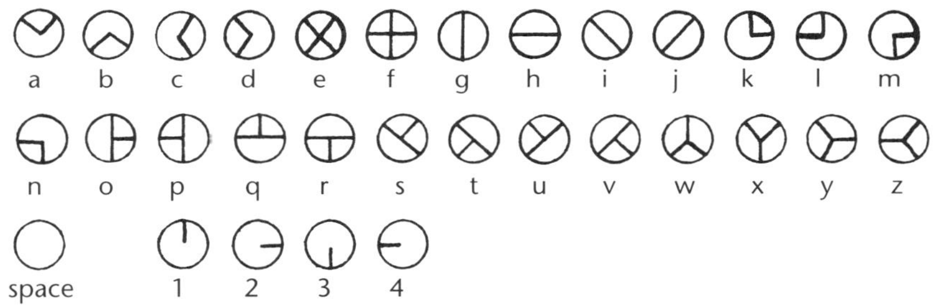

Le chiffre de *The Shadow* dans *Chain of Death*

Chaque lettre de l'alphabet est affublée d'un symbole ; l'originalité de ce code repose sur ses symboles directionnels. Les droites à l'intérieur des cercles font office de flèches ; elles renseignent le destinataire sur l'orientation à donner à la feuille pour décrypter les symboles. Ainsi, le symbole 1 correspond à un maintien vertical de la feuille, haut/bas, et un sens de lecture gauche/droite. Le symbole 2 équivaut à une rotation de 90° vers la droite, le 3 invite le lecteur à basculer la feuille de 180° ; le 4 correspond à une rotation de 90° vers la gauche. Une deuxième version, dite « B », des symboles 2 et 4 implique, dans l'ordre, une rotation de 90° vers la gauche et une rotation de 90° vers la droite.
Les symboles directionnels se placent indifféremment en début, ou en milieu d'une série. Ces rotations accessoires handicapent toute tentative d'analyse par relevé de fréquences.
Dans l'exemple ci-dessous, *The Shadow* donne sa véritable identité :

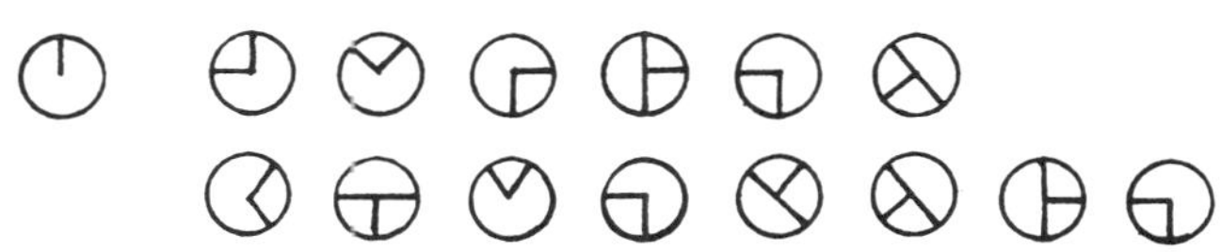

Lamont Cranston, alter ego de *The Shadow*

En orientant la feuille de papier à la verticale, haut/bas, la suite de symboles donne les lettres composant la véritable identité de *The Shadow*, Lamont Cranston.

Toujours dans *Chain of Death*, un second procédé cryptographique entre en scène, basé cette fois sur des paires de symboles et d'espaces.

Une paire de symboles se substitue à chacune des lettres de l'alphabet. Il est préférable de débuter le cryptogramme par un symbole ouvert, comme ⌋, qui se greffera au premier symbole de la lettre du message. On laisse un espace, puis on inscrit le second symbole de la première lettre, auquel on accole le premier symbole de la deuxième lettre, et ainsi de suite. En « chiffrant » le mot *code*, on obtient donc :

Le chiffre de Chain of Death

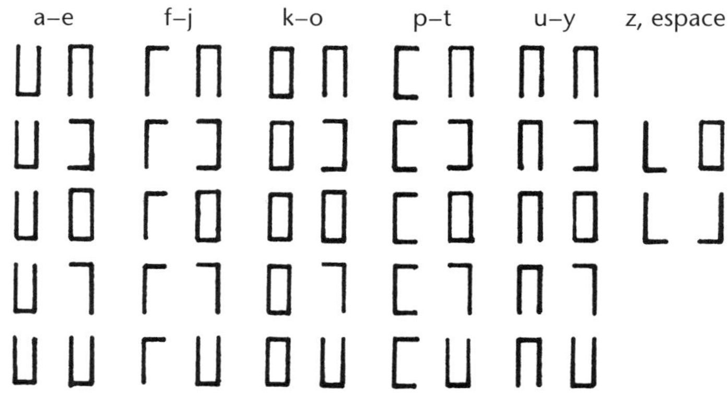

Le montage des symboles complique considérablement le déchiffrement ; impossible pour l'ennemi de compter sur une analyse de symboles récurrents susceptible de l'orienter vers des équivalences probables, sans parler des symboles dépareillés, qui jouent ici un rôle comparable à celui des nulles.

Clés de déchiffrement On divise en deux chaque symbole avant d'éliminer le premier, assimilé à une nulle. On reconstitue le libellé du message par regroupement des symboles paire à paire, aidé du tableau de correspondances ci-dessus.

CHIFFREMENTS GÉOMÉTRIQUES

À l'image des figures ordonnant les procédés de transposition, le chiffrement par substitution se plie aux lois de la géométrie. Vers 1640, un jeune aumônier anglais, John Wilkins, publie *Mercury, or the Secret and Swift Messenger* ; l'ouvrage traite d'un procédé cryptographique où points, lignes et zigzags se substituent à des unités claires.
La clé est élaborée sur la base de séries d'intervalles convenus, séparant certaines lettres du message. Les lettres prennent place au sein d'un alphabet classique, selon un ordre séquentiel ou permuté. On inscrit la clé à la verticale, ou à l'horizontale, sur une bande de parchemin. On repère chacune des unités claires du message par un point, que l'on aligne à l'horizontale de la lettre correspondante de la bande clé. L'inscription de ces points s'oriente gauche/droite. Au final, on obtient des points isolés, que l'on peut éventuellement relier par des droites, formant ainsi des triangles et des tracés en zigzag. La bande clé retirée interdit tout déchiffrement. Le destinataire, armé de la même bande, réaligne les points selon les repères clés convenus. Le cryptogramme est déchiffré lettre à lettre, de gauche à droite.
Ci-dessous, chiffrement de *I love you do you love me* (Je t'aime est-ce que tu m'aimes).

Chiffrement en zigzag

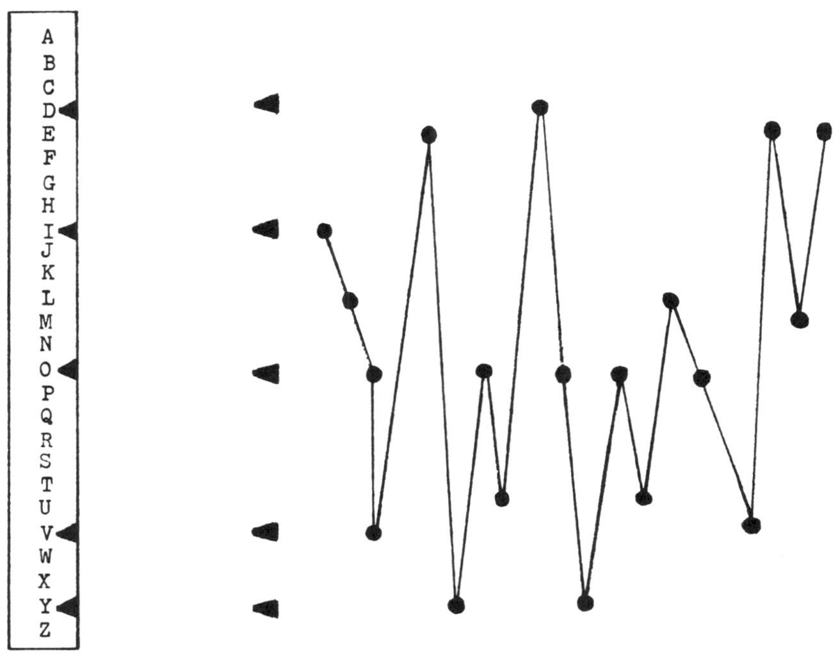

Un autre exemple de chiffrement géométrique, dit du « Parc à cochons », répartit les lettres de l'alphabet dans des cases (ou cellules) carrées ou rectangulaires. Parfois dotées de points, ces cellules, bâties par des segments de droites entrecroisées, dessinent une matrice ouverte. Le chiffre, ou alphabet du Parc à cochons, représente les lettres par la forme de la cellule mère ; chiffreur et déchiffreur conviennent ensemble d'une stratégie d'identification.

Francs-maçons et rosicruciens exploitèrent largement le procédé, qui résistera longtemps à l'élite des cryptanalystes européens, déroutés par une substitution simple. Ayant le plus grand mal à établir des correspondances entre symboles et lettres, ceux-ci ont cru avoir affaire à une écriture hiéroglyphique ou runique. Cette représentation originale a, certes, de quoi heurter les esprits cartésiens, et pourtant une simple analyse de fréquence aurait pu en venir à bout.

Le succès du chiffre tient en fait à sa simplicité ; ici, ni clé, ni mots de code à mémoriser.

Le chiffre des rosicruciens

Dans l'exemple ci-dessous, les lettres d'un alphabet classique sont ordonnées dans les cellules d'une matrice à neuf segments :

Matrice du chiffre des rosicruciens

abc	def	ghi
jkl	mno	pqr
stu	vwx	yz

Les lettres sont ordonnées alphabétiquement, de A à Z. Expéditeur et destinataire peuvent aussi convenir d'autres schémas d'alignement. Dans l'exemple ci-dessous, chaque lettre est représentée par la forme de sa cellule, avec un point signalant son emplacement. Les trois premières lettres se chiffrent :

Lettres a à c selon le chiffre des rosicruciens

Le point du *a* est en première position, côté gauche ; celui du *b* occupe la deuxième position, au centre, et celui du *c* la troisième, à droite. Les lettres *d*, *e* et *f* se différencient des précédentes par la forme de la cellule mère :

Lettres d à f

Les seules cellules fermées correspondent aux lettres *m*, *n* et *o* :

Lettres m à o

Le dernier segment de la matrice permet de former les cellules des dernières lettres de l'alphabet :

Lettres v à z

Le nom des rosicruciens se chiffrera :

Chiffrement du mot *rosicruciens*

Finalement le chiffre rosicrucien sera dévoilé par d'anciens membres de la confrérie ayant rompu leur vœu de secret.

Le chiffre des francs-maçons

Au XVIIIe siècle, c'est au tour des francs-maçons de se protéger de la curiosité du grand public. Leur chiffre, plus tard révélé par d'anciens adeptes, offre quelques similitudes avec l'écriture secrète des rosicruciens. Dans les cellules rectangulaires ou triangulaires des matrices, des points tiennent lieu de lettres :

Le chiffre des francs-maçons

Le chiffre de la confrérie fait malheureusement l'objet de fuites et d'indiscrétions.

Le terme ci-dessous ne résistera pas à l'application du système de correspondances de l'alphabet rosicrucien :

C'est en fait le premier acte d'initiation du membre accédant à la Loge Bleue.

Clés de déchiffrement La résolution d'un chiffre du « Parc à cochons » passe par le rétablissement de l'alphabet dans la matrice originale. Il suffit ensuite de comparer la position des points et le dessin des cellules du cryptogramme aux cellules de la matrice.

CHIFFREMENTS ALPHANUMÉRIQUES

Un alphabet de substitution peut aussi recourir à une suite de nombres. Dans un chiffrement alphanumérique simple, les positions numérotées des lettres d'un alphabet classique ordonné peuvent être inversées ; la suite A = 1 jusqu'à Z = 26 sera transformée en A = 26 et Z =1.

ALPHABET CLAIR : a b c d e f g . .
. m n o . . . t u v w x y z

ALPHABET DE CHIFFREMENT : 26 25 24 23 22 21 20 . .
. 14 13 12 . . . 7 6 5 4 3 2 1

Du milieu à la fin du XIXe siècle, le courrier du cœur connaît une grande vogue dans les colonnes des journaux. On redoute les constats d'adultère, on craint l'autorité parentale ; les amants contrariés n'ont d'autre recours que de masquer leurs épanchements. Craignant la malveillance d'intermédiaires ou l'interception de leur courrier, les amoureux se font discrètement livrer leur quotidien par des proches. Les correspondants usent de systèmes allant de la simple substitution alphabétique (on remplace par exemple le *a* par le *b* ou le *m* par le *o*) à des procédés plus complexes, où les nombres correspondent à une lettre, voire à plusieurs.

Une annonce chiffrée par l'alphabet ci-dessus pouvait prendre l'aspect de cette suite numérique :

```
18  14  6   8   7   14  22  22  7   2   12  6   7
12  13  18  20  19  7
```

Dans cet exemple, la récurrence de nombres suffit à trahir le cryptogramme. En règle générale, ce type de substitution ne constitue pas vraiment un obstacle à la sagacité d'un cryptanalyste, même peu averti. La numérisation des phrases types et des formules de politesse se devine sans peine ; l'allusion à des lieux de rendez-vous, à condition qu'il y ait récurrence, ne résiste pas à l'œil attentif. La confidentialité de la supplique ci-dessus, *I must meet you tonight* (Je dois te voir cette nuit) est tout à fait illusoire.

Le chiffre de Franklin-Dumas

C'est une variante de chiffrement alphanumérique qui servit à crypter la correspondance de Benjamin Franklin avec l'un de ses partisans, Charles William Dumas. Franklin s'imposait de masquer certaines identités, à commencer par la sienne, sous le nom de code *Concordia* ; le duc de la Vaugoyon, ambassadeur français à La Haye, eut droit, quant à lui, au titre de *grand facteur*. Pour l'historien Ralph Weber, Franklin reste le père de l'un des procédés de chiffrement les plus fiables et les moins ambigus jamais utilisé dans la correspondance entre le Congrès et ses agents à l'étranger.

Ce cryptosystème se base sur la numérotation de chaque lettre, y compris les marques de ponctuation, d'un texte français, dont un passage est reproduit ci-dessous, suivi d'un extrait de l'alphabet de chiffrement. Selon Weber, ce passage, comme les 682 symboles du document, serait tiré d'un essai fourni, mais non signé, par Dumas.

Voulez-vous sentir la différence?
Jetez les yeux sur le continent septentrional de l'Amérique. Dans les résolutions vigoureuses de ces braves colons vous reconnoitrez la voix de la vraie liberté aux prises avec l'oppression.

Chaque lettre est numérotée, en ordre croissant ; les nombres représentent les unités cryptographiques. La série d'équivalences ci-dessous permet de chiffrer le mot *love* par 4 2 8 5, 4 2 1 5, 4 9 8 5 ou 4 9 1 5.

```
1    v
2    o
3    u
4    l
5    e
6    z
7    = (trait d'union)
8    v
9    o
10   u
11   s
```

En chiffrant les lettres récurrentes par des nombres différents, le procédé gagne en fiabilité. On a ainsi 128 nombres correspondant à l'unité claire *e*, 50 à *a* et 44 à *o*. À elle seule, l'analyse de fréquence ne peut donc suffire à casser le chiffre.

N'importe quel texte peut servir des fins similaires. Chaque lettre de l'alphabet doit être représentée, à moins que les correspondants ne décident par exemple de permuter l'identité de *i* et *j*. La longueur du texte augmente les possibilités de chiffrement et la résistance du cryptogramme.

Clés de déchiffrement On numérote une à une les lettres du cryptogramme avant de comparer ces nombres à ceux de la table d'équivalences établie d'après le texte.

Le chiffre de *L'Homme de Scotland Yard*

Dans cette aventure, *The Shadow* se trouve confronté à un chiffrement alphanumérique basé sur une substitution à double représentation. Le tableau des équivalences se présente comme suit :

TABLEAU 1

8	12	7	2	6	4	1	11	3	10	5	9	13
a	b	c	d	e	f	g	h	i	j	k	l	m
n	o	p	q	r	s	t	u	v	w	x	y	z
20	22	17	21	24	26	18	16	23	25	15	19	14

Les nombres 1 à 13 correspondent aux lettres *a* à *m*, les nombres 14 à 26 aux lettres *n* à *z*. Ce système de correspondances, apparemment élémentaire, se complique quand *a* ou *n* sont équivalents à 8 ou à 20, *h* ou *u* à 11 ou à 16, *m* ou *z* à 13 ou à 14, et ainsi de suite. Pour éviter toute confusion, une clé numérique signale la position d'une lettre donnée par rapport au nombre 13, soit le milieu de l'alphabet. À partir de là, on peut former toutes les combinaisons numériques possibles, en associant au(x) nombre(s) de la lettre donnée tous les nombres de 1 à 13. Ainsi, à *a* pourra par exemple être substitué 5-8, 7-8, 12-8, mais aussi 3-20 ou 11-20. Tous les nombres de 1 à 13 peuvent s'associer aux nombres 8 ou 20, équivalant à la lettre *a*. Sur le même principe, tous les nombres de 14 à 26 peuvent s'associer aux nombres 8 ou 20, équivalents de la lettre *n*. Un *n* qui peut se chiffrer par 14-8, 17-8, 22-20 ou 25-20.

Selon le tableau d'équivalences ci-dessus, tous les nombres inférieurs à 13 correspondent à des lettres comprises entre *a* et *n*, tous les nombres supérieurs à 13 désignent des lettres comprises entre *n* et z. Le mot *crime* peut s'accommoder de plusieurs combinaisons, dont :

TEXTE CLAIR :	c	r	i	m	e
CLÉ NUMÉRIQUE :	(7-17)	(6-24)	(3-23)	(13-14)	(6-24)
	2-7	14-6	5-3	1-13	2-6
	3-17	18-24	6-23	3-14	4-24
	4-7	16-6	8-3	4-13	7-6
	6-17	19-24	9-23	5-14	9-24
	9-7	21-6	11-3	8-13	11-6
	13-17	12-24	25-23	10-14	13-24

Les lettres *e* et *r* nous renseignent sur la clé numérique. Le *e* appartient à la première moitié de l'alphabet (inférieure à 13), le *r* à la seconde (supérieure à 13). On associe leur nombre respectif, 6 et 24, à des nombres de 1 à 13 pour le *e*, et de 14 à 26 pour le *r*. Pour les messages comportant plus d'un mot, des paires de nombres convenues (choisis de préférence en dehors de la suite 1 à 26) font office d'espaces. Ce cloisonnement des termes évite bien des erreurs de transmission. Voici une illustration du procédé, avec les mots *crime clue* (pièce à conviction) :

TEXTE CLAIR :	c	r	i	m	e	(espace)	c	l	u	e
TEXTE CHIFFRÉ :	2-7	14-6	5-3	1-13	2-6	27-27	3-17	4-9	14-11	4-24

Le choix des équivalences lettres/nombres s'établit selon un ordre séquentiel ou, au contraire, rompt avec tout schéma trop facilement décelable par un cryptanalyste. L'ordre des lettres du tableau de correspondances précédent peut ainsi être bouleversé :

TABLEAU 2

1-13

a	c	e	f	j	m	p	q	s	u	v	x	z
8	12	7	2	6	4	1	11	3	10	5	9	13

14-26

b	d	g	h	i	k	l	n	o	r	t	w	v
20	22	17	21	24	26	18	16	23	25	15	19	14

Les mots *crime clue* sont à présent chiffrés par d'autres combinaisons :

TEXTE CLAIR :

c	r	i	m	e	(espace)	c	l	u	e

TEXTE CHIFFRÉ :

(12-22)	(10-25)	(6-24)	(4-26)	(7-17)		(12-22)	(1-18)	(10-25)	(7-17)
1-12	14-25	17-24	11-4	13-7	28-2	2-22	25-18	13-10	6-17

Si le cryptologue désire compliquer les choses, il peut décider d'établir des correspondances entre unités cryptographiques (nombres) et lettres de l'alphabet. Des correspondances évidentes, comme 1= a, 26 = z, suffisent déjà à renforcer le procédé. Le cryptogramme qui en résulte est alphabétique, non plus numérique ; un accord préalable entre chiffreur et déchiffreur doit permettre de faire la différence entre une occurrence accidentelle de lettres identiques accolées, et l'emploi volontaire de nulles (comme zz, dans l'exemple ci-dessous).

TEXTE CLAIR :	c	r	i	m	e	c	l	u	e
	1-12	14-25	17-24	11-4	13-7	2-22	25-18	13-10	6-17
	al	ny	qx	kd	mg	bv	yr	mj	fq

TEXTE CHIFFRÉ : `alnyq xkdmg bvyrm jfqzz`

Le double *z* en fin de cryptogramme correspond à deux nulles, accessoires servant ici à compléter un trigramme.

Clés de déchiffrement Sachant que toutes les lettres de *a* à *m* correspondent à des nombres de 1 à 13, et connaissant les équivalences des nombres 8 et 20, le chiffreur peut en déduire que la lettre *n*, située juste après le *m*, est équivalente à des combinaisons associant les nombres 8 ou 20 à des nombres compris entre14 et 26 ; ce procédé est valable pour le cryptogramme élaboré à partir du premier tableau de correspondances.

Le deuxième tableau de correspondances permet de déchiffrer le cryptogramme alphabétique ; si celui-ci débute par l'unité cryptographique *a*, le déchiffreur lui attribue, comme indiqué par le tableau, le nombre 1. La lettre *l* est égale à 12, et la première paire numérique est 1-12. Il faut donc retrouver, dans la première rangée du tableau (de 1 à 13), la lettre correspondant au nombre 12, c'est à dire le *c*. Le *n*, 14e lettre de l'alphabet est associé au *y*, 25e lettre de l'alphabet. La paire alphabétique *n-y* est équivalente à la paire numérique 14-25. La lettre de la rangée 14 à 26, placée au-dessus de 25, est *r*. La lettre suivante, *q*, est la 17e lettre de l'alphabet. On cherchera donc la deuxième rangée du tableau (de 14 à 26). La lettre X représente la 24e lettre de l'alphabet, celle qui est placée au-dessus du nombre 24 dans le tableau est *i*. La lettre *k* est la 11e de l'alphabet, *d* la 4e ; il faut donc localiser la lettre placée au-dessus du 4 dans la première rangée, soit *m*. Les lettres *m-g* occupent respectivement la 13e et la 7e position dans l'alphabet ; la lettre placée au-dessus du nombre 7 dans la première rangée est *e*. On déchiffrera le mot *clue* selon le même procédé.

SUBSTITUTIONS MONOALPHABÉTIQUES À REPRÉSENTATIONS MULTIPLES

Les substitutions monoalphabétiques décrites précédemment sont dites à représentation unique ; à une lettre du clair correspond une unité cryptographique, et une seule. Dans les substitutions à représentations multiples, une même lettre du clair peut se voir attribuer deux unités cryptographiques, voire davantage. Il s'agit, le plus souvent, de paires de lettres ou de chiffres, élaborées à partir de matrices à double indice, où chaque lettre du clair est représentée par un groupe de deux lettres ou de deux chiffres.

Le carré de Polybe ou carré de 25

Au deuxième siècle de notre ère, l'historien et cryptologue grec Polybe conçoit un système de transmissions au moyen de torches (*voir le chapitre 3, Les signaux*) ; son procédé se base sur la conversion des lettres du clair en chiffres. Les lettres, disposées dans un carré, se voient attribuer une paire de chiffres correspondant à leur position, coordonnées établies par le repère numérique des rangées et colonnes. Le carré de 25 ordonne les lettres d'un alphabet classique, en associant *i* et *j* dans la même cellule.

	1	2	3	4	5
1	a	b	c	d	e
2	f	g	h	ij	k
3	l	m	n	o	p
4	q	r	s	t	u
5	v	w	x	y	z

Le carré de Polybe reste un grand classique de la cryptologie. La conversion lettres/chiffres, élaborée à partir d'une matrice facilement mémorisable et d'un nombre limité d'éléments, inspire d'ailleurs plusieurs systèmes de chiffrement. Essayons de convertir le mot *cover* (couvrir) en chiffres. La lettre *c*, point d'intersection de la rangée 1 et de la colonne 3, nous donne la paire chiffrée 13.

LETTRE	**RANGÉE**	**COLONNE**	**CHIFFRÉ**
c	1	3	13
o	3	4	34
v	5	1	51
e	1	5	15
r	4	2	42

La conversion lettres/chiffres du carré de Polybe produit un chiffrement par substitution, et permet de fractionner l'unité cryptographique en deux éléments séparés, en s'adaptant à toutes les formes de matrices.

Clés de déchiffrement Il faut bâtir un carré identique à celui du chiffreur. Le premier chiffre de la première paire du cryptogramme renvoie à la rangée, le deuxième à la colonne. La lettre claire se situe à la jonction des deux.

Le chiffre d'Elizabeth Van Lew

Durant la guerre de Sécession, les chiffres utilisés par les espions des deux camps se limitent à des procédés plutôt sommaires. Fervente partisane de la cause unioniste, Elizabeth Van Lew, native de Richmond, s'emploie à renseigner les siens. Elle confie ainsi à ses agents des messages sur l'état des forces confédérées ou l'évasion de prisonniers fédérés, à l'aide d'un système alphanumérique inspiré du carré de Polybe.

Le chiffre d'Elizabeth Van Lew

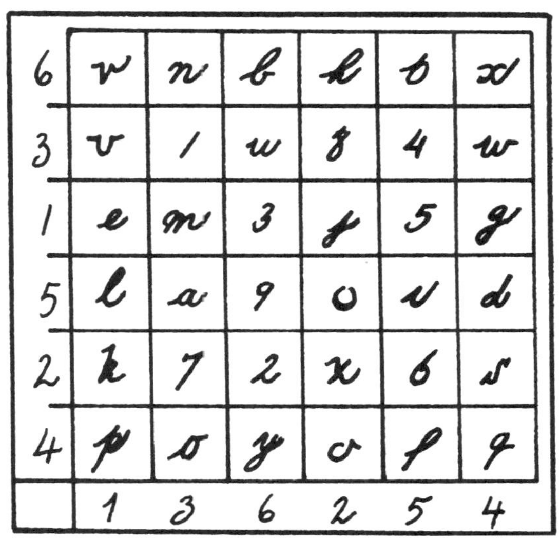

Élizabeth remplace lettres et chiffres par des nombres. Le communiqué *9 wagons here* (9 voitures attendues) devient :

9	w	a	g	o	n	s	h	e	r	e
56	34	53	14	43	63	24	62	11	61	11

Le décalage des lettres et des nombres du carré provoque de nouvelles équivalences. Le système de chiffrement implique bien entendu que chiffreur et déchiffreur soient en possession des mêmes éléments.

Clés de déchiffrement Travaillant à partir d'un carré identique à celui du chiffreur, le déchiffreur relève le premier chiffre de la première paire, soit le nombre 5, et trace une ligne repère horizontale. Il relève ensuite le deuxième chiffre de la première paire, 6, et trace une verticale, sur toute la hauteur de la colonne. Au point d'intersection des deux lignes, le déchiffreur retrouve l'unité claire, ici le 9. La même opération est reconduite pour chaque lettre du cryptogramme.

Le chiffre Knock

Ce sont les prisonniers russes qui peaufinent au cours des siècles cette version sonore du carré de Polybe. Le système permet d'indiquer, au moyen de coups frappés contre les murs, les rangées et les colonnes d'un tableau alphabétique. Un coup, suivit de deux, signifie ainsi rangée 1 colonne 2, soit la lettre *b*. Une pause sépare rangées et colonnes. On trompe la vigilance des geôliers en transmettant, à la moindre alerte, le message *guard coming* (arrivée d'un garde), de la façon suivante :

```
g  knock knock—knock knock
u  knock knock knock knock knock—knock
a  knock—knock
r  knock knock knock knock—knock knock knock
d  knock—knock knock knock knock
c  knock—knock knock knock
o  knock knock knock—knock knock knock knock
   knock
m  knock knock knock—knock knock knock
i  knock knock—knock knock knock knock
n  knock knock knock—knock knock knock knock
g  knock knock—knock knock
```

Derrière les barreaux, on utilise parfois un carré à six rangées et colonnes, sur lequel s'ordonnent les 35 caractères cyrilliques de l'ancien alphabet russe. On exploite aussi bien une matrice de cinq rangées sur six colonnes ; on occulte alors simplement certaines lettres.

Clés de déchiffrement On note la fréquence des coups et des pauses ; la première séquence de coups indique le numéro de rangée du tableau, la deuxième renvoie au numéro de la colonne. La comparaison avec le tableau alphabétique de correspondances donne le sens du message.

VARIATIONS SUR LA SUBSTITUTION MONOALPHABÉTIQUE À REPRÉSENTATIONS MULTIPLES

Les exemples suivants abordent quelques-unes des variations possibles du chiffrement par substitution monoalphabétique à représentations multiples. Ici on remplace le carré standard, de cinq sur cinq, par une grille de trois sur dix. Une série de symboles vient s'ajouter en fin d'alphabet.

	1	2	3	4	5	6	7	8	9	0
1	a	b	c	d	e	f	g	h	i	j
2	k	l	m	n	o	p	q	r	s	t
3	u	v	w	x	y	z	.	,	-	+

TEXTE CLAIR : i n v e s t i g a t i o n s

UNITÉS CRYPTOGRAHIQUES : 19 24 32 15 29 20 19 17 11 20 19 25 24 29

TEXTE CHIFFRÉ : 19243 21529 20191 71120 19252 42900

Clés de déchiffrement Il s'agit, dans un premier temps, de reconstituer la grille alphanumérique présentée ci-dessus. On sépare ensuite les caractères ou les nombres du cryptogramme, pour les regrouper en bigrammes. À l'intersection de la rangée (correspondant au premier chiffre du bigramme) et de la colonne (correspondant au deuxième chiffre du bigramme) se trouve la lettre claire correspondante. Les deux zéros en fin du cryptogramme équivalent à des nulles.

Substitution monoalphabétique à représentations multiples

Les procédés de chiffrement des exemples suivants attribuent plusieurs unités cryptographiques à une même unité claire. La tâche du cryptanalyste, et l'analyse de fréquences en particulier, s'en trouvent nettement compliquées.

La grille ci-dessous respecte en partie les caractéristiques du genre, à un détail près : chaque lettre se voit attribuer trois unités cryptographiques. La lettre *a* pourra être chiffrée par 18, 14 ou 12, le premier chiffre indiquant cette fois la colonne et non la rangée.

	1	2	3	4	5	6	7	8	9
8,4,2	a	b	c	d	e	f	g	h	i
9,5,3	j	k	l	m	n	o	p	q	r
7,6,1	s	t	u	v	w	x	y	z	

Une variante veut que l'on attribue plus d'équivalents cryptographiques aux lettres les plus courantes d'une langue donnée ; comme par exemple, *e t o a n i r s* et *h*, dans la langue anglaise. Dans la grille ci-dessous, six unités cryptographiques (14, 15, 16, 17, 18 et 19) chiffrent le *e*, alors que le *q*, lettre plutôt rare, ne possède qu'un seul équivalent chiffré, 29.

	1	2	3	4	5	6	7	8	9
1,2,3,4,5,6	e	t	o	a	n	i	r	s	h
7,8	b	c	d	f	g	j	k	l	m
9	p	q	u	v	w	x	y	z	

Clés de déchiffrement Comme pour l'exemple précédent, chiffreur et déchiffreur sont en possession d'une grille identique. Le cryptogramme est découpé en binômes (paires de chiffres) qui, comparés aux chiffres des colonnes et rangées, révèlent les unités claires correspondantes et le message.

Variantes

Il existe deux déclinaisons possibles du chiffrement par substitution monoalphabétique à représentations multiples. Dans le premier cas, le cryptologue choisit un mot-clé, *palindrome*, et l'inscrit dans une matrice, en complétant les cellules muettes par toutes les autres lettres de l'alphabet. Ici *u* et *v* sont regroupés dans une même cellule. Chaque rangée et chaque colonne se voient attribuer une paire de consonnes.

	n	p	q	r	s
	t	v	w	x	z
bh	p	a	l	i	n
cj	d	r	o	m	e
dk	b	c	f	g	h
fl	j	k	q	s	t
gm	uv	w	x	y	z

Avec cette configuration, l'unité claire *c* peut être remplacée par *dp*, *dv*, *kp* ou *kv*. On parvient même, avec des mots très courts, comme *veil*, à multiplier les possibilités de chiffrement.

v	e	i	l
gn	cs	br	bq
gt	cz	bx	bw
mn	js	hr	hq
mt	jz	hx	hw

Deuxième cas. La multiplication des équivalences s'opère au sein même du carré. Ainsi, le mot *equivalent* est aligné à la verticale dans la première colonne, puis on complète la matrice avec dix mots de 10 lettres.

	0	1	2	3	4	5	6	7	8	9
0	e	n	t	r	u	s	t	i	n	g
1	q	u	a	r	a	n	t	i	n	e
2	u	n	e	x	p	e	n	d	e	d
3	i	m	p	r	o	b	a	b	l	e
4	v	i	c	t	o	r	i	o	u	s
5	a	d	j	u	d	i	c	a	t	e
6	l	a	b	o	r	a	t	o	r	y
7	e	i	g	h	t	e	e	n	t	h
8	n	a	t	u	r	a	l	i	z	e
9	t	h	i	r	t	y	f	i	v	e

Ainsi la lettre *e* se voit attribuer 12 binômes (paire de chiffres), 00, 19, 22, 25, 28, 39, 59, 70, 75, 76, 89 et 99, formés par l'association du numéro de la rangée et de celui de la colonne.

Clés de déchiffrement On reproduit la grille alphanumérique ci-dessus. Le premier chiffre du binôme permet de localiser la rangée, le deuxième indique la colonne. À l'intersection des deux se trouve l'unité claire. Le processus, reproduit sur l'ensemble des binômes du cryptogramme, permet de déchiffrer le message.

Substitutions monoalphabétiques à représentations multiples avec mot-clé

Dans l'exemple suivant, le mot-clé *bankruptcy* intègre un carré classique de cinq sur cinq. Les lettres restantes de l'alphabet complètent la matrice. Le chiffrement d'une lettre s'obtient en associant la lettre de la rangée qui lui correspond à celle de sa colonne. L'unité claire *a* sera chiffrée *b* (la rangée) et *e* (la colonne).

	a	e	i	o	u
b	b	a	n	k	r
c	u	p	t	c	y
d	d	e	f	g	h
f	ij	l	m	o	q

Voiçi l'un des exemples de chiffrement du mot *investigations* :

i	n	v	e	s	t	i
g	a	t	i	o	n	s
fa	bi	ge	de	ga	ci	fa
do	be	ci	fa	fo	bi	ga

TEXTE CHIFFRÉ : fabig edega cifad obeci fafob igazz

Clés de déchiffrement On bâtit une matrice identique à celle du chiffreur, où l'on place d'abord le mot-clé, puis qu'on remplit avec le reste des lettres de l'alphabet. La première lettre du bigramme permet de localiser une rangée, la seconde indique la colonne ; à l'intersection des deux, on retrouve l'unité claire correspondante. Les deux *z* en fin de cryptogramme, en fait deux nulles, servent uniquement à compléter le dernier trigramme du chiffré.

Table de substitution monoalphabétique à représentations multiples

Ici, l'alphabet clair comprend 25 lettres (*i* et *j* sont à nouveau associés) et les unités cryptographiques se présentent sous la forme de quatre groupes de nombres, 01 à 25, 26 à 50, 51 à 75 et 76 à 00. C'est un mot-clé qui détermine le point de départ de la numérotation, *coin* dans l'exemple ci-dessous.

La première lettre du mot-clé, *c*, marque la position de départ de la numérotation, soit 01. Les lettres suivantes sont numérotées les unes à la suite des autres ; à la lettre *z*, la numérotation repart de la lettre *a* (24) pour s'arrêter à *b* (25). La deuxième lettre de la clé, *o*, détermine la colonne et le point à partir desquels va se poursuivre la numérotation.

Ainsi, *o* correspond à 26, *p* à 27, et ainsi de suite. Parvenu à *z*, on revient au début de l'alphabet et répète le processus à l'identique, guidé par les lettres du mot-clé. La table se présente comme suit :

A	24	38	68	89	H	06	45	75	96	O	12	26	56	77	U	18	32	62	83
B	25	39	69	90	IJ	07	46	51	97	P	13	27	57	78	V	19	33	63	84
C	01	40	70	91	K	08	47	52	98	Q	14	28	58	79	W	20	34	64	85
D	02	41	71	92	L	09	48	53	99	R	15	29	59	80	X	21	35	65	86
E	03	42	72	93	M	10	49	54	00	S	16	30	60	81	Y	22	36	66	87
F	04	43	73	94	N	11	50	55	76	T	17	31	61	82	Z	23	37	67	88
G	05	44	7	4	95														

À chaque lettre correspondent quatre unités cryptographiques, indifféremment utilisées pour chiffrer un message. L'ordre *act now* (agissez immédiatement) pourra être chiffré 38 91 61 11 56 34, ou 24 40 82 50 77 87, ou par toute autre combinaison respectant la table de correspondances.

Clés de déchiffrement On bâtit la table en ordonnant les suites numériques selon les lettres du mot-clé. Pour retrouver les unités claires, il suffit de repérer les binômes du cryptogramme sur la table de correspondances.

Le chiffre des nihilistes

Inspirés par le chiffre Knock des prisonniers russes, les nihilistes mettent au point, entre 1850 et début 1860, un procédé de chiffrement des plus élaboré. Ce groupe d'anarchistes, en lutte contre l'hégémonie tsariste et décidé à renverser l'ordre établi, multiplie attentats, actes de terrorisme et assassinats. Hermétiques aux doctrines marxistes et rebelles à la discipline de fer imposée par Lénine, les nihilistes ne formeront jamais un groupe aussi structuré que les bolcheviques. Pour échapper à l'Okhrana, la police secrète du tsar, et soucieux de soustraire leurs communications aux rets du Cabinet noir tsariste, les nihilistes vont créer leur propre chiffre, basé sur un carré et l'emploi d'un mot-clé. On chiffre le texte clair par une suite numérique, tout comme la clé, répétée plusieurs fois dans le message.

Dans l'exemple ci-dessous, le mot-clé *unite* chiffre le message *strike czar now* (sus au tsar) :

	1	2	3	4	5
1	a	b	c	d	e
2	f	g	h	i	j
3	k	l	m	n	o
4	p	q	r	s	t
5	uv	w	x	y	z

Pour former les binômes du message et du mot-clé, on repère, une à une, les lettres claires sur la grille, puis on reporte le chiffre correspondant à la rangée et à la colonne. Le mot-clé *unite* sera chiffré 51 34 24 45 15 et le message 44 45 43 24 31 15 13 55 11 43 34 35 52.

L'addition des binômes de la clé périodique à ceux du message permet d'obtenir le cryptogramme :

TEXTE CLAIR :	s	t	r	i	k	e	c	z	a	r	n	o	w
BINÔMES :	44	45	43	24	31	15	13	55	11	43	34	35	52
CLÉ PÉRIODIQUE :	51	34	24	45	15	51	34	24	45	15	51	34	24
TEXTE CHIFFRÉ :	95	79	67	69	46	66	47	79	56	58	85	69	76

L'addition des binômes d'une clé numérique aux binômes issus d'un chiffrement par carré fait des émules. Les bolcheviques, au pouvoir depuis la révolution de 1917, adoptent la méthode qui, des années durant, va chiffrer la moindre de leurs communications.

À lui seul, le changement régulier des mots-clés multiplie, en modifiant l'alphabet, le nombre de substitutions possibles.

Clés de déchiffrement On chiffre le mot-clé à l'aide du carré, avant d'aligner la suite numérique obtenue sous le cryptogramme en une séquence répétitive. En soustrayant un à un les chiffres de la clé à ceux du cryptogramme, on retrouve les binômes obtenus à partir de la grille ; un simple examen permet de repérer les unités claires correspondantes et de déchiffrer le message.

TABLEAU À UN ET DEUX INDICES PAR RANGÉE ET COLONNE

Ce sont les Argenti, cryptologues au service du souverain pontife, qui, les premiers, développèrent au XVIe siècle un procédé de chiffrement par substitution basé sur un carré. En pleine guerre civile, les Républicains espagnols remettront le procédé au goût du jour, repris plus tard encore à l'occasion d'autres conflits.

Aux premiers jours de la lutte, les opposants à la dictature franquiste contrôlent la plupart des grandes villes du pays. Correspondances, dépêches, transmissions radio, etc., le chiffrement s'impose pour toutes les formes de communication ; au nombre des cryptosystèmes en usage, on retrouve la substitution par carré à un et deux indices.

Le système de chiffrement propose deux catégories d'unités cryptographiques, à un ou à deux chiffres, ce qui renforce la sécurité du procédé de substitution. À certaines lettres correspond un seul chiffre, à d'autres deux. En cas d'interception, impossible pour le cryptanalyste de distinguer dans la suite numérique du chiffré les chiffres isolés des paires de chiffres ; l'analyse du cryptogramme peut le conduire à un découpage erroné, en créant des paires purement fictives, ou en isolant un chiffre associé, à l'origine, à un autre.

Inspirée du procédé de substitution à un et deux indices par rangée et colonne, une méthode propose de ne pas numéroter une des rangées. À toute lettre figurant dans cette rangée, correspond une unité cryptographique à un seul chiffre, celui de la colonne. Les unités cryptographiques des autres lettres sont à deux chiffres, celui de la rangée et celui de la colonne.

La lecture des coordonnées d'une lettre sur un tableau de substitution complet commence par le chiffre de la rangée, puis par celui de la colonne. Un mot-clé aligné sur la première rangée, détermine la séquence alphabétique qui suit. Les cellules de la deuxième et de la troisième rangée sont en effet complétées par le reste des lettres de l'alphabet. Pour éviter toute confusion, aucun des chiffres choisis pour indiquer les colonnes (0, 9, 8 ...3) ne se retrouve en début d'une paire de chiffres.

Dans l'exemple ci-dessous, *guernica* représente le mot-clé ; le point et la barre oblique permettent de compléter la dernière rangée.

	0	9	8	7	6	5	4	3	2	1	
	g	u	e	r	n	i	c	a			
1	b	d	f	h	j	k	l	m	n	o	p
2	q	s	t	v	w	x	y	z	.	/	

Pour chiffrer le message *save Madrid* (Sauvons Madrid), on commence par relever l'unité cryptographique correspondant au *s*, soit 29, puis au *a*, soit 3, et ainsi de suite, pour chaque unité claire. Les unités cryptographiques alignées bout à bout forment la suite numérique 293278133197519. On remarquera que l'unité cryptographique équivalente à la lettre *a* ne possède qu'un seul chiffre. Le déchiffreur sait qu'il peut associer les 1 et les 2 à un autre chiffre, pour former une paire, et il ne les considérera jamais isolément. Ainsi, 29 est-il une paire possible, mais 32 ne l'est pas, aucune rangée du tableau n'étant numérotée 3. En cas d'interception du message, le cryptanalyste intrus se retrouve face à une succession de chiffres, sans pouvoir discerner les paires réelles et les unités.

Clés de déchiffrement Le déchiffreur, en possession d'un tableau muet, sait cependant que les chiffres 1 et 2 s'associent forcément à un autre chiffre pour former une paire. Les deux premiers chiffres du cryptogramme représentent donc la paire 29. Le chiffre 3, qui ne peut débuter une paire, correspond obligatoirement à la lettre *a*. Suit la paire 27, équivalant à l'unité claire *v*, puis le chiffre 8, qui ne peut être une paire, est donc le substitut du *e*. L'analyse se poursuit, guidée par le même principe, jusqu'au déchiffrement complet du cryptogramme.

Substitution polyalphabétique

La vulnérabilité des cryptogrammes chiffrés par substitution monoalphabétique pousse les cryptologues du XVe siècle à développer un procédé plus élaboré, la substitution dite polyalphabétique. Ici entrent en scène non plus un, mais plusieurs alphabets de chiffrement.
On dispose désormais d'une multitude d'unités cryptographiques. Comme l'a expliqué Leon Battista Alberti, illustre cryptologue de la Renaissance, toute modification dans une série de lettres et de chiffres génère un nouvel alphabet, et donc de nouvelles équivalences.

Tableaux, cadrans chiffrants, tables bigrammatiques contribuent à multiplier les équivalences lettres claires/lettres cryptographiques. Avec de tels systèmes, ce sont deux symboles, chiffres ou lettres, voire plus, qui se substituent à une seule et même lettre du clair.

LES CADRANS CHIFFRANTS

C'est l'invention du cadran chiffrant qui, dans un premier temps, facilite les processus de chiffrement et de déchiffrement des substitutions polyalphabétiques, avec leurs alphabets, chiffres ou symboles. Simples galettes de papier à l'origine, puis cadrans de métal plus élaborés, ces disques adopteront, au fil du temps, toutes les tailles.

Le dispositif associe deux cadrans ou disques, découpés en secteurs où s'inscrivent des lettres, ou bien des chiffres, parfois une combinaison des deux. En règle générale, le plus petit des disques, mobile, se superpose au plus grand. Sa rotation permet d'aligner les caractères des deux disques et génère toutes sortes de correspondances entre lettres de l'alphabet clair et unités cryptographiques (lettres, chiffres ou symboles). Le disque extérieur, le plus grand, reste fixe sur la plupart des modèles.

Une convention permet de distinguer le disque portant l'alphabet clair de celui dit cryptographique. Utilisé tel, le potentiel de chiffrement de l'instrument se réduit à une simple substitution monoalphabétique ; toutefois si l'on modifie l'alignement des deux alphabets, en cours de chiffrement, on enrichit de façon significative la substitution par de nouvelles équivalences.

Le cadran chiffrant d'Alberti

C'est au père de la cryptologie occidentale, l'architecte italien Leon Battista Alberti, que l'on doit l'invention du cadrant chiffrant. L'instrument se compose de deux disques de cuivre de diamètre différent, le plus petit étant inséré au centre du plus grand. Sur la circonférence du plus petit des deux disques, s'inscrit un alphabet mobile et désordonné. Sur l'autre disque se succèdent 20 lettres, (sauf H, J, K, U, W et Y) rangées par ordre alphabétique, et les chiffres 1, 2, 3 et 4. Cette partie extérieure forme l'alphabet clair, tandis que sur le petit disque intérieur l'alphabet désordonné correspond au chiffré.

Le cadran chiffrant d'Alberti

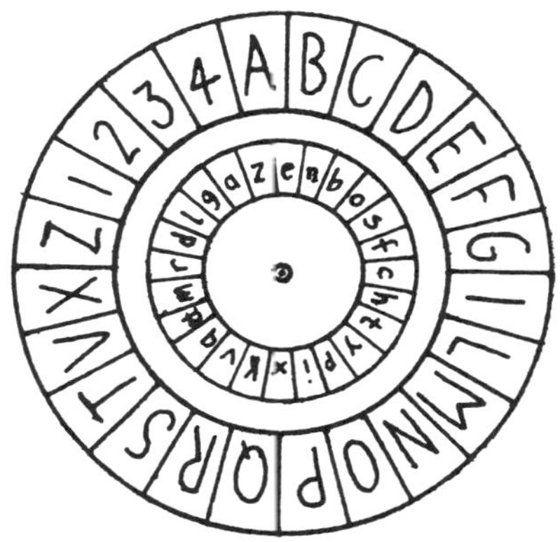

Les deux correspondants, équipés du même cadran, décident d'un alignement de départ et d'éventuelles modifications en cours de chiffrement. Chaque changement de position du disque mobile génère un nouvel alphabet ; le chiffreur élabore son cryptogramme en exploitant les diverses possibilités de correspondances entre unités claires et unités cryptographiques. En multipliant les possibilités des alphabets de chiffrement, Alberti invente ainsi la substitution polyalphabétique.

Dans la figure ci-dessus, le *d* du chiffré est aligné avec le 1. Aux lettres *A*, *C* et *E* du clair correspondent les unités cryptographiques *z*, *n* et *o*. Si le chiffreur décale le disque mobile légèrement vers la droite, les unités claires *A*, *C* et *E* se retrouvent alors alignées avec les lettres *a*, *e* et *b* du chiffré.

Déjà révolutionnaire en soi, le cadran d'Alberti se double d'une innovation déterminante pour la cryptologie : le surchiffrement codique. Les chiffres 1, 2, 3 et 4, inscrits sur le disque extérieur, permettent d'élaborer toutes sortes d'associations à deux ou quatre chiffres, 11, 222 et 3333 par exemple.
Ces groupes codiques sont listés en une table énumérant toutes les combinaisons possibles de 11 à 4444. 11 peut ainsi correspondre à la phrase *achetez des uniformes*, 222 peut signifier *envoyez des provisions aujourd'hui*.

Les nombres ou groupes codiques, une fois insérés dans les messages, sont chiffrés par décalage du disque, tout comme les lettres claires ; la substitution polyalphabétique se renforce du surchiffrement codique. Ainsi, en fonction de la position du disque, 222 sera chiffré par *ohx* dans un premier temps, et *ivr* par la suite.

Selon certains érudits du siècle dernier, les chiffres 1 à 4 accompagnés d'une lettre indice au sein du cryptogramme permet de signaler tout changement d'alphabet. Il s'agit sans doute là du premier exemple de chiffrement où la clé est intégrée au chiffré.

Clés de déchiffrement Équipé d'un cadran identique à celui du chiffreur, le déchiffreur fixe le point de départ du disque en fonction de la lettre indice convenue. Chaque chiffre révélé implique une rotation du disque ; le chiffreur doit alors aligner la lettre indice avec le chiffre correspondant du disque extérieur. Ce réalignement génère de nouvelles équivalences entre unités cryptographiques et unités claires. On répète le processus jusqu'à déchiffrement complet du message.

Le cadran chiffrant de Porta

C'est un napolitain, Giovanni Porta (1535-1615), qui met au point un deuxième modèle de cadran chiffrant. Le disque intérieur affiche cette fois une série de symboles en guise de chiffré. Sur le disque extérieur s'inscrit un alphabet clair ordonné, surmonté d'une série de chiffres romains, alignés par ordre croissant. Les alignements des symboles avec les unités claires génèrent des alphabets de chiffrement pour le moins originaux. La substitution de lettres par symboles, outre son côté novateur, complique considérablement le travail des cryptanalystes.

Clés de déchiffrement Le déchiffreur est informé de l'alignement de départ déterminant les correspondances entre symboles et lettres de l'alphabet clair. Les équivalences entre unités crypto-

Le cadran chiffrant de Porta

graphiques et chiffres sont fixées d'un commun accord entre les deux correspondants.

TABLEAUX

Le Tabula recta de Trithème

Les tableaux, ou tables de chiffrement, regroupent les listes d'alphabets d'un système de chiffrement par substitution polyalphabétique. C'est un abbé allemand du XVIe siècle, Jean Trithème, qui innove en hiérarchisant et listant les unités chiffrées de chaque alphabet. Le cinquième livre de sa *Polygraphie en six livres* (*Polygraphiae libri sex*) fait date dans l'histoire de la cryptologie ; l'ouvrage marque l'entrée en scène du « tableau », qui allait s'imposer comme le document de base de la substitution polyalphabétique.

Le tableau de Trithème est l'un des premiers outils à ordonner de façon géométrique lettres, chiffres et symboles ; le système, ingénieux, permet d'appréhender tous les alphabets d'un simple coup d'œil. Le tableau carré s'articule en 24 rangées de 24 lettres chacune.

Ci-dessous, une vue partielle du *tabula recta* :

a	b	c	d	e	f	g	h	i	k	l	m	n	o	p	q	r	s	t	u	w	x	y	z
b	c	d	e	f	g	h	i	k	l	m	n	o	p	q	r	s	t	u	w	x	y	z	a
c	d	e	f	g	h	i	k	l	m	n	o	p	q	r	s	t	u	w	x	y	z	a	b
d	e	f	g	h	i	k	l	m	n	o	p	q	r	s	t	u	w	x	y	z	a	b	c
e	f	g	h	i	k	l	m	n	o	p	q	r	s	t	u	w	x	y	z	a	b	c	d
f	g	h	i	k	l	m	n	o	p	q	r	s	t	u	w	x	y	z	a	b	c	d	e
g	h	i	k	l	m	n	o	p	q	r	s	t	u	w	x	y	z	a	b	c	d	e	f
h	i	k	l	m	n	o	p	q	r	s	t	u	w	x	y	z	a	b	c	d	e	f	g
i	k	l	m	n	o	p	q	r	s	t	u	w	x	y	z	a	b	c	d	e	f	g	h
.	.	.	.	.	.	.	.	.	.	.	.	.	.	.	.	.	.	.	.	.	.	.	.
w	x	y	z	a	b	c	d	e	f	g	h	i	k	l	m	n	o	p	q	r	s	t	u

Le principe est celui d'une transposition, avec décalage d'un rang vers la gauche, qui détermine l'ordre de succession des lettres, d'une rangée à l'autre. Les lettres i et *j*, tout comme *u* et *v* sont considérées comme équivalentes. La méthode pourrait à juste titre revendiquer la paternité de la clé dite « périodique » ; on y exploite en effet les 24 alphabets de chiffrement avant de revenir au premier.

Les rangées et les colonnes du tableau relèvent de la matrice. Pour chiffrer la simple affirmation *she has it* (elle l'a), on repère la première lettre du clair, *s*, sur la première rangée, à la colonne *s* ; la lettre sera, dans ce cas précis, chiffrée par elle-même. Pour chiffrer la deuxième lettre, *h*, on se reporte à la lettre qui, dans la deuxième rangée, se situe à la colonne *h* de la première rangée, soit *i*. La troisième lettre, *e*, sera chiffrée par l'alphabet de la troisième rangée, avec la lettre située dans la colonne *e*, soit *g*. Le processus, appliqué à toutes les unités claires, permet de conclure que *t* sera chiffré par l'unité cryptographique *b* du huitième alphabet.

Le cryptogramme *she has it* s'écrit :

TEXTE CLAIR :	s	h	e	h	a	s	i	t
TEXTE CHIFFRÉ :	s	i	g	l	e	z	p	b

Dans les cas où le message dépasse les 24 lettres, le chiffrement de la 25e lettre se poursuit avec l'alphabet cryptographique de la première rangée ; celui de la 26e lettre fait appel à l'alphabet de la deuxième rangée, ainsi de suite jusqu'à ce que la dernière unité claire soit chiffrée. L'exemple ci-dessus illustre parfaitement la fiabilité du procédé de chiffrement par substitution polyalphabétique ; en réduisant les répétitions de lettres d'un cryptogramme à l'autre, on parvient à neutraliser les tentatives de déchiffrement par analyse de fréquences.

Cette méthode, en différenciant les unités cryptographiques correspondant à des unités claires répétitives, contribue à renforcer le chiffrement.

Clés de déchiffrement Le tableau permet de retrouver l'équivalent clair, *s*, de la première unité cryptographique, *s*, sur la première rangée. On localise la deuxième unité cryptographique *i*, sur la deuxième rangée ; la lettre située juste au-dessus, sur la première rangée, correspond à l'unité claire, *h*. Les unités cryptographiques suivantes, *i*, *g*, *l*, etc. seront déchiffrées suivant le même principe. Ainsi, *g*, placé sur la troisième rangée est équivalent au *e* de la deuxième rangée ; *l*, sur la quatrième rangée, correspond au *h* de la troisième rangée…

Le carré de Vigenère

Inspiré du *tabula recta* de Trithème, le « tableau » conçu par Blaise de Vigenère, éminent cryptologue français du XVIe siècle, s'avère bien plus performant que son modèle. Deux alphabets désordonnés bordent, en haut et à gauche, un carré parfait. Vigenère suggère l'emploi de mots-clés, phrases-clés, voire des extraits de poèmes et dates, de façon à brouiller les alphabets de chiffrement.

Le procédé perturbe les cryptologues, déroutés par des clés de chiffrement bien trop longues et par le recours à des dates trop changeantes ; on a le plus grand mal à élaborer sans erreur des alphabets de chiffrement fiables.

La méthode de Vigenère, un temps oubliée, refait surface sous une forme bien plus élémentaire. On est maintenant en présence de deux alphabets ordonnés qui s'alignent en haut et à gauche du carré ; quant à la longueur de la clé de chiffrement, désormais périodique, elle se voit réduite à un seul terme, à savoir un mot-clé. Ainsi, Vigenère lègue malgré lui son nom à un procédé certes inspiré de sa méthode, mais cependant bien moins robuste.

	a	b	c	d	e	f	g	h	i	j	k	l	m	n	o	p	q	r	s	t	u	v	w	x	y	z
A	A	B	C	D	E	F	G	H	I	J	K	L	M	N	O	P	Q	R	S	T	U	V	W	X	Y	Z
B	B	C	D	E	F	G	H	I	J	K	L	M	N	O	P	Q	R	S	T	U	V	W	X	Y	Z	A
C	C	D	E	F	G	H	I	J	K	L	M	N	O	P	Q	R	S	T	U	V	W	X	Y	Z	A	B
D	D	E	F	G	H	I	J	K	L	M	N	O	P	Q	R	S	T	U	V	W	X	Y	Z	A	B	C
E	E	F	G	H	I	J	K	L	M	N	O	P	Q	R	S	T	U	V	W	X	Y	Z	A	B	C	D
F	F	G	H	I	J	K	L	M	N	O	P	Q	R	S	T	U	V	W	X	Y	Z	A	B	C	D	E
G	G	H	I	J	K	L	M	N	O	P	Q	R	S	T	U	V	W	X	Y	Z	A	B	C	D	E	F
H	H	I	J	K	L	M	N	O	P	Q	R	S	T	U	V	W	X	Y	Z	A	B	C	D	E	F	G
I	I	J	K	L	M	N	O	P	Q	R	S	T	U	V	W	X	Y	Z	A	B	C	D	E	F	G	H
J	J	K	L	M	N	O	P	Q	R	S	T	U	V	W	X	Y	Z	A	B	C	D	E	F	G	H	I
K	K	L	M	N	O	P	Q	R	S	T	U	V	W	X	Y	Z	A	B	C	D	E	F	G	H	I	J
L	L	M	N	O	P	Q	R	S	T	U	V	W	X	Y	Z	A	B	C	D	E	F	G	H	I	J	K
M	M	N	O	P	Q	R	S	T	U	V	W	X	Y	Z	A	B	C	D	E	F	G	H	I	J	K	L
N	N	O	P	Q	R	S	T	U	V	W	X	Y	Z	A	B	C	D	E	F	G	H	I	J	K	O	P
O	O	P	Q	R	S	T	U	V	W	X	Y	Z	A	B	C	D	E	F	G	H	I	J	K	L	M	N
P	P	Q	R	S	T	U	V	W	X	Y	Z	A	B	C	D	E	F	G	H	I	J	K	L	M	N	O
Q	Q	R	S	T	U	V	W	X	Y	Z	A	B	C	D	E	F	G	H	I	J	K	L	M	N	O	P
R	R	S	T	U	V	W	X	Y	Z	A	B	C	D	E	F	G	H	I	J	K	L	M	N	O	P	Q
S	S	T	U	V	W	X	Y	Z	A	B	C	D	E	F	G	H	I	J	K	L	M	N	O	P	Q	R
T	T	U	V	W	X	Y	Z	A	B	C	D	E	F	G	H	I	J	K	L	M	N	O	P	Q	R	S
U	U	V	W	X	Y	Z	A	B	C	D	E	F	G	H	I	J	K	L	M	N	O	P	Q	R	S	T
V	V	W	X	Y	Z	A	B	C	D	E	F	G	H	I	J	K	L	M	N	O	P	Q	R	S	T	U
W	W	X	Y	Z	A	B	C	D	E	F	G	H	I	J	K	L	M	N	O	P	Q	R	S	T	U	V
X	X	Y	Z	A	B	C	D	E	F	G	H	I	J	K	L	M	N	O	P	Q	R	S	T	U	V	W
Y	Y	Z	A	B	C	D	E	F	G	H	I	J	K	L	M	N	O	P	Q	R	S	T	U	V	W	X
Z	Z	A	B	C	D	E	F	G	H	I	J	K	L	M	N	O	P	Q	R	S	T	U	V	W	X	Y

Démonstration ; le chiffreur crypte le message *receive the emissary today* (l'émissaire arrive aujourd'hui) avec le mot-clé *sign* :

CLÉ :			S	I	G	N	S	I	G	N	S	I
G	N	S	I	G	N	S	I	G	N	S	I	G
TEXTE CLAIR :			r	e	c	e	i	v	e	t	h	e
e	m	i	s	s	a	r	y	t	o	d	a	y
TEXTE CHIFFRÉ :			J	M	I	R	A	D	K	G	Z	M
K	Z	A	A	Y	N	J	G	Z	B	V	I	E

L'élaboration du cryptogramme s'appuie sur le carré de Vigenère ; 26 alphabets cryptographiques normalement ordonnés s'y succèdent, chacun d'eux décalés d'un rang vers la gauche par rapport au précédent. L'alphabet clair s'étend en haut du carré, et l'alphabet « clé » s'aligne sur l'un des côtés du carré. En partant de la lettre claire *r*, en haut du tableau, le cryptographe descend la colonne pour retrouver la rangée correspondant à la première lettre-clé, *S* ; la lettre placée à l'intersection de la colonne et de la rangée, *J*, représente la première unité cryptographique. Lorsque la lettre-clé *I* croise l'unité claire *e*, on obtient l'unité cryptographique *M*. Le processus se répète à l'identique jusqu'au chiffrement de toutes les unités claires.

Bien des années plus tard, la réputation du fameux *chiffre indéchiffrable* de Vigenère reste intacte. En 1857, l'amiral de la Royal Navy, sir Francis Beaufort s'en inspire fortement pour développer son propre chiffre.

Les indéniables atouts de la substitution polyalphabétiques et de la clé périodique contribuent à la renommée et à la généralisation du procédé.

Clés de déchiffrement S'appuyant sur un tableau identique à celui du chiffreur, le déchiffreur, informé du mot-clé, localise la première lettre de ce dernier, *S*, dans l'alphabet de la clé. Un déplacement horizontal lui permet de retrouver la première unité cryptographique, *J*. En remontant la colonne, jusqu'en haut du tableau, il retrouve la première unité claire *r*. À l'horizontale de la deuxième lettre-clé, *I*, il rejoint la deuxième unité cryptographique M, correspondant à la colonne de l'unité claire *e*. Le processus se répète à l'identique jusqu'au déchiffrement complet du cryptogramme.

ÉVOLUTION DES CLÉS DE CHIFFREMENT

Le principe de la clé, initié entre autres par Blaise de Vigenère, marque une étape décisive dans l'histoire de la cryptologie. De la clé et de ses multiples déclinaisons (tableaux, répertoires, mots-clés ou phrases-clés) dépendent toutes les étapes du développement d'un système cryptographique. Fruit du génie de quelques hommes de la Renaissance, dont Giovan Batista Belaso et Jérome Cardan, la clé de chiffrement ne cessera dès lors de se perfectionner.

En 1553, paraît *La cifra del. Sig. Giovan Batista Belaso* (*Le Chiffre de Giovan Batista Belaso*). Son auteur, Giovan Batista Belaso, membre de la noblesse italienne, propose l'emploi de clés facilement modifiables comme supports du chiffrement par substitution polyalphabétique. Baptisées « mots de passe », ces clés sont facilement mémorisables et modifiables, et peuvent fonctionner avec n'importe quelle langue ou avec n'importe quel nombre de mots. En se référant à la méthode de Belaso, le texte clair *the proud city* (la fière cité) pourra être associé au mot de passe *roman glory*.

MOT DE PASSE : R O M A N G L O R Y R O

TEXTE CLAIR : t h e p r o u d c i t y

On aligne le mot de passe au-dessus du texte clair, en répétant si nécessaire certaines lettres, de façon à atteindre le même nombre de caractères. La paire lettre-clé/lettre claire indique l'alphabet à utiliser pour chiffrer l'unité claire. Dans l'exemple ci-dessus, l'unité claire *t* devra être chiffrée par l'alphabet *R* du tableau, *h* par l'alphabet *O*, la lettre *e* par l'alphabet *M*, et ainsi de suite.

Le manuel de Belaso s'impose très vite comme une référence en matière de sécurité de chiffrement. La force de son procédé, où les clés s'associent désormais aux alphabets, toujours plus nombreux, dépasse largement le potentiel restreint des systèmes antérieurs. Désormais, chaque message bénéficie de sa clé ; une clé volée, décryptée ou perdue peut être aussitôt remplacée. Très vite, on adopte le procédé, plébiscité pour son ingéniosité et sa souplesse qui constitue une pierre de plus à l'édifice de la cryptologie. Cette invention inspirera nombre de cryptosystèmes contemporains, à plusieurs clés de chiffrement alternées en cours de transmission.

Vers 1550, Jérome Cardan, médecin et mathématicien milanais, invente le procédé « autoclave », constitué à partir d'une clé changeant à chaque message, et qui garantit ainsi un niveau de sécurité bien supérieur à celui des méthodes de chiffrements à clé unique. Certes, la multiplication des alphabets de chiffrement avec leurs différentes clés avait représenté une avancée décisive, mais le concept de Cardan, quant à lui, révolutionne totalement le monde de la cryptologie. Son procédé « autoclave » pêche malgré tout par l'emploi d'une clé périodique, répétée à chaque nouveau mot du message.
Dans l'exemple ci-dessous, le premier mot du message fait office de clé.

CLÉ : F I N D F I N F I N
D F I F I F I N D F I N

TEXTE CLAIR : F i n d h e r n a m
e o r a n a d d r e s s

Ainsi, la lettre-clé *F* couplée à l'unité claire *f* recourt à l'unité cryptographique *a* pour chiffrer *f*. Mais la lettre-clé I de l'alphabet peut aussi renvoyer à l'unité cryptographique *a* pour chiffrer cette fois la lettre claire *i*. La lettre-clé N peut renvoyer à l'unité cryptographique *a* pour chiffrer les unités claires *n* ou *r*, lorsque, comme dans l'exemple ci-dessus, on retrouve l'alignement de la lettre-clé *N* au-dessus du *r*. La succession trop rapprochée de lettres-clés identiques oblige le chiffreur à réemployer trop souvent les mêmes unités cryptographiques pour chiffrer les mêmes unités claires. En ce qui concerne le destinataire, le déchiffrement relève du tour de force. Si le cryptosystème de Cardan, bien trop confus, tombe vite dans l'oubli, son procédé « autoclave » aura tout de même inspiré Blaise de Vigenère pour ses travaux.

Né près de Paris en 1523, Blaise de Vigenère, à l'image de ses illustres confrères, s'intéressa aux clés de chiffrement, creusant plus précisément l'idée que ce serait le texte clair lui-même qui générerait le chiffrement. Dans son *Traicté des chiffres ou secrètes manières d'escrire* (1586) Vigenère introduit cette idée de clé « initiale » et de clé « continue ».

Le principe de la clé continue implique que le texte clair et la clé sont identiques. Plutôt que répéter la clé, comme on le fait dans le système de Cardan (clé répétitive, ou périodique), on préfère ici la laisser courir, ou continuer (clé continue, ou apériodique). L'exemple ci-dessous, où unités claires du message et lettres-clés se correspondent, illustre un chiffrement à clé continue. La clé initiale fait office de première lettre-clé et informe le destinataire du point de départ à adopter pour le déchiffrement du cryptogramme.

Procédé de Cardan

CLÉ :	the	theth	the	thet	theth
TEXTE CLAIR :	the	first	was	from	Milan

Procédé de Vigenère (clé initiale Z)

CLÉ :	(Z)H	EWA	S	AFRENCHMA
TEXTE CLAIR :	he	was	a	Frenchman
TEXTE CHIFFRÉ :	vp	jbx	u	loctdvgkq

Pour Vigenère, les lettres du texte clair, utilisées comme lettres-clés, ne sont jamais reproduites en séquences répétitives ; la clé est apériodique. La clé initiale (*Z*), qui complète le procédé, est choisie d'un commun accord par les correspondants.

La deuxième version d'« autoclave » conçue par Vigenère fait elle aussi appel à une clé initiale. Cette fois, c'est le texte chiffré qui va jouer le rôle de clé pour crypter l'ensemble du message. Malheureusement, les brillants principes exposés dans le *Traicté des chiffres ou secrètes manières d'escrire* ne séduisent pas les contemporains de Vigenère. Sa clé initiale et ses procédés « autoclaves » restent ignorés jusqu'à la fin du XIXe siècle, lorsque la nécessité de parfaire les cryptosystèmes existants conduit les cryptologues à redécouvrir les théories de Vigenère.

Clés de déchiffrement Informé de l'emploi de la lettre-clé *Z* (clé initiale) et s'appuyant sur le carré de Vigenère, le déchiffreur localise la première unité cryptographique, *g*. En remontant la colonne du *g* il retrouve l'unité claire équivalente, *h*. La lettre-clé *h*, renvoie à l'unité cryptographique *l* correspondant à l'unité claire *e*. La lettre-clé *e* est associée à l'unité cryptographique *a*, qui elle-même renvoie à l'unité claire *w*. Le même schéma préside au rétablissement de toutes les unités claires du message.

Le chiffre de Marie-Antoinette

Au début des années 1780, la reine Marie-Antoinette et son amant, le comte suédois Axel de Fersen, correspondent sous couvert de chiffre.

La méthode exploite mots-clés et séries de lettres capitales et de minuscules. Le système mis au point par Fersen est un procédé de substitution polyalphabétique, qui classe les lettres capitales dans la catégorie des mots-clés et les ordonne en colonnes. Les unités cryptographiques et les unités claires, regroupées en suites de bigrammes, s'alignent en rangées, à droite des lettres capitales. L'agencement final, tel l'exemple ci-dessous, est fixé d'un commun accord entre les correspondants.

M	kn	or	sv	wz	ad	eh	il	mp	qt	ux	yb	cf	gj
N	ab	cd	ef	gh	ij	kl	mn	op	qr	st	uv	wx	yz
O	pr	su	vx	ya	bd	eg	hj	km	np	qs	tu	wy	zb

Supposons que la lettre-clé *M* (pour Marie) chiffre le mot *say* (dire). Les équivalences *s* = v, *a* = d et *y* = b, permettent de chiffrer *say* par *vdb*. Si l'on utilise la lettre-clé *N*, l'unité claire *s* est remplacée par *t*, *a* par *b* et *y* par *z ; chiffré, le mot say* devient *tbz*. Chaque clé génère de nouvelles équivalences.

Clés de déchiffrement Informé du ou des mot(s)-clé(s) et de l'alphabet de chiffrement, le déchiffreur repère la lettre-clé *M*. Sur la rangée correspondante, il localise le bigramme comportant l'unité cryptographique *v* ; la deuxième lettre du bigramme représente l'unité claire, *s*. Sur la rangée de la lettre-clé *N*, l'unité cryptographique *t* est associée à l'unité claire *s*.

VARIATIONS SUR LE CARRÉ DE VIGENÈRE

Le chiffre de Gronsfeld

Considéré comme une version simplifiée du carré de Vigenère et de ses multiples alphabets, la méthode hérite du nom de son inventeur, le comte de Gronsfeld, obscur érudit du XVIIe siècle. Gronsfeld fit part de son invention à l'auteur Gaspar Schott qui, en 1659, expose le procédé dans l'un de ses ouvrages. C'est le procès d'un groupe d'anarchistes français, en 1892, qui contribue à remettre ce procédé sur le devant de la scène. Au rang des pièces à conviction, plusieurs cryptogrammes, que déchiffrera le célèbre cryptanalyste Étienne Bazeries.

Le Chiffre de Gronsfeld exploite une clé numérique ; chaque chiffre indique le nombre de lettres séparant, dans un alphabet normal, une unité claire spécifique de l'unité cryptographique équivalente. Ainsi, le 8 placé au-dessus du *a* signifie qu'il faut compter huit lettres à partir du *a* pour retrouver l'unité cryptographique correspondante, à savoir le *i*. Le nombre-clé, 5316280794 dans l'exemple ci-dessous, sera répété sur toute la longueur du message. Selon le nombre-clé choisi, le chiffrement pourra être multialphabétique (ici, le chiffre 0 ne détermine aucun changement).

CLÉ NUMÉRIQUE :	5	3	1	6	2	8	0	7	9	4
TEXTE CLAIR :	a	n	a	r	c	h	i	s	t	s
TEXTE CHIFFRÉ :	f	q	b	x	e	p	i	z	c	w

CLÉ NUMÉRIQUE :	5	3	1	6	2
TEXTE CLAIR :	a	r	i	s	e
TEXTE CHIFFRÉ :	f	u	j	y	g

CRYPTOGRAMME (POLYGRAMMES À CINQ LETTRES) :

`fqbxe pizcw fujyg`

Le procédé de Gronsfeld, assez élémentaire, ne renvoie à aucun alphabet particulier ; chiffrement et déchiffrement s'accommodent d'un alphabet classique et ordonné. Quant à l'élaboration des clés numériques, un simple annuaire téléphonique suffit à fournir une suite de chiffres. Ainsi, les correspondants peuvent-ils choisir les numéros de téléphone d'une page, d'une colonne et d'une rangée donnée.

Clés de déchiffrement On aligne la clé numérique sous le cryptogramme. Chaque chiffre équivaut à une valeur de décalage. À partir de la première unité cryptographique, le déchiffreur remonte l'alphabet d'autant de lettres que l'indique le chiffre-clé associé. Suivant ce procédé, à l'unité cryptographique *f*, correspond l'unité claire *a*, située cinq lettres plus haut. En remontant de trois lettres à partir de l'unité cryptographique *q* on retrouve l'unité claire *n* ; et ainsi de suite sur tout le cryptogramme.

Le chiffre de Beaufort

Il s'agit d'un cryptosystème très proche du carré de Vigenère. Néanmoins, son créateur, l'amiral britannique sir Francis Beaufort, accède à la célébrité avec une autre invention, à savoir une échelle de mesure de la vitesse des vents, graduée de 0 à 12.

En 1857, l'Angleterre découvre le Chiffre de Beaufort : un carré alphabétique, imprimé en rouge et noir, sur une carte de 10 x 12 cm. Une méthode de chiffrement originale pour les messages transitant au dos des cartes postales et via les télégrammes.

Le carré alphabétique est délimité sur ses quatre côtés par des alignements de 27 lettres, normalement ordonnées, avec un *A* à chaque angle. Le choix de la clé, selon l'inspiration des correspondants, se porte sur un nom propre, un nom de lieu ou même un vers. L'exemple ci-dessous détaille les trois étapes du chiffrement :

1. Chercher la première lettre claire du message dans la colonne latérale gauche (*C*).

2. À partir de cette lettre, tracer une ligne horizontale jusqu'à la lettre correspondant à la première lettre-clé (*P*).

3. Au sommet de la colonne *P* relever la lettre *N*, qui constituera la première unité cryptographique.

A	B	C	D	E	F	G	H	I	J	K	L	M	*N*	O	P	Q	R	S	T	U	V	W	X	Y	Z	A
B	C	D	E	F	G	H	I	J	K	L	M	N	O	P	Q	R	S	T	U	V	W	X	Y	Z	A	B
C	D	E	F	G	H	I	J	K	L	M	N	O	*P*	Q	R	S	T	U	V	W	X	Y	Z	A	B	C
.	.	.	.	.	.	.	.	.	.	.	.	.	.	.	.	.	.	.	.	.	.	.	.	.	.	.
A	B	C	D	E	F	G	H	I	J	K	L	M	N	O	P	Q	R	S	T	U	V	W	X	Y	Z	A

Le procédé est qualifié de « Beaufort authentique » pour mieux le distinguer d'une version légèrement différente, dite « variante Beaufort », qui débute le chiffrement par la lettre-clé, retrouve l'unité claire et remonte sa colonne pour déterminer l'unité cryptographique.

Les deux cryptosystèmes, qui héritent du même nom, acquièrent une place honorable au panthéon de la cryptologie, sans pour autant en révolutionner l'histoire.

Clés de déchiffrement Le rétablissement du texte clair suit le processus inverse du chiffrement ; on part de l'unité cryptographique pour retrouver la lettre-clé et remonter jusqu'à l'unité claire.

CHIFFREMENTS POLYGRAMMATIQUES

Dans ces cas particuliers, le procédé permet de chiffrer deux unités, voire plus, en même temps. Une fois les lettres ordonnées, la matrice se présente comme un tout qui, à la moindre modification de l'un de ses composants, réagit en altérant l'ensemble du chiffrement.

La table bigrammatique de Porta

Le premier procédé de chiffrement bigrammatique connu reste celui de la table de Porta. La matrice, un carré de 20 x 20, aligne de gauche à droite en son sommet, et de haut en bas sur le côté gauche, un alphabet ordonné d'où sont exclues les lettres *J*, *K*, *U*, *W*, *X* et *Z*. Les cellules de la grille peuvent, au choix, être complétées par des nombres, des lettres ou des symboles, tous différents ; Porta optera lui pour des symboles. Sur une matrice numérique de 26 x 26, les cellules, numérotée de 1 à 676, sont chacune considérées comme une seule et même unité. L'exemple abrégé ci-dessous présente des rangées de nombres à lecture alternée :

	A	B	C	D	E	F	G	H	I	J	K	L	M	N	O	P	Q	R	S	T	U	V	W	X	Y	Z
A	1	2	3	4	5	6	7	8	9	10	11	12	13	14	15	16	17	18	19	20	21	22	23	24	25	26
B	52	51	50	49	48	47	46	45	44	43	42	41	41	39	38	37	36	35	34	33	32	31	31	29	28	27
C	53	54	55	56	57	58	59	60	61	62	63	64	65	66	6	68	69	70	71	72	73	74	75	76	77	78
D	104	103	102	101	100	99	98	97	96	95	94	93	92	91	90	89	88	87	86	85	84	83	82	81	80	79
.	.	.	.	.	.	.	.	.	.	.	.	.	.	.	.	.	.	.	.	.	.	.	.	.	.	.
T	495	496	497	498	499	500	501	502	503	504	505	506	507	508	509	510	511	512	513	514	515	516	517	518	519	520

Pour chiffrer les deux premiers caractères du mot *act* (agir) on commence par chercher le *A* dans l'alphabet vertical, puis le *C* dans l'alphabet horizontal. Situé au point d'intersection, le 3 représentera l'unité cryptographique de ces deux lettres. Les messages composés d'un nombre impair de lettres sont complétés par une nulle pour former un bigramme. Le destinataire du message, informé de l'emplacement de la nulle, écarte d'office la deuxième lettre du bigramme.

Lors de la transmission d'un cryptogramme numérique, les correspondants conviennent des séparations significatives entre unités, binômes et trinômes. L'insertion de triples nulles, comme 000 ou 999 par exemple, permet de segmenter une suite numérique.

Clés de déchiffrement Aidé de la table, le déchiffreur repère les unités cryptographiques, à savoir les bigrammes. Le tracé d'une verticale et d'une horizontale lui permet de retrouver les coordonnées de la première et de la deuxième lettre.

Le procédé Playfair

Un des premiers procédés polygrammatiques, ou plus exactement bigrammatique. Le texte clair, divisé en bigrammes, est chiffré par le biais d'un carré de 5 x 5 et d'un mot-clé, changé à chaque message, qui régit l'ordre de placement des lettres.

Conçu par sir Charles Wheatstone en 1854, le chiffre de Playfair représente le premier cryptosystème véritablement bigrammatique de l'histoire de la cryptographie ; si l'on considère bien évidemment que la table de Porta affichait en guise d'unités cryptographiques des symboles et non des lettres. Destiné à assurer le secret des communications télégraphiques, le procédé Playfair servira le drapeau britannique à plusieurs reprises, au cours de la guerre des Boers et de la Première Guerre mondiale entres autres. Durant la Seconde Guerre mondiale, on le retrouve en Australie au sein du Islands Coastwatching Service. La souplesse du système, renforcée par une transposition du mot-clé, répond parfaitement aux exigences militaires.
La méthode ne s'embarrasse pas de tableaux, de répertoires ou de quelconques accessoires mécaniques ; quant à la nature bigrammatique du chiffrement, elle freine considérablement le travail de décryptement des cryptanalystes.

Le chiffrement exploite la position des lettres de l'alphabet, les unes par rapport aux autres, sur un carré de 5 x 5. Le mot-clé, sans aucune répétition de lettres, s'inscrit en tête, de gauche à droite, suivi, de façon ordonnée, des lettres non utilisées de l'alphabet qui compléteront les cellules de la matrice, sachant que *i* et *j* sont regroupées dans une seule et même cellule. Dans l'exemple ci-dessous, c'est le prénom de Wheatstone, *Charles*, qui fait office de mot-clé.

c	h	a	r	l
e	s	b	d	f
g	ij	k	m	n
o	p	q	t	u
v	w	x	y	z

Considérons le message à chiffrer suivant : *the scheme works* (la manœuvre fonctionne). La première étape pour le chiffreur consiste à découper le texte clair en bigrammes. Tout bigramme présentant une répétition de lettre est divisé par l'insertion d'un *x*. Ainsi, l'affirmation *will arrive* (nous arrivons) se décompose en *wi lx la rx ri ve*. Le *x* sert tout aussi bien à compléter un bigramme lorsque le message affiche un nombre impair d'unités claires. Le mot *reply* donnera *re pl yx*. Le découpage du message *the scheme works* permet d'obtenir la suite de bigrammes :

```
th  es  ch  em  ew  or  ks
```

Le changement du mot-clé individualise le chiffrement de chaque message. Sur le carré, les lettres d'un bigramme ne peuvent occuper que trois positions ; sur la même ligne, sur la même colonne, ou ni l'un ni l'autre. Selon le cas, les règles de chiffrement diffèrent.

1. Les lettres d'un bigramme situées sur la même ligne sont chiffrées par les lettres placées à leur droite. Dans le tableau ci-dessus, *m* devient *n* et *v* sera égal à w Chaque rangée forme une suite fermée, ainsi la dernière lettre d'une rangée sera chiffrée par la première lettre de la même rangée ; par exemple, à l'unité claire *l* correspondra l'unité cryptographique *c*.

2. Les lettres d'un bigramme situées dans la même colonne sont chiffrées par celles situées au-dessous d'elles. Dans ce cas, *h* devient *s*. Les colonnes forment elles aussi une suite fermée ; une lettre située au bas de la colonne sera chiffrée par celle placée au sommet de cette même colonne ; à l'unité claire *y* correspondra l'unité cryptographique *r*.

3. Si les lettres d'un bigramme ne sont situées ni sur la même rangée, ni sur la même colonne, la première unité claire sera chiffrée par la

lettre placée à l'intersection de sa rangée avec la colonne de la deuxième lettre. Les unités claires du bigramme peuvent être considérées comme les deux sommets opposés d'un rectangle. Le chiffreur repère la première lettre du message sur le carré ; en suivant la rangée qu'elle occupe, il retrouvera la colonne de la deuxième unité claire. La lettre située à l'intersection de la rangée et de la colonne représente la première unité cryptographique. Pour déterminer la deuxième unité cryptographique, le chiffreur localise la deuxième lettre du message sur le carré, cherche le long de sa rangée la cellule placée à l'intersection de la colonne correspondant à la première unité claire. Ce processus particulier prendra le nom technique de « bigrammatisation diagonale ». Logiquement, la première unité claire d'un bigramme et la première unité cryptographique occupent toujours la même rangée, de sorte que *xi* = wk (et non *kw*), *mh* = ir (et non *ri*) et *zc* = vl (et non *lv*).

TEXTE CLAIR :	th	es	ch	em	ew	or	ks
TEXTE CHIFFRÉ :	pr	sb	ha	dg	sv	tc	ib

Clés de déchiffrement Le déchiffreur commence par aligner le mot-clé, *charles* sur une matrice de 5 x 5. Il complète les cellules du carré par les lettres restantes de l'alphabet. Le déchiffrement se décline en quatre étapes :

1. Si les deux lettres du premier bigramme occupent la même colonne, chacune des lettres placées au-dessus des unités cryptographiques correspond à l'unité claire.

2. Si les deux lettres du premier bigramme occupent la même rangée, la lettre située à gauche de chacune des unités cryptographiques correspond à l'unité claire.

3. Si les lettres n'occupent ni la même rangée ni la même colonne, les deux lettres occupant les sommets opposés du rectangle formé par les unités cryptographiques correspondront aux unités claires ; si *th* est chiffré par *pr*, le bigramme du chiffré *pr* sera équivalent au bigramme du clair *th*.

Chiffrement à deux carrés

D'origine incertaine, ce procédé montre un chiffrement bigrammatique, version peut-être dérivée des chiffrements par tableau, combinant transposition et substitution. Dans l'exemple ci-dessous, les lettres des deux tableaux s'ordonnent à la suite de leur mot-clé respectif, *democrat* et *republican*.

d	e	m	o	c
r	a	t	b	f
g	h	i	k	l
n	p	q	s	u
v	w	x	y	z

r	e	p	u	b
l	i	c	a	n
d	f	g	h	k
m	o	q	s	t
v	w	x	y	z

Le chiffreur commence par rechercher la première lettre du message dans la matrice de gauche (1) et la deuxième dans la matrice de droite (2). Les cellules correspondant à ces deux lettres peuvent être considérées comme les angles opposés d'un rectangle imaginaire. Leurs unités cryptographiques seront équivalentes aux lettres occupant les deux autres sommets opposés du rectangle. Si deux unités claires se situent sur la même rangée, leur inversion suffit à former le bigramme du chiffré ; ainsi, *ra* = ar et *no* = on.

Pour chiffrer le message *enter pin record* (calez la position de l'ergot) on repère la première unité claire, *e*, sur le premier tableau, puis la deuxième, *n*, légèrement plus bas le long d'une diagonale imaginaire, sur le deuxième tableau. Les unités cryptographiques équivalentes, *ba*, occupent les angles de la diagonale opposée. Le *b*, placé au-dessus de *n*, et le *a*, placé au-dessous de *e*, forment les quatre angles d'un rectangle.

Vient le tour du bigramme clair *te* = im, le chiffré, puis *rp* = cd, *in* = kt, ainsi de suite. Les 14 caractères du message se décomposent en sept bigrammes. En admettant que l'on veuille transmettre un cryptogramme formé de polygrammes à cinq lettres, l'insertion d'une nulle, formée par une lettre rare comme *q* ou *x*, permettra de compléter un polygramme.

Clés de déchiffrement Le processus est inverse à celui du chiffrement. On localise la première unité cryptographique, *b*, sur le tableau de droite et la deuxième, *a*, sur celui de gauche. Les lettres occupant les sommets opposés correspondront aux unités claires, soit *e* sur le premier tableau et *n* sur le second. L'opération se poursuit à l'identique jusqu'au déchiffrement complet du cryptogramme.

Chiffrement à quatre carrés

Une suite logique du procédé de chiffrement bigrammatique à deux carrés.

1.

a	b	c	d	e
f	g	h	i	k
l	m	n	o	p
q	r	s	t	u
v	w	x	y	z

3.

r	e	p	u	b
l	i	c	a	n
d	f	g	h	k
m	o	q	s	t
v	w	x	y	z

4.

d	e	m	o	c
r	a	t	b	f
h	h	i	k	l
n	p	q	s	u
v	w	x	y	z

2.

a	b	c	d	e
f	g	h	i	k
l	m	n	o	p
q	r	s	t	u
v	w	x	y	z

Dans cette version, les unités claires occupent les cellules des grilles 1 et 2, et leurs équivalents cryptographiques les grilles 3 et 4. Une fois de plus, et afin de faciliter la visualisation du processus de chiffrement, il faut imaginer les diagonales reliant les sommets opposés d'un rectangle. Ainsi, *na* = dm, *ic* = co et *ux* = qz. Suivant ce processus, *n* sur la grille 1 et *a* sur la grille 2 ont pour équivalents *d* sur la grille 3 (au-dessus du *a*, sur la même colonne) et *m* sur la grille 4 (même rangée que *a* et en dessous du *n*, sur la même colonne). Ici, *c* occupe la rangée du *i* et la colonne du *c* alors que *o* se trouve dans la rangée du *c* et la colonne du *i*. Quant aux unités claires *u* et *x*, elles seront chiffrées par les unités *q* et *z*. Le chiffrement du message *enter pin record* (calez la position de l'ergot) permettra d'obtenir le cryptogramme :

TEXTE CLAIR : en te rp in re co rd

TEXTE CHIFFRÉ : mk uu uf th ue og se

Clés de déchiffrement Le processus se calque sur celui du déchiffrement à deux carrés. Le *p*, repéré sur la grille 3 et le *i* sur la grille 4 correspondent aux unités claires *e* de la grille 1 (rangée *m* et colonne *k*) et n de la grille 2 (rangée *i* et colonne *p*).

Chiffrement trigrammatique

Un mode de chiffrement envisageable, à condition d'élaborer des tableaux pouvant accueillir les 17 576 trigrammes possibles de *aaa* à *zzz*. On imagine aisément pour un cryptologue amateur ou professionnel toute la complexité de gestion d'un tel stock.

CHIFFREMENT ALGÉBRIQUE

C'est en 1929, sous l'impulsion du mathématicien Lester Hill, que l'algèbre fait irruption dans l'univers de la cryptologie. Professeur au Hunter College de New York, Hill expose sa méthode dans un article, *Cryptography in an Algebraic Alphabet*, publié dans le numéro de juin/juillet de l'*American Mathematical Monthly*.

Le procédé consiste à attribuer des valeurs numériques aux clés et aux unités claires. Ici, à la différence des autres systèmes, on retrouve autant de lettres que d'équations ; le procédé est réellement polygrammatique. Le chiffrement repose dès lors sur des lois mathématiques.

Ce système, qualifié d'opération *modulo 26*, exploite des nombres compris entre 0 et 25 : en fait on retranche des multiples de 26 à tout nombre supérieur à 25, ceci afin d'obtenir un nombre modulo 26. Ainsi, 28 sera égal à 2 modulo 26 car 28 moins 26 est égal à 2. De la même façon, 88 est égal à 10 modulo 26, si l'on considère que 88 est factorisable en trois fois 26, soit 78, et que 88 moins 78 est égal à 10. Le nombre 110 correspondra à 6 modulo 26 ; la factorisation donne quatre fois 26, soit 104, et 110 moins 104 est égal à 6.

Le procédé de substitution développé par Hill se décompose en quatre équations où x représente les unités claires : x_1 la première unité claire, x_2 la seconde, x_3 la troisième et enfin x_4 la quatrième. Les y correspondent aux unités cryptographiques équivalentes.

$$y_1 = (8 \times x_1) + (6 \times x_2) + (9 \times x_3) + (5 \times x_4)$$

$$y_2 = (6 \times x_1) + (9 \times x_2) + (5 \times x_3) + (10 \times x_4)$$

$$y_3 = (5 \times x_1) + (8 \times x_2) + (4 \times x_3) + (9 \times x_4)$$

$$y_4 = (10 \times x_1) + (6 \times x_2) + (11 \times x_3) + (4 \times x_4)$$

La première étape du chiffrement consiste à convertir les unités claires en nombres ; pour ce faire, le chiffreur recourt aux équivalences formulées à partir d'un alphabet désordonné et à une suite numérique aléatoire.

a	b	c	d	e	f	g	h	i	j	k	l	m	n	o	p	q	r	s	t	u	v	w	x	y	z
2	24	11	18	3	16	9	5	17	23	21	8	15	4	1	14	19	7	12	20	6	10	25	13	22	0

Ainsi, les équivalents numériques des quatre premières lettres du message *dusk sign* (signal nocturne) correspondent à 18 (*d*), 6 (*u*), 12 (*s*) et 21 (*k*). Les nombres obtenus se retrouvent dans les équations x_1, x_2, x_3 et x_4.

$$y_1 = (8 \times 18) + (6 \times 6) + (9 \times 12) + (5 \times 21)$$

$$y_2 = (6 \times 18) + (9 \times 6) + (5 \times 12) + (10 \times 21)$$

$$y_3 = (5 \times 18) + (8 \times 6) + (4 \times 12) + (9 \times 21)$$

$$y_4 = (10 \times 18) + (6 \times 6) + (11 \times 12) + (4 \times 21)$$

Les multiplications et les additions au sein de chaque équation obéissent à l'arithmétique modulo 26 ; ainsi, la première multiplication de y_1 où 8 x 18 (144) = 14 modulo 26.

$$y_1 = 14 + 10 + 4 + 1 = 29 \text{ (3 modulo 26)}$$

$$y_2 = 4 + 2 + 8 + 2 = 16 \text{ (dans ce cas, pas de multiple de 26)}$$

$$y_3 = 12 + 22 + 22 + 7 = 63 \text{ (11 modulo 26)}$$

$$y_4 = 24 + 10 + 2 + 6 = 42 \text{ (16 modulo 26)}$$

Les résultats obtenus, soit les nombres 3, 16, 11 et 16, retranscrits sous forme littérale, donnent les unités cryptographiques *e*, *f*, *c* et *f*. Le processus répété sur le deuxième mot du message *sign* assigne les équivalents numériques 12, 17, 9 et 4 aux quatre lettres. Formulés en quatre équations et convertis en arithmétique modulo 26, on obtient les résultats suivants :

$$y_1 = 18 + 24 + 3 + 20 = 65\ (13 \text{ modulo } 26)$$

$$y_2 = 20 + 23 + 19 + 14 = 76\ (24 \text{ modulo } 26)$$

$$y_3 = 8 + 6 + 10 + 10 = 34\ (8 \text{ modulo } 26)$$

$$y_4 = 16 + 24 + 21 + 16 = 77\ (25 \text{ modulo } 26)$$

La table d'équivalences lettres/nombres désigne 13 comme *x*, 24 comme *b*, 8 comme *l* et 25 comme *w*. Le cryptogramme de *dusk sign* s'écrira *efcfxblw*.

Clés de déchiffrement Le destinataire du cryptogramme recourt aux quatre équations complémentaires à celles du chiffrement :

$$x_1 = (23 \times y_1) + (20 \times y_2) + (5 \times y_3) + (1 \times y_4)$$

$$x_2 = (2 \times y_1) + (11 \times y_2) + (18 \times y_3) + (1 \times y_4)$$

$$x_3 = (2 \times y_1) + (20 \times y_2) + (6 \times y_3) + (25 \times y_4)$$

$$x_4 = (25 \times y_1) + (2 \times y_2) + (22 \times y_3) + (25 \times y_4)$$

La table d'équivalences lettres/nombres permet de retrouver les équivalents numériques des quatre premières unités cryptographiques, *efcf*, qui intégreront les quatre équations :

$$x_1 = (23 \times 3) + (20 \times 16) + (5 \times 11) + (1 \times 16)$$

$$x_1 = 69 + 320 + 55 + 16 = 460\ (18 \text{ modulo } 26)$$

D'après la table d'équivalences, 18 = d.

$$x_2 = (2 \times 3) + (11 \times 16) + (18 \times 11) + (1 \times 16)$$

$$x_2 = 6 + 176 + 198 + 16 = 396\ (6 \text{ modulo } 26)$$

6 = u.

$$x_3 = (2 \times 3) + (20 \times 16) + (6 \times 11) + (25 \times 16)$$

$$x_3 = 6 + 320 + 66 + 400 = 792\ (12 \text{ modulo } 26)$$

12 = s.

$$x_4 = (25 \times 3) + (2 \times 16) + (22 \times 11) + (25 \times 16)$$

$$x_4 = 75 + 32 + 242 + 400 = 749\ (21 \text{ modulo } 26)$$

21 = k ; cette dernière équivalence conclut le chiffrement du premier mot, dusk. Le chiffrement du deuxième mot, retranscrit sous forme de nombres intégrant les mêmes équations, obéit à un processus similaire.

$x_1 = (23 \times 13) + (20 \times 14) + (5 \times 8) + (1 \times 25)$

$x_1 = 299 + 480 + 40 + 25 = 844$ (12 modulo 26)

12 = s.

$x_2 = (2 \times 13) + (11 \times 24) + (18 \times 8) + (1 \times 25)$

$x_2 = 26 + 264 + 144 + 25 = 459$ (17 modulo 26)

17 = i.

$x_3 = (2 \times 13) + (20 \times 24) + (6 \times 8) + (25 \times 25)$

$x_3 = 26 + 480 + 48 + 625 = 1,179$ (9 modulo 26)

9 = g.

$x_4 = (25 \times 13) + (2 \times 24) + (22 \times 8) + (25 \times 25)$

$x_4 = 325 + 48 + 176 + 625 = 1,174$ (4 modulo 26)

4 = n ; avec le chiffrement du second mot, *sign*, s'achève la procédure.

En 1931, dans un deuxième article pour l'*American Mathematical Monthly*, Hill détaille un procédé de chiffrement à base de plusieurs matrices. Les carrés de nombres qu'il mentionne obéissent à des modes opératoires, addition et multiplication, qui leurs sont propres. Les nombres des matrices représentent les unités claires et plusieurs lettres sont parfois réparties dans les cellules de certains carrés. Du point de vue mathématique, la chose n'a rien d'étonnant, car en effet, une matrice peut être considérée comme un simple nombre. De ce fait, quelques matrices suffisent à chiffrer plus de lettres avec moins d'équations.

Ce genre de chiffrement multialphabétique se montre très performant pour masquer les bigrammes identifiables, les lettres récurrentes au sein d'un même mot, et tout autre indice susceptible de guider l'intuition d'un cryptanalyste averti. Cependant, tout comme ses propositions en matière de chiffrement algébrique, les matrices de Hill n'ont rien de pratique. Au cours de la Seconde Guerre mondiale, le gouvernement américain décide de l'application restreinte de quelques unes des théories du mathématicien ; à savoir le chiffrement des polygrammes des signaux d'appel radio. La complexité inhérente au déchiffrement s'apparente plutôt à une perte de temps considérable. Modèle du genre, le cryptosystème de Hill, restera étiqueté dans les annales de la cryptologie comme une théorie, certes séduisante, mais bien peu réaliste.

CHIFFREMENT PAR FRACTIONNEMENT

C'est au XIXe siècle que Pliny Earl Chase (diplômé d'Harvard et professeur de philosophie au Haverford College, près de Philadelphie) conçoit le premier procédé de chiffrement par fractionnement. Dans un article publié dans le *Mathematical Monthly* de mars 1859, Chase expose son système, relativement proche du procédé allemand ADFGVX et du système tomogrammique de Félix-Marie Delastelle.

Certes, bien d'autres méthodes alphanumériques proposaient déjà l'équation lettres/unités, voire lettres et trinômes et même des combinaisons de zéros et de uns en guise d'unités cryptographiques. La plupart des systèmes se résumaient à de simples listes d'équivalences lettres/nombres ; d'autres affichaient rangées et colonnes de nombres, dont les coordonnées, à l'image d'un échiquier, renvoyaient tantôt aux lettres du clair, tantôt aux lettres du chiffré. Mais qu'importe la forme, tous exploitaient les chiffres en tant qu'entités. Chase innove en séparant ou fractionnant les nombres, ce qui a pour effet de bouleverser les processus de relèvement classiques des cordonnées, distribuées en haut et sur le côté des matrices.

Le chiffrement par fractionnement recourt à deux lettres, parfois plus, ou à des équivalents numériques, surchiffrés par transposition. À ces nouvelles unités, recombinées, se substitue alors une seule unité cryptographique. Les 10 colonnes de l'échiquier de Chase affichent un alphabet désordonné et trois rangées numérotées ; une perluète (&) et trois lettres grecques complètent l'alphabet.

	1	2	3	4	5	6	7	8	9	10
1	z	g	u	j	d	a	f	r	&	δ
2	o	c	s	m	q	v	x	b	p	θ
3	h	y	i	t	l	w	k	n	e	λ

Ici, le chiffrement consiste, dans un premier temps, à retrouver sur l'échiquier les coordonnées de chaque unité claire du message. On relève d'abord le numéro de la rangée, puis celui de la colonne. Les deux nombres seront inscrits à la verticale, sous chacune des unités claires. Ainsi, le chiffrement du mot *divide* (diviser) se présentera sous la forme :

D	I	V	I	D	E
1	3	2	3	1	3
5	3	6	3	5	9

L'étape suivante se résume à multiplier la suite numérique inférieure par 9, puis à la remplacer par le produit obtenu :

	5	3	6	3	5	9
						x9
4	8	2	7	2	3	1

On obtient les nouvelles coordonnées :

	1	3	2	3	1	3
4	8	2	7	2	3	1

Aidé de l'échiquier, on retranscrit les nombres des deux suites numériques en lettres ; le relèvement des nombres s'effectue à la verticale, ce qui dans l'exemple ci-dessus donne 4, 18, 32, et ainsi de suite. Suivant les correspondances nombres/lettres, 4 = j, *m* ou *t*, 18 = r, 32 = y, 27 = x, 32 = y, 13 = u et 31 = h. Le cryptogramme s'écrira *jryxyuh*.

Clés de déchiffrement En se basant sur l'échiquier de Chase, le déchiffreur attribue le nombre 4 à la première unité cryptographique *j*. La particularité du mode opératoire utilisé lors du chiffrement guide le déchiffreur dans les différentes étapes de son travail. Il sait ainsi que le chiffre 4 représente une unité isolée, à inscrire en amorce de la suite numérique inférieure. À l'unité cryptographique *r*, correspondent les chiffres 8 de la colonne et 1 de la rangée. Le chiffre 8 est inscrit à la suite du 4, et le 1 exactement au-dessus du 8. À l'unité cryptographique *y* correspondent 2 et 3, à *x* se substituent 7 et 2, ainsi de suite. Les alignements de nombres originaux sont ainsi rétablis. La première suite numérique (132313) forme la première rangée numérique « fractionnée » correspondant au texte clair. Pour reformer la deuxième rangée, il suffit de diviser 4827231 par 9 ; chacun des chiffres du résultat obtenu, 536359, vient s'inscrire sous ceux de la première rangée. On retrouve alors les coordonnées verticales 1 et 5, 3 et 3, ainsi de suite. À l'intersection des rangées et colonnes, le déchiffreur identifiera une à une les unités claires du mot *divide*.

Chiffrement par fractionnement apériodique

Une matrice et un mot-clé suffisent à élaborer un chiffrement par fractionnement apériodique. Dans l'exemple ci-dessous, le mot-clé *profitable* génère un alphabet désordonné au sein d'un carré de 5 x 5, regroupant *v* et *w* dans une seule et même cellule.

	1	2	3	4	5
1	p	r	o	f	i
2	t	a	b	l	e
3	c	d	g	h	j
4	k	m	n	q	s
5	u	vw	x	y	z

Basé sur un mode de chiffrement similaire à celui de Chase, les unités cryptographiques représentées sous forme de binômes, relevés à la verticale, s'alignent sous les unités claires du message. Les chiffres formant les binômes renvoient respectivement aux coordonnées horizontale puis verticale de chaque unité claire. La première étape de chiffrement du message *begin private audit* (commencez audience privée) consiste à aligner les termes suivants :

TEXTE CLAIR :	b	e	g	i	n	p	r	i	v	a	t	e	a	u	d	i	t
BINÔMES :	2	2	3	1	4	1	1	1	5	2	2	2	2	5	3	1	2
	3	5	3	5	3	1	2	5	2	2	1	5	2	1	2	5	1

Le premier cryptogramme s'obtient en regroupant les chiffres par paires, de gauche à droite et de haut en bas. Puis, aidé de la matrice, on convertit la suite de binômes en unités cryptographiques, à savoir en lettres.

DEUXIÈME SÉQUENCE DE BINÔMES :

22	31	41	11	52	22	25	31	23
a	c	k	p	v	a	e	c	b
53	53	12	52	21	52	12	51	
x	x	r	v	t	v	r	u	

Le premier chiffre du premier binôme, 22, permet de repérer la rangée, tandis que le second chiffre indiquera la colonne ; à l'intersection des deux on trouvera le *a*. Le cryptogramme final s'écrira *ackpvaecbxxrvt-vru*.

Clés de déchiffrement Informé du mot-clé, le déchiffreur bâtit la matrice et son alphabet désordonné. Il retranscrit en binôme chacune des unités cryptographiques, sachant que le premier chiffre renvoie à la rangée et le second à la colonne. Puis il divise la suite de binômes en deux rangées égales, pour se retrouver avec 17 chiffres par rangée, comme dans la première séquence de binômes. La première rangée indique la coordonnée horizontale de l'unité claire, la deuxième rangée la coordonnée verticale.

Chiffrement par fractionnement périodique

Le qualificatif de périodique s'applique ici au mode de découpage et de chiffrement du texte clair, par polygrammes de cinq lettres. Les binômes correspondant à chacune des unités d'un polygramme sont alignés à la verticale, sous la lettre, dépendant d'une matrice de 5 x 5. La première suite numérique renvoie aux numéros des rangées, la deuxième aux numéros des colonnes. Le mot-clé *profitable* chiffrera le message *secret account located* (compte rendu secret localisé) :

TEXTE CLAIR : secret account located

POLYGRAMMES DE 5 LETTRES :

	secre	tacco	untlo	cated
BINÔMES :	42312	22331	54221	32223
	55125	12113	13143	12152

À cette étape, le processus consiste à relever horizontalement, de gauche à droite et de haut en bas, des paires de chiffres dans chaque groupe numérique placé sous les polygrammes. La série 42, 31, 25, 51, 25 correspond au premier polygramme, suivie par 22, 33, 11, 21, 13 puis 54, 22, 11, 31, 43 et enfin 32, 22, 31, 21, 52.

La conversion des nouveaux binômes en unités cryptographiques obéit aux mêmes règles que celles du chiffrement par fractionnement apériodique :

BINÔMES :	42	31	25	51	25
TEXTE CHIFFRÉ :	m	c	e	u	e

Le cryptogramme s'écrira *mceue agpto yapcn dactv*.

Clés de déchiffrement Le déchiffreur bâtit sa matrice, insère le mot-clé et l'alphabet désordonné. Puis il convertit chaque unité cryptographique en binômes, correspondant aux coordonnées de la lettre. Ces coordonnées, une fois regroupées en polygrammes de cinq chiffres, sont réparties en deux rangées égales. Les chiffres du premier alignement signalent le numéro de rangée, ceux du second alignement le numéro de colonne. On localise ainsi une à une les unités claires sur la matrice.

Chiffrement par fractionnement de trinômes

Ici le fractionnement s'attache à des trigrammes numériques, ou trinômes, utilisés comme équivalents chiffrés des lettres de l'alphabet. Les chiffres 1, 2 et 3 se déclinent en 27 combinaisons à trois chiffres ; la lettre rare *z*, désignée *za*, correspond à 332 et aux 26 lettres de l'alphabet s'ajoute la paire *zb* équivalant à 333. Une astuce destinée à éviter bien des erreurs de déchiffrement.

a	111	j	211	s	311
b	112	k	212	t	312
c	113	l	213	u	313
d	121	m	221	v	321
e	122	n	222	w	322
f	123	o	223	x	323
g	131	p	231	y	331
h	132	q	232	za	332
i	133	r	233	zb	333

Ce sont ici des trinômes qui s'alignent sous chacune des unités claires du message *secret account located* (compte rendu secret localisé) :

TEXTE CLAIR :	s	e	c	r	e
TRINÔMES :	3	1	1	2	1
	1	2	1	3	2
	1	2	3	3	2
	t	a	c	c	o
	3	1	1	1	2
	1	1	1	1	2
	2	1	3	3	3
	u	n	t	l	o
	3	2	3	2	2
	1	2	1	1	2
	3	2	2	3	3
	c	a	t	e	d
	1	1	3	1	1
	1	1	1	2	2
	3	1	2	2	1

Le processus de chiffrement est à l'image de celui mis en œuvre avec les binômes. Le relèvement horizontal, et par groupes de trois, des chiffres situés sous chaque polygramme clair de cinq lettres permet d'aligner la première série : 311, 211, 213, 212 et 332. La table d'équivalences lettres/trinômes permet de déterminer les premières unités cryptographiques *s*, *j*, *l*, *k* et *za*. La suite du cryptogramme est élaborée suivant le même processus.

CRYPTOGRAMME : sjlkza sdamzb xmjqr cabpm

Clés de déchiffrement En possession d'une table d'équivalences identique à celle du chiffreur, le déchiffreur relève les trinômes correspondant aux unités cryptographiques *s*, *j*, *l*, *k* et *za* (311, 211, 213, 212 et 332). Il regroupe les trinômes en suites numériques à cinq chiffres, alignées sur trois rangées, de haut en bas et de gauche à droite. Le premier alignement 31121 rejette le dernier chiffre du deuxième trinôme en tête de la deuxième rangée. Le regroupement des trinômes suivants, 213, 212 et 332, se plie au même principe.

31121	31112	32322	11311
12132	11112	12112	11122
12332	21333	32233	31221

Le relèvement vertical des cinq premières colonnes, de haut en bas et de gauche à droite, permet de retrouver les équivalences 311 = s, 122 = e, 113 = c, 233 = r et 122 = e. Sur les cinq colonnes suivantes 312 = t, 111 = a, 113 = c, ainsi de suite. Ce processus, répété sur toutes les colonnes, conduit au déchiffrement du message.

Chiffrement tomogrammique de Félix-Marie Delastelle

À la fin du XIXe siècle, le Français Félix-Marie Delastelle mit en œuvre des variantes autour des procédés de chiffrement par fractionnement, variantes dites tomogrammiques. Diplômé d'université, Delastelle officie quarante années durant comme contremaître dans une manufacture de tabac. La retraite venue, il s'attaque à la rédaction de son *Traité élémentaire de cryptologie* ; l'ouvrage inventorie et explique les principaux cryptosystèmes connus, notamment ceux à base de chiffres.

Les recherches de Delastelle le conduiront à développer un procédé de chiffrement par fractionnement basé sur une grille de 5 x 5, et curieusement qualifié de « bifide ». La grille présentée ci-dessous affiche un alphabet désordonné, où les lettres i et *j* sont admises comme interchangeables.

	1	2	3	4	5
1	d	v	m	q	a
2	l	h	y	r	u
3	o	f	p	n	c
4	z	k	w	b	s
5	x	e	t	i	g

Le message *order three boxes* (commandez trois boîtes) est découpé en polygrammes de cinq lettres. À chaque unité claire est associé un binôme, formé par les chiffres correspondants aux coordonnées de la lettre (par exemple *o* = 31). Les binômes sont transcrits à la verticale de chaque lettre.

TEXTE CLAIR :	order	three	boxes
BINÔMES :	32152	52255	43554
	14124	32422	41125

La première étape du chiffrement consiste à regrouper par paires, horizontalement et de gauche à droite, les chiffres des suites inscrites sous chaque polygramme. On obtient la première série 32, 15, 21, 41, 24, correspondant au cinq premières lettres du message.

Ces nouveaux binômes, grâce aux coordonnées qu'ils indiquent, situent les unités cryptographiques sur la grille : 32 = f, 15 = a, et ainsi de suite. On obtient ainsi le cryptogramme suivant :

```
falzr   eutrh   wgbdu
```

Clés de déchiffrement Le déchiffreur bâtit sa matrice et insère l'alphabet désordonné. Les unités cryptographiques sont une à une retranscrites sous forme de binômes, correspondant à leurs coordonnées. On décompose la suite numérique obtenue en groupes de cinq chiffres, avant de les répartir sur deux rangées égales. Les chiffres du premier alignement désignent les rangées, ceux du second alignement les colonnes. Les coordonnées fournies permettent de rétablir une à une les unités claires du message.

ADFGX

L'ADFGX et l'ADFGVX, une variante encore plus élaborée, représentent sans aucun doute les chiffres de campagne les plus célèbres de l'histoire de la cryptologie. Mars 1918, à l'offensive des généraux du Kaiser, les ondes laissent filtrer les tout premiers messages chiffrés par l'ADFGX.

C'est à un officier radio allemand, le colonel Fritz Nebel, que l'on doit les deux versions de ce procédé de chiffrement. La mise en œuvre du cryptosystème se décompose en plusieurs étapes. Comme dans les procédés de chiffrement par fractionnement, c'est par le biais d'une matrice que l'on convertit unités claires ou nombres en bigrammes chiffrés. La lecture des bigrammes, assigne une rangée à la première lettre et une colonne à la deuxième, ainsi XG chiffre *q*.

	A	D	F	G	X
A	l	r	m	e	ij
D	k	f	v	w	t
F	c	s	a	u	z
G	h	x	g	y	n
X	b	p	o	q	d

Le message *advance to the front at the marne with all battalions* (avancez au front de la Marne avec tous les bataillons) est dans un premier temps chiffré à l'aide de la matrice ci-dessus :

```
FF XX DF FF GX FA AG DX XF DX GA AG
a  d  v  a  n  c  e  t  o  t  h  e

DD AD XF GX DX FF DX DX GA AG AF FF AD GX AG
f  r  o  n  t  a  t  t  h  e  m  a  r  n  e

DG AX DX GA FF AA AA XA FF DX DX FF AA AX XF GX FD
w  i  t  h  a  l  l  b  a  t  t  a  l  i  o  n  s
```

La deuxième étape de la procédure fait appel à une transposition. On aligne les unités cryptographiques en rangées dont la longueur est définie par un nombre convenu de colonnes, ici 20. Les lettres des bigrammes, sont ordonnées une à une, de gauche à droite et de haut en bas, soit 88 lettres issues de 44 paires. Les rangées, une fois complétées, sont numérotées de façon aléatoire. La suite numérique fait alors office de clé de transposition.

14	8	3	15	20	1	7	2	17	9	11	19	13	6	4	16	18	10	12	5
F	F	X	X	D	F	F	F	G	X	F	A	A	G	D	X	X	F	D	X
G	A	A	G	D	D	A	D	X	F	G	X	D	X	F	F	D	X	D	X
G	A	A	G	A	F	F	F	A	D	G	X	A	G	D	G	A	X	D	X
G	A	F	F	A	A	A	A	X	A	F	F	D	X	D	X	F	F	A	A
A	X	X	F	G	X	F	D												

Dans un troisième temps, il s'agit de relever et de classer, selon un ordre numérique croissant, les lettres de chaque colonne, en polygrammes de cinq unités chacun. Dans l'exemple ci-dessus, la colonne 4, incomplète, exige l'insertion d'une cinquième lettre. Le chiffreur utilise alors la première lettre du polygramme suivant, *X*, correspondant à la colonne 5. Ce deuxième polygramme, amputé de deux lettres, sera complété par les deux premières lettres, *G* et *X*, du polygramme suivant, à savoir celui de la colonne 6. Arrivé à la colonne 9, le chiffreur se retrouve avec une seule lettre disponible, le *A* ; les quatre lettres de la colonne suivante, 10, lui permettront de former un polygramme complet. Le polygramme de la colonne 10, exploitera cette fois les quatre lettres de la colonne 11, plus une puisée dans la colonne 12, et ainsi de suite. Le processus de décalage des lettres, conjugué à l'emploi d'une clé numérique aléatoire, génère un cryptogramme des plus hermétiques :

fdfax	**fdfad**	**xaafx**	**dfddx**	**xxagx**
gxfaf	**affaa**	**axxfd**	**afxxf**	**fggfd**
ddaad	**adfgg**	**gaxgg**	**ffxfg**	**xgxax**
xdafa	**xxfdd**	**aag**		

Clés de déchiffrement Le déchiffreur doit impérativement être en possession de la clé de chiffrement et de la matrice. Il divise le nombre des unités cryptographiques par le nombre de chiffres de la clé, ici 20 ; le résultat de l'opération détermine le nombre de rangées. La division des 88 unités cryptographiques par 20 donne 4, avec 8 lettres restantes, si bien que la dernière des 4 rangées n'alignera que 8 lettres.
12 colonnes afficheront donc 4 lettres chacune, et les 8 premières colonnes de gauche, 5 lettres chacune.

Les unités cryptographiques, regroupées en bigrammes, de gauche à droite et de haut en bas, se déclineront dans la suite *FF*, *XX*, *DF*, *FF*, et ainsi de suite. À la lecture et à l'interprétation des coordonnées de la matrice, le déchiffreur rétablit les unités claires *a*, *d*, *v*, *a*, correspondant aux cinq premières lettres du mot *advance*.

ADFGVX

1er juin 1918 ; Painvain et ses confrères cryptanalystes, détachés auprès d'une unité d'interception radio française, ont la surprise de voir une sixième lettre se greffer à l'ADFGX, le V. Les prouesses antérieures de Painvain avec l'ADFGX ouvrent une voie royale au déchiffrement de cette nouvelle variante.

Painvain déchiffrera un nombre de dépêches ADFGVX conséquent, suffisant en tout cas pour permettre aux Alliés de contrer le dernier assaut de l'offensive de printemps engagée par les Nazis, la fameuse attaque du 9 juin qui menace Paris.

L'ADFGVX se présente sous la forme d'une matrice carrée, de 6 x 6, affichant 26 lettres et 10 chiffres. Les coordonnées forme la suite *A, D, F, G, V, X*.

	A	D	F	G	V	X
A	F	L	1	A	O	2
D	J	D	W	3	G	U
F	C	I	Y	B	4	P
G	R	5	Q	8	V	E
V	6	K	7	Z	M	X
X	S	N	H	Ø	T	9

La première étape du chiffrement substitue une paire de lettres à chacune des unités claires du message, ici *all quiet on this front today* (calme plat sur le front aujourd'hui). Les coordonnées verticale et horizontale des lettres à l'intérieur de la matrice génèrent les bigrammes ; ainsi, l'unité claire l, sera chiffrée par A et D. La première lettre du bigramme correspond toujours à celle de la colonne, suivie par la lettre indiquant la rangée.

```
a   l   l   q   u   i   e   t   o   n   t   h   i
s   f   r   o   n   t   t   o   d   a   y

AG  AD  AD  GF  DX  FD  GX  XV  AV  XD  XV  XF  FD
XA  AA  GA  AV  XD  XV  XV  AV  DD  AG  FF
```

Le chiffrement s'apparente alors à celui d'un procédé tomogrammique. La deuxième étape relève du surchiffrement par transposition. Le chiffré, à savoir la suite de bigrammes, est ordonné en un rectangle, sorte de matrice de transposition, où les unités cryptographiques s'inscrivent de gauche à droite, en rangées successives. Le tout régi par un mot-clé, ici *German*, qui détermine le nombre de colonnes de la matrice.

MATRICE DE TRANSPOSITION :

G	E	R	M	A	N
3	2	6	4	1	5
A	G	A	D	A	D
G	F	D	X	F	D
G	X	X	V	A	V
X	D	X	V	X	F
F	D	X	A	A	A
G	A	A	V	X	D
X	V	X	V	A	V
D	D	A	G	F	F

Le mot-clé et la position de ses lettres dans l'alphabet déterminent l'ordre de relèvement de chacune des colonnes. Ainsi, les lettres du mot-clé *German* ordonnées alphabétiquement donnent les équivalences *A* = 1, *E* = 2, *G* = 3, *M* = 4, *N* = 5 et *R* = 6.

AFAXA XAFGF XDDAV DAGGX FGXDD XVVAV
VGDDV FADVF ADXXX AXA

La troisième et dernière étape consiste à décomposer les suites de lettres de chaque colonne en polygrammes de cinq lettres. Le relèvement de la première colonne, effectué de haut en bas, donne le premier polygramme du chiffré, *AFAXA*.

Clés de déchiffrement Le déchiffreur, en possession du mot-clé et de la matrice originale, organise chacune des unités cryptographiques dans un rectangle de transposition, où colonnes et rangées s'ordonnent selon le mot-clé. Il relève ensuite dans l'ordre, colonne après colonne, des paires de lettres. Les bigrammes ainsi obtenus indiquent les coordonnées verticale et horizontale de chacune des unités claires, lettres ou chiffres.

CRYPTOGRAPHES ET MACHINES À CHIFFRER

Le *cryptographe*, bien que longtemps synonyme de *machine à chiffrer*, est un instrument de cryptage et de déchiffrement manuel. Dans cette catégorie des mécanismes manuels, dont les origines remontent au cadran chiffrant d'Alberti, on classe des appareils aussi divers que le cadran amélioré de Pletts ou le cryptographe de Wheatstone. Ce genre d'instrument connut son heure de gloire au cours de la Révolution industrielle, lorsque les secteurs de la communication et de la sécurité marquèrent un net progrès, tant sur le plan civil que militaire. La machine à chiffrer renvoie quant à elle à des dispositifs élaborés, apparus dans les années 1920, mécaniques à leur début, puis électriques et enfin électroniques. Sans cesse perfectionnée, la machine à chiffrer s'impose pendant la Seconde Guerre mondiale, avec la mise au point de Purple, suivie de Purple Analog et de Colossus.

Cryptographes

LE CYLINDRE CHIFFRANT DE JEFFERSON

La passion de Thomas Jefferson pour la cryptologie resta confidentielle ; on lui doit cependant l'invention d'un cryptographe qui, à quelques variantes près, servira de modèle un siècle plus tard au mécanisme adopté par l'armée américaine. Mis au point dans les années 1790, le dispositif se présente sous la forme d'un cylindre de bois de 15 cm de long sur 5 cm de diamètre. La partie centrale est occupée par 36 roues, ou disques, de 4 mm d'épaisseur chacun. Les 26 lettres d'un alphabet désordonné sont inscrites sur le pourtour de chaque disque, eux mêmes numérotés sur l'une de leurs faces. Les disques sont assemblés selon un ordre numérique convenu sur une tige métallique. L'ensemble est maintenu par une tête métallique à l'une des extrémités de l'axe et par un filetage avec écrou à l'autre extrémité.

Une clé permet de définir la séquence de montage des disques ; il suffit, par simple manipulation, d'aligner les lettres du message à transmettre. Ainsi, pour chiffrer le libellé « Rencontrons-nous en Virginie », l'expéditeur commence par aligner lettre à lettre le message en clair ; les disques sont calés à l'aide de l'écrou. Reste à relever parmi les 25 lignes incohérentes générées, celle qui constituera le cryptogramme.

Le destinataire, muni du même modèle de cylindre chiffrant, actionne les disques de façon à reformer le cryptogramme lettre à lettre, et sur une même ligne De toutes les lignes incohérentes engendrées, une seule comporte bien évidemment le message en clair. On élargit ainsi le nombre des combinaisons possibles en alternant l'ordre de placement des disques sur l'axe.

L'appareil, très en avance sur son temps, supplante de loin nombre de systèmes européens du même type. Pourtant, ni l'armée américaine, ni le tout jeune corps diplomatique ne vont bénéficier du cylindre de Jefferson. Trop préoccupé par ses fonctions présidentielles et surchargé par ses multiples activités, il semble que Jefferson n'ait jamais vraiment cherché à exploiter le potentiel de son invention. Quelque 120 ans plus tard, les forces armées américaines donnent leur agrément à un mécanisme largement inspiré du modèle de Jefferson ; il faudra attendre plusieurs dizaines d'années encore pour que la marine américaine daigne s'y intéresser.

L'INSTRUMENT DE WADSWORTH

Né en 1768, Decius Wadsworth, diplômé de Yale, officiait en qualité de responsable du service du matériel et des dépôts de l'armée américaine.

La principale innovation de son cryptographe réside dans un mécanisme à base d'engrenages. De plus, la cryptologie reste redevable à Wadsworth de la mise au point d'un procédé de chiffrement recourant à deux alphabets de longueur différente, l'un clair et l'autre chiffré. L'appareil se présente sous la forme d'un disque de cuivre monté sur un socle de bois ; c'est Eli Whitney, ami de Wadsworth, qui en assure la confection. Le disque se compose de deux couronnes, l'une extérieure, l'autre intérieure. La couronne extérieure comporte 26 lettres et une série de chiffres de 2 à 8, soit un total de 33 caractères inscrits sur des sortes d'onglets amovibles en cuivre. Un tel dispositif ouvre un champ de combinaisons multiples entre lettres et chiffres. La couronne intérieure elle, affiche une série de 26 lettres fixes.

Une plaque de cuivre, percée de deux fenêtres, sert à aligner les lettres des deux alphabets. Le mode d'emploi originel, permettant de distinguer l'alphabet clair de l'alphabet de chiffrement, a malheureusement disparu. La rotation des deux couronnes dans leur logement est assurée par deux engrenages à roues de 33 dents pour l'un et 26 pour l'autre.

En supposant que la couronne extérieure avec sa suite alphanumérique représente le texte chiffré, il suffit à l'expéditeur et au destinataire de définir la séquence de placement des onglets. On détermine ensuite de concert un point de départ pour aligner les deux alphabets ; ainsi, à la lettre *c* de la couronne extérieure coïncidera la lettre *g* de la couronne intérieure. Les cryptographes de chacune des parties sont dès lors synchronisés.

Aidé d'une petite molette, le chiffreur déplace la couronne intérieure jusqu'à faire apparaître la première lettre du message en clair dans la fenêtre prévue à cet effet. La lettre qui vient s'inscrire dans la fenêtre extérieure correspond à la première lettre du cryptogramme. Parce que ce premier tour, et les suivants, sont logiquement fonction d'un rapport d'engrenages dépendant de la taille des couronnes, on exploite essentiellement les différents placements possibles entre lettres et chiffres. La complexité du jeu des lettres du cryptogramme repose ensuite sur les lettres mêmes du texte clair. Ce procédé, bien plus sûr que les prévisibles décalages d'un alphabet classique, s'avère bien moins vulnérable au crible de l'analyse.

Mais l'histoire, dans sa grande injustice, oublie le nom de Wadsworth ; c'est un scientifique britannique plus illustre, Charles Wheatstone, qui se voit attribuer la paternité du procédé de chiffrement à alphabets de longueur différente.

LE CRYPTOGRAPHE DE WHEATSTONE

Entre 1856 et 1857, Charles Wheatstone, concepteur du procédé Playfair, met au point un appareil qu'il baptise « cryptographe ». De forme circulaire, l'engin comporte deux alphabets et deux aiguilles, semblables à celles d'une montre, reliées par un engrenage. Le prototype est officiellement présenté au public en 1867, dans le cadre de l'Exposition universelle de Paris.

Fort de son innovation technique, le mécanisme de Wheatstone n'en répond pas moins au même principe que les cadrans chiffrants de l'époque. Le genre obéit alors à un même principe de base : élaborer un alphabet de substitution en alignant lettres, symboles et chiffres inscrits sur la couronne de leur disque respectif. Le cryptographe de Wheatstone comporte bien lui aussi deux alphabets, dont un clair, ordonné, de 27 caractères (les 26 lettres de l'alphabet plus un blanc) alignés sur une couronne extérieure fixe. Sous chacune des lettres de *A* à *J* et de *N* à *W* sont réparties deux séries de chiffres de 1 à 0. La couronne intérieure, dépourvue de chiffres, montre un alphabet désordonné de 26 lettres, l'alphabet cryptographique. Seule cette pièce du cryptographe est mobile.

Les aiguilles sont reliées par un système d'engrenage à roues de 27 et 26 dents. À chaque rotation, la grande aiguille s'aligne sur une lettre de l'alphabet ordonné de la couronne extérieure ; la petite aiguille se décale de son côté d'une lettre sur l'alphabet cryptographique. Deux petites molettes facilitent le maniement des aiguilles, la plus grande reposant sur la plus petite.

Le chiffrement s'effectue en plaçant la grande aiguille, percée à son extrémité d'une petite fenêtre ovoïde, sur le signe blanc d'espacement de la couronne extérieure ; la petite aiguille vient alors pointer sur le premier caractère chiffré. La fenêtre de la grande aiguille est ensuite amenée sur la première lettre ou le premier chiffre du message clair, et ainsi de suite. À chaque mouvement, les engrenages décalent la petite aiguille d'un cran ; celle-ci vient alors désigner une nouvelle lettre de l'alphabet cryptographique.

Cryptographe de Wheatstone

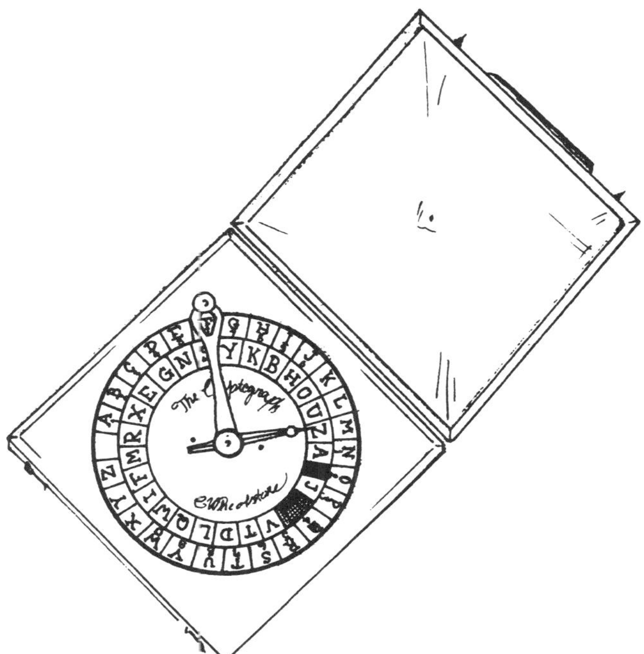

Dans le cas où se présente une lettre doublée, on substitue à la lettre bis une lettre rare, comme le *Q* ou le *Z* ; on peut éventuellement traiter plus simplement cette paire de lettres comme un seul et même caractère. Le déchiffrement s'obtient en effectuant exactement l'opération inverse. À partir des lettres du cryptogramme pointées une à une par la petite aiguille sur la couronne intérieure, on retrouve, désignées par la grande aiguille sur la couronne extérieure, les lettres du texte clair.

Si l'appareil permet une souplesse d'utilisation exceptionnelle en matière de cryptographie manuelle (on a même conçu un kit de transport), le cryptographe restera néanmoins à l'état de prototype. Il est vrai que le décalage des alphabets se limite à une seule lettre, ce qui en soi ne constitue pas un obstacle insurmontable pour un cryptanalyste coutumier de l'analyse de fréquences de lettres et de bigrammes.

LA RÉGLETTE DE SAINT-CYR

L'instrument doit son nom à l'académie militaire française où, entre 1850 et le début du XXe siècle, il sert à instruire les aspirants cryptologues. C'est le hollandais Auguste Kerckhoffs, figure incontournable de la cryptologie, qui baptise la réglette.

L'instrument est relativement simple ; il s'agit d'une longue bande de papier ou de carton rigide, le « stator », sur laquelle est imprimé à l'horizontale un alphabet ordonné classique. Par deux fentes, une à chaque extrémité de l'alphabet, on fait coulisser une longue bandelette de papier, ou de tout autre matériau, elle-même imprimée de deux alphabets horizontaux successifs. Le dispositif permet de bâtir une substitution polyalphabétique.

Traditionnellement, l'alphabet clair est inscrit sur la partie fixe, ou stator ; l'alphabet cryptographique occupe, lui, la partie mobile. La lettre *A* constitue le premier caractère clair du stator ; une lettre clé, sélectionnée sur la languette, est amenée sous la lettre *A*. Reste à repérer

La réglette de Saint-Cyr

une à une sur le stator les lettres claires du message pour retrouver leur équivalent cryptographique. Exemple ; le mot clair *brave* sera chiffré *jtkpg*.

Ces alignements alphabétiques ne sont pas sans évoquer le *tabula recta* de Vigenère. Mais on peut aussi bien définir le principe de la réglette comme une variante des cadrans chiffrants de Porta ou d'Alberti.

Ce type d'instruments peut aussi donner lieu à des substitutions numériques, si les lettres de l'alphabet cryptographique laissent place à des chiffres. Néanmoins, le faible potentiel de chiffrement des réglettes n'offre qu'une sécurité médiocre. Il n'empêche ; jusqu'à ce que l'électromécanique supplante les systèmes manuels, les réglettes restent au programme des aspirants et sévissent sur les champs de bataille — un succès sans doute lié à leur faible coût et à leur simplicité d'utilisation.

LE CYLINDRE CHIFFRANT DE BAZERIES

C'est un officier de l'armée française, le cryptanalyste Étienne Bazeries, qui met au point cet appareil de substitution manuel, très proche du cylindre chiffrant de Jefferson. En 1891, Bazeries présente son cryptographe cylindrique aux autorités militaires françaises. Basé sur le chiffrement simultané, l'instrument fait appel à plusieurs alphabets répartis sur 20 disques mobiles comportant chacun 25 lettres. La clé du chiffrement se détermine suivant l'ordre de placement des disques le long de l'axe ; naturellement, expéditeur et destinataire doivent s'accorder sur la séquence de placement de ces disques.

Le cryptographe cylindrique

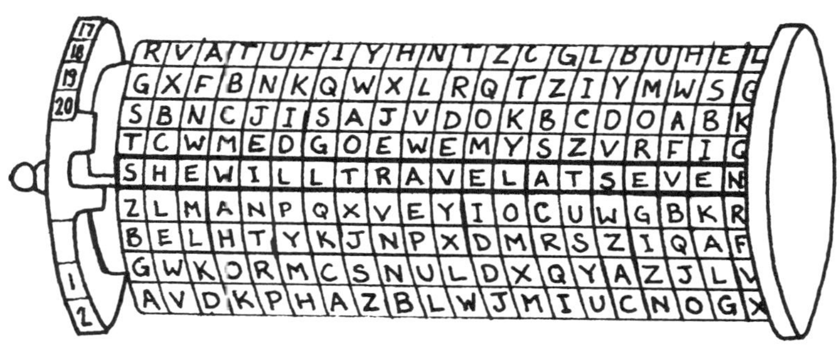

L'expéditeur fait tourner les disques, de façon à aligner en une rangée les 20 premières lettres en clair du message. Par exemple :

SHEWILLTRAVELATSEVEN

Le chiffreur sélectionne par la suite l'un des alignements cryptographiques de 20 lettres. Résultat :

ZLMANPQXVEYIOCUWGBKR

Si le message contient plus de 20 lettres, on répète le processus par de nouvelles rotations des disques. On opte alors pour une deuxième rangée de 20 lettres, les nouvelles unités cryptographiques, et ainsi de suite, jusqu'à la fin du message.

Le destinataire doit avoir en sa possession l'exacte réplique du cylindre chiffrant, et être au fait de l'ordre de placement des disques. À réception du message, il devra aligner à l'horizontale, et une à une, les lettres du cryptogramme, pour reformer la seule et unique rangée de texte clair.

Malgré les qualités du cylindre chiffrant, Bazeries verra ses espoirs se briser sous le coup d'un rival de talent, le marquis de Viaris. Réussissant à en déjouer l'astuce, celui-ci empêche à jamais l'appareil de bénéficier de l'agrément de l'armée française.

L'INSTRUMENT DE PLETTS

La Première Guerre mondiale vient d'éclater quand J. St. Vincent Pletts, membre du bureau du déchiffrement anglais, met au point un appareil qu'il baptise de son nom.

Pletts, ingénieur avant d'entrer à la division du renseignement militaire du War Office, n'a aucun mal à concevoir une version améliorée du cryptographe de Wheatstone. Vers la fin de la guerre, les autorités britanniques misent sur cet instrument pour s'équiper d'un chiffre de campagne.

L'appareil se présente sous la forme de deux disques de cuivre, l'un fixe, situé à l'extérieur, l'autre rotatif, à l'intérieur. Les deux couronnes sont soudées au moyen d'un pivot à excentrique. La circonférence des deux couronnes, peinte en blanc, est divisé en plusieurs secteurs, 26 sur le rotor, ou partie mobile, 27 sur le stator, ou partie fixe. Les lettres des alphabets s'inscrivent dans chacun des secteurs, sauf sur le stator qui conserve un secteur muet. Grâce à un bras mobile percé d'une fenêtre,

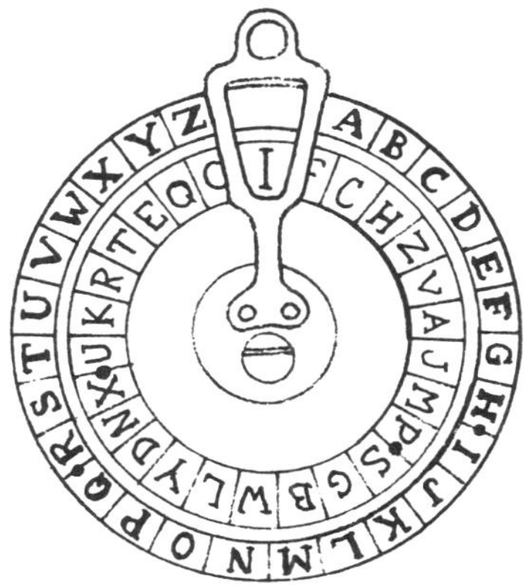

L'instrument de Pletts.

on obtient l'alignement de deux lettres, une sur chaque couronne. À chaque tour complet du bras et de l'excentrique, le rotor se décale d'une lettre par rapport au stator, autorisant de ce fait le recours à un procédé de chiffrement par substitution polyalphabétique.

Il ne reste rien du mode d'emploi de l'instrument. Cependant, tout porte à croire que la couronne intérieure, ou stator, est réservée à l'alphabet clair. On déplace le bras pour sélectionner, à travers la fenêtre, une lettre claire. On relève la lettre cryptographique correspondante, inscrite sur la couronne mobile. Le chiffrement se déroule en plusieurs étapes : utilisation d'un mot-clé, réglage convenu de l'enclenchement du mécanisme et mise au point d'une séquence prédéterminée de mouvements (dans le sens des aiguilles d'une montre, par exemple). Le destinataire, armé du même appareil, règle le dispositif de façon à opérer sur les mêmes données et procède à l'opération inverse pour déchiffrer le cryptogramme.

Les autorités britanniques soumettent l'invention de Pletts aux Américains. William Friedman, assisté de sa femme Élisabeth, parvient à casser le chiffre et à reconstituer des mots-clés. Recalé, l'instrument de Pletts ne donnera jamais naissance à un quelconque chiffre de campagne.

SYSTÈMES À BANDES M-138 ET M-138A

Le M-138 est l'invention de Parker Hitt, officier de l'US Army et cryptanalyste. Dépité par la faiblesse des systèmes de chiffrement et de codage américains de son époque, le capitaine Hitt s'applique à mettre au point un procédé manuel à base de rubans de papier, ou bandes, alphabétiques. Hitt se présente devant ses supérieurs en 1914, prototype en main.

Le système s'inspire largement de l'appareil conçu par Étienne Bazeries. Les disques ont été remplacés par 25 alphabets présentés sous la forme de rubans de papier déroulés. Chaque bande comporte un alphabet désordonné, répété deux fois. Une série de nombres complète l'ensemble, monté sur un cadre de 18 x 8 cm. Les nombres font office de clé et régissent l'ordre de placement des bandes dans le cadre.

Le chiffrement s'effectue en faisant glisser les bandes de haut en bas, jusqu'à ce que les premières lettres du message en clair soit alignées, à l'horizontale. Une des lignes découlant de cette opération est désignée comme la suite littérale du texte chiffré. On chiffrera selon le même processus l'ensemble du message. Le destinataire, après avoir calé les bandes selon un nombre clé convenu, procède à l'opération inverse pour déchiffrer le cryptogramme. Ce système va se généraliser sous le nom de système à bandes.

Une variante du M-138, le M-138A, servira l'armée américaine au cours des années 1930. Son principe : l'utilisation d'alphabets

Le M-138A

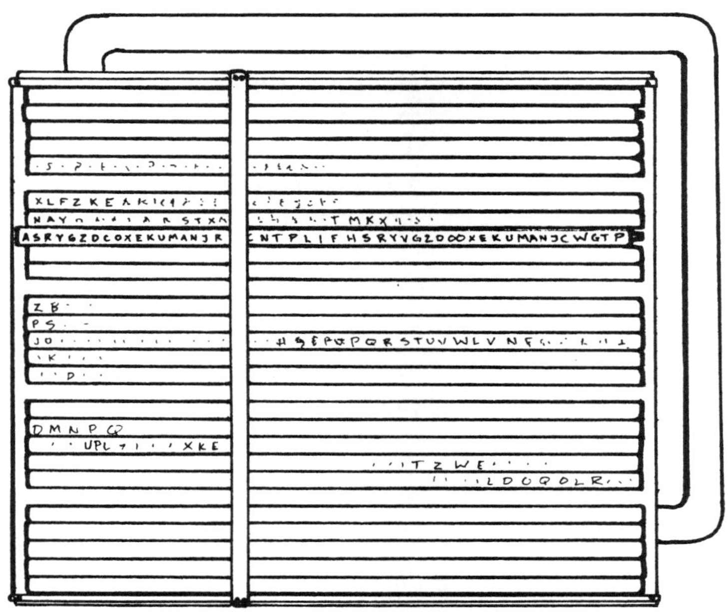

désordonnés inscrits sur des bandes coulissantes. Le M-138A comporte ainsi quelques 100 bandes, dont 30 sont utilisées simultanément. Les bandes et leur alphabet s'insèrent et coulissent le long des rainures horizontales d'un cadre portatif. L'ordre de placement des bandes est au préalable défini par une clé.

Pour procéder au chiffrement, il suffit d'aligner à la verticale, le long d'un guide repère, les lettres du texte clair. On choisit une autre ligne verticale pour composer le texte chiffré. Le guide est amené à la verticale de cette ligne pour procéder plus facilement au relèvement des unités cryptographiques. On répète la même opération jusqu'à la fin du message. Pour le déchiffrement, la connaissance de la clé qui préside au placement de départ des bandes coulissantes est indispensable. L'opération inverse permettait alors de retrouver, à partir des unités cryptographiques, le libellé du texte clair.

Le Département d'État et la marine américains exploitent le M-138A dès le début de la Seconde Guerre mondiale. Le concept original de Parker Hitt fera des émules ; c'est en tous cas l'un des principaux systèmes de chiffrement de l'histoire de la cryptographie américaine.

SYSTÈME À BANDES M-94

Début 1917, le commandant Joseph Mauborgne, condisciple de Hitt à l'Army Signal School, entreprend d'améliorer le M-138. Il réintroduit l'idée du cylindre et, par le biais de disques enfilés sur un axe, multiplie les possibilités de formation d'alphabets désordonnés. Son appareil, le M-94, servira sous les drapeaux de l'armée américaine jusqu'à la Seconde Guerre mondiale.

Le M-94 est officiellement adopté par l'armée en 1922. La mécanique se présente sous la forme de 25 disques d'aluminium, de la taille d'un dollar d'argent, enfilé sur un axe de 11 cm de long environ. L'assemblage est maintenu par un écrou à ailettes à une extrémité de l'axe. Chaque disque est identifié par une lettre, de *b* à *z*, et un chiffre de 1 à 25. L'ordre de placement des disques détermine à la fois la clé de chiffrement et celle du déchiffrement.

La tranche de chaque disque présente un alphabet désordonné. La rotation des disques produit une multitude d'alphabets ; en ce sens, le principe de substitution polyalphabétique du M-94 s'inspire largement du cylindre chiffrant de Bazeries. Le chiffreur, après avoir disposé les disques selon un ordre déterminé, imprime à chacun d'eux une rotation jusqu'à aligner horizontalement les 25 premières lettres du message à chiffrer. Il n'a plus alors qu'à puiser dans cette série d'alignements une des lignes incohérentes. On chiffre sur le même principe l'ensemble du message, découpé en séries de 25 lettres.

Pas de déchiffrement possible sans connaissance de la clé de placement des disques. Une fois les disques convenablement ordonnés, il suffit au déchiffreur d'aligner horizontalement les 25 premières lettres du cryptogramme. Un simple coup d'œil sur les autres alignements permet de retrouver la ligne du texte clair, en fait la seule porteuse de sens.

Dès sa mise en service, et tout au long des années 1930, le M-94 est largement sollicité. En 1927, sous le nom de CSP 488, l'appareil chiffre les communications entre marine et armée américaines. Les attachés militaires l'adoptent à leur tour (1929) suivis des attachés de la Navy (1930), imités par les gardes-côtes américains (1930).

Les progrès des machines à chiffrer

Dès le début des années 1900, de nombreuses inventions révolutionnent la mécanique, mais il s'agit de réalisations bien peu pratiques, visant à résoudre de simples problèmes d'engrenages et de pignons. On suggère alors de recourir à la rotation de cadran ou à la manipulation de boutons-poussoirs. En parallèle, les progrès de la télégraphie et les balbutiements de la radio ont quelque peu occulté la cryptologie. Il faut attendre 1917, et les travaux de l'américain Edward Hebern, pour voir enfin la technologie faire irruption dans l'univers de la cryptographie. C'est la naissance du tambour chiffrant, ou rotor, un dispositif exploitant les impulsions électriques pour brouiller et chiffrer avec une vitesse jusqu'alors inégalée. Le rotor de la machine d'Hebern, tout comme les appareils concurrents d'Hagelin et d'Arvid Damm entre autres, marquent le début de l'âge technique et de l'automatisation de la cryptographie.

On distingue deux types de rotors : à roues à picots ou électriques (à câblages internes). Le premier modèle se compose d'une sorte de disque plat hérissé de picots sur toute sa circonférence. Les picots, ou ergots, sont soit fixes soit mobiles, selon un mode actif ou passif.

Les rotors à roues à picots sont exploités sur des machines dites à picots et ergots ; le calage de chaque rotor sur un secteur (ou position),

Rotors

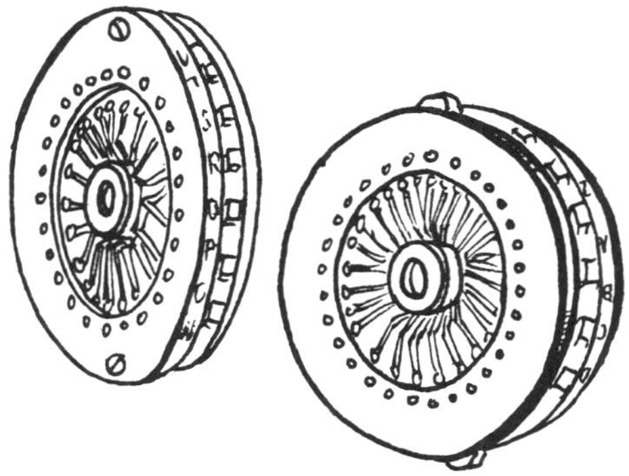

correspondant à une lettre ou à un chiffre, est déterminé par le réglage des picots, passifs ou actifs. Une fois réglés et mis en mouvement, les rotors se décalent à chaque pas d'une position ; la période du dispositif est définie par la suite de décalages, ou chaîne cryptographique, engendrée par la rotation complète du rotor. La somme des pas, équivalente au produit du nombre de positions de chaque rotor, permet d'opacifier considérablement le chiffrement, et du même coup le déchiffrement. Cette génération de machines aura sa star, le modèle américain Converter M-209.

CONVERTER M-209

C'est le suédois Boris Hagelin qui, dans les années 1930, met au point la Hagelin C-36 (future M-209) sur la base de recherches effectuées au sein de son entreprise, l'Aktiebolaget Cryptoteknik. En 1940, la Norvège tombe sous la coupe des Nazis. Hagelin et sa femme décident de fuir Stockholm ; dans leurs bagages, les plans et les pièces détachées de deux machines à chiffrer. Un périlleux voyage en train va les mener de Berlin à Gênes, en Italie, où le couple s'embarque pour les États-Unis.

Intéressés par la machine de Hagelin, les militaires américains lui font subir quelques tests avant de la rebaptiser Converter M-209. C'est sous ce nom qu'elle rejoint les unités militaires comme système de chiffrement de moyen niveau. En fait, la M-209 s'avère être le plus sûr de tous les procédés cryptographiques mis en service par les forces américaines depuis la Première Guerre mondiale.

Le M-209

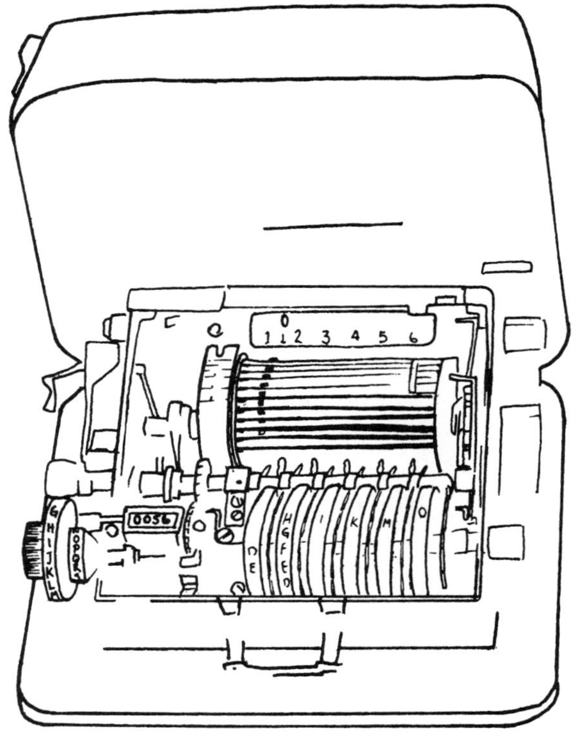

Le mécanisme de la machine repose sur un ensemble d'engrenages entraînés par toute une série de roues dentées. Le chiffrement, basé sur un procédé de substitutions polyalphabétiques, est produit par le mouvement et les multiples positions ou combinaisons possibles entre les lettres des alphabets de chacune des roues. À la vue du mécanisme et de son enchevêtrement de métal, l'observateur a de quoi être dérouté. Pourtant le dispositif se résume à quelques pièces et fonctions élémentaires :

1. Un cylindre (ou « cage d'écureuil ») équipé de 27 barrettes horizontales coulissantes, obéissant à la rotation du cylindre. Chaque barrette offre six possibilités de combinaisons, passives et actives. On dénombre deux tétons, ou curseurs, par barrettes. Les tétons peuvent être calés sur deux des huit positions possibles le long d'une barrette (deux positions dites passives et six actives). Pour les barrettes, on peut envisager six positions (numérotées de 1 à 6), en vis-à-vis des roues-clés. Une fois coulissées vers la gauche et maintenues en prise,

les barrettes concluent la mise en place du dispositif d'engrenage, composé d'un nombre variable de dents.

2. Des guides (tiges verticales contrôlées par les roues-clés). Placé sur un mode non opérationnel ou déplacé pour coïncider avec l'une des six positions dites actives des barrettes, le guide peut alors entrer en contact avec les tétons en vis-à-vis. Cependant, si aucun des guides ou des tétons n'est calé en position active, tout contact est impossible. Le guide est dirigé de façon à rencontrer le téton actif dans la course descendante du cylindre. L'angle ainsi formé favorise l'enclenchement du guide, qui contraint le téton à se déplacer vers la gauche — soit une dent de plus dans l'engrenage. Du nombre de dents ainsi impliquées dépend la valeur numérique du décalage (décalage de la séquence alphabétique) propre à chaque chiffrement.

3. Des mots-clés de six lettres. Calés sur la partie apparente du mécanisme, les mots-clés déterminent la position de départ d'une des pièces essentielles du dispositif, les « roues-clés ». Les mots-clés sont bâtis à partir des lettres réparties à la circonférence des roues, modifiés à chaque communication et joints à la transmission. L'alignement de départ des roues constitue l'une des étapes essentielles du chiffrement.

4. Six roues-clés. Chacune des roues commande un guide ; les bagues de ces roues comportent des nombres variables de lettres qui ont pour particularité de ne posséder aucun diviseur commun (17, 21, 25 par exemple). Les ergots (ou picots) disposés à la périphérie des bagues peuvent être actifs ou passifs, de façon à révéler une lettre sur l'une des six roues. On compte au total 131 ergots, répartis en 17, 19, 21, 23, 25 et 26 ergots selon les roues.

Les ergots d'une roue peuvent être passifs (0) ou actifs (1). Sur chaque roue, un seul ergot suffit à déterminer le chiffrement d'une lettre ; l'action de cet ergot courant se conjugue à celle du téton qui lui fait face. Cette configuration, reproduite six fois à l'identique, prend le nom de « sextuplé courant ». Après le chiffrement d'une lettre, chaque roue avance d'une position et une nouvelle combinaison d'ergots passifs ou actifs se met en place pour chiffrer le caractère suivant. La première roue-clé retrouve sa position initiale au bout de 26 décalages, imitée par les autres roues qui, selon leur nombre de lettres et d'ergots, accomplissent leur révolution. Le message est ainsi chiffré, lettre à lettre, selon un processus continu de décalages alphabétiques.

5. Un mécanisme d'impression. Une molette, située sur la gauche de la machine, permet d'actionner un disque de lecture (ou disque alphabétique) comportant 26 lettres en clair. La rotation de la molette entraîne également la roue des types (ou disque d'impression) qui permet l'impression sur papier machine des lettres résultant du chiffrement ou du déchiffrement. La molette est reliée (via un engrenage situé dans la roue des types et un engrenage intermédiaire) à l'extrémité des barrettes coulissantes ; ainsi se mettent en place les dents d'un engrenage variable. Le mécanisme est opérationnel, le chiffrement peut commencer.

L'opération de déchiffrement reste assez proche du chiffrement. Ergots et tétons sont disposés selon un arrangement préétabli entre émetteur et destinataire. Le chiffreur actionne les six roues-clés de façon à arranger les lettres apparentes des bagues selon un ordre défini. Cet alignement transmis au destinataire détermine la position de départ des roues.

L'alphabet cryptographique (de la roue des types) est identique à celui du disque de lecture, normalement ordonné mais inversé. Le décalage entre les deux est égal à 0, ainsi *a* = z, *m* = n, *q* = j, et ainsi de suite.

L'ordre inversé des lettres produit un procédé de chiffrement dit réciproque. Selon l'exemple cité ci-dessus *a* peut être chiffré par *z* et *z* par *a*. Lors du chiffrement, l'ajout d'intervalles permet de découper le cryptogramme en blocs de cinq caractères. Au cours du déchiffrement, on compense cet ajout en omettant l'impression de la lettre *z* de l'alphabet en clair ; les mots formés sont complétés manuellement, excepté le *z* qui reste une lettre rare (en anglais).

La Converter M-209, comme toutes les machines à rotors de sa génération, présente malgré tout une faille. En effet, le calage exigu des roues-clés conduit parfois à des chevauchements de lettres. Pour rétablir le texte clair, le cryptanalyste se contentait d'isoler sur plusieurs cryptogrammes des similitudes dans des séquences de lettres répétitives ou des parties de mots.

La vulnérabilité du chiffrement par M-209 réside également dans le caractère périodique des roues et de leurs ergots. Ainsi, l'oubli d'un seul ergot actif sur une roue de 21 lettres répercute cette erreur toutes les 21 lettres ; les guides enclenchent la mise en branle de tétons erronés, provoquant par là même une irréversible série de décalages dans toute la chaîne cryptographique. Tout cryptanalyste avisé et zélé était à même, de tâtonnements en hypothèses, de déceler ce type d'erreurs.

Malgré son niveau de sécurité jugé passable, la Converter M-209 fera à maintes reprises ses preuves sur les différents champs de batailles de la planète ; la machine est robuste et capable de produire plusieurs millions de caractères chiffrés, ce dont se montrent incapables nombre de mécanismes plus complexes, y compris certains dispositifs électriques.

Machines à chiffrer à rotors électriques

Le second grand modèle de rotor, sorte de tambour à câblage interne, est électrique. C'est le suédois Arvid G. Damm qui dépose en 1919 le brevet de ce type de rotor ; mais c'est à un américain, Edward Hebern, qui œuvre depuis 1917 sur le même dispositif, que l'on doit la mise en application du procédé. Les autorités américaines agréent l'engin dès 1924. La « machine à coder électrique » d'Hebern amorce le développement d'un nouveau type de rotor.

Les rotors électriques et leurs applications prennent de l'ampleur au cours des années 1920. De l'inventeur néerlandais Hugo Koch à l'ingénieur allemand Arthur Scherbius, en passant par Willi Korn, de la firme Chiffriermaschinen Aktiengesellschaft, tous contribuent à la mise au point et au perfectionnement des machines Enigma qui, quelques décennies plus tard, allaient équiper les forces armées du Troisième Reich.

L'Enigma (et ses versions améliorées) est la première machine à chiffrer à faire son entrée sur le marché ; plusieurs pays s'en inspirent. Elle équipe l'état-major polonais, bien avant la Seconde Guerre mondiale. Le Japon en possède lui aussi une version, mais peu fiable, « Green » pour les cryptanalystes américains. Les États-Unis de leur côté conçoivent un modèle plus perfectionné ; connu sous le nom de M-134-C ou SIGABA, il sert l'armée américaine, la marine héritant de l'ECM. Ces deux machines à chiffrer résisteront aux assauts des puissances de l'Axe.

Il faudra attendre l'arrivée des ordinateurs, et leur phénoménale capacité à produire et à analyser des données, pour mettre fin à la suprématie des machines électriques à rotors.

MACHINE À CHIFFRER ÉLECTRIQUE D'EDWARD HEBERN

Le corps du rotor est dans un premier temps équipé d'un revêtement en caoutchouc, ou d'un quelconque matériau isolant, plus tard remplacé par la Bakélite. Le diamètre des rotors varie de 5 à 10 cm pour une épaisseur standard de 1,27 cm. Chacune des faces des rotors présente 26 contacts électriques, répartis à intervalles réguliers. Les plots des contacts (généralement en cuivre) d'une face sont connectés de façon arbitraire à ceux de l'autre face, par le biais d'un réseau de câbles. Ce dispositif permet de relier électriquement une face à l'autre, via le rotor qui fait office de commutateur.

Chacun des contacts correspond à une lettre de l'alphabet. Le dispositif permet de passer du clair au chiffré. Ce sont les différentes connexions des câbles qui génèrent le processus électrique de la substitution monoalphabétique.

Première machine à chiffrer électrique d'Hebern

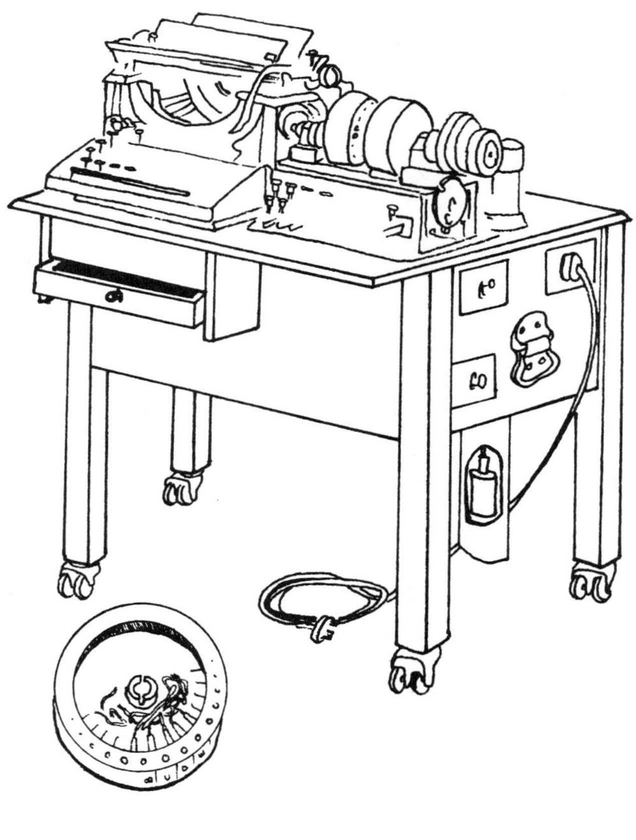

Le procédé de chiffrement débute par le placement du rotor entre deux disques fixes isolants. Ces disques comportent 26 plots de contact distribués sur toute leur circonférence, une disposition qui correspond à la répartition des contacts du rotor. Les contacts de la face d'entrée du premier disque sont reliés au clavier d'une machine à écrire (représentant les lettres du clair) ; la face de sortie est, elle, connectée à un indicateur, sorte de témoin lumineux semblable à une ampoule, où s'affiche une lettre. La frappe de la lettre *l* sur le clavier déclenche un courant électrique qui, de la source d'alimentation (piles ou prise murale), traverse le contact correspondant à la lettre *l* sur la face d'entrée du premier disque ; l'influx électrique atteint le contact désigné par *l* sur le rotor, transite par le réseau de câbles, avant d'aboutir au contact de la face de sortie du rotor indiqué par une autre lettre, *z* par exemple, dite cryptographique. Ce contact est lui-même connecté à la lettre *z* de la face de sortie du deuxième disque. La frappe d'une touche sur le clavier active un témoin du tableau indicateur ; le courant, en traversant le premier disque, le rotor et le disque opposé, provoque l'allumage du témoin et de la lettre cryptographique. Le chiffreur n'a plus qu'à recopier la lettre affichée. Sur certaines machines, le texte chiffré s'imprime sur un ruban de papier.

La complexité propre à ce réseau de câbles internes s'accroît avec des machines dont le rotor présente une capacité de rotation avant et arrière. Ici, le courant entame sa course au contact *l* jusqu'à rejoindre la lettre *z*, avant de ressortir à la lettre *q*, détourné dans son parcours par la rotation avant et arrière du rotor, conçue pour modifier les séquences de contacts et de connexions. Les ingénieurs ne s'arrêtent pas là ; on multiplie le nombre de rotors, que l'on regroupe dans ce qui allait devenir la « corbeille ». La rotation d'un rotor déclenche celle du rotor suivant ; la multiplication du nombre de contacts et de connexions aident à accroître le nombre d'alphabets de chiffrement et de possibilités de substitutions polyalphabétiques. En masquant plus efficacement la fréquence de certaines lettres, on garantit un surcroît de confidentialité aux communications.

Hebern sera également à l'origine du procédé dit « à intervalle » ; appliqué à un rotor, ce système permet de contrôler la connexion de certains contacts plutôt que d'autres, et supprime ainsi la notion de hasard dans le chiffrement. Cette nouvelle maîtrise de la substitution polyalphabétique rend le chiffrement moins vulnérable aux assauts de la cryptanalyse, notamment à l'analyse de fréquence.

CONTACT D'ENTRÉE	A B C D E F G H . . . Z
CONTACT DE SORTIE	K O G N J U P W . . . I

La différence, ou le décalage, entre la lettre A du contact d'entrée et la lettre K du contact de sortie prend le nom de valeur de décalage. Cette valeur mesure le décalage imputable à l'action du courant électrique dans sa course à travers le réseau de câbles internes du rotor. Dans l'exemple ci-dessus, la valeur numérique du décalage entre *A* et *K* est égale à 10, et à 15 entre *H* et *W*.

La machine d'Hebern possède en outre quatre rotors supplémentaires, au schéma de câblage interne identique, permettant de sauter une valeur de décalage sur les 26 possibles. Chacun des rotors a une valeur de décalage répétée deux fois ; en effet, avec un nombre égal de contacts, il est impossible d'obtenir une seule et même valeur à chaque décalage.

MACHINE À CHIFFRER ÉLECTRONIQUE (ECM) ET ECM MARK II

En 1925, le haut commandement de la marine américaine part en quête d'une machine à chiffrer basée sur le principe du rotor à câblage interne d'Hebern, mais mieux armée contre les aléas de la météo et plus apte à servir sur les champs de bataille. Entre 1932 et 1934, on expérimente et met au point de nouveaux mécanismes.

L'un des tout premiers spécimen de machine à chiffrer électronique est équipée de cinq rotors (disques à câblage interne). Chacun de ces rotors est contrôlé par une roue à picots comptant 25 ergots. Placé selon un mode actif ou passif, les ergots entraînent la rotation, ou non, des rotors. L'ajout d'un tableau de connexions permet de plus de maîtriser la rotation des rotors.

À la même époque, le Service de renseignement des transmissions de l'armée (SIS) planche sur les mécanismes cryptographiques. En juin 1935, William Friedman, alors directeur du SIS, et le cryptologue Frank Rowlett développent un concept élaboré ; c'est le « réseau à étagement », basé sur un principe de couplage en cascade de différents groupes de rotors. Plus concrètement, on peut comparer le fonctionnement du dispositif à une chute d'eau. Les mouvements, ou tours, de l'un des rotors, à chaque nouveau chiffrement d'un caractère, induisent la rotation à l'identique de certains rotors. D'autres rotors sont préréglés de façon à ne se mouvoir que par intervalles, ou crans, et selon des séquences irrégulières après décalage vers l'avant du premier rotor du premier groupe. C'est l'effet cascade ; les premières impulsions électriques conjuguées aux mouvements réguliers, ou irréguliers, des rotors permettent de varier les séquences de substitutions de lettres dans le cryptogramme.

Selon des documents publiés en 1996 à l'occasion du Project Opendoor (Porte ouverte), la marine américaine aurait mis au point la machine à chiffrer électronique Mark II, aux alentours de 1937-1938. Au cours du mois d'octobre, ou novembre 1935, William Friedman (du SIS) fait part de ses recherches sur le couplage en cascade des rotors à un cryptologue de la Navy, le lieutenant Joseph Wenger. Sans rien divulguer à Friedman et Rowlett, Wenger et le commandant Laurence Safford, un autre éminent cryptologue, envisagent la possibilité de confier à la marine le soin de la réalisation d'un mécanisme à plusieurs rotors. Fin des années 1930, avec le soutien actif de la Teletype Corporation, la machine à chiffrer électronique Mark II voit enfin le jour. Ce n'est qu'en février 1940 que l'armée héritera de ces données.

La Mark II est équipée de 15 rotors répartis sur trois rangs – cinq rotors dédiés au chiffrement (rangée arrière), cinq rotors de contrôle (rangée

Machine à chiffrer électronique Mark II

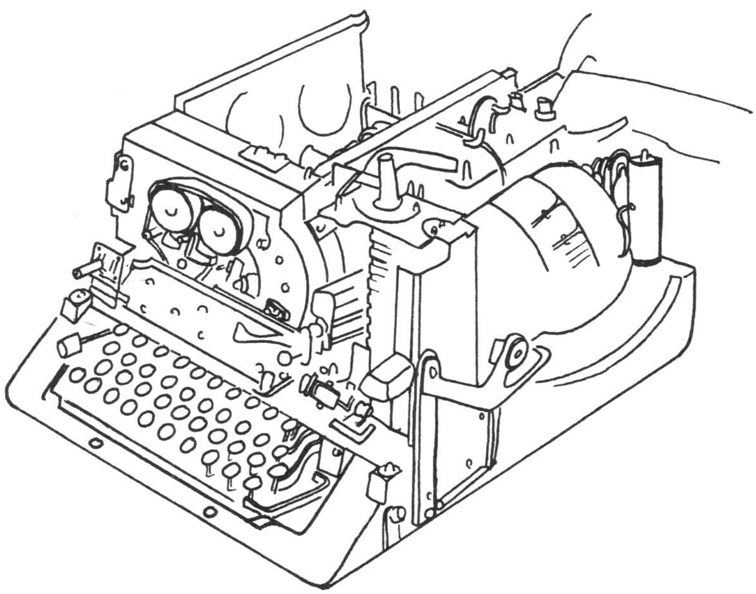

intermédiaire) et cinq rotors indicateurs (rangée avant). La frappe d'un caractère en clair sur le clavier produit un courant électrique.

Le courant pénètre le rang de contrôle (au centre) avant de traverser le rang indicateur (à l'avant), via une série de contacts. Ces deux groupes de rotors entraînent une rotation arrière des rotors de chiffrement. Les cinq rotors de chiffrement et les cinq rotors du rang central, les plus grands de tous, sont pourvus de 26 contacts électriques sur chaque face, chaque contact correspondant à une lettre de l'alphabet. Les cinq rotors indicateurs, plus petits, ne possèdent que 10 contacts par face.

Les trois rotors centraux (2, 3 et 4) des cinq rotors de contrôle du chiffrement sont échelonnés selon un schéma paramétré. Le rotor de contrôle 3, ou rotor rapide, se décale d'un cran vers l'arrière à la frappe d'un caractère sur le clavier. Le rotor 4, ou rotor intermédiaire, se décale à son tour d'un cran lorsque le rotor 3 achève sa révolution. Le rotor 2, dit lent, se décale à son tour d'un cran en fin de rotation du rotor 4 (soit 26 tours pour les 26 contacts). Les autres rotors de contrôle, soit le 1 et le 5, restent statiques. On aligne les cinq rotors indicateurs du premier rang au moyen de fenêtres découpées dans la face avant du dispositif, selon un ordre préétabli que l'on modifie quotidiennement (rotors 4, 1, 5, 2, 3 par exemple).

Selon certains documents, aujourd'hui rendus publics, la Mark II montre une complexité redoutable. Ainsi, seuls quatre contacts du premier rotor de contrôle peuvent être activés pour transférer les impulsions générées par le clavier. Les connections entre le dernier rotor du rang de contrôle et le premier rotor indicateur se répartissent en neuf

Le ventre de la machine à chiffrer électronique Mark II. Cage des rotors, rotor de contrôle (à gauche), rotor indicateur (à droite) et axe de maintien des rotors de chiffrement.

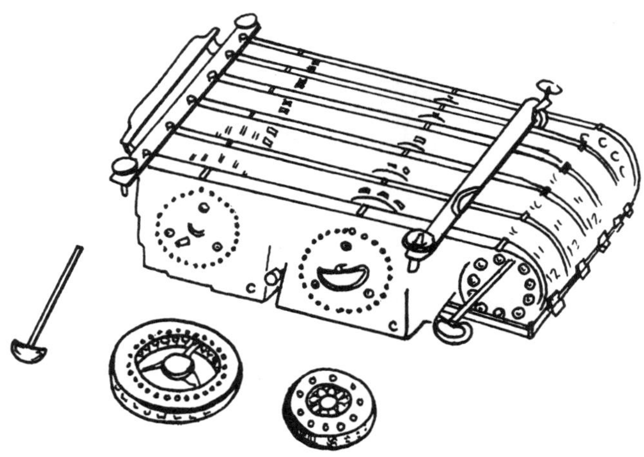

groupes, impliquant un ou six câbles dans chaque groupe. Sur certaines machines, les contacts de l'un des rotors indicateurs restent neutres. Les 10 contacts du dernier rotor indicateur sont connectés par paire à cinq électro-aimants alimentés pour entraîner la rotation des rotors de chiffrement ; la rotation des rotors un à quatre de chiffrement est échelonnée pour réagir à chaque frappe de caractères sur le clavier.

Les recherches de Richard Pekelney, expert en matière de machines à chiffrer électroniques, et les études menées sur le manuel d'utilisation de la machine (SIGQZF), comme sur ses versions 2 et 3, nous en apprennent un peu plus. La Mark II offre une série complète de clés et de réglages de rotors destinés à faciliter le processus de déchiffrement.

Tout au long de la Seconde Guerre mondiale, chiffreurs et déchiffreurs doivent se tenir informés du changement quotidien de l'ordre de placement des rotors indicateurs. Tous les jours, le destinataire reçoit une liste de clés secrètes établissant le sens de rotation des rotors indicateurs. C'est le niveau de sécurité des dépêches qui détermine le calage des rotors, selon trois niveaux : secret, confidentiel ou restreint ; pour un communiqué classé top secret, on modifie d'office l'alignement des rotors indicateurs.

Même opération pour les rotors de contrôle et de chiffrement, repositionnés jour après jour, tout au long du second conflit mondial. L'ordre de calage (sens de rotation) dépend lui aussi de clés secrètes, même si l'ordre de placement des deux types de rotors est systématiquement modifié après réception du message. Le destinataire doit absolument avoir en sa possession l'ensemble de ces données pour procéder au déchiffrement.

En 1959, la marine américaine décide du retrait de la machine à chiffrer électronique Mark II, jugée obsolète face aux nouvelles exigences de la communication et des transmissions, alors en plein essor. Un document, toujours classé top secret, serait formel : le chiffre de la machine n'aurait jamais été cassé par une tierce partie.

SIGABA

L'armée américaine adopte la Mark II en lui faisant subir quelques légères modifications. On parle dès lors de Converter M-134-C ou SIGABA (SIG pour Signal Corps et ABA, l'un des nombreux sigles indexés aux projets top secret).

La SIGABA

Tout au long de la Seconde Guerre mondiale, la SIGABA va s'imposer comme un moyen de transmission ultra fiable. Pour les grandes manœuvres, l'engin voyage protégé par un coffre spécial, le CH-76 ; en revanche, une simple mallette de bois sert aux petites expéditions. La version M-134-A (SIGMYK) de la machine est sécurisée par l'introduction d'un système à bande à clé aléatoire une fois, semblable à celui mis au point par Gilbert Vernam sur les téléimprimeurs. Le système à bande, qui combine points et espaces, (c'est-à-dire contact ou absence de contact), participe à la régulation des rotors.

Les systèmes de communications interalliées laissant à désirer, on conçoit des adaptateurs pour assurer la compatibilité de la machine à chiffrer électronique SIGABA avec les modèles de machines britanniques, comme la Typex. L'un de ces adaptateurs, le CSP 1600 de la marine américaine, va donner naissance à un spécimen de machine hybride à cinq rotors, la CSP 1700.

Les derniers jours du conflit voient la mise en service d'une SIGABA à 15 rotors, dont 5 commandent les multiples changements de position des 10 autres, ce qui donne le jour à des mécanismes de chiffrement élaborés.

À la fin de la guerre, la SIGABA, toujours en service, reste propriété américaine ; d'autres machines sont fabriquées à cette époque au profit d'organisations telles que l'OTAN. C'est le cas de la KL-7 Cryptograph, une des dernières machines à rotors. Il semble que la SIGABA ait définitivement pris sa retraite vers le milieu des années 1950.

ENIGMA

Au début des années 1920, dans un souci de maniabilité et de transport, l'ingénieur allemand Arthur Scherbius développe une série d'appareils de chiffrement de la taille d'une caisse enregistreuse. Bientôt, il met au point une machine, Enigma. Le chiffrement exploite ici le principe des rotors à câblage interne. Scherbius s'attache à parfaire les systèmes de contacteurs et les touches du clavier ; il introduit le principe de mobilité des rotors, multiplie les possibilités de connexions et augmente le nombre d'engrenages afin de varier les séquences de rotation des rotors.

L'Enigma

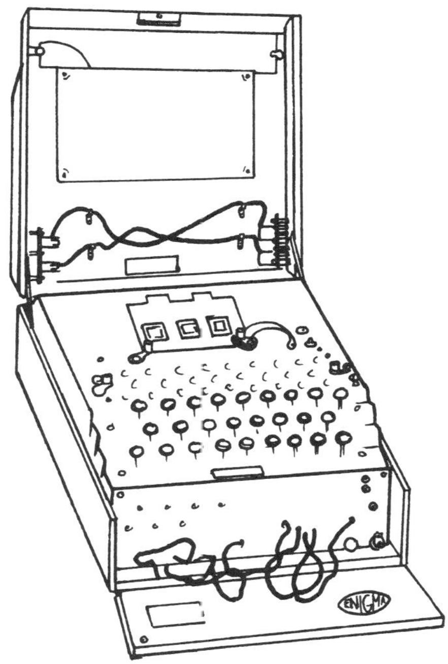

Pour fabriquer et promouvoir l'Enigma, machine aux performances indiscutables, Scherbius monte sa propre entreprise. Mais le contexte est plus que défavorable. Les plaies liées à la guerre restent béantes ; la conjoncture économique de la République de Weimar limite les chances de réussite de la jeune entreprise. L'invention de Scherbius, faute de s'avérer rentable, tombe dans l'oubli ; la société change de mains.

Cependant, en 1933, les conditions politiques et économiques favorisent une telle entreprise. L'état-major allemand et les dignitaires nazis

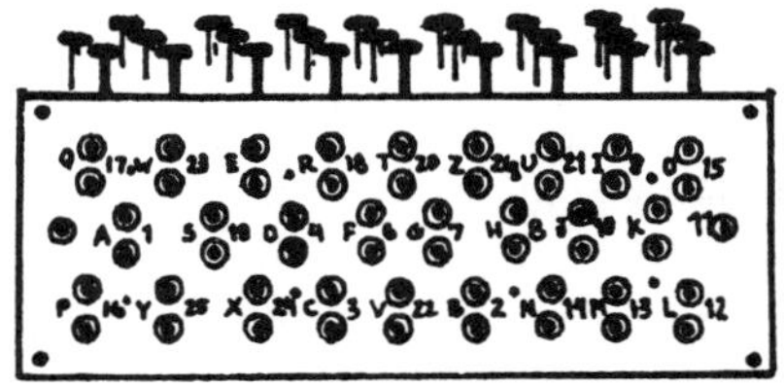

Gros plan sur le tableau de connexions à fiches de l'Enigma, câbles retirés.

s'accordent à reconnaître le potentiel d'Enigma, en matière de sécurité des communications. La production des machines s'accélère.

Le système électromécanique Enigma va faire l'objet de nombreuses versions revues et corrigées (identifiées par les lettres A, B, C et D). Le rotor y est une sorte de tambour en caoutchouc épais, ou matériau similaire. Des contacts, semblables à des goupilles, répartis sur toute la circonférence du rotor, assurent une connectique variable, via un réseau de câbles. Le rotor est inséré entre deux disques connectés aux touches d'un clavier de machine à écrire ; stimulé par une impulsion électrique, le dispositif est capable de produire de multiples alphabets de chiffrement. Les années 1930 voient débarquer de nouvelles machines à rotors toujours plus complexes. L'Enigma s'enrichit de nouveaux rotors ; les possibilités de connexions électriques s'en trouvent multipliées. Le modèle A compte quatre rotors, entraînés par quatre engrenages à roues dentées. Le nombre de dents des engrenages détermine et autorise un nombre de calages plus élevé pour chaque rotor, d'où un champ de substitutions polyalphabétiques plus large. La présence ou l'absence de dents influe sur la totalité du circuit électrique de la machine.

Les modèles C et D laissent sur la touche la version A. Quatre rotors munis de 26 points de contact chacun équipent les deux machines. Sur le quatrième rotor, ou « demi rotor », également appelé réflecteur,

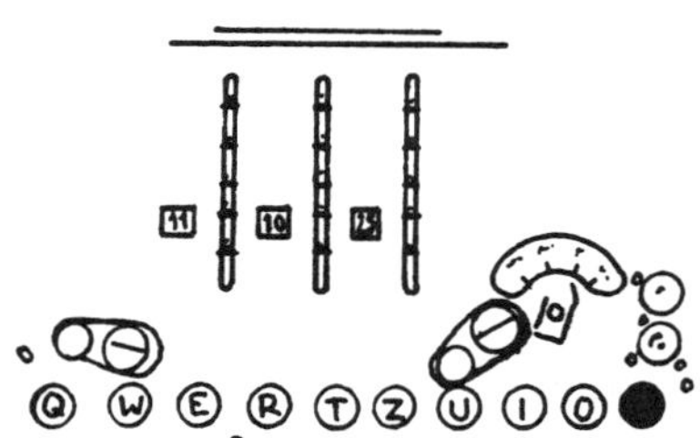

Calage des trois rotors de l'Enigma en position de départ.

Rotors de l'Enigma.

une seule des faces est pourvue de contacts. Les contacts du réflecteur reçoivent les impulsions électriques en provenance des rotors avant de les renvoyer, ou de les « réfléchir », à travers ces trois mêmes rotors.

Ce procédé permet de produire des alphabets de chiffrement dits réciproques. Ainsi, si la lettre en clair *q* est chiffrée *n*, à l'unité claire *n* correspondra l'unité cryptographique *q*. Aucune des lettres ne peut donc être représentée par elle-même car les impulsions renvoyées par le réflecteur ne suivent jamais le circuit emprunté à leur entrée. Les modèles C et D, dotés de ces innovations, bénéficient de légères améliorations. Le réflecteur de la version C, jusqu'alors fixe, peut à présent occuper deux positions ; l'alphabet du clavier est quant à lui ordonné de A à Z. Le réflecteur du modèle D, éventuellement mobile, reste statique durant toute la phase de chiffrement. Une fois les rotors calés dans la position initiale déterminée pour le chiffrement, on retrouve les unités claires en tapant les lettres chiffrées sur le clavier.

Tableau de connexions, roues d'encliquetage, dents et rochets, vitesse variable de rotation des rotors, autant de mécanismes qui caractérisent l'Enigma. Le déchiffrement s'accomplit en tenant compte d'un certain nombre d'informations comme l'ordre de placement des rotors (rapide, moyen ou lent) et l'alignement (ou calage de la phase chiffrement). Le déchiffreur, en tapant les unités cryptographiques sur le clavier, déclenche l'allumage de lampes témoins sous les unités claires correspondantes.

TYPEX OU TYPE X

La Typex ou Type X est une adaptation britannique de l'Enigma germanique. Dès les années 1920, les autorités britanniques ont acheté et étudié plusieurs versions de l'Enigma. Dix années de tests et de perfectionnements plus tard, la machine anglaise semble enfin prête pour le service.

La Typex présente cinq rotors de conception classique et un sixième, plus spécifique, semblable à un réflecteur. Le courant opère un va-et-vient entre ce sixième élément et les autres ; le trajet des impulsions réfléchies diffère du parcours d'entrée.

Les machines équipées de réflecteur produisent des alphabets de chiffrement réciproques. Si *n* chiffre *c*, le *n* du clair sera forcément chiffré *c*. Aucune lettre ne peut être représentée par elle-même ; le trajet des impulsions électriques dans les circuits des rotors ne recoupent jamais le parcours des impulsions à la sortie du réflecteur.

Les roues d'encliquetage de la Typex rappellent les modèles équipant les versions perfectionnées d'Enigma. De leurs dents dépend la rotation des rotors. Ainsi, au moment où la dent du premier rotor (le plus rapide) atteint un certain point, un rochet enclenche une rotation d'un cran en avant du deuxième rotor (medium). Le même processus se répète sur le rotor suivant (lent). Le dispositif permet d'augmenter considérablement le nombre d'alphabets de chiffrement.

Sur l'une des versions de la Typex, les deux premiers rotors, fixes, sont assimilables à des stators. Une fois réglés, ils restent fixes durant tout le processus de chiffrement.

La Typex ou Type X

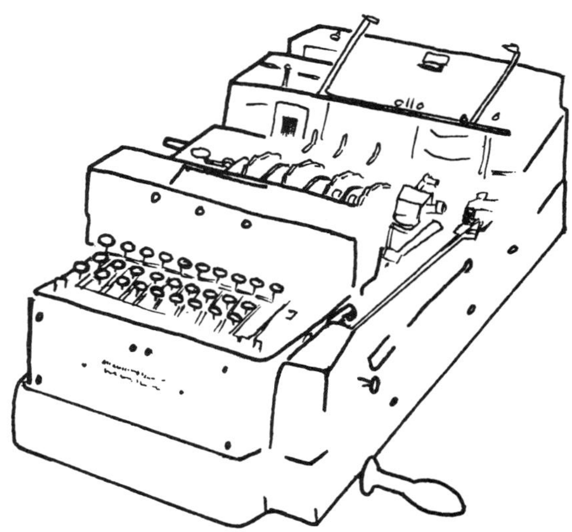

À l'image des tableaux de connexions propres aux machines allemandes, leur fonction consiste à renforcer le niveau de complexité du chiffrement. Les trois autres rotors et leur câblage interne sont contrôlés par des roues d'encliquetage à plusieurs dents (de cinq à neuf, par roues). En bout d'alignement prend place le réflecteur.

Certaines versions de l'Enigma sont équipées de bagues gravées soit d'un alphabet classique, soit d'une série de chiffres, de 1 à 26 ; leur rôle : faciliter le réglage des rotors. C'est un dispositif dont les Typex sont dépourvues ; le principal mécanisme de cryptage se résume à une pièce cylindrique amovible qui, une fois retirée de son logement, autorise l'ajout de bagues dentées (à 5, 7 ou 9 dents, ou à denture uniforme). Certaines de ces pièces comptent 52 contacts sur chacune de leurs faces, ou deux bagues de 26 contacts, voire un arrangement par paire, qui se contente d'assurer une fonction de retour.

Certains modèles de Typex abritent des rotors disposés au point d'entrée du circuit électrique entrant automatiquement en action ; on aboutit donc à une multiplication des possibilités de chiffrement par substitutions polyalphabétiques. Les couronnes de certains rotors comportent un alphabet classique ordonné, d'autres un alphabet désordonné incomplet. Pour les experts, les positions de départ des rotors sont chiffrées et utilisées comme clés, pour entamer le processus de cryptage.

Les claviers des Typex affichent lettres et chiffres. Les lettres rares, comme le *x*, le *z* ou le *v,* servent dans l'ordre, à espacer les mots, à décaler les chiffres et, pour finir, les lettres. Le texte chiffré est imprimé sur ruban de papier.

Le destinataire doit nécessairement travailler sur la même machine et disposer de toutes les informations relatives au réglage des rotors et de la pièce cylindrique amovible. Une fois ces calages effectués, on tape le texte chiffré sur le clavier pour récupérer le texte clair, imprimé.

La Typex résistera aux briseurs de codes et de chiffres allemands, offrant ainsi aux Alliés l'opportunité d'échapper à toute interception et à toute analyse.

COLOSSUS

Ancêtre de l'ordinateur, Colossus représente l'aboutissement du travail acharné des Anglais dans leur traque des systèmes cryptographiques du Troisième Reich. Quoiqu'on en dise, la machine ne se réduit pas à attaquer les messages chiffrés par Enigma ; on sait aujourd'hui que Colossus jouera un rôle essentiel dans le décryptement du chiffre élaboré, que véhiculent les transmissions par téléimprimeur des nazis. Selon l'historien Friedrich Bauer, auteur d'une étude détaillée sur ces systèmes de communications, les téléimprimeurs allemands SZ40 et SZ42 *Schlüsselzusatz*, construits par la firme Lorenz, constituent les principales cibles de Colossus. En revanche, le chiffre du téléimprimeur T52 *Geheimschreiber* de Siemens n'est pas la priorité.

Monumental par rapport à nos machines standards contemporaines, le Colossus Mark I, mis au point en décembre 1943, est à l'époque considéré comme un bijou de technologie. Son concepteur, Alan Turing, éminent mathématicien de l'équipe de Bletchley Park, récidivera avec une autre machine, tout aussi capitale dans l'histoire de l'informatique. Colossus, un géant de la taille de trois armoires, est doté d'une multitude de tubes électroniques, 1 500 à ses débuts ; jusqu'à 2 000 dans le modèle Mark II (juin 1944) – chacun assigné à

Le Colossus

une opération spécifique. La capacité de lecture photoélectrique de Mark I est renversante : 5 000 caractères analysés à la seconde (Mark II fera plus fort encore). Mark I est capable de calculer et de classifier, en vue de les analyser, des données perforées sur un ruban. Le dispositif est renforcé d'un commutateur électronique et d'un tableau de connexion programmé pour certaines opérations mathématiques.

Sans doute, le coût de conception de la machine est-il élevé, mais l'état-major allié en tire des révélations inestimables.

RED

Red : c'est ainsi que les cryptanalystes américains rebaptisent une machine à chiffrer japonaise conçue entre 1934 et 1935, appelé par les Japonais *ango kikai taipu A*. La force de l'engin repose en partie sur ce que la langue japonaise reste hermétique à la plupart des occidentaux. Voici son portrait : un clavier de machine à écrire, sur lequel on entre le libellé du message, plus un tableau de connexions à fiches semblable à un commutateur téléphonique, un rotor, une roue à picots de 47 dents et une deuxième machine à écrire pour la sortie du texte chiffré. (Une des dernières versions de RED aurait été équipée de deux rotors.)

Le seul « rotor » chiffrant à câblage interne est conçu sur le modèle d'un réflecteur. Ses plots de sortie, ou contacts, coïncident avec la face d'un disque fixe et participent au transfert du courant. Les contacts d'entrée du réflecteur dépendent de bagues collectrices, dont 26 d'entre elles sont placées sur l'axe même du rotor. L'axe est pourvu de 26 plots d'entrée qui, au contact des bagues collectrices, assurent la transmission du courant électrique. La rotation d'un cran du rotor et celle de l'axe provoquent le glissement des bagues collectrices autour de l'axe et le verrouillage du circuit d'entrée.

La rotation et les pas du rotor sont déterminés par une roue à picots de 47 dents ; le calage des dents commande la rotation du rotor et enclenche le processus de cryptage. Première étape : le courant pénètre dans le tableau de connexions à fiches, situé entre le clavier et la voie d'entrée du rotor, puis continue sa course entre la voie de sortie du rotor et la voie d'entrée de la machine à écrire. Le changement quotidien de connexions des fiches renforce le procédé de chiffrement, basé sur une substitution polyalphabétique, ce qui a pour effet de compliquer considérablement la tâche des cryptanalystes.

En 1936, Frank Rowlett et Salomon Kullback, de l'American Signal Intelligence Service, parviennent à briser le chiffre de RED. On découvre que la machine chiffre en romaji, système de transcription japonais basé sur l'emploi de 26 lettres latines non accentuées. Les deux cryptanalystes américains vont même jusqu'à anticiper, neuf jours à l'avance, les clés de chiffrement. Cette première victoire sur une machine électromécanique ouvre la voie aux cryptanalystes américains confrontés, tout au long de la Seconde Guerre mondiale, aux machines à chiffrer japonaises.

MACHINE À CHIFFRER 97 À CLAVIER ALPHABÉTIQUE ET PURPLE ANALOG

Fin 1938, les déchiffrements de certains messages de RED sont éloquents ; les Japonais projettent alors de fabriquer une nouvelle machine à chiffrer. Un déchiffrement du 18 février 1939 annonce clairement sa mise en service sous deux jours, pour toutes les transmissions reliant Tokyo à ses ambassades.

Baptisée *97-shiki O-bun-Injiki* par les cryptographes nippons, et « Purple » par les cryptanalystes américains, la machine à chiffrer 97 à clavier alphabétique constitue une réelle avancée dans le chiffrement japonais. La mention 97 symbolise l'année de son invention (1937) dans le calendrier japonais ; soit la 97e année du XXVe siècle.

Dans l'histoire de la cryptologie, la 97 se distingue par deux points essentiels. Tout d'abord, elle n'est en rien comparable à la SIGABA américaine, ou à l'Enigma allemande, deux mécanismes dont la complexité de chiffrement se fonde sur l'emploi de rotors. Autre originalité, le ventre même de la machine : une batterie à six niveaux et 25 commutateurs téléphoniques. Un tableau de connexion à fiches vient compliquer considérablement le schéma électrique. Les multiples connexions possibles des fiches sur ce tableau, conjuguées aux modifications des clés de chiffrement, permettent de créer des millions de combinaisons. L'une des particularités du tableau de connection réside dans la configuration de son circuit électrique, dite à « deux bouts » : la voie d'entrée est le négatif de la voie de sortie.

Le processus de chiffrement démarre par le calage de la clé (un code de trois lettres sert à désigner les chiffres) ; puis le libellé du message est tapé sur le clavier de la première machine à écrire électrique.
La communication transite via un réseau complexe jusqu'aux

Commutateur à pas de la machine à chiffrer 97 à clavier alphabétique

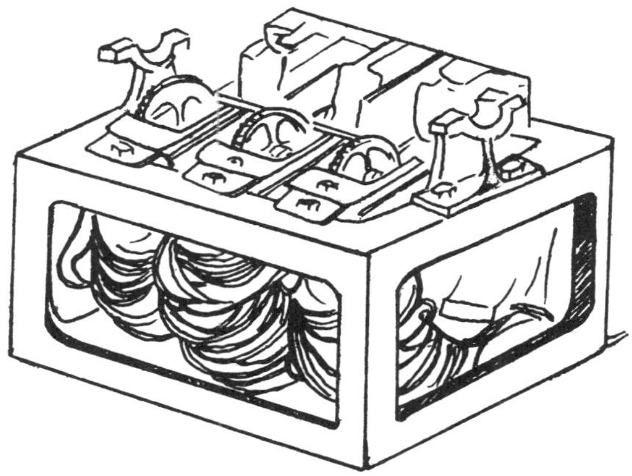

commutateurs à pas, déroutée en chemin par le tableau de connexion, lui-même verrouillé par une clé. Le texte chiffré est enfin imprimé par la seconde machine à écrire électrique.

Le chiffre de la 97 passe pour être indéchiffrable. Les Japonais en sont à ce point convaincus que la machine assure toutes leurs transmissions entre Tokyo et ses ambassades à Washington, Londres et Berlin.

Sous la direction de William Friedman, l'équipe du SIS, qui comprend Robert Ferner, Samuel Snyder et Geneviève Grotjan, ne tarde pourtant pas à percer les secrets de la 97. C'est à Geneviève Grotjan que l'on doit la découverte de ses fonctions majeures, telles que les intervalles.

L'équipe rejoint un temps le Service cryptologique de la Navy, l'OP-20-G, sous la direction de Laurence Safford ; tous ne visent qu'un seul but : le chiffre de la 97. À l'automne 1940, l'équipe du SIS, épaulée par un spécialiste du japonais, Frank Rowlett, réussit alors à recréer les plans de la machine japonaise (entretemps, on a invité les membres de l'OP-20-G à percer les codes navals japonais). En septembre, le technicien Leo Rosen conçoit la première Purple Analog. Quatre autres versions vont se succéder, mises au point avec le concours de la Navy.

La machine cache un incroyable réseau de câbles et de relais, mécanismes bruyants, logés dans un coffre en bois noir. Fait de bric et de broc, l'engin, fruit de la coopération entre cryptanalystes et ingénieurs, décrypte haut la main tous les échanges diplomatiques japonais.

La Purple Analog

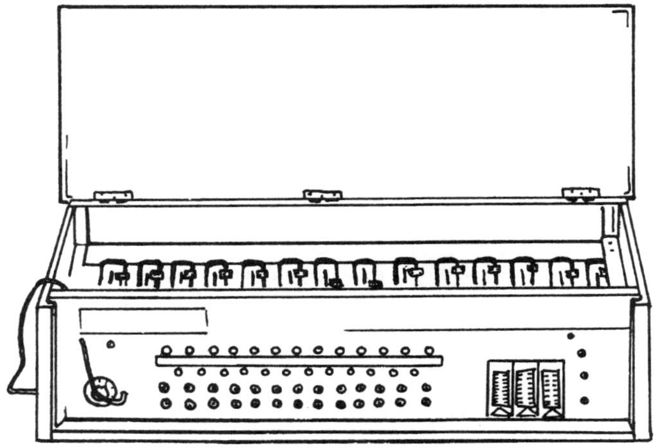

Ce n'est qu'à la fin de la guerre que l'on prend conscience du travail accompli par le SIS lorsqu'on réalise que les cinq Purple Analog étaient en fait beaucoup plus fiables que ne l'étaient les originaux japonais. Qui plus est, on découvre sur une machine à chiffrer 97 à clavier alphabétique, dérobée aux Japonais, que la seule différence entre la copie américaine Purple Analog et l'original ne tient qu'à un fil : très exactement à la connexion de deux câbles.

Chiffres incassables

Au nombre des chiffres dits incassables, on compte les procédés à clé aléatoire une fois, considérés comme inconditionnellement sûrs.
À ce jour, aucune méthode cryptanalytique n'a pu en venir à bout. Précisons toutefois que le fameux chiffre indéchiffrable de Blaise de Vigenère, longtemps jugé indécryptable, a bien son talon d'Achille, et qu'il faudra attendre le XXe siècle pour voir l'émergence de systèmes véritablement impénétrables.

CODE BAUDOT/CHIFFRE DE VERNAM

La mise au point d'un procédé de chiffrement incassable est en fait due à Gilbert Vernam, ingénieur à l'American Telephone and Telegraph Company, et chargé en 1917 de la sécurité des téléimprimeurs. Son système se fonde sur l'emploi de bandes de papier caractérisées par une succession de séquences perforées (trous) et d'espaces (absence de trou). Le chiffrement des caractères standards d'un téléimprimeur est assuré par une bande de signaux-clés (à base de trous et d'espaces) qui viennent s'ajouter aux signaux du texte clair. La conjugaison de ces deux types de signaux, effectuée par procédé électromécanique, forme le cryptogramme.

Le procédé de Vernam s'inspire du code (ou alphabet) Baudot, système réservé aux communications entre téléimprimeurs, et développé en 1875 par le Français Émile Baudot. Le code remplace les 26 lettres de l'alphabet par des impulsions, ou signaux électriques, appelées « moments », c'est-à-dire par un intervalle donné auquel correspond une implusion électrique ou son absence. Les 32 signaux possibles, représentés sous forme de points (perforations) et d'espaces, se répartissent entre les 26 se substituant aux lettres de l'alphabet, plus six autres signaux, dits de service, correspondant à des opérations telles que retour chariot ou décalage de lettres ou de chiffres. Des commutateurs rotatifs assurent la transmission par impulsions électriques régies par une clé.

En 1917, le téléimprimeur évolue et passe à un mode de transmission dit différé. La frappe et l'enclenchement des processus électriques transforment les signaux en perforations sur bande de papier ; l'absence d'impulsion se traduit sur la même bande par des espaces. Ces séquences de perforations et d'espaces équivalent à la transcription sur papier du code Baudot. Un dispositif de lecteur de bandes, pourvu de doigts métalliques qui s'insèrent dans les perforations, agit sur une autre partie du mécanisme et déclenche une impulsion. Les espaces (segments de bandes non perforés) ne produisent aucune impulsion ; le circuit est alors interrompu, jusqu'à la perforation suivante sur la bande, source d'un nouveau contact. Voici un exemple de code Baudot, avec les lettres de l'alphabet et les signaux correspondants.

CODE BAUDOT :

A	11000	B	10011	C	01110	D	10010
E	10000	F	10110	G	01011	H	00101
I	01100	J	11010	K	11110	L	01001
M	00111	N	00110	O	00011	P	01101
Q	11101	R	01010	S	10100	T	00001
U	11100	V	01111	W	11001	X	10111
Y	10101	Z	10001				

Gilbert Vernam, expert du téléimprimeur, met au point un procédé de chiffrement exploitant tous ces dispositifs. L'addition de signaux-clés d'une suite aléatoire et de signaux clairs aboutit à des signaux chiffrés pour les transmissions par téléimprimeur. La méthode de déchiffrement, aussi pratique que fiable, consiste à additionner signal chiffré et signal clair.

Sur la base du processus perforation-espace, Vernam isole quatre variantes :

TEXTE CLAIR		CLÉ		TEXTE CHIFFRÉ
espace	+	espace	=	espace
espace	+	perforation	=	perforation
perforation	+	espace	=	perforation
perforation	+	perforation	=	espace

Lorsque les impulsions du clair et de la clé sont identiques (deux perforations ou deux espaces), le chiffré se présente toujours sous la forme d'un espace. Deux combinaisons de nature différente produisent toujours une perforation. Dans le code Baudot la lettre I est associée à la séquence *espace/perforation/perforation/espace/espace* (01100 en langage informatique). À la lettre-clé O correspond la séquence *espace/espace/espace/perforation/perforation*, ou 00011. La somme des deux, soit le chiffré, est équivalente à 01111, la lettre V de l'alphabet Baudot.

TEXTE CLAIR : 01100(I)

CLÉ : + 00011(O)

TEXTE CHIFFRÉ : 01111(V)

Les stations réceptrices parviennent à restaurer le texte clair en additionnant les impulsions du chiffré à celles de la séquence-clé correspondant au message. Le total obtenu, en appliquant la règle opératoire mentionnée plus haut (perforation + perforation = espace) sera donc :

TEXTE CHIFFRÉ : 01111(V)

CLÉ : + 00011(O)

TEXTE CLAIR : 01100(I)

Un dispositif, composé entre autres d'électro-aimants et de relais, facilite l'opération. Les mécanismes de lecture de la bande-clé et de la bande du clair déclenchent des impulsions, introduites dans la partie chiffrante du téléimprimeur. Traduites en séquences combinant 0 et 1, les impulsions d'entrée, en fermant un circuit, provoquent la perforation de la bande ; le même processus crée les espaces. Perforations et espaces correspondants au chiffré sont ensuite transmis par le téléimprimeur, de façon classique. Le mécanisme de Vernam permet au destinataire de restaurer les impulsions du texte clair avant de les rentrer dans un téléimprimeur-récepteur qui, en retour, imprime le libellé du message.

En introduisant le « chiffrement en ligne » Vernam automatise une tâche jusque-là manuelle, réservée à des employés plus ou moins adroits. Mais le procédé a ses faiblesses. Le code Baudot fait partie du domaine public ; de plus, ses variations alphabétiques, bien que basées sur la substitution polyalphabétique, restent limitées.
De tels défauts n'échappent pas à Joseph Mauborgne, cryptanalyste de génie. En s'appuyant sur les conclusions de Vernam, Mauborgne met au point un procédé bien plus sûr, dit à clé aléatoire une fois.

CLÉ ALÉATOIRE UNE FOIS DE MAUBORGNE

Joseph Mauborgne, commandant de l'armée américaine, plus tard général, met à profit son expérience en matière de sécurité et de cryptographie militaires pour peaufiner le procédé de Vernam. Mission accomplie en 1918, avec une clé de chiffrement non répétitive et indéterminée : la clé aléatoire une fois.

La particularité du système de Mauborgne, un peu sur le modèle du code Baudot, réside dans sa clé, dont le choix est déterminé par le hasard ; cette clé se décline sous la forme d'une série de nombres, d'impulsions électriques et d'espaces, voire de lettres. Une suite de caractères chiffrés est créée par une série d'impulsions, que l'on additionne électriquement aux signaux d'une bande perforée. Mauborgne insiste sur le fait que le groupe de caractères choisis pour chiffrer un message ne doit jamais se répéter.

Intégré au téléimprimeur de AT & T, déjà renforcé par le chiffre de Vernam, le procédé prend le nom de bande aléatoire une fois. Les impulsions de la suite de caractères de la clé aléatoire, additionnées à celles du texte clair, fourvoient par leur nature imprévisible les procédures classiques des cryptanalystes. Le nombre de séquences possibles est infini. La clé, enregistrée à l'usage de l'expéditeur et du destinataire, sert une seule fois. On édite des listes de clés, chacune correspondant à un jour différent ; par mesure de précaution, des copies de ces listes sont conservées par les deux parties, de façon à éviter toute erreur. En cas de répétition accidentelle, le cryptanalyste mal intentionné n'aurait plus qu'à exploiter la fréquence des lettres ; cependant, le procédé n'a jamais encore été pris en défaut.

Supposons une clé composée d'une succession de chiffres telle que 44207786358173, etc. Le chiffrement consistera tout d'abord à convertir le texte clair du message en chiffres. Dans l'exemple ci-dessous, le mot *Pacific* représente le texte clair ; l'alphabet de chiffrement choisi propose les correspondances suivantes : $a = 01$, $b = 02$, $c = 03$, etc. Selon cet alphabet, $p = 16$, $a = 01$, $c = 03$, $i = 09$, $f = 06$, $i = 09$, $c = 03$. Le mot *Pacific* égale donc 16010309060903, série inscrite sous la clé aléatoire numérique 44207786358173.
On additionne ensuite les deux nombres, chiffre à chiffre, et sans retenue (par exemple : 108 + 102 = 200) :

```
  44207786358173
+ 16010309060903
----------------
  50217085318076
```

Le total constitue le cryptogramme. Le destinataire de la transmission inscrit le nombre correspondant à la somme au-dessus du nombre correspondant à la clé préétablie (44207786358173) et soustrait ce dernier au premier :

```
  50217085318076
- 44207786358173
----------------
  16010309060903
```

La soustraction s'effectue sans reporter la retenue dans la colonne de gauche (par exemple : 70 – 77 = 03).

En fait, Mauborgne a réalisé le rêve de tout cryptologue : un chiffre incassable. C'est la déroute de la cryptanalyse classique, désarmée par le hasard, incapable de déceler la moindre piste de déchiffrement. Cependant, la formidable découverte de Mauborgne ne fait pas l'unanimité au sein de l'armée. Il est vrai que les impératifs de la clé aléatoire une fois ne sont pas forcément compatibles avec les exigences de l'armée ; l'importance du trafic militaire n'exclue pas le risque de réutilisation d'une clé, et le besoin permanent de nouvelles clés est difficile à satisfaire. La clé aléatoire une fois sera donc reléguée au chiffrement ponctuel de dépêches top secret.

CLÉS-BLOCS

L'excellence de Mauborgne n'est pas un cas isolé ; des experts en cryptographie mènent dans différents pays des recherches similaires. C'est ainsi qu'entre 1918 et le début des années 1920, de nouvelles techniques, basées sur l'emploi de la clé aléatoire une fois, voient le jour. En Allemagne, une équipe du ministère des Affaires étrangères met au point une variante du procédé, la clé-bloc. Ce nom s'inspire des feuillets de carnets, ou blocs, sur lesquels on inscrit la clé, suite aléatoire de nombres. Les blocs dupliqués sont respectivement distribués à l'expéditeur et au destinataire. Après utilisation, chaque feuillet, et sa clé numérique, prend la direction de la poubelle.

Au moment du chiffrement, l'expéditeur joint une clé d'identification prédéterminée, dite « groupe indicateur ». L'indicateur, modifié à chaque transmission, permet d'identifier le feuillet et la clé numérique en cours. On additionne les chiffres de la clé aléatoire à ceux du texte clair.

Pour substituer des chiffres à des lettres du texte clair, on recourt à un tableau de « monômes et binômes », à un damier, ou tout autre matrice susceptible d'aboutir au même résultat. Ce tableau consiste en un alignement de lettres et de chiffres, isolés ou groupés par paires ; un mot-clé permet de créer et de brouiller l'alphabet. Le système exploite également d'autres configurations ; les chiffres sont inscrits en haut, et sur un des côtés de la matrice, de façon à former le maximum de combinaisons à un ou deux chiffres. Pour chiffrer un message, on peut bâtir un damier avec les lettres les plus fréquentes de la langue anglaise (soit *e, t, a, o, n, r, i, s*), qui seront substituées par les chiffres inscrits sur le haut et le côté du tableau. Les signes du type point ou barre oblique servent à chiffrer les séparations lettre/chiffre.

0	9	8	7	6	5	4	3	2	1	
e	r	t	o	n	i	s	a			
1	b	c	d	f	g	h	j	k	l	m
2	p	q	u	v	w	x	y	z	.	/

Suivant l'exemple ci-dessus, les lettres fréquentes (*e*, *t* et *a*) de la rangée supérieure seront respectivement remplacées par les chiffres situés exactement au-dessus. À chaque lettre des deux autres rangées sera substitué un nombre formé de l'association des chiffres placés au point de rencontre de l'ordonnée et de l'abscisse de la lettre précédente ; selon ce principe, $d = 18$ et $v = 27$. Les lettres du texte clair sont chiffrées sur ce type de damier.

Imaginons qu'un agent de la sécurité internationale, au nom de code AO, localise un trafiquant d'armes, auquel il attribue le nombre-code 20. Il pourra transmettre une communication chiffrée en triplant chaque chiffre du nombre-code 20 attribué au trafiquant, de façon à éviter toute confusion avec la paire chiffrée 20.

TEXTE CLAIR : f o u n d / 2 0 / i
n p r a g u e . a o .

CONVERSION : 17 7 28 6 18 21 222 000 21 5
6 20 9 3 16 28 0 22 3 7 22

À cette suite de nombres, l'agent doit additionner des séries numériques, non répétitives, basées sur le principe de la clé-bloc une fois. Il recourt donc à une forme d'addition sans report, appelée « modulo 10 », ou système Fibonacci, fondée sur l'emploi de chiffres de 0 à 10. Ainsi, la somme de 9 + 2 est-elle mentionnée par 1, non par 11. Ce procédé, en réduisant la taille des entiers, accélère les processus de chiffrement et de déchiffrement, prévient les erreurs de report de retenues et autorise un chiffrement de gauche à droite. L'exemple ci-dessous en illustre la méthode :

CONVERSION : 1 7 7 2 8 6 1 8 2 1
2 2 2 0 0 0 2 1 5 6 2 0 9
3 1 6 2 8 0 2 2 3 7 2 2

CHIFFRES DE LA CLÉ : 4 4 1 4 2 3 8 0 5
2 7 6 7 5 0 8 1 2 5 9 5 2
6 1 8 1 6 2 8 7 2 3 1 8 9

TEXTE CHIFFRÉ : 5 1 8 6 0 9 9 8 7 3
9 8 9 5 0 8 3 3 0 5 7 2 5
4 9 7 8 0 8 9 4 6 8 0 1

TRANSMISSION : 51860 99873 98950 83305 72549
78089 46801

En cas d'interception de la transmission de l'agent AO, on aura tout le temps d'interpeller et d'incarcérer le trafiquant visé. Il faudrait en effet un temps infini pour casser la dépêche chiffrée avec la clé-bloc une fois – en admettant qu'elle le soit un jour…

Autre type de tableau de monômes et binômes : un mot-clé, *consul* par exemple, est écrit horizontalement ; le reste des lettres de l'alphabet est aligné en dessous, en plusieurs rangées de longueur égale à celle du mot-clé. Chacun des chiffres allant de 0 à 7 est aligné sous une des lettres de la série *a, e, o, n, i, r, s,* correspondant aux lettres les plus fréquemment utilisées ; sous la lettre *t* on inscrit un chiffre correspondant à son ordre de placement parmi la série, dans les colonnes, la lecture s'effectuant de haut en bas et de droite à gauche. Sous les autres lettres, on dispose des combinaisons de paires de chiffres, débutant par 8 ou 9, que l'on aligne de haut en bas des colonnes, en partant de 80 jusqu'à 99. Le tableau comporte également une barre oblique, signalant les espaces chiffres/lettres du texte clair, et un points pour les intervalles.

c	o	n	s	u	l
80	1	4	6	92	96
a	b	d	e	f	g
0	84	86	7	93	97
h	i	j	k	m	p
81	2	87	89	94	98
q	r	t	v	w	x
82	3	5	90	95	99
y	z	.	/		
83	85	88	91		

L'étape suivante consiste à remplacer par les nombres du tableau les unités claires du message. Pour donner plus de clarté à la transmission, tous les chiffres du texte clair sont triplés.

TEXTE CLAIR :

`c ou r i e r / 1 0 / h a s i t`

`80 1 92 3 2 7 3 91 111 000 91 81 0 6 2 5`

On additionne les unités des entiers obtenus, unes à unes, à celles d'une clé aléatoire numérique non répétitive, selon une forme d'addition sans report, dite modulo.

TEXTE CLAIR :		8	0	1	9	2	3	2	7	3	9	1	1	1	1	0	0	0	9	1	8	1	0	6	2	5
CLÉ :	+	1	7	0	3	4	8	5	3	9	5	4	2	6	0	2	3	9	1	4	6	0	8	5	1	7
TEXTE CHIFFRÉ :		9	7	1	2	6	1	7	0	2	4	5	3	7	1	2	3	9	0	5	4	1	8	1	3	2

Astuces de déchiffrement. Pour déchiffrer une clé-bloc une fois, le destinataire doit être en possession d'un tableau de monômes et binômes, identique à celle du chiffreur, ainsi que de la clé numérique aléatoire. Il soustrait une à une les unités du chiffré à celles de la clé, sans reporter les retenues ; le processus révèle les unités correspondant au texte clair.

```
 971261702
-170348539
 801923273
```

Il suffit ensuite de retrouver d'après le tableau, ou la matrice, les correspondances nombres/lettres claires. Dans l'exemple ci-dessus, 80 = c, 1 = o, 92 = u, 3 = r, 2 = i, 7 = e, 3 = r, et ainsi de suite, jusqu'à complet déchiffrement du message.

Tout au long de la Seconde Guerre mondiale, les agents américains de l'Office of Strategic Services (OSS) et leurs homologues britanniques du Special Operations Executive (SOE) auront recours à des procédés de chiffrement à clé aléatoire une fois, combinant grilles alphanumériques et feuillets de clés numériques. Les grilles, alors le plus souvent tracées sur de la soie, se présentent sous la forme de colonnes de séquences numériques et d'alphabets cycliques, alignés sous les

26 lettres de l'alphabet. Les clés numériques des feuillets, soit des groupes de cinq chiffres, sont imprimées sur papier, ou sur un matériau synthétique volontairement très inflammable. En 1944, des techniciens mettent au point des pages celluloïd, lisibles grâce à une loupe portative.

Au début des années 1960, les feuillets des clés-blocs se réduisent à la taille de timbres-poste. Les clés sont alors imprimées sur papier, puis photographiées et expédiées sous forme de microfilms, pour plus de sécurité. On a aussi utilisé d'autres matériaux comme le nitrate de cellulose, extrêmement inflammable, et donc très efficace pour une destruction instantanée en cas de force majeure.

À condition d'être correctement bâtis et distribués, les carnets de clés-blocs constituent un moyen de chiffrement considéré incassable. Le nombre de combinaisons possibles est quasiment infini, et le temps requis au déchiffrement, même en cas de découverte de la clé, est en fait si long que, dans l'hypothèse d'une résolution, la moindre information révélée serait du coup rendue obsolète. L'indétermination, la nature incohérente et aléatoire de la clé déroutent les méthodes d'analyse standards, lesquelles sont basées sur la comparaison de cryptogrammes chiffrés avec une même clé, les relevés de fréquences, la recherche de mots familiers ou de formules types en début et en fin de communication. Toute tentative visant à vérifier chaque clé possible est vouée à l'échec et le nombre colossal de combinaisons envisageables reste encore aujourd'hui problématique pour nos ordinateurs. Les préoccupations relevant de la validité des données restent elles aussi d'actualité, dans un monde où la notion de secret peut très vite perdre sa pertinence.

Bien que rétif au déchiffrement, le procédé de la clé-bloc une fois ne fait pas l'unanimité et pêche par certaines faiblesses. De par sa nature, la méthode exige la mise au point d'un nombre phénoménal de clés aléatoires et continues. Certes, on peut confier aux ordinateurs le soin de produire les clés ; en revanche, l'homme se révélant bien incapable de mémoriser un tel flot de chiffres, on est bien obligé d'imprimer et de distribuer ces clés, les rendant ainsi vulnérables. C'est pourquoi de tels systèmes de chiffrement sont difficilement applicables à grande échelle lors de conflits militaires, quant au monde des affaires, il privilégie surtout l'efficacité et l'économie, plutôt que la sécurité de ses échanges. Ce sont là les raisons qui font que la clé-bloc une fois reste confinée au cercle très fermé de la diplomatie et de l'espionnage.

CHIFFRE DE VIC

Le chiffre de VIC doit son nom au pseudonyme de Reino Hayhanen, espion soviétique passé à l'Ouest. Changeant de camp en 1957, la coopération de Hayhanen s'avérera une aubaine pour le FBI, en butte depuis quatre ans à un chiffre des plus hermétiques. L'affaire débute en 1953, lorsqu'un jeune vendeur de journaux de Brooklyn tombe par hasard sur une curieuse pièce de cinq cents. La pièce lui échappe, tombe et se casse, laissant apparaître un microfilm de 8 mm, enveloppé dans du papier de soie. Le document, remis à la police, est envoyé au FBI. Le microfilm une fois agrandi révèle 207 groupes de cinq chiffres, répartis sur 21 rangées, soit un total de 1 035 nombres.

En fait, les termes et les chiffres de la clé du système de chiffrement de VIC ne sont pas entièrement le fruit du hasard, comme ceux d'une clé aléatoire une fois. Cependant, nombre d'experts considèrent ce chiffre incassable. Sa force est toujours d'actualité.

En termes spécialisés, le chiffre de VIC se présente comme un damier bipartite, substitution monoalphabétique surchiffrée par une double transposition modifiée. Comme l'expliquera Hayhanen, le procédé exploite quatre clés mnémoniques, différentes pour chaque agent soviétique. Les clés de Hayhanen sont élaborées à partir des sept premières lettres de l'expression « chute de neige » (*snegopad*) en russe, d'un extrait de chant folklorique (*The Lone Accordion*), datant d'une victoire contre le Japon au cours de la Seconde Guerre mondiale (3/9/1945) et, enfin, du nombre 13 (un nombre personnel attribué à Hayhanen, modifié en 20 en 1956).

Ces quatre clés déterminent la formation d'un alphabet utilisé au cours de la substitution et dans les deux tableaux de transposition. Le mot-clé *snegopad* détermine la disposition de lettres et de symboles sur un damier. Les trois autres procédés mnémoniques participent à la création de séries de nombres qui régissent les clés numériques du damier et des tableaux de transposition.

Grâce à ces clés mnémoniques, qui se passent de transcription physique de listes de clés (une des faiblesses des systèmes à clés aléatoires une fois), et à ces procédures complexes de chiffrement, le chiffre de VIC représente toujours un formidable défi pour les cryptanalystes.

Informatique et cryptographie

De nos jours, la sécurité des nations passe forcément par l'outil informatique. Vers le milieu des années 1930, ce sont les militaires qui, les premiers, utilisent des machines, à des fins de collecte et d'analyse de données dans le domaine du renseignement. La marine américaine et des services du renseignement de l'armée (SIGINT) commencent à exploiter les ressources des calculateurs. Ces mécanismes à base de cartes perforées sont alors considérés comme le nec plus ultra de la technologie. Les capacités de ces coûteuses machines restent néanmoins limitées, chacune ne pouvant s'attaquer qu'à un système cryptographique spécifique. De plus, si le code ou le chiffre change, ou cède, la machine est déclarée hors service.

Au début de la Seconde Guerre mondiale, les équipes du SIGINT, en partenariat avec Kodak, IBM et les laboratoires Bell, entre autres, développent des machines plus puissantes et plus polyvalentes. De leur côté, les Alliés européens poursuivent les mêmes buts, mais après la défaite des puissances de l'Axe, la recherche passera aux mains des universitaires. En 1946, l'université de Pennsylvanie et la Moore School of Electrical Engineering innovent en proposant l'ENIAC ou *Electronic Numerical Integrator and Calculator*. Il s'agit là d'un « ordinateur » équipé de 18 000 tubes électroniques, occupant à lui seul une pièce de neuf mètres sur quinze dont la capacité de mémoire n'excède pas 20 chiffres ! L'ENIAC sera suivi par le Naval Security Group's Atlas (1950), l'Army Security Agency's Abner (1952) tout comme la National Security Agency's Harvest (1962) et Stretch (1962).

Aujourd'hui, le monumental a fait place à de véritables petites merveilles miniatures, désormais indispensables à la collecte de données dans le domaine du renseignement, de l'espionnage jusqu'à la surveillance par satellite. Pour assurer le plus haut niveau de sécurité à leurs communications, tous les pays ont actuellement recours au chiffrement par ordinateur.

L'ordinateur s'avère tout aussi incontournable pour mettre au point des méthodes de déchiffrement performantes. Sa vitesse phénoménale et sa capacité à traiter des volumes d'informations considérables permet aux cryptanalystes de comparer des millions de combinaisons de lettres, syllabes et chiffres, d'analyser toutes les fréquences possibles afin de percer les mystère d'un chiffrement.

DATA ENCRYPTION STANDARD (DES)

En 1977, le gouvernement américain manifeste un besoin urgent en matière de protection des données (impôts, sécurité sociale). Le National Bureau of Standards (organisme de normalisation) opte alors pour le Data Encryption Standard (DES) comme procédé officiel de chiffrement pour sécuriser les fichiers des différents ministères.

Développé par IBM, le DES est un procédé cryptographique à clé symétrique, utilisé à la fois pour le chiffrement et le déchiffrement. Son algorithme (ensemble de règles opératoires) agit sur des données stockées en code binaire. Implémenté directement en machine, au cœur des puces et des circuits intégrés, le DES s'est très vite imposé comme le principal système cryptographique en matière de sécurité commerciale.

Le DES est un algorithme cryptographique par blocs. Sa clé de chiffrement est formée à partir d'une séquence de huit chiffres décimaux, choisis entre 0 et 127. En langage informatique, autrement dit en bits (séries de 1 et de 0), ces chiffres décimaux sont transcrits en séquence binaire de sept bits, avec un huitième bit ajouté à la fin dans un souci de vérification, et non de dissimulation. La longueur de la clé est donc égale à 56 bits. Le message est à son tour converti en nombres binaires, selon le code ASCII qui assigne à chaque lettre de l'alphabet un nombre binaire à sept chiffres.

À l'époque de sa conception, la clé de chiffrement de 56 bits garantit un niveau de sécurité des plus fiables. On estime à 1 142 ans le temps nécessaire à une attaque en force, menée à l'aide d'un ordinateur capable d'effectuer un million d'opérations par seconde, et visant à essayer toutes les clés ou combinaisons possibles de suites comptant cinquante-six 1 et 0. Même si les avancées dans le domaine informatique ont aujourd'hui considérablement réduit cette estimation de durée, nombre d'experts considèrent encore le DES comme un système de protection des plus robustes.

Les blocs subissent 16 opérations élémentaires successives, ou « tours », déclinées en permutations, transpositions et substitutions. Le processus de chiffrement se décompose en découpage, compactage, expansion, permutation et substitution. L'algorithme symétrique du DES est réversible et permet de crypter ou de décrypter un bloc de 64 bits. La clé qui contrôle le processus comporte en fait 64 bits, mais seuls 56 bits sont à disposition de l'utilisateur. Huit d'entre eux sont exploités pour le contrôle de parité, qui soumet la somme des données codées en binaire à une vérification d'imparité ou de parité, différenciant nombre impair de 0 ou pair de 1 (ou l'inverse) ; c'est un moyen de détecter les erreurs de transmission.

Des segments du cryptogramme sont chaînés durant la procédure par un processus additif connu sous le nom d'opération, « ou exclusif bit à bit ». Cette opération est ici mentionnée par le signe +. Il s'agit là d'une fonction logique de programmation. Cette opération d'addition, dite modulo 2, s'applique uniquement aux nombres 0 ou 1 ; le résultat de l'addition de deux bits identiques (deux 1 ou deux 0) est égal à zéro, et l'addition de deux bits différents (1 et 0) donne 1.

```
  1 0 0 1
+ 0 1 0 1
---------
  1 1 0 0
```

L'opération, « ou exclusif », est essentielle à la formation de 16 sous-clés, extraites de la clé de chiffrement. Ces sous-clés affectent à leur tour des segments de bits de la communication. L'opération « ou exclusif », en chaînant les sous-clés et les bits du message, contibue à accroître la variation du cryptogramme.

Parallèlement à ce chaînage, une série de procédures conditionne les blocs du message un à un et la clé de chiffrement. Le bloc des 64 bits à crypter passe tout d'abord par une étape dite de permutation, proche de la transposition de lettres. Le nouvel arrangement de bits est découpé en deux blocs de 32 bits ; on distingue alors un bloc de droite et un bloc de gauche. Le bloc de droite est reformulé avant d'être chaîné à la clé. Les bits de la clé (nombres décimaux convertis en nombres binaires) sont soumis à une transposition et, à leur tour, découpés en deux blocs soumis à une nouvelle permutation. Enfin, une étape de compactage réaligne en une seule séquence des bits spécifiques extraits des blocs.

L'ensemble de ces procédures se produit sur un seul tour, mais il y a encore 15 autres tours au cours desquels elles se répéteront. Le processus complet de cryptage comprend 16 tours, ou opérations élémentaires, dont une substitution non linéaire.

Le DES autorise 70 quadrillions de possibilités de chiffrement pour un seul message. Pour le déchiffrement, il suffit au destinataire en possession de la clé convenue d'inverser l'ordre des procédures à partir du 16ᵉ tour.

Le DES reste cependant un procédé basé sur l'emploi d'une clé secrète ; or l'on sait les problèmes de sécurité que pose la protection des clés. D'autres systèmes, développés à la fin des années 1970 et dans les années 1980, vont pallier cette faiblesse.

CRYPTOGRAPHIE À CLÉ PUBLIQUE

En 1976, un nouveau concept en matière de cryptographie entre en scène sous l'impulsion de Martin Hellman (université de Stanford), et de deux jeunes chercheurs Whitfield Diffie et Ralph Merkle. Ensemble, les trois hommes mettent au point un cryptosystème à double clé, plus connu sous le nom de cryptographie à clé publique. La National Security Agency (NSA) tentera de s'attribuer la paternité du procédé, conçu à les en croire dix ans plus tôt, mais tenu secret pour raison d'État.

La clé publique se veut une réponse au problème inhérent à la distribution des clés. Dans un système à clé unique, l'émetteur et le récepteur partagent une même clé secrète. La distribution de ce type de clés met sérieusement en jeu la sécurité des échanges, particulièrement lorsqu'on a un trop grand nombre d'utilisateurs de la même clé. Le cryptosystème à clé publique déjoue les aléas liés au transfert de clé en publiant les clés de chiffrements dans des annuaires publics. La sécurité reste assurée par l'intermédiaire d'une seconde clé, la clé de déchiffrement, celle-là gardée secrète. Grâce à une clé puisée dans une liste tenue à disposition du public, un individu peut envoyer une information chiffrée sur l'ordinateur d'un correspondant. Sauf cas de vol, seul le destinataire est censé posséder la clé de déchiffrement. Parce qu'il est informatiquement impossible de rétablir la clé de déchiffrement à partir de la clé de chiffrement, il n'est donc pas nécessaire de garder cette dernière secrète. Elle devra seulement être protégée de tout piratage. En effet, rien n'empêche la mise en circulation de clés de chiffrement et de déchiffrement frauduleuses, dans le but de dérober des données informatiques.

Les chercheurs de Stanford ont bâti leur concept sur des séries « d'entrées secrètes », ou fonctions trappes. Il s'agit « d'ouvertures » programmées dans les systèmes, en validant l'accès tout en permettant de contourner les procédures de sécurité. Les fonctions trappes sont normalement sollicitées lors de tests de nouveaux matériels ou en cas d'interventions sur le système d'exploitation ; les « hackers » en abusent pour pénétrer par effraction dans un système.

Afin de renforcer leur algorithme de chiffrement, les universitaires de Stanford proposèrent une version de fonction trappe connue sous le nom de « sac à dos ». De par sa nature, une fonction trappe est une fonction à sens unique, de ce fait difficile à résoudre si l'on aborde l'algorithme par la fin pour tenter d'en retrouver les prémisses. Sa résolution fait souvent l'objet d'une métaphore où il s'agit de retrouver le nombre total de cylindres contenus dans un sac à dos. L'énoncé du problème est : tous les cylindres, de même largeur mais non de même longueur, sont placés bout à bout dans un sac à dos cylindrique de même diamètre qu'eux. Toute la force de l'algorithme réside dans la difficulté pour le cryptanalyste à rétablir, à partir de la somme, la séquence et les combinaisons de ses différents composants.

Hellman et Merkle vont développer des paires de clés complémentaires, liées par une relation mathématique. Un message chiffré par l'une des clés est déchiffré par l'autre. Pour chiffrer le message, il suffit d'assigner un chiffre à chacune des lettres, puis d'additionner l'ensemble des chiffres. La clé de déchiffrement, en séparant et en rétablissant la suite de chiffres, permet de retrouver le texte clair du message. Pour le cryptanalyste, privé de la clé secrète de déchiffrement, la seule alternative consiste à recourir à une attaque en force, à une recherche exhaustive passant par l'examen systématique de toutes les clés possibles – un travail phénoménal et stérile.

La généralisation du concept de clé publique allait conduire au développement de nouvelles méthodologies et à l'émergence de débats inédits. Comme avec le DES, toute la question était de savoir qui, des universitaires ou des industriels, allait être autorisé à développer de tels systèmes. De plus, des organisations gouvernementales comme la NSA allaient-elles pouvoir exercer un contrôle des travaux de recherches et approuver leurs applications ?

ALGORITHME DU SYSTÈME DE CHIFFREMENT RSA

Le célèbre système de Hellman, Diffie et Merkle a vite acquis une solide réputation d'inviolabilité – du moins jusqu'en 1982, date à laquelle Adi Shamir, du Massachusetts Institut of Technology (MIT), parvient à résoudre la fonction trappe du « problème du sac à dos ». Peu de temps après, un des anciens associé de Shamir au MIT, réussit le même exploit sur un banal ordinateur, via la formule de Shamir.

Shamir, Adleman et un associé du MIT, Ronald Rivist développent leur propre système à clé publique, plus connu sous l'acronyme RSA, initiales des trois auteurs. Son principe de clé publique et de clé privée se base lui aussi sur une fonction trappe, mais recourt à des combinaisons de nombres premiers (des nombres comme 3, 5 ou 7 n'ayant que deux diviseurs, 1 ou eux-mêmes).

Lorsqu'un nombre entier et premier est multiplié par un autre, le produit obtenu ne peut en aucun cas être identique à celui de la multiplication de deux autres nombres premiers. Les développeurs de RSA recommandent l'emploi de très grands nombres premiers pour créer les clés publique et privée. Un programme exploitant un algorithme de génération aléatoire de nombres premiers permet de choisir deux grands nombres de 100 chiffres chacun. Le résultat de la multiplication de ces deux nombres sert de base au chiffrement des deux clés. Comme avec les clés complémentaires de Hellman et Merkle, la difficulté pour le cryptanalyste tenté par une attaque en force réside dans la factorisation d'un très grand nombre en deux facteurs premiers.

Durant toute les années 1980, RSA sera considéré comme l'un des algorithmes de cryptage les plus sûrs ; le qualifier d'incassable serait peut-être excessif. C'est en tous cas le credo de nombreux experts qui pensent que les avancées en matière de déchiffrement informatique et l'évolution des théories sur la factorisation réduisent aujourd'hui de façon notoire les durées de calculs nécessaires à la résolution de tels algorithmes.

AUTHENTIFICATION

Avec la généralisation des procédés à clé publique ou à double clé se pose le problème de l'authentification des expéditeurs, des acheteurs, ou des signataires d'un contrat, de plus en plus souvent réduit à l'état de document informatique. Vue sous cet angle, il est vrai que la clé secrète (ou symétrique) a tout pour séduire, d'autant que l'expéditeur, celui qui a la clé secrète, est censé entretenir des relations amicales avec le destinataire, son partenaire économique, voire son allié en temps de guerre.

Avec l'avènement d'Internet et la multiplication des communications, la question de l'authentification est plus que jamais d'actualité. Depuis la publication d'annuaires de clés publiques, les différents acteurs des échanges doivent être assurés de l'identité de leur correspondant. Au nombre des procédures de sécurité actuelles, on peut citer la signature digitale, l'autorité certifiante et la certification.

Une signature digitale est l'équivalent électronique d'une signature manuscrite. Toutes deux sont supposées lier le signataire à un document, à un contrat de vente ou à un communiqué. Une signature digitale garantit l'authenticité et l'intégrité d'une transmission, aussi bien que l'identité de son expéditeur.

La signature digitale est basée sur un procédé de chiffrement connu sous le nom de fonction de hachage. Une fonction de hachage associe au message original une plus petite quantité d'information, dite empreinte. Plus courte et de longueur fixée, l'empreinte est un condensé du message. En termes mathématiques, une fonction de hachage est le résultat d'un algorithme agissant un peu à la manière des fonctions liées à la somme de contrôle (*checksum*) mise en œuvre dans d'autres formes de transmissions. Supposons que, pour mentionner le montant confidentiel de ses transactions maritimes, une société utilise le nombre 4392072 dans l'un de ses échanges. L'algorithme de la fonction de hachage pourra être programmé de façon à multiplier chaque chiffre de la série par celui qui le suit (à l'exception du 0). Dans l'exemple ci-dessous, le premier chiffre de tous les produits supérieurs à 9 est supprimé.

1. On multiplie 4 par 3 =	12
2. On supprime le premier chiffre (1) ce qui laisse	2
3. On multiplie 2 par le chiffre suivant de la série (9) =	18
4. On supprime le 1 ce qui laisse	8
5. On multiplie 8 par 2 =	16
6. On supprime le 1 ce qui laisse	6
7. On exclut le	0
8 On multiplie 6 par 7 =	42
9. On supprime le 4. Le résultat est donc égal à	2

La longueur de l'empreinte est 2, soit le dernier chiffre de la série. Toute modification ou erreur dans la transmission originale altère le résultat de la fonction de hachage et alerte le destinataire d'une falsification ou d'une altération imputable à un tiers.

L'émetteur (Alice) calcule l'empreinte numérique du message (une séquence de nombres) à transmettre et lui applique une fonction de hachage pour en sécuriser le contenu. L'empreinte est ensuite chiffrée

Fonction de hachage

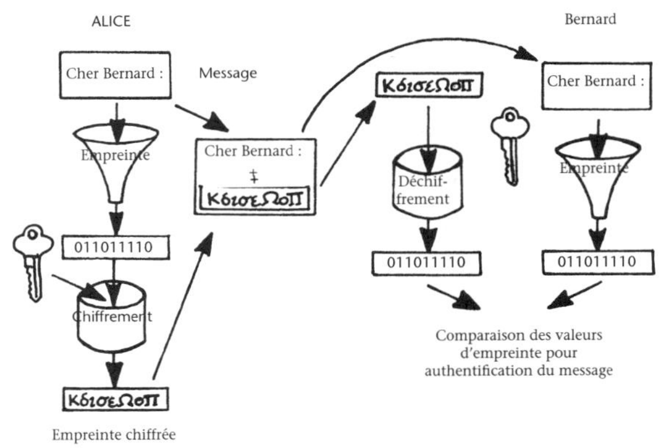

avec la clé publique du destinataire (Bernard), ou avec une clé secrète, ou symétrique, préalablement échangée entre les deux correspondants. La combinaison de l'empreinte et de l'une ou l'autre des clés de chiffrement est rajoutée au message. Pour prouver son identité, Alice signe l'empreinte avec sa clé privée. Par souci de confidentialité, l'ensemble de la communication sera lui aussi crypté, par le biais d'un certain nombre d'algorithmes. Alice peut à présent transmettre son message à Bernard.

Le message reçu sur l'ordinateur de Bernard va être soumis à la clé publique d'Alice pour extraire et identifier la signature comme étant bien celle d'Alice. Il ne reste plus alors à Bernard qu'à déchiffrer le reste de la transmission, en utilisant sa clé privée, ou une clé symétrique (partagée avec Alice), pour extraire l'empreinte du message et calculer sa valeur. Si le résultat est identique à la valeur de l'empreinte d'Alice, Bernard peut être assuré de l'identité de son expéditeur (Alice), aussi bien que de l'absence d'erreurs de transmission comme de l'intégrité du message : aucune intrusion n'en a modifié le contenu et l'identité d'Alice n'a pas été usurpée.

La sécurité d'une telle procédure se fonde essentiellement sur une confiance en la robustesse des clés publiques. D'où la nécessité de l'autorité certifiante, ou tiers de certification, qui garantit au destinataire l'authenticité de la signature et, donc, l'identité de l'expéditeur.

Une clé publique certifiée, ou certificat, correspond à l'équivalent électronique d'un passeport, d'un permis de conduire ou d'une signature sur une carte bancaire. Sur le certificat sont validées entre autres informations pertinentes, l'identité du détenteur de la clé, le nom du propriétaire, la clé publique et une date d'expiration.

Les certificats sont créés et délivrés par une autorité certifiante dont les procédures en matière de vérification ont été éprouvées. Les autorités certifiantes développent des certificats à destination des groupes et réseaux et tiennent à jour une liste de clés publiques certifiées. À toute personne désirant envoyer un certificat, l'autorité certifiante délivre une signature digitale de sa clé publique incluant son identité, entre autres informations.

L'autorité certifiante sécurise ses procédés en assignant une signature digitale au certificat, via le calcul de la valeur d'empreinte du message. L'empreinte est signée par la clé privée de l'autorité certifiante. À la délivrance de tout certificat est jointe une copie de la clé publique de l'autorité certifiante.

Lorsque Bernard reçoit le certificat, il peut à la fois confirmer la validité de la signature et s'assurer par là même de l'authenticité de la clé publique d'Alice. Pour ce faire, il utilise la clé publique de l'autorité certifiante qui lui permet de vérifier la signature de cette même autorité, avant de calculer la valeur de l'empreinte du certificat pour la comparer à la valeur d'empreinte d'Alice. Si les empreintes ne sont pas identiques, on peut légitimement supposer qu'il y a eu erreur ou fraude.

En résumé, les différentes étapes du processus d'authentification pour Alice et Bernard s'échelonnent comme suit :

1. Alice calcule la valeur de l'empreinte de son message

2. Alice signe cette empreinte à l'aide de sa clé privée.

3. Alice se procure le certificat de Bernard dans un annuaire ou auprès d'une autorité certifiante. Le certificat de Bernard comprend la signature de sa clé publique et la copie de la clé publique de l'autorité certifiante.

4. Alice vérifie le certificat de Bernard en utilisant la clé publique de l'autorité certifiante, de façon à contrôler la signature de cette même autorité. La procédure passe par l'extraction de la signature de l'autorité certifiante et de l'empreinte du certificat, sa validation grâce à la clé publique de l'autorité certifiante, le calcul de la valeur de l'empreinte du certificat et sa comparaison avec l'empreinte extraite. Si les deux valeurs coïncident, Alice peut être sûre de l'authenticité de la clé publique de Bernard.

5. Alice chiffre son message avec la clé publique de Bernard, maintenant certifiée.

6. Alice ajoute à son message la valeur d'empreinte de sa signature (de 1 à 2) avant transmission.

7. Bernard reçoit le message et le décrypte avec sa clé privée.

Autorité certifiante

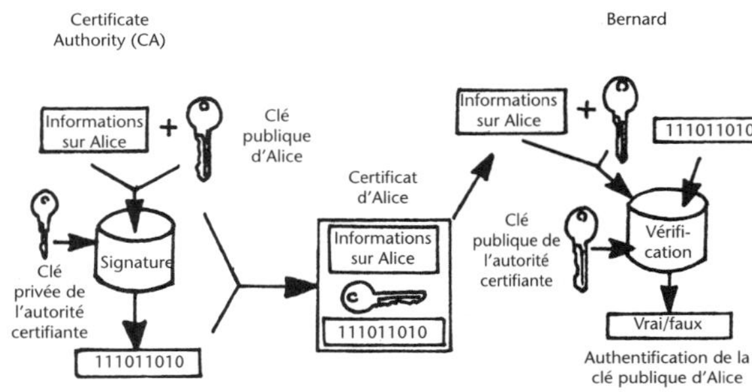

8. Bernard extrait la valeur de l'empreinte de la signature digitale d'Alice.

9. Bernard valide la signature d'Alice en utilisant la clé publique certifiée de cette dernière, obtenue auprès de l'autorité certifiante d'Alice et vérifiée par la clé publique de l'autorité certifiante.

10. Bernard calcule la valeur de l'empreinte du message et la compare à la valeur de l'empreinte extraite du communiqué d'Alice. Leur similitude exclue toute erreur ou falsification.

Parallèlement aux signatures digitales, certificats et autorités certifiantes, d'autres procédures d'authentification complètent l'attirail de la cryptographie : mots de passe, photographies, critères anthropométriques tels qu'empreintes digitales, balayage de rétine et numérisation de la voix.

GÉNÉRATION DE CLÉS

Pour déjouer les agissements des hackers, extrêmement doués pour contourner les procédures d'authentification – recours à signatures digitales falsifiées ou subornation d'individus employés par une autorité certifiante – on développe de nouveaux systèmes de parade, dont la génération de clés.

L'un d'eux fait appel à une machine capable de générer des clés aléatoires spécifiques, pour chaque communication. Les parties concernées connaissent ces sessions de clés, imprévisibles donc incontrôlables, et par là à l'abri de toute altération possible. La session de clé aléatoire est ajoutée à la clé privée de l'expéditeur et du destinataire pour en renforcer la robustesse et tenter de contrer toute tentative d'intrusion.

Sur ce principe, une session de clés générée par machine peut être mise à disposition de l'une des deux parties seulement. On a mis au point tout récemment un procédé où l'échange génère la clé. Dans ce cas, la clé est unique et valable pour cette seule et unique transaction. Comme rien ne permet de l'anticiper avant que l'échange n'ait lieu, la parade est incontournable.

L'incroyable quantité de séquences de chiffres indispensables à la création de clés de chiffrement a nécessairement entraîné le développement de nouvelles technologies. La puissance de calcul des machines atteint de nouveaux sommets. Les recherches menées en ce domaine par des organismes tels que la National Security Agency (NSA) restent le plus souvent secrètes. Néanmoins, certains documents du domaine public permettent d'en savoir un peu plus.

On doit au cryptologue Gustave Simmons la description du principe mis en œuvre dans une machine à crypter révolutionnaire : le générateur Fibonacci, nom hérité de la suite de nombres mise au point par le mathématicien italien Leonardo Fibonacci (1170-1250).

La suite de Fibonacci se présente sous la forme d'une série de nombres entiers, 1, 1, 2, 3, 5, 8, 13, 21, 34, 55 où chaque terme est égal à la somme des deux précédents (par exemple, 3 = 2 + 1, 13 = 8 + 5). En poussant le raisonnement, et en se basant sur la suite de Fibonacci, on

Générateur Fibonacci à *n* étapes

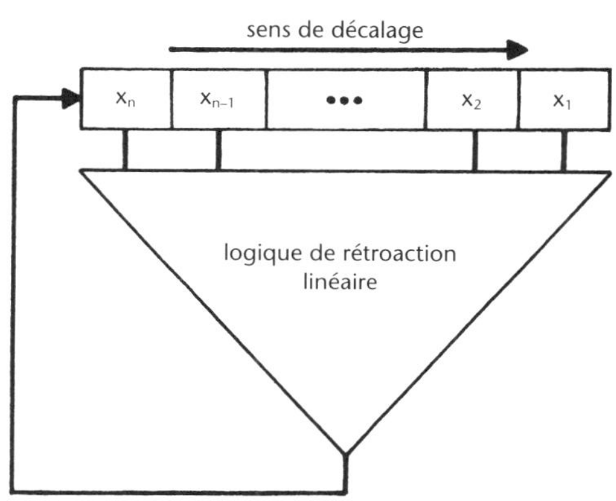

peut imaginer une suite où chaque terme représente la somme d'une série de nombres précédents, placés en des endroits déterminés de la suite. Si, par exemple, l'on considère la suite 1, 2, 3, 6, 11, 20, 37, 68, on peut écrire 2 + 1 = 3 et 1 + 2 + 3 = 6. Si l'on décale cette suite d'une position, 1 + 2 + 3 + 6 n'égalent plus 11. La séquence ayant subi un décalage, il faut alors écrire 2 + 3 + 6 = 11. Un nouveau décalage affectant les chiffres suivants, on pourrait écrire 3 + 6 + 11 = 20.

Dans la description des « n-étapes » du générateur de Fibonacci, les nombres formant la table du registre sont décalés d'une position vers la droite à chaque pas. Le nombre (bit) placé à l'extrême droite du groupe de décalage est retiré de la suite. Le bit suivant est déterminé par la somme de nombres situés en des points précis de la table du registre. Ce procédé à base de décalages et d'additions engendre des suites de chiffres aléatoires, comme l'illustre le diagramme ci-dessous, établi d'après la suite de Fibonacci sur une série de nombres de 1 à 31.

La vulnérabilité du processus de Fibonacci n'échappe cependant pas à la cryptanalyse. Basée sur une logique linéaire, l'opération permet d'anticiper, grâce à un certain nombre de formules, les états successifs ou l'ordre des nombres générés. De plus, le générateur Fibonacci et ses fonctions de décalage n'ont désormais plus rien de secret.

C'est l'emploi de machines à logique non linéaire, capables de générer un nombre colossal de suites aléatoires, qui relance le débat. La forme non linéaire permet de brouiller les combinaisons numériques, et de diffuser l'information sur l'ensemble du message transcrit sous forme de chiffres. Pour les chiffreurs, il reste à espérer que les transmissions exploitant ce genre de procédé fassent la preuve

Chiffres aléatoires engendrés par le générateur Fibonacci

de leur invulnérabilité en résistant aux attaques des cryptanalystes, mis pour l'instant en échec par l'impossibilité à retrouver les états originels des nombres à partir du chiffré.
On a coutume de qualifier l'ampleur et la difficulté de ce type de déchiffrement par l'expression « infaisabilité de calcul » ; c'est le nec plus ultra en matière de sécurité.

CRYPTOGRAPHIE QUANTIQUE

Dans la course au développement de nouveaux cryptosystèmes, il semble que la cryptographie quantique arrive en tête avec des solutions innovantes. Jusqu'alors, la cryptographie dite classique se retranchait derrière des théorèmes mathématiques déjà éprouvés et conçus pour protéger ses clés de toute attaque éventuelle. Ainsi, la sécurité de l'algorithme RSA, l'un des systèmes cryptographiques à clé publique les plus connus, repose sur la difficulté de factorisation de très grands nombres. Toute sa force réside dans l'asymétrie entre la vérification et la détermination de facteurs possibles ; on se retrouve ainsi avec un chiffrement élémentaire, mais le déchiffrement s'avère très difficile.

La cryptographie quantique s'applique à découvrir un algorithme capable de factoriser un très grand nombre en deux facteurs premiers. Si un tel algorithme arrivait à voir le jour, le recours à la multiplication de grands nombres premiers, clé de voûte de la cryptologie contemporaine, ne pourrait plus garantir la confidentialité des communications.

Fort heureusement pour les gouvernements et les nombreux serveurs à canaux sécurisés, cet algorithme champion n'a pas encore été mis au point. Jusqu'à présent, la vitesse de factorisation la plus élevée atteinte sur ordinateur standard exploite une méthode de factorisation basée sur le passage au crible d'un corps de nombres. Selon cette méthode, on réussit à factoriser un nombre à L chiffres en une durée qui croît exponentiellement avec $L^{1/3}$. En avril 1996, dans le cadre d'un défi visant l'algorithme RSA, on a atteint la factorisation record de 130 chiffres ; pour ce faire, le partage d'informations en provenance de milliers d'ordinateurs, via le réseau Internet, s'est avéré indispensable. Même si la performance relève de la prouesse, il n'en reste pas moins vrai qu'il suffit de rajouter quelques chiffres à la clé numérique, exponentiellement plus ardue à briser. Quelques années auparavant, on était parvenu à mettre au point un algorithme capable, en théorie seulement, de factoriser des nombres selon une vitesse de L^2.

En d'autres termes, cela signifiait qu'un ordinateur quantique, effectuant seulement 100 opérations à la seconde, était en mesure de factoriser un nombre à dix chiffres en deux petites minutes. Si un tel ordinateur débarquait sur le marché, on pourrait casser, en un laps de temps très court, les codes et chiffres de toutes les transmissions cryptées transitant via Internet et les lignes téléphoniques.

Principes élémentaires de mécanique quantique

Un ordinateur classique, PC ou Macintosh, stocke ses informations sous forme de bits. Cette représentation binaire simplifie la marche même de la machine, elle s'avère inhérente à sa capacité de calcul. Ainsi, dans tous les ordinateurs à calculateur numérique, le nombre 15 sera stocké sous la forme 1111, alors que le nombre 10 pourra être représenté par 1010.

A priori donc, n'importe quel nombre N peut être représenté en utilisant approximativement $\log^2$ (N) chiffres, mais il faut nécessairement allouer N emplacements mémoire à chaque longueur de $\log^2$ (N) bits pour stocker tous les nombres possibles entre 0 et N. Ainsi, pour stocker tous les nombres compris entre 0 et 15, il faut 15 emplacements mémoire d'une longueur de 4 bits chacun. Par comparaison, un ordinateur quantique se contente d'un seul emplacement mémoire de 4 quantum bits (ou bits quantiques) pour représenter les 16 nombres compris entre 0 et 15.

Un quantum bit, ou qu-bit (qui se prononce cubit) s'appuie sur le concept fondamental de la superposition d'états quantiques. Au nombre des paraboles tentant d'illustrer cette notion, la plus fameuse reste celle d'Erwin Schrödinger, connue sous le nom de chat de Schrödinger. Un chat est enfermé dans une boîte contenant une source radioactive relativement stable. À la moindre émission radioactive, le chat sera condamné. Exprimé en langage binaire, le chat est soit mort, soit vivant, selon que l'on regarde, ou non, dans la boîte. Vu sous l'angle de la mécanique quantique, le chat est à la fois mort et vivant, autrement dit dans une superposition d'états. À moins d'ouvrir la boîte et de regarder à l'intérieur (c'est-à-dire tenter d'établir une mesure) on doit alors imaginer le chat comme existant dans un état ambigu, sorte de limbes métaphysiques. Le seul état physiquement acceptable est basé à la fois sur la probabilité que le chat soit mort et sur la probabilité qu'il soit vivant. C'est ce que l'on définit comme l'amplitude de la probabilité.

Aussi incongrue qu'elle puisse paraître, cette parabole et ses conclusions ont en partie influencé un ensemble de travaux liés à l'observation de phénomènes physiques. Une de ces expériences s'attache à décrire le comportement des photons de rayons lumineux traversant deux fentes, et leur dispersion sur un mur dont la surface n'est pas parfaitement plane. Par ailleurs, le recours au paradoxe du chat de Schrödinger a souvent permis de mieux faire comprendre la notion de qu-bit. Désignons le chat comme étant le qu-bit. Si le chat est mort on lui assigne 0, si le chat est vivant on lui assigne 1. Dès lors que le chat n'est ni mort, ni vivant, il est à la fois dans un état 0 et 1. En ce sens, les deux chiffres (0 et 1) sont représentés en utilisant un seul et unique qu-bit, à savoir le chat dans cet exemple précis. Le recours à la représentation binaire traditionnelle aurait ici nécessité deux bits pour illustrer la simultanéité des états, un bit pour « mort » et un bit pour « vivant ».

Dans un ordinateur quantique, le traitement de qu-bits s'opère de façon telle que la probabilité de résultat croît en cours de calcul. Pour ce faire, l'information doit être stockée sous un certain état quantique, relativement isolé de l'environnement. Sur ce point précis, la plus prometteuse des solutions semble être le recours au spin nucléaire, avec ses mouvements de rotation analogues à ceux d'une toupie, capable de stocker l'information en un temps avoisinant la seconde. L'ordre de grandeur macroscopique des fluctuations du spin nucléaire et leur faible répercussion sur l'environnement donnent à penser qu'elles n'affecteront pas l'état quantique et, par là même, la cohérence d'un système reposant sur une telle théorie.

La cohérence quantique se résume essentiellement à la mesure des degrés de « conversation » entre l'ordinateur et l'environnement. Le spin nucléaire d'un atome est une superposition d'états. Si les états quantiques interagissent avec l'environnement, toute information relative à ces états – comme le spin des électrons et la position des atomes qui leurs sont liés – provoque l'altération des états quantiques, qui perdent leur capacité à interagir sur l'environnement. Ces schémas d'interférences nous renseignent sur la configuration des bits quantiques. Alors que les propriétés d'interactions des états quantiques apparaissent comme l'une des clés de voûte de la plupart des théories relatives à la mécanique quantique, les scientifiques orientent désormais leurs recherches vers la possibilité de limiter cette perte d'interactivité des objets quantiques avec l'environnement, ce que l'on nomme la décohérence.

Un prototype de l'ordinateur quantique a déjà vu le jour ; on le doit à un groupe de chercheurs du MIT et de l'université de Santa Barbara, en Californie, qui ont exploité les principes de base de la résonance magnétique nucléaire (RMN). De tels spécimens, faisant appel à la redondance de spins, ont le mérite de rendre évidente la réponse à de simples calculs, comme ceux découlant de la densité de certaines configurations de spins.

Cryptographie quantique

Il y deux façons d'appréhender la cryptologie quantique. D'un côté, on peut imaginer l'exploitation des ordinateurs quantiques dans le seul but de casser les cryptosystèmes existants et, par là même, pour résoudre le problème de la factorisation de grands nombres. De l'autre, on peut espérer voir un jour l'émergence d'une cryptographie quantique indéchiffrable, même passée au crible d'un ordinateur quantique !

En 1994, Peter Schor, un chercheur des Laboratoires Bell AT & T, développe un algorithme quantique capable de factoriser les grands nombres en temps polynomial. Avec de tels algorithmes, casser un cryptosystème à clés de 100, voire de 1 000 chiffres, relèverait du jeu d'enfant. La factorisation ne serait pas opérée de façon directe, mais s'appuierait sur des propriétés mathématiques relatives aux plus grands diviseurs communs pour faire la distinction entre solutions valides et non valides. L'algorithme s'attaque à des qu-bits organisés en une superposition de tous les états possibles et s'attache à retrouver « l'ordre » d'un nombre donné, dans un laps de temps très court. Si la factorisation se résume à retrouver l'ordre d'un nombre donné, on peut dès lors extraire les facteurs premiers selon des méthodes relativement simples. À ce jour, personne encore n'a cependant réussi à factoriser des nombres comme 29 ou 45 par exemple, à partir d'un ordinateur quantique utilisant l'algorithme de Schor – opération pourtant élémentaire pour un simple ordinateur.

Un autre domaine de la cryptographie quantique s'attache à sécuriser les échanges de données en exploitant des lois de la physique. Même si la chose semble pour l'instant quelque peu utopique, il ne se passe pas une semaine sans qu'un article ne débatte des possibilités de mise en application d'une nouvelle méthode de cryptographie, qui serait quantique. Pour preuve, l'un des récents travaux de Dominic Mayers et Andrew Yao, informaticiens à l'université de Princeton, intitulé *Sécurité inconditionnelle en cryptographie quantique*. Le titre est quelque peu présomptueux, même si l'on est en droit d'attendre des solutions dans un futur somme toute assez proche.

Le protocole auquel Mayers et Yao font référence, celui-là même autour duquel s'articulent bien d'autres cryptosystèmes, est basé sur une proposition déjà formulée en 1970 par le physicien américain C.H. Bennet et, en 1984, par le cryptologue canadien G. Brassard. On peut en résumer le principe en quelques mots. Considérons un émetteur, Alice, et un récepteur, Bob. Alice transmet ses données sous forme de photons polarisés, dans une direction spécifique choisie parmi les quatre possibles (0°, 45°, 90°, 135°). La polarisation indique la direction du champ électromagnétique du photon. En mécanique quantique, un détecteur peut faire la distinction entre des photons polarisés selon une direction diagonale (45° ou 135°) et ceux polarisés selon une direction rectilinéaire (0° ou 90°). Ces états étant immuables, il est impossible de les distinguer de façon simultanée.

Pour communiquer sa clé à Bob, Alice transmet une série de photons polarisés de façon aléatoire. Bob tente de mesurer la polarisation de chaque photon (0° contre 90° ou 45° contre 135°) et enregistre le résultat de ses mesures. Il transmet à Alice le type des mesures effectuées, rectilinéaire ou diagonale. Alice en retour lui fait part des valeurs correspondant à ses propres choix. Admettons qu'Alice transmette un photon dont l'orientation est de 0° et que Bob établisse une mesure diagonale : la réponse d'Alice invalidera sa mesure. Alice et Bob repèrent chaque type de mesure correct par une série de 1 et de 0 selon la direction du signal, 0° et 90° ou 45° et 135°. Cette suite de nombres forme la clé.

Selon la mécanique quantique, il est impossible d'observer un état sans en altérer ou en modifier la polarisation. De ce fait, toute tentative d'interception d'échange entre Alice et Bob modifierait les photons transmis et, par là même, la clé. Par cet échange de clé, formée de façon aléatoire, Alice et Bob s'assurent de la sécurité du protocole. Une fois cette vérification faite, ils peuvent procéder à un échange de données chiffrées par la clé. Bien entendu, un tel procédé ne constitue que l'une des multiples applications possibles de la mécanique quantique dans le domaine de la cryptographie, mais sa relative simplicité a le mérite de nous éclairer un tant soit peu sur quelques-uns des principes fondamentaux de cette science.

LA CRYPTANALYSE

Par cryptanalyse, on entend l'ensemble des techniques mises en œuvre pour résoudre un code ou un chiffre. C'est le célébrissime cryptologue William Friedman qui introduit, en 1920, le terme de cryptanalyse (du grec *kruptos*, secret, caché et *analusis*, résolution, décomposition). Les mots *décoder, déchiffrer* ou *décrypter* ne sont en rien des synonymes. Comme leurs noms l'indiquent, décoder, c'est l'action qui consiste à casser un code ; déchiffrer, celle qui s'applique à résoudre un chiffre. Le terme décrypter est quant à lui plus générique. L'interception et la résolution d'un message par une tierce partie relèvent de la cryptanalyse.

Il faudra des siècles pour que la cryptanalyse perde son aura occulte et acquière enfin un statut de science à part entière. Les cryptanalystes, avec la bénédiction active de leurs gouvernements respectifs, se rassembleront alors en organisations structurées, telles les fameux cabinets noirs, et accèderont de fait à l'honorabilité.

Durant quelques siècles la cryptanalyse jouera un rôle discret, mais capital, dans les relations diplomatiques. Les cabinets noirs ont leurs « artistes », capables, à partir de l'impression de sceaux de cire, de réaliser des moules et des contrefaçons. D'autres sont passés experts dans l'art de ramollir les sceaux cachetant les dépêches. Leur attirail : des lames de couteaux ou des fils métalliques chauffés à blanc. Une fois le contenu des missives recopié, on recachette discrètement le tout, avant de le réexpédier à son destinataire.

Aujourd'hui, la cryptanalyse joue un rôle tout aussi sensible dans la sécurité et la diplomatie internationales. Le travail d'interception et de déchiffrement de brillants analystes vise à recueillir le maximum de données, susceptibles de servir les intérêts de leur pays. Avec le temps, les outils de travail ont évolué ; au crayon et papier de jadis a succédé un arsenal technologique de satellites, capteurs spécialisés, ordinateurs — les instruments incontournables de la cryptanalyse contemporaine.

TECHNIQUES CRYPTANALYTIQUES

La cryptanalyse requiert de multiples talents et une bonne dose de savoir-faire : analyse de fréquence des lettres, lecture de tables de relevés de fréquence, statistiques, connaissance des caractéristiques de chaque langue, aussi bien que des jargons militaire, diplomatique et commercial. Voici les grandes lignes de la démarche cryptanalytique :

1. Maîtriser le sujet dont traite le cryptogramme. Ainsi, si la tâche consiste à déchiffrer des échanges diplomatiques, la recherche de mots probables s'orientera vers le champ sémantique de la diplomatie et vers des termes récurrents. Le cryptanalyste se doit d'être un linguiste averti, chaque langue est en effet déterminée par des règles grammaticales et syntaxiques spécifiques. De ce fait, grammaire, syntaxe et orthographe constituent autant d'éléments susceptibles de fournir de précieux indices.

2. Étudier dans le détail l'organisation générale du cryptogramme, de façon à mettre en évidence ses caractéristiques et schémas répétitifs.

3. Exploiter les tables de fréquences de lettres et de nombres.

4. Isoler le cryptosystème. Le cryptanalyste doit faire jouer son intuition, mais recourir aussi à sa faculté de déduction, afin d'identifier le procédé de chiffrement.

En matière de cryptanalyse, chacun a sa méthode ; néanmoins, l'attaque d'un problème ne peut passer outre l'étape dite de l'analyse de fréquence.

La répétition d'une lettre dans un texte conduit à établir le relevé de fréquence. Le terme fréquence fait référence au nombre de fois où une même lettre, ou un même chiffre, se rencontre dans un cryptogramme. Ceci est une démarche essentielle pour le cryptanalyste, car cette étude révèle un ensemble de schémas répétitifs propres à une langue, comme la fréquence de voyelles, de consonnes ou de bigrammes. En premier, le travail consiste donc à compter les lettres, nombres et autres symboles du cryptogramme, puis à relever les éventuelles connections de ces caractères avec d'autres lettres ou symboles. Rien de plus facile, quand certaines lettres apparaissent plus souvent que d'autres ; en revanche, un chiffre robuste ne laisse voir *a priori* aucun schéma précis.

Chaque langue dispose de sa table de relevé de fréquence. Les cryptanalystes anglais ne jurent que par le mot *etaonrish*, totalement incohérent sans doute, mais qui présente l'énorme avantage de réunir les lettres les plus récurrentes de la langue anglaise. Selon les tables de relevés de fréquence, l'ordre d'apparition de ces lettres varie quelque peu ; la lettre e est cependant presque toujours en tête de liste, généralement suivie par les lettres *t*, *a*, *o*, *n*, *r*, *i*, *s* et *h*. Les lettres rares, comme le *q*, le *x* ou le *z*, sont trahies dans le cryptogramme par la faible fréquence de certaines unités cryptographiques.

L'analyse de fréquence d'un cryptogramme s'effectue avec le support d'un alphabet complet ; à chaque occurrence d'une lettre donnée, on annote d'un trait la lettre correspondante, repères qu'il suffit ensuite de comptabiliser pour obtenir le schéma directeur.

X	G	L	W	C	Q	U	B	K	I	V	A	P
R	D	N	Y	E	J	T	M	S	Z	O	F	H
9	9	8	8	8	7	6	5	4	3	2	2	1
30	28	27	27	26	24	23	20	20	18	16	15	11

Le déchiffrement de codes ou de chiffres ne peut se contenter de l'analyse des valeurs approximatives révélées par les tables de relevé de fréquence standards. À l'analyse de fréquence succède l'étude des schémas répétitifs.

Des tendances se dessinent et permettent d'établir des comparaisons avec d'autres cryptogrammes émanant du même expéditeur ; en rapprochant certaines lettres, le cryptanalyste tente de composer des bigrammes, ou des trigrammes, acceptables. À cette étape, le recours aux tables de fréquence permet d'identifier les affinités de lettres (bigrammes) et les lettres rares propres à chaque langue. Dans certains cas, une unité cryptographique (lettres ou chiffres) présentera la même fréquence que dans le texte clair. Le tableau de relevé de fréquence prend forme, lorsque l'on a isolé toutes les correspondances entre les groupes de lettres du cryptogramme.

Dans l'exemple ci-dessous, la colonne de gauche montre les lettres comptabilisées. Ces mêmes lettres sont reprises dans les colonnes de droite, à raison d'une seule lettre par colonne. On repère le nombre de bigrammes impliquant une lettre de la colonne de gauche et une lettre des colonnes de droite ; on donne le total de ces bigrammes à l'extrême gauche du tableau. Les traits accompagnant certaines lettres indiquent leur position par rapport à la lettre de référence de la colonne de gauche. Une lettre précédant la lettre de référence est surmontée d'un trait ; si, au contraire, elle suit la lettre de référence, on trace le trait repère au-dessous.

20	Q	Q	C	P	K	G
18	C	Q	C	P	K	G
15	P	Q	C	P	K	G
12	K	Q	C	P	K	G
9	G	Q	C	P	K	G

Dans cet exemple, *C* précède *Q* trois fois, pour former le bigramme *CQ*, et suit *Q* deux fois, pour former le digramme *QC*. Le même schéma se reproduit pour la lettre *Q*, qui précède *C* deux fois et le suit trois fois. Le *Q* et le *G* n'étant pas liés dans le cryptogramme, aucun trait repère ne vient distinguer ces deux lettres.

Un tableau de relevé de fréquence digne de ce nom regroupe tous les particularismes linguistiques, qui sont des indices essentiels au cryptanalyste. Dans la langue française, la lettre *e* se retrouve dans la majorité des bigrammes. Suivent *a*, *i* et *u*, rarement associées. On rencontre rarement les bigrammes *ae, ia*, et *ua*, à l'inverse de *ai*, plus fréquent. Les bigrammes rares d'un texte chiffré correspondent généralement à des bigrammes tout aussi rares dans le texte clair.

Les consonnes montrent elles aussi des affinités plus marquées avec certaines lettres. Les consonnes *r* et *s*, accolées dans l'alphabet, sont en revanche rarement associées dans un mot. Le *r* et le *s* apprécient la compagnie des voyelles ; le *n*, lui, précède volontiers le *t*. Le bigramme *an* se rencontre plus souvent que son contraire *na*. Si le schéma voyelle + n est récurrent, on peut supposer qu'une unité cryptographique plusieurs fois précédée par la même lettre chiffrée correspondra à l'unité claire *n*. Rien de plus facile pour un déchiffreur que de rapprocher la fréquence élevée d'un certain bigramme du tableau de relevé de fréquence d'un bigramme comme *le*, l'un des plus courants de la langue française.

La fréquence d'une lettre isolée se répercute dans les bigrammes, regroupés dans une table de fréquence (*voir Annexe*). Les caractéristiques d'une langue déterminent la fréquence de certains bigrammes. En français, la palme revient aux paires *es, in*, et *en*. Dans la catégorie trigrammes (association de trois lettres), on trouve en tête de liste *ent, ede, les* et *lle*.

Le cryptanalyste va tenter de former des bigrammes acceptables à partir des lettres du cryptogramme. Le recours aux tables de fréquence est ici essentiel, notamment en présence, dans le chiffré, de doublements de lettres. Les bigrammes *zz* ou *11* peuvent très bien correspondre à *ee* ou *ss*. Si le cryptanalyste flaire un chiffrement par transposition, il tentera par réorganisations successives d'accoler lettres ou nombres sur des matrices. D'autre part, la somme des lettres d'un cryptogramme susceptible d'être chiffré par transposition est souvent égale à celle des lettres du texte clair.

D'hypothèses en déductions, le cryptanalyste tente de reconstituer le schéma de transposition ; c'est la méthode dite de l'anagrammatisation, un travail de réflexion apprécié par tous les amateurs d'anagrammes qui, eux, en revanche traquent un ensemble de lettres claires (par exemple : *marie, aimer*). Les seuls indices du cryptanalyste se résument à la langue dans laquelle est rédigée le message, à la longueur du cryptogramme, aux schémas de distribution de groupes de lettres ou de nombres, et à leur fréquence.

Le déchiffrement d'un début de phrase, d'une date, voire d'un bigramme, ouvre la voie à la résolution d'autres substitutions. La reconstitution de la clé de chiffrement, opération dite de reconstruction parallèle, s'effectue en plaçant les unités cryptographiques sous les lettres d'un alphabet classique. À l'émergence des premières correspondances entre lettres chiffrées et lettres claires, on tente d'en établir de nouvelles.

TEXTE CLAIR : a b c d e f g h i j k l m n
o p q r s t u v w x y z

TEXTE CHIFFRÉ : • l • n • • • v w • z • • •
• • x • • • c • • • • •

Il arrive que ce procédé élémentaire suffise à fournir des indices immédiatement exploitables. Dans l'exemple ci-dessus, si *b* correspond à *l* et que *d* correspond à *n*, on peut en déduire que *m* correspond à la lettre claire *c*. De la même façon, si l'on suppose que l'unité cryptographique *x* correspond au *q*, il est fort probable que le *y* du chiffré corresponde au *j* du clair.

De telles similitudes de positions peuvent ouvrir d'autres pistes. Prenons comme référence un alphabet désordonné ; partons du principe que l'unité cryptographique *o* correspond à la lettre claire *h*. Si le cryptanalyste trouve un *p* dans le cryptogramme, il peut supposer que l'unité claire *i* lui correspond, en s'appuyant sur l'équation : si *p* suit *o*, alors *i* suit forcément *h*.

Les doublements de lettres, la fréquence élevée de certains caractères, les bigrammes récurrents (*es* par exemple) et l'association de voyelles avec certaines consonnes sont autant d'indices qui facilitent le travail d'anagrammatisation. L'objectif reste néanmoins la mise à jour de mots probables.

Outre les méthodes mentionnées ci-dessus, les cryptanalystes se fient à des tables de mots, listés selon des critères de longueur et de rimes, ou des répertoires d'expressions populaires, certains jargons, voire des termes d'argot.

CASSER UNE SUBSTITUTION POLYALPHABÉTIQUE

De toutes les formes de substitutions, celle dite monoalphabétique résiste le moins bien à l'analyse de la fréquence de lettres. Le plus souvent, les procédés de chiffrement basés sur la substitution recourent à plusieurs alphabets ; on parle alors de substitution polyalphabétique. On attaque ce type de chiffres par des méthodes spécifiques et divers outils, tables de relevé de fréquences, listes de mots ou anagrammatisation.

En 1863, un officier prussien publie *Les Chiffres et l'art du décryptement* ; Friedrich Kasiski donne en ces pages une méthode de déchiffrement de la substitution polyalphabétique à clé principale périodique. Kasiski a réalisé que le recours à un même mot-clé pour chiffrer des séquences de lettres répétitives provoquait des répétitions dans le cryptogramme. Par exemple :

CLÉ : s k y s k y s k y s k y s k
y s k y s k y s k y s k y s k y

TEXTE CLAIR : t o b e o r n o t t o b e t
h a t i s t h e q u e s t i o n

TEXTE CHIFFRÉ : *q c v n* a e x a p *q c v n y*
1 k z r g *y 1* h v c j x p d a u

Lorsque les lettres de la clé *s*, *k*, et *y* (dites clés de rang) chiffrent une séquence de lettres répétée dans le message en clair, ici *t*, *o*, *b*, *e*, *t*, et *h*, la séquence chiffrée *q*, *c*, *v*, *n*, *y* et *l* se répète. Le cryptanalyste peut en conclure une (voire plusieurs) répétition du mot-clé. Fort de cette découverte, Kasiski est en mesure d'établir des schémas de répétitions et d'espaces entre les polygrammes récurrents.

On nomme intervalle l'espace compris entre deux séquences identiques ; la valeur de l'intervalle se calcule à partir de la première lettre d'une séquence. Pour la séquence *q*, *c*, *v*, *n*, l'intervalle est de neuf lettres. La longueur de l'intervalle est en rapport avec le nombre de répétitions du mot-clé. Ainsi, un intervalle de neuf lettres signale un mot-clé de trois lettres, utilisé trois fois ; partant du même raisonnement, un intervalle de 16 lettres peut trahir l'utilisation d'un mot de quatre lettres, répété quatre fois. Au cryptanalyste de repérer toutes les séquences répétitives du cryptogramme.

Le rétablissement de la longueur de la clé principale, soit le nombre de lettres du mot-clé, met en évidence le nombre d'alphabets de chiffrements, à savoir les clés de rang. Ainsi, un mot-clé de trois lettres comporte trois alphabets. Le travail du cryptanalyste consiste alors à regrouper toutes les lettres chiffrées par la première clé de rang, puis toutes celles chiffrées par la deuxième clé de rang et ainsi de suite. Les groupes chiffrés par la même clé de rang, sont alors traités comme une substitution monoalphabétique.

À ce stade, la vigilance est de rigueur. La mise à jour de séquences répétitives et la découverte de la longueur de la clé ne permettent en rien de tirer des conclusions définitives. En effet, un intervalle de 20 lettres peut effectivement signaler l'utilisation d'un mot-clé de quatre lettres répété cinq fois ; il peut tout aussi bien s'agir d'un mot-clé de dix lettres répété deux fois. Face à ce problème, la méthode mise au point par Kasiski permet d'y voir plus clair.

La méthode consiste à relever dans un premier temps la valeur des intervalles séparant chaque séquence répétitive du cryptogramme. Une fois ces valeurs établies pour l'ensemble des séquences identiques, il s'agit de les factoriser, autrement dit de retrouver tous leurs diviseurs possibles.

SÉQUENCE RÉPÉTITIVE	PREMIÈRE POSITION	DEUXIÈME POSITION	INTERVALLE	FACTORISATION
rdp	3	165	162	1 × 3 × 6 × 9
dnlur	6	186	180	2 × 2 × 5 × 9
plxw	24	402	378	3 × 3 × 7 × 9

La séquence répétitive *dnlur* débute à la sixième lettre du cryptogramme, et se retrouve à nouveau 186 lettres plus loin. L'intervalle est de 180 (186 moins 6). La factorisation de 180 donne 2, 5, et 9 (2 x 2 = 4 x 5 = 20 x 9 = 180).

Le cryptanalyste passe ainsi au crible toutes les séquences identiques et leurs intervalles. Un intervalle d'une valeur de 2, courant, ne constitue pas une base de départ valable pour retrouver la longueur d'une clé. L'usage de clés aussi courtes étant improbable, le cryptanalyste s'oriente plutôt vers la recherche d'une longue clé. En règle générale, ce genre de clé engendre forcément des répétitions dans le cryptogramme ; toutefois, certaines répétitions, accidentelles, peuvent conduire sur de fausses pistes et brouiller la factorisation.

Supposons que l'on retienne le diviseur le plus fréquent, soit 9. On en conclut que le nombre probable de lettres de la clé est égal à 9. Le cryptanalyste aligne les neuf premières lettres du message et inscrit en dessous, ligne à ligne, les lettres supposées chiffrées avec la même clé de rang. L'enjeu consiste alors à trouver des correspondances entre les lettres de ces colonnes et des lettres du clair.

Étudions maintenant le relevé de fréquence.

Le repérage des fréquences de chaque unité cryptographique permet de cerner un schéma directeur. À cette étape, le rétablissement d'une unité claire, autrement dit la résolution d'une substitution monoalphabétique, suffit à valider la longueur de la clé. Un relevé de fréquence au profil inhabituel indiquera la probabilité d'une erreur. Ainsi, la fréquence élevée de séquences du type *pqr* ou *uvw-xyz*, trigrammes rares dans la langue française, est à prendre avec circonspection.

Si le relevé est conforme au coefficient normal de fréquence, on peut passer à l'étape d'anagrammatisation et au rétablissement du texte clair. Tout aussi bien, confronté à un système de chiffrement apparemment dénué de schémas de référence, le cryptanalyste devra repartir à zéro.

Un autre grand nom marque l'histoire de la cryptanalyse : Auguste Kerckhoffs ; en 1883, cet éminent linguiste hollandais publie *La Cryptographie militaire*, un fascicule de 64 pages.

Dans cet ouvrage, Kerckhoffs répertorie divers cryptosystèmes, dont la fameuse réglette de Saint-Cyr, il décrit également plusieurs sortes de mécanismes de chiffrement, mentionne le télégraphe et aborde les besoins militaires en matière de signalisation. Mais surtout Kerckhoffs établit, pour la première fois, une distinction entre une méthode cryptanalytique générale (cylindre chiffrant ou répertoire de mots codés) et la clé de chiffrement. Autrement dit, la connaissance de la méthode de chiffrement ne suffit pas au décryptement, tant que la clé résiste et reste secrète.

De plus, Kerckhoffs enrichit la cryptanalyse de deux outils essentiels au déchiffrement d'une substitution polyalphabétique : la superposition et la symétrie de position. La superposition, procédé élémentaire en soi, étudie les cryptogrammes supposés chiffrés par la même clé. L'opération consiste simplement à les aligner en colonnes, l'un audessus de l'autre, pour repérer les correspondances entre unités cryptographiques et clés de rang.

Le procédé de Kerckhoffs permet de démontrer qu'en présence de cryptogrammes élaborés avec une même clé, chacune des lettres de la première colonne est chiffrée par la même lettre clé, ou clé de rang. Le principe se vérifie pour chaque colonne et chaque clé de rang. Le tableau ci-dessous illustre en partie le raisonnement.

COLONNE :		1	2	3	4	5	6	7. . .
CRYPTOGRAMME :	1	b	g	j	d	x	c	r
	2	b	g	n	d	a	z	u
	3	b	c	m	i	x	z	q
	4	h	g	n	y	e	r	v
	5	b	l	c	d	h	p	r
	6	b	g	o	q	n	h	r
	.							
	.							
	.							

Une fois ces correspondances établies, chaque colonne est traitée comme une substitution monoalphabétique. On recourt alors à des méthodes de déchiffrement plus classiques : établissement d'un relevé de fréquence, recherche de bigrammes récurrents et emploi de tables de fréquences.

La symétrie de position facilite, quant à elle, le repérage des unités cryptographiques. Sa mise en œuvre passe par l'élaboration d'un tableau, comprenant un alphabet clair complet et ordonné, sous lequel on inscrit toutes les lettres du cryptogramme. Une simple analyse permet de repérer les positions de chaque unité cryptographique et de mettre à jour leurs connections. Symétrie de position et répétition d'intervalles sont à présent palpables.

Prenons l'exemple des mots *world language*. Chacune des lettres, utilisée une seule fois, est insérée dans un alphabet répétitif. Tout au long de l'alphabet, un intervalle constant sépare la lettre *a* de la lettre *b*. Même chose pour les lettres *h* et *p*. On retrouve toujours huit cases entre le *l* et le *c*.

ALPHABET CLAIR :

a	b	c	d	e	f	g	h	i	j	k	l	m	n	o	p	q	r	s	t	u	v	w	x	y	z

ALPHABET CHIFFRÉ :

w	o	r	l	d	a	n	g	u	e	b	c	f	h	i	j	k	m	p	q	s	t	v	x	y	z
o	r	l	d	a	n	g	u	e	b	c	f	h	i	j	k	m	p	q	s	t	v	x	y	z	w
r	l	d	a	n	g	u	e	b	c	f	h	i	j	k	m	p	q	s	t	v	x	y	z	w	o
l	d	a	n	g	u	e	b	c	f	h	i	j	k	m	p	q	s	t	v	x	y	z	w	o	r
d	a	n	g	u	e	b	c	f	h	i	j	k	m	p	q	s	t	v	x	y	z	w	o	r	l
a	n	g	u	e	b	c	f	h	i	j	k	n	p	q	s	t	v	x	y	z	w	o	r	l	d

Kerckhoffs pousse l'analyse plus loin, en démontrant que la position d'une lettre par rapport à une autre dans un même alphabet de chiffrement permet de retrouver la position de deux autres lettres dans un second alphabet, chiffré avec la même clé. Il suffit de repérer une lettre commune aux deux alphabets et de reporter la valeur d'intervalle séparant ces deux lettres dans le premier alphabet, pour identifier la seconde lettre dans le second. La position des unités cryptographiques est établie ; il suffit de s'appuyer sur les valeurs d'intervalles pour retrouver les unités claires correspondantes.

Imaginons que l'on soit parvenu à déchiffrer un message élaboré à partir du tableau ci-dessus. On sait que les unités cryptographiques *r* et *n* correspondent, respectivement, aux unités claires *c* et *g*. Un intervalle de quatre sépare les unités cryptographiques. Si le cryptanalyste repère la lettre *r* dans un autre alphabet de chiffrement, il est à même, connaissant l'intervalle qui sépare cette lettre du *n*, de retrouver la position de la seconde lettre, *n*, dans cet alphabet. Si le *r* se trouve correspondre à la lettre claire *h*, un intervalle de quatre permet d'aligner l'unité cryptographique *n* sous l'unité claire *l*. La localisation de nouvelles unités cryptographiques dans ce second alphabet de chiffrement entame la résistance du chiffre.

Autre figure prestigieuse de la cryptanalyse : William Friedman. En 1917, dans le n° 15 de la Riverbank Publication (*A Method of Reconstructing the Primary Alphabet from a Single One of the Series of Secondary Alphabets*), Friedman frappe un grand coup en proposant une méthode de décryptement des substitutions polyalphabétiques des plus ingénieuses.

Un alphabet désordonné, comparable à celui d'un carré de Vigenère, fait office d'alphabet primaire de chiffrement polyalphabétique. L'alphabet secondaire est élaboré à partir d'éléments fournis à différentes étapes du déchiffrement de codes et de chiffres. Dans l'exemple ci-dessous, le premier alphabet utilise le mot-clé *absolute*.

ALPHABET CLAIR : a b s o l u t e c d f g
h i j k m n p q r v w x y z

ALPHABET DE CHIFFREMENT : e c d f g h i j k m n p
q r v w x y z a b s o l u t

Le cryptanalyste, à moins d'en avoir été informé par d'autres sources, ignore l'ordre de l'alphabet produit par le mot-clé. L'alphabet secondaire est établi à partir des lettres du premier alphabet de chiffrement, alignées selon un ordre alphabétique standard ; toutes les lettres du mot-clé *absolute* s'y retrouvent, mais de façon désordonnée.

ALPHABET CLAIR : a b c d e f g h i j k l
m n o p ç r s t u v w x y z

ALPHABET DE CHIFFREMENT : e c k m j n p q r v w g
x y f z a b d i h s o l u t

Il s'agit de rétablir l'alphabet originel à partir de l'enchevêtrement des lettres des deux alphabets ; le cryptanalyste, en mettant à jour des liens unissant les lettres les unes aux autres, parvient à bâtir une suite logique de 26 lettres. Ainsi en commençant par la lettre *a* de l'alphabet clair, on trouve le *e*, aligné exactement au-dessous. On recherche ensuite le *e* dans l'alphabet clair et l'on repère l'unité cryptographique alignée au-dessous, soit le *j*. L'opération se poursuit sur toutes les lettres de l'alphabet. À partir de cette suite de 26 lettres, le cryptanalyste opère une série d'alignements, en séparant les lettres par des intervalles de plus en plus grands, jusqu'à ce que des polygrammes clairs du mot-clé émergent.

	1	2	3	4	5	6	7	8	9	10	11	12	13	14	15	16	17	18	19	20	21	22	23	24	25	26
1	e	j	v	s	d	m	x	l	g	p	z	t	i	r	b	c	k	w	o	f	n	y	u	h	q	a
2		e		j		v		s		d		m		x		l		g		p		z		t		i
3			e			j			v			s			d			m			x			l		

Le rétablissement de l'alphabet primaire de chiffrement permet de décrypter tout message supposé chiffré par le même alphabet. De plus, il facilite la mise en évidence d'autre mots-clés de longueur différente, et renseigne le cryptanalyste sur le mode de formation des clés de différents messages émanant d'une même source.

Toujours d'actualité, les découvertes de Friedman, traduites sous forme d'algorithmes, sont exploitées par les programmes informatiques.

La complexité croissante des cryptosystèmes contraint de nos jours la cryptanalyse à investir dans de nouveaux supports, mais aussi et toujours, à recourir aussi à l'espionnage et aux fuites de données. L'ordinateur est devenu un outil indispensable, capable d'analyser à lui seul des millions d'informations ; pourtant, même dans un monde dominé par la technologie, l'homme et ses facultés de raisonnement, sans omettre son pouvoir d'intuition, restent essentiels.
La toute-puissance de l'informatique ne saurait faire oublier les leçons du passé.

57163

LES CODES

Du latin *codex* « tablette à écrire » ou « registre » ; système cryptographique où mots, lettres, nombres, symboles et même phrases entières se substituent aux mots, lettres et phrases du clair. Les termes code et chiffre, employés à tort comme synonymes, relèvent d'une approche totalement différente : alors que le chiffre substitue ou transpose une lettre à la fois, voire deux, la substitution codique s'attache elle à remplacer des unités plus conséquentes, à savoir des mots, des phrases ou des nombres. L'exemple ci-dessous permet de comparer groupes codiques et cryptogrammes issus d'une transposition par inversion.

TEXTE CLAIR	CODE	TRANSPOSITION PAR INVERSION
Washington, D.C	200	cdnotgnihsaw
London	castle	nodnol
Madrid	###	dirdam
Paris	gourmet	sirsap
New York	trial	kroywen
Bombay	@c2	yabmob

Les codes secrets, limités à l'origine à de simple substitutions de noms propres, évoluèrent bientôt pour s'organiser en répertoires, listant de plus en plus de termes. Dès 1300, d'après les témoignages fournis par les archives du Vatican, émissaires pontificaux et diplomates des cités méditerranéennes exploitent ce procédé de dissimulation. De plus en plus soucieux d'assurer leur sécurité, nombre d'États se fient dès lors à des nomenclateurs répertoriant d'interminables listes de noms codés couplées à des alphabets de chiffrements. Les répertoires domineront la cryptographie du XVe siècle au milieu du XIXe siècle.

Les imposantes feuilles de parchemin en accordéon qui dissimulent les premiers nomenclateurs s'équipent bientôt de couvertures, protections plus sûres et plus à même de soustraire les codes aux regards indiscrets. Les répertoires voient le jour. Véritables dictionnaires, ces documents listent des unités claires, rangées par ordre alphabétique, et leurs équivalents cryptographiques, les groupes codiques. À la différence des procédés de chiffrement, où la clé surchiffrée s'intègre au cryptogramme, les listes des répertoires, bien trop longues pour être mémorisées, sont indispensables aux opérations de codage et décodage.

Pour mieux répondre aux exigences des militaires et de leurs agents, les répertoires s'enrichissent ; de plus en plus volumineux, ils perdent en discrétion et confort d'utilisation. La perte ou le vol d'un répertoire met ainsi en péril un système tout entier. Sur les champs de bataille, les officiers ont bien du mal à consulter dans l'urgence ces véritables « pavés » ; de plus, sous le feu de l'action, le personnel perd un temps fou à coder et décoder les dépêches.

Les cryptologues soucieux de résoudre ce genre de problèmes s'appliquent dès lors à distinguer les genres. Les répertoires et le vocabulaire se spécialisent suivant les corps d'armées ; les codes mis à la disposition des agents font appel à des mots puisés dans des romans ou des dictionnaires, pour mieux détourner l'attention. Des codes plus adaptés à l'élaboration des plans de batailles et aux manœuvres sont ainsi créés à destination des différents états-majors ; ces répertoires particuliers prennent le nom de code de campagne et de code des tranchées.

Avec le développement du code Morse, l'invention du télégraphe électrique (1844) et l'achèvement de la pose du premier câble transatlantique (1866), le code fait irruption dans le monde des affaires.

Pour réduire les taxes des communications par câbles et télégrammes, les commerçants remplacent mots et phrases entières par des groupes codiques se résumant à des séquences de cinq lettres ou chiffres, listées dans de volumineux répertoires.

Les procédés de substitutions codiques exploitent indifféremment lettres ou chiffres. Mais comparées aux chiffres, les 26 lettres de l'alphabet se prêtent à un nombre bien plus élevé de permutations. Ainsi, un simple alphabet, avec ses six voyelles, permet de créer pas moins de 100 000 groupes codiques à cinq lettres, tous différents par au moins deux lettres. Les deux lettres différenciant un groupe codique d'un autre évitent ainsi toute erreur de codage et de transmission.

Les codes dernière génération sont structurés de telle sorte que toute transposition accidentelle en cours de transmission n'altère en rien la restitution et le sens des mots en clair ; si par exemple le groupe codique *BOCKI* signifie *Ne pas discuter, se soumettre si nécessaire à la demande mais s'efforcer d'en tirer quelques avantages*, aucun autre groupe codique du code commercial en question ne sera formé à partir des mêmes lettres, à savoir *OBCKI*, *BCOKI*, *BOKCI* ou *BOCIK*.

Les codes se divisent en deux grandes catégories : codes ordonnés d'une part, et codes désordonnés de l'autre. Les premiers, également appelés codes alphabétiques ou numériques, ordonnent les unités claires et les groupes codiques de façon alphabétique ou numérique ; dans ce cas le même répertoire préside aux opérations de codage et de décodage. Les codes désordonnés classent les unités claires selon un ordre alphabétique ou numérique, mais leurs groupes codiques correspondants sont rangés de façon aléatoire ; deux listes sont alors indispensables, l'une pour le codage, l'autre pour le décodage.

Chiffreurs et codeurs sont confrontés au même défi, à savoir renforcer au maximum leur procédé et la sécurité de leur méthode. Intervient alors le surchiffrement ; les groupes codiques, formés de lettres ou de chiffres, sont ainsi surchiffrés par transposition (en présence de chiffres), ou par substitution (en présence de lettres ou de chiffres). Le surchiffrement d'un code numérique est effectué via une clé additive, à savoir une série de chiffres de même longueur que le groupe codique. Les clés additives font leur apparition dans les années 1800 pour mieux garantir la confidentialité des communications par câbles et télégrammes. Par exemple, le surchiffrement du code en clair, ou placode : 1162 7824 5286, par la clé additive 2040 permet d'obtenir le code surchiffré ou énicode :

PLACODE :	1162
CLÉ ADDITIVE :	+2040
ÉNICODE :	3202
	7824
	+2040
	9864
	5286
	+2040
	7326

Après surchiffrement de tous les groupes codiques, l'énicode est prêt à la transmission. Seul le maintien secret de la clé additive, qui en elle-même ne présente aucun caractère particulier, garantit la confidentialité des échanges entre les correspondants ; en cas d'interception, le message surchiffré offre bien plus de résistance aux tentatives de décodage.

C'est parfois par substitution que l'on surchiffre les codes alphabétiques. La terminologie du jargon des affaires, souvent peu évidente à masquer par l'emploi d'autres termes, ne peut se contenter de recourir à une simple phrase codée, sous peine de dévoiler la teneur de tout un message. Dans ce cas, le surchiffrement s'impose.

L'exemple ci-dessous illustre le surchiffrement d'un mot clair, *blueprint*, et d'un nombre, 4916. Au groupe codique, ou placode, *signatory* se substituent d'autres lettres qui formeront l'énicode.

TEXTE CLAIR :	blueprint
GROUPE CODIQUE :	signatory
TRANSPOSITION :	(pas de transposition de lettres)
SUBSTITUTION :	dxqkmjvfz
ÉNICODE :	dxqkmjvfz

NOMBRE EN CLAIR :	4916
GROUPE CODIQUE :	2370
TRANSPOSITION :	7203
SUBSTITUTION :	5068
ÉNICODE :	5068

Clés de décodage Selon la méthode utilisée, l'alphabet de substitution, à savoir l'alphabet de chiffrement, ou l'inversion du procédé de transposition permet de rétablir le placode. La consultation du répertoire suffit à retrouver les équivalences entre groupes codiques et mots en clair.

Le recours à un procédé dit syllabique permet de varier quelque peu la logique d'un code. Dans ce cas, le répertoire, ou table de chiffrement, liste une série de syllabes en guise de groupes codiques ; ainsi, l'absence de répétitions dans le message codé garantit la sécurité du système tout entier. Un mot récurrent dans un message en clair, *ammunition*, par exemple, sera tour à tour décomposé en entités linguistiques de longueur variable, codées séparément.
Au premier découpage, *am mun i tion*, succédera *amm unit ion*, puis *a mmu nit ion*. À chacune des unités linguistiques correspondra un groupe codique différent ; un procédé efficace pour réduire le nombre de répétitions au sein d'une transmission et par la même les ingérences de l'ennemi.

Le répertoire de code, un classique de l'espionnage militaire, trouve une voie de développement dans l'espionnage industriel. Concurrence oblige, les géants du marché se voient aujourd'hui contraints de protéger leurs échanges tant sur le plan national qu'international ; un souci plus marqué chez les industriels des pays développés où le libre accès à l'information fragilise d'autant plus le concept de confidentialité.
Une telle course effrénée à la sécurité s'avère sans cesse remise en cause par les cryptanalystes qui, méthodiquement, s'emploient à pénétrer les domaines jusque-là réservés à la science, à l'industrie, à la diplomatie et à l'espionnage.

Le principal avantage du code sur le chiffre tient avant tout à la simplicité des procédés mis en œuvre lors du codage ou du décodage. Les opérations de chiffrement et de déchiffrement d'un système réputé robuste s'avèrent en comparaison incroyablement plus longues ; sans parler des erreurs de chiffrement qui, même minimes, compromettent la validité de tout un message. Si un cryptogramme intercepté et déchiffré par l'ennemi met en péril toute l'architecture du système, le décodage d'un message ne suffit pas à rétablir tout un répertoire.

Cependant, le répertoire de code reste un outil peu adapté aux réalités de l'espionnage ; difficile à faire suivre sans éveiller l'attention, susceptible d'être perdu ou dérobé, fastidieux à mettre au point, à imprimer, à relier et à distribuer. L'élaboration d'un nouveau chiffre paraît en comparaison bien plus élémentaire.

Tout comme avec le chiffre, la sécurité d'un code repose sur des révisions fréquentes. La répétition régulière de groupes codiques conduit tout aussi sûrement que l'application prolongée d'un même procédé de chiffrement à la faillite du cryptosystème. Un code désordonné offre plus de sécurité qu'un code ordonné. Mais la force d'un code passe aussi par le nombre d'entrées de son répertoire ; plus il sera élevé, plus le système sera robuste. À condition bien sûr que les groupes codiques soient régulièrement modifiés.

Les nomenclateurs

Du latin *nomem* « nom » et *calator* « celui qui appelle », le terme « nomenclateur » désigne une pratique dominante des années 1400 jusqu'à 1850 environ, que les secrétaires des papes et des rois utilisent pour masquer leur correspondance privée et diplomatique. Simples listes de noms à l'origine, les nomenclateurs se sophistiquent et répertorient bientôt des séries de syllabes, mots et noms assimilables à un code, accompagnées d'un alphabet de chiffrement.

La Renaissance marque l'apparition de procédés cryptographiques plus élaborés, développés pour mieux répondre aux rivalités commerciales entre puissantes cités. Face à la surenchère de noms et de phrases à coder, les nomenclateurs intègrent désormais des symboles, dont certains sans signification aucune, les *nihil importantes* ou nulles, destinés seulement à dérouter les éventuels curieux.

L'exemple ci-dessous reproduit un petit extrait de nomenclateur du XVe siècle, similaire à un exemplaire découvert à Sienne en Italie. 23 lettres et leurs symboles correspondants y sont présentés, plus quelques noms propres auxquels se substituent des noms codés, suivis de symboles, de nulles et de lettres doublées.

a b c d e f g h i k l m n o p

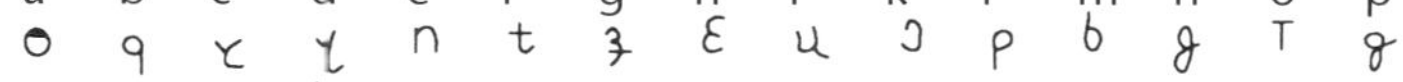

q r s t u x y z

Antonello da Furli	Forte
Cardinales	Florenus
Comes Urbini	Lux
Dux Calabrie	Ventus
Dux Venetiarum	Celum
Florentini	Terra
Gentes Regie	Stelle
Gentes Venetorum	Arena
Marchio Montisferrati	Arbor
Napoli	Nobile
Pitigliano	Duram
Sorano	Fortuna
Dominus Alexander Storza	
Ildibrandinus	

Lettres Doublées : bb cc dd ff ll mm nn pp rr ss tt

Nulles :

Correspondance privée, courrier diplomatique, les nomenclateurs servent toutes les cours d'Europe. Jusqu'au XVIIe siècle leur présentation n'évolue guère ; mots en clair et groupes codiques y restent classés par ordre alphabétique. Sous l'impulsion d'Antoine Rossignol, cryptologue français de renom, les nomenclateurs font enfin peau neuve ; pour pallier le piètre niveau de sécurité offert par les codes ordonnés, Rossignol élabore le code désordonné. Le nomenclateur, est dès lors divisé en deux sections distinctes : une partie chiffrante, soit une liste alphabétique des unités claires couplée à des groupes codiques se succédant selon un ordre incohérent ; une partie déchiffrante où les groupes codiques sont cette fois listés selon un ordre alphabétique, et les unités claires selon un ordre incohérent. Le procédé de Rossignol reste quelque peu ignoré par ses contemporains, alors que les nomenclateurs, toujours plus exhaustifs, répertorient pour certains pas moins de 3 000 entrées ! D'un usage courant jusqu'en 1850 environ, le genre se perd dès l'apparition du télégraphe et de son corollaire, le code Morse. Le nomenclateur, trop longtemps usité et ne bénéficiant d'aucune réelle amélioration ou refonte, tombe alors en désuétude.

ÉLABORATION D'UN NOMENCLATEUR

Le nomenclateur est un code à la portée de tous. Voici comment procéder : Premièrement, rédiger une liste de mots récurrents de votre correspondance (noms, termes ou adresses par exemple). Associer à chacun un groupe codique, à base de lettres ou de symboles. Le nomenclateur commence à prendre forme. Deuxième étape : élaborer un alphabet de chiffrement qui sera utilisé pour tous les mots non répertoriés dans la première liste (se référer à la section *Chiffres* de l'ouvrage, et plus précisément s'inspirer du chapitre *Substitutions monoalphabétiques*). Pour coder un message, remplacer les mots en clair répertoriés par leurs groupes codiques correspondants et chiffrer les autres en s'aidant de l'alphabet de substitution.

Clés de décodage Les deux correspondants sont en possession d'un nomenclateur identique. Le destinataire relève les groupes codiques répertoriés et les remplace par leurs équivalents clairs. Pour déchiffrer les unités cryptographiques restantes, il suffit de les comparer aux lettres ou symboles de l'alphabet de chiffrement et de rétablir les unités claires correspondantes.

Le nomenclateur de Benjamin Tallmadge

Benjamin Tallmadge, membre du Congrès continental et officier d'un régiment de dragons durant la guerre de Sécession, coordonna les activités de deux espions basés à New York, plus connus sous leur nom d'emprunt, les Culper. À leur attention, Tallmadge a mis au point un code ordonné listant près de 760 éléments. Les mots utiles sont prélevés dans le *New Spelling Dictionary* de John Entick. Construit selon le schéma des nomenclateurs en usage à la Renaissance, le code est achevé en juillet 1779. Les mots sélectionnés par Tallmadge sont inscrits en colonnes ; à chacun d'eux est attribué un groupe codique, en l'occurrence des nombres. Les noms de personnes et les noms géographiques sont regroupés dans une section à part. Le nomenclateur, agencé selon un ordre alphanumérique, est accompagné d'un alphabet désordonné qui permet de chiffrer les termes et nombres ne figurant pas dans les listes. La nature séquentielle du procédé fragilise quelque peu le code mais suffit à garantir un niveau de sécurité acceptable.

Ci-dessous quelques entrées du répertoire et leur groupes codiques équivalents :

37	réparer	143	défense
38	attaque	144	décevoir
39	alarme	145	retard
40	action	146	difficulté
306	industrie	550	dirigeant
307	infâme	551	rapide
308	influence	552	lecteur
309	infanterie	553	insurgé
711	George Washington	726	James Rivington
723	Robert Townsend	727	New York
724	Austin Roe	728	Long Island

L'alphabet de chiffrement désordonné de Tallmadge :

```
a b c d e f g h i j k l m n o p q r
s t u v w x y z

E F G H I J A B C D O M N P Q R K L
U V W X Y Z S T
```

En appliquant le cryptosystème de Tallmadge, le message *attaque rapide de l'infanterie* se transforme en 38.551.309. Les points, en indiquant la fin des séquences numériques, permettent d'éviter toute erreur d'interprétation. Un tilde (~) placé au-dessus d'un groupe numérique signale l'emploi d'un participe passé, comme *déçu* par exemple qui sera codé par $\tilde{144}$.

Pour coder le nom d'une nouvelle recrue, *Arn*, dont l'identité ne figure pas dans le répertoire, on recourt à l'alphabet de chiffrement. Ainsi, le message *retard insurgé Arn* sera codé 145.553.elp.

Le nomenclateur XYZ

En 1797 éclate l'infamante affaire dite XYZ dans laquelle sont mis en cause certains membres de l'état-major français qui tentent de rançonner la toute nouvelle nation américaine. Le délégué américain, en poste sur le territoire français, se charge de transmettre le détail des transactions au secrétaire d'État américain, Timothy Pickering. Secret oblige, les dépêches circulent sous le couvert d'un code élaboré à partir d'un nomenclateur répertoriant lettres, mots et groupes codiques numériques. Ci-dessous, un extrait du répertoire :

26	ped	493	ce
27	pen	494	ced
28	people	495	cieve
29	per	496	cent
449	no	1176	sy
450	nob	1177	sive
451	nom	1178	six
452	non	1179	sixteen
456	N. Carolina	1191	sort
457	not	1192	south
458	noth	1193	a
459	notify	1194	ab

Outragés par des propositions qui relèvent de la corruption, les officiers américains retournent la dépêche codée suivante :

`449.449.457.1193.1178.27.493.`

Une fois décodé, le message révèle une des réparties les plus célèbres de l'histoire américaine (*ils n'auront pas le moindre pence*) :

no	no	not	a	six	pen	ce
449.	449.	457.	1193.	1178.	27.	493.

Les nomenclateurs de James Madison

Durant sa longue carrière au service de son pays, l'américain James Madison recourt à plusieurs reprises à différents nomenclateurs. En 1781, Robert Livingston, alors secrétaire américain aux Affaires étrangères, met au point un nomenclateur regroupant d'un côté mots et syllabes classés par ordre alphabétique, et de l'autre une liste de nombres de 1 à 1 700. James Madison et Thomas Jefferson créent leur propre nomenclateur sur ce modèle. Plus polyvalent et donc plus pratique, ce dernier permet de regrouper lettres ou chiffres du clair par paires selon un schéma convenu entre les correspondants. Ci-dessous, un extrait du code Jefferson-Madison :

nal	119	O	527	P	941	qua	103
nom	717	oa	746	pa	290	recherche	1386
nant	42	oach	559	pan	381	question	799
nar	60	oad	217	papier	207	quin	1202

Le procédé, apparemment très simple, génère un message codé totalement incohérent pour celui qui n'en possède pas la clé, à savoir la liste d'équivalences entre unités claires et groupes codiques.

Ne pas 799 qui que ce soit. Rechercher 717 sur 207

Dans l'exemple ci-dessus, il ne s'agit pas pour le destinataire de questionner (799) qui que ce soit, mais bien de relever un nom (717) sur le papier (207).

Membre de la délégation de Virginie, siégeant au Congrès continental, James Madison code sa correspondance privée avec Benjamin Harrison, gouverneur de Virginie. Son nomenclateur liste près de 846 entrées, regroupant chiffres, lettres, syllabes et noms géographiques, comme la ville de vienne, répertoriés sans capitale initiale.

27	publique	101		rhode-island
28	trouver	112		caroline
29	peut-être	118		amérique
30	ant	144		britannique
42	seulement	437	ß	section
43	loin	764	∂	paragraphe
44	à	782	-	trait-d'union
45	ci, cy	846	"	guillemet

Les correspondances de Madison, alors secrétaire d'État (1801-1809), avec Livingston, nommé ministre plénipotentiaire auprès de la France en 1801, transitent sous le couvert d'un code élaboré à partir d'un nomenclateur de 1 700 entrées. Près de 40 dépêches seront codées sur le modèle des termes répertoriés ci-dessous :

118	peut	551	lieu
119	conseil	552	plai
120	compte	553	plan
121	pays	554	jouer
302	monarque	689	avec
303	lundi	690	entre
304	argent	691	sans
305	mois	692	wn

Pour toutes les communications avec ses deux députés, Livingston et James Monroe, Madison exploite un nouveau code, le « Chiffre de Monroe ». En fait, le procédé ne relève en rien du chiffrement mais s'apparente bel et bien à un nomenclateur, avec ses 1 600 entrées listées alphabétiquement.

118	consider	551	those
119	constitu	552	thought
120	consul	553	thousand
121	cont	554	thr
302	fa	689	arp
303	fab	690	art
304	fac	691	ary
305	fact	692	as

Le livre comme instrument de codage

Les faiseurs de codes, dont les listes sont souvent élaborées de toutes pièces, vont élargir leurs répertoires en puisant des mots dans différents ouvrages. Le livre se transforme dès lors en instrument de codage, apte à multiplier les termes et les groupes codiques des nomenclateurs.

Au mot repéré est associé un nombre, son groupe codique, correspondant à sa localisation dans l'ouvrage. Ainsi par exemple, le groupe codique 100.1.7 aura pour équivalent clair le septième mot de la page 100, ligne 1. Pour éviter toute confusion, les correspondants sont bien entendu en possession du même livre de référence (même année de parution, même éditeur, etc.).

Le choix du livre reste une affaire de goût et de convenance personnelle. Seul impératif, la langue, qui doit être comprise par les correspondants. La teneur et la complexité de l'ouvrage représentent cependant des facteurs déterminants ; en effet, les mots choisis et codés doivent rester facilement repérables et identifiables par le destinataire. Il semble ainsi évident que des espions espagnols ne choisiront pas un ouvrage suédois traitant de chimie, à moins bien sûr qu'il ne s'agisse d'espionnage industriel visant à dérober des documents ayant trait à la chimie.

Tout aussi influent, le genre de l'ouvrage choisi. Romans et nouvelles fournissent nombre de mots, de titres et de noms propres de fiction ; mais dans ce cas, la recherche de mots précis peut très vite se transformer en un exercice fastidieux exigeant parfois de compulser des centaines de pages. Cependant le genre continuera de séduire certains espions.

Les encyclopédies se prêtent mieux à l'exercice car leur nombre phénoménal d'entrées, le classement alphabétique des volumes, l'agencement des termes en colonnes... sont autant d'atouts facilement exploitables. Les indications des volumes et des groupes alphabétiques, une fois codées et insérées dans la transmission, désignent l'ouvrage de référence. Ainsi, le volume 1, A-B pourra être codé par 9 pour 1 et par a1 et a2 pour le groupe alphabétique A-B.

Mais incontestablement, ce sont les dictionnaires qui en ce domaine restent les plus prisés. Listes de termes, définitions, étymologie et prononciation, rien ne semble manquer à sa consécration. L'abondance de vocabulaire, classé par ordre alphabétique, facilite la tâche des faiseurs de codes. L'organisation des pages en doubles colonnes permet au moment du décodage un repérage des termes plus aisé, par page, colonne et position alphabétique.

Un mot est généralement localisé grâce à trois nombres indiquant respectivement, le numéro de la page, de la ligne et la position du mot. Tout terme ne figurant pas dans le texte fait l'objet d'un alphabet séparé, ou est affilié à d'autres mots ou chiffres. Les variantes de ce procédé de codage prennent parfois en compte les paragraphes d'une page, utilisent les lettres G (gauche) ou D (droite) pour signaler la colonne concernée, et surchiffrent le code en additionnant les nombres correspondants à ces nouvelles indications à ceux désignant les pages, lignes et positions de mots.

Un autre avantage du livre de code tient à sa discrétion ; en effet, les agents en mission n'ont plus à détenir de précieux répertoires, bien trop compromettants en cas de perte ou de vol. Toutefois dictionnaires, encyclopédies et romans ne sont pas sans failles ; outre certains problèmes de localisation des termes, propres au roman, les mots listés pêchent parfois par trop de fantaisie. De plus, contrairement aux éditions limitées et confidentielles des répertoires, les ouvrages en question appartiennent au domaine public ; quiconque parvient à découvrir le livre de référence du code est à même d'ébranler l'architecture de tout le cryptosystème.

ÉLABORATION D'UN CODE À PARTIR D'UN LIVRE

Il convient dans un premier temps de décider du type d'ouvrage à exploiter. À priori le dictionnaire semble plus approprié, même si encyclopédies et romans se prêtent tout aussi bien à ce genre d'exercice. Il semble judicieux de choisir un ouvrage au vocabulaire adapté à celui du message à transmettre, dont les termes seront facilement repérables et identifiables par le destinataire. Avant toute transmission, il est impératif que les correspondants conviennent de l'ordre de succession des nombres identifiants : numéro de page, de ligne, position du mot ; ou bien numéro de page, de colonne, de ligne et position du mot. L'expéditeur repère le premier terme du message dans le livre, relève son numéro de page, sa ligne et sa position, par exemple 4.12.2. Le processus de codage est répété pour tous les mots du message.

Clés de décodage Le destinataire doit être en possession d'un ouvrage identique à celui de l'expéditeur. Si l'édition diffère, le nombre de pages et le nombre de mots à la page peuvent ne pas correspondre à l'exemplaire de l'expéditeur. Informé de l'ordre de succession des indicateurs, il suffit au destinataire de retrouver la page, la ligne et la position du mot ou la page, la colonne, la ligne et la position du mot pour rétablir le terme clair. Le même processus régit le décodage du message tout entier.

Le livre de code de Benedict Arnold

Le cas de trahison le plus retentissant de l'histoire américaine remonte à la guerre de Sécession. Les protagonistes en sont Benedict Arnold et son collaborateur britannique le major John André. Les deux conspirateurs n'utilisent pas moins de trois ouvrages pour coder leur correspondance. Leur premier code exploite le premier volume de la cinquième édition d'Oxford des *Commentaries* de Blackstone. Le procédé, des plus classiques, répertorie le numéro de page, de ligne et enfin localise la position du mot.

Très vite les deux hommes se heurtent à une difficulté de taille ; en effet, certains mots du jargon militaire ne figurant pas dans l'ouvrage doivent être épelés. Le procédé, déjà fastidieux, se double d'un travail interminable de décompte des lignes et des lettres. Apprenant que les destinataires de ses messages ont le plus grand mal à les décoder, Arnold renonce bientôt à ce système.

Un autre ouvrage prend le relais et inspire un nouveau code : l'*Universal Etymological English Dictionary* de Nathan Bailey. Les mots, classés alphabétiquement, sont plus faciles à localiser que ceux des *Commentaries*. André et Arnold trouvent là matière à coder la majeure partie de leur correspondance, et de leur conspiration.

Plus tard, c'est à partir d'un petit dictionnaire non identifié qu'ils mettent au point leur dernier code, basé cette fois sur l'utilisation de groupes codiques à trois chiffres, indiquant respectivement les pages, les colonnes et les positions des mots dans la page. Les groupes codiques sont ensuite surchiffrés par l'ajout du 7 à chacun des trois chiffres ; ainsi le groupe codique 11.2.1, une fois surchiffré se transformait en 18.9.8 (11 + 7, 2 + 7, 1 +7). Mais en additionnant toujours le même chiffre, 7, à celui placé au milieu du groupe codique, soit 1 ou 2 (l'indication de la colonne), on obtient toujours les mêmes résultats, à savoir 8 ou 9. Une répétition exploitable par un cryptanalyste astucieux, susceptible de faire tomber le masque du surchiffrement des autres unités.

Le livre de code de Nicholas Trist

Né en 1800, le virginien Nicholas Trist, agent de renseignement du président américain James Polk, officie à Mexico durant la guerre opposant les États-Unis au Mexique, entre 1846 et 1848. Trist, bien que discret et prudent, échoue dans une de ses missions à cause d'une mésentente avec le général Winfield Scott, le conquérant de Vera Cruz. À la publication des détails de sa mission par la presse nationale mexicaine, la couverture de l'agent se trouve sérieusement compromise.

Les « papiers de Trist », document conservé à la bibliothèque du Congrès, mentionne un code élaboré à partir d'un manuel d'apprentissage scolaire des plus élémentaire. Les pages d'avant-propos génèrent un code à lettres et chiffres, où presque toutes les lettres de l'alphabet sont représentées, associées à des groupes codiques à deux ou trois chiffres.

a	19, 23, 27	g	16, 21
b	61, 99, 215	s	4, 26, 40
c	36, 105	t	1, 5, 29
d	7, 64	u	6, 22, 38
e	3, 14, 25, 30	v	200, 448
f	10, 28, 110	w	52, 102, 167

Exploitant les procédés de codage par dictionnaires, Trist développe un autre système, où les groupes codiques renvoient non pas à des mots, mais à des lettres. Dans sa version, chaque chiffre placé après le troisième chiffre du groupe codique indique une autre lettre, située sur la même ligne. Son livre de référence, *True Principles of the Spanish Language*, sera plus tard identifié comme étant l'œuvre du consul américain en poste à Barcelone, Joseph Borras. La première phrase de son avant-propos, « L'étude des langues étrangères... » correspond exactement à celle utilisée par Trist pour bâtir son code alphanumérique.

Trist s'applique à transmettre ses dépêches codées au secrétaire d'État, James Buchanan, et mène en parallèle des négociations avec les représentants du gouvernement mexicain. Sourd aux injonctions de Buchanan, il persiste dans sa démarche, au nom des États-Unis.
Sa persévérance et les succès militaires enregistrés par les Américains conduiront à la signature du traité de Guadalupe Hidalgo, en février 1848.

Malgré la victoire, Trist sera disgracié pour avoir enfreint les ordres de ses supérieurs et sera congédié par le Département d'État.

Élection présidentielle de 1876

Il s'agit là d'une autre performance du livre de code, cette fois à l'occasion de la très polémique élection présidentielle américaine de 1876. On découvre alors que des agents électoraux de Samuel Tilden, le candidat démocrate grand perdant de cette élection, se sont servis de l'édition londonienne de 1876 du *Household English Dictionary* et du *Webster's Pocket Dictionary* pour protéger leurs échanges, en l'occurrence des télégrammes traitant d'achats de votes dans l'Oregon et autres manœuvres frauduleuses.

Les recherches de Ralph Weber ont démontré que les démocrates ont bien exploité le *Household English Dictionary* pour véhiculer de sombres négociations sur les votes de l'Oregon.

En février 1877, le *Detroit Tribune* et le *New York Times* publient dans leurs colonnes le fameux télégramme dit « Gabble ». La dépêche a été expédiée le 1er décembre 1876 de Portland, dans l'Oregon, à l'adresse personnelle de Samuel Tilden, à New York.

Head scantiness cramp emerge peroration hot-house survivor browse of piamater doltish hot-house exactness of survivor highest cunning doltish afar galvanic survivor by accordingly neglectful merciless of senator incongruent coalesce.

Les révélations faites en février 1877 devant la commission d'enquête du Sénat permettent d'en décortiquer le processus. Le décodage se décline en quatre étapes :

1. Trouver le mot codé dans la page et la colonne convenues du livre de code.

2. Compter le nombre de mots du haut de la colonne jusqu'au mot codé (par exemple, sept).

3. Compter encore huit colonnes (quatre pages de deux colonnes).

4. Sur la huitième colonne, compter à rebours le même nombre de mots (sept). Le septième terme est l'équivalent clair du mot codé.

```
I shall decide every point in the case of post-
office elector in favor of the highest democrat
elector, and grant the certificate accordingly on
morning of sixth instant. Confidential

        Governor.
```

Une fois décodé, l'un de ces télégrammes dénonce clairement le gouverneur E. F. Grover, du parti démocrate de l'Oregon. Si Tilden ne voit pas sa carrière directement menacée par cette affaire, l'indignation de la presse et le scandale lui barrent définitivement la voie vers la présidence.

Les répertoires

Outils majeurs du codeur et du décodeur, les répertoires fonctionnent en fait comme des dictionnaires de langue étrangère, l'équivalence jouant ici entre groupes codiques et mots clairs. Le plus souvent, ces répertoires sont divisés en deux chapitres traitant pour le premier de la partie chiffrante, pour le second de la partie déchiffrante. Cependant, pour des raisons de sécurité, il arrive qu'expéditeur et destinataire n'aient en main que la partie les concernant. On peut en outre classer les répertoires en deux grandes catégories : les codes ordonnés et les codes désordonnés.

Dans le code ordonné, les entrées du clair (mots ou chiffres) et leurs équivalents chiffrés sont répertoriés alphabétiquement (quand il s'agit de lettres) ou séquentiellement (pour les chiffres). Comme illustré ci-dessous, les entrées du clair sont listées par ordre alphabétique, sur la base d'un mot souche et de ses variantes. Les groupes codiques sont également classés dans l'ordre alphabétique ou numérique. Un code base sert à désigner le mot souche, et les variantes correspondent à ses déclinaisons en clair.

Groupes codiques et unités claires se présentant en ordre séquentiel, un seul répertoire est nécessaire au codage et au décodage. Cette structure identique contribue à faire du code ordonné une proie toute désignée de l'analyse et du décodage. L'analyse de fréquence pourra ainsi repérer un mot souche, lequel mènera alors tout droit à ses variantes. Un talon d'Achille potentiellement fatal au code tout entier.

Malgré cette vulnérabilité, le code ordonné est largement exploité dans les correspondances des politiques et des hommes d'affaires ; autant à des fins de confidentialité que pour raisons de coût, puisque le procédé permet de condenser le libellé. Ci-dessous, l'extrait d'un code commercial ordonné :

cebai	Envoyez
cebco	Envoyez comme suit
cebeh	Envoyez comme d'habitude
cebgl	Envoyez par voie économique
cebif	Envoyez par nouvelle voie
cebkm	Envoyez par voie la plus rapide
cebmu	Envoyez par rail
cebok	Envoyez par route
cebqx	Envoyez par bateau

Dans le code désordonné, le classement incohérent des groupes codiques renvoie à des unités claires listées alphabétiquement. Plus complexe que le code ordonné, le code désordonné s'appuie sur une deuxième liste, ou répertoire ; ici la partie déchiffrante énumère les groupes codiques en ordre alphabétique ou numérique. Expéditeur et destinataire sont en possession des deux documents. Ci-dessous, l'extrait d'un code désordonné avec groupes codiques numériques, système exploité par l'armée américaine :

PARTIE CHIFFRANTE		PARTIE DÉCHIFFRANTE	
Avancez	2400	3812	Attaque
Attaque	3812	3815	Ravitaillez
Bataillon	3826	3820	ligne de front
Bataille	3647	3826	Bataillon
Commencez	3849	3830	Est
Assiégez	1390	3837	Temps
Jumelles	2629	3842	Compagnie
Bivouaquez	7812	3849	Commencez
Pont	9151	3853	Voie de ravitaillement
Brigade	4170	3857	Rivière

L'émetteur code la dépêche en affectant simplement aux termes voulus des groupes codiques relevés dans le répertoire. Comme l'on dispose de groupes codiques classés en ordre incohérent, le décodeur doit avoir en sa possession un répertoire qui liste les groupes codiques en ordre alphabétique ou numérique. C'est sur cette liste qu'il isolera le groupe codique, numérique ou alphabétique, en vue du décodage.

Un général peut lancer des centaines d'ordres qui à leur tour génèrent chez ses officiers des milliers de messages et transmissions radio. Démonstration ci-dessous :

```
3826 3849 3812
```

En s'appuyant sur la partie déchiffrante présentée plus haut, ce code numérique se traduit par l'ordre :

```
bataillon  (3826)
Commencez  (3849)
Attaque    (3812)
```

Pour plus de sécurité, on peut surchiffrer le code en additionnant en arithmétique modulo une série de chiffres convenus au placode numérique : 3849 + 5136 = 8975, par exemple. Informé de cette opération, le destinataire n'a plus qu'à opérer une soustraction. Le placode, égale le groupe codique numérique correspondant à l'unité en clair.

ÉLABORATION D'UN CODE ORDONNÉ

Parce qu'elle nécessite l'exploitation d'un vocabulaire étendu, l'élaboration d'un code est souvent fastidieuse. Dans le cas d'un code ordonné, on liste les termes nécessaires à la communication par ordre alphabétique. Pour plus de commodité, on classe chaque variante de phrase de même racine par groupe. Dans la colonne contiguë aux entrées en clair, on liste les groupes codiques équivalents. Les groupes codiques doivent toujours se présenter en ordre alphabétique, ou séquentiel s'il s'agit de chiffres. Comme dans l'exemple du code commercial ordonné, on conserve la même racine – digramme ou trigramme initial – pour les variantes des mêmes unités du clair. On dispose dès lors d'une sorte de dictionnaire dans lequel texte clair et groupes codiques sont listés en ordre séquentiel.

Pour coder un message, on cherche chaque terme dans un répertoire pour trouver son groupe codique équivalent. Parfois, un seul groupe codique peut coder une phrase entière. Comme c'est le cas dans l'exemple du code commercial où l'ordre, « Envoyez par la voie la plus rapide », sera remplacé parle groupe codique *cebkm*. On code ainsi le message jusqu'au dernier mot, ou phrase.

Clés de décodage : Pour décoder le message, il faut déjà être en possession d'un répertoire identique à celui de l'expéditeur ; de plus, unités claires et groupes codiques doivent être classés séquentiellement. On recherche alors chaque groupe codique dans le répertoire pour retrouver son équivalent clair jusqu'à déchiffrement complet du message.

ÉLABORATION D'UN CODE DÉSORDONNÉ

Un peu plus complexe à bâtir ; la réalisation d'un code désordonné lourd peut même prendre plusieurs mois. Une version modeste s'élabore en listant alphabétiquement tout le vocabulaire inhérent au message. On liste ensuite en une colonne contiguë aux unités claires les groupes codiques numériques ou alphabétiques selon un ordre incohérent. Aucune combinaison ne doit se répéter ; de plus, il est impératif que les groupes codiques ne se trouvent pas dans un ordre alphabétique ou séquentiel. Le codeur doit assigner à chaque mot son équivalent codique alphabétique ou numérique.

Il faut aussi pour cette opération élaborer un second document, la partie déchiffrante. La marche à suivre : classer tous les groupes codiques alphabétiques et numériques selon un ordre normal et rédiger en face leurs équivalents en clair. Expéditeur et destinataire doivent être en possession de la partie chiffrante et de la partie déchiffrante.

Clés de décodage : À l'aide de la partie déchiffrante, repérer sur la liste le groupe codique numérique ou alphabétique pour rétablir l'unité claire. Le décodeur doit impérativement être informé d'un éventuel surchiffrement du groupe codique numérique. Si tel est le cas, il devra soustraire la clé additive aux chiffres de l'énicode avant de procéder au relevé des groupes codiques.

PREMIERS CODES DU DÉPARTEMENT D'ÉTAT AMÉRICAIN

Le code de 1867

Dès la fin de la guerre civile, le département d'État américain applique toute une série de réformes à sa politique de chiffrement, autant en réaction à la pression exercée par ses propres services que pour obéir aux innovations technologiques.

On se souvient surtout de William H. Seward, secrétaire d'État de 1861 à 1869, comme de l'homme qui encouragea le gouvernement américain à racheter l'immense territoire de l'Alaska à la Russie (1867). Pourtant, en novembre 1866, Seward s'est déjà fait remarquer en expédiant un câble très coûteux à l'ambassadeur américain en poste en France, John Bigelow. La dépêche traite des intérêts américains face à l'engagement des Français dans l'indépendance du Mexique. Ce message transite via le câble transatlantique – une merveille technologique dans l'histoire des communications. La construction de ce câble a coûté des millions de dollars, et les droits d'accès à ce moyen de communication exceptionnel sont à l'époque faramineux. De plus, du fait de la complexité de leur émission, la Western Union taxe tous les communiqués codés ou chiffrés à double tarif.

Seward protège les 3 722 mots de son câble par le chiffre de Monroe, code diplomatique américain en vigueur depuis 1803. L'affaire lui vaut les plus lourdes réprimandes. Du coup, Seward décide de mettre au point une méthode à la fois plus moderne, et surtout moins onéreuse ; le code du département d'État voit le jour en 1867. L'initiative est cependant loin de faire l'unanimité dans les hautes sphères de l'État, et cela à juste titre, comme les événements allaient le montrer.

Le code consiste en 148 pages, dont 23 réservées à des termes diplomatiques usuels codés par une seule lettre. 624 mots parmi les plus courants sont codés par un bigramme. Un alphabet de chiffrement est élaboré pour les noms et les termes sans équivalences codiques ; de plus, le *w* est occulté, sauf sous forme chiffrée, les télégraphistes européens comptant cette lettre comme rare dans leur langue maternelle. L'unité cryptographique *a* se distingue du groupe codique *a* en n'étant utilisée que pour bâtir des mots absents du répertoire. Ci-dessous, quelques extraits du code du département d'État de 1867.

GROUPES CODIQUES	UNITÉS CLAIRES
a	le
b	ce
c	avoir
d	participe passé, imparfait, indicatif
e	et
f	de
g	ant
h	voir-mer
i	est
x	si
y	qui
z	pas
aa	moi
ab	être
ac	mon
ad	à
ae	vieux
af	maintenant
ag	ici
ah	ainsi
ai	comme
aj	tous
ax	sont
ay	avec
az	tel

UNITÉS CLAIRES :	UNITÉS CRYPTOGRAPHIQUES :
a	c
b	f
c	h
d	j
e	l
f	a
g	e
h	i
i	m
j	o
k	d
l	b
m	g
n	y
o	r
p	u
q	n
r	x
s	v
t	w
u	k
v	p
w	q
x	t
y	z
z	s

Pour l'historien Ralph Weber, le décodage s'avère bien plus complexe que ce qu'espérait Seward. Dans ce procédé, des trigrammes servent à désigner les termes les moins usités du vocabulaire diplomatique.
Or, ces trigrammes sont récurrents dans plusieurs alphabets ordonnés ; du coup, les employés des ambassades mettent des heures à rétablir les bonnes équivalences du clair. La télégraphie par câble montre en outre son incompétence à isoler les groupes codiques, unités, bigrammes ou

trigrammes, les lettres se trouvant ainsi souvent accolées. Si par malheur on oublie un groupe codique, les lettres codées *a*, signifiant « le », et *f*, « de », peuvent être transmises ensemble comme s'il s'agissait du groupe codique *af*, qui signifie « maintenant ». Une simple erreur de codage ou une erreur de transmission peut générer les pires catastrophes.

Même si preuve est faite des nombreuses limites du code de 1867, l'inertie et l'esprit économe des bureaucrates interdit son remplacement jusqu'en 1876.

Le code de l'officier en chef du Signal Corps (vers 1871)

Début des années 1870, le colonel Albert J. Myer, officier supérieur du Signal Corps, travaille à un code ordonné, apparemment de sa propre initiative, pour le compte du département d'État. Le document de 88 pages comporte des groupes codiques correspondant à des heures, des dates, des mois et, pour la première fois dans l'histoire du code, des années. Le code de 1871 est également le premier code du département d'État à mettre en équivalence un groupe codique avec une expression ou une phrase entière, pratique déjà courante dans les communications d'ordre commercial. Entre autres groupes codiques, on a ici des prénoms féminins qui représentent les heures et des prénoms masculins les différents jours du mois. Villes et nations sont codées numériquement. La méthode ne supplantera pas officiellement le code excessivement complexe de 1867, malgré des qualités fonctionnelles très supérieures.

L'une des grandes innovations de ce code tient en fait à ce qu'il réduit les risques de répétition en proposant pour les termes les plus fréquents une « pioche » de groupes codiques. On écrit les mots ou les chiffres du texte clair au milieu d'une page et l'on recopie en colonnes les groupes codiques sélectionnés sur des listes de recours, des deux côtés du texte clair. Ci-dessous, l'heure 10 h 30 peut se chiffrer par *Anna* ou *Ida*.

GROUPES CODIQUES	UNITÉS CLAIRES	GROUPES CODIQUES
Anna	10 h 30	Ida
Agnes	12 h 00	Jane
Alice	8 h 00	Jenny
Amelia	9 h 30	Kate
Emily	10 h 00	Maggie
Emma	2 h 30	Nancy
Ellen	5 h 00	Nora
Hanna	8 h 30	Sally
Hilda	7 h 30	Sarepta
Henrietta	6 h 00	Sophia
Indian	six	Norfolk
India	quatre-vingt dix	Newark
Italy	quarante	Norway
Ireland	cinq	Nashville
Inverness	cent	Nassau
Illinois	dix-sept	Naples
Charles	13^{e}	Mason
Calvin	23^{e}	More
Clark	4^{e}	Grimes
Cameron	9^{e}	Green
Cole	27^{e}	Grant
Achieve	Loi votée par le Congrès	Achieve
Active	Action approuvée	Active
Acute	Action désapprouvée	Acute
Adage	Chiffrer réponse télégraphique	Adage
Adapt	Mettez-vous en contact avec	Adapt
Add	Autorisez	Add
Adder	Vous êtes autorisé à	Adder

Le chiffre du Département d'État de 1876

Au cours du centenaire de la fondation des États-Unis, les Américains adoptent un nouveau code, plus fiable et plus sobre que les cryptosystèmes précédents. Le Département d'État américain persiste cependant à parler de « chiffre » pour désigner ses répertoires, si bien que le dernier prend ainsi pour nom *Chiffre du Département d'État.*

Son inventeur, John H. Haswell, natif d'Albany, capitale de l'État de New York, fait carrière au Département d'État ; après une laborieuse ascension professionnelle, il accède en 1873 au poste de chef du Bureau des archives et des répertoires. Durant toutes ces années, Haswell, confronté aux problèmes relatifs à la sécurité et aux coûts des transmissions par câbles et télégrammes, prend l'initiative d'élaborer un nouveau code.

Haswell s'inspirera des systèmes de chiffrement mis au point durant la guerre de Sécession par Albert Myer et Anson Stager, ainsi que du code commercial de Robert Slater, le *Telegraphic Code* de 1870 ; le *Chiffre du Département d'État* intègre les points forts de ces procédés. Ce code ordonné de 1 200 pages sera surnommé Red (rouge), en référence à la couleur de sa couverture.

Obéissant aux règles du genre, le répertoire liste alphabétiquement mots clairs, expressions et courtes phrases. Bien que vulnérable, le système s'avère le plus pratique de tous les codes créés jusqu'alors à l'intention du Département d'État.

Le répertoire compte certains groupes codiques incohérents, dits termes arbitraires, choisis pour exprimer d'autres mots ou phrases. Suivant le modèle du code commercial de Slater, les groupes codiques sont constitués de cinq chiffres ou lettres. Une clé apériodique changeante, élaborée à partir des lettres composant le nom d'un animal, sert d'indicateur et permet de varier les équivalences entre clair et codé. Ainsi, la clé *eagle* (aigle) transmise en début de dépêche codée régit les opérations de décodage ; le destinataire sait dans ce cas qu'il doit ajouter le nombre 20 à chaque groupe codique numérique.
Le groupe codique 15025 se transformera donc en 15045 ; reste à localiser le groupe codique 15045 dans le répertoire pour retrouver l'unité claire correspondante.

La clé apériodique peut être modifiée mensuellement et commencer par la lettre initiale du mois en question. Si *jaguar* correspond à janvier, *faon* à février et *mouche* à mars, les équivalences clair/codé sont modifiées en fonction des dates d'envois des dépêches. Pour la première fois dans l'histoire des codes ou des chiffres du Département d'État, un système évolue de façon programmée.

Conscient de la vulnérabilité de son répertoire alphabétique, Haswell intègre un appendice à son code, l'*Holocryptic Code, An Appendix to the Cipher of the Department of State*. Cet additif décline 50 « règles » ou méthodes de surchiffrement, applicables à un message déjà codé. Ces règles, héritant du nom d'un animal, sont classées alphabétiquement, de *Ape* (singe) à *Zebra* (zèbre). Le groupe codique (lettres ou chiffres) d'une règle déterminant le décodage d'une transmission donnée s'inscrit en début de message. Ainsi, la règle désignée par le nom *Falcon* (faucon) sera remplacée par son groupe codique, *Deer* (cerf) ; ce dernier, placé en tête du message codé, informe le destinataire de la règle à appliquer pour décoder le reste du communiqué.

Les 50 règles de l'additif se répartissent en trois catégories : alignement, mélange et addition. L'alignement suggère au destinataire d'aligner les mots clairs de haut en bas, ou de bas en haut, sur plusieurs colonnes, et de les lire à l'horizontale, de gauche à droite. Le mélange, comme son nom l'indique, concerne la permutation de certains groupes codiques. Ainsi, la règle *Tiger* (tigre) exige que le destinataire commence par relever le dernier groupe codique pour finir par le premier.

La mention de l'addition avertit le destinataire de l'emploi d'une clé additive. Le code regroupe 12 clés numériques, de 33 à 322, chacune désignée par un indicateur qui, une fois inscrit en tête de transmission, renseigne le destinataire sur la clé à utiliser. Ainsi, le groupe codique *Horse* (cheval) correspondant à la clé additive 203, signale que ce nombre a été ajouté à tous les groupes codiques du message ; le destinataire devra le soustraire de tous les groupes codiques surchiffrés pour rétablir les groupes codiques originaux (placode).

Pour plus de sûreté, les énicodes numériques de certains messages surchiffrés sont à leur tour listés dans le répertoire à chaque transmission. Ainsi, la mention du groupe codique *Hacon*, correspondant à l'indicateur *Hawk* (buse), signifie que le nombre 100 à été rajouté à chaque groupe codique. Le répertoire se présentera comme ci-dessous :

UNITÉS CLAIRES	PREMIERS GROUPES CODIQUES NUMÉRIQUES (PLACODE)	ÉNICODES ÉLABORÉS PAR L'EMPLOI D'UNE CLÉ ADDITIVE (PLUS 100)	DERNIER GROUPE CODIQUE
Le	10050	10150	absolute
Rejoignez	36823	36923	literal
Comité	20960	21060	cost
de (provenance)	31049	31149	marble
Sénat	49221	49321	safely
et	12792	12892	bargain
Chambre des députés	47260	47360	reconcile
de (génitif)	52622	52722	fasten
États-Unis	54426	54526	topical
télégraphiez	18992	19092	crescent
le Président	44369	44469	planned
et	12792	12892	bargain
informé	35328	35428	know
lui	33400	33500	imminent
de (au sujet)	52622	52722	fasten
organisation	42039	42139	outside
de (génitif)	52622	52722	fasten
Quarante quatre	30723	30823	glad
Congrès	21895	21995	decide
et leur	52638	52738	subtract
prêt	45995	46095	profit
entendre	33217	33317	important
de lui	33401	33501	improve

Le message une fois codé, avec l'indicateur placé en tête, s'écrit :

HACON ABSOLUTE LITERAL COST MARBLE SAFELY
BARGAIN RECONCILE FASTEN TOPICAL CRESCENT
PLANNED BARGAIN KNOW IMMINENT FASTEN OUTSIDE
FASTEN GLAD DECIDE SUBTRACT PROFIT IMPORTANT
IMPROVE

Pour décoder le message, le destinataire identifie dans un premier temps l'indicateur, ici *Hacon* et la clé additive, 100. Puis il, ou elle, repère les énicodes correspondants à chaque mot du message et leur soustrait 100 pour retrouver les placodes ; il suffit enfin de rétablir les équivalences entre placodes et mots du clair pour rétablir le message.

La dernière section du répertoire affiche une série d'alphabets de substitution pour chiffrer les mots ne figurant pas dans les listes d'équivalences. Cette section se divise en trois parties, regroupant chacune 10 alphabets désordonnés, identifiés par des chiffres de 0 à 9. Un alphabet ordonné classique s'aligne au-dessus de chaque alphabet de substitution. La clé à cinq chiffres est généralement élaborée avec le placode ou l'énicode numériques équivalents au premier mot du message. À la première utilisation de la clé, on se réfère au premier alphabet de substitution de la première série ; à la deuxième utilisation, au premier alphabet de substitution de la deuxième série.

Pour chiffrer le nom d'Hamilton Fish, secrétaire d'État de 1869 à 1877, avec la clé numérique 78125, on répète chacun des chiffres de la clé au-dessus de chacune des lettres de son nom :

```
7   8   1   2   5   7   8   1   2   5   7   8

H   A   M   I   L   T   O   N   F   I   S   H
```

L'alphabet de substitution 1 et la clé numérique 78125 permettent de repérer la lettre claire *H* sur la ligne 7. Supposons que l'unité cryptographique équivalente soit *D*. Ligne 8, sous le *A* du clair, on retrouve l'unité cryptographique *X* ; ligne 1, sous le *M* du clair, l'unité cryptographique *C* et ainsi de suite jusqu'à ce que l'on rencontre à nouveau le chiffre 7. À partir de là, le chiffreur se référera à l'alphabet de substitution 2. Les deux dernières lettres *S* et *H*, situées sous une nouvelle occurrence du 7 et du 8, sont elles chiffrées par l'alphabet 3.

7	8	1	2	5	7	8	1	2	5	7	8
H	A	M	I	L	T	O	N	F	I	S	H
D	X	C	Y	Q	G	V	H	L	R	J	U

Le déchiffreur aligne les chiffres de la clé numérique sous les unités cryptographiques et inverse le procédé de chiffrement. Sous le *D*, ligne 7 il retrouve l'unité claire *H*, sous le *X* le *A* et sous le *C* le *M*. À la répétition du premier chiffre de la clé numérique, 7, il se reporte au deuxième alphabet de substitution, et ainsi de suite jusqu'au complet déchiffrement du message.

Le code sera appliqué de 1876 à novembre 1899, date à laquelle John Haswell complète son *Cipher of the Department State*. L'homme meurt le même mois, mais ses ultimes efforts pour parfaire son système lui survivront.

Le Chiffre du Département d'État de 1899

Cette nouvelle version sera baptisée Blue (bleu), en référence, là encore, à la couleur de sa couverture. Très proche du code de 1876, Blue affiche cependant quelques légères différences. Plus volumineux, le répertoire compte 1 500 pages, 300 de plus que Red. Des blancs volontaires autorisent l'ajout de nouveaux termes en amorce de chaque groupe alphabétique. Haswell cette fois-ci s'est appliqué à répertorier les termes et expressions les plus représentatifs du langage consulaire et diplomatique.

Un opuscule de 16 pages complète le répertoire de 1899. Cet additif, l'*Holocryptic Code, An Appendix to the Cipher of the Department State*, liste 25 « règles » de plus que celui du premier code.
Ces nouvelles règles renvoient à différents procédés de surchiffrement, avec changement d'alignement, clés additives ou soustractives et substitutions de groupes codiques numériques par d'autres. Des noms d'animaux servent une fois de plus d'indicateurs. Ci-dessous, extrait de répertoire du code Blue :

GROUPES CODIQUES) ALPHABÉTIQUES (P)	GROUPES CODIQUES NUMÉRIQUES (609)	UNITÉS CLAIRES
Promotes	00	Russie
Promoting	01	Accord entre Russie et
Promotion	02	Accord avec la Russie
Promotions	03	Ambassadeur venant de Russie
Promotive	04	Ambassadeur de Russie
Prompt	05	Ambassadeur vers Russie
Prompted	06	Et Russie
Prompter	07	Armée de Russie
Prompters	08	Autorités russes
Promptest	09	Gouvernement russe
Prompting	10	Par la Russie
Promptings	11	Cabinet de Russie
Promptly	12	Chargé d'affaires russe

Le code Green

Le code Red étant devenu obsolète, et le code Blue ayant été dérobé en 1905 à Saint-Pétersbourg, le Département d'État s'aventure, en 1910, à publier pour la première fois dans l'histoire, son propre répertoire, le chiffre Green. Les 1 418 pages du code, et ses quelques innovations dans la mise en forme, reflètent le souci grandissant des autorités en matière de cryptage des transmissions. Ce sont à présent cinq colonnes qui divisent chacune des pages :

DAB 101	DAB	101	DAB	A
Aa	da	00	ad	A
Aalen	fa	01	af	–treatise
Aach	ga	02	ag	–treaty
Aadord	ka	03	ak	–treaty port

Ainsi, *Dabfa* correspondra au groupe codique équivalent au nom de la ville d'*Aalen*. Le groupe codique est formé des lettres placées en tête de la colonne, *Dab*, et des lettres situées sur la même rangée que le mot clair, *fa*. Les mots clairs *a treaty* (un traité) auront pour groupe codique *Dabag*.

Le procédé de datation des télégrammes subit lui aussi quelques révisions.

MOIS		JOURS DIZAINES		JOURS UNITÉS		HEURES		
B	Janvier	O	0	B	1	B	1	
C	Février	A	1	C	2	C	2	
D	Mars	E	2	D	3	D	3	
F	Avril	U	3	F	4	F	4	i-Matin et midi
G	Mai			G	5	G	5	
K	Juin			K	6	K	6	
L	Juillet			L	7	L	7	
M	Août			M	8	M	8	y-Après-midi et minuit
P	Septembre			P	9	P	9	
R	Octobre			R	0	R	10	
S	Novembre					S	11	
V	Décembre					V	12	

La date et l'heure sont codées avec les lettres de l'alphabet représentant le mois en question ; une lettre de la colonne des dizaines et une lettre de la colonne des unités, selon le jour. Par exemple le 5 sera représenté par *O* et *G*. Une lettre désigne l'heure du matin ou de l'après-midi, par exemple *C* et *y* pour désigner 2 heures de l'après-midi. Le 6 mai, 1 heure de l'après-midi devient une fois codé, *GOKBy*. Dans les transmissions codées mentionnant la date et l'heure, on ajoute le groupe codique de ces indications au groupe codique du premier mot du message pour obtenir un groupe codique à dix lettres.

Par souci de sécurité, le texte clair d'une missive codée par le Chiffre Green ne fait l'objet d'aucune transmission. On préconise plutôt dans ce cas la paraphrase et l'envoi d'une copie au Département d'État.

Mai 1919 ; Green subit une légère modification de titre, lorsque Frank L. Polk, secrétaire d'État, écarte le terme *chiffre*. Rebaptisé Department of State Code A-1, Green est désormais référencé sous l'appellation

Code Green. Un code qui restera en activité, associé à d'autres, jusque dans les années 1930 ; l'approche de la Seconde Guerre mondiale accroît en effet les besoins en sécurité et nécessite une refonte totale des cryptosystèmes diplomatiques et militaires.

CODES DE LA PREMIÈRE GUERRE MONDIALE

Le télégramme Zimmermann

« Une alliance militaire avec le Mexique contre les États-Unis », telle est la proposition câblée depuis Berlin par le ministre allemand des Affaires étrangères Arthur Zimmermann en ce 16 juin 1917. Le télégramme compte environ un millier de groupes codiques numériques, chiffrés par le code favori des diplomates germaniques, le 0075.

C'est le Bureau 40 qui intercepte la dépêche et découvre le pot aux roses par recoupements d'autres messages déjà interceptés, abonnés pour certains au 0075. William Hall, responsable du Bureau, met au point avec son équipe un plan d'attaque. Ils savent que l'information a emprunté deux voies : d'abord le câble diplomatique américain, puis le « circuit suédois » à destination de l'ambassadeur allemand en poste à Mexico. Les membres du Bureau 40 supposent que le télégramme parvenu à Mexico n'est pas codé en 0075, cette ambassade n'ayant pas coutume de recourir à ce cryptosystème pour ses communications. Fort de cette hypothèse, Hall tente de récupérer l'exemplaire du Mexique ; son espoir, pénétrer un code qu'il souhaite moins robuste que le 0075.

Ce serait un agent britannique, au nom de code T, qui serait parvenu à obtenir une copie du télégramme auprès du bureau de la Western Union, à Mexico. Les historiens estiment aujourd'hui que cette version ne tendait qu'à couvrir les activités du Bureau 40. Quoiqu'il en soit, copie en main, les cryptanalystes britanniques ne tardent pas à identifier le surchiffrement du texte par le code 13040. Un code ordonné et désordonné tout à la fois de 75 000 groupes codiques numériques et environ 25 000 unités claires.

Le repérage de mots spécifiques et de noms propres dans le 13040 fournit à Hall et son équipe des données précieuses pour leur travaux de décryptement du 0075. Bientôt, le télégramme du Mexique est décodé.

La partie chiffrante se présente sous forme de centaines de groupes codiques numériques listés face à des termes classés alphabétiquement ; les nombres en revanche sont répertoriés de façon incohérente. La partie déchiffrante comporte des termes répertoriés en ordre incohérent et une série de nombres classés de façon ordonnée.

PARTIE CHIFFRANTE		PARTIE DÉCHIFFRANTE	
3827	ambassador	1289	signatory
3910	ambassadorship	1301	treaty
4156	consul	1320	treaty port
5161	consular	1361	ceremony
5304	consular agent	1423	courier
6177	consulate	1440	document
10728	consul general	1517	emissary
10949	consulship	1556	legation
8293	diplomacy	1602	minister
8605	diplomat	1644	mission
7012	diplomatic corps	1680	negotiation
7134	embassy	1715	plenipotentiary

Les colonnes de nombres désordonnés rendent l'analyse de ce code bien plus complexe que dans le cas d'un simple code ordonné. C'est la position de certains mots dans une liste qui en révèlent d'autres, encadrés par des termes déjà connus en 0075.

Le code de tranchée américain

Avec l'entrée de l'Amérique dans la Première Guerre mondiale, les besoins de sécurité exigent de nouveaux codes facilement exploitables sur le terrain. On met alors au point des répertoires, dont l'*American Trench Code* (code de tranchée américain) et le *Front-Line Code* (code de première ligne), premiers codes américain de campagne. Tous deux sont des codes ordonnés surchiffrés par substitution monoalphabétique, le premier comptant 1 600 éléments contre seulement 500 pour le second.

À la tête de la section code, Howard Barnes, également capitaine et membre du Bureau du Chiffre du département d'État. C'est en étudiant un code de tranchée britannique et en recensant les impératifs du terrain que Barnes et son équipe conçoivent l'*American Trench Code*.

Mis au point pour servir toute la chaîne militaire, depuis le haut commandement jusqu'aux lignes de front, le code ne dépassera pas cependant les quartiers généraux régimentaires, car on ne peut risquer une capture qui le rendrait caduque. Au printemps 1918, on produit un millier d'exemplaires de l'American Trench Code, édition brochée de poche de 11 x 18 cm.

3 000 exemplaires du *Front-Line Code* ont aussi été distribués jusqu'au niveau des compagnies afin d'assister les troupes du Corps expéditionnaire américain sur le front ouest dans ses premières actions.

L'American Trench Code offre deux types de groupes codiques, combinaisons de trigrammes ou séries de quatre nombres. Rien n'empêche de jouer sur les deux tableaux, même si l'on préconise un codage non mixte. Prenons l'exemple « patrol reports attack » (patrouille signale attaque), codé alphabétiquement et numériquement :

TEXTE CLAIR :	patrol	reports	attack
GROUPE CODIQUE ALPHABÉTIQUE :	RAL	SAN	DIT
GROUPE CODIQUE NUMÉRIQUE :	2307	2408	1447

Si l'on doit répéter la même phrase à l'intérieur d'un communiqué, on peut à chaque fois la surchiffrer différemment en procédant à son découpage. Prenons la phrase « gas attack », codée par le groupe codique *KOT*. Dans une dépêche où les deux mots sont dissociés, on a d'un côté le groupe codique *KOR* (pour gaz) et de l'autre, *DIT* (pour attaque).

Les problèmes de sécurité croissant, la transmission de chiffres non codés sera bientôt formellement interdite ; pourtant, à l'époque de l'impression du code, les chiffres circulent encore en clair. Lorsque l'on doit transmettre un message de ce type, il faut alors faire précéder l'information par le groupe codique 2370 (*RUF*), autrement dit « lire unités suivantes en clair ».

Le répertoire compte 32 pages ; groupées par paires, en vis à vis, elles forment l'unité chiffrante. En haut, le numéro de page et des consonnes courant de *B* à *Z*, sans les *J*, *Q*, *W* et *X*. Chaque feuille comporte 100 lignes de chiffres listés de 01 à 00 avec combinaisons de bigrammes voyelle/consonne en vis à vis de chaque binôme (paire de chiffres). Le codeur bâtit ses groupes codiques par combinaisons soit de quatre chiffres, soit de trois lettres en associant le numéro de la page et celui de la ligne aux différents binômes ou bigrammes. Les codes numériques s'étalent de 1200 à 2700 ; les groupes littéraux courent eux de *BAB* à *ZYZ*.

Les groupes codiques numériques 1201, issus de la page 12 et du bigramme 01, à 1331, page 13 et bigramme 31, renvoient à une liste d'équivalents décimaux, de jours et de mois. Les équivalents alphabétiques et lexicaux débutent à la lettre *A*, codée par 1332 (*CEW*) et se poursuivent jusqu'à 2795 (*ZYR*), groupe codique de « zone (s) ». Pour coder numériquement la lettre *A*, le codeur relève le numéro 13 en haut de la page gauche et le 32 du binôme en vis à vis du *A*. On code alphabétiquement le *A* en prenant la lettre *C* de la page consonnes (face aux chiffres) et en l'associant au bigramme voyelle/consonne *EW* placé en vis-à-vis du *A*.

Ci-après, l'ordre *acknowledge activity of artillery* (reconnaissance des mouvements de l'artillerie) se codera soit numériquement par 1343 et 1348, soit alphabétiquement par *CIN* et *CIV*.

PARTIE CHIFFRANTE

01	AB	Decimal Point
02	AC	1.2
03	AD	5.9
04	AF	9.2
05	AG	9.45
07	AL	100
08	AM	155
09	AN	240
10	AP	Sunday
11	AR	Monday
12	AS	Tuesday
13	AT	Wednesday
14	AV	Thursday
15	AW	Friday
16	AZ	Saturday
17	EB	January
18	EC	February
19	ED	March
20	EG	April
21	EG	May
22	EH	June
23	EK	July
24	EL	August
25	EM	September
26	EN	October
27	EP	November
28	ER	December
29	ES	A. M.
30	ET	P. M.
31	EV	o'clock

PARTIE DÉCHIFFRANTE

32	EW	A
33	EZ	abandon
34	IB	abandon first line
35	IC	abandon second line
36	ID	able (to)
37	IF	about
38	IG	above
39	IK	-ac
40	IK	accident
41	IL	according to
42	IM	accurate
43	IN	acknowledge
44	IP	act
45	IR	action
46	IS	active
47	IT	activity
48	IV	activity of artillery
49	IW	adjust
50	IX	adjudant

L'emploi de tables d'altération permet de surprotéger les groupes codiques alphabétiques. Ces tables, 30 alphabets de substitution monoalphabétique, servent à surchiffrer les groupes codiques. Pour plus de sécurité, l'outil fait l'objet de modifications régulières.

Pour surchiffrer les groupes codiques de l'exemple précédent, *CIN* et *CIV*, le codeur procède simplement à une substitution de la lettre codée d'origine par son équivalent cryptographique. Ici, le surchiffrement donne *mcf* et *mcb*.

CHIFFREMENT

A	B	C	D	E	F	G	H	I	K	L	M	N
O	P	R	S	T	U	V	W	Y	Z			
h	o	m	s	v	a	r	e	c	z	k	n	f
l	u	w	y	i	t	b	d	p	g			

DÉCHIFFREMENT

a	b	c	d	e	f	g	h	i	k	l	m	n
o	p	r	s	t	u	v	w	y	z			
F	V	I	W	H	N	Z	A	T	L	O	C	M
B	Y	G	D	U	P	E	R	S	K			

On codera et surchiffrera l'ordre « abandonnez seconde ligne d'action » par les groupes codiques numériques 1335 et 1347 et les groupes codiques alphabétiques *CIC* et *CIT*. Après surchiffrement par table d'altération, ces trigrammes seront substitués par *mcm* et *mci*.

Pour décoder le message, le destinataire n'a qu'à inverser le processus de codage, en s'appuyant sur le même répertoire. Équipé d'une table d'altération identique à celle du codeur, il recherchera les lettres *mcf* sur la rangée des lettres minuscules et repérera ses équivalents dans le rang des lettres majuscules situées au dessous. Une fois débarrassées de leur surchiffrement, les lettres majuscules serviront à isoler le numéro de page du répertoire et l'équivalence en clair. Si le code est d'ordre numérique, le 13 ou tout autre premier groupe numérique renvoie au numéro de page, le second groupe à la lettre ou au mot de la page. Si le groupe codique est alphabétique, le destinataire devra d'abord repérer un éventuel surchiffrement. La table d'altération le renseignera sur le placode (hors surchiffrement), soit *CIC* ou *CIT*. La lettre initiale indique la page et le bigramme renvoie à l'équivalent en clair. Incontestablement plus fiable que certains répertoires militaires antérieurs, l'American Trench Code n'est cependant pas jugé apte pour le service. J. Rives Childs, membre de la section déchiffrement des codes ennemis (la G2-A6) de l'armée américaine, n'a aucun mal à venir à bout des tables d'altération et parvient à décoder quelque 40 messages tests. Un exploit qui vaut au code d'être aussitôt abandonné.

La série des rivières : le Potomac

Le *Front-Line Code,* incompatible avec les impératifs de la Première Guerre mondiale, doit trouver un successeur plus performant ; les membres de la Code Compilation Section travaillent donc à élaborer une code infiniment plus complexe. Des recherches qui aboutissent le 24 juin 1918, avec le *Potomac,* premier répertoire de la série dite des « rivières ».

Il s'agit là d'un code désordonné, d'abord édité à 2 000 exemplaires à l'attention des bataillons. Au sommaire, 47 pages de parties chiffrante et déchiffrante, soit environ 1 800 mots et expressions pour un document d'une taille de 18 x 24 cm.

Chaque page de l'ouvrage compte 100 groupes codiques à trois lettres et leurs équivalents. Les trigrammes obéissent à la fois à des règles de construction classiques et spécifiques. Voyelles et consonnes sont combinées de façon incohérente plutôt que sous l'alternance standard consonne/voyelle. Des lois spécifiques et rigoureuses déterminent l'emplacement des lettres : *E, H, I, T* et *U* n'occupent jamais une position initiale ; *D, H, Q, T* et *Z* ne font jamais office de seconde lettre ; enfin, on ne place jamais *H, I, Q* et *Z* en troisième position. On conçoit les combinaisons de façon à ce qu'aucune lettre ne soit répétée dans aucun trigramme.

Les concepteurs du Potomac préconisent avec insistance l'exploitation de nulles. Une dépêche codée doit compter au moins une nulle tous les 10 groupes codiques ainsi qu'entre les lettres doublées. Selon cette règle, le terme *boot* est donc codé comme suit :

b	o	nulle	o	t
KVG	LOC	ASY	VYN	ASG

Comme avec les autres codes, les émetteurs joignent en clair le numéro et l'heure d'enregistrement du message en Potomac ; par contre, on code les sites d'émission et de destination. Les communiqués à rallonge sont découpés et expédiés en deux, voire trois transmissions. Ci-dessous, quelques exemples d'une partie déchiffrante du Potomac.

ABE	falling back
ABF	heavy
ABG	message received
ABK	supply
ABM	have you received
ABO	bombardment
ABP	barrage
ABS	battalion
ABV	automatic
ABW	must be
APE	relief completed
APF	retire
APJ	premature
APN	impossible
APO	withdraw
APU	machine gun ammunition
APW	e
APX	remove
APY	moving
ASB	92

La série des rivières : le Mohawk

Le quatrième de la série, après le *Suwanee* et le *Wabash*. Le code désordonné dit *Mohawk*, édité à 320 exemplaires, est distribué aux bataillons en août 1918. À la différence de ses aînés, le Mohawk se présente sous forme de groupes codiques numériques de quatre et non de trois chiffres. Mais comme le *Potomac*, le code propose des options pour les lettres et chiffres à usage fréquent. Ci-dessous, quelques exemples de séquences chiffrantes et déchiffrantes.

PARTIE CHIFFRANTE				**PARTIE DÉCHIFFRANTE**	
0	4616	4585	3524	2589	besoin
1	3211	4753	4997	2590	-ant
2	3323	4794	3305	2591	répétez
3	3657	3517	3188	2592	100
4	4498	2661	4213	2593	kilomètre (s)
5	3667	2522	4431	2594	lancez
6	3272	2875	4900	2595	23
7	3766	4650	2613	2596	inutile
8	4004	3009	2650	2597	non
9	4550	3137	4313	2598	sur ce
10	3248	2525	4887	2599	q

Le *Mohawk* sera capturé par les Allemands en octobre 1918 ; tout comme son successeur, l'*Allegheny*, lui aussi code numérique à quatre éléments, avec options. Suite à cette mésaventure, on imprime sur la couverture de *Colorado*, le dernier de la série (tiré le 24 septembre 1918), la mention « Retenez ce groupe : DAM – Code perdu ». Désormais, en cas de vol ou de perte de répertoire, on expédie aussitôt le communiqué codé (*DAM*) à toute la chaîne militaire pour alerter la hiérarchie.

Le code téléphonique

Mars 1918 ; on imprime et distribue 500 exemplaires du *Telephone Code*. Au sommaire, les noms codés d'officiers et d'organisations. À l'origine destiné exclusivement aux échanges téléphoniques, le code sera pourtant appliqué à d'autres types de communication.

Très vite, parce que les groupes codiques exploitent des prénoms féminins, le *Telephone Code* hérite du surnom *Code Female*.

PARTIE CHIFFRANTE		PARTIE DÉCHIFFRANTE	
1st Army	Bertha	Agnes	1st Corps
2nd Army	Dolly	Alexandra	81st Division
3rd Army	Kate	Alice	9th Corps
4th Army	Vera	Alma	6th Army
5th Army	Maude	Clementine	107th Division
6th Army	Alma	Constance	100th Division
5th Corps	Daisy	Cornelia	91st Division
6th Corps	Carrie	Joan	2nd Division
7th Corps	Violet	Jocelyn	102nd Division
8th Corps	Gabrielle	Priscilla	79th Division
9th Corps	Alice	Peggy	12th Corps
10th Corps	Helen	Vera	4th Army
		Victoria	16th Division

La série des lacs : le Champlain

L'entrée en guerre de la 2e armée génère une nouvelle moisson de codes. Entre en scène la série des lacs, destinée à assurer la sécurité des communications de la 2e armée, la 1re armée étant quant à elle abonnée à la série des rivières, à cette époque au code dit *Colorado*.

Le document a la particularité de voir son titre, *Champlain*, imprimé en rouge sur la couverture ; une caractéristique qui permet de le distinguer sûrement des éditions de la série des rivières, imprimées en noir. Champlain est un code désordonné à groupes codiques trigrammatiques. Devant l'abondance de codes en circulation, on identifie le procédé appliqué en débutant chaque message par un trigramme en clair. Ainsi, *COL* désigne l'emploi du code Colorado et *HUD* celui de l'Hudson.

La série des lacs : le Huron

Octobre 1918 ; lancement du *Huron*, deuxième de la série des lacs et premier code désordonné de l'histoire américaine destiné à protéger de bout en bout les communications téléphoniques. Le téléphone constitue alors un tout nouvel aspect de la sécurité en campagne, outil particulièrement visé par la mise sur écoute. Le *Huron* assure la confidentialité des échanges par un alphabet phonétique ; en fait, le mot est épelé dans le combiné à l'aide des groupes codiques suivants en lieu et place de chaque lettre.

A	able	J	jig	S	sail
B	boy	K	king	T	tare
C	cast	L	love	U	unit
D	dock	M	mike	V	vice
E	easy	N	nan	W	watch
F	fox	O	opal	X	x-ray
G	george	P	pub	Y	yoke
H	have	Q	quack	Z	zed
I	item	R	rush		

On fait précéder la transmission de ce type de communiqués phonétiques de la mention « Huron ». Parfois, le *X-ray* ou le *Zed*, plutôt rares, servent à indiquer une pause ; options au « stop » internationalement connu et trop facilement identifiable par les espions du Kaiser.

Le Huron est également accompagné de la toute première *Emergency Code List* (tableau codique d'urgence), répertoire autonome désordonné de 56 bigrammes, imprimé sur une feuille simple. Le document est destiné aux unités du front postées à proximité du « no man's land » entre tranchées alliées et ennemies. Ci-dessous, quelques exemples :

PARTIE CHIFFRANTE DE L'« EMERGENCY CODE »		PARTIE DÉCHIFFRANTE	
Prêt à progresser	SP	AB	Attaque au gaz
Munitions épuisées	BX	AF	Tranchées
En progression	XF	AG	À
À	AG	AP	Objectif atteint
Échec de l'assaut	FS	AV	Feu ennemi a détruit
Assaut réussi	XA	AW	Renforts envoyés
Besoin tir de barrage	BD	AX	Capturé
Prêt à l'attaque	SM	AZ	Attendez le signal
Renfort sur place	ZB	BD	Besoin tir de barrage
Capturé	AX	BF	Droite
Pertes lourdes	BJ	BJ	Lourdes pertes
Pertes légères	SF	BM	Émission de gaz

Le code radio américain n° 1

L'arrivée de la radio sur les champs de bataille de la Première Guerre mondiale marque un tournant dans le conflit. Ne disposant pas de systèmes cryptographiques radio, les Américains doivent alors se contenter du code radio des Français. Outre l'inconfort que génère la différence de langue, elle menace directement la sécurité des Alliés. Les confusions obligent en effet à des répétitions d'échanges et de dépêches toujours plus claires, et donc plus facilement déchiffrables par les analystes du Kaiser.

En octobre 1918 est enfin créé un code radio américain. Un code désordonné de quelque 1 000 termes et expressions ; 2 000 exemplaires sont distribués aux brigades et unités d'artillerie. On recourt ici à des groupes codiques à trois lettres, sans variantes. La partie chiffrante comporte des mots classés alphabétiquement en six catégories comprenant des expressions de transmission types, un vocabulaire pour opérations radio ou encore des termes radio techniques.

Ci-dessous, un extrait de l'*American Radio Service Code No. 1* mis au point par la Code Compilation Section et distribué à 2 000 exemplaires en 6 jours à peine.

PARTIE CHIFFRANTE		PARTIE DÉCHIFFRANTE	
126	B	001	seul
642	mauvais	002	carburant
704	sacoche	003	(pluriel)
908	ballon	004	infanterie
994	pansements	005	officier
545	base	006	sauf
325	bataillon	007	code
180	batterie	008	échec
607	être	009	(action)
962	positions	010	rapport
824	été	011	rassemblement
052	avant	012	(personne)

EXPRESSIONS UTILISÉES DANS LES TRANSMISSIONS

304	Antenne endommagée
450	Je dois stopper l'émission jusqu'à. . .heure
367	Essayé de vous joindre jusqu'à. . . heure
513	Élargi mon rayon de transmission
584	Interdiction d'émettre jusqu'à
024	Transmettez plus rapidement
169	Transmettez moins vite
212	Stoppez l'émission. Interférences
312	Poste de transmission endommagé
669	Attendez quelques minutes ; change de batterie
739	Ai cessé transmissions jusqu'à . . . heure
811	Pouvez-vous retransmettre à . . . heure
715	Votre message est brouillé

Les « parleurs-de-code » Choctaw

L'expression « parleurs-de-code » qualifie les indiens de la tribu Choctaw, opérateurs radio américains officiant durant la Première Guerre mondiale. En octobre 1918, au cours de la campagne de Meuse-Argonne, ces hommes rattachés à la 142e compagnie d'infanterie se trouvent sur la zone de combat de Chufilly et Chardeny. Leur mission consiste tout simplement à s'exprimer dans leur langue pour convoyer des messages top secrets ; le procédé tiendra en échec les plus fins cryptanalystes germaniques. Ci-dessous, quelques termes en langue Choctaw :

TERMES MILITAIRES	CHOCTAW
alliés	apepoa
artillerie	tanamp chito, tanamp hochito
parlez	anumpa
char	oka aialhto chito

La langue Choctaw n'offre bien évidemment pas d'équivalences avec l'ensemble du jargon militaire ; on remédie au problème en élaborant un code de correspondances. Mais la Seconde Guerre mondiale allait bientôt exiger une refonte totale des systèmes de sécurité des communications et une terminologie plus spécifique.

Codes commerciaux

Les codes ont joué un rôle essentiel en temps de paix comme en période de guerre. L'avènement du télégramme et du câble génère la multiplication de codes commerciaux réservés aux hommes d'affaires. Très vite, les grandes firmes réalisent qu'un texte condensé est synonyme d'économie ; le codage de termes usuels voire d'expressions entières raccourcit le texte clair et réduit du même coup les taxes télégraphiques. Les hommes d'affaires se mettent ainsi à concevoir leurs propres listes lexicales, répertoires de mots, expressions et phrases de substitution. En deux mots seulement, on peut transmettre à son destinataire l'information « envoyez-moi le contrat sans attendre à cette adresse ».

Toutes les compagnies de la planète recourent alors à ces codes commerciaux, bientôt mis en vente sous forme d'ouvrage et de ce fait, totalement transparents. En somme, des documents riches en groupes codiques, mais dénués de vrai secret.

Ce type de codes connaît son âge d'or à la fin du XIXe siècle et au début du XXe siècle. Après la Première Guerre mondiale, le commerce international prend une nouvelle ampleur. Dans le milieu des affaires, la prononciation de certaines combinaisons de lettres commence à révéler les carences du système. Les opérateurs du câble et du télégraphe ont le plus grand mal à traduire les transmissions des compagnies comme à émettre vers des firmes de langue étrangère. Les différences de langues ou de dialectes entre correspondants créent de nombreuses confusions dans les transmissions, erreurs souvent synonymes de manque à gagner, voire de litiges fort coûteux. On décide donc de limiter le nombre de groupes codiques, ce qui entraîne des restrictions sur le nombre de parts codées d'un message, et une augmentation de leur coût, au grand dam des chefs d'entreprise, forcés d'expédier leurs messages en clair.

En 1932, l'International Telegraph Company décide d'ouvrir le câble et le télégraphe à tout groupe codique de cinq caractères. À nouveau, l'usage du code se répand et les publications de répertoires suivent.

Le début de la Seconde Guerre mondiale, en septembre 1939, s'accompagne de toute une politique de censure et une interruption des échanges commerciaux. Le conflit bouleverse le champ classique des communications et voit le développement des téléscripteurs, s'effectuant au détriment des codes commerciaux. Opérateurs et machines n'ont désormais plus aucun souci de langue, balayant les anciens problèmes de codage et de décodage, et rendant du coup inutiles les employés du câble et du télégramme. Enfin les réseaux radio et téléphoniques finiront par avoir raison des codes commerciaux.

Le code Slater

Grâce à la pose du câble transatlantique (1866) et au formidable essor des communications qui s'ensuit, le monde des affaires éprouve plus que jamais le besoin d'un code commercial susceptible de réduire les frais de transmissions. En 1874, l'armateur anglais William Clausen-Thue élabore l'*ABC Code*, un code ordonné efficace, au répertoire conséquent. L'*ABC Code* s'impose très vite comme le code public en matière de transactions internationales ; ce sera aussi l'un des plus durables.

En 1870, Robert Slater, secrétaire à la Compagnie française du télégraphe Atlantique, publie un volumineux code ordonné, le *Code télégraphique, apte à assurer la confidentialité des transmissions* (sic !). Cherchant à limiter les coûts des transmissions et à en assurer la sécurité, Slater incorpore à son répertoire pas moins de 24 000 mots auxquels s'ajoutent 1 000 termes supplémentaires, noms géographiques, noms de personnalités, prénoms et noms de famille. Les groupes codiques sont constitués par une suite numérique à cinq chiffres.

A

a	00001	abbey	00021
aback	00002	abbot	00022
abacus	00003	abbreviate	00023
abaft	00004	abbreviated	00024
abalienate	00005	abbreviation	00025
abandon	00006	abbreviature	00026
abandoned	00007	abdicate	00027
abandonce	00008	abdicated	00028
abandoner	00009	abdicates	00029
abandonment	00010	abdicating	00030
abase	00011	abdication	00031
abasement	00012	abdomen	00032
abash	00013	abdominal	00033
abate	00014	abduce	00034
abated	00015	abduct	00035
abates	00016	abduction	00036
abattoir	00017	aberrance	00037
abbacy	00018	aberrant	00038
abbe	00019	abet	00039
abbess	00020	abetment	00040

Un surchiffrement par addition, soustraction et permutation des chiffres de chaque groupe codique renforce la couverture du message.

Les procédés de surchiffrement imaginés par Slater font à l'époque figure d'innovations : clés additives ou soustractives ; transposition des trois derniers chiffres des groupes codiques (qui du coup se transforment en un autre groupe codique numérique) ; addition et transposition ; soustraction et transposition ; altération des chiffres (un groupe codique à 5 chiffres passe à 4 chiffres lors de la transmission) ; altération et transposition (transmission d'un groupe codique à 4 chiffres avec seulement le dernier chiffre non permuté) ; altération, transposition et addition selon le nombre de mots transmis (par exemple, 1 ajouté aux chiffres du groupe codique équivalent au premier mot, 2 ajouté aux chiffres du deuxième groupe codique) ; et enfin transposition du message codé.

Pour illustrer un de ses procédés, la soustraction, Slater recourt à la phrase *La Reine est la suprême puissance dans le royaume*. En voici le processus soustractif :

GROUPES CODIQUES	GROUPES CODIQUES NUMÉRIQUES	CLÉ SOUSTRACTIVE (5555)	TEXTE CLAIR
généreux	02868	22313	La
coin	23650	18095	Reine
purifiant	17925	12370	est
généreux	02868	22313	la
biographie	02505	21953	suprême
transparent	22611	17056	puissance
posé	16981	11426	dans
chevalier	02868	22313	le
joug	23974	18419	royaume

Le code Acme

Les codes commerciaux continuent à se développer à l'issue de la Première Guerre mondiale. Au début des années 1920, William J. Mitchel met au point l'Acme, un code commercial ordonné de près de 100 000 groupes codiques. Comme le soulignera l'écrivain Jack Littlefield dans un article de quelque peu caustique du *New Yorker* de 1934, les entrées du code Acme jouent tour à tour sur le registre mondain, humoristique voire sur celui de l'intrigue et du tragique. Ci-dessous un extrait du répertoire :

BIINC	De quels engins de levage disposez-vous pour les équipements lourds ?
URPXO	À quelle tâche affecterez-vous le malaxeur ?
CHOOG	Lard, saindoux
GAHGU	Huile de foie de morue
GNUEK	Caoutchouc, légèrement moisi
HEHST	Condition humide
ZOKIX	Arbres malades
ARPUK	L'homme est un aventurier . . .
BUKSI	Éviter une arrestation si possible
NARVO	Ne pas séparer les documents
OBNYX	S'échapper sur le champ
CULKE	Aussi mauvais que possible
LYADI	Arrivé ici avec les ponts balayés . . . avons croisé ouragan
PYTUO	Collision avec un iceberg
YBDIG	Dépouillé par les autochtones

Le téléimprimeur de Murray

Les codes commerciaux vont incontestablement bénéficier de l'invention de Donald Murray qui révolutionne en 1901 le système postal britannique en adaptant le code Baudot, jusqu'alors en vigueur pour toutes les transmissions par téléimprimeur. Le code Baudot (voir *Chiffres incassables* du chapitre *Chiffres*) passe par l'utilisation d'un dispositif qui crée des perforations ou des espaces sur un ruban de papier, correspondant chacun à des lettres, des chiffres et à certaines fonctions du clavier. Murray s'inspire du procédé tout en le simplifiant ; il assigne les combinaisons présentant le moins de perforations aux lettres de l'alphabet et maintient les fonctions du clavier les plus sollicitées dans les transmissions télégraphiques. Un indicateur de départ signale le début de chaque message, un indicateur de conclusion marque la fin de la transmission. Pour pallier toute erreur de transmission, en cas d'encombrement de ligne, on recourt à un code de détection d'erreur à sept unités ; toute altération de la séquence « 3 perforations + 4 espaces » permet de détecter une erreur.

Pour transmettre un télégramme codé par le système de Murray, l'opérateur entre les données au clavier. La frappe d'une touche engendre le déplacement de cinq longues barrettes qui impriment l'unité cryptographique de la lettre correspondante. Pour obtenir un espace, les barrettes sont maintenues en place au moyen de cales situées sur les barrettes de la lettre en question. Les perforations résultent du déplacement des barrettes vers la gauche qui, en avançant font saillie à la suite de la séquence non perforée. L'extension des barrettes coupe les commutateurs qui de leur côté alimentent le dispositif via une came rotative et relient une pile à chacune des barrettes.

Sur le téléimprimeur du site récepteur, chaque séquence perforée génère une impulsion électromagnétique qui se traduit par la mise en branle de cinq barrettes et l'impression d'un groupe codique à cinq unités. Tous les caractères d'une séquence sont ainsi tour à tour retranscrits. L'avancée de certaines barrettes (perforations) et le maintien en place d'autres (absence de perforation) entraînent l'abaissement d'un volet d'arrêt qui cale la bille d'impression sur le caractère voulu. Le dos du caractère est mis en contact avec une feuille de papier par un mécanisme de frappe qui permet l'impression.

Le code Murray bénéficiera des progrès des transmissions en duplex, multiplex et de la mise au point de systèmes de commutation temporelle où les messages transitent selon différentes directions, à intervalles de temps réguliers ; de plus il saura s'adapter aux dernières techniques de transmissions par modulation d'amplitude et division de fréquence.

Le code Q

Il s'agit d'un code international à trois lettres pour tous les opérateurs radio, destiné à faciliter les transactions commerciales, les liaisons d'urgence et les échanges en général. La régulation du trafic radio, en plein essor, conduit les autorités concernées à organiser différentes conférences pour mieux débattre du problème comme l'*International Radiotelegraph Conference* de Berlin (1906), la *Washington Radiotelegraph Convention* (1927) et la conférence de Madrid (1932). De ces rencontres, et de bien d'autres qui se succéderont jusqu'à la veille de la Seconde Guerre mondiale, va naître le code Q. À la fin des hostilités, le cycle des conférences reprendra et l'on tentera d'adapter les standards internationaux aux exigences des communications par satellite.

Le code Q, des plus polyvalents, sert les signaux de reconnaissance entre stations (échange d'identités et de positions), les transmissions radio (commandes de télégrammes, transit et tarifs), le contrôle aérien (transmissions de données d'altitude, de vitesse et de visibilité), les données de localisation des aéroports, les transmissions de données météorologiques et les avis d'alerte.

Toutes ces informations sont représentées par une série d'abréviations commençant par la lettre Q. Le code affiche une liste de trigrammes codés suivis de leur équivalent en clair, simple question ou réponse, selon le contexte.

Le code Q, révisé au fil des ans pour mieux s'adapter aux nouvelles technologies des communications radio, est depuis entré au service des satellites géostationnaires, de la marine, de la radiotélégraphie et de la radiotéléphonie. Extrait de quelques équivalences :

CODE	QUESTIONS
QAA	À quelle heure comptez-vous arriver . . .?
QTC	Combien de télégrammes avez-vous expédié . . .?
QFS (b)	SVP. Mettez la balise à . . . en action.
QFB	Envoyez données météorologiques récentes.
QTM (a)	Émettez signaux radio et ondes sonar pour me permettre de me positionner.
QOA	Pouvez-vous communiquer par radiotélégraphie (500 kHz) ?

QOB	Pouvez-vous communiquer par radiotéléphonie (2,181 kHz) ?
QOH	Dois-je envoyer signal de cadrage dans . . . secondes ?
QOJ	Écouterez-vous sur . . . (kHz ou mHz) les signaux d'urgence émis par balise de position ?

CODE	RÉPONSES
QAA	Je pense arriver à . . . à . . .
QTC	J'ai reçu . . . télégrammes de votre part.
QFS (b)	La balise à . . . sera activée dans . . . minutes.
QFB	Besoin de données météorologiques récentes.
QTM (a)	J'enverrai signaux radio électrique et ondes sonar.
QOA	Je peux communiquer par radiotélégraphie (500 kHz).
QOB	Je peux communiquer par radiotéléphonie (2,181 kHz).
QOH	Envoyez signal de cadrage dans… secondes.
QOJ	J'écoute sur. . . kHz (ou mHz) les signaux d'urgence émis par balise de position.

CODES DE L'ENTRE-DEUX-GUERRES

Le code Grey

Le code Grey, titre inspiré par la couleur de la reliure du document, sert les échanges diplomatiques du Département d'État de mars 1918 au début des années 1940. Ici, des groupes codiques de cinq lettres se substituent à des termes et expressions courants. On citera par exemple *nadad*, souvent utilisé à la place de « pause ». Le code Grey a été si largement sollicité que sa confidentialité finit par devenir un sujet d'amusement parmi le personnel des ambassades des autres pays. On raconte qu'à l'occasion du départ à la retraite d'un membre du Département d'État basé à Shanghai, les diplomates de carrière conviés à la cérémonie ne perdirent pas un mot de l'allocution, exprimée pourtant en Grey.

On pense que les cryptanalystes japonais de la *Tokumu Han*, section rattachée à l'état-major général de la marine impériale, parviennent à déchiffrer tous communiqués codés en Grey grâce à la *kempeitai* (police militaire) qui a subtilisé des bouts de télégrammes dans les poubelles du Département d'État. Les agents secrets nippons n'hésitent pas non plus à pénétrer par effraction à l'aide d'une empreinte de clé dans les bureaux du consulat de Kobé pour prendre des clichés des répertoires américains. On ne se doute de rien jusqu'à ce qu'une valise diplomatique soit découverte dans le bureau de l'attaché aux affaires maritimes américain à Tokyo. Aussitôt, les États-Unis changent de locaux et de systèmes de codage.

Malgré sa vulnérabilité, le code Grey reste néanmoins en vigueur dans les autres ambassades américaines jusqu'à la fin des années 1930, au moment où les menaces de guerre pèsent sur l'Europe et l'Asie. Même les communications de la plus haute importance, comme les échanges transatlantiques entre Franklin D. Roosevelt et Winston Churchill, circulent encore en 1940 sous « couvert » du Grey.

Le code A-1 du Département d'État américain

En 1919, le Département d'État met en service un nouveau répertoire titré *Department of State Code A-1* ; on a enfin laissé tomber le faux ami « chiffre » pour lui préférer le terme code. Début 1920, des membres du gouvernement créent une version surchiffrée de ce code, mesure destinée à pallier la fragilité des communications diplomatiques. Dès lors, le code se présente en deux volumes, le *Department of State Code A-1* et le *Department of State De Code A-1*.

Le A-1 propose une série de groupes codiques plus généreuse que les précédents répertoires. Ainsi, l'unité claire « and » (et) dispose de 55 équivalences, dont BIKEG, HUHUB et MOPUY. « The » (le) peut être remplacé par des combinaisons alphabétiques comme KEFUM ou LIKER. Comme beaucoup d'autres codes de l'époque, le A-1 regroupe voyelles (v) et consonnes (c) selon le schéma « cvcvc » avec une régularité qui fait craindre le pire. Si un ennemi parvient à déchiffrer une seule partie du code, le modèle « cvcvc » peut le conduire tout droit à la lecture des autres groupes codiques.

On donne aux codeurs des instructions qui visent toutes à accroître la sécurité ; on préconise les substitutions aléatoires et l'utilisation de code désordonné. Tout message chiffré par A-1 doit avoir pour lettre initiale une consonne sélectionnée de *B* à *P*.

PARTIE CHIFFRANTE		PARTIE DÉCHIFFRANTE	
diplomatie	BIGED	BACUB	diplomatique
diplomate	BUJOH	BEDAC	corps diplomatique
diplomatique	BACUB	BIGED	diplomatie
diplomatiquement	BOHIF	BOHIF	diplomatiquement
corps diplomatique	BEDAC	BUJOH	diplomate

À la différence de systèmes antérieurs, les tables numériques et alphabétiques présentent des options de surchiffrement. Le A-1 cependant reste d'un usage très confidentiel ; au cours des années 1920 et au début des années 1930, les diplomates s'en tiendront encore aux bons vieux systèmes.

Le code Brown

Conçu pour remplacer le trop vulnérable code Grey, le Brown fait son entrée en scène le 30 décembre 1937 ; son titre officiel, *Department of State Brown Code*. Au sommaire, une partie chiffrante de 954 pages et une partie déchiffrante de 938 pages.

Comme le A-1 et d'autres codes de la même génération, le Brown propose toute une série d'options pour les mots à usage fréquent.

On compte ainsi 20 groupes codiques différents pour « et » et 20 pour « le ». Les taxes exorbitantes des transmissions représentent à l'époque un souci majeur. Le Brown permet de transmettre des dizaines d'expressions commençant par « le » par groupes codiques de cinq éléments, bien meilleur marché.

Fin des années 1930, le Brown inaugure également un nouveau système de datation. Les mois sont représentés par la première lettre, les jours par la seconde et la troisième, les heures par la quatrième et le matin ou l'après-midi par la cinquième. Ce qui nous donne :

Mars 12, midi	XBAEK
Mai 15, 8 h du matin	IMUNF
Juillet 20, 2 h de l'après-midi	LSZYS
Novembre 26, minuit	ESJEX

Le code Brown sera dérobé en 1939 au consulat américain de Zagreb, en Yougoslavie ; ce qui ne l'empêchera pas de rester en activité jusqu'à l'entrée en guerre des Américains. Bientôt, les besoins en matière de sécurité conduisent à l'adoption du M-138, un système à bandes plus fiable.

CODES DE LA SECONDE GUERRE MONDIALE

Le code BLACK

Baptisé en référence, là encore, à la couleur de sa reliure, le code Black sert les attachés militaires américains. Jugé invulnérable au début des années 1940, le Black bénéficie en outre de tables de surchiffrement. En réalité, dès les premiers temps de la guerre, il ne résiste ni aux interceptions radio allemandes, ni aux agents de l'Italie fasciste qui le photographient sous tous les angles.

Un épisode en particulier handicapera gravement la cause alliée mettant en scène des messages excessivement compromettants. Expédiés par le colonel Frank Fellers, attaché militaire au Caire, ces rapports fournissent de nombreux détails sur les opérations britanniques au Moyen-Orient et sont envoyés à Washington sous couvert du code Black. Fin 1941, les stations radio allemandes commencent à s'intéresser de près à ces télégrammes. Bientôt, le libellé des messages est systématiquement déchiffré et acheminé au Renard du Désert, le maréchal Erwin Rommel.

Heureusement pour les Alliés, un raid surprise des Britanniques sur l'avant-poste radio allemand dans le désert de Tel-el-Eisa permet de découvrir des documents révélant que le code Black a été percé. Dès lors, les Alliés exploiteront le code Black pour lancer Rommel sur de fausses pistes.

Le code des navires de commerce

Le BAMS, *Broadcasting for Allied Merchant Ships* (réseau radio pour les navires de commerce alliés), joue au cours de la Seconde Guerre mondiale un rôle essentiel dans la stratégie d'approvisionnement maritime alliée des îles britanniques. Les communiqués qui empruntent ce réseau sont protégés par différents systèmes, comme le *Merchant Ship's code*, code désordonné avec table de surchiffrement.

Lorsque les stations radio de la Royal Navy émettent un message codé selon le BAMS à un capitaine de convoi, l'opérateur radio destinataire doit se référer à la partie déchiffrante du répertoire d'origine. Ci-dessous, quelques extraits de parties déchiffrantes :

```
36979   LPCR   île
  980   DQ     localisez
  985   EP     port
  990   FN     signalez
  996   GM     escortez
37002   LQHL   baie
  010   IK     quai
  015   KJ     côte
  021   LH     vent
  027   MG     approvisionnez
38361   LRBP   convoi
  376   CO     tonnage
  383   DN     pétrole
  392   EM     direction
39420   LSFL   courant
  422   GK     officier (s)
  431   HJ     faites surface
  440   IG     flotte
```

447	JE	balise
453	KD	bras de mer
456	LC	100 degrés

Ce code, censé protéger les échanges alliés, a pourtant été percé par les cryptanalystes du B-Dienst. Les membres de l'organisation cryptologique allemande se sont en effet familiarisés avec le code des navires de commerce grâce aux exploits du croiseur auxiliaire *Atlantis*. Équipé d'un armement lourd soigneusement camouflé, le cargo passe l'été et l'automne 1940 à traquer et couler les bâtiments alliés auxquels on arrache des exemplaires du fameux code maritime.

La série J

Sous l'étiquette « série J », les Américains classent les codes utilisés dans les années 1930 et 1940 par le ministère des Affaires étrangères japonais, comme ses consulats et ses ambassades. Les communications codées en J bénéficient d'un surchiffrement par transposition basée sur une clé numérique. Le cryptosystème inclut en outre une séquence convenue de « blancs » qui modifient la longueur standard des colonnes de groupes codiques et complique considérablement la tâche des cryptanalystes du camp adverse. Les Américains attribuent à ce mode de transposition avec blancs la lettre « K » conjuguée à un chiffre ; exemple, le K-3. Code et surchiffrement sont répertoriés sous la lettre J associée au K de transposition, J17K6, J18K8 et J19K9.

Ci-dessous, un exemple avec les blancs représentés par des points, 4153267 comme clé numérique et un message « all east asia co-prosperity spheres » (toutes les sphères d'influences de l'Asie de l'est) :

4	1	5	3	2	6	7
a	•	l	l	e	•	a
s	t	a	•	s	i	•
a	c	o	•	p	r	o
•	s	p	e	r	•	i
t	•	y	s	•	p	h
e	r	•	e	•	s	•

Le codeur rédige son message en colonnes en fonction de la clé numérique ; en sautant les blancs, on lit selon l'ordre défini par la clé numérique, *tcsr espr lese asate laopy irps aoih*. Ces groupes sont traduits en séquences numériques de cinq unités, accompagnées du nom de référence de la méthode et de la clé, avant transmission par radio.

Les codes J ne concernent pas les procédés de chiffrement destinés aux sémaphoristes de la marine impériale japonaise, un code à quatre caractères avec surchiffrement par transposition, ni le fameux système cryptographique JN25.

Le JN25

Ce sont les Américains qui désignent par JN25 la méthode de chiffrement qui, dès juin 1939, couvre la plupart des communications de la marine japonaise. JN25, parce qu'il s'agit là tout simplement du 25e cryptosystème naval japonais étudié par les cryptanalystes américains. À cette époque, l'ambition territoriale du Japon en Asie commence à menacer sérieusement les intérêts américains dans cette région du monde. On surveille donc de très près les moindres opérations de la flotte nipponne. Les services secrets de la marine américaine se consacrent essentiellement à percer les systèmes cryptographiques japonais.

Documents militaires ou civils se réfèrent indifféremment au JN25 comme un chiffre ou un code. En revanche, chacun s'accorde à voir là un code désordonné de 33 333 groupes codiques de cinq chiffres surchiffrés par une clé additive. Chaque groupe est conçu pour être divisible par trois, comme 36876, de façon à faciliter la détection d'erreurs de transmission.

C'est Agnès Driscoll de l'OP-20-G qui, après avoir isolé la clé additive, serait parvenu à repérer des groupes codiques numériques moteurs et à établir leurs équivalences en clair. Cet exploit semble néanmoins bien vain, lorsqu'en décembre 1940 les Japonais s'équipent d'un nouveau système, dit JN25b par les Américains. Le JN25b oppose un surchiffrement doté d'un nombre de clés additives supérieur à son prédécesseur ; les Américains trouvent cependant un allié sûr au déchiffrement du nouveau système. En l'occurrence la marine impériale elle-même qui maintient les clés additives du JN25 en service en même temps que les nouvelles. Les déchiffrements opérés sur le JN25 permettent à l'OP-20-G de trouver la faille du nouveau code ; des pans entiers du JN25b commencent à tomber à l'hiver 1941.

Malgré tout, le déchiffrement du JN25 et la lecture fragmentaire du JN25b ne permettront pas d'empêcher l'attaque de Pearl Harbor, en décembre 1941. Mais le décryptement du JN25 et d'autres procédés cryptographiques japonais similaires livrent aux Américains de sérieux atouts pour s'imposer aux batailles de la mer de Corail et de Midway, en mai et juin 1942.

Les « parleurs de code » indiens

Au cours de la Seconde Guerre mondiale, des Indiens vont servir dans les rangs de l'armée américaine en qualité de « parleurs de code », et ce dans le Pacifique aussi bien qu'en Europe ou en Afrique du Nord. On a là des membres de différentes tribus, Chippewa, Comanche, Kiowa, Navajo, Pawnee, Menominee et Hopi. Après plusieurs mois de recherches et de tests dans des bases militaires, on parvient à établir un répertoire d'environ 210 mots. Au sommaire, des termes relevant du vocabulaire militaire, des noms de sites ennemis créés de toutes pièces et des listes alphabétiques renvoyant à des espèces animales pour convoyer des mots rares ou non classés. Ci-dessous, un extrait de ce code, à ce jour, jamais déchiffré :

TERMES MILITAIRES	COMANCHE	PRONONCIATION
ennemi	ennemi	tu-wa-ho-na
mitrailleuse	machine à coudre	techa-keena
soldat	ventre rouge	ex-sha-bah-nah
char	char	wah-ke-ray

TERMES MILITAIRES	TERMES NAVAJOS	PRONONCIATION
progressez	en avant	nas-sey
camouflage	cachez-vous	di-nes-ih
défense	défense	ah-kin-cil-toh
grenade	pommes de terre	ni-ma-si
obusier	petit canon lourd	be-el-don-tso-quodi
a	fourmi	woll-a-che
avion de reconnaissance	chouette	nay-as-jah
cuirassé	baleine	low-tso

Le code Quadratic

Ce code est une création du général Leslie Groves, responsable de la fabrication de la bombe atomique américaine, soucieux d'assurer un maximum de protection à ses appels téléphoniques et à ceux de ses collaborateurs. Ce code sera appliqué par Groves et d'autres officiers comme le lieutenant colonel Peer da Silva, chef de la sécurité à Los Alamos, Nouveau-Mexique. Groves fournira à d'autres personnages clés des versions du code dit *Quadratic* (carré) ; en revanche, il restera le seul à en détenir toutes les variantes.

En dépit du nom de baptême de son inventeur, le *Quadratic* fonctionne en fait plus comme un chiffre que comme un code. La base du système : un damier de 10 x 10 consistant en un carré imprimé de 9 x 10 cm. Le damier compte une série de 86 lettres conjuguées à 14 blancs. Toutes les lettres sont représentées au moins une fois et certaines lettres récurrentes sont associées à des sous-ensembles numériques. Le carré de Groves est bordé en haut et sur le côté d'une suite numérique de 1 à 0. On code les messages en représentant chaque lettre ou chiffre du carré par ses coordonnées (système « bataille navale »). Chaque lettre est ainsi camouflée par deux chiffres. Les dépêches voyagent discrètement dans une poche ou un portefeuille ; mais la perte du moindre communiqué doit aussitôt être signalée aux autorités.

Le code carré compte suffisamment de lettres pour tromper une analyse de fréquence classique. En fait, le système Groves n'a jamais été entamé. Cependant, malgré tous les soins apportés à la sécurité, le programme de recherches atomiques américain sera finalement infiltré, grâce à d'autres moyens, par les agents russes.

CODES AU QUOTIDIEN

Tous les codes ne relèvent pas du domaine militaire ni de la sécurité ; leur champ d'application recouvre aujourd'hui encore divers aspects de notre quotidien. Créés pour faciliter la communication bien plus que pour la masquer, ce genre de codes, à l'image des codes commerciaux du début du XXe siècle, vise à transmettre, de façon concise, des informations à faible confidentialité.

Le code à barres

Le code à barres est un standard international d'identification, propre au commerce, exploité dans la vente et la distribution. C'est dans les années 1930 que la codification des produits de consommation entre en vigueur aux États-Unis, mais il faut attendre les années 1970 pour assister à la vulgarisation du procédé. Le rapide développement des grandes surfaces et des hypermarchés contraint les responsables à revoir les systèmes de gestion des stocks et à améliorer la vitesse et les procédés de traitements des données relatives aux ventes.

Études et recherches aboutissent, en 1971, à l'élaboration d'un code numérique à 11 chiffres auxquels s'ajoute une clé de contrôle. Le code est unanimement adopté par une commission représentative des fabricants, commerçants en gros et détaillants. D'autres analyses seront nécessaires pour mettre au point un dispositif standardisé capable d'interpréter le code à barres, à savoir un lecteur optique. Suite à de nombreux tests, le code à barres fait enfin son apparition sur le marché, le 3 avril 1973.

Parallèlement à l'élaboration du code, on s'attache à mettre en place un organisme de contrôle et de gestion de l'application du code à barres. Début 1972, le Groupement d'études de normalisation et de codification voit le jour. Depuis, le code à barres, ou code-barres, s'est imposé dans toutes les activités touchant au commerce et à la vente.

Le premier chiffre du code, ou indicatif, fait office de clé, en ce sens qu'il détermine la signification et la catégorie de chacun des autres chiffres. On distingue sept catégories d'indicatifs :

0 assigné à tous les produits manufacturés en provenance d'un pays donné, excepté les suivants :

2 produits affichant un poids variable comme la viande, le fromage et la volaille

3 médicaments et certains produits relevant de la parapharmacie

4 produits étiquetés par un détaillant, uniquement à la vente dans son ou ses magasin (s)

```
5     tissus

6, 7  produits vendus au détail, depuis début
      1990. Depuis 1993 sont également
      concernées les applications industrielles.
```

Dans l'exemple ci-dessous, l'indicatif numérique désigné par A, s'associe à la première série numérique pour former un groupe à six éléments, B, qui identifie le fabricant. Ce nombre est attribué par le Groupement d'études de normalisation et de codification, le Gencod. La suite numérique suivante à cinq chiffres, C, correspond au code spécifique de l'article. Contrôlé par le fabricant, ce code unique identifie chaque article et regroupe des informations aussi variées que la couleur, la taille, le parfum et autres caractéristiques du produit.

Le dernier chiffre, D, fonctionne comme un code d'identification d'erreur et permet de contrôler la validité des chiffres précédents.

0	12345	67890	5
A	B	C	D

À leur passage à la caisse, les articles étiquetés de leur code à barres sont identifiés par un lecteur optique qui interprète les données pour les renvoyer sous forme chiffrée à un petit ordinateur. L'ordinateur, à son tour, enregistre ces données et retransmet les informations relatives à l'article et à son prix de vente aux caisses enregistreuses qui les impriment.

Depuis les années 1980, le code à barres s'affiche sur tous les emballages, boîtes, paquets et étiquettes de nos rayons.

Le code Zip ou code postal américain

À l'origine, ce code numérique à cinq chiffres est conçu pour faciliter le traitement du courrier aux États-Unis. Le 28 novembre 1962, le ministre des Postes et Télécommunications, J. Edward Day, annonce l'introduction d'un nouveau système de traitement et de distribution, le *Zone Improvement Plan*, ou code « Zip ». Le système entre réellement en action le 1er juillet 1963.

À ses débuts, le code Zip est mis en place pour faciliter le traitement et accélérer la distribution des volumes de courrier conséquents ; face aux réactions du public, enthousiasmé par l'efficacité du système, l'application du code est élargie à toutes les catégories professionnelles et aux correspondances d'ordre privé.

Dans un premier temps, la signification des chiffres varie quelque peu selon les zones concernées, urbaines ou rurales. Dans les campagnes, les trois premiers chiffres du code identifient les aérodromes, autoroutes et voies de chemins de fer principales. Les deux derniers chiffres indiquent le bureau de poste ou le point de distribution le plus proche. Dans les villes, divisées en zones de dessertes locales, les trois premiers chiffres désignent la ville et les deux derniers la zone de desserte.

Ainsi, le code Zip 54321 suffit à fournir toutes les informations nécessaires au centre de tri et de distribution du courrier. Le premier chiffre, 5, désigne la zone de desserte nationale, le deuxième, 4, identifie la zone de desserte régionale, le troisième permet de repérer le bureau de poste central de la ville, enfin les quatrième et cinquième chiffres indiquent le bureau distributeur. Le dernier code postal entré en vigueur aux États-Unis, le « Zip + 4 », affine plus encore le système de repérage ; les quatre derniers chiffres de la suite numérique désignent le secteur et la section de route concernée.

Les codes sont sans aucun doute l'avenir du service postal. En 1998, apparaît dans la plupart des grandes villes américaines un procédé de traitement et de distribution exploitant des systèmes de lecture optique sur des adresses formulées en code-barres.

Le code ASCII

De tous les codes publics d'échanges de données, l'*American Standard Code for Information Interchange*, où ASCII (à prononcer *ask-key*, en anglais), reste le plus utilisé. Fruit du travail de nombreux experts en informatique, c'est en 1964 qu'il voit le jour ; ce protocole de codage, largement exploité aux États-Unis et partout ailleurs dans le monde, à quelques variantes près, vise à standardiser les échanges électroniques.

ASCII assigne à chaque lettre de l'alphabet, chiffre et signe de ponctuation, un nombre binaire à sept chiffres, soit une série de 0 et de 1. Selon le mode de programmation de l'ordinateur, les chiffres peuvent codifier de multiples informations. L'exemple ci-dessous offre un bref aperçu de quelques équivalences du code :

"	0 1 0 0 0 1 0	.	0 1 0 1 1 1 0
#	0 1 0 0 0 1 1	/	0 1 0 1 1 1 1
$	0 1 0 0 1 0 0	0	0 1 1 0 0 0 0
%	0 1 0 0 1 0 1	1	0 1 1 0 0 0 1
&	0 1 0 0 1 1 0	2	0 1 1 0 0 1 0
+	0 1 0 1 0 1 1	3	0 1 1 0 0 1 1
'	0 1 0 1 1 0 0	4	0 1 1 0 1 0 0
-	0 1 0 1 1 0 1	5	0 1 1 0 1 0 1

Un chiffre dit de contrôle, 1 ou 0, intégré en fin de la suite binaire en ASCII ou de la séquence codée à sept bits, fait office de code d'identification d'erreur.

Le chiffre de contrôle, ou bit de parité, permet de procéder à une vérification d'imparité ou de parité, sur la somme des données codées ; à un nombre impair de 1 correspondra un bit de parité de 0. Ce chiffre est reporté en fin de transmission ; la comparaison de la somme des 1 du communiqué avec le bit de parité indiqué en fin de communiqué permet de détecter une erreur de transmission.

Utilisé sur des segments de message, le contrôle de parité s'apparente à un procédé d'autocorrection. Ainsi, mis en application sur la séquence 0110, le premier bit de parité vérifiera les trois premiers chiffres ; la somme de ces trois unités égalera 0, le total des 1 étant pair. Un deuxième bit de parité, soit un cinquième chiffre, peut être déterminé pour contrôler la parité des premier, deuxième et quatrième chiffres ; le nombre impair de 1 dans cette séquence donnera un bit de parité égal à 1. En cas de succession d'erreurs de codage et de transmission, le contrôle de parité ne sera pas en mesure de localiser le point de rupture d'une séquence et le procédé sera invalidé.

Les codes de sécurité bancaire

Ces codes, mis en place sur les automates de distribution de billets sont censés accroître la sécurité des transactions. Dans ce cas de figure, plusieurs éléments entrent en jeu ; tout d'abord la carte bancaire magnétique et sa puce électronique où sont enregistrés une première clé de chiffrement, le numéro de compte, et le numéro personnel d'identification (PIN) de l'utilisateur. Une transaction classique peut se décliner en trois étapes :

1. La carte bancaire est insérée dans le terminal qui procède à la lecture du numéro de compte.

2. Le possesseur de la carte entre au clavier son numéro personnel d'identification.

3. Puis il effectue sa demande, retrait de 3 000 F par exemple, débité sur son compte courant.

Le système de sécurité contrôle la validité des informations ; vérification de correspondance entre numéro de compte et numéro personnel d'identification.

Le PIN fait office de deuxième clé, en interdisant l'accès à certaines informations personnelles, en cas de vol de carte bancaire. Combinaison alphanumérique de 4 à 6 caractères, le numéro personnel d'identification se doit de rester secret. Comme avec tous les codes, le vol de la clé fait s'effondrer tout le système.

Les moyens de protection mis en œuvre en matière de sécurité bancaire combinent procédés de codage et de chiffrement. Si le code personnel d'identification est assimilable à un code d'identité (les chiffres correspondent à un nom), les transactions financières opérées par la banque sont elles aussi protégées via l'informatique et des algorithmes de chiffrement par blocs, comme le DES (voir *Cryptographie et informatique*, chapitre *Chiffres*).

Le code génétique

Le plus méconnu mais aussi le plus complexe des codes. Le code génétique relève de l'étude de la transmission des gènes et des processus de fabrication des protéines présentes à l'intérieur de tout organisme vivant. Les chromosomes, présents dans le noyau des cellules, stockent les molécules d'ADN (acide désoxyribonucléique) qui contiennent toutes les informations nécessaires au développement d'un organisme spécifique. Comme tous les acides nucléiques, l'ADN se présente comme une structure filiforme chargée de trois types de molécules.

```
base base

sucre phosphate sucre phosphate

base

sucre phosphate . . .
```

Au sucre de l'ADN, appelé désoxyribose, sont associés quatre types d'unités de bases : l'adénine (A), la guanine (G), la thymine (T) et la cytosine (C). La structure complète de l'ADN est formée de deux bandes, ou chaînes moléculaires, vrillées en double hélice.

```
A-  T-  T-  G-  C-  A-  A-  C

.   .   .   .   .   .   .   .

.   .   .   .   .   .   .   .

.   .   .   .   .   .   .   .

T-  A-  A-  C-  G-  T-  T-  G
```

Les liaisons chimiques faibles entre les bases, représentées en pointillés, dites liaisons hydrogènes, permettent de lier chaque brin d'ADN. Seules les liaisons associant A avec T et C avec G sont stables ; l'ordre de succession des paires de bases tout au long de la structure en double hélice de l'ADN détermine le matériel génétique ou génome.

Il existe une relation univoque entre gènes et protéines. Les gènes spécifient les combinaisons et les enchaînements entre acides aminés et protéines ; ce code de correspondance particulier est appelé code génétique.

Une séquence ADN peut être comparée à un alphabet de quatre lettres, correspondant aux quatre bases, A, T, G et C. Les vingt types d'acides aminés constituant un second alphabet de 20 lettres. Dans le processus de codage qui n'est pas opéré lettre à lettre, les bases de la structure ADN se regroupent en un acide aminé unique de la chaîne des protéines.

```
ADN:        GTA / ATG / CCA / GGA / . . .

Protéine:    v  -  m  -  p  -  g  -
```

Chaque groupe de trois bases (spécifiant un acide aminé) est identifié comme un codon, terme identifiant le codage d'un acide aminé.

Les 64 types de codons (4 x 4 x 4) suffisent à coder les 20 acides aminés. Pour signaler le départ et la conclusion d'un « message » à l'aide de ces alphabets, trois codons « blancs » ou neutres sont placés en tête et en fin de la chaîne d'identification.

Les procédures de spécification actuelles relèvent de processus chimiques complexes. L'ADN est retranscrit en un acide nucléique majeur appelé ARN messager (acide ribonucléique). Une base de l'ADN spécifie une base de l'ARN. L'ARN prend l'information génétique et, tel un messager, quitte le noyau d'une cellule, transite dans le cytoplasme avant d'être traduit en protéine au sein de la cellule.

Actuellement, nombreux sont les laboratoires et les instituts à travailler à la reconstitution de la carte du génome humain ; le but, lutter plus efficacement contre les maladies génétiques. Alors que les scientifiques commencent tout juste à savoir manipuler les processus de codage et à maîtriser les altérations de séquences des protéines, la thérapie génique inaugure une nouvelle ère de la science et de la médecine ; un espoir pour des millions d'individus.

Briser un code

De la même façon que le cryptanalyste, le briseur de code ne peut déduire systématiquement d'un message présentant une série aléatoire de caractères qu'il correspond à un code. Il doit d'abord prendre en considération les sources éventuelles de chaque message particulier et deviner les intentions qui se cachent derrière. Ainsi, les données changent selon les individus, leur pays d'origine, ou encore selon les circonstances historiques, comme au cours de la « guerre froide » par exemple. On traque alors l'information à partir de tout : dates, heures, sites d'émission, méthodes de transmission, langue dans laquelle les parties communiquent ou caractères spécifiques des agents.

L'analyse commence généralement par une étude de fréquence de lettre, de termes usuels ou de bigrammes spécifiques. Si ces recherches ne concluent pas à l'utilisation d'un chiffre, l'expert peut en déduire qu'il se trouve face à code.

Le décodage est une tâche fastidieuse ; on se trouve confronté à des centaines, voire des milliers d'éléments. Néanmoins, certains schémas se reproduisent, quelle que soit la langue employée.

Un message à base de phrase doit présenter un canevas classique pour être compris de son destinataire ; en l'occurrence un début, un milieu et une conclusion. Le premier assaut du briseur de code vise souvent la fin d'une dépêche, porteuse de groupes codiques représentant une pause ou un point. Au grand bonheur de l'intercepteur, les codeurs ennemis omettent souvent de puiser dans les répertoires de nouveaux termes pour « point » et utilisent de fait le même groupe codique plusieurs fois de suite.

Une fois ce groupe codique isolé, le briseur de code peut travailler le reste du message. La connaissance de la langue utilisée est impérative ; chaque langage présente en effet des structures syntaxiques propres où substantifs, verbes et adjectifs occupent des positions spécifiques. La mise en évidence de la structure des substantifs et des verbes peut ouvrir une brèche sur le mode de construction du code. Si, dans la langue de transmission du message, un verbe conclut à plusieurs reprises des phrases, on peut s'intéresser dans le corps du texte à des verbes concluant d'autres phrases.

Comme dans le déchiffrement, il arrive que l'on trouve des clés dans l'introduction des messages. Les termes usuels constituent un allié sûr pour les briseurs de codes ; un mot courant peut en effet servir de passerelle vers un autre. Lorsqu'une langue présente des terminaisons de mots marquées par le genre, la seule mise à nu de ces groupes codiques peut révéler syllabes, et à terme mots et phrases.

Certaines des techniques abordées dans le chapitre cryptanalyse, comme l'analyse de fréquence, peuvent tout aussi bien s'appliquer au décodage. Mais, avant toute chose, le briseur de code doit parfaitement maîtriser la langue employée. Même chose pour les jargons ou expressions populaires qui font souvent office de groupes codiques.

Le contexte joue également un rôle majeur. Ainsi, si une tierce partie intercepte un code émis par un fabricant d'armes, il est fort probable que des groupes codiques récurrents représentent des mots comme « munition » ou « armes ».

Autre aspect linguistique capital pour le briseur de codes, le mot-indice. Un genre présent dans tous les systèmes linguistiques.
Le mot *eye* (œil) offre ainsi un modèle de 121, tandis que *afternoon* (après-midi) correspond lui à 123456776. Ici, l'on a répétition de la lettre *e* comme du *n* et du *o* dans *afternoon*.

1	2	1	•	1	2	3	4	5	6	7	7	6
e	y	e	•	a	f	t	e	r	n	o	o	n

Les mots sans indices ne présentent aucune répétition de lettres ; cette catégorie compte aussi bien l'unité cryptographique *a* que des mots plus longs, *schéma* par exemple.

La connaissance de tels types de mots permet au briseur de code reconstruire des mots entiers à partir de lettres isolées et d'éventuels bigrammes. Il compare ces fragments linguistiques avec une liste de groupes codiques pour tenter de récupérer dans ces combinaisons de lettres des mots cohérents. Toute répétition dans le texte codé, un double *e, l* ou *o*, est analysée avec le support d'un tableau de mots-indices. Pourtant, dans certains cas, ces répétitions ne correspondent en fait qu'à des nulles, et à de vraies fausses pistes.

Après avoir isolé certains schémas, le briseur de code peut passer à l'étape de la « construction de répertoire ». Durant des années, on a recopié les équivalences éventuelles du clair au crayon ; une fois leur validité établie, ces équivalences étaient inscrites à l'encre. Des procédés aujourd'hui balayés par la technologie et néanmoins, le *modus operandi* reste au fond le même.

Sur la base de plusieurs messages entièrement décodés, d'analyse de fréquence de groupes codiques, et de bien d'autres recherches encore, le briseur de codes s'attelle à la tâche très laborieuse de l'élaboration d'un livre de code. Il s'agit ici de compiler syllabes, mots et expressions du répertoire de l'ennemi. Un travail rendu encore plus difficile lorsque les cryptographes de la partie adverse s'amusent à surchiffrer des groupes codiques numériques.

DÉCRYPTER UN CODE SURCHIFFRÉ

Pour plus de sécurité, les codes sont souvent surchiffrés de clés additives. Pour résoudre ces énicodes, le briseur de codes recourt à ce que l'on a coutume d'appeler la « méthode différentielle » ; le but, isoler le placode (le code originel) derrière la clé additive.

Entre autres facteurs, on commence par étudier l'origine du message, ses destinataires, l'heure et les schémas numériques des transmissions ; le briseur de codes tente ainsi de découvrir des segments porteurs du même énicode. Il peut s'agir ici de suites numériques brèves présentant des points communs ou de clés numériques à rallonge, avec chiffres identiques à occurrence régulière.

Le premier groupe numérique d'un message est appelé indicateur. Il s'agit en quelque sorte d'un signal appliqué par l'émetteur pour marquer le point de départ du processus additif. L'indicateur 4527 peut ainsi signifier que le surchiffrement prend effet page 45, ligne 2 et colonne 7. Ces chiffres, ainsi que d'autres récurrences numériques dans le corps du cryptogramme, constituent des points de comparaisons appréciables. Et lorsque c'est possible, il est profitable de procéder à la comparaison de dépêches expédiées le même jour

Les chiffres censés être des indicateurs sont disposés en colonnes. Le briseur de codes inscrit ensuite les groupes numériques de la transmission sous leur indicateur respectif, afin de comparer les groupes présentant le même nombre de chiffres ou des combinaisons numériques ressemblantes.

INDICATEUR	A	B	C	D	E	
1	4527	9534	3291	6792	4317	2253
2	3816	2785	. . .	. . .	. . .	. . .
3	5329	1275	. . .	. . .	. . .	. . .
4	8291	6211	. . .	. . .	. . .	. . .
5	4527	5297	. . .	. . .	. . .	. . .
6	9161	4820	. . .	. . .	. . .	. . .
7	2834	1739	. . .	. . .	. . .	. . .

On espère ainsi découvrir une même clé additive susceptible de cacher plusieurs groupes codiques numériques. Ces groupes numériques sont recopiés en fonction de leurs similitudes.

Classons une série de ces chiffres d'après leur indicateur et leur position dans un message. On les dispose en colonne et isole leurs différences par soustraction modulo. Démonstration ci-après :

1	2	3
6795	5254	3668
5827	4558	1502
3013	2127	8796

Pour vérifier si le 6795 de la première colonne possède le même placode que le 5254 de la seconde colonne, on soustrait le chiffre inférieur du supérieur ; résultat 1541. La différence entre 5827 et 4558 sur la seconde rangée égale 1379, soit un résultat autre. Si 2127, sur la seconde colonne, est soustrait au 3668 de la troisième colonne, on obtient pourtant le résultat déjà isolé de 1541.

Plus il y a de groupes codiques, plus il faut procéder à des comparaisons et opérer de soustractions. Les chiffres de chaque colonne sont soustraits aux chiffres de toutes les autres colonnes jusqu'à la mise à jour du placode. Le processus s'appuie sur des tables de différences servant à comparer les schémas numériques. Les résultats des soustractions sont compilés dans un livre dit des différences. Le but étant d'identifier tous les placodes.

La cryptanalyse ne s'arrête pas là, mais peut éventuellement exploiter les techniques mentionnées plus haut pour mettre à jour les équivalences entre groupes codiques (placode) et unités claires.

Au cours des guerres, avec l'accroissement des transmissions, les membres des bureaux du renseignement furent ainsi forcés d'opérer des milliers de soustractions. Heureusement, calculs et compilation des tables de différences ont bientôt été assistés par la tabulation mécanique, systèmes à cartes perforées fournis par IBM à l'armée américaine avant et durant la Seconde Guerre mondiale. Aux machines dès lors d'assumer les calculs interminables permettant aux analystes de se concentrer sur le code lui-même.

De nos jours, les briseurs de codes s'appuient sur l'outil informatique, ordinateurs programmés avec algorithmes spécifiquement conçus pour faire tomber les énicodes modernes ; mais au fond, les techniques de base du processus restent les mêmes.

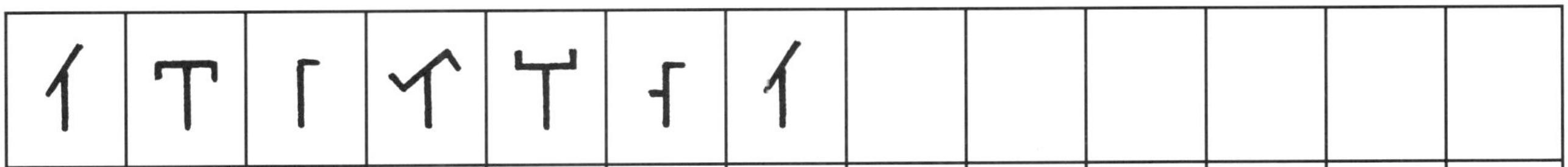

LES SIGNAUX

Les signaux (du latin *signum*, signe) naissent avec l'humanité. S'il leur arrive de véhiculer un sens secret, l'homme les sollicite davantage pour leur aptitude à se jouer des distances que pour leurs vertus cryptographiques. Les signaux ont fait appel à différents moyens, tant visuels que sonores, depuis les mouvements de torches jusqu'aux conques marines utilisées comme instruments à vent. De simple jeu de mains, porteur d'informations ou donneur d'ordres, le signal se constitue progressivement en système élaboré, dès lors que les peuplades de chasseurs-cueilleurs s'établissent sur des zones agraires, développant villes et cités.

On ne dispose que de rares témoignages sur les systèmes de signalisation de l'Antiquité. On sait que les Égyptiens sonnaient le rappel des troupes à l'aide de cors, et qu'Alexandre le Grand communiquait avec ses armées à grand renfort de cornes, de torches ou de fumées. Certains manuscrits nous apprennent également que le fameux phare d'Alexandrie guidait les navires par des signaux lumineux, réfléchissant le soleil à partir de métal poli.

Les marchands grecs et phéniciens mirent au point des systèmes rudimentaires de signalisation, à l'aide de cornes et de feux, afin d'assurer un passage à leurs navires dans le labyrinthe d'îles et de détroits qui parsèment la Méditerranée. Les Grecs ont développé également pour leurs îles et cités-États des procédés pyrotechniques complexes fonctionnant entre cités ou d'une île à l'autre.

Il faudra attendre l'expansion de l'empire romain pour qu'un système de signalisation réellement structuré joue un rôle déterminant dans le domaine des communications militaires. En plus des habituelles trompes de bois ou des cors, les Romains disposèrent également d'une corne spéciale, ou *cornu*, un instrument courbe à tonalité aiguë utilisé de concert avec une sorte de trompette, ou tuba, au son plus grave.

La combinaison des deux tonalités transmet les ordres d'assaut aussi bien que les retraites. Dans les camps, une corne plus petite, la *buccina*, sonne le réveil des troupes, ponctue le quotidien des divisions en campagne ou retentit à l'extinction des feux.

De conquête en conquête, sur un territoire toujours plus vaste, les Romains adoptèrent aussi les signaux de feu hérités de l'arsenal grec. Sous le règne de César, ils érigèrent un réseau de quelque 3 000 tours pour couvrir l'empire d'un système de communication par torche, système qui ne sera laissé à l'abandon qu'à la chute de Rome, en 476 ap. J.-C.

À la Renaissance, le regain d'intérêt pour la cryptographie s'accompagne d'un nouvel engouement pour les signaux. Le développement des échanges commerciaux entre les différentes cités méditerranéennes entraîne une communication plus complexe entre les navires et avec les côtes, ceci sous forme de signaux transmis par torches, trompettes et tambours.

À la fin du XVIe siècle et tout au long du XVIIe siècle, des esprits féconds accouchent de toutes sortes de mécanismes optiques, allant des signaux par pavillons aux brasiers. Bien que la plupart aient sombré dans l'oubli, ces méthodes souvent complexes et saugrenues n'en ont pas moins formé les bases des systèmes qui allaient suivre.

L'invention du télescope, autrement dit la longue vue, va littéralement révolutionner l'univers de la transmission des signaux visuels. Jusqu'alors, l'efficacité du signal visuel restait en effet handicapée par un champ de vision par trop réduit.

On sait que le principe des lentilles est connu de la communauté scientifique dès l'Antiquité et pourtant, les télescopes n'arrivent sur le marché européen qu'au XVIIe siècle, essentiellement destinés aux loisirs d'une élite. Ce sont les Pays-Bas qui y voient les premiers un instrument au fort potentiel militaire et en 1608, le gouvernement en achète plusieurs exemplaires à l'inventeur, un Hollandais, Hans Lippershey. En repoussant les frontières du champ de vision le télescope inaugure une nouvelle ère dans la communication visuelle. Dès le milieu du XVIIe siècle, inspirés par les performances du télescope, les militaires ressortent des tiroirs les bonnes vieilles méthodes de signaux par torche pour les adapter aux nouvelles technologies.

Au XVIIIe siècle, l'invention du télégraphe mécanique s'accompagne sur tout le continent européen de la mise en place de nouveaux procédés optiques, comme les sémaphores et les mécanismes par obturateurs. Les performances de ces réseaux contrarient à tel point les services de communication militaire, que d'autres systèmes ne tardent pas à émerger : combinaisons de lanternes accrochés aux mâts, éventail de drapeaux de différentes couleurs représentant nombres et lettres…

À la fin du XVIIIe siècle et au début du XIXe siècle, la marine britannique tente d'instaurer un réel système de signaux, accompagné de meilleurs répertoires répertoires, éditant à cet effet des manuels d'instruction et des guides complets. Les forces navales françaises et les colonies britanniques insurgées de la lointaine Amérique s'engagent sur la même voie. À la fin du XVIIIe siècle, la Navy s'équipe d'un système de signaux à base de pavillons, bientôt adopté par la marine marchande. L'année 1817 voit la publication d'un code international à base de drapeaux de différentes couleurs, chacune correspondant à un numéro renvoyant lui-même à des mots-clés. Le procédé reste en vigueur pour les communications maritimes jusqu'à la seconde moitié du XIXe siècle, période à laquelle le télégraphe mécanique s'incline devant l'efficacité du télégraphe électrique et des câbles transocéaniques.

Les progrès de la technologie propres à la Révolution industrielle bouleversent littéralement l'univers de la signalisation ; il est vrai que l'électricité confère à la circulation des communications une vitesse inouïe. Télégraphe, téléphone, ampoules électriques et radio donnent lieu à une multiplication de systèmes de transmissions terrestres, maritimes et aériens. Sur terre, les mécanismes à miroirs sont remplacés par le télégraphe puis, plus tard, par la radio. Sur mer, les fusées pyrotechniques et les lanternes sont remplacées par les torches électriques.

Les experts de la signalisation collent aux évolutions technologiques en adaptant un maximum de procédés à la force d'ubiquité du code point/trait Morse. Progressivement, la téléphonie supplante les signaux radio et les ondes millimétriques ouvrent à terme la possibilité de réseaux planétaires. Dès les années 1970, téléphones et radios sont reliés par des satellites qui véhiculent les messages via des processus de codage numérique de la voix et accélèrent encore la vitesse de transfert des signaux.

Toutes ces innovations révolutionneront les technologies militaires des années 1990. Désormais, les guerres se mènent aussi sur les champs de bataille de l'électronique. La sécurité et les renseignements en matière de signaux relèvent aujourd'hui de la science fiction d'hier.

Signaux à main, à bras

Le jeu des mains est probablement la forme de signalisation la plus ancienne. Bien avant d'appliquer des mouvements aux objets ou de réfléchir les rayons du soleil, l'humanité s'est servie de ses mains et de ses bras pour créer des signaux rudimentaires. Si ce type de gestuelle nous est resté, en revanche on ne sait pas grand chose de son sens premier.

Les premiers signaux s'imposent probablement lorsque des petits groupes se sont réunis pour chasser ou cueillir. Les premières règles d'une communication muette furent alors instaurées, dans laquelle on imagine des informations du type « gibier à l'affût », « poisson tout proche » ou encore « attention danger » ou « danger écarté ». Bientôt ces tribus nouent des liens permanents, bâtissent des villages et fondent des familles ; au sein du clan, signes de la main, gestes de reconnaissance et d'orientation se normalisent.

Le quotidien des cités de l'Antiquité connaît lui aussi sa chorégraphie gestuelle. Notamment au sein de la communauté des voleurs qui tient tout étranger à distance, à moins que l'on soit en mesure de montrer patte blanche, en l'occurrence de s'identifier par un signe convenu. Dans les bazars aussi, les marchands réalisent trocs et ventes à grand renfort de gesticulations ; on « désigne » par différents signes du doigt le client à favoriser ou l'opulent à dépouiller.
Dans son texte, *La Tactique*, l'empereur romain Léon VI évoque également l'utilisation sur mer de divers gestes de la mainpréconisés pour éviter les erreurs des systèmes de signalisation par le feu ou par bannières.

Le XXe siècle voit aussi fleurir une infinité de langages par signes, et ce malgré les progrès de la mécanique engendrés par le siècle passé. La démonstration en a été faite avec le code portuaire de la marine américaine et la méthode utilisée par les prisonniers de guerre américains, enfermés dans les camps du Nord Vietnam.

Les deux exemples suivants s'inspirent en fait du langage par signes pour sourds-muets. Le premier est appliqué dès les années 1950 par le personnel de la marine américaine recourant à cette méthode pour guider les remorqueurs dans les ports. Traduction : (1) « en avant ou en arrière demi vitesse » ; (2) « remorqueur gouvernail droite » ; (3) « pleine vitesse » ; (4) « remorqueur gouvernail gauche » ; (5) « lentement » ; (6) « gouvernail central » ; (7) « stop » ; (8) « Larguer les amarres, écartez-vous ».

Code manuel pour la circulation des remorqueurs au port

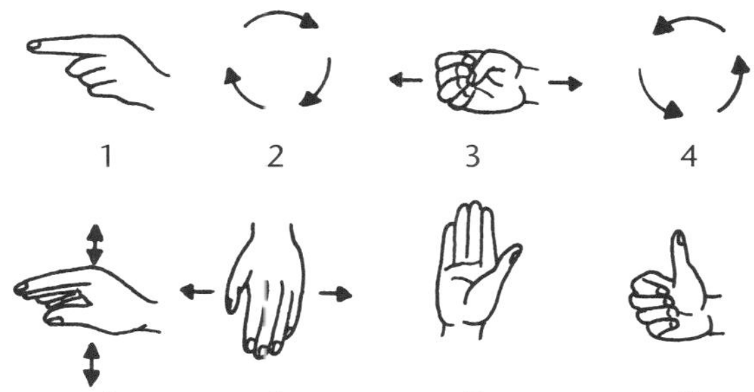

1 2 3 4

5 6 7 8

Les numéros ci-dessous servent aux prisonniers américains internés dans les camps nord-vietnamiens pour véhiculer des messages en silence. Une méthode reprise par d'autres militaires américains dans des situations similaires, où le silence est une condition de survie.

Code manuel des prisonniers de guerre américains

1 2 3 4 5 6 7 8 9 0

Avec les deux guerres mondiales, les méthodes de signalisation à bras et à main tombent en désuétude ; seules quelques unes restent encore en service. L'armée, les forces aériennes et les Marines recourent ainsi sur le terrain à ces signaux inspirés de ceux du siècle dernier. Exemple avec le signe « en avant ». Le chef d'escouade se tourne vers l'objectif avant de tendre son bras complètement à la verticale et de l'abaisser en pointant la direction de la marche.

Les signaux au cœur des troupes de combat font l'objet de réaménagement réguliers. Dans les années 1960 et 1970, l'armée édite toute une collection de manuels d'instruction d'un genre particulier ; il est question là de signaux basés sur le mouvement des deux mains ou des deux bras. Curieusement, les théoriciens ne semblent pas avoir réalisé que des hommes subissant le feu de l'ennemi se trouvent rarement avoir les deux mains libres. Au milieu des années 1960, le capitaine des Marines Leon Cohan réclame à grands cris un système normalisé. À cette époque, le signal du Corps pour « je ne t'entends pas » et « je ne comprends pas » ne consiste pas encore à poser sa main en coupe derrière l'oreille. On applique alors tout simplement ses mains sur les yeux – le moyen le plus sûr pour rater le prochain signal.

Aux États-Unis, les signaux à main et à bras à destination du personnel non combattant et des membres des services de sécurité diffèrent d'un site et d'une institution à l'autre : signes tacites des sentinelles, signes de reconnaissance des gardiens au cours d'opérations d'évacuations d'urgence, signalisation spécifique à la circulation des engins lourds...

Le langage des mains est également sollicité hors du champ militaire, dans toutes les situations interdisant un échange verbal. C'est le sport qui nous fournit l'un des exemples les plus aboutis d'une gestuelle des mains et du corps, ici chargée de véhiculer les ordres de jeux ou les décisions de l'arbitre. Les matchs de base-ball donnent lieu à un véritable déchaînement de signaux et de gestes. Les entraîneurs réajustent leur casquette, plient et déplient leurs bras ou joignent les mains. Les signes sont décodés sur le terrain par une équipe de déchiffreurs initiés. Le basket, le football, le hockey... peu de sports en fait échappent à cette règle.

Signalisation maritime par pavillons

Les pavillons maritimes de signalisation sont en fait des drapeaux de couleurs et formes diverses, arborés de la proue à la poupe, hissés au mât ou en bout de vergue.

Le premier système de signalisation de l'histoire maritime est une initiative grecque qui rappelle un peu le code à pavillons d'aujourd'hui. En 480 av. J.-C. à la bataille de Salamine, dans le golfe Saronique, près d'Athènes, la flotte grecque remporte une victoire décisive sur ses ennemis héréditaires, les Perses. Le commandant victorieux, l'Athénien Thémistocle, bouscule toutes les règles du combat maritime en ordonnant à ses forces de contourner et d'enfoncer la flotte perse. L'ordre est transmis quand il agite son manteau et qu'il le lance par-dessus bord.

Longtemps, la communication maritime se satisfait d'un seul pavillon. À bord du vaisseau amiral, Guillaume le Conquérant, roi d'Angleterre de 1066 à 1087, arbore ses couleurs, une bannière blanche bordée de bleu. Une coquetterie qui fait des émules puisque bientôt chaque navire de la flotte hisse un drapeau aux couleurs de son commandant.

On ne dispose que de rares informations sur les signaux maritimes utilisés au Moyen Âge, car à l'époque, les grandes nations de marins ne se sont guère souciées de normaliser leurs systèmes. Chaque capitaine au long cours transmet son propre répertoire de signaux à quelques sous-officiers, sans prendre la peine de le consigner sur papier.

En 1530 enfin, la marine britannique ordonne aux vaisseaux de ses amiraux de hisser un drapeau d'identification à leur mât. Chaque bâtiment a obligation de se soumettre aux ordres émis par les vaisseaux arborant ce type de bannières, bientôt normalisées. Telle est l'origine du navire de commandement, ou vaisseau amiral, tradition toujours aussi vivace.

En 1588, la victoire des Anglais sur l'Armada espagnole propulse la Grande-Bretagne au rang de première puissance maritime.
En 1596, une expédition navale de première importance étant à l'ordre du jour, la reine Élisabeth Ire rédige dans le plus grand secret les instructions destinées à ses généraux. Pour préserver la confidentialité de ces ordres, il est convenu de ne décacheter les enveloppes que sous des latitudes préétablies. Le moment venu, les commandants de la flotte anglaise découvrent entre autres instructions l'ordre de hisser des drapeaux spécifiques, signes invitant à une réunion sur le vaisseau amiral ou ordonnant la traque d'un bâtiment ennemi. Nombre d'historiens considèrent Élisabeth Ire comme une véritable pionnière en matière de signalisation ; elle est en tous cas la première à appliquer un code maritime à la flotte britannique.

Sir Walter Raleigh, courtisan et aventurier de son état, aurait également pris sa part au développement de la signalisation maritime. Sponsor et organisateur d'expéditions à destination du Nouveau Monde, l'homme donne en 1617 un ensemble d'instructions à ses vaisseaux. Raleigh recommande à ses capitaines de communiquer d'un bâtiment à l'autre par combinaisons de différents supports : pavillons, jeux de voiles, abaissées ou hissées, tirs au mousquet ou coups de canon. L'association de certains pavillons à d'autres types de signaux fera d'ailleurs son chemin quelque temps.

Au milieu du XVIIe siècle, c'est au tour de l'amiral William Penn, le père du fondateur de la Pennsylvanie, de se signaler dans la spécialité. Un Penn qui a servi sous le duc de York, rénovateur éclairé des formations de combat britanniques, avant que n'éclate le conflit contre les Pays Bas, dans les années 1660. Penn adhère totalement aux réformes entreprises par le duc ; en 1655, à la tête d'une flotte sillonnant les mers des Antilles, il recourt à un éventail de pavillons de différentes couleurs, faire-part d'invitation à des réunions de travail. Un drapeau rouge ordonne ainsi aux capitaines de l'escadre amirale de monter sur le pont du vaisseau amiral ; un pavillon blanc est une invite à l 'intention du vice-amiral et des capitaines de son escadre ; enfin, le même message est arboré par pavillon bleu à destination du contre-amiral et des capitaines de son escadre. Penn complète son code d'autres drapeaux de portée tactique pour les manœuvres engagées contre les bâtiments ennemis.

Tout au long du XVe et du XVIe siècles, la marine britannique ne va cesser de peaufiner son système de signalisation. On travaille la position des pavillons, on assigne certains mâts à la navigation par temps de paix et d'autres aux communications en temps de guerre. Pour plusieurs experts en histoire maritime, c'est le duc d'York, futur Jacques II, qui le premier hiérarchise la signalisation maritime par pavillons. Lorsqu'un pavillon bien précis flotte à son mât d'artimon (le mât arrière), tous les commandants des autres navires doivent hisser le même drapeau et manœuvrer pour se disposer en un ordre de bataille préalablement convenu. En 1673, le duc publie le tout premier code maritime d'Angleterre, un manuel exploitant 15 pavillons. La première version du *System of Sailing and Fighting Instructions* reste en service jusqu'en 1705, date de sortie d'un nouveau livret, cette fois construit pour 20 pavillons.

En 1738, c'est un capitaine français du nom de Mahe de la Bourdonnais qui conçoit le premier code de pavillons numériques. Dix fanions de couleurs différentes y correspondent chacun à un chiffre de 0 à 9. Trois séries de dix, soit 30 fanions, représentant les unités, les dizaines et les centaines, permettent ainsi de représenter les nombres de 1 à 999. La gamme des différentes combinaisons donnent la possibilité d'attribuer à ces drapeaux une infinité de mots et de phrases. Toutefois, on relègue ce système à la transmission de dépêches convenues et on le renforce de

30 fanions spécifiques représentant des mots-clés. Durant quelques décennies, les autres puissances navales de la planète passent complètement à côté de ce qui ressemble fort à une idée de génie.

Au XVIIIe siècle, la marine américaine dispose elle aussi de tout un éventail de signaux, le plus souvent des lanternes associées à des bannières, et à l'occasion des tirs de canon. En fait, ces moyens sont principalement utilisés par des corsaires, sur des vaisseaux privés dont les équipages affrontent au cours de la révolution américaine les fabuleuses escadres britanniques. Les propriétaires de navire exploitent d'abord les signaux pour des besoins personnels, en se réclamant de « lettres de marque », autorisation de se faire justice soi-même délivrée par un gouverneur colonial qui en temps de guerre a grade de vice-amiral. Les « lettres de marque » leur donnent le droit d'armer un vaisseau pour s'emparer d'un bâtiment déclaré ennemi de la nation. Le Congrès continental se met à émettre des assignats du même type en avril 1776, avant d'en devenir bientôt le seul et unique pourvoyeur.

Au cours de la guerre, les corsaires enregistreront des prises records. Ils enverront par le fond pas moins de 16 vaisseaux de guerre britanniques et près de 2 900 navires marchands, sans compter la capture de marchandises diverses pour une valeur d'environ 50 millions de dollars.

Les corsaires disposent de toute une collection de pavillons nationaux ; hisser certaines couleurs en fonction de l'identité de l'ennemi est une ruse de guerre productive. En revanche, lorsque deux navires en présence recourent au même stratagème, la situation devient des plus inassurées. C'est pour cette raison, alors que la guerre se poursuit et que de plus en plus de bâtiments coloniaux opèrent par deux ou par groupes, que l'on va codifier plus rigoureusement l'emploi des pavillons et lanternes.

À cette époque, lorsqu'un officier décide d'ordonner « toutes voiles dehors au premier vent », on hisse un pavillon européen au sommet du grand mât.

« Toutes voiles dehors au premier vent »

Si l'ennemi est en vue et que le commandant souhaite le traquer, il ordonnera « commencez la chasse » en arborant un pavillon anglais sur le mât de poupe. Il hissera éventuellement un fanion au mât de grande hune :

« Commencez la chasse »

L'ordre « à l'assaut » est transmis en abaissant le pavillon anglais du mât de poupe et en hissant à sa place un pavillon européen.

« À l'assaut »

Enfin, au moment d'ouvrir le feu, les capitaines hissent le pavillon aux couleurs de leur colonie.

Si la marine britannique perd les colonies américaines, en revanche tout au long des XVIIIe et XIXe siècles, elle continue à faire œuvre de pionnier dans le domaine des communications maritimes. À la fin du XVIIIe siècle, les couleurs de pavillons ont été quasiment standardisées, généralement par des combinaisons de bleu, noir, rouge et jaune. Les répertoires sont désormais plus complets ; les jeux de pavillons mieux adaptés aux différentes combinaisons. L'un d'eux affiche jusqu'à deux fois 16 pavillons, permettant de hisser des combinaisons de 16 spécimens à la verticale et de 16 bannières à l'horizontale.

Le premier code de signalisation maritime de conception scientifique paraît dans les années 1780 ; son auteur, l'amiral Richard Kempenfelt signe là un système à destination de tous. Tracassé par les défaillances du code numérique de Bourdonnais, Kempenfelt met au point une méthode exploitant 12 bannières, représentant les numéros de 0 à 9, renforcées par un premier et un second pavillon répétiteur. Le pavillon répétiteur est l'écho, le signal « bis » du dernier numéro hissé, ce qui permet de transmettre sans plus aucune confusion possible des nombres tels que 11 ou 222. Même si Kempenfelt n'est pas l'inventeur du procédé, il a en tous cas le mérite de le structurer.

De 1780 à 1781, cet esprit pragmatique met au point un répertoire de signalisation qui aligne dix drapeaux au sein d'un tableau de 10 x 10, autorisant ainsi des combinaisons de 10 à la verticale et les 10 mêmes à l'horizontale. Chaque drapeau de cette grille peut transmettre n'importe lequel des 100 nombres du carré de 10 x 10. Ces nombres renvoient à des termes spécifiquement maritimes, et chaque commandant est informé de leur signification avant de lever l'ancre. À chaque pavillon hissé par le vaisseau amiral, les signaleurs de l'escadre n'ont qu'à se reporter au répertoire comme à un dictionnaire.

En 1803, l'amiral sir Home Popham publie son *Telegraphic Signals or Marine Vocabulary*. Ce code comprend quelque 3 000 signaux numériques correspondant à des mots, des expressions et jusqu'à des phrases entières. De 1803 à 1812, Popham va également enrichir le système à pavillons d'une nouvelle gamme de fanions numériques correspondant à une liste alphabétique de différents termes. Via la combinaison de trois, voire quatre pavillons, on dispose désormais d'un vocabulaire de 30 000 mots.

C'est un britannique, le capitaine Frederick Marryat, qui rédige en 1817 le premier répertoire de code international. Dans son *Code of Signals for the Merchant Service*, les pavillons de couleur correspondent à 9 000 numéros distincts renvoyant à des mots précis. Une terminologie maritime standardisée qu'exploitent tous les marins du monde. Même succès en 1851, avec cette fois une édition enrichie de nouveaux termes à destination des bâtiments de guerre aussi bien que des navires marchands, d'un registre lexical relatif aux phares et aux ports, aux caps, aux bas-fonds et aux récifs. Ce code restera de quart jusqu'à la fin des années 1870 ; un record en la matière.

En dépit de toutes ces avancées, concurrence militaire, paranoïa diplomatique et rivalité commerciale font obstacle à l'uniformisation d'un système à pavillon international. En 1857, le ministère du commerce britannique tente néanmoins de promouvoir un code de communication maritime universel. En haute mer, la coopération entre navires est une nécessité ; on a un besoin urgent d'un système à pavillons compréhensible par tous. Certes, fanaux, lanternes, sifflets et cornes restent en activité la nuit et en cas de brouillard intense ; mais le jour, tous les signaux sont véhiculés par pavillons.

Le ministère projette d'équiper la marine marchande britannique d'un système normalisé de 18 pavillons de couleurs, représentant chacun une consonne, excepté le *x* et le *z*. Par le jeu des combinaisons, ces pavillons peuvent transmettre jusqu'à 70 000 signaux ; une vraie performance compilée sur le papier sous le titre *The Commercial Code of Signals*. Pour ne pas être en reste, les Français sortent dès l'année suivante un *Code Commercial des Signaux*. Il semble que les grandes nations maritimes ne puissent décidément pas parvenir à un accord en ce domaine.

Dans la seconde moitié du XIXe siècle, pavillons nationaux et internationaux font l'objet d'évolutions et de révisions successives.
Ci-dessous, le tableau de correspondances standards entre pavillon et alphabet :

Équivalences internationales pavillon/alphabet

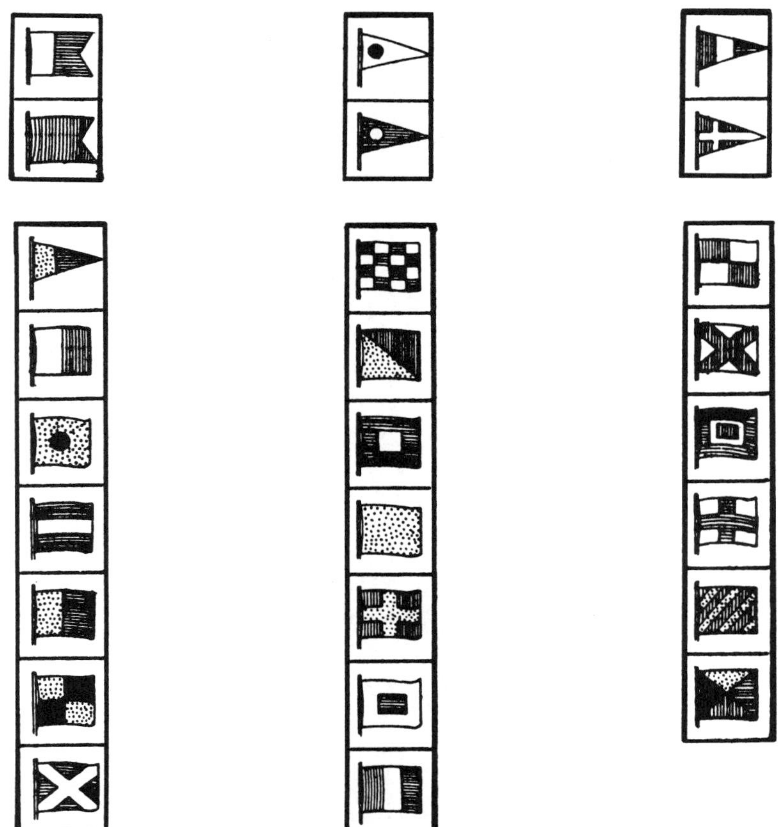

En 1870, c'est la publication de l'*International Code of Signals*, aujourd'hui encore référencé sous le même titre. Les années 1870 et 1880 voient se normaliser d'autres systèmes de signalisation ; les lettres de l'alphabet sont représentées par un jeu de un à quatre pavillons.

C'est le 1er janvier 1902 qu'entre en vigueur un nouveau code international. Le nombre des pavillons passe de 18 à 26, prenant cette fois en compte les voyelles mais aussi les consonnes *x* et *z*. Le système reste en service jusqu'en 1914 ; la Première Guerre mondiale vient en effet bouleverser toutes les procédures maritimes.

La signalisation par pavillons du XIXe siècle se caractérise par son extraordinaire complexité, démontrée notamment en 1805, à la bataille de Trafalgar où la flotte de l'amiral Horatio Nelson met en déroute les bâtiments français et espagnols. Au cours de l'affrontement, Nelson n'aura fait hisser que deux pavillons. En mai 1916, cette fois, au cours de la bataille du Jutland, la flotte britannique se frotte à la flotte de haute mer allemande exploitant pour l'occasion pas moins de 260 pavillons.

Suite à la Première Guerre mondiale et après l'invention de la radio, la première conférence internationale de la radiotélégraphie se réunit en 1927. Mais les rivalités entre nations ne se sont guère estompées et il faut attendre le 1er janvier 1934 pour que soit adopté le nouveau Code international. Publié en plusieurs langues, dont l'anglais, le français, l'allemand, le japonais et l'espagnol, ce code se compose de deux volumes, le premier consacré aux signaux visuels, pavillons et feux, entre autres, le second à la radio.

Des années 1930 jusqu'à la fin de la Seconde Guerre mondiale, les systèmes se succèdent. Chaque nation dispose de son répertoire et de ses codes parallèlement au code international. Ainsi, l'OTAN, fondée en 1949, exploite une série de signaux maritimes top secrets pour ses opérations militaires. Les navires marchands des nations de l'OTAN n'appliquent le code international qu'en des occasions n'exigeant aucune mesure de sécurité ; en revanche, toute information confidentielle est transmise par une signalisation bien spécifique.

En fin de compte, le Code international s'impose. La liste ci-dessous illustre la signification des signaux alphabétique :

A Je suis en essai de vitesse.

B J'embarque ou décharge des explosifs.

C Oui (affirmation).

D Tenez-vous à distance. Difficultés de manœuvre.

E Je viens sur tribord.

F Avaries. Contactez-moi.

G Besoin d'un pilote.

H Pilote à bord.

I Je viens sur bâbord.

J Je vais envoyer un message visuel.

K Coupez les moteurs immédiatement.

L Coupez les moteurs. Communication de première urgence.

M Médecin à bord.

N Non (négation).

O Homme à la mer.

P (Hissé au port) Tout le personnel à bord, vaisseau prêt à appareiller.

(Hissé au large) Vos feux sont éteints ou défaillants.

Q Conditions sanitaires à bord idéales ; demande levée de la quarantaine.

R La voie est trop loin de mon navire ; passez avant moi.

S Mes machines sont en arrière toute.

T Éloignez-vous de moi.

U Vous êtes en danger.

V Besoin d'assistance.

W Besoin d'assistance médicale.

X Cessez d'émettre et surveillez mes signaux.

Y Transport de courrier.

Z Alertez une station côtière.

La majorité des pavillons internationaux sont carrés, sauf ceux représentant le A et le B, amputés d'un angle sur leur côté droit. Chacun arbore différents types de figures, jeux de diagonales, bandes et couleurs diverses. Les signaux numériques sont hissés par des flammes représentant les nombres de 0 à 9, plus trois fanions répétiteurs, dits signaux de substitution ou substituts. Cette catégorie de drapeaux transmet quatre types de signaux : longitude et latitude (précédé du pavillon alphabétique *P*), heure (précédé du *I*), degré par rapport au nord (précédé de *X*) et route (sans préfixe).

Trois pavillons alphabétiques servent à transmettre des informations types : point de compas, direction du vent, degrés de latitude ou port, fuseau horaire. Quatre pavillons alphabétiques, avec *A* en tête, peuvent représenter près de 11 600 positions géographiques. La « Liste Beme » réunit des combinaisons à quatre lettres, sans le *A* en amorce, signaux de reconnaissance des navires et leur indicatif radio. La lettre initiale d'une combinaison de deux pavillons alphabétiques indique le plus souvent la nationalité du bâtiment ; *GM* pour Grande-Bretagne et *ZK* pour Nouvelle-Zélande.

Signaux à main : drapeaux, disques et torches

Parallèlement à la généralisation des pavillons sur mer, se développent à terre diverses méthodes de signalisation à bras et à main. Les premiers « drapeaux » du monde occidental sont en fait des figures de bois sculpté fixées à un piquet. Connus sous le nom d'étendards, ces symboles sont utilisés par le Moyen-Orient dès 670 av. J.-C. et bientôt par la Crète, la Grèce et Rome.

À la chute de l'empire romain, les insignes latins laissent place aux étendards porteurs de croix. Vers les années 1100, les Français brandissent à qui veut le voir leur « vexille royal », matériau quelconque de forme carrée accrochée à une barre transversale en bout de perche. Un peu plus tard, la noblesse française lance les oriflammes, bannières allongées terminées par des queues semblables aux langues d'une flamme ; l'accessoire sera de toutes les processions entre 1124 et 1415. C'est aux alentours de 1225 que l'on recourt pour la toute première fois à la bannière comme vecteur de signaux ; une idée des généraux de la grande armée perse qui transmettent leurs ordres tactiques via des drapeaux noirs et blancs.

L'un des premiers documents traitant des signaux à main remonte aux environs de 1803-1816 ; un texte modeste en vérité, titré *Signals to be made by One Man*. Au sommaire, un code basé sur une chorégraphie de 61 manipulations de chapeau, foulard ou lanternes. Les différentes poses symbolisent les nombres de 1 à 10 et les 26 lettres de l'alphabet, auxquelles se greffent 11 signaux spéciaux comme « affirmatif », « annulez » et « terminé ».

L'homme-signal, premier héraut de la communication

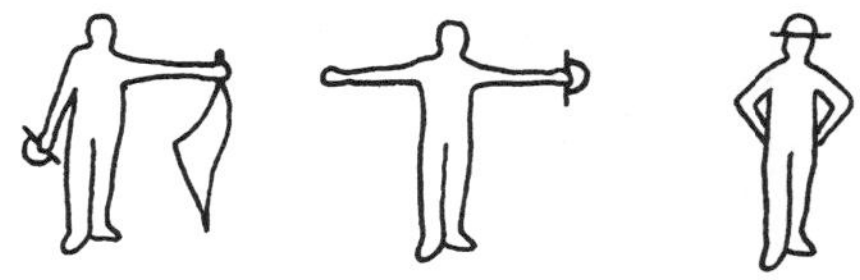

En 1809, le secrétaire de l'Académie des sciences accorde audience au chevalier Spencer, concepteur d'un système de signalisation, l'" anthropo-télégraphe ». Une méthode numérique exploitant deux disques à cible à deux tons. Outre les chiffres de 1 à 10, le procédé compte quatre autres signaux, dont les symboles « attention », « stop ou espace », « mobilisation générale » et « erreur ou annulez ». Les chiffres se manipulent de façon à correspondre au code numérique et lexical de Popham (voir illustration page suivante). Si l'Académie des sciences gratifie Spencer d'une médaille d'argent du mérite, en revanche il est fort peu probable que sa méthode ait eu les honneurs du terrain.

Des systèmes de la même veine vont se succéder ; on combine à outrance mouvements de perches, foulards, épées et drapeaux. En 1817, un certain John Macdonald, lieutenant colonel, y va de quelques procédés, tous aussi complexes les uns que les autres. L'homme a conçu sa propre version de l'" anthropo-télégraphe ». On a ici sept sergents postés à des distances convenues, portant à bout de bras des drapeaux blancs à liseré rouge. Le dispositif requiert deux groupes de trois hommes postés à 6 m de distance les uns des autres, répartis à gauche et à droite d'un point central. Attention, il ne s'agit pas dans ce cas d'agiter le drapeau, seulement de le dresser. Un septième homme, équipé d'un drapeau rouge, est chargé des mouvements accessoires destinés à véhiculer des mots rares ou des codes spécifiques à un message particulier. Un officier dirige le premier

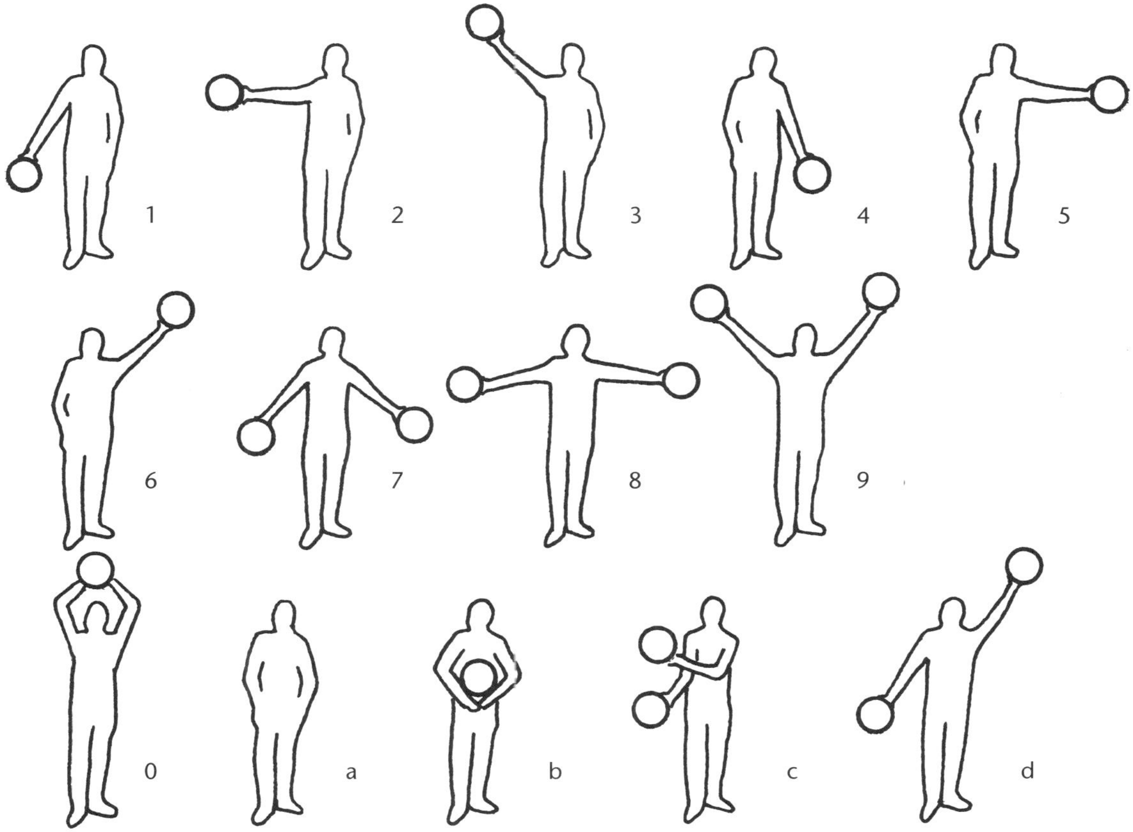

L'anthropo-télégraphe de Spencer

groupe, tandis qu'un second use d'une longue vue pour étudier les réponses du groupe relais.

Le drapeau du groupe premier de droite représente les dizaines, le deuxième les centaines et le troisième les millièmes. Les drapeaux du trio de gauche représentent eux les lettres, les mots ou des phrases. Les correspondances numériques et alphabétiques du procédé sont compilées dans le manuel rédigé par Macdonald, approximativement titré *Traité d'exploitation d'un nouveau système de communication télégraphique naval, militaire et politique*. Outre un dictionnaire de quelque 1 000 pages d'équivalences, cette somme comporte également près de 80 pages de réflexion sur les méthodes de communication antérieures.

Sept sergents plus deux officiers à chaque point de communication, sans parler d'un répertoire excessivement détaillé : c'est malheureux pour Spencer, mais le procédé s'avère inadapté aux impératifs militaires. Unanimement salué par l'armée, le colonel ne verra cependant jamais son système de signalisation s'imposer.

En 1850, un autre vient tente de s'imposer. Son créateur, le capitaine de frégate A. P. Eardley-Wilmot, auteur d'un volumineux *Dictionary of Signals* rédigé à destination des flottes, flottilles et bâtiments particuliers. Au sommaire, un jeu de pavillons, mais également un système à base de piquets et foulards, de chapeaux, de bannières et objets du bord hissés en formation sur les mâts. Une méthode rendue toujours plus difficile par la manipulation d'objets les plus divers. Si Eardley-Wilmot s'élevera dans la hiérarchie militaire, son invention, elle, ne ralliera pas les suffrages. Celle-ci est bien trop complexe pour la marine, et tout aussi inadaptée aux bases militaires et aux chemins de fer ; il faut dire que, prolixe, notre inventeur n'a rien trouvé de mieux que de compliquer encore son système de nouveaux outils et structures.

Vient ensuite le capitaine Robert W. Jenks, originaire de Boston, auteur en 1852 du *The Brachial Telegraph*, système destiné aux communications terrestres et navales. Conçue plus expressément pour les transmissions en mer, la méthode de Jenks propose entre autres des signaux pouvant officier par n'importe quel temps, en pleine tempête comme par vents violents, lorsque tout échange verbal est exclu. Tout en préconisant le maintien de la bonne vieille méthode du manche/drapeau, Jenks recommande le soutien du porte-voix, ancêtre du mégaphone. Voir ci-après, un extrait de la gestuelle imaginée par Jenks.

Ce système-là ne se distingue pas par son originalité ; en revanche, les conseils de Jenks à l'attention des sémaphoristes sont tout à fait révolutionnaires pour l'époque. L'homme suggère ainsi d'opérer depuis une position élevée et isolée, d'entrecouper chaque transmission d'une brève pause et enfin, de transcrire sur ardoise les signaux reçus afin de retrouver sans risque d'erreur, toutes les correspondances alphabétiques. Les contemporains de Jenks restent sourds à ces suggestions dont on retrouvera plus tard, à quelques variantes près, des applications dans les procédures de signalisation civile autant que militaire.

À peine trois ans plus tard, une méthode à bras et objet, conçue pour homme seul, intègre en bonne place les systèmes de communications.

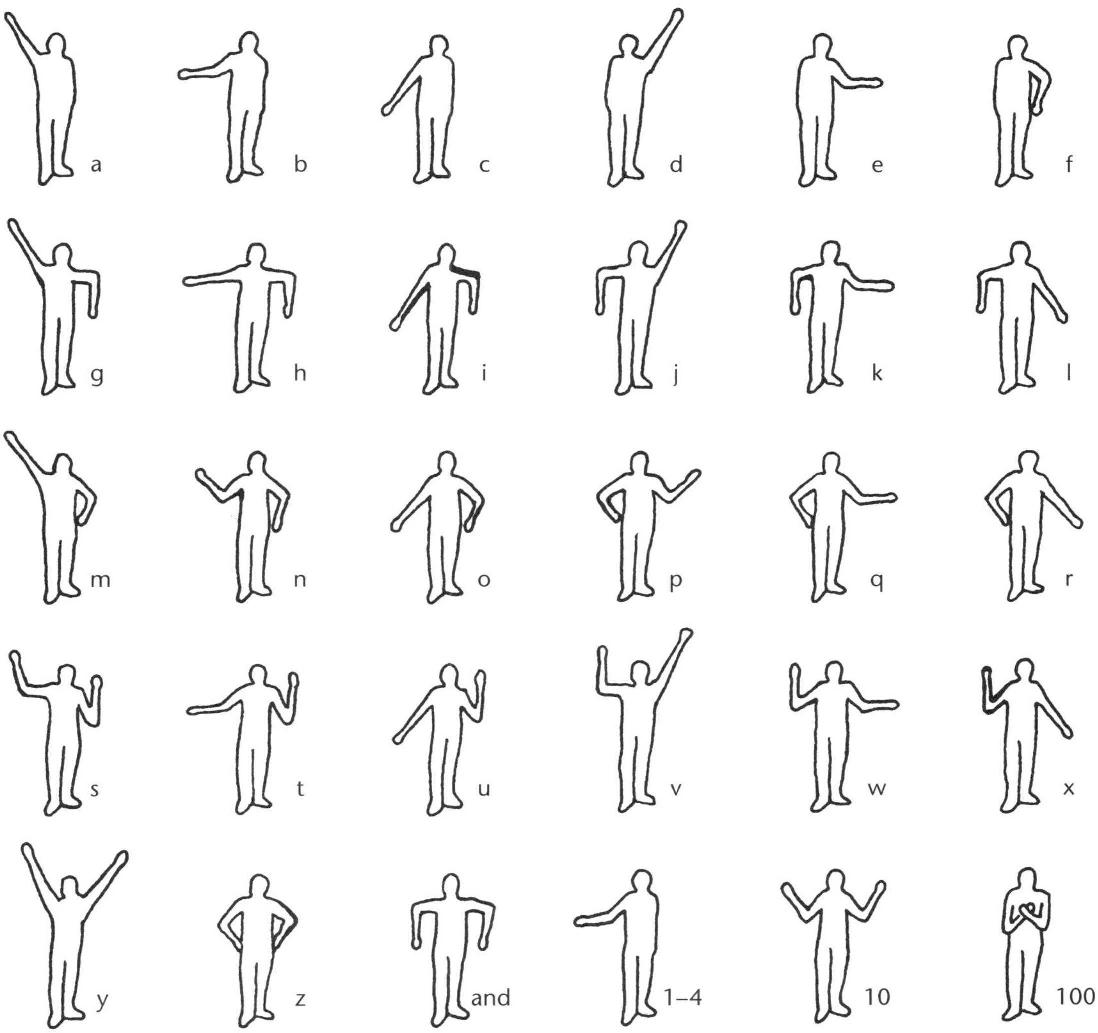

Télégraphe à bras
de Jenks

Un procédé que l'on doit au capitaine Charles de Reynold-Chauvancy, auteur de la *Télégraphie Nautique Polyglotte*, plus connu sous le titre de *Code Reynold des pavillons maritimes*. Principalement consacré aux combinaisons de pavillons maritimes, l'ouvrage traite également des signaux de détresse mer/sol ; les accessoires : un drapeau et un chapeau. Si le code à pavillons est aussitôt adopté, et s'il n'en va pas de même pour les signaux individuels, le succès pour ces derniers n'allait néanmoins pas tarder. On pense même que le projet de Reynold-Chauvancy n'est pas étranger à la future généralisation du sémaphore à deux bras.

En pleine guerre civile américaine, la marine de l'Union diffuse un manuel de signalisation, *Flotilla and Boat Squadron Signals* ; le but : faciliter la communication malgré le blocus imposé par les forces confédérées sur tout le littoral. L'ouvrage comporte entre autres un mode d'emploi de l'homographe, système de signaux représentant les chiffres de 1 à 10 et cinq signaux spécifiques (voir ci-après). Cette méthode servira ponctuellement les transmissions entre navires aux premiers mois du conflit, avant d'être supplantée par le fameux « wigwag » de Albert Myer.

Médecin, Myer s'est déjà fait connaître en concevant un langage pour malentendants. Il récidive en mettant au point une méthode à drapeau unique.

Signaux de détresse conçus par Reynold.

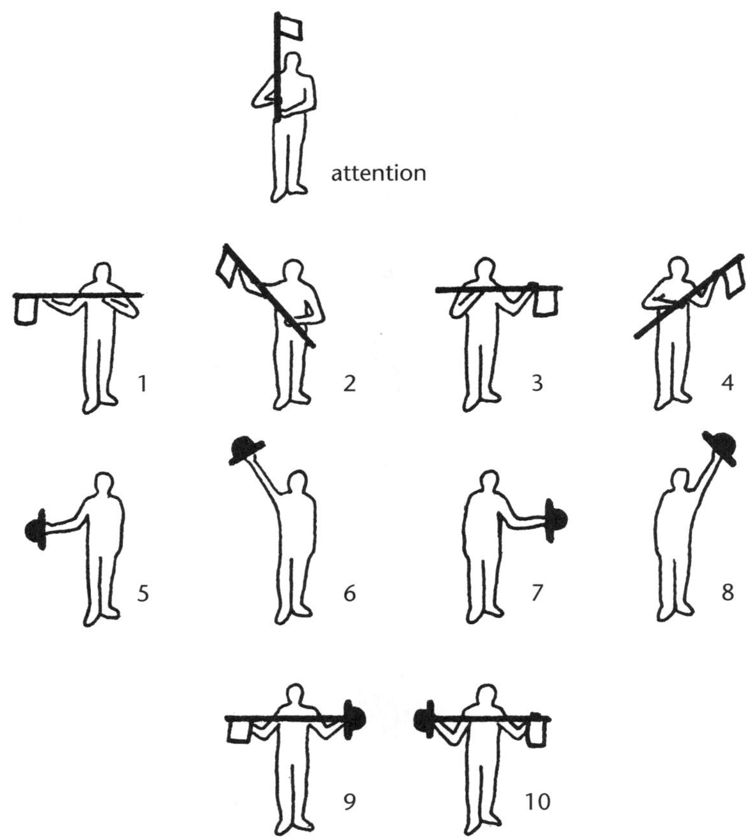

C'est sous les drapeaux de l'armée américaine, au Texas, que Myer bâtit un système qu'il baptise télégraphe à drapeau. Si le projet reçoit l'agrément officiel de l'armée en 1860, il n'entre véritablement en application sur le champ de la guerre civile qu'en 1861, ce qui vaut à Myer d'être promu officier de l'unité signalisation. Bientôt, on ne parle plus de télégraphe à drapeau mais de « wigwag », surnom inspiré par les mouvements très particuliers inhérents au procédé.

Le wigwag enchante véritablement les Confédérés. Le procédé n'a rien de sorcier puisque les différentes positions d'un drapeau représentent simplement les 26 lettres de l'alphabet. Dans la gamme de ces drapeaux, on dispose de modèles de 20, 40 et 60 cm de côté. Pour les couleurs on a essentiellement du rouge et du noir avec cible carrée blanche, ou du blanc avec cible carrée rouge ; des échantillons en tous cas parfaitement visibles sur les champs de bataille.

Signaux homographes
de la marine américaine

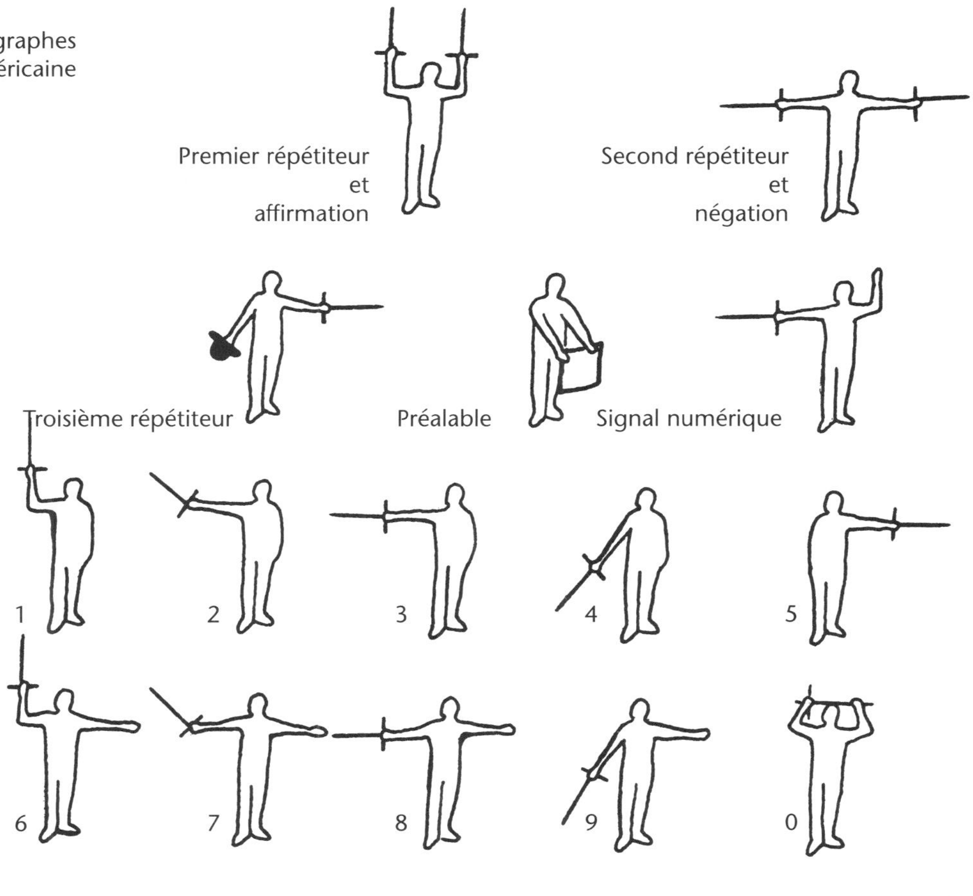

Le manche des drapeaux, généralement en bois dur (noyer), est conçu d'éléments emboîtables ; on ajuste sa longueur selon la situation. La nuit venue, on abaisse les drapeaux pour fixer aux manches des torches faites d'une boîte métallique remplie d'un liquide inflammable. Face au sémaphoriste, une seconde « torche au pied », sorte de point de référence permettant au destinataire noctambule de mieux suivre les mouvements de la torche.

La méthode de Myer se résume à une combinaison de trois mouvements pour chaque lettre (voir *Le Manuel des signaux* édité par le créateur en 1872). À chaque début de séquence, l'opérateur dresse le dispositif à la verticale, immobile, bien au-dessus de sa tête. Son premier mouvement consiste à abaisser le manche sur sa droite avant de revenir d'un geste vif à la verticale. Dans le second mouvement, l'opé-

Le wigwag à drapeau de Myer

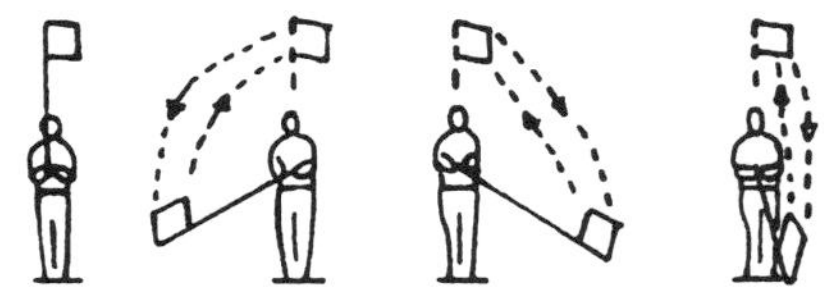

rateur abaisse le dispositif sur sa gauche avant de lui rendre sa position initiale. Au mouvement trois, l'opérateur abaisse le système face à lui avant de le redresser.

Sur les tableaux ci-dessous, les combinaisons de mouvements nécessaires à la transmission des lettres et aux différentes instructions. On voit que 112 emprunte le mouvement 1, le 1 une nouvelle fois et le 2 pour conclure ; l'opérateur enchaîne ces trois mouvements à toute allure. Chaque séquence de mouvements est ponctuée par une pause.

a	112	h	312	o	223	v	222
b	121	i	213	p	313	w	311
c	211	j	232	q	131	x	321
d	212	k	323	r	331	y	111
e	221	l	231	s	332	z	113
f	122	m	132	t	133		
g	123	n	322	u	233		

CODE DE TRANSMISSION DE MYER

3	Fin de mot
33	Fin de phrase
333	Fin de message
22.22.22.3	Signal de l'acquiescement : « Je comprends », ou affirmation générale
22.22.22.333	Fin de transmission
121.121.121.3	Répétez
211.211.211.3	Déplacez-vous légèrement sur la droite
221.221.221.3	Déplacez-vous légèrement sur la gauche
212121.3	Erreur

En 1864, Myer met au point un système de transmission diurne de la même veine, cette fois à partir de disques. Des disques de 30 à 45 cm de diamètre, en bois ou en métal, recouverts de toile et équipés d'un manche, bien plus faciles à manipuler que les drapeaux. Ci-dessous, la série des mouvements appliqués à ces disques :

Le wigwag à disque de Myer

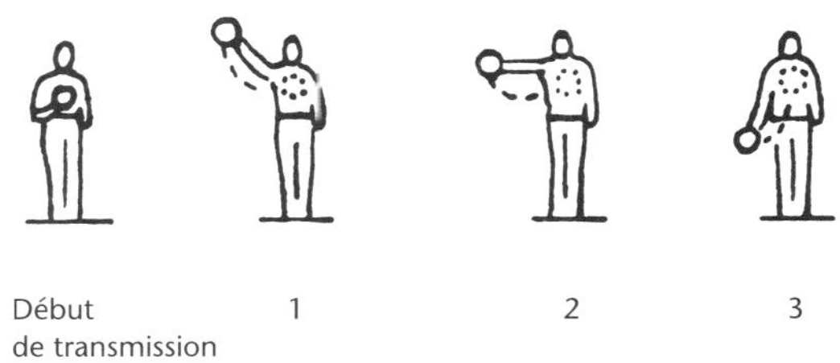

Bientôt, les lanternes viennent assurer les transmissions nocturnes à la place des torches. Une lanterné montée sur un piquet fiché au sol et une seconde manipulée au-dessus, d'un côté et de l'autre de cette source de lumière fixe.

Le wigwag à lanterne de Myer

La méthode à drapeau imaginée par Myer sert aussi bien la marine de l'Union que les bâtiments confédérés. Malgré l'efficacité du procédé et à mesure que le conflit s'enlise, les modifications successives des équivalences de signaux posent quelques problèmes aux généraux, notamment aux derniers stades de la guerre, avec le remplacement des mouvements droite et gauche par les positions un et deux et leurs correspondances alphabétiques.

Dans les deux camps, l'interception de signaux est un problème. Ce défaut là, Myer tente d'y remédier à l'aide d'un cadran chiffrant destiné à assurer la protection des transmissions wigwag. Un cadran à double disque : l'un fixe, à l'extérieur, marqué d'une succession de combinaisons de chiffres entre 1 et 8, et l'autre mobile, à l'intérieur, recouvert d'un alphabet désordonné. Manipulant le même cadran, expéditeur et destinataire coordonnent ainsi leurs échanges visuels et s'assurent la meilleure protection, car, sans cet outil, il est impossible pour un observateur de traduire les signaux numériques.

La guerre civile se poursuit et bientôt, Myer élargit le wigwag à quatre mouvements de façon à permettre la transmission de mots spécifiques et d'abréviations. Le système sert fidèlement les deux armées, avec toutes les répercussions que cela implique sur le champ des grandes batailles, comme celle de Bull Run.

Tour de signalisation, structure familière de la guerre civile américaine

Août 1864 est une date victorieuse pour l'Union. L'amiral David Farragut défait la flotte ennemie à Mobile Bay, en Alabama, en partie grâce aux signaux circulant entre bâtiments nordistes et forces terrestres. C'est d'ailleurs un opérateur wigwag qui aurait transmis l'ordre légendaire de Farragut « Au diable les torpilles, machine avant toute ! ».

Le conflit Nord/Sud divise encore cruellement l'Amérique lorsqu'un nouveau système de signaux par drapeau fait son entrée en scène. Son créateur, James Swaim, engagé dans la marine américaine avait déjà mis au point avant les hostilités toute une série de méthodes de communication visuelle. Son ambition à présent, décrocher un contrat de guerre. Son invention sous le bras, Swaim fait le voyage jusqu'à Washington, en novembre 1862 ; deux télégraphistes du ministère de la Guerre, David Bates et Charles Tinker, s'enthousiasment pour son projet.

Il s'agit là en fait d'un répertoire codé de plusieurs milliers de phrases, mots et nombres représentés par des combinaisons numériques à quatre chiffres, à leur tour transmises par six signaux visuels à drapeau ou torche. Dans le système Swaim, finalement assez proche d'un procédé élaboré par Myer, le maniement du drapeau, ou de la torche, correspond en fait à un code non secret. En réalité, dès lors que l'on ignore la vraie signification des mouvements, les transmissions restent protégées.

Démonstration ; l'opérateur dresse le drapeau, ou la torche, l'abaisse ensuite sur la droite pour représenter le nombre 1, enchaîne aussitôt par un second mouvement sur la droite pour le 2 et termine par un mouvement droite, vers le bas, pour figurer le 3. On applique les mêmes gestes, cette fois sur la gauche, pour représenter les nombres 4, 5 et 6. Toutes ces manipulations correspondent à des paires de nombres renvoyant à des valeurs alphabétiques et numériques :

a	g	m	s	y	5
11	21	31	41	51	61
b	h	n	t	z	6
12	22	32	42	52	62
c	i	o	u	1	7
13	23	33	43	53	63
d	j	p	v	2	8
14	24	34	44	54	64
e	k	q	w	3	9
15	25	35	45	55	65
f	l	r	x	4	0
16	26	36	46	56	66

Swaim pousse la perfection jusqu'à mettre au point un procédé mnémotechnique qui doit faciliter chez les opérateurs la mémorisation de la clé alphabétique. On prend comme base de travail la formule « Qui est l'inventeur ? ». La réponse à cette question se trouvent dans une lecture rapide des quatre premières lettres du tableau de correspondances, soit *agms* qui résonne à peu de choses près en anglais comme « a Jeems » (ou James, le nom propre de Swaim). On complète le procédé par une seconde question, « Why ? » (Pourquoi ?), condensé en un Y. On constate que les lettres *a, g, m, s, y,* sont en fait les initiales de chaque colonne du tableau.

Bates et Tinker sont convaincus ; cette méthode-là est plutôt facile à assimiler. Abraham Lincoln lui-même la préconise. Il n'empêche : ni les gros bonnets du ministère de la Guerre, ni les généraux de campagne n'agréent le système Swaim.

À la fin de la guerre Civile, les systèmes de signalisation semblent ne plus faire recette. Cependant, en 1872, Myer (encore lui !), à présent chef du Signal Corps, fait la promotion dans son *Manual of Signals* de nouveaux procédés de signalisation dont un code à bras, faisant intervenir dix éléments. Le projet s'adresse principalement aux transmissions effectuées sur les ponts incertains des navires ; les drapeaux, fort peu maniables, sont remplacés par des disques de 30 à 45 cm de diamètre, équipés de manches pour mieux les manipuler.

Mais tous les projets de Myer sont balayés ; les communications longue distance ne jurent bientôt plus que par le télégraphe et le code Morse. Comme il fallait s'y attendre, on s'applique à créer des versions du wigwag codées en Morse. Les mouvements droite/gauche et gauche/droite des drapeaux trouvent leurs équivalences avec les points/traits du Morse. Le drapeau déplacé sur la droite égale un point, sur la gauche un trait. Les drapeaux peuvent exploiter à leur tour ces signaux pour communiquer avec des hommes manipulant d'autres objets, y compris l'héliographe, cet appareil télégraphique optique qui transmet des signaux longs et brefs. Cette diversité d'outils n'est pas sans créer quelque confusion, d'autant que de mêmes opérateurs peuvent exploiter d'un jour sur l'autre un langage signalétique totalement différent.

En 1886, l'armée américaine adopte le code Morse international pour toutes ses transmissions par télégraphe électrique, wigwag et héliographe. Mais sur le terrain, on se plaint de la difficulté d'application du Morse aux signaux par drapeau, et dès 1896 on réintègre les bons vieux mouvements de drapeau de Myer au wigwag et à l'héliographe. L'armée retourne de son côté au Morse américain pour assurer ses transmissions télégraphiques.

En Angleterre, l'armée de Sa Majesté transmet les chiffres de 1 à 10 par un système à drapeau unique, blanc ou noir. Ici, on applique des mouvements long et bref, plus amples mais également plus lents que ceux imposés par le système Myer. Le jeu subtil des combinaisons de mouvements traduit les équivalences numériques ; un geste bref représente ainsi le 1, un geste long le 6 et deux brefs plus un long renvoient au 9.

La signalisation à drapeau fait son entrée dans le XXe siècle avec la publication de l'*International Code of 1901*. Aux États-Unis, le procédé à torche et drapeau de Myer reste d'actualité ; l'armée a même élargi la méthode wigwag aux fanaux à main et projecteurs. Les sémaphoristes britanniques, quant à eux, ont laissé tombé les mouvements de drapeaux longs/brefs pour adopter les points/traits. On représente un point par un mouvement du drapeau au-dessus de la tête ; le trait équivau, lui, à un geste plus large allant de 45° à 225° comme illustré ci-dessous :

Signaux à drapeau britanniques (A) et système à disque de Dietz.

En 1908, le lieutenant colonel R. B. Dietz, du 7e Régiment des Dragons d'Angleterre, met au point un procédé aussi simple qu'astucieux, utilisant un vulgaire disque à manche de bois variable, avec une face noire, ou brun clair, et une autre blanche. On représente les points et les traits par mouvements latéraux du disque. Un geste long égale un trait, un geste rapide un point.

Une version inspirée de ce disque fait son apparition en France en 1915, en plein conflit mondial, au moment où toute la stratégie repose sur la guerre de tranchées. La Première Guerre mondiale marque cependant la fin des signaux manuels terrestres : impossible en effet, même pour le plus impétueux des opérateurs, de transmettre un message sans servir de cible à l'ennemi.

La signalisation par drapeau reste appliquée ponctuellement par la marine britannique, et ce au cours des deux guerres mondiales. Ces drapeaux sont de service le jour ou lors de circonstances particulières. Ainsi, en phase de silence radio, ou si les feux clignotants électriques comportent un risque, les drapeaux prennent le relais pour transmettre les ordres de la poupe à la proue du bateau suiveur. Pour les messages brefs, les officiers préfèrent recourir à un drapeau unique plutôt que de hisser un ensemble de pavillons aux cordages.

La pratique prend officiellement fin en mars 1946, supplantée une bonne fois pour toutes par la gamme des différents systèmes électriques.

Dès les années 1920, les unités blindées et motorisées de l'armée américaine exploitent des systèmes à deux ou trois drapeaux, et ceci jusqu'à la fin des années 1970, à l'avènement de l'informatique et des satellites. On se satisfait ainsi sur quelques décennies des combinaisons d'un drapeau vert et d'un second, orange ou rouge, pour transmettre ordres d'attaque, instructions de manœuvre ou états d'alerte. Durant toute cette période, aucun code standard ne verra le jour et le système lui-même devra s'incliner devant l'efficacité des liaisons radio et radio téléphoniques.

Malgré tout, il subsiste encore aujourd'hui des versions de signaux à drapeau ou à disque, dont une exploitée par la marine américaine. Lors du ravitaillement et du réapprovisionnement en carburant en pleine mer, un câble de liaison sert au transfert de personnel, de provisions et de fuel. Dans ce type de manœuvres, le bâtiment « à sec » se greffe via un câble au navire ravitailleur, en général à 45 m de distance. On lance ensuite entre les deux vaisseaux un second câble qui

Signaux d'atterrissage en vigueur sur les porte avions

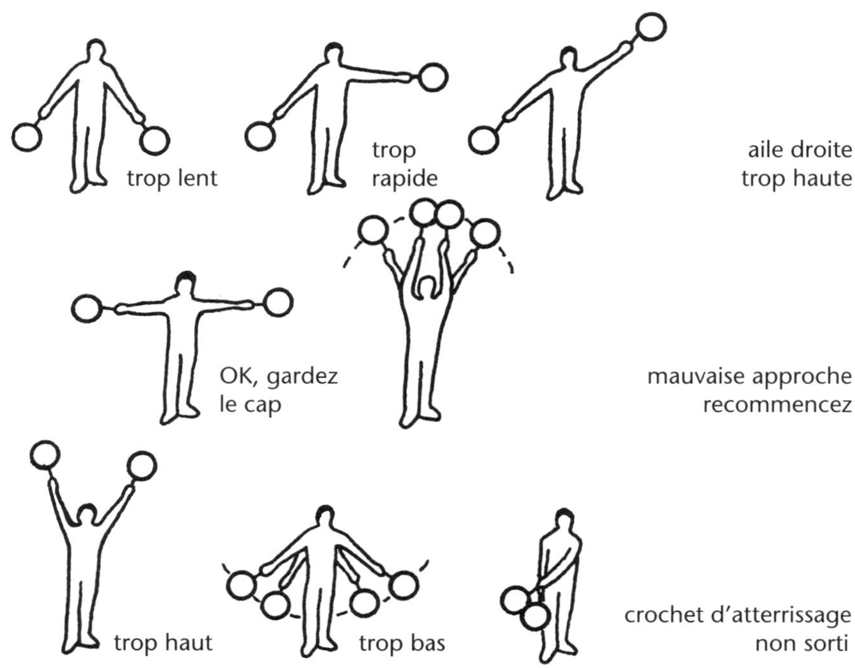

vient se fixer au premier. Ces cordons ombilicaux sont équipés de poulies sur lesquelles transitent télésièges et filets garnis. Le carburant, lui, emprunte un tuyau spécial jumelé aux câbles et connecté aux réservoirs de fuel. Sur le bateau receveur, un opérateur chargé de veiller au bon déroulement des opérations est prêt à signaler le moindre accident de transfert.

Même si l'électronique régit aujourd'hui l'essentiel de la communication, des systèmes de signaux à main restent encore en soutien sur les ponts des porte-avions. L'opérateur dirige les manœuvres d'atterrissage des appareils au moyen de deux disques de type raquette, rouges ou jaunes. Par toute une gamme de gestes, on transmet ainsi au pilote des informations sur son altitude, sa vitesse et l'alignement des ailes. (Page précédente, quelques exemples des signaux en vigueur entre les années 1940 et 1970.)

Signaux lumineux

Les signaux lumineux se divisent en deux grandes catégories : les systèmes lumineux constants, arrangements de torches ou feux à combustion lente, et les systèmes intermittents, points/traits clignotants ou signaux chronosémiques réglés sur la mesure du temps (sème = unité minimale de signification) et la pyrotechnie.

SIGNAUX LUMINEUX CONSTANTS

L'histoire des signaux lumineux fait appel aux mythes du monde entier. Dans la mythologie grecque, le feu joue souvent un rôle de messager : deux amants ne communiquent-ils pas de la sorte dans la pièce d'Eschyle, *Les Suppliantes* ? En 1194 av. J.-C., le feu chemine de relais en relais (neuf ou dix) sur quelque 100 km pour porter la nouvelle de la chute de Troie jusqu'au palais d'Agamemnon, à Mycènes. Les ouvrages rédigés par les grands historiens de l'Antiquité, tels Homère, Jules l'Africain, Tite-Live, Végèce et Plutarque, évoquent le rôle des signaux de campagnes : fumée dans la journée et feux la nuit tombée.

Les souverains macédoniens, Philippe et son fils Alexandre, portés par le même esprit de conquête recourent dès le IVe siècle av. J.-C. aux signaux de feu. Mais ce n'est qu'aux alentours de 340 à 170 av. J.-C.

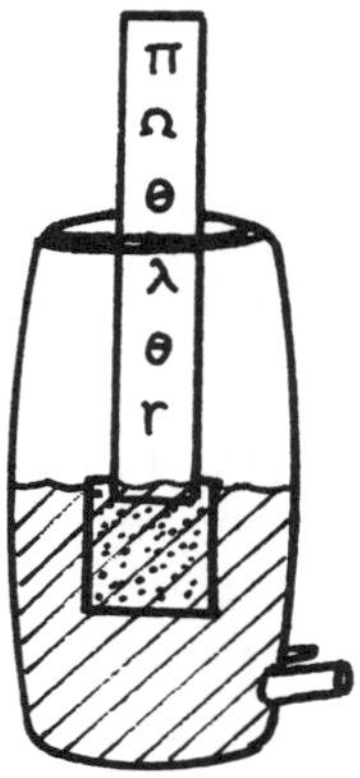

Le dispositif de signalisation d'Aeneas : un récipient de terre et une torche

qu'émergent des procédés véritablement structurés grâce au génie de deux érudits grecs, Aeneas le Tacticien et Polybe.

Ce sont les recherches menées par Polybe qui arrachent les écrits d'Aeneas à l'oubli. Dans un de ses textes, Polybe mentionne ainsi un système combinant l'eau et le feu, sorti tout droit de l'esprit fertile d'Aeneas, vers 350-345 av. J.-C. Prenons deux groupes, composés chacun d'au moins deux hommes, agitant en guise d'introduction des torches par des mouvements destinés à attirer l'attention de leurs interlocuteurs. D'un côté comme de l'autre, on dispose d'un mécanisme particulier, en fait un récipient de terre, profond d'un mètre rempli d'eau, équipé à sa base d'une sorte de valve. Fichée sur un bout de liège en guise de flotteur, une longue baguette gravée sur toute sa longueur d'une succession de termes militaires.

Une fois que les deux groupes ont établi le contact, on masque les torches. Les valves des deux containers sont ouvertes ; le niveau de l'eau baisse ainsi que le bout de liège. Lorsque le mot décisif inscrit sur la baguette atteint le bord supérieur du récipient, l'opérateur agite à nouveau sa torche pour transmettre aussitôt au second groupe l'ordre de fermer la valve. Le destinataire s'exécute et n'a plus qu'à lire les termes inscrits sur sa propre baguette. À condition que chaque groupe soit en phase.

Même si le mécanisme reste approximatif, on devine à la lecture des écrits de Polybe qu'il a servi nombre de sièges. Passionné par le sujet, l'auteur prend la décision de concevoir à son tour son propre système de transmission.

Signaux d'Aeneas ; opérateurs en campagne

Évoqué dans son *Histoire Universelle* (dont il nous reste seulement cinq volumes sur les 40 originaux), ce procédé est un système à torche, dont la paternité serait en fait due à Cleoxènes et Démocrite. Quoi qu'il en soit, le système dit de Polybe repose sur un découpage de l'alphabet grec représenté par un carré de cinq sur cinq. Ci-dessous, les illustrations les plus représentatives du « carré de 25 » :

Système de transmission par torche de Polybe

Le principe consiste à transmettre les coordonnées des lettres (ligne et colonne) sur le carré ; des torches portées du côté gauche renvoient à la colonne, tandis que le côté droit renvoie à la ligne. La lettre de la colonne 1/ligne 2 est représentée ainsi par une torche à gauche et deux à droite. Pour éviter toute erreur, les lettres faisant l'objet de plusieurs mouvements de torche, on marque la pause en masquant le feu.

Ce système de conversion des lettres par mouvements de torches entre dans la catégorie des signaux alphabétiques. On ignore si le procédé a servi sur le terrain ; toujours est-il que le carré de Polybe va inspirer de nombreuses générations de cryptographes.

On sait du biographe et moraliste grec Plutarque (65 av. J.-C.) qu'un réseau de signaux de feu fonctionne depuis des postes de guet sur tout le pourtour méditerranéen ; sous Jules César, on s'équipe du même type de tours, cette fois en dur.

Comme en cryptographie, la majorité des connaissances en matière de signaux de feu se perd à la chute de l'empire romain et il faudra plusieurs siècles pour voir le genre réapparaître.

À la fin du XVIe siècle, les signaux de feu font leur retour servent cette fois à la localisation en mer. L'Armada espagnole exploite ainsi un système plutôt rudimentaire : les vaisseaux de la flotte doivent croiser le bateau amiral afin de prendre connaissance par signal lumineux du dernier mot de passe et du prochain cap. Pour cela, un récipient métallique rempli d'un combustible se consume à la poupe du vaisseau amiral, comme le point de ralliement des autres bâtiments. En cas de conditions climatiques défavorables, on remplace le feu par un jeu de quatre lanternes bâchées disposé à l'avant du navire.

Les témoignages sur les systèmes de signalisation ultérieurs restent plutôt confus. Dans son *Histoire de la Télégraphie*, Ignace Chappe évoque un procédé à base de miroirs, réflecteurs de la lumière solaire et lunaire. Le procédé remonterait à la fin des années 1100 et c'est le scientifique anglais Roger Bacon qui en aurait expérimenté une version dans les années 1200.

En 1616, Franz Kessler signe un traité vulgarisateur sur les sciences et techniques ; au sommaire de l'ouvrage, la description d'un signal lumineux fonctionnant avec télescopes. Celui-ci se constitue d'un fût plombé abritant un foyer placé face à une trouée ; par ouverture ou fermeture d'un obturateur, ou d'une trappe, on représente la position des lettres dans l'alphabet. Kessler réaménage ce type de transmission, laborieux et vulnérable, en mettant au point un code qui réduit l'alphabet à 15 lettres. Les nombres de 1 à 15 peuvent ainsi correspondre à différentes lettres ; un moyen de protection appréciable.

La marine britannique recourt elle aussi au feu, partenaire inestimable par grand brouillard et signal de localisation indispensable lors des manœuvres de changement de cap. C'est par un signal de feu embarqué que sir Walter Raleigh parviendra vers 1617 à guider sa flotte dans son sillage.

Au cours de la Révolution américaine, les bâtiments corsaires communiquent avec les navires amis au moyen de lanternes. Un marin signale toute configuration de voiles suspecte ou la présence d'un vaisseau ennemi en hissant ou abaissant une lanterne au porte-étendard selon un code préétabli. On échappe aux risques de détection en tamisant la lueur de ces lanternes sous une toile :

Signaux à lanterne

Les flottes armées sollicitent également les signaux lumineux par gros temps. On accroche les lanternes à la proue ou à la poupe, ou encore au bastingage, parallèlement à certain mâts, pour signaler la proximité de navires amis.

Signaux à lanterne

La Révolution américaine donne l'occasion à ces marins avisés que sont les Britanniques de reprendre à leur compte le code des rebelles. Entre 1775 et 1783, les amiraux anglais mettent au point pour leurs opérations diurnes toutes sortes de combinaisons à base de lanternes, signaux indiquant la vitesse de croisière autant que le cap. Le système, du type trois lanternes alignées ou disposées en triangle, n'a rien d'excessivement élaboré ; néanmoins, c'est de lui que s'inspireront les futurs signaux lumineux.

C'est à l'amiral Lord George Rodney que l'on doit en 1779 l'un des premiers codes de signalisation adapté aux combats navals de nuit. La méthode exploite toute une gamme de configurations de lanternes montées sur cordages et fixées aux vergues des mâts. À chaque nuit correspond un répertoire qui permet d'interpréter les ordres.

On est encore loin des transmissions élaborées, et à l'époque seules circulent des communications convenues d'avance. Ainsi, un signal peut indiquer la proximité de la flotte ennemie, mais sans pouvoir s'étendre sur le nombre de bâtiments, leur vitesse ou leur armement.

Progressivement, et par nécessité, le ballet des lanternes se sophistique. On les hisse par groupes fixés sur armatures aux différents mâts en fonction des signaux à transmettre. Certains modèles de lanternes sont en verre teinté de rouge, parfois de vert. Un panneau de métal actionné par cordages vient éventuellement masquer une lanterne, ceci afin de varier les combinaisons.

Le champ du codage prend de l'ampleur dès lors que les signaux lumineux s'associent à d'autres accessoires. Dans le *Night Signal Book for the Ships of War* de1799 (Répertoire des signaux nocturnes à destination des navires de guerre), les lanternes renvoient aux chiffres de 1 à 4, une fusée représente le 5, un coup de canon le 10 et deux salves le 20. On peut signaler ainsi jusqu'au nombre 79. On remédie au fait que les canons ne peuvent servir les transmissions en pleine bataille en recourant à des arrangements triangulaires ou carrés de lanternes pour figurer les multiples de 10. Tous ces chiffres correspondent à des ordres répertoriés dans un livre des signaux :

1-4	1 à 4 lanternes
5	1 fusée
6	1 fusée, 1 lanterne
7	1 fusée, 2 lanternes
8	1 fusée, 3 lanternes
9	1 fusée, 4 lanternes
10	1 coup de canon
11	1 coup de canon, 1 lanterne
15	1 coup de canon, 1 fusée
16	1 coup de canon, 1 fusée, 1 lanterne
20	2 coups de canon
25	2 coups de canon, 1 fusée
30	3 coups de canon

En 1803, c'est un système lumineux qui fait la renommée du capitaine Edward Preble, commandant la frégate américaine, l'*Essex*.

Edward Preble a servi en Méditerranée au cours du conflit opposant les États-Unis aux quatre États barbaresques, Alger, Maroc, Tripoli et Tunis. Il s'agit alors de mettre un terme aux activités de flibustiers de ces empires nord-africains dont les navires marchands constituent la cible privilégiée.

Les bâtiments américains ne sont guère épargnés par les pirates, ce qui décide le président Jefferson à passer à l'action. La mission de protection des navires américains passe alors nécessairement pour Preble par la mise en service de signaux nocturnes. Pour cela, il effectue des arrangements de lanternes correspondant à des nombres qui renvoient eux-mêmes à des ordres précis inscrits dans les livres de signaux. Inspiré de la méthode appliquée par la marine britannique, ce système permet néanmoins des échanges entre navires bien plus fiables.

Les lanternes de Preble

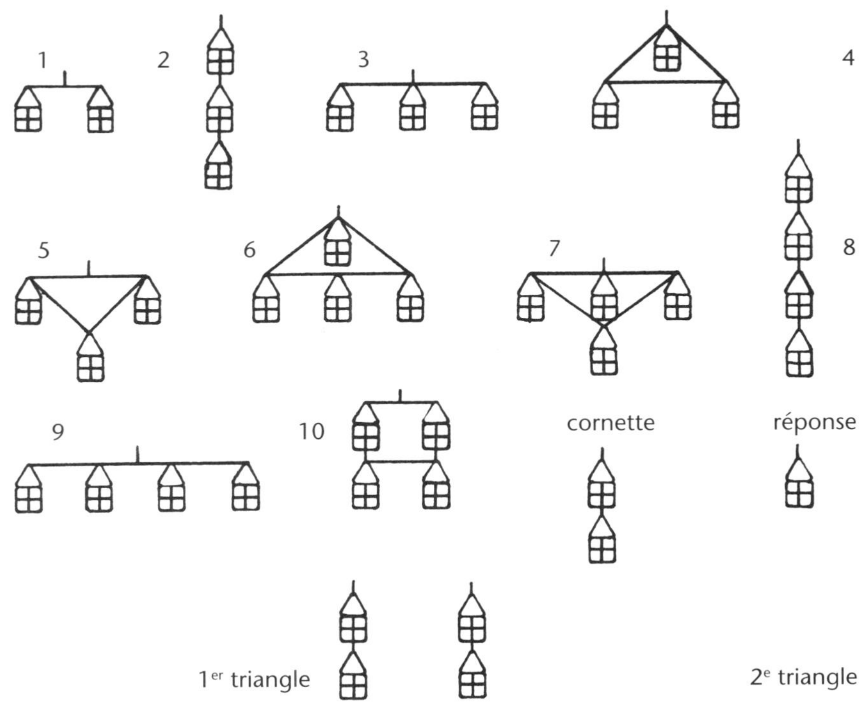

Promu contre-amiral en 1803, Preble harcèle littéralement les vaisseaux des États barbaresques. Vers 1805, seul le roi d'Alger montre encore quelque résistance avant de capituler, en 1815.

Dans le lot des signaux conçus par le vice-amiral français Edouard Burgues, comte de Missiessy, un seul procédé mérite le nom de système. La méthode, qui associe pavillons en journée, torches la nuit et coups de canon par gros temps, fait en 1826 l'objet d'une publication sous le titre *Tactiques et signaux – de jour, de nuit et de brume, à l'ancre et à la voile*. Le système de signalisation par torche, numérique, fonctionne sur une séquence base de 1 à 5, suivie d'une pause, puis d'une autre séquence selon un schéma convenu.

Les torches de Missiessy

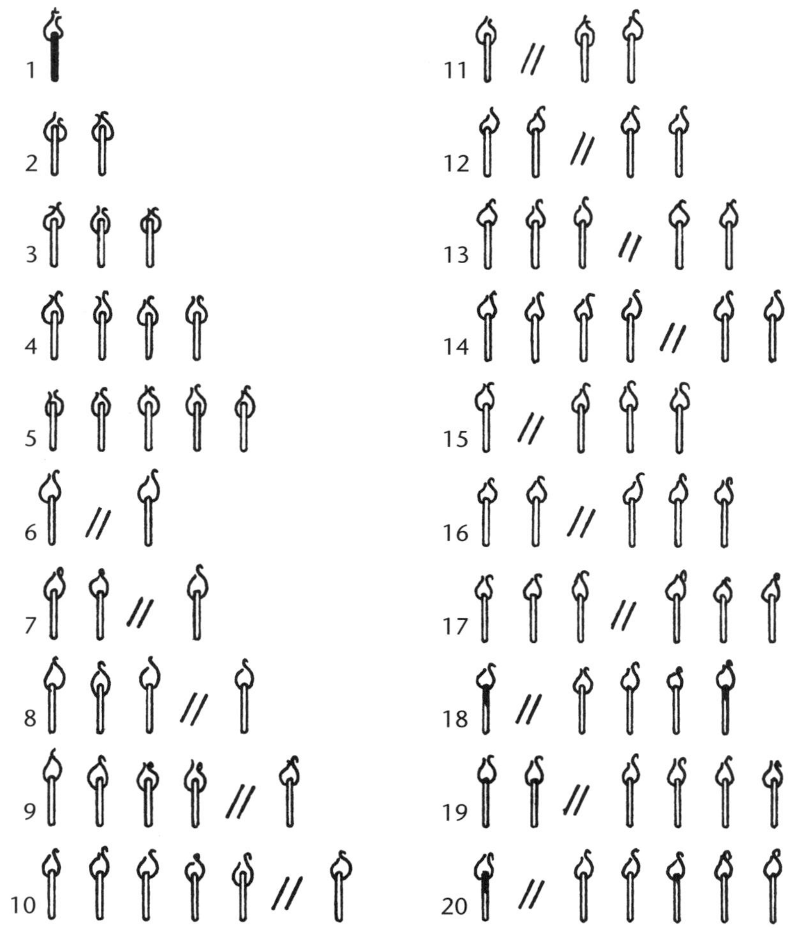

(Plus bas, le code numérique du comte de Missiessy.)

Les barres parallèles représentent ici une pause d'une minute. Les mouvements sont déterminés par une grille, semblable au carré de Polybe, qui fixe les correspondances numériques des séquences de torches. Les cinq premiers chiffres sont tout simplement représentés par le nombre de torches équivalent. Au-delà, de 6 à 20, l'opérateur se base sur la grille. Les nombres inscrits en marge de ce carré se lisent d'abord par les nombres de la rangée supérieure, puis par la colonne latérale. On voit que le nombre 6 se trouve à l'intersection du 1 de la rangée et du 1 de la colonne ; l'opérateur agite donc ici sa torche une fois, respecte une pause d'une minute, puis agite à nouveau une fois sa torche. Le nombre 10 se transmet par cinq torches, un intervalle, une torche ; le nombre 15 par une torche, une pause d'une minute et enfin trois torches.

DE UN À CINQ : 1 2 3 4 5

DE SIX À VINGT :

	1	2	3	4	5
	(pause de une minute)				
1	6	7	8	9	10
2	11	12	13	14	
3	15	16	17		
4	18	19			
5	20				

Le même procédé peut fonctionner avec des pavillons et des canons. En journée, des drapeaux signalent le début d'une transmission par pavillons. Si le message emprunte la voix du canon, on lance au préalable une fusée, tandis qu'un coup de feu prévient d'une séance de signaux par torche.

Les chiffres représentés par les signaux renvoient à un répertoire de termes navals et d'indications de direction. Ce type de code standard sera utilisé par d'autres flottes avant dêtre relayé par une myriade de systèmes lumineux et de méthodes wigwag qui prennent le relais.

À mesure que l'on s'avance dans le XIXe siècle, les couleurs font leur entrée dans les processus de signalisations, avec divers résultats. Les verriers des différentes nations n'ont pas tous le même talent, et il arrive qu'un verre gauchi fausse l'émission de lumière. De leur côté, les verres teintés n'offrent pas tous la même qualité de transparence : trop épais, ils voilent l'éclat de la lumière et, trop fins, ils ne laissent passer qu'une lumière blanche.

Les grandes puissances maritimes s'interrogent : faut-il masquer la lumière au moyen de matériaux accessoires de teintes différentes, ou teinter le verre à la fabrication ? Le problème tient en ceci que les matériaux suffisamment épais pour résister aux conditions climatiques extrêmes de la pleine mer atténuent aussi la luminosité, à tel point que même sur une courte distance on ne distingue absolument rien.

La couleur en matière de signaux connaît en fait une avancée décisive grâce aux recherches de William Henry Ward qui, à la fin des années 1850 et tout au long des années 1860, multiplie les expérimentations dans l'enceinte de l'arsenal de Washington. Ses travaux sonneront le glas des arrangements lumineux en carré ou triangles en proposant l'adoption de combinaisons verticales.

Parce que le bleu et le vert se confondent à partir d'une certaine distance, Ward préconise une gamme de blanc, de rouge ou d'absence de lumière. Système adopté par les sémaphoristes de la marine dans les années 1850. Des lentilles cylindriques amovibles internes permettent alors de modifier la couleur des lanternes, et l'on occulte tout flux lumineux en recouvrant les lanternes de caches en métal ou en toile. Le procédé reste en vigueur jusque dans les années 1880 sur les navires des nations de toutes latitudes, Norvège, Égypte et Turquie entre autres.

À la fin du XIXe siècle, le wigwag de Myer et le télégraphe électrique donnent naissance à des systèmes bien plus complexes. L'une de ces méthodes, plutôt originale, est conçue par la marine confédérée en pleine guerre civile. Pour ses communications terre/mer, le Sud délègue des opérateurs sur les vaisseaux chargés de briser le blocus naval imposé par l'Union. Ces hommes disposent d'un ensemble de drapeaux wigwag et d'une paire de longs tubes équipés à l'une de

leurs extrémités de lanternes protégées. Ainsi, le message lumineux ne peut être vu que par le vaisseau auquel il s'adresse.
Un feu rouge représente le wigwag 1, un vert le wigwag 2 ; l'alphabet wigwag servan, quant à lui, à décoder les différentes transmissions. Un procédé jugé bien plus fiable que les communications par drapeau ou torches.

En 1879, Thomas Edison invente l'ampoule électrique, et dès lors, l'électricité va envahir l'univers de la signalisation. La marine américaine procède aux expérimentations nécessaires, équipant les navires de sources électriques autonomes. Plus rien ne s'oppose au développement des signaux électriques ; l'innovation améliore considérablement les communications navales. Une fois les vaisseaux en mesure de générer leur propre électricité, on remplace les lanternes à huile de baleine par des lampes électriques à verres vert, rouge et blanc, selon un code de signalisation numérique et alphabétique. Fin des années 1800 apparaît une nouvelle génération de codes électriques, comme le Conz, le Ducretet, le Sellner et le Ardois.

Citons quelques mécanismes passés en revue dès 1892 par un officier de la marine américaine, Albert P. Niblack, dans une publication de l'Institut de la marine :

1. **Berg** Appliqué par la marine allemande ; fonctionne avec trois lanternes électriques, ou à huile, à tons vert, rouge et blanc alimentées par électro-aimants, pour un jeu de 27 combinaisons.

2. **Conz** Invention allemande ; trois doubles lanternes émettent une lumière rouge et blanche.

3. **De Meritens** Méthode française à 11 lampes : deux lampes rouges supérieures et inférieures et sept blanches dans la partie médiane.

4. **Ducretet** Appliqué par la marine française, un système à quatre lanternes seulement, capable d'émettre 15 signaux différents. Des signaux qui ne peuvent être perçus que dans un sens ; un défaut majeur qui lui est très vite fatal.

5. **Kasolowski** Adoptée par la marine italienne, cette méthode fonctionne avec quatre doubles lampes sur structure de bronze accrochée en bout de vergue.

6. **Massari** Mécanisme italien à quatre doubles lampes, fixé en bout de vergue comme le système Kasolowski. Ce procédé est équipé en

plus d'un mécanisme d'impression Morse qui retranscrit sur papier le signal émis.

7. **Ardois** Système français à cinq lampes disposées sur structure en bout de vergue.

Mis au point dans les années 1880, le système Ardois est adopté en 1891 au titre de code lumineux officiel par la marine américaine. De cinq lampes, le procédé évolue en un système à quatre doubles lampes. Chaque lampe abrite une lumière incandescente de 32 bougies dans sa moitié supérieure et une seconde de même intensité dans sa partie inférieure. Un verre teinté rouge équipe la moitié basse et un verre teinté blanc la moitié haute des lampes ; harmonie bientôt propre au système américain.

Des ensembles de lampes sont disposés selon un arrangement bien précis avant d'être hissés au mât, reliés par des câbles électriques fixés et gérés par un mécanisme de saisie. La netteté des signaux est incomparable, tout comme leur diversité, par rapport aux capacités des lanternes d'antan. Les lumières rouge et blanche du système Ardois transmettent des messages sous la forme des fameux points/traits du code Morse international, traduction hautement plus commode de l'alphabet et des chiffres.

Système Ardois

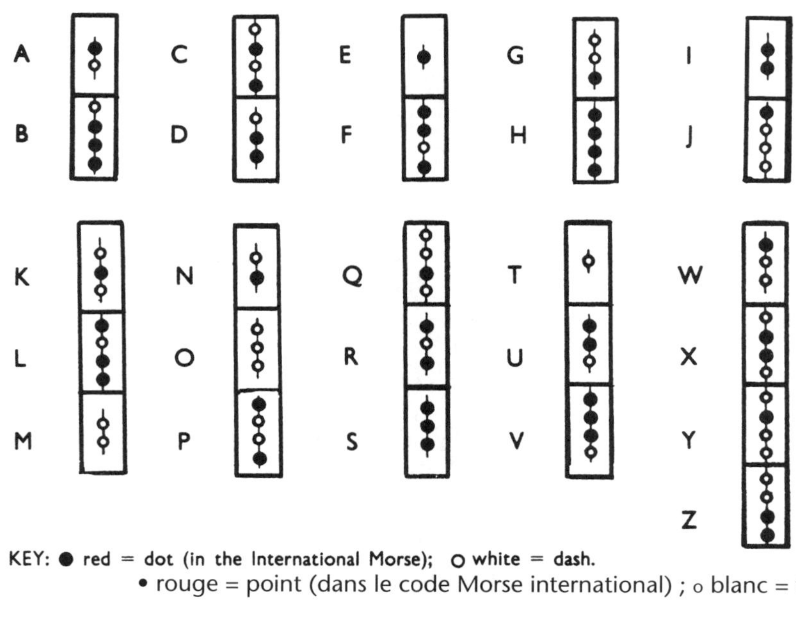

KEY: ● red = dot (in the International Morse); ○ white = dash.
• rouge = point (dans le code Morse international) ; o blanc = trait.

Dans un premier temps, les signaux sont adaptés au système wigwag ; le rouge représente le geste 1 et le blanc le geste 2.

Plus tard, le Morse prend la relève ; le rouge égale alors un point, le blanc un trait. Le système Ardois garde les faveurs de la marine ; il est vrai qu'à bord, les générateurs et les systèmes d'alimentation électrique sont de plus en plus performants. (Sur le tableau qui précède, les équivalences du système Ardois.)

Le XXe siècle voit se succéder toute une gamme de méthodes à signaux lumineux multiples. Les pilotes de la Première Guerre mondiale communiquent avec le sol via des signaux vert, rouge et blanc ; combinaisons de signaux établis au gré des événements et renvoyant au code international Morse. Ainsi, une lumière verte fixée sur l'aile droite de l'appareil peut représenter un trait. Les messages transmis par ce biais sont brefs, du type « ennemi en vue », « manque de carburant » ou « besoin d'atterrir ». L'apparition de la radio met fin à ce genre de pratique.

De même que la disparition du signal lumineux simple s'est effectuée au profit des structures lumineuses, c'est tout le principe du système à éclairage constant qui a été talonné par l'efficacité des procédés pyrotechniques et solaires.

L'éclairage constant garde néanmoins quelques applications. C'est le cas sur les porte-avions avec, par exemple, des feux de signalisation verts pour tribord et rouges pour bâbord. À noter enfin, les codes lumineux spécifiques qui accompagnent différentes procédures maritimes (international, côte, port, lac, rivière et à l'ancre).

SYSTÈMES PYROTECHNIQUES ET CHRONOSÉMIQUES

Pyrotechnie, du grec *pyros*, « feu », et *technè*, « art ». Champions de la catégorie : pétards, fusées éclairantes, fusées, obus fumigènes, balles ou obus traçants, autant d'artifices exploités depuis des siècles pour véhiculer les communications d'ordre privé autant que militaire. Ces engins à composants combustibles servent à attirer l'attention, à débusquer l'ennemi voire à transmettre des messages aux siens ou à des alliés. Leur manque de constance dans la combustion leur a valu l'étiquette de système périodique, ou intermittent.

En l'an 1161 de notre ère, les Chinois mettent au point une certaine forme d'explosifs. Fin des années 1100 et 1200, les cavaliers mongols usent quant à eux d'un type d'explosif à base de naphte, liquide huileux inflammable. La poudre à canon ne tiendra pas son rôle de combustible avant le milieu des années 1300, en Europe.

Le tout premier mécanisme pyrotechnique véritablement efficace est une fusée, œuvre de sir William Congreve. Une fois lancé, l'engin explose, dispersant mille feux dans les airs, plusieurs minutes durant. Le procédé entre au service de l'armée ; sa mission : déclencher ou stopper une action militaire, éclairer une zone de combat.

La fusée de sir William Congreve fait l'objet de tous les perfectionnements ; on travaille la hauteur de lancer, la puissance autant que la durée d'éclairage. Du coup, la marine américaine l'intègre officiellement à son arsenal comme signal d'urgence ou d'alerte. Bientôt, cette fusée est capable d'emporter dans sa course une courte corde, ligne de vie pour les hommes à la mer ou cordon ombilical jeté entre deux bâtiments. Des engins plus volumineux, propulsés par mortier, parviennent même à envoyer une corde jusqu'à la côte.

C'est le même procédé qui, lors de l'attaque du fort Mc Henry, inspire à Francis Scott Key le fameux vers patriote « l'éclair brillant des bombes éclatant dans les airs » en septembre 1814, Key, juriste officiant à Georgetown, près de Washington, est sollicité pour intercéder en faveur d'un médecin détenu par les Britanniques. Leur mission est accomplie avec succès ; or, la nuit du 13 septembre, Key se trouve lui-même retenu sur un navire britannique. Entre autres cibles, les bombardements du bâtiment s'acharnent sur un site stratégique, le Fort Mc Henry. À l'aube, le drapeau américain flotte encore fièrement aux remparts du fort. Le spectacle inspire notre juriste qui couche son émotion sur le papier sous forme de poème ; accordés à un vieil air anglais, ces vers deviennent bientôt l'hymne national américain.

En 1849, le commandant honoraire A. Mordecai rédige à l'attention de l'armée américaine un manuel officiel des pièces d'artillerie dont un chapitre traite de construction de fusées Fabriquées manuellement, ces fusées sont aménagées de logements de papier rigide. En guise de combustible, on utilise un mélange d'alcool, d'antimoine, de gomme arabique, de nitrate et de soufre. La fusée de guerre américaine, tout comme le modèle Congreve, est habillée d'une feuille de métal prolongée d'un long manche de bois faisant office de gouvernail. Une fois le détonateur déclenché, la fusée en question crache une fumée colorée visible à des kilomètres de distance.

C'est à la marine américaine que l'on doit en 1858 la prochaine innovation en matière de systèmes périodiques. Si Benjamin F. Coston (parfois évoqué sous le nom de Costen) parvient à obtenir un combustible plus lumineux, sa vraie réussite reste cependant l'invention d'un dispositif manuel ; l'allumage se fait en frappant l'engin d'un coup sec sur une surface dure. C'est le tout premier signal de nature pyrotechnique, un procédé plutôt en avance sur son temps.

En 1861, Albert Myer se penche à son tour sur le sujet. Coston décédé, c'est sa veuve qui l'autorise à lancer la fabrication en série du système conçu par son défunt époux. Le dispositif est destiné à équiper les membres du Signal Corps. Connues sous le nom de « Feux de Coston », les fusées vertes, rouges et blanches s'allument par simple percussion ou par capsule fulminante dans un pistolet signaleur.

On ne cesse d'expérimenter le procédé ; bientôt les fusées sont montées sur rampes. On numérote le fuselage des engins en fonction des couleurs émises. L'allumage se fait par mèche idéal, ce qui fournit un vecteur à la transmission de code. On peut ainsi représenter les nombres 1, 2 et 3 par les couleurs rouge, blanche et verte. Prenons le nombre 726, code numérique de « regroupez-vous » ; on commence par allumer la fusée numéro 7 qui diffuse un éclairage vert. Aussitôt après, on expédie la fusée 2 qui émet d'abord une lueur blanche avant de développer un éclat rouge. Vient ensuite le tour de la fusée numéro 6 qui se consume en rouge et vert. 45 secondes plus tard, on procède au lancement d'une nouvelle série de chiffres. Passé ce délai, si le destinataire ne voit rien venir, la phase réponse peut commencer.

Ci-dessous, quelques équivalences propres au système :

```
1.   Prêt ?
2.   Prêt !
3.   Attendez !
11.  Ennemi face à nous.
12.  Ennemi sur notre gauche.
13.  Ennemi sur notre droite.
111. Bombardez les arbres sur notre gauche.
112. Bombardez les arbres sur notre droite.
113. Bombes hors cible.
```

L'un des engins de Coston, rouge, correspond à la question « prêt ? ». La combinaison des fusées 1 et 2 (rouge et blanche) égale « ennemi sur notre gauche » ; la 1 plus 1 et 3 (rouge, rouge et verte) signifie « bombes hors cible ».

La fusée Congreve comme les feux de Coston influent sur la conception d'un nouveau système dit *chronosémique* (du grec *chronos*, « temps », et *sema*, « signe »). Franklin Greene, son créateur, ingénieur et inventeur de son état, expose ses projets aux officiers de l'Union, en pleine guerre civile. Pour Greene, seule la fusion de signaux standards peut se montrer réellement efficace en cas de brouillard.

L'ingénieur préconise l'utilisation conjuguée de différents procédés telles que fusées, lanternes et étincelles de poudre à fusil. À cela, il ajoute certains signaux sonores comme coups de canons, sifflet, avertisseur actionné par l'homme ou à la vapeur, sonnerie de clairon et roulements de tambours. Tous ces signaux doivent être orchestrés par trois officiers. Un premier, chargé de la procédure et responsable du code des signaux, inscrit le contenu des dépêches. Le second dirige les opérateurs et un troisième s'occupe du chronométrage des opérations.

Pour minuter les pauses entre les différents signaux, Greene préconise l'emploi de montre, montre de bord, sablier, métronomes ou pendules battant la seconde. Accessoire composé d'une masse et d'un fil tendu maintenu entre le majeur et le pouce, le pendule mesure de façon ultra précise l'écoulement des secondes.

Cette hiérarchisation du temps et des méthodes facilite la synchronisation des opérations. Si l'on procède minutieusement, on peut même envisager l'exploitation croisée de plusieurs dispositifs. On élèvera ainsi les lanternes avant que les canons soient amorcés, mais après l'accumulation de vapeur destinée aux avertisseurs. En parallèle, on a normalisé le lancer des fusées qui désormais se consument en 12 secondes. Toutes ces étapes sont régies par les montres de bord, métronomes et sabliers.

Le chronométrage élargit le champ de la codification : on peut non seulement transmettre des instructions par combinaisons de couleurs, mais ces mêmes couleurs, déclinées en différentes séquences et utilisées à des moments précis, peuvent en outre avoir plusieurs significations.

SYSTÈME PRÉ-CHRONOSÉMIQUE

```
vert = 1

vert et rouge = 2

vert, rouge et blanc = 3

vert, vert, rouge, blanc = 4

vert, vert, rouge, rouge, blanc = 5

vert, vert, rouge, rouge, blanc, blanc = 6
```

SYSTÈME CHRONOSÉMIQUE

```
vert = 1

(pause, 20 secondes par exemple)

vert (apparaissant après un délai de 10 secondes
par exemple) = 2

(pause, 25 secondes par exemple)

vert (apparaissant après un délai de 15 secondes
par exemple) = 3

(délai de 30 secondes par exemple)

vert et rouge = 4
```

Le procédé enthousiasme littéralement Albert Myer qui l'expose d'ailleurs par le menu dans son *Manual of Signals* (1872). Dans les régions comme l'ouest des États-Unis, on ne jure bientôt plus que par la pyrotechnie et la chronosémie. Feux de Coston, fusées, salves minutées : les patrouilles de reconnaissance de l'armée américaine disposent désormais de tout un arsenal adapté à l'immensité du territoire.

Avec le feu de Very, le genre gagne en sécurité et en discrétion. Né en 1845, Edward Very passe la guerre civile sous les drapeaux de la marine américaine. Employé plus tard à l'arsenal de la Navy, à Washington, il procède à des séries de tests sur différentes armes et munitions. En 1877, il signe un code destiné aux messages diurne et nocturne ; un an après, il met au point une cartouche de signalisation, dispositif inauguré en 1878 par la marine américaine.

Cet engin consiste en fait en un pistolet accueillant une cartouche de fusil de chasse calibre 10, capuchonnée de laiton. Le pistolet original, à chargement unique, possède un barillet sur canon d'acier d'à peu près 23 cm de long. On introduit la cartouche en abaissant le barillet avant de le redresser pour bloquer le mécanisme.

La cartouche elle-même ressemble à s'y méprendre à une cartouche de fusil classique avec un détonateur et une puissance de feu équivalant à environ 25 grammes de poudre de mousquet. La nuit, la cartouche traverse le ciel comme une « étoile » ; le jour, elle dégage une traînée de fumée. Ces « étoiles », rouge, verte ou blanche, consistent en fait en cylindres chargés d'un matériau pyrotechnique. Chaque cellule est renforcée de fil métallique et enroulée d'une courte mèche ; l'une des extrémités est amorcée par une petite dose de poudre assurant l'allumage, juste avant que la cartouche atteigne sa hauteur maximale, soit de 61 à 122 m d'altitude.

Chaque cartouche de couleur offre un capuchon de forme distincte, ceci afin de faciliter les manipulations nocturnes. On est loin des premières options pyrotechniques genre système de Coston avec sa vingtaine d'accessoires ; le procédé de Very s'impose comme un outil de communication codée véritablement très confortable.

Le code Very s'inspire de la télégraphie. On se trouve dans le même schéma d'alternances points/traits propre au code Morse ; le système Very exploite des séquences bases de quatre émissions de rouge et vert. Les chiffres de 1 à 0 sont transmis par les éclats lumineux de rouge (*R*) et vert (*V*) ci-dessous :

1	R	R	R	R
2	V	V	V	V
3	R	R	R	V
4	V	V	V	R
5	R	R	V	V
6	V	V	R	R
7	R	V	V	V
8	V	R	R	R
9	R	V	V	R
0	v	R	R	V

Le code alphabétique Very représente les lettres par leur position dans l'alphabet ; *A* = 1, *B* = 2, et ainsi de suite. La lettre *A* par exemple est signalée par une seule couleur. Pour éviter toute confusion entre lettres et chiffres, une couleur spécifique indique clairement le début de transmission de données chiffrées.

Néanmoins, le système Very n'est pas sans poser quelques problèmes ; contrairement au procédé mis au point par Greene, il ne comporte en effet aucun signal-pause convenu. De plus, les correspondances du nombre de cartouches avec la position des lettres dans l'alphabet n'a rien de très pratique quand il s'agit de « tirer » une lettre située tout en bas de l'alphabet.

L'aspect pratique du pistolet semble en fait un argument principal pour l'adoption de la méthode auprès des marines et armées de nombreuses nations. C'est Albert Niblack qui en allègera la procédure en proposant de représenter les lettres par différentes combinaisons de couleurs plutôt que par le nombre de cartouches.

Le système Very vient en tous cas ordonner efficacement l'univers des signaux nocturnes. Marque de gloire, il intègre le *General Signal Book* de la marine américaine avant d'être adopté peu après par l'armée des États-Unis.

Tout au long des années 1890 on applique aux signaux de Very les équivalences alphabétique et numérique de Myer. Puis, avec les progrès de la télégraphie et du code Morse, on tente de traduire le système en Morse. À la Première Guerre mondiale, cette traduction, peu satisfaisante, circule néanmoins de façon confidentielle.

NUIT

```
rouge = point

blanc ou vert = trait
```

JOUR (COULEUR NON IDENTIFIABLE)

```
un tir = point

deux tirs (coup sur coup) = trait
```

Au fil des batailles, les combattants adaptent la méthode Very à la situation. Cela donne des messages concis du genre « mission accomplie » ou « arrivons en renfort » ; on évite en effet de recourir aux longues séquences de tirs de cartouches dans le fracas des bombes et de l'artillerie. Le dispositif, loin d'être discret, possède cependant son « répertoire » codé. Quelques tirs supplémentaires intégrés à une séquence permettent ainsi de brouiller la « communication ».

La Première Guerre mondiale voit le télégraphe électrique et la radio, nouveaux vecteurs du code Morse, supplanter les dispositifs pyrotechniques et chronosémiques. Malgré tous ces procédés qui joueront encore un rôle non négligeable. Les deux camps en usent sous forme de bombes éclairantes, de cartouches de couleurs ou fumigènes, de feux de position, de balles traçantes à combustion de produits chimiques, de feux d'alerte en cas d'émission de gaz de combat ; on verra même des prototypes de fusée transporter des communiqués secrets.

Il arrive que de nos jours les Forces armées ou des commandos recourent encore à ce type de systèmes, toutefois dans une application qui reste exceptionnelle (localisation de point de largage). Il semble bien que la pyrotechnie ait tiré sa révérence.

RÉFLECTEURS ET FLASHS

Déjà, l'Antiquité envoie des messages par réflexion de lumière solaire. Chez Pythagore, il est fait mention de surfaces polies réfléchissant les rayons du soleil ; Hérodote quant à lui évoque les Perses communiquant à renfort de boucliers parfaitement briqués. Aux alentours de 300 av. J.-C., depuis le phare d'Alexandrie, en Égypte, on diffuse des messages par jeux de miroirs. Les chroniques de Plutarque sur les grandes batailles navales grecques mentionnent à leur tour des signaux à base de boucliers. L'empereur romain Tibère (14 à 37 de notre ère) émet depuis l'île de Capri des communiqués réfléchis par divers accessoires métalliques.

Tous ces dispositifs sont en fait les précurseurs de l'héliographe. Un mécanisme semble t-il favorisé par les progrès de la topographie : Début des années 1820, un ingénieur britannique du nom de Colby met au point un réflecteur en étain poli. La réfléxion des rayons solaires participe à faciliter les travaux des arpenteurs, mesures d'angles et de degrés.

L'Angleterre va donner naissance à toute une génération de pionniers de l'héliographie, dont sir George Everest et un certain Sheriff, capitaine de la marine royale. Le projet du premier consiste en un réflecteur solaire à usage topographique ; c'est l'héliotrope, du nom de la plante qui suit la course des rayons du soleil. Vers 1851, c'est au tour du scientifique Charles Babbage de faire l'honneur de son télégraphe solaire à Arthur Wellesley, duc de Wellington ; apparemment, l'invention ne dépasse pas le stade de l'expérimentation.

Toutes ces méthodes sont à considérer comme des amorces de l'héliographe. Néanmoins, un mécanisme se distingue du lot comme son ancêtre le plus direct ; c'est l'héliostat, instrument de mesure conçu au début du XIXe siècle par le scientifique allemand Carl Gauss (que certains historiens désignent également comme le père de l'héliotrope). On a ici deux miroirs (un premier plaqué argent, l'autre pas) perpendiculaires. L'arpenteur procède à ses mesures en manipulant ces miroirs pour diriger les rayons du soleil vers un point précis. Un inventeur resté anonyme renforcera le dispositif d'un obturateur de façon à pouvoir exploiter l'instrument comme émetteur de flashs.

Un héliographe

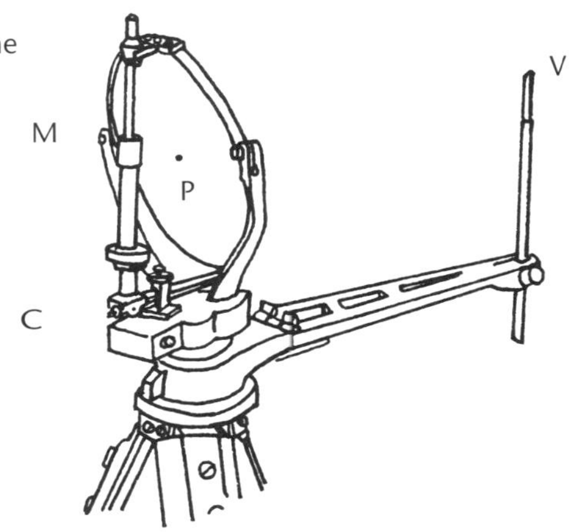

M – Miroir (environ 12 cm de diamètre)
P – Point non argenté
C – Collier
V – Viseur

À la fin des années 1860, un héliographe plus fonctionnel devient enfin opérationnel. Il est l'œuvre d'Henry C. Mance, télégraphiste en poste au Baluchistan, région du Pakistan occidental. Mance renforce l'héliostat première génération de ce qu'il appelle un miroir oscillant, un accessoire qui permet d'utiliser l'appareil à des transmissions de flashs brefs et longs équivalant aux points (flashs brefs) et traits (flashs longs) du Morse.

La marine britannique s'intéresse au procédé de Mance bien avant l'armée et ce n'est qu'en 1877-1878, à l'occasion d'une mission dans le nord Pakistan d'aujourd'hui, que l'héliographe entre véritablement en action. Cette mission, dite expédition Jowaki, exploite alors l'héliographe à des échanges de dépêches d'ordre général aussi bien qu'à des transmissions de données confidentielles fournies par les troupes de reconnaissance. L'expédition Jowaki a pour vocations premières d'arpenter et localiser d'éventuels camps de base et sources en eau potable. Un travail somme toute assez confortable. Ce qui n'est pas le cas des unités de patrouille chargées de sillonner des zones à risque

Opérateurs d'héliographe

et accompagnées de sémaphoristes. L'héliographe accélère la transmission des rapports de missions de reconnaissance et de ce fait réduit le nombre d'hommes affectés aux tours de garde.

Entre 1870 et le début des années 1900, l'héliographe constitue le principal outil de transmission frontalier de l'armée britannique ; du moins jusqu'à l'avènement de la radio. À la fin du XIXe siècle, l'armée américaine recourt elle aussi régulièrement à l'héliographe, instrument de riposte aux signaux de fumée émis par les Indiens entre le Mississippi, le Missouri et le Rio Grande. En fait, le système wigwag a bien du mal à s'adapter aux configurations du terrain comme aux conditions climatiques ; quant aux fils et poteaux télégraphiques, ils font l'objet d'assauts systématiques.

Toujours dans les années 1880, le général de brigade américain Nelson Miles sollicite lui aussi l'héliographe britannique sur les vastes étendues d'Arizona et du Nouveau-Mexique. Des signaux Morse circulent d'un sommet à l'autre de montagnes distantes de 40 à 50 km. Les équipes responsables deviennent à ce point expertes dans le maniement de l'outil que l'on est bientôt en mesure de transmettre des messages sur plus de 1 280 km en moins de quatre heures.

De conception différente en fonction des besoins du terrain, l'héliographe des troupes de l'armée des Prairies se résume à un miroir et un viseur. D'autres versions sont équipées de deux miroirs montés sur trépied.

L'héliographe n'est jamais aussi performant que les jours d'ensoleillement maximal. La lumière réfléchie est traduite en points/traits Morse à l'aide d'un écran ou obturateur fixé à un deuxième trépied. Une application prolongée de l'obturateur égale un trait, un passage plus bref un point. Tout déplacement par rapport au soleil nécessite une nouvelle configuration des miroirs. Si l'opérateur fait face au soleil, la lumière est directement réfléchie au poste destinataire, parce que dans l'axe du viseur. Si l'opérateur tourne le dos au soleil, les rayons viennent se réfléchir sur les deux miroirs, agencés en fonction.

Conditions météorologiques, nature du terrain, taille du miroir : l'héliographe reste un outil exigeant. Mais par beau temps, on peut apercevoir ses flashs sans besoin de télescope, à plus de 50 km de distance. Si nécessaire, jumelles et télescopes améliorent la visibilité.

Un ciel absolument limpide et une entière immobilité sont indispensables à la transmission comme à la réception ; ces impératifs interdiront à l'héliographe de s'imposer en mer. Par contre, l'armée britannique en usera au cours de la Première Guerre mondiale en Palestine et en Mésopotamie ; il est vrai que le soleil brille là plus vivement que sur les tranchées européennes. L'armée américaine se détournera vite de l'instrument ; en revanche, les Britanniques y resteront fidèles jusqu'en 1942.

Sur terre comme sur mer, les héliographes sont talonnés par les projecteurs de signalisation et les feux clignotants. Les projecteurs de signalisation entrent en action dès les années 1820 ; des scientifiques découvrent que de la chaux pure émet un éclat intense aussitôt qu'elle entre en contact avec une certaine dose d'oxygène. On exploite aussitôt ce principe à l'éclairage des théâtres (les célèbres « feux de la rampe ») et de certains phares. Bientôt, les militaires voient là un possible outil de signalisation.

Dans les années 1850, Phillip H. Colomb, lieutenant de la marine britannique, procède à des essais sur différents types de lanternes alimentées à l'huile de baleine et au pétrole, signaux lumineux hissés en bout de vergue. Début des années 1860, en collaboration avec le capitaine Francis John Bolton, Colomb met au point un projecteur portable ; le combustible est composé de chaux mélangée d'oxygène et d'hydrogène comprimés, le tout stocké en cartouches de cuivre. Associé avec un obturateur métallique, ce projecteur peut faire office d'instrument de signalisation et émettre des flashs longs et brefs, de type Morse.

Bolton et Colomb accompagnent ce système à flash de codes qui serviront à la marine comme à l'armée britanniques. Mais c'est la version de Colomb qui s'avère la plus efficace ; ses combinaisons de flashs représentent des chiffres qui peuvent renvoyer à des lettres. Le code de Bolton ressemble par certains côtés à celui de son confrère, excepté que les équivalences alphabétiques requièrent un temps de transmission plus important.

En 1862, Colomb récidive avec un système à flash nocturne en adaptant son code aux instruments de la marine et des forces terrestres.

Signaux de Bolton

Signaux de Colomb

Dans ce système, la lettre *A* est représentée par le chiffre 5, *B* par 6 et ainsi de suite jusqu'à *Z* représenté par 30.

Colomb met au point à l'attention de la marine un projecteur plus volumineux d'abord alimenté à la chaux, plus tard à l'électricité. On actionne l'obturateur par un long cylindre, baptisé orgue mécanique, activé par manivelle. On insère des cales métalliques, dites clés, dans les ouvertures de ce cylindre. Ces clés régissent un câble qui ouvre ou ferme l'obturateur tandis que la manivelle fait tourner le cylindre jusqu'à émission d'une séquence complète de signaux. Le même système hérite d'un petit frère, portable cette fois, à destination de l'armée ; une mobilité qui permet de le fixer sur mur ou sur chariots au gré des opérations.

Dès 1875, la marine américaine entame des expérimentations sur la lumière à incandescence ; en 1878, le lieutenant W. N. Wood met au point un spécimen visible de nuit à distance respectable. Puis, c'est l'invention de l'ampoule par Thomas Edison ; scientifiques et chercheurs trouvent là matière à recherches et innovations.

De tous les genres à incandescence qui submergent alors le marché, on retient notamment le projecteur à arc, ainsi nommé pour les étincelles jaillissant entre deux électrodes rapprochées lorsque le courant passe de l'une à l'autre. Le mécanisme évolue et bientôt on est en mesure d'effectuer des signaux en faisant tourner le projecteur d'un côté à l'autre pour produire des séquences lumière/absence de lumière. L'intérêt général pour la signalisation s'éteint alors pour quelques années.

Avec les années 1880, l'attirail signalétique de la plupart des nations européennes s'enrichit de toute une gamme de projecteurs alimentés par pétrole, huile, chaux et magnésium, procédés équipés d'obturateurs. Un inventeur américain, Bradley Fiske, en partenariat avec un amiral britannique, sir Percy Scott, suggère de masquer les projecteurs d'obturateurs. Le dispositif le plus célèbre créé par Scott consiste en un obturateur du genre store vénitien appliqué sur projecteur à arc.

Un projecteur à « store »

Le cache est fixé sur logement circulaire adaptable à la circonférence de l'appareil. Une poignée permet d'abaisser ou de relever les lamelles du « store », autrement dit de procéder à la transmission de flashs en code Morse. Pour la postérité, c'est sir Percy qui reste, à juste titre ou pas, le père de l'obturateur dit Scott. Le mouvement de l'obturateur et la ressemblance de l'instrument avec l'œil humain aidant, on parle bientôt en anglais de *blinker*, soit approximativement « clin d'œil ».

Aussi condensé qu'il soit, un tour d'horizon des principaux systèmes clignotants ne peut occulter le code des signaux à miroir, code flash en vigueur lors la Seconde Guerre mondiale, destiné aux pilotes en perdition. Le pilote à terre peut signaler sa présence à des avions de recherches, des unités terrestres amies ou des groupes de résistance par simple réflexion de la lumière solaire ou lunaire. Les pilotes d'aujourd'hui, outre des miroirs, sont équipés de balises radio à pile, dispositifs de repérage incomparables.

Un mot sur le feu de signalisation britannique Aldis, inspiré des tout premiers systèmes lumineux : en fait, un petit mécanisme manuel équipé d'une crosse revolver. On produit des points/traits Morse en appuyant sur un genre de gâchette qui rabat un miroir parabolique reflétant la lumière émise par une lampe incandescente. L'instrument inspire les États-Unis ; plusieurs versions se succèdent tout au long des années 1890. Portable dans sa forme finale, le mécanisme alimenté par pile assure la transmission de signaux en mer comme à terre. En somme, un pistolet à éclats toujours en service.

Les progrès successifs des procédés pyrotechniques et clignotants déterminent également l'évolution des systèmes infrarouges. Pendant la Seconde Guerre mondiale, la marine américaine met au point un procédé baptisé Nancy. Il s'agit en fait d'un système à usage nocturne dans lequel des rayons infrarouges filtrés de façon spécifique ne peuvent être perçus que par un destinataire donné, sur un bâtiment précis. Le projecteur transmetteur est recouvert d'un cache qui élimine par filtrage toutes les longueurs d'ondes du spectre visible pour ne laisser passer que les rayons infrarouges. L'équipe du vaisseau récepteur déchiffre les transmissions invisibles à l'aide d'un convertisseur enduit d'une substance radioactive au phosphore, sensible aux infrarouges. La lecture des rayons s'accomplit grâce à la lentille Schmidt, mécanisme d'amplification optique.

Les systèmes infrarouges restent d'actualité, mais font pâle figure face au laser. Les progrès réalisés dans ce secteur de la haute technologie ont totalement renouvelé la signalisation flash. De plus, le laser équipe à présent les systèmes de guidage des ogives et autres « têtes » offensives autant qu'il sert les communications entre navires et sous-marins ou porte-avions et avions.

Systèmes de signalisation mécaniques

Le terme sémaphore, du grec *sema*, « signe », et *phore*, « porter », fait référence à plusieurs procédés de signalisation et s'applique aussi bien à des méthodes manuelles que mécaniques.

L'un des premiers ancêtres du sémaphore mécanique voit le jour en Angleterre, au milieu du XVIIe siècle. Son concepteur, Edward Somerset, deuxième marquis de Worcester. Le projet, un système de signalisation diurne et nocturne, se compose essentiellement de quatre grosses lettres et symboles découpés dans un carré ; signal visible à bonne distance, et par temps clair. La nuit, des torches éclairent la section découpée du carré. Les lettres représentent l'alphabet, et de leur côté les symboles renvoient à un sens convenu.

Une méthode similaire fait son apparition en mai 1680. Le scientifique anglais Robert Hooke expose en grandes pompes à l'Académie des sciences de Londres un traité titré à peu de choses près « Comment communiquer sur grandes distances ». De même que le procédé de Somerset, la méthode Hooke ne propose pas d'équivalences standards pour chaque symbole. Le principe repose sur une entente préalable entre communicants, qui signifient à leur convenance mot et lettre.

Dispositif de Hooke

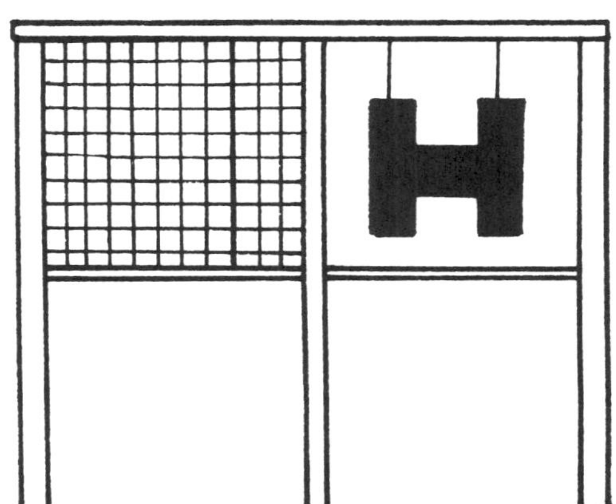

La symbolique de Hooke

On déplace les différentes figures de derrière un écran par tout un réseau de cordages. Hooke recommande aux signaleurs de planifier la durée des transmissions et de recourir, pour une précision maxima, à une horloge à balancier. Sur longue distance, on déchiffre les signaux grâce à des télescopes première génération ; la nuit, des torches assurent l'éclairage du dispositif.

Si le code Hooke fait l'unanimité, personne cependant ne semble se préoccuper de trouver les fonds nécessaires à la mise en place du système lui-même. Lequel ne sera donc jamais fonctionnel. Hooke reste cependant le premier à concevoir toute une réglementation codée pour des échanges bilatéraux plus performants. On dispose ainsi de signaux signifiant « prêt à transmettre », « pas prêt à transmettre ou à recevoir (délai) », « recommencez (erreur de code) » ou « pas si vite (revoir vitesse de transmission) ». Le scientifique anglais réalise ainsi avant tous les autres l'importance des préliminaires d'exploitation, aujourd'hui intégrés à tout bon système de signalisation international.

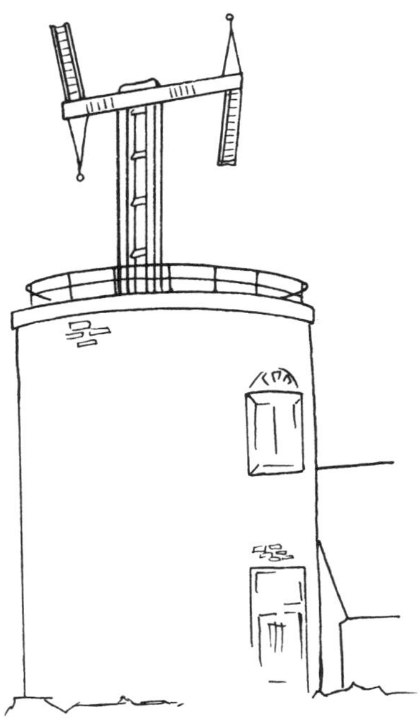

Le télégraphe aérien de Chappe

Ils sont légion à tenter d'élaborer des systèmes inspirés de la méthode Hooke ; mais seul le télégraphe aérien du citoyen Chappe parvient à émerger du lot. Né à Brûlon en 1763, l'intérêt précoce de Chappe pour les sciences trouve son plus fidèle stimulus en la personne d'un oncle, Jean Chappe d'Auteroche, lui-même astronome et grand voyageur. Le jeune Claude étudie différentes méthodes de communication, mais c'est apparemment le rang des plagiaires de Hooke, si ce n'est Hooke lui-même, qui détermine le fil de ses recherches.

Cinquième élément d'une fratrie soudée, Claude Chappe doit se démener pour d'abord faire connaître son invention et en assurer ensuite le financement. La chance lui sourit enfin lorsque son aîné, Ignace, remporte les élections à l'Assemblée Législative. Ignace s'arrange pour assurer à son jeune frère les fonds nécessaires à l'expérimentation de son télégraphe ; concrètement, on trouve des mécènes qui acceptent de cautionner la mise à l'essai du procédé en permettant l'édification d'un modeste réseau de tours. Les années 1790 sont synonymes de succès pour le télégraphe aérien de Claude Chappe.
Le système, de type sémaphore, consiste en dispositifs de signalisation

juchés en haut d'un mât, eux-mêmes installés sur des points élevés, collines, tours et autres. Les tests sont concluants ; la circulation des messages atteint une vitesse inégalée. L'assemblée s'enthousiasme et accorde les crédits nécessaires à la construction d'un réseau de 16 tours reliant Paris à Lille (soit 225 km), ville stratégique pour la frontière nord du pays.

Excepté par conditions météorologiques désastreuses et brouillard épais, il faut à l'invention de Chappe environ 2 minutes pour convoyer des messages entre Paris et Lille, et 20 minutes seulement pour couvrir la distance Paris/Toulon. Pour la première fois dans l'histoire des communications, la vitesse est telle que l'on se prend à rêver de simultanéité.

Ce système de télégraphie optique consiste en un mât métallique de 4,5 à 9 m de haut, au sommet duquel pivote un bras de bois, dit régulateur, de 4 m de long, 33 cm de large et entre 4 et 5 cm d'épaisseur.

À chaque extrémité du régulateur se trouve un indicateur revêtu d'une grille de cuivre de façon à offrir moins de prise au vent. Chaque indicateur mesure 1,80 m de long, 30 cm de large et 2,5 cm d'épaisseur. Des tiges d'acier lestées de cuivre font office de contrepoids à la base des indicateurs. Au pied de l'appareil, une série de poulies que l'opérateur manipule pour appliquer au régulateur et à l'indicateur la position souhaitée. Sur la tour suivante, le destinataire armé d'un télescope relève et note les figures représentées avant de transmettre à son tour au poste prochain la même séquence de signaux ; et ainsi de suite jusqu'en bout de ligne.

Les premiers télégraphes aériens sont tout d'abord peints en noir pour des questions de visibilité ; d'autres versions adopteront plus tard différentes couleurs. (Page ci-après, les signaux alphabétiques et les symboles numériques de 1 à 10 [les lettres *i* et *j* partagent le même signe].)

Le régulateur du télégraphe Chappe offre assez de souplesse pour pouvoir adopter quatre positions : verticale, horizontale, angle droit gauche et angle droit droite. Les indicateurs offrent quant à eux sept positions possibles, représentations d'un alphabet standard, retravaillé en répertoire codé plus élaboré. Avec le concours de son génial associé, Léon Delauney, Chappe met ainsi au point un répertoire de quelque 9 999 entrées. On dispose désormais de signes correspondant à des mots, des phrases ou à des chiffres renvoyant eux-mêmes à un mot ou à une phrase. La formule accélère

Signaux alphabétiques de Chappe

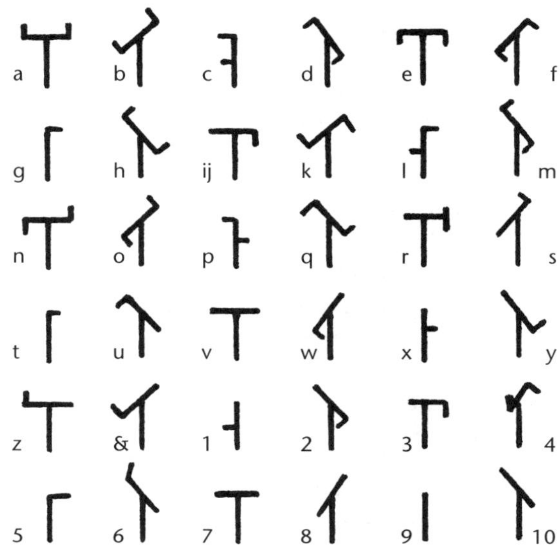

considérablement les transmissions des messages puisqu'il n'est plus besoin de les signaler lettre à lettre.

Autre astuce destinée à accroître encore la vitesse de circulation des messages : l'envoi dans le réseau d'un seul mot, phrase ou chiffre, à la fois. La station 1 transmet un mot ; la station 2 repère le signal qu'elle transmet à la station 3 et ainsi de suite jusqu'en fin de réseau. Que de temps gagné ! En effet, de cette façon, le message fait l'objet d'une circulation continue ; les postes émetteurs n'ont plus à attendre la fin de transmission d'un message complet avant de passer à l'acte.

Le succès du télégraphe optique donne des ailes, si ce n'est des idées aux inventeurs ; on cherche des méthodes toujours plus rapides, toujours moins coûteuses. Entre 1767 et 1794, Richard L. Edgeworth, politicien anglo-irlandais, expérimente ce qu'il baptise son « tellographe » (en anglais, *tell* = parler), inspiré du télégraphe classique.

Stimulé par le continental Chappe, et plus précisément par son invention, Edgeworth finit par obtenir audience auprès du président de la Chambre des Communes. Le mécanisme de démonstration consiste en un triangle assez volumineux fixé à un mât pivotant actionné manuellement par des bras. Ce mât, de 4 m de haut, est accompagné d'un indicateur sur lequel sont dessinées huit sections bien spécifiques d'un cercle. Ces segments de cercle représentent huit chiffres, de 0 à 7, correspondant à des lettres ou des mots.

Le procédé n'enthousiasme guère les autorités, irlandaises ou britanniques, et la méthode Edgeworth retourne définitivement à l'anonymat. Pour certains scientifiques, ce refus serait le fait des hauts responsables de la marine britannique, déjà tout acquis à un système rival.

Edgeworth ne sort pas totalement défait de la mésaventure ; il a en effet contracté à cette époque une amitié solide avec un autre inventeur de la même veine, Abraham N. Clewberg, futur Edelcrantz. Clewberg est né à Oslo, en Suède, dans le giron d'une famille prospère qui daigne stimuler son intérêt pour les sciences. Introduit dans les bonnes grâces du roi Gustave III, Abraham accède bientôt au titre de bibliothécaire de sa Majesté. En 1794, lorsque parvient en Suède la nouvelle des travaux de Chappe, Edelcrantz (à présent anobli et de ce fait rebaptisé) entame à son tour ses recherches, avec la bénédiction royale. Une méthode similaire à celle de Chappe est aussitôt écartée ; Edelcrantz conçoit juste après ce qu'il nomme le télégraphe à obturateur. L'engin consiste en un dispositif de trois ensembles de trois panneaux rectangulaires, les obturateurs, fixés sur une structure semblable à une grille. Un dixième obturateur, plus important, (A) est monté au sommet de la colonne centrale. Fermés en position verticale, ces obturateurs sont

Signaux et « tellographe » d'Edgeworth

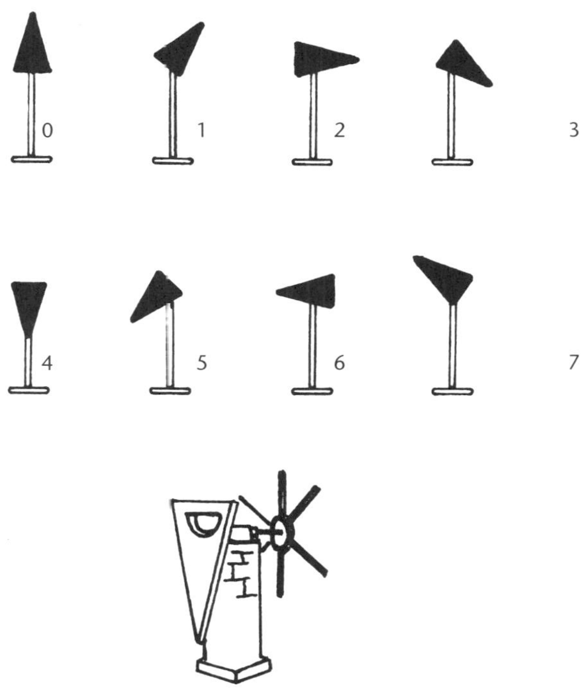

visibles sous forme de rectangles par le site destinataire. La position horizontale des obturateurs, dite « ouverte », laisse la grille à nue.

Pour plus de commodité, on assigne un numéro à chaque obturateur. Une numérotation qui court de haut en bas, soit 1, 2 et 4. C'est le total des trois additions des numéros d'obturateurs fermés sur chaque colonne qui donne un code. Les combinaisons des trois colonnes peuvent générer 512 signaux alphanumériques, voire syllabiques.

Dans la transmission du chiffre 361, l'obturateur supérieur (A) reste ouvert ; le premier et le second obturateur de la colonne gauche restent fermés ; pareil pour le deuxième et le troisième obturateur de la colonne centrale. Également fermé, l'obturateur supérieur de la colonne droite.

```
(A)  -
1    -    1
2    2    -
-    4    -
3    6    1
```

Lorsque A participe, on dispose alors d'une gamme codée de 1 024 combinaisons différentes.

Un opérateur habile peut actionner les panneaux à une vitesse impressionnante en jouant de tout un réseau de câbles raccordés, de manivelles et de pédales. En 1794, le mécanisme fait l'objet de tests positifs. Dès janvier 1795, Edelcrantz se lance dans l'édification de son réseau, à Stockholm. À mesure de l'avancée des travaux, il rencontre d'autres inventeurs partageant la même passion, dont Richard Edgeworth.

En visite chez ce dernier, Edelcrantz tombe éperdument amoureux de Maria, la fille de son hôte et ami. Edgeworth se laisse convaincre et le mariage semble conclu. Pourtant, Maria finit par se lasser d'Edelcrantz. Edgeworth s'en retourne à ses travaux. L'union quant à elle tombe à l'eau.

Entretemps, le système rival d'Edgeworth, l'obturateur Murray a gagné l'agrément de l'amirauté britannique. Le système à six obturateurs de Lord George Murray, directement inspiré du procédé Edelcrantz, peut générer 64 codes différents sur la base de deux colonnes de six obturateurs rectangulaires ou octogonaux.

Système à obturateur de Murray

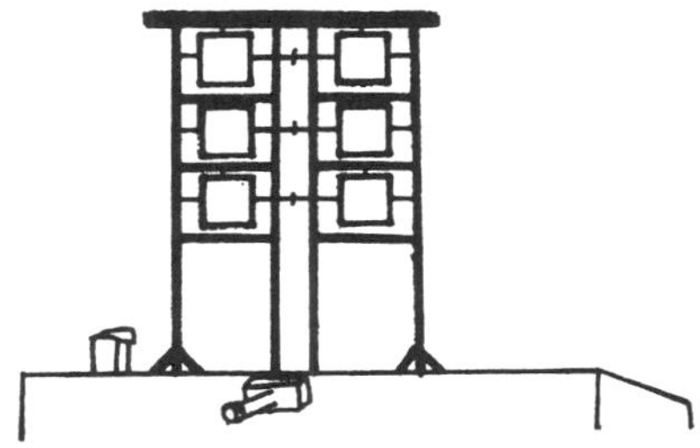

Extrait du code du ministère de la Guerre

a b c d e f

Extrait du code de la Marine de Sa Majesté (1796)

a b c d

e f g h i j k

l m n o p q

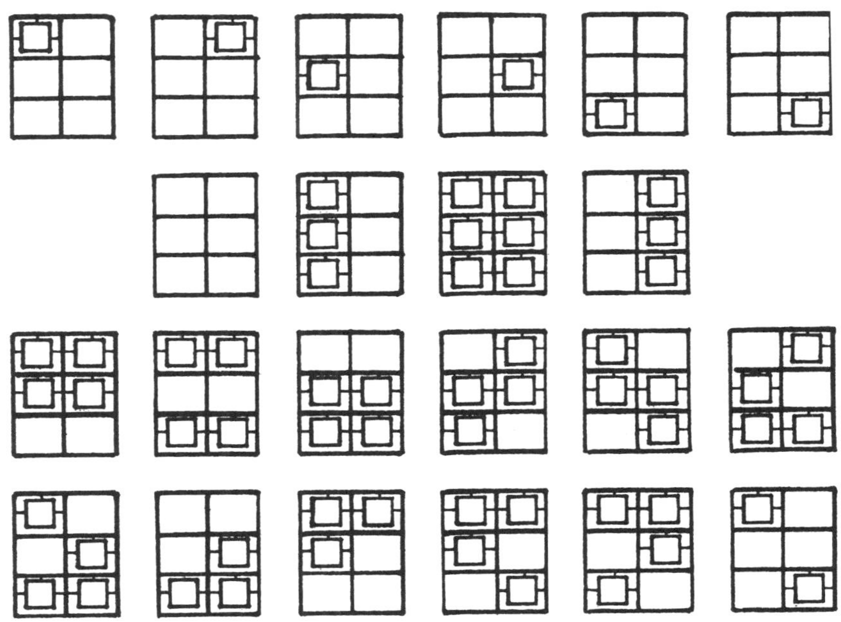

En Septembre 1795, l'Amirauté vote officiellement la construction d'une nouvelle ligne de stations de signalisations, version Murray. Le premier réseau court de Londres à Deal, ville côtière de l'est, avec une bifurcation vers Sheerness, au nord ; soit au total 15 postes. Les messages transitent de Londres à Deal en près d'une minute. D'année en année, cette ligne va s'étendre jusqu'en 1808 et compter 65 stations.

Le système Murray reste indétrônable, du moins jusqu'en 1816. La vulnérabilité des obturateurs tient à une exploitation rigide et à des combinaisons bien trop visibles ; de plus, des conditions météorologiques souvent désastreuses provoquent quelques ratés dans les transmissions.

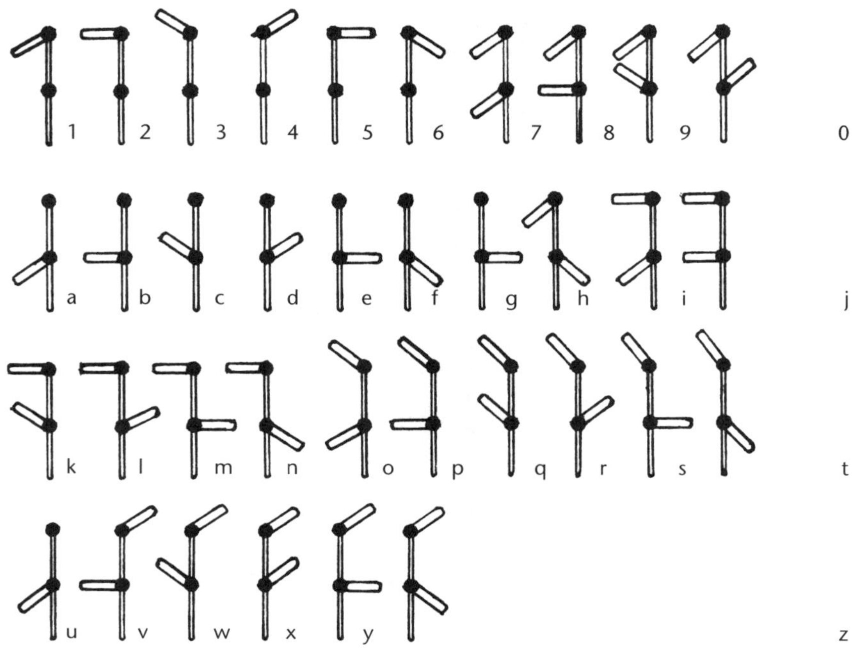

Sémaphore à deux bras de Popham

En 1815, l'amiral sir Home Popham, déjà auteur d'un système de signaux par drapeau, réitère avec cette fois un instrument à deux bras de type sémaphore, exploitable aussi bien sur mer qu'à terre. Ces bras peuvent adopter sept configurations pour représenter 48 signaux différents.

Rien de bien exceptionnel par rapport aux systèmes de Chappe et Edelcrantz. Néanmoins, les accointances de Popham avec l'Amirauté jouent en sa faveur ; le mécanisme est adopté, les obturateurs de Murray démobilisés.

Même s'il relève plus du sémaphore, le système Popham hérite de l'étiquette télégraphe, terme générique appliqué alors à tous systèmes de signalisation mécanique. Ce télégraphe-là est fait d'un mât de bois creux de près de 9 m de haut, équipé de deux bras, également en bois, de 2,50 m de long sur 40 cm de large. Fixés à 3,60 m du sol, au sommet du mât, ces deux bras articulés adoptent différentes configurations. Au repos, ils se replient à la verticale du mât.

Au fait du défaut de l'obturateur Murray, handicapé par son immobilité, Popham conçoit son télégraphe de façon à pouvoir appliquer au mécanisme un tour complet. On est ainsi en mesure de transmettre des messages aux navires en faisant pivoter progressivement l'appareil en fonction de la course du bâtiment, bras orientés vers le pont, au large. La distinction entre signaux maritimes et terrestres se fait par l'association de certaines positions de bras et différents drapeaux selon les procédures de signalisation maritime alors en cours.

À la même époque, les forces de combat britanniques innovent en introduisant les tout premiers systèmes de signalisation polymorphes. Au cours de la guerre d'Espagne (1808-1814), Wellington harcèle les armées napoléoniennes avec l'aide de la Royal Navy. À terre, les anglais s'appuient sur des sémaphores montés sur chariot. Sur toute la ligne de défense de Torres Vedras, près de Lisbonne, les opérateurs mobiles transmettent fébrilement messages sur messages. Du Tage jusqu'à l'océan s'élèvent près de 49 km de fortifications. C'est de cette ligne que les sémaphoristes de Wellington opèrent avec succès (1810-1811).

Positionnée en renfort de Wellington sur le Tage, la marine britannique garde le contact avec le sol via un « télégraphe optique ». En fait, on utilise ici conjointement un drapeau, une flamme et de une à cinq grosses billes, hissées au mât et en bout de vergue. Chaque combinaison représente des chiffres renvoyant à des termes codés, listés dans un répertoire. On transmet les chiffres de 1 à 99 par des agencements de billes fixées sous la vergue.

Télégraphe britannique
mer/terre

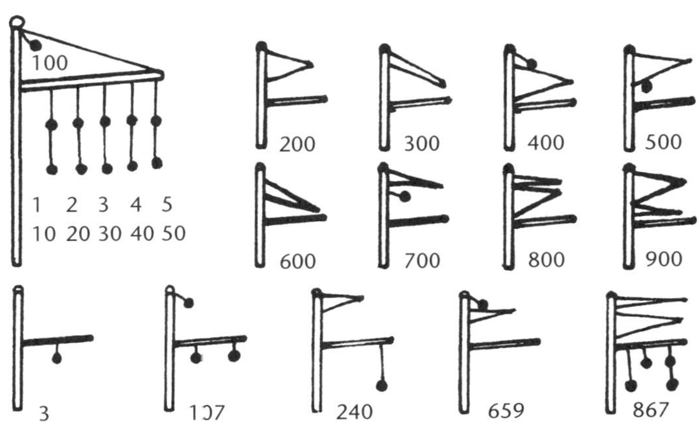

Les chiffres de 100 à 900 sont désignés par combinaisons des trois accessoires, drapeau, flamme et bille unique, cette dernière disposée ici ou là, au-dessus de la vergue. Même si cette guerre n'en fournit pas l'opportunité, on a la possibilité de transmettre les chiffres supérieurs à 10 000 par un drapeau et une flamme supplémentaires.

Pour relier Lisbonne à une ville stratégique, Badajoz, située 209 km plus loin, Wellington décide de retravailler le système de signalisation maritime. On remplace les mâts par des poteaux ; le répertoire subit quelques modifications adaptées aux nécessités de l'armée, mais l'on conserve les signaux standards.

Au début du XIXe siècle, la majorité des nations ne dispose guère de systèmes véritablement élaborés. En 1794, le gouvernement des Pays-Bas, pourtant au fait de l'invention de Chappe, communique entre autres à coup de signaux lumineux ou de salves de canon. Suite à une agression de la France, en 1795, on adopte un modeste jeu de pavillons, puis en 1798, on s'équipe d'une série de disques associés à des structures triangulaires de type girouette. Les signaux véhiculent aux Pays-Bas le même type de message que dans les autres nations ; à une exception, les disques hollandais font également office de SOS en cas de menace d'inondation des plaines. Ces disques resteront en activité, avec quelques variantes, jusque dans les années 1830 ; le gouvernement vote alors l'adoption d'un système à six obturateurs, inspiré du procédé de Murray.

La popularité du sémaphore gagne très vite l'Espagne, mais aussi bien la lointaine Australie. La version espagnole, simple plagiat du procédé Chappe, s'édifie en réseau dès le milieu des années 1840 pour relier des villes comme Madrid, Barcelone et Cadix. En Australie, l'influence de la Grande-Bretagne pèse fortement sur le choix des systèmes de signalisation ; ainsi, en 1827, on construit à Sydney la réplique exacte du télégraphe de Popham génération 1816. Initialement destiné à faciliter le trafic au port, le système s'étend bientôt aux territoires intérieurs et permet de transmettre des messages d'un bout à l'autre du continent.

De son côté, la Russie ne dispose d'un véritable réseau sémaphorique qu'au couronnement de Nicolas Ier, en 1825. Des tours immenses, version Chappe, sont élevées de Varsovie à Saint-Pétersbourg et Moscou. Sur la seule ligne Varsovie/Saint-Pétersbourg, on compte 220 postes de transmission, soit plus de 1 300 opérateurs. Le réseau restera en fonction près de 25 ans.

Aux États-Unis, la cause de la signalisation par sémaphore est loin d'être acquise. Aucun système, ni celui de Chappe, d'Edelcrantz ou de Murray, ne trouve grâce au yeux de l'armée, du gouvernement ou des entrepreneurs. Conçu par Jonathan Grout, au Massachusetts, le premier système digne de ce nom restera en service de 1801 à 1807. Bâti sur le concept de Chappe, le réseau relie Boston à des villes comme Hull et Plymouth à Martha's Vineyard.

Au cours des années 1830, un dispositif à trois bras vient connecter Manhattan à Staten Island ; en 1840, un agent de change qui souhaite suivre en temps réel les cours du marché finance une ligne reliant New York à Philadelphie.

De 1849 à 1853, sur la côte ouest, San Francisco, en pleine expansion, équipe son port de systèmes à deux bras, de type Popham. Les messages sur le trafic de navires transitent depuis les postes de Point Lobos, Presidio et Telegraph Hill.

En fait, la mise en place de systèmes sémaphores au sol cesse brutalement dans les années 1840, alors même que des lignes sont encore en construction. À l'origine de cette désaffection, une suprême petite merveille technologique, le télégraphe électrique, porté aux nues par les militaires autant que par les grands entrepreneurs. Une innovation qui au bout du compte supplante tous les systèmes manuels au sol. En mer, par contre, le procédé n'est d'aucune utilité ; du coup, les transmissions côte/mer et mer/côte passent encore et toujours par les bons vieux systèmes sémaphoriques à main.

Le XXe siècle exploite un temps des sémaphores mobiles, proches des mécanismes apparus au XIXe siècle. Au sommaire du *Signal Book* de l'armée américaine, en 1916, on trouve la description d'un sémaphore à deux bras (semblables aux ailes d'un moulin) harnachés d'un éclairage électrique pour les transmissions nocturnes et diffusant un alphabet équivalent au code du sémaphore à deux bras et à drapeau. Un système vraisemblablement semi-mobile, puisqu'à l'époque disparaissent du paysage les stations sémaphoriques.

Le télégraphe maritime de Popham, en fait un sémaphore, embarque officiellement sur les navires britanniques. Les premiers spécimens prennent leur quart en 1816 ; des mécanismes adaptés, puisque des poteaux de 3,65 m de haut sont visibles à la fois du port comme de tribord.

Sémaphore à deux bras britannique

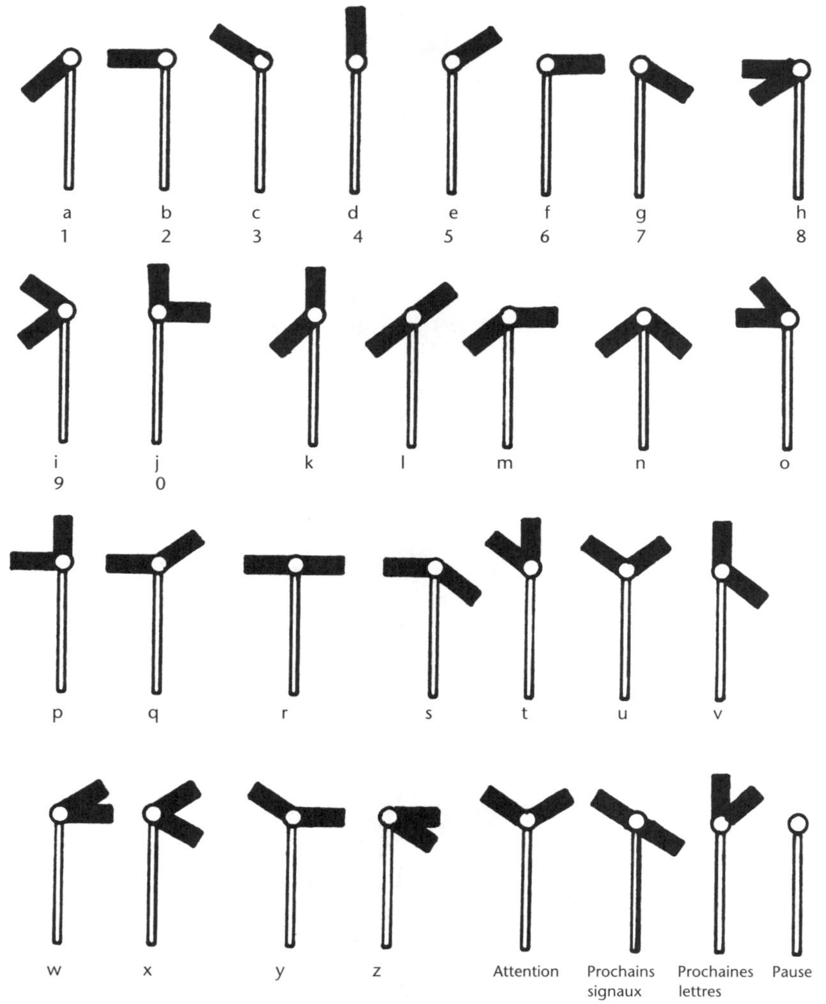

Plébiscité avec ferveur, il n'en reste pas moins que le procédé est aussi vite banni ; on est en 1827. Et c'est un système conçu par le colonel Charles W. Pasley qui sonne le glas du télégraphe maritime de Popham, à une exception, la ligne Londres/Portsmouth.

Officier du génie et vétéran marqué dans sa chair par les cruautés de la guerre, Pasley finance ses recherches en guidant les navires naufragés dans les méandres des bras de mer. Son projet, un mât simple équipé de deux bras, est finalement agréé par l'Amirauté qui le gardera à son service jusqu'au milieu du XIXe siècle.

Signaux de jour de Reynold

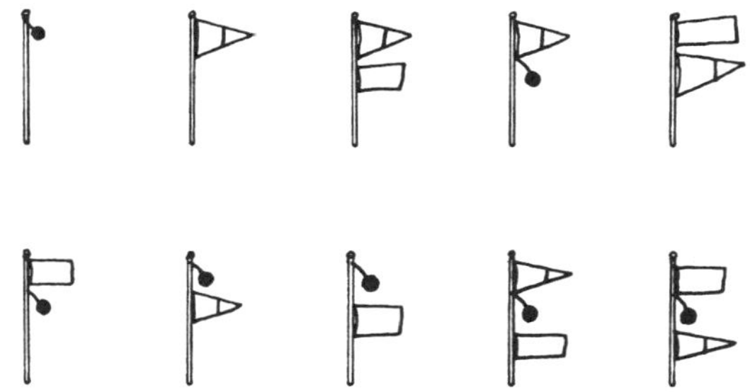

Dans les années 1850, c'est au tour de la marine française d'équiper son littoral d'un système qui rappelle assez la méthode utilisée par Wellington au cours de la guerre d'Espagne. La *Télégraphie Nautique Polyglotte* de Reynold préconise également un procédé de signalisation diurne associant un pavillon rouge carré et une flamme (moitié rouge ou moitié jaune) avec une grosse bille. Le principe : la transmission de dix chiffres correspondant à des mots ou à des phrases. Le système officie également ici et là à l'intérieur des terres jusqu'en 1863. Mais le verdict est sans appel : inadapté aux transmissions terrestres. Il restera en revanche opérationnel chez les forces navales françaises jusqu'à la fin des années 1800.

Fin des années 1870, le haut commandement maritime lorgne à nouveau un temps sur le sémaphore mécanique. Cependant, à la fin de la décennie, on ne jure plus que par un nouveau procédé, un sémaphore à bras à deux drapeaux. Au début du XXe siècle, on teste des sémaphores en tête de mât, procédés pour la plupart consistant en bras métallisés actionnés par poignées, à la base du mât. Autant de systèmes de transmission mer/côte qui resteront actifs jusqu'à l'invention retentissante de la radio.

Sémaphore à main

Le sémaphore à main, ou sémaphore à deux drapeaux, enthousiasme littéralement la marine britannique qui voit là un système parfaitement adapté à une utilisation sur le pont. Inspiré de ses prédécesseurs mécaniques, le sémaphore manuel à deux drapeaux fait ses débuts dans les années 1880.

En fait, contrairement aux autres méthodes à deux drapeaux, ce procédé innove en proposant une signalisation alphabétique. Jusqu'alors la plupart des systèmes à bras transmettaient des signaux convenus ;

impossible de signaler des ordres non répertoriés dans un livre des signaux. Parce qu'il véhicule un code alphabétique, ce sémaphore permet de transmettre n'importe quel ordre. Son mode opératoire, bien plus rapide que le wigwag de Myer, en fait le vecteur idéal des communications de pont à pont.

Pour les historiens de la spécialité, « l'anthropo-sémaphore » émerge quand les marins se mettent à reproduire les mouvements des bras du sémaphore mécanique de Pasley. Des hommes qui, pour pallier au manque de matériel, grimpent en un point élevé et transmettent des messages par toute une gestuelle des bras. Parfois, en cas de visibilité réduite, sur longues distances ou par gros temps, ces sémaphoristes s'assurent le support de bannières.

En 1875, les hommes du Génie de Sa Majesté, ancêtres du Signal Corps britannique, abandonnent le sémaphore à deux drapeaux. En 1896, c'est un sémaphore nouvelle génération qu'adopte l'armée. On s'inspire des deux drapeaux quadrillés rouge et jaune de la marine (30 cm) ; la version de l'armée britannique consiste elle en un drapeau quadrillé blanc et noir de 50 cm. Après quarante années de bons et loyaux services, l'armée britannique met finalement le système à drapeau à la retraite (1939), imitée trente ans plus tard (1966) par la marine.

Sémaphore de la marine américaine

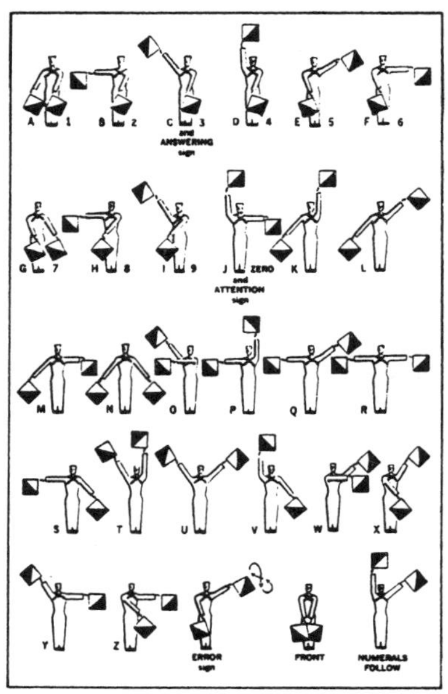

Les États-Unis vont à leur tour se convertir au sémaphore version britannique. Même si la guerre civile a largement exploité le système wigwag à un drapeau, il semble bien que l'invention de Myer n'inspire en rien le sémaphore à deux drapeaux. L'édition de l'*International Code of Signals* de 1884 sur les sémaphores mécaniques ne fait en effet aucune référence à la signalisation par drapeau.

Dans un article publié en 1903 sur le *Proceedings* de l'Institut naval des États-Unis, le capitaine de corvette Albert P. Niblack se montre peu convaincu par les performances du sémaphore à main britannique. En 1905 pourtant, le *Boat-Book* de la marine américaine révèle son agrément.

L'armée américaine montre quant à elle bien plus de réticence à adopter les systèmes à deux drapeaux. Entre 1900 et 1910, le personnel du Signal Corps sera initié à trois systèmes : le wigwag de Myer, le morse américain pour télégraphie et le morse international ou continental pour transmissions par câble ou radio.

Quelques années plus tard, rebutée par le wigwag, l'armée opte officiellement en 1914 pour le sémaphore à deux bras. Exploité occasionnellement au cours de la Première Guerre mondiale et dans l'ouest des États-Unis avant la mise en place des réseaux télégraphiques et radio, le wigwag cède définitivement la place au sémaphore à deux bras à la fin du conflit.

En ce début du XXe siècle, l'*International Code of Signals* comporte encore un chapitre sur les sémaphores fixes à deux bras, héritiers du système Pasley. Au sommaire également, la présentation d'installations côtières réservées aux signaux de détresse, le code dit *International Distant Signals*. On transmet les équivalences alphabétiques standards soit par sémaphore mécanique, soit par drapeaux de formes et de tailles diverses.

Les forces navales américaine et britannique restent fidèles au sémaphore à drapeau une grande partie du XXe siècle. Totalement inefficace sur longues distances ou par brouillard, le sémaphore compte néanmoins quelques avantages. Il vient souvent en renfort des pavillons de signalisation, les drapeaux à main étant plus pratiques que les bannières à hisser sur hauban.

Le sémaphore convient tout particulièrement aux transmissions d'informations entre bâtiments en formation simple, le message transitant alors de la poupe du vaisseau amiral à la proue du vaisseau suiveur, avant d'être répercuté au reste de l'escadre. En cas de problèmes radio voire de black-out, le sémaphore permet de garder le contact sur courtes distances grâce à des drapeaux fluorescents. De nos jours, l'utilisation du sémaphore se limite à certaines communications de type administratif ou technique entre bâtiments au large ou à quai.

Les avancées de la technique

Une histoire de la signalisation ne peut faire abstraction de l'importance des progrès techniques liés à l'évolution de l'univers de la communication et des signaux. Au cours du XVIIIe siècle, l'électricité statique reste la seule énergie électrique sujette à expérimentations. En 1800 enfin, le physicien Allessandro Volta conçoit la pile dite voltaïque, créant ainsi le premier générateur apte à fournir à volonté du courant électrique.

Cette révolution fait aussitôt l'objet de tests appliqués au tout nouveau télégraphe. Mais on se trouve face à un problème de taille car il est impossible pour le site récepteur de détecter l'arrivée du courant. En 1832, un diplomate russe du nom de Paul Schilling démontre que l'aiguille d'une boussole peut faire office d'instrument télégraphique. Une bobine de fil métallique parcouru par un courant électrique dévie en effet l'aiguille de la boussole.

De nombreux scientifiques, tels Carl Gauss, Wilhelm Weber et William Cooke, se mettent à la tâche pour une application pratique de cette découverte. Quelques ratés plus tard, Cook s'en va quémander les conseils avisés de Charles Wheatstone, à cette époque professeur à l'Académie royale de Londres.

En 1837, les deux hommes mettent au point le premier système télégraphique opérationnel. On transmet le message en envoyant des impulsions électriques sur une tablette réceptrice comportant les lettres de l'alphabet et cinq aiguilles aimantées, orientées une à une, en fonction du message, par impulsions électriques opérées par l'émetteur. Le destinataire voit de son côté les aiguilles adopter les mêmes positions ; reste à transcrire le message. En Angleterre, le télégraphe de Cooke et Wheatstone fait l'unanimité. Avant d'être supplanté dans les années 1840 par un nouveau système, œuvre de Samuel Morse.

Un télégraphe Morse première génération

C'est sans aucun doute le système Morse qui remporte pour le XIXe siècle la palme du progrès le plus significatif dans le domaine des communications. Désormais, les messages transitent en un temps record et sans ratés sur des distances phénoménales ; militaires autant que civils solliciteront le procédé jusqu'au milieu du XXe siècle.

Le premier système télégraphique électromagnétique de l'américain Samuel Morse, professeur de peinture et inventeur, passe dans les années 1830 par toute une série de perfectionnements, tout comme d'ailleurs les méthodes de transcription des messages eux-mêmes. Un modèle première génération compte ainsi 10 symboles correspondant à 10 chiffres ; Morse établit tout un glossaire de termes numérotés permettant de transmettre des phrases par le biais de ces chiffres.

Février 1838, c'est le premier message morse de l'histoire et en 1844, le système traits/points est définitivement adopté. Le 24 mai de la même année, sur une ligne d'environ 50 km reliant Washington à Baltimore, Morse transmet ces quelques mots à la postérité, « What hath God wrought », soit approximativement « l'œuvre de Dieu ».

Très vite le télégraphe se généralise et en 1851 les grandes nations de ce monde se réunissent en convention pour accorder leurs violons ; on adopte un code international morse, produit dérivé et corrigé du code américain.

Peu après sont édités un certain nombre de répertoires lexicaux dont le *Telegraph Dictionnary* et le *Secret Corresponding Vocabulary* ; il s'agit de former les entrepreneurs à une gestion performante de l'outil.

Le code morse servira également la transmission télégraphique des dépêches codées de la guerre civile américaine.

Parce qu'il permet de coder ou de chiffrer les messages, le morse entre dans l'arsenal militaire. L'information franchit désormais sans dommages les lignes ennemies, à condition de disposer d'un opérateur averti : un point ou un trait mal placé peut en effet fausser tout le libellé.

En 1876, une autre révolution vient bouleverser l'univers des communications, le téléphone, invention attribuée à Graham Bell. En fait, Bell reste surtout l'auteur du succès commercial du téléphone ; toute une génération de scientifiques (Faraday, Volta, Oersted, Ohm et autres pionniers de l'électricité) avait déjà posé les bases du « télégraphe parlant ».

Si le téléphone connaît un succès foudroyant auprès du public, l'enthousiasme de l'armée en revanche laisse à désirer. Même si l'agrément du haut commandement tarde à tomber, on sait néanmoins que le Signal Corps américain procède dès 1877 à des tests. Le responsable du service, Albert Myer en personne, téléphone ainsi régulièrement depuis Washington aux officiers de Fort Whipple (plus tard, Fort Myer), en Virginie.

Pour certains experts de l'histoire militaire britannique, il est clair que les membres de l'expédition Jowaki (1877-1878), outre l'héliographe, exploitent téléphones et lignes rudimentaires. Ces lignes auraient été confectionnées sur la base de simples articles décrivant l'invention de Bell. D'autres historiens penchent plutôt pour des signaux morse pianotés sur le diaphragme d'émetteurs « téléphoniques » et récupérés par les destinataires sur un poste récepteur. On sait en tous cas qu'à la même époque, les bases militaires britanniques s'équipent à tout va de lignes téléphoniques.

L'armée américaine recourt quant à elle au téléphone pour la toute première fois à l'occasion d'un violent affrontement lors de la très controversée guerre hispano-américaine de 1898. Parallèlement au télégraphe standard, on dispose alors de quelques 21 km de lignes téléphoniques courant d'arbres en murs et en cabanes. Souvent brouillées, les communications renseignent néanmoins l'artillerie navale au cours de l'assaut lancé contre la forteresse espagnole de Santiago, à Cuba. Les guetteurs parviennent à émettre quelques mots au milieu des bombes à l'attention d'un poste wigwag installé sur la côte ; de là, l'information circule jusqu'à un signaleur, sur le pont d'un navire américain. Ce transit aurait fortement joué dans la victoire finale américaine de Santiago.

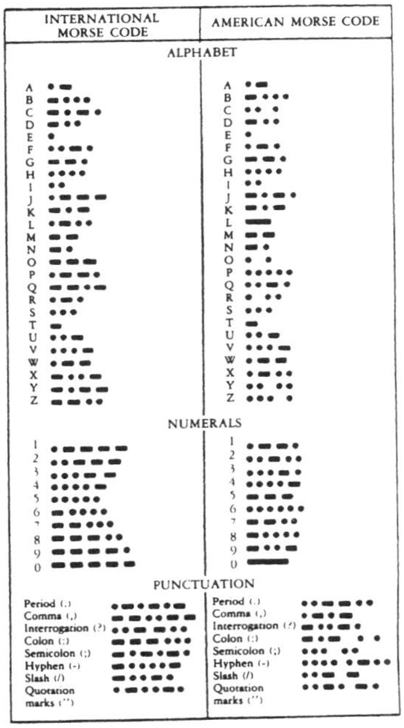

Code Morse

Au même moment, en Italie, Guglielmo Marconi fonde la *Wireless Telegraph and Signal Company* ; une révolution dans l'histoire des télécommunications. Marconi s'impose dans le domaine de la télégraphie sans fil en faisant la synthèse des travaux sur les ondes électromagnétiques menés, entre autres, par des scientifiques comme Heinrich Hertz (le découvreur des ondes), Oliver Lodge, Alexander Muirhead, Reginald Fessenden, Nikola Tesla et Augusto Righi.

Le résultat de ces recherches montre l'équation des ondes électromagnétiques et des ondes lumineuses, tout en faisant ressortir une fréquence plus basse chez les ondes hertziennes. Certaines de ces ondes, les ondes porteuses, peuvent être modulées ou perturbées par les signaux électriques. Les messages sont alors traduits en ondes découpées selon les cadences du code morse, avant d'être transmis de l'antenne émettrice à l'antenne réceptrice. Au moyen d'outils très spéciaux, le site récepteur extrait le signal de l'onde porteuse pour le transformer en sons. Les bases de la radio sont jetées.

Marconi et son fidèle associé Righi procèdent avec succès à des tests ; en 1895, les deux hommes parviennent à transmettre et à recevoir des signaux émis depuis la propriété familiale, à Bologne. Entrepreneur avisé et bien entouré, Marconi s'impose en 1898 comme le chef de file de la toute jeune industrie de la radiodiffusion.

Alors que la radio en est encore à ses balbutiements, de nouveaux types de téléphones apparaissent. La traduction fidèle de la voix sur longues distances reste aléatoire ; du coup, militaires et civils se prononcent pour le développement de mécanismes « téléphoniques » adaptés au morse.

Un de ces appareils est le téléphone vibreur, ou *sounder*. Conçu par le Signal Corps de l'armée américaine, le téléphone vibreur n'est en fait rien d'autre qu'un mécanisme télégraphique émettant du morse par manipulateur. Particulièrement concernés par la mise sur écoute, les militaires surprotègent souvent leurs émissions par téléphone vibreur de codes ou de chiffres.

En 1911, l'anglais Algernon C. Fuller émet l'hypothèse d'adapter une onde porteuse afin de véhiculer plus d'une communication par un câble unique. Après plusieurs rencontres avec Marconi et d'autres physiciens, Fuller investit une vraie fortune pour produire le « Fullerphone ». Le dispositif est alimenté par courant continu difficile à intercepter par un ennemi. Le courant est volontairement interrompu sur le poste du destinataire dès que le son est à nouveau audible. Une interruption qui se produit plusieurs fois par seconde par interrupteur électronique. Le courant électrique transitant de la ligne au poste récepteur est dirigé tour à tour dans les condensateurs du Fullerphone et dans le récepteur. C'est cette oscillation du courant qui permet de recevoir le son des traits et points morse. L'armée britannique intégrera le Fullerphone à son arsenal en 1914.

Le haut commandement militaire se montre bien plus enthousiasmé par la radio que par le téléphone de Bell ; de leur côté, les forces navales américaine et britannique ont déjà mis à l'épreuve des systèmes de signalisation sans fil. Bradley Fiske, de l'US Navy, procède ainsi au début des années 1890 à des expériences sur l'électromagnétisme et réussit le lancer d'une torpille par seuls signaux radio.

Équipée de matériel Marconi et d'autres mécanismes mis au point par le commandant britannique Henry Jackson, la marine britannique parvient à établir un contact radio inter navires. En 1902, les opérateurs des bâtiments américains *Prairie* et *Topeka* procèdent à des expériences avec différents postes radio européens. Au cours des deux années suivantes les connections gagnent toujours plus en distance et vers 1904, la radio équipe quelque 24 bâtiments et 19 stations côtières. Enfin, en 1905, le nouveau code international morse est désigné pour véhiculer toutes transmissions radio.

Entretemps, l'armée américaine a enfin daigné s'intéresser à la transmission sans fil ; la première radio portable voit le jour en 1906. Deux ans plus tard, armée de terre et forces navales collaborent ; des communiqués radio sol/air en morse transitent entre les postes navals de Washington et Annapolis, dans le Maryland, et des opérateurs de l'armée de terre juchés dans la nacelle d'une montgolfière.

On multiplie les expériences sur terre et sur mer ; en 1911, une station de signalisation terrestre réussit à émettre des signaux morse à des avions de l'armée américaine. En 1912, un appareil de l'US Navy parvient à émettre les tout premiers signaux aériens à des navires et à des stations au sol. La même année, la marine américaine laisse tomber l'expression « sans fil » pour adopter définitivement le terme radio, bientôt imitée par la marine.

Août 1914, Première Guerre mondiale. Tous les systèmes de signalisation sont sur la sellette. Dans les deux camps, la communication et la confidentialité des échanges laissent à désirer. La technologie encore balbutiante de la radiodiffusion va jouer un rôle déterminant dans le cours de certaines batailles tout comme dans l'élaboration stratégique globale des différents protagonistes. Ainsi, à Tannenberg, en Prusse orientale, les Russes négligent de chiffrer leurs dépêches ; il en résulte une écrasante défaite. Craignant l'interception de ses dépêches radio par la flotte de haute mer allemande, la marine britannique perdra par excès de méfiance l'opportunité d'une victoire décisive au cours de la bataille navale du Jutland, en 1916. En 1918, les interceptions et les moyens mis en œuvre par les Français ont finalement raison des ultimes offensives lancées par les forces du Kaiser.

Les communications radio militaires voient bientôt apparaître une nouvelle activité, la radiogoniométrie. On oriente des antennes vers la zone d'émission des messages de l'ennemi jusqu'à percevoir très clairement les signaux. Une fois que deux antennes radiogoniométriques ont fait le point sur le site d'origine, un centre de contrôle s'applique à faire la synthèse des données.
Le point où se croisent les ondes radiogoniométriques indique la position du site émetteur. Le même procédé sera appliqué à la recherche des bâtiments en mer où un pistage radiogoniométrique continu permet d'informer sur la direction et la vitesse d'un navire.

La radiogoniométrie donne naissance à un nouveau genre de renseignement militaire, l'analyse de trafic, chargée de l'étude des sites de

Deux stations radiogoniométriques pistent un site d'émission ennemi

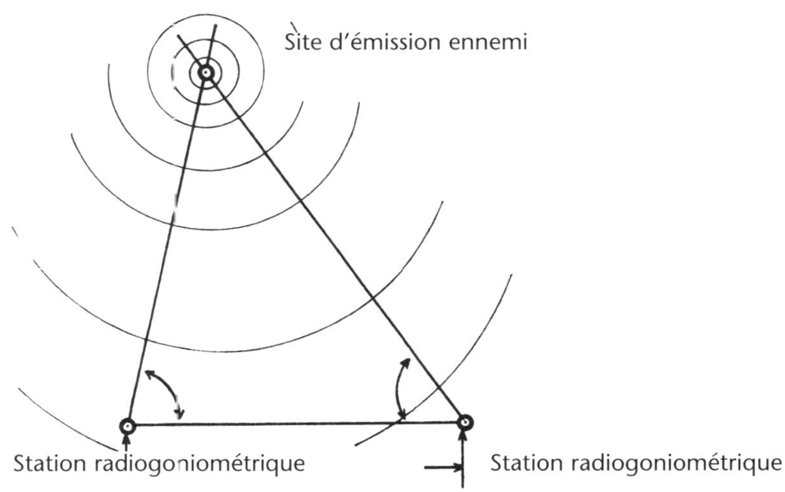

communication, des temps de transmissions, de la quantité et du type de dépêches et des sites récepteurs. Le pistage du trafic renseigne souvent l'opérateur sur l'emplacement d'un centre de contrôle, ou encore sur le niveau de sécurité adopté par l'ennemi en prévision d'un assaut.

L'année 1915 voit l'avènement du radiotéléphone. Une groupe d'ingénieurs de la société Bell parvient à radiodiffuser depuis Hawaï jusqu'au Panama et en France. Une révolution due au développement de la triode, tube électronique à trois électrodes contenues dans une lampe où le vide est aménagé, qui permet d'émettre des sons plus clairement et sur de plus longues distances. Les systèmes radiotéléphoniques SCR-67 (terrestre) et SCR-68 (aérien) donnent lieu à des communications bilatérales lors de tests menés en 1917 à Langley Field, en Virginie, en juillet et à Dayton, dans l'Ohio, en décembre. Au milieu de l'année suivante, les premiers postes de radiotéléphonie arrivent en France ; d'abord mésestimés, ils vont pourtant révolutionner la signalisation sol/air.

Avant la radio, les pilotes communiquent en larguant leur message par sacoches lestées. De rares appareils équipés de feux montés sur ailes expédient des messages sous forme de points/traits morse ; certains pilotes casse-cou appliquent même à leurs ailes des figures censées représenter les signaux courts et longs du morse.

Aux premiers jours de l'aviation, on exploite tout un ensemble de panneaux d'observation destinés à la communication sol/air. Ces marquages consistent en bouts de tissus disposés au sol selon des configurations bien précises pour le pilote. Pour raison de fonctionnalité, la dimension et la forme de ces bouts de tissus finissent par se normaliser et bientôt on opte pour le blanc, jugé plus visible que les autres couleurs. À cette époque, les hommes au sol chargés des panneaux et leurs correspondants aériens mettent au point toujours plus de configurations avec des équivalences convenues, si bien que ces panneaux véhiculent en fait un véritable code.

Au cours de la Première Guerre mondiale, ces panneaux servent à identifier les bases alliées, à informer l'observation aérienne et à transmettre des nouvelles du front. Des bandes de tissu blanc de 3,5 m x 0,30 m transmettent des messages codés par le biais de toute une série de lettres et symboles.

La pratique perdra de son panache avec le développement des communications radio sol/air, mais rempilera au moindre risque d'interception de message radio.

Code de signalisation par panneaux

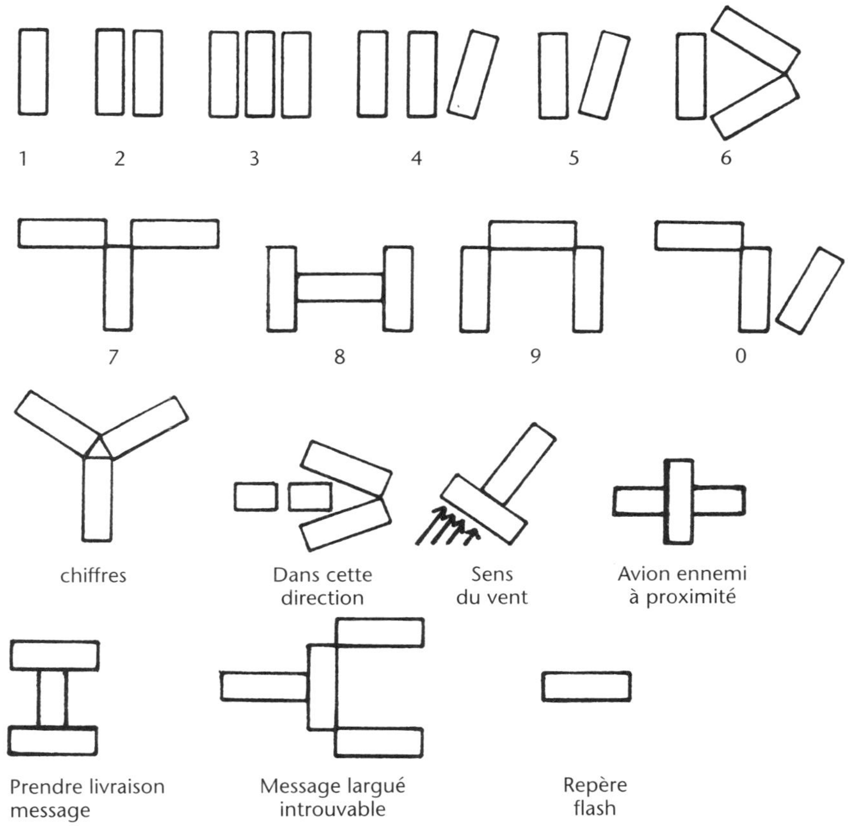

La promotion fulgurante de la TSF dans les affaires militaires s'accompagne de nouveaux moyens de protection (sécurité des communications) ou d'interception et de déchiffrement (renseignement) des transmissions.

La radio sert également certains types de subterfuges dits *Funkspiels* (jeux radio) qui consistent à repérer une station radio ennemie pour la manipuler. Il s'agit ici de prendre au piège l'opérateur ennemi, d'infiltrer et de s'emparer de ses chiffresce qui, au fond, s'avère souvent plus facile et concluant qu'un raid grandeur nature. Une fois l'affaire entendue, la station « vérolée » sert de vecteur au transit de fausses informations au cœur même du réseau adverse.

En 1940, le FBI se lance dans une partie de ce petit jeu avec le concours d'un agent double, William Sebold. Originaire d'Allemagne et ancien officier du Kaiser lors de la Première Guerre mondiale, Sebold retourne dans son pays en 1939 pour visiter sa vieille mère. Sur sa carte d'immigration, la mention de son dernier emploi (employé chez un constructeur d'avions américain) intéresse fortement la Gestapo. Les Nazis découvrent également que Sebold a passé jeune homme un temps derrière les barreaux, ce qu'il a d'ailleurs oublié de préciser aux autorités américaines lors de sa demande de naturalisation. Un point sensible sujet à chantage ; Sebold se retrouve donc fermement « invité » à rejoindre le centre de formation des espions allemands de Hambourg. Il obtempère, sans pour autant renier sa patrie d'adoption.

Sebold rentre aux États-Unis en février 1940. Dans les bagages de ce parfait agent secret, des données radio et des microphotographies de documents, dont les noms d'agents allemands et des informations sur des modalités de transmission ; dissimulés pour l'essentiel dans le boîtier de sa montre. Sebold mène habilement son manège et établit le contact avec sa couverture, la Diesel Research Company dans le bâtiment Knickerbocker, à Manhattan. Depuis sa demeure de Long Island, il fait office d'opérateur radio au service des agents allemands. Sebold semble à tel point efficace qu'un nombre toujours plus important d'espions de l'Abwehr l'exploite comme boîte à lettres.

Ce double jeu sert avec bonheur les américains ; les agents du FBI transmettent à Hambourg des données soit filtrées, soit erronées. De plus, on a équipé les bureaux du Manhattan Diesel Research de caméras, miroirs sans tain et systèmes d'écoutes destinés à ne rien perdre des révélations des espions en contact avec Sebold. Ainsi en juin 1941, le FBI est en mesure d'opérer des descentes pour enfin mettre un terme aux agissements de l'un des réseaux d'espionnage les mieux structurés.

À ce petit jeu, les services du contre-espionnage du Troisième Reich montrent eux aussi un talent certain. Pour preuve, cette partie remportée par une unité de l'Abwehr aux Pays-Bas, la section IIIF. Tout commence en janvier 1942 ; le Funkspiel NORDPOL parvient à infiltrer l'opposition hollandaise. Le jeu prend fin en avril 1944 ; il aura coûté à la résistance des pertes énormes en argent et matériel, et surtout en espions alliés.

L'attirail des systèmes de sécurité pour la protection des transmissions radio compte entre autres le A-3 et le SIGSALY. Sollicité régulièrement au cours de la Seconde Guerre mondiale, le A-3, un diviseur de bande, entre pour la première fois en action en décembre 1937 sur le circuit reliant la Mutual Telephone Company, à Honolulu, et la Radio Corporation d'Amérique, à San Francisco.

Un diviseur de bande découpe un signal, la voix humaine par exemple, en bandes de fréquences plus courtes pour les inverser. Lorsque la voix rencontre un diviseur de bande, le signal est haché par des filtres passe-bande avant d'être altéré par des modulateurs et renvoyé sur d'autres filtres de bande, un dispositif de codage et de nouveaux modulateurs. En bout de course émerge d'un point de filtrage final un signal brouillé.

Le 1er septembre 1939, le A-3 véhicule entre Paris et Washington une information capitale : la Seconde Guerre mondiale vient d'éclater. Durant tout le conflit, le président Roosevelt ne se fiera dans ses communications avec Churchill et d'autres responsables alliés qu'à des téléphones équipés de systèmes de brouillage toujours plus performants.

En juin 1943, le SIGSALY, désignation du Signal Corps américain, promet de s'imposer comme le garant de la confidentialité des échanges téléphoniques entre Roosevelt et Churchill. Réalisation des laboratoires de l'AT&T's Bell Telephone, le SIGSALY, ou Projet X, est également baptisé Frelon Vert. Un sobriquet inspiré des tonalités du mécanisme, proches de l'indicatif d'une célèbre émission radio des années 1940.

Le SIGSALY se compose de cabines de 2 m de haut, d'apparence futuriste. Le système d'émission est disposé dans un demi-cercle accolé à un dispositif de réception semi-circulaire. L'engin abrite un circuit logique de tube à vide et de tube à gaz, de synthétiseurs et d'une horloge ultrasensible réglée sur 24 heures. La gestion de cette horloge est assurée par un oscillateur de cristal maintenu à température constante.

Le SIGSALY divise et synthétise les voix de Roosevelt et Churchill avant de protéger le tout par séquences de sons aléatoires. Ce « brouhaha » est obtenu par disques de vinyle très spéciaux, gravés d'un fond sonore qui vient couvrir la voix des interlocuteurs. Les opérateurs des stations émettrices et réceptrices manipulent les différents dispositifs du SIGSALY pour extraire le bruit additionnel et restaurer les voix trafiquées. En 1945, une dizaine de terminaux SIGSALY contribue ainsi à protéger les communications alliées.

Dans les années 1950, avec la normalisation de la télévision, il devient urgent pour les nouveaux services de la redevance de l'époque de trouver des moyens de crypter les images. Très vite, des systèmes de brouillage de plus en plus sophistiqués viennent contrarier les mauvais payeurs. À cette époque, la fibre optique se généralise sur les petits écrans. L'émetteur peut procéder au brouillage électronique des milliers de minuscules points noirs et lumineux qui composent l'image. On décrypte en renvoyant l'image brouillée à travers tout un réseau identique de fibres, en inversant simplement le processus.

La guerre électronique : sécurité des transmissions et renseignement d'origine électromagnétique

Au lendemain de la Seconde Guerre mondiale et en pleine Guerre froide, les États-Unis requalifient les activités des services rattachés à la sécurité des communications et au renseignement ; on fait désormais référence à la « sécurité des transmissions » et au « renseignement d'origine électromagnétique ».

Certes, les dépêches top secret circulent aujourd'hui encore par courrier ou transitent via les ondes, par radiotélétype, chiffrées au moyen de procédés à clé aléatoire une fois ; mais à l'évidence, les signaux électroniques ont supplanté tous les autres vecteurs de transmissions, même s'ils restent sujets à interception et à déchiffrement. Les progrès de l'électronique et le développement d'équipements sophistiqués, mis à disposition aussi bien des civils que des militaires, poussent ces derniers à réviser leur politique en matière de protection du matériel, de sauvegarde des données et des échanges via Internet.

Aux États-Unis, la sécurité des transmissions regroupe deux divisions majeures, la sécurité des communications (COMSEC) et la sécurité électronique. Entre autres activités, la COMSEC s'attache à la protection des télécommunications, une priorité en matière de sécurité nationale. Mais elle vise aussi à l'authentification des échanges, assure le cryptage des documents, des transmissions hertziennes, des liaisons téléphone et fax, recourt à la stéganographie et enfin se préoccupe de la sécurité du trafic, via le brouillage des signaux d'appel radio/téléphone et l'altération ou l'interruption ponctuelle des communications.

La sécurité électronique de son côté s'applique à protéger les émissions radars par le changement régulier des fréquences, l'envoi de signaux erronés par balises radio ou l'instauration du silence radio. Ces procédures s'efforcent de déjouer les tentatives de localisation des radars et balises, en faussant l'analyse des données électroniques recueillies par les avions ou satellites de nations ennemies. À cet arsenal s'ajoutent les contre-contre-mesures radars, comme l'annulation du brouillage radar adverse.

Le grand rival de la sécurité des transmissions, le renseignement d'origine électromagnétique (SIGINT), se divise lui aussi en deux branches : le renseignement sur les communications (COMINT) et le renseignement électronique (ELINT). Le COMINT, de loin le service le plus actif, intercepte et traite les communications hors frontière, en clair ou cryptées, transitant par liaisons radio, câbles et autres systèmes électromagnétiques ; également à son cahier des charges : cryptanalyse, analyse de trafic, interception et radiogoniométrie.

Les activités d'ELINT portent, elles, sur la reconnaissance électronique, ou écoute des émissions radar, et le sabotage des systèmes radar ennemis par l'émission de contre-mesures. Sa vocation se résume à la collecte de données, recueillies par observation et acquisition, et au traitement de toutes émissions électromagnétiques d'origine étrangère. Acquisition de données par « avions espions » (avions radar et drones) détectant les émissions radar ennemies, interception par satellites des signaux de mesures envoyés par les missiles en vol, localisation des balises radio de navigation… autant d'informations qui, complétées par le renseignement de source humaine, ou HUMINT, sont soumises à cryptanalyse. Ainsi un message crypté transmis d'une base militaire à un centre radar peut contenir des ordres particuliers à destination des opérateurs ; les données fournies par observation des activités du centre radar, comparées au message intercepté, suffisent parfois à venir à bout du cryptage.

Le renseignement électronique regroupe les divisions RADINT (renseignement radar) et TELINT (renseignement et télémesures). Le renseignement radar a pour objectif la localisation et l'acquisition des émissions radar du site détecté, la surveillance des mouvements d'antennes, la détermination des longueurs d'ondes, de l'ouverture du faisceau et de la fréquence des ondes électromagnétiques (nombre d'impulsions émises par seconde). Ces données et mesures, véritable signature d'un site radar, sont enregistrées par des satellites d'écoute qui les renvoient par transmissions flash chiffrées ultrarapides aux stations de réception au sol. Les technologies mises en œuvre dans ce type de surveillance fournissent toutes les informations nécessaires sur les systèmes radar de l'ennemi et facilitent la mise en œuvre de contre-mesures adaptées.

La télémétrie, du grec *têle*, « au loin, à distance », et *metron*, « mesure » fait référence aux signaux envoyés par les capteurs des missiles mais aussi, lors d'essais en vol de prototypes, à toutes les mesures fournies sur l'équipement embarqué : systèmes de guidage, vitesse d'accélération, température en différents points de l'appareil, consommation de carburant, etc. Des données retransmises sous forme de signaux chiffrés aux équipes d'ingénieurs basées au sol. Ces informations qui parfois prennent en compte l'instrumentation et le guidage des missiles embarqués, constituent une cible de choix pour les services rattachés à la division TELINT (renseignement et télémesures) ; entrent alors en action les capteurs ultrasensibles de satellites d'écoute qui interceptent ces mesures.

Les signaux à ondes millimétriques cryptés des télémesures sont retransmis par les satellites d'écoute à leur centre de contrôle au sol. La vitesse de transmission, quasiment en temps réel, rend pratiquement impossible toute interception. Le décryptage des signaux renseigne ainsi sur l'état d'avancement de la technologie adverse en matière de missile.

Résumé des champs d'action respectifs de la sécurité électronique et du renseignement d'origine électromagnétique :

SÉCURITÉ ÉLECTRONIQUE

Missiles et télémétrie (cryptage des signaux)

Radar (décalage des fréquences)

Balises radio (émission de faux signaux, leurre, silence radio intermittent)

RENSEIGNEMENT D'ORIGINE ÉLECTROMAGNÉTIQUE

Satellites (interception de signaux)

Aviation (acquisition des émissions radar)

Aviation (localisation, acquisition de données)

Stations radio (détection de signaux radio)

Contre-mesures électroniques et contre-contre mesures font l'objet d'une compétition technologique baptisée guerre électronique, ou guerre des étoiles. Le cas de figure exposé ci-dessous tente d'illustrer cette guerre d'un nouveau genre :

La nation A protège ses émissions radar, systèmes de poursuites à courte portée ou système de surveillance avancée, par exemple, en recourant au décalage de fréquences. Les émissions radar du système de surveillance avancée attire l'attention de l'aviation ennemie qui ne doit en aucun cas répondre à la demande d'identification électronique du radar, qui permet de distinguer un allié d'un ennemi.

Le décalage de fréquence met en échec le renseignement d'origine électromagnétique adverse, la nation B, qui de son côté tente de localiser et d'analyser les informations radar de la nation A. Ces données, essentielles pour la nation B, doivent lui permettre de protéger ses bombardiers et missiles de toute détection radar.

La nation A assurera une meilleure couverture à ses missiles par la mise en place de contre-mesures électroniques, comme le brouillage radar, le leurre par dispersion de nuages de paillettes métalliques, l'émission de faux échos radar ou le recours à de nouvelles armes de type furtif. La nation B ripostera éventuellement par l'emploi de « contre-contre-mesures », avec des dispositifs capables de percer les systèmes de brouillage et de retrouver le schéma original des échos radar.

En parallèle, la nation B tente d'intercepter et d'enregistrer toutes les communications de la nation A, des télémesures transmises par missiles comme par appels téléphoniques. Intervient alors le renseignement d'origine électromagnétique ; les satellites d'écoute s'appliquent à capturer signaux et ondes électromagnétiques dans le champ des liaisons terrestres et aériennes. Informatique et cryptanalyse s'attachent ensuite à décrypter les signaux et les ondes électromagnétiques retransmis au sol.

La guerre électronique ne saurait se passer des codes et des chiffres qui s'associent aux signaux véhiculant tous les échanges pour assurer la confidentialité des communications. Ainsi, les données recueillies par les satellites sont codées en ASCII pour des liaisons et des transmissions plus rapides. Les signaux analogiques, comme la voix humaine, sont convertis en signaux numériques, sous forme d'éléments binaires.

Les codes binaires peuvent être cryptés par des procédés similaires à ceux utilisés par Baudot et Vernam sur les téléimprimeurs (bande perforée offrant des séquences de trous et d'espaces combinés à une bande-clé aléatoire). De nos jours, le chiffrement relève de l'informatique et de ses algorithmes qui, aux bits du clair additionnent les bits d'une clé générée par machine. On recourt dès lors à des procédés cryptographiques comme le Data Encryption Standard (DES).

Le cryptogramme résultant du traitement des données est surchiffré, avant toute liaison satellite, par des codes de correction d'erreurs qui garantissent la fluidité de la transmission. Au sol, et après transfert, les données décodées et déchiffrées restituent la teneur des informations.

En présence d'un signal analogique, on contrôle la validité des codes de correction d'erreurs (vérification de la parité) avant de procéder au déchiffrement du cryptogramme généré par le DES ou tout autre algorithme. Les bits une fois décryptés permettent de retrouver la voix originale. Un cryptogramme chiffré en ASCII est retranscrit en unités claires équivalentes.

Depuis l'émission de messages en provenance de la Lune, la spécialité a été banalisée. L'ultra sophistication des communications d'aujourd'hui ne saurait cependant nous faire oublier les systèmes d'antan.

* * * * * * * * * * * * * *
STÉGANOGRAPHIE

Ce terme vient du grec *steganos*, « couvert », et *graphein*, « écrire ». Autrefois synonyme de cryptographie, le terme est requalifié en 1967 par l'historien David Kahn. Par stéganographie, il désigne les processus qui consistent à dissimuler l'existence même d'un message, éventuellement chiffré ou codé. Parce qu'ils véhiculent manifestement un sens caché, codes et chiffres sont systématiquement visés par la cryptanalyse ; en revanche, le libellé des dépêches protégées par stéganographie, qui semble un message anodin, n'est pas nécessairement inintelligible. Le stéganographe peut recourir à des moyens de transmission purement physiques : c'est la stéganographie technique. On peut également opter pour des modes de dissimulation linguistique, classés en deux grands groupes : le sémagramme et le code camouflé (nulles, procédés géométriques – grille, par exemple – et jargon).

Littérature et cinéma ont souvent exploité le filon de la stéganographie physique. ou technique ; on ne compte plus les scenarii où des messages sont escamotés par encre invisible, acheminés en compartiments secrets, poches à double-fond, ouvrages creux et manches de parapluie.

Ce type de stéganographie remonte à l'Antiquité. Nous tenons ainsi d'Hérodote un récit où la stéganographie occupe le devant de la scène. Il s'agit d'une rébellion contre la souveraineté perse, au ve siècle av. J.-C. Deux puissants conspirateurs trouvent un bien étrange moyen de communiquer ; l'un deux rase tout simplement le crâne d'un esclave, sur lequel il tatoue alors un message secret. Une fois ses cheveux repoussés, l'esclave est expédié au destinataire, qui n'a plus qu'à raser la tête de ce serviteur dévoué pour lire sa correspondance. Outre son aspect anecdotique, le subterfuge a de fortes retombées politiques, puisque c'est à ce crâne que les Grecs

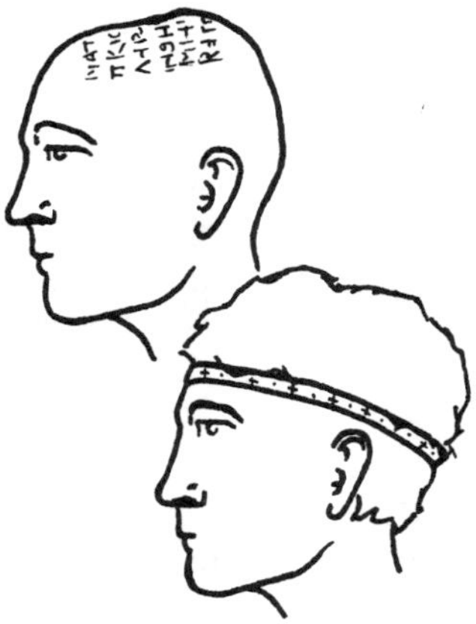

Dépêche tatouée.

doivent leur victoire sur l'oligarchie perse. Hérodote évoque également un autre haut fait stéganographique : un message qui, en 480 av. J.-C., alerte les Grecs de l'attaque imminente des Perses.

Cette année-là en effet, une puissante armée perse, conduite par Xerxès Ier, marche sur les cités de Grèce. Les Perses eux-mêmes disposent alors d'un système de communication fort efficace, parfaitement adapté à l'immensité de leur territoire, système que Xerxès va exploiter dans sa stratégie d'invasion, la plus vaste jamais menée contre les Grecs. Les Perses ont en effet quadrillé l'empire d'un service de messagers professionnels, pour transmettre les dépêches personnelles des souverains, les rapports sur les mouvements d'ennemis ou les ordres aux collecteurs d'impôts. Cette unité, ancêtre du légendaire Pony Express, fonctionne avec des montures fraîches et un réseau de messagers, séparés par un seul jour de chevauchée. Face à la menace d'une guerre, ce département équin est en mesure de battre en un temps record le rappel des différentes troupes.

Informé de la campagne de Xerxès, un Grec du nom de Démarate parvient à alerter les Spartiates, les plus valeureux des guerriers égéens. C'est sur une double tablette de bois, dont il a raclé la cire, que Démarate grave les intentions perses, avant de couler une nouvelle couche de cire sur son message. La tablette, apparemment vierge, parvient sans encombres à Sparte.

À Sparte, Gorgo, épouse du roi Léonidas, prend connaissance du message et découvre le plan de Xercès. Son époux Léonidas prend aussitôt les armes, à la tête de quelques hommes pour stopper la progression des Perses, au défilé des Thermopyles. C'est là que tomberont Léonidas et ses 300 hommes, trahis et massacrés après avoir résisté trois journées entières – un sacrifice héroïque à la gloire des Spartiates, et un délai précieux qui laisse aux cités grecques le temps de se préparer à la bataille.

À la même époque, en Chine, on recourt à des messagers, qui apprennent par cœur les dépêches de leur souverain. L'écriture idéographique, qui résistera quelques siècles aux Occidentaux, est difficile à chiffrer, ses caractères se prêtant mal à des transpositions ou à des substitutions méthodiques. En l'an mille de notre ère, les chefs militaires chinois communiquent sur de fines feuilles de papier ou de soie.

On roule ensuite ces feuilles en boule avant de les enduire de cire ; une fois cette cire refroidie, le messager n'a plus qu'à dissimuler la bille dans ses vêtements, à moins qu'il ne l'avale, ou ne s'en serve comme d'un suppositoire.

Les procédés de stéganographie linguistique sont moins connus. Le terme *sémagramme* renvoie à des procédés de dissimulation du message, où n'interviennent ni chiffres ni lettres. On sait que des messages ont transité sous forme d'un jeu de cartes, ou de personnages dans un tableau, véhiculant un sens connu du seul destinataire. D'autres formes de stéganographie linguistique, abordées dans ce chapitre, recourent à des symboles géométriques, à l'emploi de nulles et de jargon.

L'historien grec Énée le Tacticien met au point le tout premier sémagramme de l'histoire. Dans son traité sur la science militaire, *De la défense des places fortes*, il évoque une sorte de disque percé, les trous représentant l'alphabet grec. On procède au chiffrement en passant un fil dans les trous correspondant aux lettres du message. À réception, le destinataire dégage le fil trou à trou, pour retrouver le texte clair, mais à l'envers.

En période de guerre, le contre-espionnage s'est toujours inquiété d'une éventuelle circulation de données par vecteur stéganographique ; tous les moyens sont bons pour s'en protéger. Pour preuve, les dispositifs imaginés par les États-Unis au cours de la Seconde Guerre mondiale. Après la catastrophe de Pearl Harbor, le bureau de la censure (filtrant tous les messages suspects sur le territoire américain) est très actif ; il interdit toutes sortes de messages, tels qu'annonces de presse ou commentaires sur le bulletin scolaire des enfants. Également objets de censure, les timbres, remplacés par un cachet, mais aussi les bulletins sportifs, passés au crible par des experts, et même les patrons des couturières.

Le télégramme n'échappe pas à cette paranoïa. Les commandes d'envois de fleurs avec mention des espèces, informations sur l'adresse et la date de livraison, sont interdites par les États-Unis, mais aussi par la Grande-Bretagne et d'autres Alliés (seuls le Canada et le Mexique échappent alors à la règle). Les messages codés sont eux aussi visés ; seuls les codes commerciaux bénéficiant d'une autorisation spéciale peuvent circuler.

Les médias subissent également cette censure. On étudie de près les messages radio et la moindre émission. On interdit pour certaines le principe des appels téléphoniques des auditeurs. La presse est sous haute surveillance et mise en garde contre les annonceurs, principalement les nouveaux clients. Le cinéma est relativement épargné ; en revanche, on ferme les salles situées à proximité des usines de matériel militaire et on interdit sur grand écran toute allusion à l'armement américain.

Les techniques de camouflage

Le recours au camouflage physique des communications se développe au fil des âges. Dans certains cas, la disposition, la couleur, la forme ou le modèle mêmes de l'objet tiennent lieu de message. Dans l'Antiquité, la réception de deux pièces d'or signalait à un agent qu'il devait accomplir sa mission. Plus récemment, on a vu des vêtements ou des accessoires servir à véhiculer un message : poignées amovibles de dagues, doublure de manteau, poches secrètes ou sacs à double-fond, entre autres.

De la fin du XVIIe et tout au long du XVIIIe siècle, le camouflage de dépêches se généralise, au point que les cabinets noirs interceptent aussi bien les paquets postaux que les courriers personnels ou les correspondances commerciales. Ces pratiques systématiques se poursuivent jusqu'à la fin des années 1840. Avec les deux guerres mondiales, la censure postale sera remise au goût du jour par les Alliés et les puissances de l'Axe.

Prenons un exemple de procédé stéganographique physique simple, le jeu de cartes. On classe le paquet selon un ordre convenu, puis on trace le message sur la tranche des cartes, qui sont ensuite battues. Difficile, dans ces conditions, de déceler l'indice même d'un message. Après avoir trié le jeu selon les modalités pré-établies, le destinataire n'a plus qu'à lire les inscriptions, révélées à lui seul de façon cohérente.

Autre support de stéganographie physique, paraît-il fort apprécié des agents secrets : la pipe. Sous une apparence banale, la pipe camoufle en fait un message dans la partie creuse de son fourneau, sans pour autant empêcher son utilisateur de la fumer au vu de tous. En cas de menace, il suffit à l'agent de dévisser légèrement la partie basse du fourneau ; mis en contact avec le tabac incandescent, le précieux papier part en fumée.

L'histoire nous a légué maintes techniques stéganographiques. Énée le Tacticien évoque ainsi un procédé consistant à percer les lettres d'un texte de minuscules trous, pour former le libellé d'un message secret. La méthode est reprise en Angleterre, juste avant la naissance du télégraphe, pour échapper aux tarifs exorbitants de la poste. L'expédition de courriers longue distance est alors hors de prix ; en revanche, les vieux journaux, une fois oblitérés, peuvent circuler à volonté dans tout le pays. Celui qui ne peut s'offrir les services de la poste pointe les lettres nécessaires à son message sur les pages de ces journaux, « rédigeant » ainsi son courrier sans avoir à débourser la moindre livre. Le destinataire n'a plus qu'à relever chaque lettre surmontée d'une perforation, pour lire jusqu'à la dernière phrase du message.

Certains procédés assez proches ont refait surface, sous la forme de méthodes cryptographiques, à l'occasion des deux guerres mondiales.

LES ENCRES INVISIBLES

Si le camouflage en compartiment secret permet de leurrer le simple curieux, il se révèle insuffisant en cas de situation extrême, quand la censure filtre systématiquement le moindre courrier ou objet inhabituel. Pour tromper la vigilance du contre-espionnage et l'indiscrétion de l'ennemi, il a fallu inventer des méthodes plus élaborées, telles l'encre invisible, l'un des tout premiers procédés stéganographiques techniques.

L'encre invisible, qu'elle soit d'origine organique ou chimique, escamote le message. À moins d'un œil averti, cette méthode stéganographique reste imparable. L'usage des encres dites sympathiques remonte à l'Antiquité. Au Ier siècle de notre ère, Pline l'Ancien évoque dans son *Histoire naturelle* une encre invisible, à base de sève d'euphorbe. Un tacticien grec, Philon de Byzance, fait mention d'une encre concoctée à partir de noix de galle. Au début des années 1400, les érudits arabes parlent de mélanges à base de plantes locales ; la Renaissance enfin, avec Leon Battista Alberti et Giovanni Porta, montre elle aussi une prédilection pour le procédé.

Les solutions chimiques sont invisibles une fois sèches. Traité avec un autre produit chimique, appelé réactif, le message camouflé retrouve ses couleurs. Les solutions organiques exploitent des produits banals, tel qu'oignon, citron, lait et vinaigre. Dans ce cas, on récupère le message en chauffant délicatement le document. Les encres organiques servent à rédiger un message entre les lignes d'une lettre anodine, ou sur un parchemin vierge, glissé dans une rame de feuilles apparemment blanches.

En l'an 600 de notre ère, grâce à l'encre invisible, les Arabes sont en mesure de communiquer d'un bout à l'autre de leur empire. L'Europe s'y met au Moyen Âge ; l'encre invisible fait l'objet de plusieurs traités, à la teneur parfois peu scientifique. À la Renaissance, le fameux cryptologue Alberti mentionne dans ses ouvrages des encres invisibles. Plus tard, l'esprit satirique de Rabelais aborde dans son Pantagruel (1532) l'écriture camouflée. Entre deux commentaires sur la condition humaine, l'auteur nous livre une recette d'encre invisible, à base de différentes substances telles le jus d'oignon blanc, l'ammoniaque et l'alun.

Vers la fin des années 1700, le phénomène s'est répandu outre-Atlantique. Au cours de la révolution américaine, Washington et ses espions exploitent des encres baptisées « teintes ». Ces encres sont mises au point par James Jay, médecin londonien et frère du patriote John Jay. Certains des ingrédients entrant dans l'élaboration de ces encres restent, aujourd'hui encore, mystérieux. Les espions Benjamin Tallmadge, Abraham Woodhull et Robert Townsend, respectivement Culper senior et Culper junior, font circuler des informations capitales sur les troupes, la flotte et l'artillerie britanniques dans New York occupé ; leur outil est un recueil aux pages apparemment vierges. Dans son quartier général, Washington use alors d'un produit réactif, pour faire « remonter » ces informations en surface.

Les Loyalistes disposent, eux aussi, d'encres « sympathiques ». En avril 1775, peu après les batailles de Lexington et Concorde, un certain Benjamin Thompson recourt à l'encre invisible, dans une correspondance adressée aux officiers britanniques, basés à Boston. Le message, qui avertit de l'imminence d'une attaque rebelle contre la ville, est rédigé avec de l'acide gallique (à base des noix de galle, déjà évoquées par Philon de Byzance). Les Britanniques font ressortir le message par application de sulfate de fer. Fort heureusement pour les colonies américaines, la carrière d'espion de Thompson cesse avant qu'il ait pu divulguer d'autres secrets essentiels.

Les encres invisibles sont toujours d'un grand usage, l'évolution de l'industrie chimique leur assurant une fiabilité exceptionnelle.

On préconise surtout la substance qui ne réagit qu'à un minimum de produits ; cette encre de haute qualité est dite « spécifique ». Il arrive que les messages camouflés soient, par mesure de sécurité, codés, voire chiffrés, afin de parer à un éventuel accident d'encre.

Au début du XXe siècle, les progrès de la chimie font apparaître de nouveaux révélateurs. Durant les deux guerres mondiales, la censure étudie de près le moindre courrier ; on fait subir aux lettres différents tests, par vapeurs d'iode ou d'ammoniaque. L'arrestation, en 1918, de l'espionne Maria de Victoria, dans un hôtel de Long Island, est en grande partie le résultat des recherches des services secrets britanniques et de l'unité code et chiffre du renseignement militaire américain. En fait, le courrier adressé à Maria, en provenance de Berlin, est maculé d'une encre invisible dissimulant des ordres de sabotage. Accusée, mais jamais portée devant les juges, l'indélicate serait décédée en 1920 d'une overdose.

Heureusement pour les États-Unis, Maria de Victoria n'entourait pas son courrier des mêmes précautions que d'autres. En revanche, les espions de la Première Guerre mondiale recourent généralement à des procédés plus sûrs. L'un des plus courants consiste à dessiner un symbole, tel qu'une arme, à l'encre invisible ; on laisse sécher, puis on le recouvre d'un timbre banal, humidifié uniquement sur ses angles. Cette conjugaison d'encre invisible et de camouflage physique est l'exemple parfait de l'association de stéganographies technique et physique.

L'encre invisible jouera le rôle de pièce à conviction, au cours de la Seconde Guerre mondiale, dans le cas du saboteur George Dasch. Débarqué en juin 1942 d'un sous-marin allemand, avec trois complices, près de Long Island, Dasch prend peur et se livre de lui-même aux agents du FBI, dans la région de New York. On procède alors, sur ses mouchoirs, au test des vapeurs d'ammoniaque — idée judicieuse, qui met au jour des notes rédigées au sulfate de cuivre. L'ammoniaque révèle ainsi les noms et adresses des contacts de Dasch et d'autres saboteurs potentiels, huit hommes au total, arrivés en Floride le 16 juin. Dasch et l'un de ses comparses, Ernest Burger, incarcérés, seront exécutés comme les six autres en juillet 1942.

Le test par vapeurs d'ammoniaque, qui permet le démantèlement du réseau d'espions nazis, n'est qu'une des nombreuses méthodes appliquées alors par les censeurs et les agents du contre-espionnage.

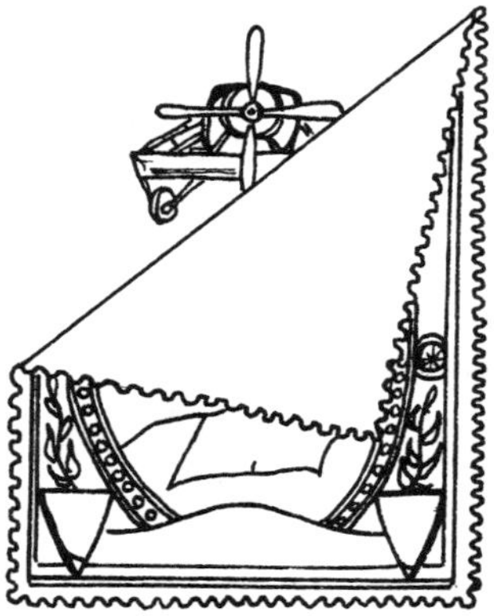

Symbole dessiné à l'encre invisible.

Leur panoplie compte, entre autres, divers réactifs chimiques, lumière infrarouge et rayons ultraviolets. Les ultraviolets détectent les mots écrits à l'amidon ; les infrarouges viennent à bout des messages rédigés avec une encre de même couleur que son support (en principe, du papier ou un bout de tissu).

En dépit de tous ses avantages, l'encre invisible pose un problème de taille aux espions : impossible, en effet, de recourir à cette méthode pour transcrire une somme conséquente de données. De plus, la voie postale est difficile à emprunter, les censeurs se montrant extrêmement vigilants. Certains espions préfèrent rédiger leur correspondance sur une feuille vierge, glissée au beau milieu d'une rame. D'autres optent pour la méthode du pointage d'encre : les journaux de l'ennemi constituent un support quotidien inépuisable de lettres et de phrases. Pourtant, ce travail demeure fastidieux et incommode du fait de l'absence de répertoire de caractères convenu, qu'offrent en revanche les colonnes d'un dictionnaire ou les lignes d'un roman. En outre, la circulation par voie postale du moindre quotidien est la cible privilégiée du contre-espionnage.

La nécessité de véhiculer toujours plus d'informations en un temps record conduit peu à peu à la désaffection de l'encre invisible. Elle ne constitue plus guère aujourd'hui que la parente pauvre de la stéganographie physique, supplantée par un dérivé de la microphotographie, le micropoint.

Recettes d'encre invisible

Quelques gouttes de jus de citron ou d'oignon, et le tour est joué. Trempez alors un pinceau fin dans ce jus, et rédigez votre message. Préférez le pinceau au bec de plume, pour éviter d'entamer le papier, qui serait un indice de la présence d'un message secret. Mieux vaut choisir un papier fibreux, qui absorbe bien l'encre et ne risque pas de faire des reflets une fois encré. En guise de réactif, réchauffez la feuille en douceur au-dessus d'une ampoule, d'un radiateur, d'un sèche-cheveux ou d'un fer à repasser.

Le lait est un autre ingrédient de choix. Rédigez votre message sur un papier à lettres de bonne qualité ; pour le voir réapparaître, passez une poudre noire, du type cendre ou mine de crayon. Ces substances, semblables au charbon de bois, feront ressortir avec éclat l'écriture au lait, révélant ainsi un message blanc sur fond noir.

Encore plus simple ; exploitez les empreintes laissées par l'écriture appuyée d'un texte sur une autre feuille. Rédigez votre message sur une feuille de papier en insistant bien sur chaque lettre pour qu'elle s'inscrive en même temps sur une seconde feuille. Plus vous appuierez, plus vous pourrez envisager d'expédier la troisième, voire la quatrième feuille, dont les empreintes, moins décelables, assurent plus de fiabilité au secret. Le destinataire n'a plus qu'à colorier le papier au crayon à mine et à diriger les faisceaux d'un spot ou d'une lampe à l'oblique pour voir le message apparaître par transparence. La chose est impossible avec un éclairage vertical.

TECHNIQUES CRYPTOPHOTOGRAPHIQUES

La cryptophotographie fait appel à la réduction d'image et à la chimie. Les processus chimiques se déclinent en plusieurs méthodes : l'image dissimulée, le durcissement par gélatine et la décoloration.

Dans la première de ces techniques, l'espace « vierge » d'une photo apparemment anodine est en fait occupé par une image invisible. On obtient cette seconde image en procédant d'abord au tirage du négatif « innocent », avec les produits chimiques habituels. On dispose ensuite le négatif « secret » de l'image dans un espace vierge, sur la première photo. Celle-ci est alors plongée dans le bain de fixage. Le destinataire plonge ce cliché dans le réactif adéquat pour révéler l'image cachée. Jusqu'à l'invention du micropoint, ce procédé de camouflage passait pour l'un des plus sûrs.

Le durcissement par gélatine, ou tannage, exploite les propriétés variables de la gélatine. L'efficacité de ce mode de camouflage repose, pour une méthode, sur l'application soignée de différentes solutions, ainsi que sur la qualité du papier ou, dans une technique plus élaborée, sur l'utilisation de films ou de plaques exposées. Dans le procédé à base de papier, le message est rédigé à l'aide d'une solution de formaldéhyde, sur un papier photo de qualité supérieure, enduit de gélatine. Une fois sec, le support semble totalement vierge. Pour lire le message, le destinataire doit plonger la photo dans un bain d'eau tiède ou d'ammoniaque. La gélatine réagit en se boursouflant autour des caractères tracés au formaldéhyde, qu'il suffit de lire en lumière rasante.

Dans la méthode dite de décoloration, on place une image photographique exposée, mais non développée (soit le négatif, soit le positif), dans une solution chimique qui va l'« effacer ». Le destinataire récupère cette image à l'aide d'un réactif, qui annule les effets de la solution première. Voici quelques exemples des ingrédients chimiques nécessaires à ce processus.

SOLUTION

```
sulfate de cuivre et chlorure de sodium

bichromate de potassium et acide chlorhydrique

bichlorure de mercure

chlorure de mercure
```

RÉACTIF

```
hydroquinone de metol

hydroquinone de metol

hydroquinone de metol

hyposulfite de soude ou ammoniaque
```

La décoloration ne constitue pas véritablement une méthode de camouflage ; elle laisse en effet fréquemment des traces d'images, souvent décelables à la lumière du jour. Un bain de fixage remédie à l'inconvénient, mais ne facilite pas le développement, et risque d'entamer la qualité de l'image. Ces raisons sont suffisantes pour expliquer que le procédé n'ait connu qu'un usage restreint.

Les micropoints

Ce sont les nazis qui, les premiers, trouvent une solution au problème posé par l'acheminement de masses de données. Le micropoint s'annonce ainsi pour l'époque comme un exploit technologique considérable. Connu aujourd'hui comme l'élément indispensable à la panoplie des agents secrets, le micropoint n'en a pas moins des antécédents comme les réductions d'images publicitaires ou les photos d'identité.

Depuis son apparition, au XIXe siècle, la photographie est régulièrement employée par les cryptographes. Le premier exemple de microphotographie aux fins de transmission de messages secrets remonte à la guerre franco-prussienne de 1870-1871. René Dagron, pionnier de la photo miniature, quitte Paris assiégé en montgolfière avec ses compagnons, et met en place un service de messagerie depuis Tours. Dagron réduit des documents militaires sur des films de 30 x 55 mm, puis glisse ces pellicules dans des tubes qu'il attache aux pattes de pigeons voyageurs. La plupart du temps, l'information parvient à Paris sans encombres.

Le micropoint reste le type le plus connu de microphotographie. Les micropoints, reproductions infiniment réduites de documents, assurent la transmission secrète de l'information ; ils sont « le chef-d'œuvre de l'espionnage ennemi », selon les propres mots de J. Edgar Hoover, patron du FBI.

Les scientifiques allemands mettent en fait le procédé au point dans les années 1920, en s'inspirant largement de la technique appliquée par Dagron. On fait d'abord subir une série de réductions à la photo d'une correspondance secrète. Une fois le négatif développé, on utilise une seringue hypodermique pour prélever le micropoint de l'émulsion photographique. On le réinjecte ensuite sur un document anodin, à la place d'une ponctuation ou d'un point, sur lequel il est fixé par une substance adhésive, de type collodion.

Le procédé bénéficie bientôt d'une nouvelle avancée technologique : on peut bientôt produire des microfilms à l'aide d'un matériel tenant dans une malle. D'autres progrès permettent ensuite d'obtenir une photo fixée, mais non développée. On dispose alors d'un film transparent et plus discret, surtout quand il est apposé sur des surfaces brillantes, comme les bords encollés des enveloppes. Très vite, ces performances facilitent le travail des espions nazis, qui camouflent des quantités phénoménales de micropoints dans des télégrammes et des lettres, ou de minuscules microfilms sous les timbres-poste.

Selon Hoover, c'est en janvier 1940 que le FBI entend parler pour la première fois de micropoints. Il faut attendre août 1941 pour en voir ; un technicien de laboratoire remarque en effet un reflet sur une enveloppe confisquée à un agent allemand. Ce reflet vient en fait d'un micropoint imitant une ponctuation dactylographiée. À la fin de l'année 1941, les services du contre-espionnage interceptent des micropoints en grands nombres, sur les télégrammes, les lettres, sous les timbres-poste.

Censeurs des services postaux, techniciens de laboratoires et agents du contre-espionnage conjuguent leurs efforts pour démanteler les réseaux d'espions nazis ; on intercepte et déchiffre les micropoints codés, ultra réduits ou camouflés.

À la fin de la guerre, en 1945, les micropoints sont employés par les agents soviétiques. L'un de ces espions, Rudolf Abel s'en sert dans les années 1950 pour mener à bien son œuvre d'infiltration dans la région de New York. Abel réalise ses micropoints en réduisant des négatifs de 35 millimètres à l'aide d'une lentille à courte focale. Une fois les micropoints obtenus, il les insère dans des magazines américains, puis expédie ce support apparemment inoffensif à une adresse poste en restante, à Paris.

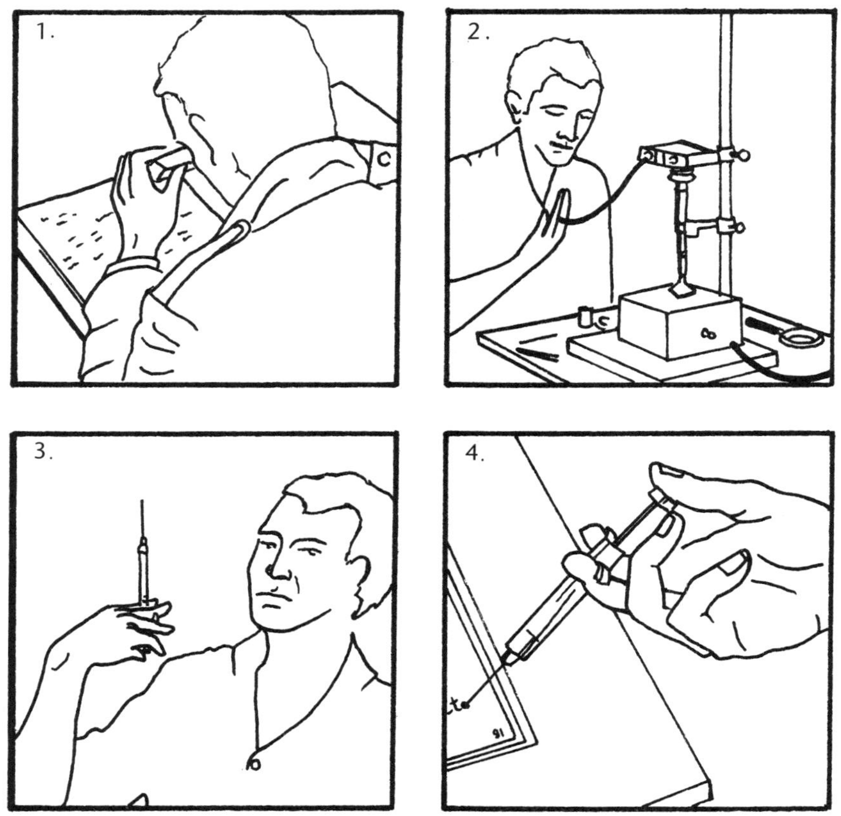

Le développement d'un micropoint :

1 Un espion photographie un document secret.

2 La photo est à nouveau photographiée.

3 La microphoto est prélevée à l'aide d'une seringue.

4 Le micropoint est réinjecté sur la page d'un livre.

Camouflages linguistiques

LES SÉMAGRAMMES

Le terme sémagramme vient du grec *sema*, « signe », et *gramma*, « écriture, caractère » ; il représente l'une des deux grandes catégories du camouflage linguistique. Les éléments du texte codé ou chiffré ne sont ni des lettres, ni des chiffres, mais ici le sens peut être véhiculé par différents éléments, par exemple des points de jetons de dominos, l'emplacement d'objets sur une photographie, voire par une peinture dans laquelle des branches d'arbre de longueurs différentes représentent les traits/points du code Morse. Le chiffrement, dans ce cas, échappe totalement à l'observateur.

On se rappelle peut-être l'ingéniosité de ces agents allemands basés en Angleterre qui, au cours de la Seconde Guerre mondiale, correspondent avec leur patrie au moyen d'un simple pull-over. Officiellement destiné à un prisonnier, le vêtement est en fait expédié aux services de renseignements nazis qui, à sa réception, en démêlent le fil, qui révèle une série de nœuds. On étire ensuite ce fil, pour étudier ses nœuds à partir d'un alphabet imprimé à la verticale, sur une cloison murale. Le déchiffrement est déterminé par une ligne de base préétablie, comme la conjonction perpendiculaire du sol avec l'alphabet. L'extrémité du fil est fixée au sol, sous l'alphabet, jusqu'à ce que le premier nœud soit aligné sur une lettre. Ce nœud est alors tiré au sol, pour que l'on puisse aligner le deuxième sur la lettre qui lui revient. Des informations sur des navires alliés en construction ou en passe de prendre la mer vont transiter ainsi, nœud à nœud.

Entre autres procédés sémagraphiques, on peut citer l'intégration d'une carte ou d'une dépêche dans un dessin apparemment anodin. Dans l'illustration qui suit, on a ainsi l'esquisse d'une feuille morte, sillonnée de veinures : rien de plus banal. En fait, ce dessin est une carte détaillée des positions et des catégories de l'artillerie ennemie ; les veinures reproduisent fidèlement le dessin de gorges et de vallées.

Au cours de la Première Guerre mondiale, les service secrets allemands vont mettre au point plusieurs types de croquis sémagraphiques fort astucieux. Il s'agit d'emprunter la voie postale en se jouant du zèle de la censure alliée ; il faut pouvoir communiquer avec des agents et sympathisants, disséminés un peu partout. Voici, par exemple, une anecdote révélatrice Une richissime anglaise, dont le frère, aviateur, est prisonnier de guerre en Hollande, voit un jour frapper à sa porte une femme se recommandant d'une œuvre de charité. Reçue sur la terrasse du manoir, l'inconnue, tout en sollicitant un don, esquisse sur la page vierge d'un livre quelques oiseaux voletant dans la prairie environnante. On parle de choses et d'autres, surtout du frère emprisonné ; notre Anglaise accorde une somme à sa visiteuse. Celle-là suggère alors à la donatrice d'expédier son croquis au malheureux, histoire de le réconforter par cette évocation d'une scène de son pays natal. Sur ce geste amical, l'inconnue se retire.

Plus tard lorsqu'on découvre que la visiteuse est en possession de faux papiers, la police conclut d'abord à un subterfuge élaboré, mais simplement vénal. La généreuse donatrice n'imagine aucun autre mobile que l'argent, pas même quand elle apprend que son frère n'a jamais reçu le croquis en question. Par la suite, les autorités britanniques découvrent que la visiteuse a utilisé pour son dessin un papier dont le fond représente, en réduction, une vue bien particulière. Ce croquis n'a rien d'innocent : l'emplacement des oiseaux correspond en fait à la situation d'un champ de mines, protection d'un site naval

Croquis sémagraphique où apparaissent les positions de pièces d'artillerie.

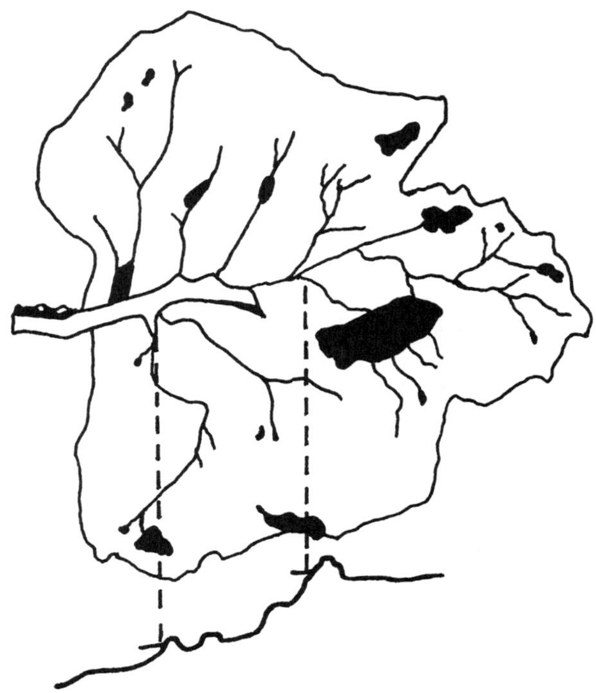

stratégique. Expédié en Hollande, le croquis avait été intercepté par un agent hollandais, collaborant avec l'Allemagne.

Durant la Première Guerre mondiale, on ne jure que par les sémagrammes ; mais le besoin de communications militaires ultrarapides et multidirectionnelles conduit à un usage de plus en plus important de procédés cryptographiques adaptés au téléphone et à la radio. Le sémagramme ne résistera pas à l'assaut du chiffrement électronique.

Les sémagrammes dans le texte

Pour camoufler ses messages, le sémagramme s'appuie également sur des textes courants, en s'y cachant sous la forme d'un caractère légèrement plus petit, ou d'intervalles plus ou moins réguliers entre les lettres et les mots.

L'une des premières applications de ce système est due à Sir Francis Bacon, autrement connu sous le nom baron Verulam, vicomte de St Albans et Grand Chancelier de la reine Élizabeth Ire. (Pour certains, Bacon serait aussi l'auteur des principales œuvres attribuées à Shakespeare.) Parallèlement à d'autres réalisations, Bacon met au point une forme ingénieuse de stéganographie. Travaillant sur les 24 lettres de l'alphabet (*u* se confond avec *v* et *i* avec *j*), il invente l'alphabet ci-dessous, bâti sur les deux premières lettres de son nom.

a	AAAAA	i	ABAAA	r	BAAAA
b	AAAAB	k	ABAAB	s	BAAAB
c	AAABA	l	ABABA	t	BAABA
d	AAABB	m	ABABB	v	BAABB
e	AABAA	n	ABBAA	w	BABAA
f	AABAB	o	ABBAB	x	BABAB
g	AABBA	p	ABBBA	y	BABBA
h	AABBB	q	ABBBB	z	BABBB

Converti, « le » s'écrit ABABA AABAA. Bacon préconise l'utilisation de son « alphabet bilitère » pour véhiculer un texte secret, mais aussi pour coder des sons de cloche, de corne ou de mousquets (ainsi, un coup de cloche pour *A*, deux pour *B*).

Le procédé exploite un « texte de couverture », imprimé avec deux sortes de caractères : le type *A* en romain et le type *B* en italique.

De fait, pour camoufler le mot « fuyez » (AABAB BAABB BABBA AABAA BABBB), le texte de couverture imaginé est imprimé comme suit :

ne *partez surtout* pas *sans moi*

Les lettres « n » et « e », en romain, représentent les deux premiers A de la lettre « f » du mot « fuyez ». Le « p », en italique, correspond au B de la lettre « f » du mot secret, et ainsi de suite.

TEXTE CACHÉ :	fuyez
	AABAB BAABB BABBA AABAA BABBB
TEXTE DE COUVERTURE :	ne *partez surtout* pas *sans moi*

La méthode de Bacon associe différents aspects de la stéganographie : camouflage sous des mots apparemment anodins, et sémagrammes, usant de caractères discrètement modifiés.

On peut remarquer que le procédé aurait gagné en efficacité, si l'on avait gardé des caractères de styles presque identiques. L'alphabet « bilitère » de Bacon répond aux exigences du sémagramme, en ceci que ses lettres ne font pas office de chiffre. Les différences de caractères correspondent plutôt à un genre de substitution.

Conçu dans le même esprit que l'alphabet bilitère, le « motif accessoire secret » peut également être considéré comme un sémagramme. Le procédé est mis au point en 1805, aux États-Unis, par un émigrant irlandais, Robert Patterson, chef de brigade d'une milice locale durant la Révolution. Patterson est atterré par le peu de protection accordée aux communiqués des ambassadeurs américains ; dès lors, il se donne pour mission de créer un chiffre diplomatique.

Sa première invention, une transposition alphanumérique, s'avère bien trop subtile pour les diplomates américains. Patterson travaille donc à concevoir un nouveau « projet d'écriture secrète » ; en décembre 1805, il présente le résultat de son travail à son ami, le président Thomas Jefferson. Sur la base de deux lettres, *i* et *t*, Patterson a mis au point une sorte de système de « point/trait », qui exploite leur caractéristique spécifique, le point pour le *i* et le trait (ou barre) pour le *t*.

Patterson suggère d'utiliser deux séries de 26 caractéristiques différentes, correspondant aux lettres de l'alphabet standard anglais, plus trois ou quatre pour désigner les doubles lettres, et d'autres combinaisons encore pour représenter les mots courants. Patterson va jusqu'à proposer *j* comme un complément de *i*. Le *i* compte ici plusieurs variantes : points (gras ou maigre), obliques (gauche ou droite) et, enfin, virgules (à l'endroit ou à l'envers). Ces « accessoires » doivent se situer plus ou moins loin du caractère, au-dessus de lui ou encore à sa droite ou à sa gauche.

On traite le *t* en jouant de la barre, sur sa longueur, son éloignement par rapport au caractère lui-même, sur un dessin en croix, etc. Patterson propose en outre de coder les intervalles entre les mots, en fin de phrases et de message, par des caractéristiques préalablement convenues (ainsi, l'absence sur une lettre de sa caractéristique peut signifier un espace entre les mots).

Tables d'accessoires caractéristiques de l'alphabet

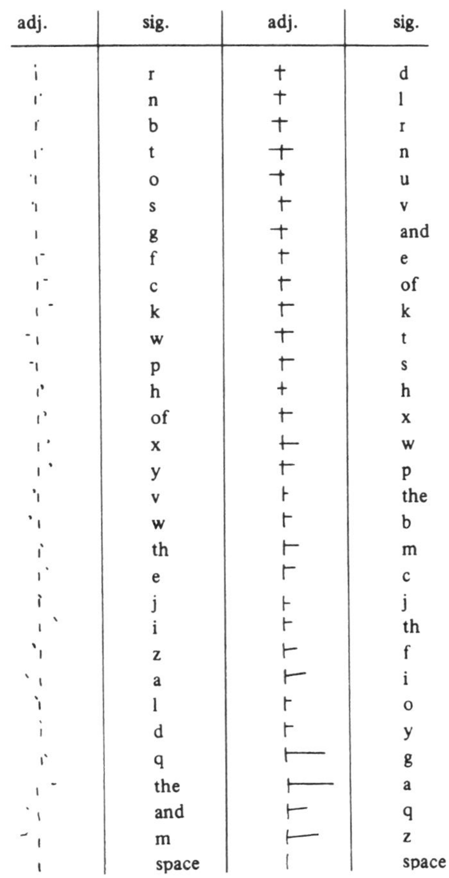

Il n'existe aucune preuve de l'emploi de ce système par Jefferson ou ses diplomates. Le manque de compétences des copistes et la fréquence des erreurs en écriture, particularité du département d'État et des employés d'ambassade, semblent avoir eu raison d'un chiffre essentiellement fondé sur une maîtrise parfaite de l'orthographe.

La stéganographie conjugue souvent différents types de codes et de chiffres avec le camouflage physique ; le chiffre dit « des nihilistes » en est un exemple. Ici, le texte est travaillé sur la base d'intervalles et de formes appliquées à la fin de certains mots. Ce procédé, utlisé par les anarchistes russes, restera en vigueur de la fin des années 1850 jusqu'en 1917, à la chute de la dynastie des Romanov.

Le chiffre des nihilistes est bâti sur l'emploi du damier (voir chapitre Chiffres), mais enrichi d'un aspect stéganographique qui donne au message l'apparence d'une lettre anodine. Les cryptographes nihilistes réalisent que les caractéristiques d'une écriture manuscrite peuvent passer inaperçues aux yeux des censeurs veillant au trafic postal. Ils prennent donc le parti d'exploiter les tics d'écriture de ceux qui ont pour habitude de ne pas lier toutes les lettres de leurs mots. Le chiffreur complète ces espaces libres par des courbes orientées vers le haut ou le bas pour indiquer au destinataire la fin d'un groupe spécifique de caractères. Voici un exemple de lettre en style nihiliste :

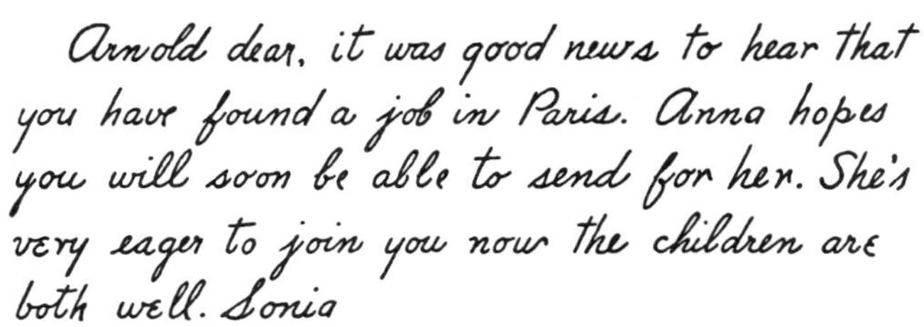

Lettre rédigée en style nihiliste.

Ici, le trigramme *arn* (avec son *n* dressé vers le haut) est considéré comme un groupe de caractères. Chacun de ces groupes s'additionne de gauche à droite. Ainsi, deux groupes associés égalent :

```
arn - 3, old - 3 = 33
deari - 5, t - 1 = 51
wasgo - 5, 0-1 - = 51
```

On obtient la série numérique suivante : 33, 51, 51, 41, 23, 43, 33, 51, 45, 12, 43, 24, 11, 34, 34, 11, 34, 34, 42, 33, 11, 44, 42, 43, 33.

On compare cette série de nombres avec un carré alphabétique, bordé de chiffres disposés à l'horizontale et à la verticale. En s'alignant sur les chiffres horizontaux et verticaux, le destinataire finit par isoler à leur intersection la lettre correspondante claire.

	1	2	3	4	5
1	a	f	l	q	v
2	b	g	m	r	w
3	c	h	n	s	x
4	d	ij	o	t	y
5	e	k	p	u	z

33 = n, 51 = e, 51 = e, 41 = d

23 = m 43 = o 33 = n 51 = e 45 = y

12 = f 43 = o 24 = r

11 = a 34 = s 34 = s 11 = a 34 = s 34 = s

42 = i 33 = n 11 = a 44 = t 42 = i 43 = o
33 = n

Il faut traduire ici : *need money for assassination* (« besoin d'argent pour l'assassinat »).

Certes, l'écriture sémagrammique est ingénieuse ; c'est précisément cette vertu qui la rend impropre aux communications véritablement sécurisées. Le genre va tomber en désuétude, largement dépassé par la stéganographie radio et électronique.

LES GRILLES

La grille voit le jour au XVIe siècle, avec le médecin et mathématicien Jérôme Cardan qui, le premier, avance le concept du camouflage de message sous des phrases anodines. Sa grille, une feuille d'un matériau rigide ou de métal, est découpée de fenêtres rectangulaires de longueur variable, de la hauteur d'une ligne d'écriture. Lettre à lettre, syllabe par syllabe, ou même par mots entiers, on rédige le message secret sur une feuille de papier placée sous ce cache. Parfois, des syllabes et des parties de mots nécessitent des fenêtres plus larges. Une fois le texte rédigé, le chiffreur retire la grille et attaque une étape délicate ; il lui faut en effet composer tout autour de ces fragments de mots des phrases cohérentes autant qu'anodines.

Le destinataire lit le message en question en appliquant sur ce texte la grille convenue, parfaitement alignée, dont les fenêtres révèlent les mots secrets.

```
And there was mounting in hot haste the steed
The mustering squadron and the clattering car,
And swiftly forming in the ranks of war;
And deep the thunder peal on peal afar;
And near, the beat of the alarming drum
Roused up the soldier ere the morning star
While thronged the citizens with terror dumb
Or whispering, with white lips,—'the
foe! they come, they come!'
```

Le procédé s'avère plutôt incommode ; de plus, les phrases de couverture manquent à ce point de naturel que la présence d'un texte caché

Message secret révélé par grille

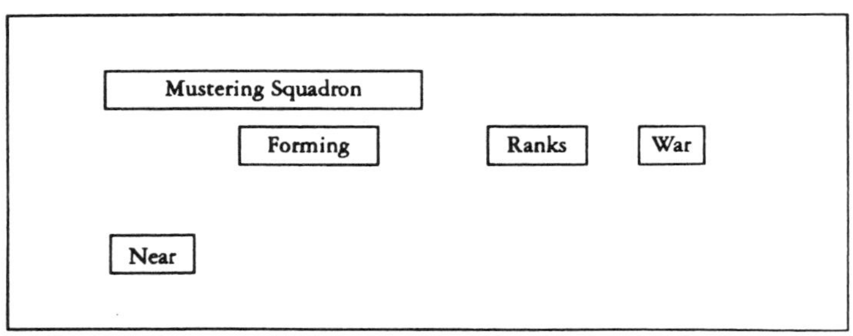

est criarde. Il n'empêche : la grille de Cardan restera l'outil préféré des gouvernements européens, tout au long du XVIIe siècle.

En 1777 éclate la Révolution américaine. Sir Henry Clinton, général britannique, se sert à son tour d'un type de grille, plutôt grossier, dans sa correspondance avec le général John Burgoyne. Depuis son quartier général de New York, Clinton expédie une dépêche à Burgoyne, basé sur la rivière Hudson. Le système de camouflage, médiocre, est baptisé « dumbbell cipher » (chiffre haltère), probablement à cause de sa fenêtre en forme de sablier. Dans ce message, Clinton informe Burgoyne de son impossibilité à venir en renfort pour repousser les colonies établies le long de l'Hudson. Les historiens ignorent si ce texte parvient à Burgoyne, et dans l'affirmative, s'il pèse véritablement sur ses plans. Toujours est-il que Clinton reste loin du champ de bataille. Burgoyne est défait par les forces coloniales, commandées par le général en chef Horatio Gates ; c'est la bataille de Saratoga, un tournant décisif pour la suite de la guerre.

L'illustration ci-dessous montre le libellé de l'une de ces missives, datée du 10 août 1777. Le message se lit dans la fenêtre en forme de sablier.

La grille de Clinton

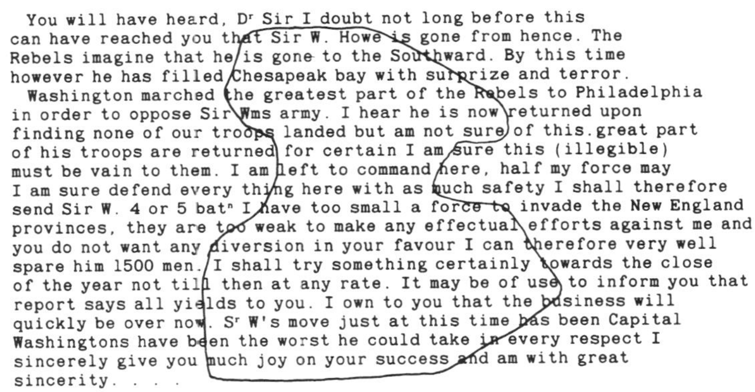
You will have heard, Dr Sir I doubt not long before this
can have reached you that Sir W. Howe is gone from hence. The
Rebels imagine that he is gone to the Southward. By this time
however he has filled Chesapeak bay with surprize and terror.
Washington marched the greatest part of the Rebels to Philadelphia
in order to oppose Sir Wms army. I hear he is now returned upon
finding none of our troops landed but am not sure of this great part
of his troops are returned for certain I am sure this (illegible)
must be vain to them. I am left to command here, half my force may
I am sure defend every thing here with as much safety I shall therefore
send Sir W. 4 or 5 batn I have too small a force to invade the New England
provinces, they are too weak to make any effectual efforts against me and
you do not want any diversion in your favour I can therefore very well
spare him 1500 men. I shall try something certainly towards the close
of the year not till then at any rate. It may be of use to inform you that
report says all yields to you. I own to you that the business will
quickly be over now. Sr W's move just at this time has been Capital
Washingtons have been the worst he could take in every respect I
sincerely give you much joy on your success and am with great
sincerity. . . .

À ses débuts, la grille ne brouille ni ne transpose véritablement l'emplacement des lettres ; le genre évolue au XVe siècle, avec l'apparition de la grille tournante. On lui fait accomplir des rotations à intervalles réguliers ; une rotation de 90°, par exemple, après chaque fin de phrase, de façon à jouer sur l'emplacement des fenêtres et, du même coup, sur la position des lettres.

Surnommées « grilles treillis », leurs fenêtres évoquant les palissades des jardins, les grilles tournantes restent dans les années 1740 le moyen préféré des autorités hollandaises. Elles vont aussi servir un temps les desseins de l'empereur Guillaume, au cours de la Première Guerre mondiale. À la fin de l'année 1916, les cryptanalystes français remarquent certains changements dans les substitutions élaborées par les Allemands, lesquels ne trouvent pas le procédé à leur goût, trop compliqué pour eux, et décident plutôt de passer à la transposition à base de grilles. Ces grilles, de dimensions variables, portent toutes un nom de code : Anna (25 lettres), Berta (36 lettres), Dora (64 lettres) et Emil (81 lettres). Le procédé aura cependant une durée de vie éphémère : quatre mois seulement – au grand dam des Français, qui venaient juste d'en trouver la clé.

L'usage veut que ces grilles, de papier ou en carton, soient carrées ou rectangulaires. La version carrée semble avoir permis un écartement plus fonctionnel, facilitant ainsi les rotations.

Dans le carré le plus courant, de six cases sur six (36 lettres), on évide un nombre de fenêtres équivalant à un quart des cases (9). On dépose la grille sur une feuille de papier vierge, et on inscrit les neuf premières lettres du message dans les fenêtres en question. On applique ensuite une rotation de 90° à la grille, puis on inscrit les neuf lettres suivantes dans les nouvelles cases découvertes, et ainsi de suite, jusqu'à remplir l'ensemble des cases du carré. Pour traiter un message plus important avec ce procédé, il faut, bien entendu, recourir à un nouveau carré. En revanche, si le texte est plus court, les cases inutiles sont alors noircies, pour éviter toute confusion, telles qu'omission ou mauvaise disposition de lettre. L'expéditeur retire ensuite la grille et relève les lettres inscrites dans les cases, généralement par lignes successives courant de gauche à droite.

Tout ce qui concerne le procédé employé, sens des rotations (droite, gauche, ou alternée), du relevé (de gauche à droite, ou par rangée alternée), est préalablement transmis au destinataire qui, à réception, se sert de la grille correspondante et d'autres données pour déchiffrer le texte.

LES NULLES

Le chiffrement par nulles est un genre de code camouflé, dans lequel seuls quelques mots ou quelques lettres sont porteurs de sens. Ces lettres, dites repérées, peuvent être la première lettre suivant une virgule, la quatrième lettre des cinquièmes mots d'une série de paragraphe, ou encore le dernier mot précédant un alinéa. Le reste des lettres encadrant ces lettres repérées sont des nulles, dépourvues de signification. Leur mission : offrir à un œil indiscret un texte global non suspect.

Les nulles sont tantôt classées dans la catégorie code, tantôt dans celle du chiffre ; en fait, il s'agit plutôt d'un panachage des deux genres. Le procédé agit parfois comme un chiffre puisqu'il se présente sous la forme d'une série de lettres convenues et met en scène différentes combinaisons, alors que les lettres ne sont ni transposées ni remplacées par d'autres caractères. Dans leur disposition finale, elles sont mélangées, pour composer des mots entiers. Le recours à des lettres ou à des syllabes comme équivalents de termes complets joue plus souvent le rôle de code que de chiffre. Les nulles entrent enfin dans le genre stéganographique, puisque leur vocation est de camoufler un message, au cœur d'un texte d'apparence anodine.

Au XXe siècle, les censeurs affiliés au service postal en temps de guerre doivent filtrer des sommes considérables de courrier pour traquer les libellés susceptibles de contenir des unités cryptographiques nulles. La présence d'expressions maladroites ou empruntées constitue souvent un indice déterminant ; à plusieurs reprises, les censeurs viendront à bout de messages secrets en plaçant simplement tous les mots suspects les uns à côté des autres.

In*s*pector number five
de*t*aches the new
fo*r*ms found with
th*i*s shipment. Stop.
Ac*k*nowledge earliest opportunity
th*e* first new
co*n*tract you receive
fr*o*m their courier
Ho*w*ton. Stop.

Le texte clair, *strike now*, obéit au schéma suivant : tous les trois mots, c'est la troisième lettre qui est signifiante.

Un chiffrement par nulles très simple : pliez une feuille de papier en trois, à la verticale. Rédigez le message, à la verticale, au bas des pliures, et complétez les espaces par des nulles. Pour découvrir le texte clair, le destinataire n'aura qu'à lire les lettres, ou mots, inscrits au niveau des plis.

Chronogrammes et acrostiches sont de véritables mines pour les amateurs de nulles. Un chronogramme est une inscription dans laquelle certaines lettres, rigoureusement ordonnées, renvoient à une date en chiffres romains ; exemple : *m*er*c*y *m*i*x*ed with *l*o*v*e *i*n h*i*m (MCMXLVII = 1947). Tous les chronogrammes ne sont pas forcément transparents ; certains sont délibérément peints, gravés ou ciselés de manière plus énigmatique, afin de brouiller les pistes. Même s'ils ne constituent pas le support le plus pratique du chiffrement, les nombres d'un chronogramme apparemment limpide peuvent également faire office de surchiffrement pour mots codés ou texte camouflé. Reprenons notre exemple : 1 + 9 + 4 + 7 = 21, et 19 X 47 = 893. Les nombres 21 et 893 peuvent avoir des significations totalement différentes, qui peuvent aller de l'expression d'autres valeurs numériques à un chiffrement de noms.

Les acrostiches sont des strophes, ou des dispositions de mots dans lesquelles des lettres spécifiques, des syllabes, des mots, de lignes consécutives, des vers, voire des chapitres sont alignés de façon à composer un mot particulier, une devinette ou une devise. Au cours de la Première Guerre mondiale, les Allemands vont s'essayer à cet exercice, en tentant de camoufler une dépêche secrète dans un câble presse :

President's embargo ruling should have immediate notice. Grave situation affecting international law. Statement foreshadows ruin of many neutrals. Yellow journals unifying national excitement immensely.

La première lettre de chaque mot donne le message, *Pershing sails from NY June 1.* (Pershing quitte New York par mer le 1er juin.).

Fort heureusement pour la triple Entente, le général Pershing a levé les voiles quelques jours plus tôt vers l'Europe, afin de participer avec les forces alliées à défaire l'Allemagne et l'Autriche-Hongrie.

Dans un autre genre, les nulles peuvent prendre l'aspect d'un signe de ponctuation, placé de telle sorte qu'il sous-entend la présence de lettres repérées. En Angleterre, dans la tourmente de la guerre civile, le procédé va servir le destin de Sir John Trevanion. Fervent partisan du roi, Trevanion a été arrêté par les Puritains ; il croupit dans sa geôle du château de Colchester, une ville au nord-est de Londres. L'homme ne se fait guère d'illusion sur son avenir ; ses camarades royalistes, Charles Lucas et George Lisle, ont été exécutés.

C'est dans cette attente que Trevanion reçoit la missive d'un ami :

Worthie Sir John:

Hope, that is ye beste comfort of ye afflicted, cannot much, I fear me, help you now. That I would say to you, is this only: if ever I may be able to requite that I do owe you, stand not upon asking me. 'Tis not much that I can do: but what I can do, bee ye verie sure I wille. I knowe that, if dethe comes, if ordinary men fear it, it frights not you, accounting it for a high honour, to have such a rewarde of your loyalty. Pray yet that you may be spared this soe bitter, cup. I fear not that you will grudge any sufferings; only if bie submissions you can turn them away, 'tis the part of a wise man. Tell me, an if you can, to do for you anythinge that you wolde have done. The general goes back on Wednesday. Restinge your servant to command.

R.T.

L'identité du correspondant de Trevanion reste un mystère ; quoiqu'il en soit, le libellé apparemment innocent de la missive trompe la vigilance des geôliers. La référence à un général anonyme ne les inquiète aucunement ; la lettre est remise, sans méfiance aucune, au prisonnier. Pourtant, Trevanion va découvrir entre ces mots un processus de chiffrement aussi simple qu'ingénieux. En relevant la troisième lettre après chaque signe de ponctuation, il obtient le message : *panel at east end of chapel slides* (panneau à l'extrémité est de la chapelle glisse).

Dès lors, Trevanion montre un empressement certain à faire ses prières. L'heure de profonde piété que lui accordent les Puritains, bernés, permet au Royaliste de s'échapper.

Au XIXe siècle, le public manifeste un engouement certain pour la cryptographie. Arthur Conan Doyle exploite cette vague en intégrant dans son récit, *Gloria Scott*, un cryptogramme semblable à celui de sir John Trevanion. Sherlock Holmes, le plus célèbre des détectives de fiction, est confronté dans ce récit à sa première affaire.

Le père de Victor Trevor, un camarade de collège d'Holmes, décède d'une crise cardiaque, après réception d'une étrange note. Le détective parvient à isoler le nom *Hudson* dans les termes du message, et pour connaître intimement les Trevor, il sait que cet Hudson inquiétait fortement le défunt. Holmes tente de déchiffrer le libellé suivant :

The supply of game for London is going steadily up. Head keep Hudson, we believe, has been now told to receive all orders for fly paper and for preservations of your hen-pheasant's life.

Le détective déplace les mots, les lit à l'envers ; rien n'y fait. Le message reste « muet ». En fait, la clé est simple ; le sens caché devient évident quand on ne prend en considération qu'un mot sur trois.

The game is up. Hudson has told all. Fly for your life.

Holmes signe là, avec brio, sa première enquête.

L'exploitation de nulles à des fins de dissimulation ne donne pourtant pas toujours satisfaction ; le phrasé emprunté qui les encadre est déjà suspect en lui-même et trop vulnérable à l'analyse. Les soldats de nombreux pays, engagés dans différents conflits, vont cependant recourir à des procédés similaires, pour tenter d'échapper à la censure et communiquer avec leurs proches. Voici à ce sujet une anecdote : pendant la Seconde Guerre mondiale, un jeune GI tente d'informer ses parents de son stationnement à Tunis.

Préalablement à cette mission, il s'arrange pour épeler le nom de la ville en modifiant à chaque fois l'initiale du second prénom de son père. Sur l'enveloppe de la première lettre, le GI prend le *T* comme initiale ; dans la seconde, il passe au *U*, et ainsi de suite. Malheureusement, le soldat omet de dater ses lettres qui, arrivées à destination dans le désordre, posent à ses parents qui tentent de reconstituer le message, un net problème. Aucun atlas, en effet, ne mentionne une ville au nom de « Nutsi ».

Plus sérieusement, on citera l'ingéniosité de ce prisonnier de guerre américain au Japon, qui parvient à expédier une carte postale chargée de nulles, sans que le censeur s'en aperçoive.

RECTO :

```
Frank G. Jonelis, 1st Lt. U.S.A.
Zentsuji war prisoners camp
Nippon
Mr. F.B. Iers
c/o Federal Bldg. Company Room 1619, 100 Main St.
Los Angeles, California U.S.A.
```

VERSO :

```
Dear Iers:
After surrender, health improved
fifty percent. Better food etc.
Americans lost confidence
in Philippines. Am comfortable
in Nippon. Mother: invest
30 percent salary, in business. Love
Frank G. Jonelis
```

Un agent du FBI découvrira que seuls les deux premiers mots de chaque ligne composent un message : *After surrender, 50 percent Americans lost in Philippines ; in Nippon, 30 percent.*

LE JARGON

Le jargon naît en même temps que la cryptologie. Bien qu'étiqueté comme code, il est également considéré comme une forme de stéganographie linguistique ; le jargon est conçu pour sembler innocent aux oreilles indiscrètes et à la censure militaire.

Pour transmettre une information, le jargon recourt à des mots-clés à consonance banale. Le passage sur les ondes d'une chanson rare peut, en fait, correspondre à un ordre d'exécution destiné à une équipe de sabotage. Si l'on a depuis longtemps remisé les grilles comme procédé de code camouflé, et si les nulles ne sont plus guère employées que par des particuliers, les jargons, eux, servent activement les agents secrets et les forces armées. Le monde des affaires, de son côté, use et abuse aujourd'hui, dans ses échanges, de multiples jargons dans ses conversations téléphoniques, par télécopie ou courrier électronique.

Le jargon se développe parallèlement au langage et est souvent lié à une classe sociale ou une profession. On peut citer ce code français datant des années 1600, bâti sur un jargon plutôt rustique : Rome-*jardin*, Le Pape-*la rose* et le Cardinal de Retz-*le prunier*, des mots qui peuvent s'énoncer ou s'écrire sans éveiller de soupçons. Dès lors que cet usage commence à se normaliser, ce sont des groupes de mots apparemment anodins qui viennent se substituer dans une phrase entière à d'autres groupes. Un groupe de mots peut par exemple servir de déclencheur d'une action, sans que les termes offrent un quelconque rapport avec l'événement.

La Première Guerre mondiale nous a laissé un superbe exemple de jargon. Un censeur anglais commence à trouver suspectes certaines commandes en gros de cigares, télégraphiées chaque jour de villes côtières britanniques par deux « hommes d'affaires hollandais ». Après enquête, Wilhelm et Heicke Janssen sont arrêtés pour espionnage au bénéfice du Kaiser. On a en effet découvert qu'une commande au libellé « 6 000 Coronas pour Douvres » signifie en fait « six croiseurs lourds au port ».

Dans la confusion des champs de bataille, les soldats n'ont d'autres recours que de mettre au point leur propre jargon. Les fils du télégraphe et du téléphone sont rompus, les ondes radio parasitées ou brouillées, d'autres messagers, tels pigeons et chiens, hors service. Le code *baseball*, une création de la 52e brigade d'infanterie, en avril 1918 est, à ce sujet, une petite merveille. Il va servir les communications du quartier général de la brigade avec les différentes compagnies et bataillons. S'il n'est pas officiellement approuvé par le corps expéditionnaire américain, ce code, qui recourt à tous les termes spécifiques du baseball, laisse totalement perplexes les oreilles indiscrètes.

Voici un exemple de recours au jargon, daté, cette fois, du 19 novembre 1941. Un avant-poste de la marine américaine, la station S de Bainbridge Island (sur le détroit de Puget, près de

Seattle), intercepte un message radio émanant du bureau des affaires étrangères japonaises de Tokyo, à destination de son ambassade, à Washington.

L'équipe de Bainbridge expédie aussitôt ce message par téléimprimeur aux cryptanalystes de l'OP-20-G, dans la capitale américaine. Ceux-ci ont tôt fait d'identifier le code japonais (le J-19) et de révéler son contenu. Le message, la circulaire 2353, détaille des directives pour les cas d'urgence : si les relations diplomatiques venaient à s'interrompre, en même temps que les communications internationales, un bulletin météo très spécial serait alors intégré aux informations diffusées par la radio de langue japonaise. Baptisé *Winds code*, ce jargon recourt à des phrases où la direction des vents est liée à la position de pays relativement au Japon. Voici le message déchiffré :

`Regarding the broadcast of a special message in an emergency:`

`In case of emergency (danger of cutting off our diplomatic relations) and the cutting off of international communications, the following warning will be added in the middle of the daily Japanese language short-wave news broadcast:`

1. In case of Japan-American relations in danger: *Higashi No Kaze Ame* [east wind rain]

2. Japan-Soviet Union relations: *Kita No Kaze Kumori* [north wind cloudy]

3. Japan-British relations: *Nishi No Kaze Hare* [west wind clear]

`This signal will be given in the middle and at the end as a weather forecast, and each sentence will be repeated twice. When this is heard, please destroy all code papers, etc. This is as yet to be a completely secret arrangement.`

`Forward as urgent intelligence.`

Certains officiers de la marine et des services secrets américains sont alors persuadés que l'émission de l'avis météo *Higashi no kaze ame* (avis de tempête sur l'est) indique l'imminence d'une attaque japonaise sur les États-Unis. Les opérateurs radio du groupe *On the Roof Gang* sont chargés d'écouter le moindre bulletin météorologique japonais. On ignore aujourd'hui encore si ce message radio a jamais été émis. Le matin du 7 décembre 1941, la déferlante des avions japonais sur Pearl Harbor surprend tout le monde.

Juste avant la Seconde Guerre mondiale, la mise en place minutieuse des réseaux d'espionnage et des codes diplomatiques japonais donne naissance à une nouvelle moisson de jargons. Le 26 novembre 1941, Tokyo fait parvenir à son ambassadeur, Kichisaburo Nomura, et à son envoyé spécial, Saburo Kurusu, en poste à Washington, un code camouflé applicable aux communications téléphoniques ; il s'agit de faciliter les rapports que les deux hommes transmettent sur les difficiles négociations en cours avec les États-Unis. Ce code fait preuve de fantaisie, en recourant à des expressions comme *Miss Kimiko* (pour le président Roosevelt), *Miss Fumeko* (pour le secrétaire d'État Cordell Hull), *La demande en mariage* (pour les négociations) et *La naissance d'un enfant* (pour crise imminente).

Alors qu'à Washington les entretiens se poursuivent, le Japon envoie à ses ambassades de nouveaux codes. L'un d'eux, le *Ingo Denpo* (« mot caché »), vise à camoufler les messages clairs, dans l'éventualité d'une interdiction des télégrammes codés. En voici un aperçu : *Arimura* pour « communications de code interdite », *Hattori* pour « relations entre Japon et (nom du pays en question) sur le point d'être rompues », *Kodama* pour « Japon » et *Minami* pour « Amérique ». On identifie ces câbles codés grâce au *stop* anglais inséré à la place du *owari* (fin) japonais.

Tout au long de la Première Guerre mondiale, les commandes de fleurs sont étroitement surveillées par la censure. Celle-ci craint en effet que les ordres de livraison de variétés particulières de fleurs à certaines adresses, et à des dates précises, ne masquent en fait des messages codés. On commence par interdire de préciser l'espèce et la date de livraison. Plus tard pendant le conflit, c'est l'interdiction pure et simple de tous les messages internationaux concernant des envois de fleurs. Ce type de précaution n'a rien d'outrancier, car c'est bien un code floral qui précèdera l'assaut de Pearl Harbor.

Le 6 décembre 1941, le FBI intercepte une communication transpacifique par radiotéléphone où s'entend un bien étrange code camouflé parlant de fleurs. L'appel s'effectue entre l'éditeur du journal militariste japonais, le *Yomiuri Shimbun*, et son correspondant à Honolulu, Madame Motokazu Mori. Cette communication a de quoi laisser perplexe : les deux correspondants discutent librement des activités militaires dans la région de Pearl Harbor, aussi bien que d'alcool, de climat social ou de météo. Dans le feu de la conversation, à la question de l'éditeur, « Quelles sont les variétés en fleurs actuellement à Hawai ? », Madame Mori rétorque « C'est l'époque de l'année où il y en a le moins. Seuls l'hibiscus et le poinsettia sont actuellement en fleur ».

Le FBI et les services du renseignement de la zone hawaïenne se penchent sur la signification des espèces de fleurs citées, sans succès. La teneur de ce code floral reste encore une énigme ; on pense cependant qu'il se référait à des avions d'observation, des bâtiments de guerre à quai ou des porte-avions rentrant au port.

Le code des poupées (*Doll code*) est un jargon utilisé pendant la Seconde Guerre mondiale par une espionne à la solde des Japonais, Velvalee Dickinson, propriétaire d'une boutique de poupées sur Madison Avenue, à New York. En janvier 1942, madame Dickinson expédie ses premières lettres codées en Amérique du Sud, qui ne traitent apparemment que d'histoires de poupées bien inoffensives, de garde-robe, de réparations. L'un de ces courriers évoque un superbe hôpital pour poupées et des modèles anglais endommagés. Un autre fait allusion à un modèle de danseuse siamoise, une troisième à sept poupées chinoises. Affranchies dans différentes villes des États-Unis, ces lettres semblent être la correspondance d'un collectionneur. Elles s'adressent en fait à des agents japonais et renferment des informations sur les navires de guerre américains.

Une lettre expédiée à Buenos Aires revient un jour avec la mention « inconnu à cette adresse ». Tout naturellement, on restitue ce courrier à son expéditeur, une habitante de Portland, en Oregon. Celle-là, qui ignore tout de cette lettre, s'empresse de la transmettre au FBI. Quatre autres courriers sont expédiés à la même adresse sud-américaine, puis renvoyés à leurs expéditeurs supposés, qui sont, en fait, d'anciens clients de madame Dickinson.

Les cryptanalystes de la Technical Operations Division, une branche du FBI, découvrent que l'état de santé des poupées fait référence aux réparations entreprises sur les navires américains dans certains arsenaux. Le nombre de jouets auquel il est fait allusion est exactement celui des bâtiments de guerre ; il ne peut s'agir d'une coïncidence.

Madame Dickinson, veuve depuis peu, est arrêtée en janvier 1944. Pour échapper à la peine de mort, qui sanctionne toute activité d'espionnage, elle plaide coupable de violation de la censure par utilisation de codes illégaux. En août 1944, madame Dickinson est condamnée à 10 ans de prison et 10 000 dollars d'amende.

Tout au long de la Seconde Guerre mondiale, les ondes regorgent de jargons, plus ou moins authentiques. La BBC émet ainsi des « messages personnels », apparemment anodins, à destination des forces de résistance antinazies du continent. Ce type d'émissions permet aux résistants français d'entamer, avant le Jour J, des opérations de sabotage. Le message « Il fait chaud à Suez » déclenche la mise en œuvre du plan vert, la destruction des voies ferrées et des équipements ferroviaires. « Les dés sont sur la table » lance le plan rouge, le sabotage des lignes téléphoniques, des câbles télégraphiques et autres moyens de communication. De tous ces messages, ce sont les vers tirés du poème de Paul Verlaine, « Chanson d'Automne », qui restent dans les mémoires : annonçant le débarquement, ils ont sonné comme le signal avant-coureur de la fin de la guerre.

Sécurité et transmissions

Presque aussitôt après l'invention du téléphone par Alexandre Graham Bell, civils, militaires et hommes d'affaires n'ont qu'une obsession : assurer la confidentialité de leurs échanges. Ainsi émerge la cryptophonie, ou « téléphonie protégée », qui, dans un premier temps, se contente de modifier la voix des interlocuteurs, en recourant à divers procédés de brouillage. Ces dispositifs sont comparables au chiffrement, puisqu'ils perturbent la lisibilité des mots.

La voix humaine se compose de fréquences variables, mesurables en cycles par seconde. Ces fréquences peuvent être altérées par un traitement assimilable à une substitution. L'un des procédés de brouillage consiste à transformer la bande de fréquence porteuse du message par élévation ou diminution de la hauteur de ces fréquences. Une autre méthode, le découpage, s'attache à segmenter la fréquence en petits fragments de bande qui pourront être réarrangés et alternés par fractions de secondes.

Inversion de bande, ajout de bruit, modification d'amplitude, transposition des sons autant de dispositifs mis en œuvre dans un seul but, le brouillage. L'inversion transforme les inflexions de la voix, ou hauteurs de ton, par l'intermédiaire d'un inverseur ; les basses fréquences se muent en hautes fréquences, et inversement. Le bruit s'obtient par ajout électrique de musique ou d'un autre son, pour couvrir la voix et la rendre inaudible, de la même façon que pour le chiffrement, l'introduction de nulles, de fausses lettres ou de symboles, cherche également à brouiller le message original. Dans le cadre d'une communication téléphonique, le correspondant, équipé d'un dispositif particulier, synchronisé sur le brouilleur de son interlocuteur, parvient à éliminer le bruit additionnel.

Les variations d'amplitude, ou modifications de hauteur des ondes, font appel aux changements d'intensité d'un courant électrique, pour altérer le niveau sonore de la voix. Pour l'oreille indiscrète, de trop grandes variations de volume perturbent l'écoute et la compréhension d'une communication. Le correspondant supprime le brouillage par le biais d'un courant inversant les oscillations électriques.

La cryptophonie, basée sur la transposition des sons, requiert l'emploi de bandes magnétiques. Un système d'enregistrement permet de copier des séquences du message, à intervalles programmés, puis modifie l'ordre de leur succession avant la transmission. Le correspondant restitue la cohérence du message avec un dispositif pourvu d'un nombre égal de têtes d'enregistrement, qui renvoient les séquences de sons sur une autre bande magnétique, dans l'ordre originel.

À la fin des années 1920, et tout au long des années 1930, les systèmes de brouillage commencent à se répandre, aussi la Seconde Guerre mondiale en fait un grand usage. La Guerre froide accéléra le développement de la cryptophonie. Aujourd'hui, la sécurité des transmissions se retrouve même dans les canaux préréglés de la CB, où interviennent des changements pseudoaléatoires du spectre de fréquences entre émetteur et récepteur On s'applique à assurer la confidentialité des échanges téléphoniques grâce au réseau protégé de l'Electronic Secure Voice Network de la NSA. On chiffre et numérise tout signal vocal, en recourant à la modulation par impulsions codées.

Depuis la fin de la Seconde Guerre mondiale, la multiplication même des communications (télévision, câble, satellites et Internet), rend leur surveillance difficile. La NSA, successeur des services du renseignement militaire, en contrôle cependant aujourd'hui un certain nombre. De son côté, le FBI, procède sur autorisation de justice à la mise sur écoute de civils susceptibles d'échanger des informations suspectes.

La diversité et les niveaux d'applications de ces technologies de pointe sont à l'origine d'une nouvelle forme de stéganographie qui, sous l'appellation sécurité des communications, regroupe en fait plusieurs activités. La sécurité des communications est une application électronique de la dissimulation, dérivée de la stéganographie. Il ne s'agit plus de masquer un texte écrit, mais de dissimuler l'existence même de messages secrets, clairs ou cryptés, dans les échanges électroniques. Laser, transmissions en rafales, sauts de fréquence et large spectre (les signaux sont diminués et masqués par l'ajout de bruit) servent aujourd'hui à assurer la confidentialité des échanges.

TECHNOLOGIE LASER ET INFRAROUGE

En matière de cryptologie, le laser a remis les encres sympathiques au goût du jour, en renforçant leur fiabilité. Les composants de ces encres, déjà très élaborées, sont soumis à un réactif qui, sous un type particulier de rayons ultraviolets, calibrés selon certaines longueurs d'ondes, révèlent le message. Le secret ne réside plus seulement dans la composition des encres, mais aussi dans les réglages des sources de lecture, que sont les longueurs d'ondes des rayons ultraviolets.

L'infrarouge a, lui aussi, servi au cours de ces dix dernières années dans le domaine de la sécurité des transmissions. En 1980, la Stasi, police secrète de l'Allemagne de l'Est, met au point un système de transmission infrarouge pour assurer la confidentialité des échanges entre ses agents basés à Berlin. À la différence des émetteurs mobiles, exploitant des systèmes de transmissions en rafales, l'infrarouge manque de souplesse. Il faut aligner les trancepteurs, ou transmetteurs-récepteurs, sur la bonne ligne de mire. Le faisceau dirigé véhicule les fréquences vocales du correspondant émetteur. Le dispositif récepteur traduit les fréquences et les renvoient, sous forme de sons identifiables, dans l'écouteur du récepteur. Ces messages camouflés se passent de brouillage, du type modification d'amplitude ou ajout de bruit.

À la fin des années 1980, la CIA s'attaque à la mise en place d'un système de communication ultra sophistiqué, réservé à ses agents, qui se sert d'un faisceau laser, dernier outil en date à entrer dans le domaine de la stéganographie. C'est par l'intermédiaire d'un micro-laser que l'on grave en marge des pages publicitaires des magazines le libellé chiffré de messages secrets. Le procédé est insoupçonnable et des plus astucieux. Les agents relèvent les messages à l'aide de loupes ultra grossissantes, avant de les déchiffrer sur la base de clés convenues.

MODULATIONS PAR IMPULSIONS CODÉES

La modulation par impulsions codées (MIC) convertit les ondes sonores en une séquence d'impulsions électriques, traduites sous forme binaire. La parole est échantillonnée plusieurs milliers de fois par seconde. Chaque échantillon est identifié par une série de niveaux d'amplitude, représentés par un schéma particulier d'éléments binaires. La séquence finale se présente sous la forme d'une suite de chiffres binaires. Grâce aux progrès technologiques, on obtient des flux de transmission atteignant plus de 28 000 bits/seconde.

On peut crypter les impulsions binaires par un procédé qui ressemble à celui de Gilbert Vernam, en ayant recours à l'addition d'impulsions de la clé de chiffrement sur les lettres claires du message. Dans ce cas, les nombres binaires sont liés en continu à ceux de la clé, par l'intermédiaire d'un générateur de clés. On dispose là d'un cryptage des plus robustes en matière de téléphonie. On stocke les impulsions de la clé sur bande magnétique, par un outil informatique.

TRANSMISSIONS FLASH

Pendant la Seconde Guerre mondiale, les sous-marins allemands exploitent une forme de transmission dite flash. Les messages sont enregistrés par des appareils équipés de câbles magnétiques, avant d'être transmis par radio en direction de l'Allemagne. À la chute du Troisième Reich, les Alliés et l'Union soviétique s'intéressent de près au procédé. La Guerre froide verra les deux blocs user et abuser de ce nouvel outil.

Les transmissions flash sont diffusées à très grande vitesse. Ce n'est que récemment, à la fin des années 80, que nous avons pu avoir accès à des informations sur les dispositifs mis en œuvre par les États-Unis.

L'un d'eux, le GRA 71, est équipé d'un petit magnétophone. Un code Morse chiffré (au moyen de clés élaborées sous forme de traits et de points) permet de transcrire le cryptogramme enregistré sur bande. Un second dispositif lit la bande défilant à une vitesse 40 fois supérieure à la normale. Le message ainsi compressé est enfin transmis par radio. La transmission d'une minute de message crypté ne prend qu'une demi-seconde. Les moniteurs radio des stations d'écoute enregistrent ce type de transmissions sur des magnétophones programmés à vitesse constante. La vitesse phénoménale des transmissions flash les protège de toute interception par les moniteurs du renseignement électromagnétique. Dans le domaine militaire, comme dans l'espionnage, le recours à ce procédé garantit la sécurité des liaisons avec les sous-marins ou entre agents secrets.

LARGE SPECTRE

Les premières transmissions radio n'exploitent qu'une étroite bande de fréquence du spectre électromagnétique. Mais les choses évoluent dans les années 1950 avec l'adoption d'une plus grande largeur de bande, connue dès lors sous le nom de *large spectre*. De nos jours, les semi-conducteurs de type puce, armés de leur milliers de transistors, assurent la transmission en « paquets de données » numérisées, en séquences apparemment aléatoires, via de multiples canaux. Ainsi de nombreux inventeurs ont contribué au développement de tels procédés, parmi lesquels on peut compter les sauts de séquences, l'échantillonnage continu et une forme hybride d'échantillonnage continu et de manipulations de fréquences.

Dans les sauts de séquences, les données produites par radio émetteur ne sont transmises qu'à intervalles programmés. La radio réceptrice est configurée de façon à ne prélever que des séquences de la transmission, aux moments convenus.

Basé sur un principe similaire, le saut de fréquence segmente les données. Les informations sont groupées selon un ordre préétabli avant la transmission, et émises sur des fréquences variées. Le dispositif récepteur est capable de reconnaître le schéma des émissions, d'assembler en une seule séquence les groupes de données et de restituer la totalité du communiqué. Les sauts de fréquence décalent les messages d'une fréquence à l'autre à des vitesses phénoménales, plusieurs centaines de fois par seconde.

L'échantillonnage continu est une transmission de très brèves séquences de communiqué, connues sous le nom de *chips* (éclats). Ces infimes paquets de données représentent des fractions de l'ensemble du message. Le dispositif récepteur rétablit l'ordre de succession des *chips*, les combine, et restitue l'original du communiqué. La sécurité des transmissions véhiculées par le biais de tels procédés est renforcée par l'ajout d'un signal crypté et le recours aux sauts de fréquence. Les bits du message transmis simultanément, mais sur des fréquences variées, sont couverts et brouillés par l'ajout de bruit additionnel. À réception, un dispositif permet de retrouver les fréquences utilisées et de restituer le message.

Le recours à l'échantillonnage continu et à différentes fréquences s'est vite imposé comme un quatrième mode de transmission dit à large spectre. Favorisé par le développement de processeurs ultra rapides, ce procédé de transmission est plus adapté au cryptage numérique. Les progrès accomplis dans le domaine du numérique facilitent la vérification des échanges et la correction des erreurs de transmissions directes.

Selon certains analystes, de tels procédés permettront aux consommateurs de communiquer sans intermédiaire. Bientôt, des millions de radio-amateurs échangeront en toute liberté sur Ethernet (l'Internet des ondes) des paquets de données numériques, à faible puissance, sur de multiples fréquences et sans interférences. Une vraie révolution dans l'univers des communications. C'en serait alors fini de toutes les réglementations en matière de télévision, radio, CB et téléphone cellulaire, comme du diktat imposé par les géants de la téléphonie. Le débat sécurité/droit privé, qui s'est cristallisé autour d'Internet, pourrait bientôt se déplacer sur Ethernet.

ÉCRITURE ET LANGAGES

Le langage dont il est question ici diffère des codes et des chiffres, en ce sens qu'il ne tend aucunement vers le secret. En fait l'évolution de l'écriture et du langage répond aux besoins d'une communication toujours plus élaborée entre individus, comme à la circulation d'informations de plus en plus complexes.

Par écriture, on entend l'exploitation de signes graphiques ou symboles comme véhicules de la pensée. L'expression de concepts par langage articulé a précédé l'écriture, mais nous nous attachons ici au facteur scriptural du langage. Écriture et langage restent néanmoins intimement liés, et des notions tirées de la phonétique comme de la linguistique vont servir à notre étude.

Protoécriture

La protoécriture qualifie les différents systèmes d'écritures symboliques : images de la période glaciaire, pictogrammes, tailles et dessins figuratifs. La protoécriture s'applique à rendre compte du monde et, en ce sens, recourt à divers vecteurs de type graphiques, pictographiques, idéographiques et logographiques. Relève de la graphie tout signe tracé par la main de l'homme sur un quelconque support. Le signe pictographique, du latin *pictus*, peint, et du grec *graphein*, écrire, figure un objet. Le terme idéographique, du grec *idea*, idée, et *gramma*, ce qui est écrit ou dessiné, qualifie, quant à lui, un signe représentant une idée. Pour certains érudits, la protoécriture a été conçue pour fixer, dessiner, la parole. Un postulat veut que les signes représentent des syllabes ou des valeurs phonétiques ; c'est le système logographique.

Une image gravée ou peinte sur les parois d'une grotte : telle est la toute première empreinte graphique laissée par l'homme, comme on en voit dans le sud de la France. Tout au long des années 1900, on va découvrir dans cette région des représentations de bisons, de chevaux, de têtes de cerfs vieux de près de 20 000 ans.

Certaines de ces figures sont accompagnées de différents symboles. Ainsi, à Marsoulas, une peinture de bison est illustrée d'une succession de lignes verticales, reliées entre elles, qui font penser au dessin des lettres *u* et *v* ou à un candélabre. Néanmoins, pour les historiens, cette découverte ne prouve aucunement que la période ait disposé d'un vrai système d'écriture.

Dans la catégorie des idéogrammes, on compte le système figuratif et descriptif ainsi que le système mnémotechnique identifiant. Les représentations figuratives descriptives consistent en dessins de sujets familiers tels qu'animaux, objets usuels ou personnages, arrangés en une configuration signifiante. Le dessin de sept lunes peut ainsi symboliser l'écoulement d'une semaine. Ce système sert souvent à véhiculer des instructions, à témoigner d'un événement.

Le système mnémotechnique identifiant suggère l'idée de possession. Un bloc de pierre entaillé en diagonale peut être la signature d'un individu, un paraphe apposé sur un objet qui est sa propriété.

Ce sont les Indiens d'Amérique qui nous ont légué quelques-uns des plus riches exemples d'écriture pictographique. Puisant dans les témoignages recueillis au XIXe siècle par le Bureau des Affaires Indiennes, William Tomkins a compilé un certain nombre de pictogrammes employés par les Sioux et les Ojibwa.

Le symbolisme sioux et ojibwa consiste en représentations rudimentaires de la nature, de l'homme, de l'animal et de certains objets. Voici par exemple la lune et le soleil :

Soleil — Lune (soleil de nuit) — Lune (nouvelle) — Lune (demi-lune) — Lune (pleine

Symbolisés à l'identique, le lever et le coucher de soleil sont différenciés par un appendice tracé en début ou en fin de courbe :

Lever de soleil — Coucher de soleil

Le temps fait l'objet d'un traitement plus complexe :

Trois nuits — Trois années

Le « calendrier » ci-dessous symbolise le cours d'une année :

Janvier (neige lune) — Février (faim lune) — Mars (corbeau lune) — Avril (herbe lune) — Mai (plantation lune) — Juin (rose lune)

Juillet (chaleur lune) — Août (tonnerre lune) — Septembre (chasse lune) — Octobre (chute des feuilles lune) — Novembre (castor lune) — Décembre (longue nuit lune)

Les pictogrammes indiens représentent fréquemment des éléments de la faune ; quelques exemples ci-dessous :

Daim — Aigle — Canard — Cheval — Buffle blanc

Le quotidien des tribus nomades, autant que des cultivateurs, est déterminé par les conditions climatiques. Voici quelques interprétations pictographiques de plusieurs phénomènes météorologiques :

Nuage — Nuage et neige — Éclair — Inondation — Tempête et vent

Les pictogrammes des légendes sioux sont disposés en spirale ; l'histoire se lit à partir du cœur de la spirale, dans le sens inverse des aiguilles d'une montre, une structure propre à nombre de récits sioux.

Le récit pictographique ci-dessous est une réplique d'un texte sioux :

Récit pictographique sioux

Voici la traduction que nous en proposons :

« Un marchand indien, du nom de Petit Corbeau, se mit en route. Il voyagea trois nuits pour rejoindre une rivière. Il ne marchait qu'à la nuit tombée, son chemin traversant une terre ennemie. Une fois parvenu à la rivière, il se procura un canoë, qu'il mit à l'eau dès l'aube du lendemain ; son voyage dura deux soleils (jours). À présent, il voyageait de jour sur une terre amie. Petit Corbeau faisait commerce de coquillages servant à confectionner des colliers et autres bibelots. À la fin du cinquième jour, Petit Corbeau parvint à un village où l'on pouvait acquérir des coquillages. Trois jours durant, il parlementa avec le chef. Il acheta finalement une cargaison de précieux coquillages et, au lever de soleil du quatrième jour, en chargea son canoë, avant de redescendre la rivière deux journées entières. Soudain, le deuxième jour, une tempête se leva, toute de pluie et de foudre. Petit Corbeau vit un éclair abattre un arbre qui, aussitôt, s'embrasa. La tempête apaisée, Petit Corbeau fut touché par la fièvre ; il se mit en quête de plantes médicinales et attendit deux jours avant de pouvoir reprendre son périple. Il voyageait de nuit et se cachait le jour. Cette terre abondait en gibier ; il pouvait entendre les renards et les loups. Il retrouva enfin son foyer, deux jours plus tard. Vingt braves de sa tribu, dont le chef Ours Debout, vinrent à sa rencontre. Tous se réjouirent de le voir revenir sain et sauf de son long voyage ; la tribu tout entière célébra son retour ».

Les « tailles », ou témoins, se développent à peu près à la même époque que les systèmes figuratifs descriptifs et mnémotechniques identifiant. On est là dans l'objet physique détourné, travaillé ou marqué pour véhiculer un sens connu du donateur et du destinataire. À son départ, A laisse à B une pierre entourée d'une corde nouée ; celui-ci défait comme convenu cette corde d'un nœud à chaque lever de soleil, durant quatorze jours, à moins d'un retour du donateur. Si, passé ce laps de temps, A ne se montre pas, B entreprend alors l'action concertée au préalable avec l'absent.

Les témoins, repères du temps, servent également à la comptabilité, une pratique courante en Angleterre, du XIIe au début du XIXe siècle ; dans ce cas, on a des témoins de bois, sorte de bâtons marqués d'encoches spécifiques, ayant valeur de récépissé pour le Trésor Public britannique, jusque dans les années 1930. Par exemple, l'encoche représentant une livre a la largeur d'un grain d'orge.

Le développement de la comptabilité a contribué à l'évolution de la protoécriture, progressant peu à peu vers des signes idéographiques et des pictogrammes bien plus élaborés.

Témoin de bois

Pour les spécialistes, l'invention de l'écriture est due au besoin de l'homme de conserver des traces de ses transactions. L'enregistrement des échanges de denrées alimentaires, d'outils et d'armes ne peut bientôt plus se fier à la seule mémoire ; le bâton à encoches lui-même est vite obsolète.

L'une des plus anciennes pratiques comptables s'exerce au moyen de jetons d'argile. Cette coutume, qui remonte à 8000 av. J.-C., reste en vigueur jusqu'en 1500 av. J.-C. ; on a découvert plusieurs exemplaires de ces jetons dans les terres de l'Iran et de l'Irak actuels. Outil de comptabilité, les jetons auraient également fait office de livres comptables pour maintes transactions. La diversité de leurs formes et de leurs dessins jouaient probablement le rôle de « bon de commande », ou « d'avoir », pour une certaine quantité de marchandises ; on peut même imaginer que ces jetons aient alimenté le troc, ce qui en ferait les précurseurs de l'argent. Le concept qui veut que l'objet représente autre chose que lui-même constitue un pas décisif dans le développement de l'écriture telle que nous l'entendons.

C'est en Mésopotamie, cette plaine qui sépare l'Euphrate du Tigre, que l'on met au jour les premières tablettes d'argile, probablement liées à l'essor du commerce dans les différentes cités mésopotamiennes. Gravées par les Sumériens aux alentours de 3300 av. J.-C., ces tablettes recouvertes de signes numériques et de symboles seraient les ancêtres des feuilles de calcul. Les signes sont imprimés sur l'argile tendre, dans un style dit cunéiforme (du latin *cuneus*, clou ou coin), au troisième millénaire av. J.-C.

On ne peut ici proprement parler d'écriture, mais plutôt de symboles, de schématisation pictographique. À la même époque, l'évolution de l'écriture amorce un virage décisif pour le développement de l'écriture. Les scribes sumériens reprochent aux suites de symboles pictographiques leur manque de précision, leur carence en matière de représentation de la pensée car il est très difficile de jeter une passerelle entre ces symboles et les sons du discours quotidien.

Jetons d'argile

On complète donc les signes primaires par des signes-sons (phonogrammes). L'illustration ci-dessous montre comment le symbole *roseau* est redessiné pour donner l'idéogramme *rembourser*, les deux mots comportant en sumérien le même son *gi*.

Symboles cunéiformes pour roseau (A) et rembourser (B).

On est là à la base même de nos rébus modernes, où le signe pictographique évoque le mot par homophonie. Les pictogrammes sont forcément investis d'une valeur phonétique ; en revanche, les signes-sons eux se désolidarisent souvent du sens du signe.

Le mot rébus trouverait son origine dans le mot latin *res*, chose. Un rébus repose sur l'art d'associer le son de différents symboles pour produire un sens nouveau. Ce sont les Sumériens qui, les premiers, s'amusent à ce petit jeu ; on retrouve néanmoins trace de certaines formes de rébus dans d'autres écritures anciennes, avant des les voir réapparaître en Europe, au Moyen Âge.

L'usage veut qu'en Angleterre, le rébus fasse office de paraphe ou décore certains documents officiels, tels que les actes notariés ou les avis de naissance. Sur les armoiries, les noms de familles sont également bâtis sous cette forme.

Un rébus signé Giovan Battista Palantino, vers 1540.

Dans les années 1500, c'est au tour de la France d'en abuser. Toutes les fêtes et spectacles de province proposent une attraction mystère. C'est le « de rebus quae geruntur », autrement dit « au sujet des choses qui se passent » ; l'animation consiste à faire, de manière énigmatique, la satire du pouvoir, régional autant que national. La Picardie excelle dans cet art, à tel point qu'on parle bientôt de rébus de Picardie.

L'évolution de l'écriture suit la même courbe sur toutes les terres du monde : la pensée, d'abord représentée par pictogramme, se résume bientôt à un simple phonogramme, tandis que le système du rébus reste prédominant, jusqu'à l'apparition d'un système d'écriture syllabique. Le signe devient signifiant à mesure que le symbole représente des sons plus que des idées. Pour en comprendre la signification, chaque symbole doit être traduit par les sons qui forment le mot, puis retranscrit pour rétablir l'idée originelle. Ce même processus est repris par les épigraphistes chargés de déchiffrer les écritures disparues.

Les écritures déchiffrées

Il y a toujours eu moins de systèmes d'écriture que de langues parlées, et nombreux sont ceux qui se sont également perdus à travers l'histoire de l'humanité, victimes de négligences ou des aléas d'une guerre. Toutefois, la disparition d'une écriture n'est pas nécessairement liée à la chute d'une civilisation. Souvent, une écriture continue d'évoluer jusqu'à ce qu'elle coupe de nombreux liens avec ses origines, celles-ci lui devenant alors de plus en plus incompréhensibles. Quand une écriture ne sert plus son peuple, qu'il ne la comprend plus, on parle d'écriture disparue. L'extrême fragilité des supports, papyrus ou céramique, explique que seuls de très rares exemples de ce type d'écriture aient pu survivre jusqu'à nos jours.

Certains textes ont cependant bien résisté à l'épreuve du temps. Ce sont souvent les exploits d'un monarque gravés sur la pierre, peints sur céramique ou rédigés sur parchemin. Des souverains ont parfois eu la judicieuse idée d'ordonner la restauration et la préservation d'anciens documents. L'obligation de conserver copie des textes des scribes, même s'ils ne doivent pas être gravés une nouvelle fois sur les temples, permet le legs des écritures les plus rares aux générations futures.

C'est probablement une paix durable qui reste le principal facteur de conservation d'une écriture. Le pillage d'une capitale ennemie s'accompagne souvent de la destruction, préméditée ou accidentelle, d'objets inestimables pour le vaincu. On incendie ses dépôts de parchemins, on défigure ou abat ses temples. D'un seul coup, c'est toute la vie culturelle d'une cité qui est anéantie par l'envahisseur.

C'est bien ce que font les Romains à la fin de la troisième Guerre punique (149-146 av. J.-C.), quand ils soumettent Carthage, ce centre commercial florissant d'Afrique du nord, près de l'actuelle Tunis. Lorsque les Romains investissent la ville, ils détruisent le moindre symbole de la culture carthaginoise. De la ville, il ne reste quasiment rien, ni bâtiments ni écrits.

La pérennité d'autres écritures s'explique par leur recours à des équivalences image/son, probantes et pratiques. Quand une écriture s'interprète facilement, on peut penser qu'une forte majorité du peuple l'assimile, voire la transmette à sa descendance. Inversement, plus une écriture est complexe, moins elle a de chance d'être lue et léguée aux générations futures. Le pouvoir, en initiant le peuple à la littérature, participe lui aussi à promouvoir l'écriture et la lecture ; la survie de certaines systèmes repose également sur ces initiatives.

Les écritures, et la langue qu'elles véhiculent, disparaissent en même temps que des civilisations sont exterminées par la famine, les cataclysmes naturels, la peste, les invasions — ce qui n'a pas empêché les épigraphistes de déchiffrer certains textes, fort heureusement écrits ou gravés sur des objets conservés en des lieux secrets ou sacrés. Parfois, ces écritures ont survécu par le biais de textes gravés sur des monuments, à l'abri du temps et des colères du climat ; les copies ont, elles aussi, permis la conservation de documents, envers et contre les rigueurs des tempêtes, de la simple négligence ou de la destruction intentionnelle.

DÉCHIFFRER UNE ÉCRITURE DISPARUE

L'épigraphiste montre beaucoup d'affinités avec le cryptanalyste, mais, paradoxalement, sa mission est à la fois plus complexe et plus aisée.

Il est vrai que les scribes de l'Antiquité ne visaient aucunement le secret ; leurs mots n'avaient d'autre devoir que de fixer les exploits des pharaons et d'autres puissants pour la postérité. Pour autant, le déchiffrement de ces apologies peut être ardu, car il suppose parfois de reconstruire entièrement une langue.

Le défi de l'épigraphiste est double : soit il se trouve devant un langage parlé connu, mais dont l'écriture reste ignorée ; soit cette écriture est connue, mais sa langue inconnue. Il arrive également que langue et écriture soient totalement inconnues. Face à ces mystères apparemment impénétrables, l'épigraphiste doit faire montre de la même curiosité, de la même capacité analytique et de la même détermination qu'un cryptanalyste. On a d'ailleurs souvent vu des épigraphistes déchiffrer d'anciennes écritures à l'aide de procédés cryptographiques.

Partant à la découverte d'une langue *a priori* inconnue, l'épigraphiste trouve parfois un sérieux allié auprès de la linguistique ; à la suite de comparaisons et de la mise en évidence de caractères communs, le mystère d'une langue perd peu à peu de son hermétisme. Dans le cas où l'écriture est connue, mais non la langue, on dispose de deux voies de déchiffrement possibles : soit l'on parvient à rattacher la langue à une famille linguistique, auquel cas l'épigraphiste sera en mesure d'en venir à bout en dégageant leurs caractéristiques communes ; soit l'on se trouve dans l'impossibilité de définir l'origine linguistique d'une langue, et il faut alors bâtir un lexique. Dans ce dernier cas, il semble que tout déchiffrement soit utopique, à moins de disposer d'un texte bilingue qui ouvre la voie de correspondances avec une langue connue.

Textes bilingues et filiations linguistiques ont fortement contribué au déchiffrement d'écritures disparues. Au début du XIXe siècle, James Prinse spécialiste du sanskrit à Oxford, perce les secrets de deux écritures anciennes, en analysant un texte bilingue imprimé sur des pièces perses. L'une de ces pièces, rapportées en Perse par Alexandre le Grand, est frappée d'inscriptions grecques. En se servant des noms grecs comme de fils d'Ariane phonétiques, Prinsep parvient à percer l'hermétisme du pehlevi, une langue parlée et écrite en Perse du troisième au dixième siècle de notre ère.

Encouragé par cet exploit, Prinsep s'attaque à un texte concernant Asoka, grand empereur indien de la dynastie Maurya, au IIIe siècle av. J.-C. Les inscriptions sont en brahmi, écriture syllabique indéchiffrée d'une langue connue du peuple Pakrit. En travaillant sur des textes religieux, Prinsep en conclut que cette écriture sert une fonction de dévotion. Il établit ensuite des comparaisons entre le mot pakrit pour « don » et l'écriture brahmi. Cette découverte capitale ouvre la voie au déchiffrement de l'écriture brahmi ; les épigraphistes découvriront ainsi que le brahmi constitue la racine linguistique des écritures indo-aryennes.

Le bilinguisme contribue également au déchiffrement d'écritures ésotériques. Le sidétique, qui tire son nom de la cité côtière de Side, au sud de l'Asie Mineure, est une langue mystérieuse, qui présente des racines communes avec le grec ; malheureusement, le seul texte disponible ne permet pas d'en mener une analyse exhaustive. Il faudra attendre 1949, et la découverte d'un texte bilingue plus important, pour que Helmuth T. Bossert élucide en partie le sidétique.

En 1929, à Ougarit, en Syrie, les fouilles entreprises par Hans Bauer mettent au jour une collection de tablettes, portant une écriture alphabétique de nature cunéiforme, l'ougaritique. Bauer n'a rien d'un amateur ; déchiffreur confirmé, l'homme a servi en qualité de cryptologue au cours de la Première Guerre mondiale. Une semaine à peine après sa découverte, il établit les correspondances phonétiques de la moitié des symboles. Bauer recourt ensuite à son talent de cryptologue et isole les signes susceptibles de représenter des formes de base, telles que préfixes et suffixes.

Il s'applique alors à comparer l'écriture cunéiforme ougaritique avec la langue sémitique occidentale, dont il suppose – à juste titre – qu'elle a été employée dans la région d'Ougarit. En s'aidant de tables de fréquences et de relevés de fréquences, Bauer cherche à établir des liaisons entre les valeurs phonétiques sémitiques et les syllabes inconnues. Il est bientôt en mesure d'isoler et d'identifier des prépositions d'introduction, et de passer à la recherche de termes spécifiques. Bauer dispose dès lors des mots ougaritiques équivalant à roi et fils, *mlk* et *bn* ; reste à trouver les mots de même famille, traitant de royauté et de parenté. Ces différents processus, similaires aux techniques mises en œuvre pour isoler tous les termes militaires dans les dépêches secrètes de la Première Guerre mondiale permettant à terme de déchiffrer l'écriture cunéiforme ougaritique.

ÉCRITURE CUNÉIFORME

Bien avant les hiéroglyphes égyptiens, le cunéiforme, système hautement complexe, se répand dans l'ancien empire de Mésopotamie vers 3400 av. J.-C. Des fouilles sont entreprises en 1928 par la Société germanique orientale et l'Institut archéologique allemand. La même année, sur les rives de l'Euphrate, au sud de Babylone, la terre d'Uruk livre ses premières tablettes d'argile, gravées de symboles pictographiques mésopotamiens. Leur datation les faisant remonter à 3300 av. J.-C., on tient là le tout premier spécimen d'écriture jamais découvert.

Ce n'est que vers 2500 av. J.-C. que l'aspect « en clous » du cunéiforme (du latin *cuneus*, clou) supplante le système pictographique. Le scribe sumérien, par souci d'économie et par gain de temps, en vient à simplifier le style élaboré des pictogrammes.

De plus en plus, le symbole se détache de l'objet qui a inspiré le pictogramme originel. Pour les historiens, cette évolution marque le début de la prédominance du fonctionnel sur l'esthétique.

L'aspect caractéristique « en forme de clou » du cunéiforme

Le scribe travaille sur des tablettes d'argile légèrement humidifiées ; son outil est le roseau. Ces roseaux sont taillés selon les besoins : on a ainsi la simple « tête de clou », le clou horizontal, oblique ou en biseau.

Le scribe commence à rédiger en haut à gauche de la tablette une colonne courant de haut en bas. Il poursuit en gravant la colonne suivante, toujours de haut en bas, jusqu'à recouvrir une face de la tablette. Il retourne ensuite le support, de bas en haut, et reprend son exercice, en commençant cette fois par l'angle droit de la tablette. Le sens des colonnes est inversé, de la droite vers la gauche. Une fois la tablette achevée, on passe à l'étape du séchage, opération parfois accomplie au four.

L'évolution du cunéiforme

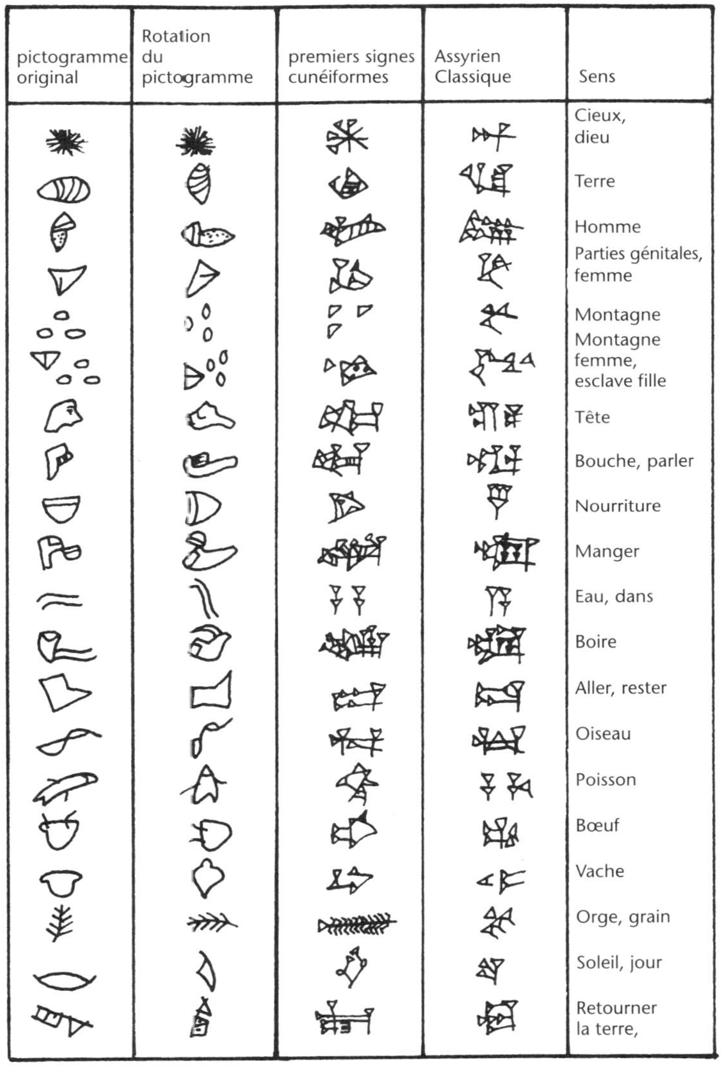

Des tablettes remontant au deuxième millénaire av. J.-C. montrent une rotation de certains signes standards de 90° sur la gauche. Le mode horizontal a remplacé l'alignement vertical, même si les signes restent présentés en colonnes ; de plus, l'écriture a définitivement adopté une lecture gauche/droite. Ces changements se constatent sur plusieurs documents d'origine populaire, les monuments et objets rituels affichant, pour plusieurs années encore, l'ancien style cunéiforme.

L'écriture cunéiforme compte trois éléments de base : le pictogramme, le phonogramme et le déterminatif. Le pictogramme signifie un objet ou une idée par sa représentation stylisée. Le phonogramme, symbole phonétique, représente le mot sous forme de rébus et de syllabes. Les déterminatifs, placés en début ou en fin de mot, permettent d'exprimer sans ambiguïté un concept.

Une variété d'herbe des marais, par exemple, est exprimée graphiquement par ses brins. Prenons deux types de ces végétaux : /naga/et/te/, également connus sous le nom de/nidaba/et/eref/(la barre oblique est un indice de prononciation). Ces deux derniers mots désignent également une déesse et une ville ayant un rapport avec un marécage.

Pour désigner la plante/te/, le scribe fait précéder ce signe graphique du déterminatif de classification/u/(végétal). Il signifiera/nidaba/ (déesse du marais) en apposant le déterminatif/dingir/(dieu) au signe/te/.

Le monde contemporain a hérité de certaines méthodes de calcul originaires du pays de Sumer. Pour quantifier le temps ou mesurer les angles, les Sumériens recourent à un système sexagésimal, basé sur des multiples de 60 (qui perdure aujourd'hui encore dans nos 60 secondes, et nos 60 minutes). On figure le nombre de gens, de têtes de bétail et de produits textiles, par les symboles suivants :

Symboles numériques cunéiformes

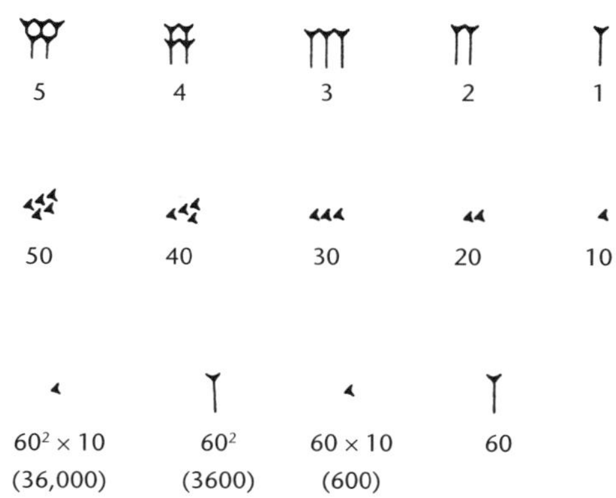

Le système sexagésimal

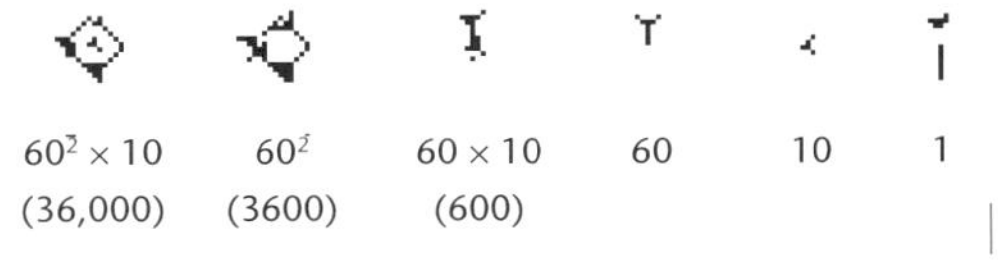

Malgré de longues périodes de sommeil, et en dépit des différences de culture, le cunéiforme reste en usage chez les scribes des empires babylonien (2700-538 av. J.-C.), assyrien (VIIe siècle av. J.-C.) et perse (VIe siècle-331 av. J.-C). Guerres à répétition et inondations cataclysmiques provoquent de forts bouleversements sociaux ; en 330 av. J.-C, la fragile cohésion culturelle de la région ne résiste pas à l'invasion d'Alexandre le Grand. C'en est désormais fini de la civilisation exceptionnelle du pays de Sumer et de sa langue, même si sa mémoire a été préservée au travers du cunéiforme, dans d'innombrables textes, dont certains sont heureusement parvenus jusqu'au XXe siècle.

Le déchiffrement

Le cunéiforme disparaît des mémoires jusqu'en 1618, quand Garcia Silva Figueroa, ambassadeur d'Espagne en Perse, fait une découverte capitale. Étudiant des ruines près de Shiraz, l'homme relève des similitudes entre ces édifices anéantis et les descriptions qu'il a pu lire dans les textes d'anciens auteurs grecs et romains. Ces œuvres évoquent l'antique cité de Persépolis, jadis capitale des rois perses. De ses recherches, Figueroa déduit, fort justement, que Shiraz se dresse sur les ruines de l'ancienne Persépolis. L'Espagnol découvre en outre un site, Takhte-Jamshid, qui s'avérera plus tard être l'emplacement du palais du roi Darius.

Ces découvertes semblent néanmoins n'inspirer ni les explorateurs ni les linguistes, du moins au cours des 150 années qui suivent. Les premières inscriptions cunéiformes ne font l'objet de publications qu'en 1657. On ne voit cependant dans ces signes que l'expression de visées esthétiques et ornementales, non une écriture à part entière. Ce n'est que vers 1700 que certains savants y remarquent la présence de caractères variables ; on avance alors qu'il pourrait s'agir d'une certaine forme d'égyptien, de grec, de latin, voire d'inscriptions ogamiques, venues de Grande-Bretagne.

Si le sujet commence à passionner, aucune étude de fond n'est cependant menée.

Il faut attendre les années 1770 pour qu'un aventurier allemand, Carsten Niebuhr, commence à s'intéresser de près au déchiffrement du cunéiforme. Niebuhr isole deux facteurs essentiels – la répétition de certains caractères et l'irrégularité des fins de lignes. Postulant qu'il s'agit d'une écriture orientée gauche/droite, il constate que les textes sont rédigés dans trois systèmes différents d'écriture.

Quelque années plus tard, un éminent linguiste, Frederik Münter jette les bases mêmes du déchiffrement de ces trois écritures ; on a là une écriture alphabétique, syllabique et idéographique. Chacune exprime les mêmes faits, aux trois stades de l'évolution de la langue perse : le zend, le pehlevi et le parsi – systèmes ultérieurement identifiés comme le vieux-perse, le néo-élamite et le néo-babylonien.

Le déchiffrement du cunéiforme progresse en 1771, sur la base de traductions partielles réalisées par A. H. Anquetil Duperron, qui se sert de documents en vieux-perse, conservés en Inde par les descendants de Parsis (Persans). En 1793, c'est Silvestre de Sacy qui compare les inscriptions de Persépolis avec des noms propres grecs et déchiffre les noms de monarques perses du IIIe siècle de notre ère.

Un instituteur allemand, Georg Grotefend, se lance à son tour à l'assaut du cunéiforme. Il ne tarde pas à déchanter : la prestigieuse académie de Göttingen rejette purement et simplement ses découvertes, sous prétexte qu'il n'est pas orientaliste. Grotefend ne se laisse pas abattre. Ses recherches l'amènent à la conclusion que le cunéiforme est un système alphabétique ; pour preuves, la longueur des « mots » et le nombre limité de signes différents dans chacun d'eux. Il note également qu'une oblique segmente très souvent un certain type de mots, et que les trois signes les plus courants sont des voyelles.

Fort de ces hypothèses, Grotefend se concentre sur la recherche de noms propres. Convaincu que les inscriptions cachent des noms de rois, il décide de poursuivre dans la voie de Münter et recherche la locution spécifiquement perse, « roi des rois ». Le simple instituteur parvient à isoler une règle : l'expression nécessite deux versions du même mot, une brève et une longue.

De la lecture des travaux de Sacy, Grotefend sait que les inscriptions présentent toujours une déclaration officielle de paternité, sous la forme : *A* – roi suprême, roi des rois, fils de *B*. Connaissant la dynastie royale perse (les Achéménides) grâce aux historiens grecs, Grotefend cherche des parallèles avec la généalogie transcrite en cunéiforme ; son intérêt se porte à présent sur certains signes ornant les portes d'accès de Persépolis.

Grotefend frappe un grand coup lorsqu'il parvient à identifier le nom de Xerxès, fils de Darius, par sa position dans la généalogie. Les noms des rois perses sont connus sous leur forme grecque, non perse. Pour identifier la valeur phonétique des signes, Grotefend s'aide des traductions partielles de vieux-perse réalisées par Duperron et est bientôt en mesure de révéler l'orthographe perse de Xerxès, « Khshhershe ». Après avoir isolé le mot cunéiforme *Khscheï (tm)*, Grotefend en conclut que les mots cunéiformes et perses portent le même signe initial.

De comparaisons de traductions partielles en hypothèses documentées, Grotefend en vient bientôt à bâtir un alphabet de vieux-perse. On a récemment mis en doute ses interprétations ; pourtant, en établissant que les signes représentent des valeurs phonétiques, Grotefend avait fait une découverte capitale.

En 1823, Rasmus Rask, fondateur de la linguistique comparative, met en évidence la relation entre certaines valeurs phonétiques, leurs signes, et le sanskrit, langue littéraire classique de la civilisation brahmanique, ce qui contribue par contrecoup à la compréhension du vieux-perse.

L'épopée trouve un nouveau héros en la personne de Henry C. Rawlinson, officier de l'armée de l'East India Company de 1826 à 1833 et conseiller militaire auprès du frère du shah de Perse jusqu'en 1839, une fonction qu'il met à profit pour s'initier à l'arabe, à l'hindustani et au persan moderne. C'est lui qui parachève le déchiffrement de l'écriture cunéiforme.

Rawlinson commence par découvrir une inscription monumentale, trilingue, à la gloire de Darius Ier, sur une falaise des monts Zagros, à Behistun (au sud-ouest de l'Iran actuel).

Ces inscriptions témoignent de la tâche périlleuse des scribes et autres tailleurs de pierre de jadis, chargés de graver dix colonnes de signes cunéiformes sur la paroi du fameux rocher, à 149 mètres au-dessus du sol. Le texte, est rédigé en vieux-perse, élamite et akkadien.

À ses risques et périls, grimpé sur des corniches vertigineuses, le scientifique recopie les précieuses inscriptions. Accompagné d'un partenaire kurde, Rawlinson se fait suspendre aux saillies du rocher, de façon à mouler ces inscriptions avec du papier mâché humide. Après dix années d'un labeur aussi difficile que périlleux, l'ensemble des inscriptions trilingues est relevé.

À la même époque, plusieurs scientifiques travaillent à parfaire les traductions de vieux-perse ; il y a là Rawlinson, mais aussi Edward Hincks, un pasteur irlandais, et Christian Lassen, un professeur allemand. Il semble que ce soit Rawlinson qui ait découvert les noms de sujets de Darius, également mentionnés dans les récits historiques grecs relatifs à la Perse. Ses aptitudes linguistiques lui sont d'un grand secours pour établir des comparaisons entre le vieux-perse et d'autres langues européennes. Auparavant, Lassen avait constaté que certains symboles cunéiformes ne précèdent que des voyelles bien précises ; de leur côté, Rawlinson et Hincks établissent que l'écriture des symboles cunéiformes est déterminée par leur prononciation. La découverte permet à Rawlinson de construire de nouvelles syllabes et d'établir d'autres combinaisons de mots. Vers 1846, il met un point final à la traduction intégrale des inscriptions en vieux-perse du rocher de Béhistun.

Les inscriptions babyloniennes et élamites finissent elles aussi par céder. Les liens des signes babyloniens avec l'hébreu et d'autres langues sémitiques sont déterminants, tout comme la découverte du changement de sens des signes suivant leur utilisation dans les phrases. Vers 1850, on dispose d'un ensemble conséquent de traductions d'inscriptions cunéiformes.

Les inscriptions du rocher de Béhistun

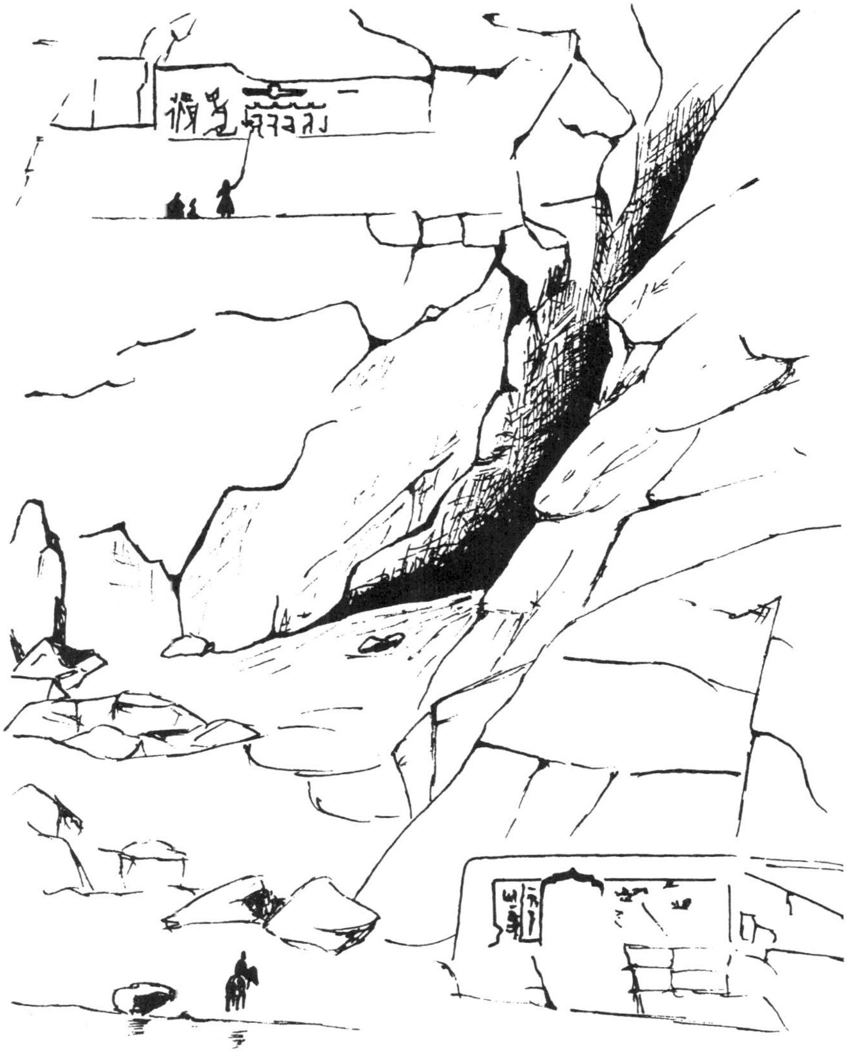

LES HIÉROGLYPHES ÉGYPTIENS

Les plus anciens hiéroglyphes égyptiens (du grec *hieros « sacré » et gluphein*, « graver »), plus jeunes que le cunéiforme, remontent à 3100-3000 av. J.-C. Ils apparaissent en même temps que la première dynastie égyptienne, à l'unification de la basse et de la haute Égypte par le roi Narmer (Ménès), vers le IIIe millénaire av. J.-C. Si l'on a mis au jour des poteries ornées de pictogrammes antérieures à cette époque, il ne faut pourtant pas nécessairement voir dans ces expressions esthétiques le signe annonciateur des hiéroglyphes.

Un cartouche (signe entouré d'une boucle) de Toutankhamon

Les quelque 700 hiéroglyphes usuels combinent phonogrammes et idéogrammes. Dans d'autres mots, les signes sont aussi bien symboles sémantiques, véhicules de concepts, que caractères phonétiques. On dit des hiéroglyphes qu'ils sont pictographiques (figuratifs), en ce sens qu'ils signifient l'objet représenté ; pourtant, le pictogramme peut également signifier un son radicalement différent de sa représentation picturale. Les signes peuvent en outre être acronymes ; l'acronyme est une espèce de sigle oral, constitué des consonnes initiales de chaque syllabe. On voit ainsi des acronymes trilitères (trois consonnes) ou bilitères (deux consonnes).

La langue de l'Égypte ancienne est largement consonantique, les voyelles restant non marquées ; de ce fait, la multitude de signes existant pour exprimer les consonnes provoque quelques confusions, même dans le rang des scribes. Pour distinguer des signes phonétiques similaires, ils recourent à des déterminatifs, comme plante ou eau, afin de bien marquer le champ sémantique du mot.

Outre le système hiéroglyphique, les Égyptiens exploitent deux autres formes d'écriture, inspirées des hiéroglyphes : hiératique (du grec *hieratikos*, « qui concerne les choses sacrées ») et démotique (du grec *dêmos*, « peuple »). La première sert l'écriture religieuse, la seconde est une simplification de la précédente, destinée aux activités quotidiennes.

Les lignes de l'écriture hiéroglyphique suivent une disposition alternée gauche/droite et droite/gauche ininterrompue, dite en boustrophédon (d'après un terme grec décrivant le trajet des sillons tracés par un char à bœuf). Le sens de lecture est indiqué par la position des signes. Si le signe figuratif est orienté vers la gauche, la lecture s'opère de gauche à droite. Rien n'empêche de faire courir les inscriptions de droite à gauche, si l'esthétique s'en trouve enrichie.

Ainsi, les signes figuratifs ornant un vestibule sont-ils orientés de façon à flatter la sensibilité artistique du visiteur qui en pousse la porte.

Voici un tableau comparatif des lettres grecques et des signes et valeurs phonétiques de l'ancienne Égypte :

Illustration de la prononciation hiéroglyphique (acronymes trilitères et bilitères)

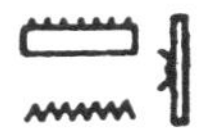	*(mn)* rester	μουν	*moun*
	*mdw* (parler)	μουτε	*moute*
	*pdt* (arc)	πιτε	*pite*
	*nfr* (bon)	νουφε	*noufe*
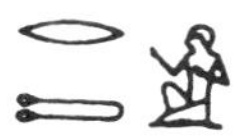	*r(m)t* (homme)	ρομε	*rōme*

Phonétiquement, on n'est sûr de rien ; il s'agit, en fait, d'estimations tirées du copte (la langue des Égyptiens, écrite en caractères grecs). D'autres pistes sont données par l'assyrien et le babylonien, langues qui, elles, reproduisent les voyelles dans leurs écrits et comptent à l'oral quelques mots égyptiens.

Le déchiffrement

Les hiéroglyphes avaient fait l'objet de bien des hypothèses quand, en juillet 1799, les soldats de Napoléon, en campagne égyptienne, découvrent une simple dalle de basalte noir : c'est la fameuse pierre dite de Rosette, trouvée en fait dans le port de Rashid, dans le delta occidental du Nil.

La pierre de Rosette (trois quarts de tonne, 1,18 m de haut, 76 cm de large et 28 cm d'épaisseur), comporte les mêmes inscriptions en deux langues, égyptien et grec, et selon trois écritures différentes : égyptienne-hiéroglyphique en haut, démotique au centre, et grecque en bas, en lettres capitales. L'inscription, qui remonte sans doute à 196 av. J.-C., est une copie d'un décret religieux commémorant le premier anniversaire du couronnement de Ptolémée V.

On commence par faire des copies de l'inscription, qui vont circuler dans l'Europe entière. Silvestre de Sacy et un diplomate suédois, Johan D. Akerblad, réussissent à y isoler des noms propres, en comparant des parties du texte grec au démotique égyptien. L'avancée la plus significative a lieu en 1814. Un médecin anglais, du nom de Thomas Young, constate que l'écriture démotique comporte aussi bien des signes phonétiques que non phonétiques ; il établit également des connexions entre les inscriptions démotiques et hiéroglyphiques.

Son repérage du nom « Ptolémée » offre un exemple de sa manière de travailler. Young sait que Ptolémée n'est pas un nom propre égyptien ; les Ptolémées descendent en effet des généraux d'Alexandre le Grand. De recherches antérieures, le Britannique sait en outre que les Égyptiens transcrivent les noms étrangers alphabétiquement ; enfin, il est d'accord avec ce que d'autres ont déjà avancé, à savoir que les noms de rois sont cernés d'une boucle, le cartouche.

En comparant les lettres grecques composant le nom Ptolémée avec les hiéroglyphes, Young parvient à définir les valeurs phonétiques de six hiéroglyphes. De 1814 à 1818, de la même façon que les maîtres du code et du chiffre, il compte les signes, établit des listes et note les découvertes de ses pairs. Il va au total identifier tout ou partie de quelque 80 termes démotiques et de leurs correspondants hiéroglyphiques. En s'appuyant sur les mots grecs connus, Young isole et traduit la majorité de ces équivalences. Ses carnets de notes constituent une véritable manne pour le corps des déchiffreurs car, homme affable, il partage de bon cœur ses découvertes, entres autres avec un certain Jean-François Champollion, auquel on attribue aujourd'hui l'essentiel du déchiffrement.

Helléniste autant que latiniste, Champollion, qui entretient une correspondance avec Thomas Young, ne pense d'abord pas que les hiéroglyphes aient une valeur phonétique. Cependant, en 1822,

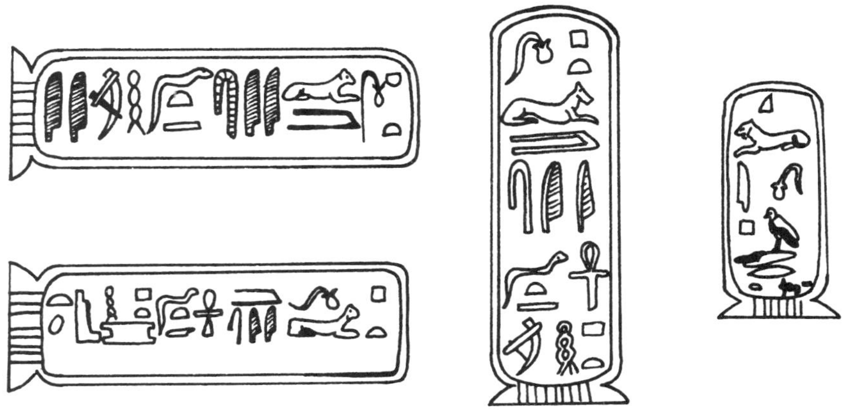

Les cartouches de Champollion : le cartouche de Ptolémée (en haut, à gauche) accompagné de son titre (en bas, à gauche), tous deux déchiffrés sur la pierre de Rosette ; Les cartouches de Ptolémée (au centre) et de Cléopâtre (à droite), gravés sur l'obélisque de Philae.

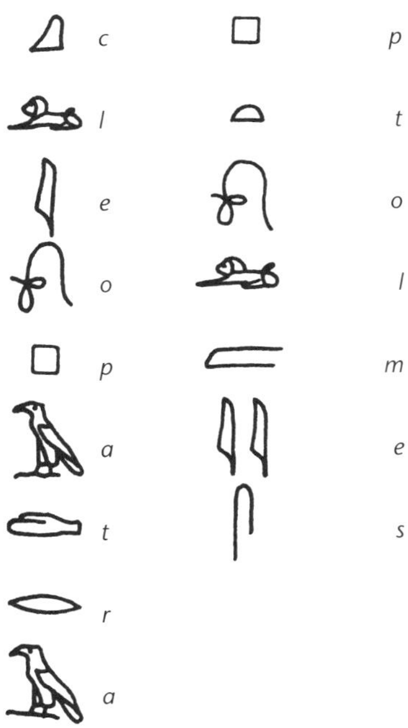

Représentations phonétiques de Cléopâtre et Ptolémée, gravées sur l'obélisque de Philae.

il procède à un décompte précis des glyphes (signes gravés) – plus nombreux que les mots grecs, à raison de trois pour un. De ce calcul, Champollion peut déduire que les hiéroglyphes ne représentent pas des mots entiers, contrairement à ce que ses collègues affirment. Dès lors, le chercheur dispose de tous les éléments requis pour transcrire les noms grecs en hiéroglyphes, et attribuer des valeurs phonétiques aux symboles.

En 1815, William J. Bankes exhume, lors de fouilles, un obélisque qu'il ramène en Angleterre, l'obélisque de Philae. Il expédie une copie de ses inscriptions à Champollion, en 1822. Le texte en bilingue : du grec à la base, des hiéroglyphes sur la colonne.

Champollion découvre que l'un des deux cartouches de l'obélisque représente le nom de Ptolémée (le second, celui de Cléopâtre). Après comparaison avec le cartouche de Ptolémée de la pierre de Rosette, Champollion affine ses conclusions. Il est bientôt en mesure d'établir des équivalences mieux ajustées entre le grec et ses équivalents démotique, hiératique et hiéroglyphique.

Champollion puise, pour ses recherches, dans sa connaissance du copte, une langue égyptienne littéraire en usage depuis le IVe siècle av. J.-C. et qui sert encore aujourd'hui dans les offices religieux des églises coptes.

C'est la prévoyance d'archivistes du XVIIe et du XVIIIe siècles qui a permis de sauver quelques manuscrits coptes. On sait que le copte

Légende non traduite

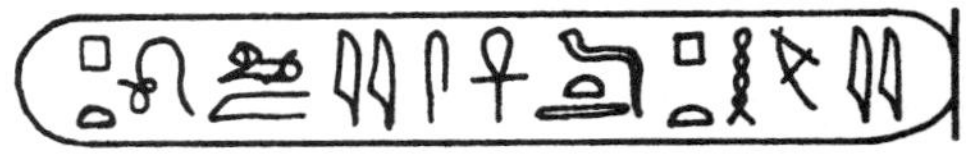

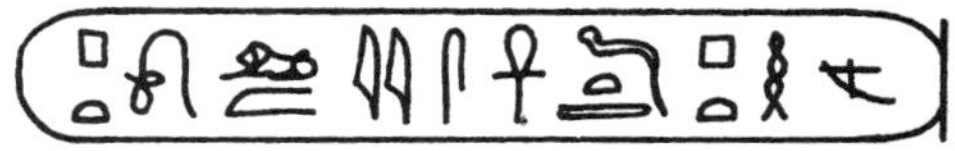

s'est approprié, en le modifiant, l'alphabet grec ; il compte aussi des caractères issus du démotique égyptien. De ce fait, c'est un matériau de comparaison inestimable pour les déchiffreurs de hiéroglyphes égyptiens. Après traduction des termes grecs en copte, Champollion n'a plus qu'à confronter le résultat aux signes gravés. Le copte va d'ailleurs beaucoup servir à la phonétisation des anciennes écritures égyptiennes, qui ne recourent qu'à un système de représentation consonantique.

En septembre 1822, Champollion rédige un mémoire à l'attention de l'Académie de Paris. Intitulé très précisément « Lettre à M. Dacier relative à l'alphabet des hiéroglyphes phonétiques », ce mémoire inclut un nombre de hiéroglyphes phonétiques bien plus important que ceux de Thomas Young. Le texte comporte également le déchiffrement des noms de la majorité des souverains romains d'Égypte.

Champollion poursuivra ses recherches et rédigera même une grammaire des hiéroglyphes. Néanmoins, il semble qu'il n'ait jamais clairement associé à sa gloire la qualité des travaux de Young.

CUNÉIFORME ET HIÉROGLYPHES HITTITES

La Bible et plusieurs documents issus de civilisations anciennes évoquent les Hittites. La prospérité de ce peuple s'épanouit dans une région d'Asie Mineure et sur les terres de l'actuelle Syrie, de 2000 à 700 av. J.-C. Pour noter leur langue, les Hittites vont emprunter et adapter les signes sumériens. Leur culture dispose également d'une écriture pictographique assez proche des hiéroglyphes égyptiens.

On ne repère les premières spécificités du cunéiforme hittite qu'en 1906. Le mérite en revient à une expédition archéologique menée à proximité de Bogazköy, en Turquie, anciennement Hattusha, capitale des Hittites, qui exhume quelque 10 000 tablettes de cunéiformes voisinant avec un autre type d'écriture, d'un style hittite inconnu.

Le déchiffrement

Le déchiffrement du cunéiforme hittite est essentiellement l'œuvre d'un seul homme : Bedrich Hrozny. Ce Tchèque spécialiste de l'Assyrie, isole d'abord *nu* comme le logogramme de pain et sur cette base il s'attaque à la traduction de la suite *Nu-an-ezzateni, wadar-ma ekuteni*. Il ne tarde pas alors à établir le rapport entre *wadar* et *wasser* en allemand ou *water* en anglais ; *ezzateni*, de son côté, n'est pas sans rappeler le *essen* germanique et le *eat* britannique. Le hittite est donc une langue indo-européenne. D'autres déchiffreurs vont suivre cette piste et s'inspirer des découvertes du Tchèque, jusqu'à l'achèvement complet du déchiffrement du cunéiforme hittite, en 1933.

Les épigraphistes travaillent aujourd'hui encore sur les hiéroglyphes hittites. Pour les spécialistes, cette écriture est réservée aux inscriptions monumentales, à la gravure des sceaux — conclusion que semble confirmer le sceau dit de Tarkondémos, découvert à la fin des années 1800. Cet objet circulaire en argent montre deux types d'écritures, cunéiforme et hiéroglyphique. Sur la base des travaux de Hrozny et d'autres déchiffrements de cunéiforme hittite, on est en mesure de procéder à des comparaisons quant à l'emplacement et aux différentes formes de symboles hiéroglyphiques, même si leur déchiffrement n'est pas encore achevé.

LINÉAIRE B

Il semble que les premiers écrits circulant dans la région de la mer Égée aient subi l'influence des hiéroglyphes égyptiens.
On en retrouve, en tous cas, les premières traces en Crète, aux alentours de 1900 av. J.-C. Cette écriture inconnue a fait l'objet d'une catégorisation graphique désignée par la terminologie scientifique sous le nom de Linéaire A. Le Linéaire A précède le Linéaire B, dont le déchiffrement constitue l'une des plus célèbres aventures de l'histoire de l'archéologie.

Pour mieux en comprendre l'histoire, il faut d'abord faire un détour par l'île de Chypre où un type d'écriture héritière du Linéaire A, reste en vigueur du VIIe au IIe siècles av. J.-C. En 1871, l'épigraphiste George Smith en déchiffre quelques éléments. L'analyse de ses 55 caractères et de leurs interconnections lui permet de conclure à la représentation symbolique des syllabes. Il étudie ensuite une inscription, où se mêlent idéogrammes chypriotes et caractères phéniciens connus. Smith isole d'abord dans le phénicien deux positions du mot « roi », et parvient à repérer les équivalents au même endroit du texte chypriote. Les idéogrammes chypriotes connaissent des variantes, que Smith attribue aux effets de la déclinaison. Il suggère, fort à propos, que l'un de ces particularismes correspond au cas sujet (le roi) et qu'un second équivaut au génitif, marque majeure de la possession (du roi).

Smith étudie par la suite les langues où l'avant-dernière syllabe précédant le mot « roi » passe du cas sujet au génitif. Le mot grec *basileus* (cas sujet) et *basileos* (génitif) lui en fournit un exemple. S'appuyant sur cette variation, et aidé par la comparaison de noms propres grecs identifiables, Smith peut commencer à reconstituer, sur certains médaillons, les valeurs phonétiques de 18 caractères chypriotes. Smith finira par se détourner du sujet, pour se consacrer à l'étude de tablettes babyloniennes. Néanmoins, nul ne peut ignorer sa contribution au déchiffrement du Linéaire B.

En 1900, l'archéologue Arthur Evans localise l'emplacement de la cité antique de Cnossos, en Crète. On donne les premiers coups de pioche et l'en exhume, entre autres trésors, le palais du roi Minos ainsi qu'une multitude de tablettes d'argile gravées de signes inconnus. Evans date cette écriture du Minoen Récent, sous la catégorie Linéaire B, qui dérive du Linéaire A.

Entre 1901 et 1904, Evans va mettre au jour plus de 3 000 tablettes d'argile ressemblant fort à des inventaires, ou à des listes comptables d'individus ou de denrées diverses. Evans déchiffre dans certains logogrammes et pictogrammes l'expression du sexe du bétail.

L'archéologue s'applique ensuite à établir des comparaisons entre les valeurs phonétiques, résolues partiellement par Smith sur les inscriptions chypriotes, et les sons inconnus du Linéaire B.
Le tableau ci-dessous donne les correspondances phonétiques les plus évidentes :

Les supports phonétiques chypriotes

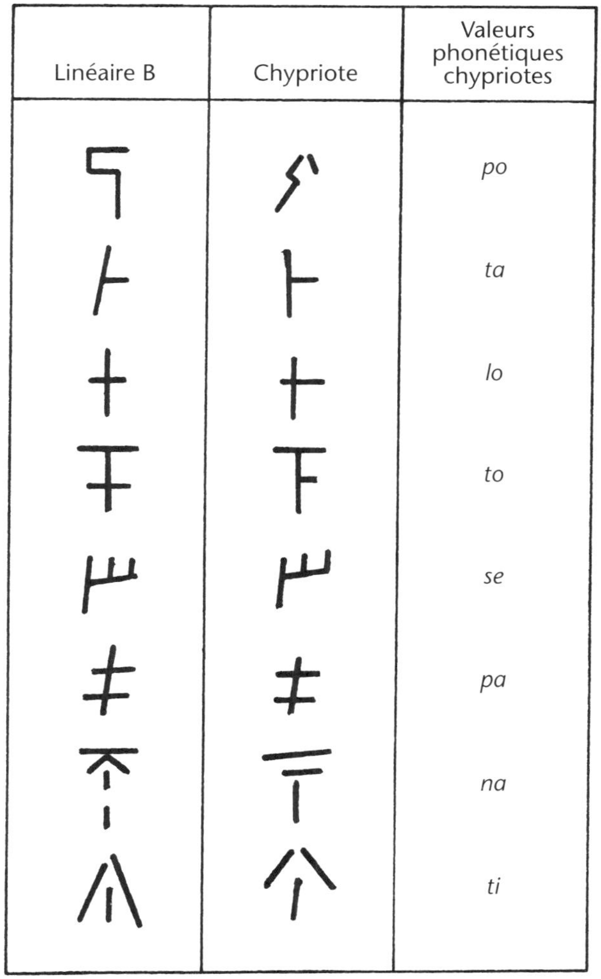

Evans constate bientôt des similitudes entre certains signes et les logogrammes figurant des têtes de chevaux. Deux de ces chevaux ne portent pas de crinière ; il ne peut donc s'agir que de jeunes poulains. En se basant sur les valeurs phonétiques isolées ci-dessus, on obtient le son « polo ». En grec, *polos* signifie poulain. Les hypothèses avancées par Evans s'avèrent donc fondées ; curieusement pourtant, l'archéologue ne se résout pas à admettre les conclusions de ses propres recherches. Aveuglé par rêve d'un peuple et d'une culture crétoise formant une entité distincte, Evans ne peut admettre que les Minoens parlent et écrivent une forme de grec.

Le déchiffrement

Il faut attendre les années 1940 pour que le docteur Alice J. Kober reprenne le déchiffrement du Linéaire B. L'Américaine publie son premier article en tant que professeur assistant en lettres classiques au collège de Brooklyn, à New York. Dans l'article « Les tablettes à erminette de Cnossos » (*American Journal of Archeology*, janvier-mars 1944), Alice Kober avance des hypothèses sur les mots formés de symboles figurant une erminette.

Au printemps 1945, toujours dans la même revue, elle démontre la présence de désinences en finale de certains mots. C'est un point essentiel, puisque ces altérations de mots et de formes, notamment dans les terminaisons, sont la preuve de structures grammaticales comme le temps, le cas, le genre, le nombre ou la personne. Si cette modification de désinence était vérifiée, ce serait là un schéma conducteur de grand intérêt.

Le latin offre un exemple de langue à flexion où la fin des mots se modifie, comme le montre le tableau qui suit :

DÉCLINAISON DU MOT LATIN AQUA (EAU)

nominatif	aqua	aquae
genitif	aquae	aquárum
datif	aquae	aquás
accusatif	aquam	aquás
ablatif	aquá	aquás

Alice Kober commence à identifier en 1946 certains signes de cette déclinaison.

Elle repère un symbole récurrent en finale d'un mot ; le signe est classé sous le nombre 7 des terminaisons dites du Cas 1. Elle étudie ensuite d'autres listes de mots, à la recherche de racines montrant les mêmes groupes symboliques de base. La scientifique isole une seconde désinence, semblable à un 5. Le signe est répertorié sous le nombre 40, dans la catégorie des terminaisons dites du Cas 2.

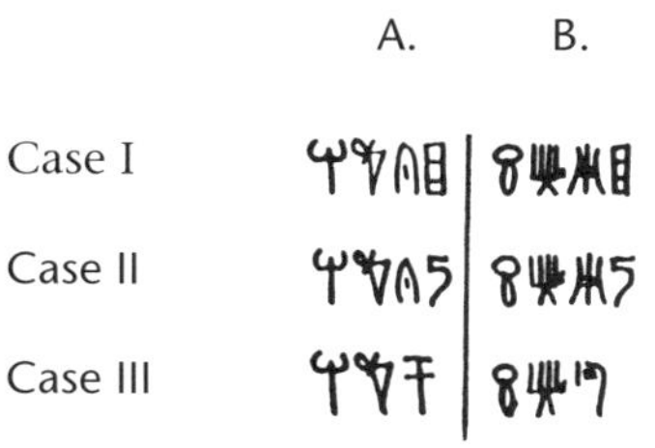

Tableau de déclinaison d'Alice Kober

Kober s'applique ensuite à mettre au point un canevas des signes-racines de certains substantifs, objets de déclinaison. Les lettres P et Q symbolisent la racine d'un substantif, les lettres R et S, celle d'un second.

CAS I	PQ 7	RS 7
CAS II	PQ 40	RS 40
CAS III	PQ	RS

Pour Alice Kober, les signes du Linéaire B représentent des voyelles seules ou des groupes consonne-voyelle. On trouvera ainsi la syllabe *ba* (consonne-voyelle), mais en aucun cas des syllabes comme *ab* (voyelle-consonne) ou *abd*, ou encore des consonnes isolées comme *g*. L'Américaine affirme, de plus, que les racines des substantifs se terminent par des consonnes. Le radical est suivi d'une désinence inaugurée par une voyelle. Un seul signe, dit symbole passerelle, relie la consonne radicale à la voyelle désinentielle. Les symboles passerelles comptent en outre des variantes, qu'Alice Kober étiquette pour le substantif PQ sous les nombres 2 et 59, 36 et 20 numérotant quant à eux le substantif RS.

CAS I	PQ 2 7	RS 36 7
CAS II	PQ 2 40	RS 36 40
CAS III	PQ 59	RS 20

Alice Kober illustre ses hypothèses à l'aide d'un substantif, *sadanu,* originaire d'Akkadie, terre antique située au nord de Babylone.
On a une racine de mot, *sad-*, et des terminaisons de cas – *anu*, *-ani* et – *u*. Alice confronte ce mot au substantif PQ.

CAS I	PQ	2	7
	sa	da	nu
CAS II	PQ	2	40
	sa	da	ni
CAS III	PQ	59	
	sa	du	

On constate que les signes identifiés par 2 et 59 désignent tous deux la consonne récurrente de la racine (*d*). Ces signes sont formés de la paire consonne-voyelle (*d* et *a*) ; un élément de cette paire est relié et intégré à la racine : c'est le *d* de *sad*. Si Alice Kober ne peut, en 1946, ni traduire ni isoler exactement les valeurs phonétiques du Linéaire B, elle fait en tous cas la démonstration des caractéristiques consonantiques de cette écriture.

L'Américaine s'intéresse par la suite aux substantifs PQ et RS du Cas I, des marques casuelles identiques procurant une même voyelle à leur signe passerelle, 2 pour PQ et 36 pour RS. La différence des signes-passerelles vient du fait que PQ et RS n'ont pas les mêmes racines ; du coup, elles livrent aux signes-passerelles d'autres consonnes, tout en partageant la même voyelle.

La théorie est illustrée par un mot créé de toutes pièces, *gihanu*, fonctionnant sur la même déclinaison que le mot akkadien *sadanu*, avec des terminaisons identiques, *-anu*, *-ani* et – *u*.

CAS I	PQ	2	7	RS	36	7
	sa	da	nu	gi	ha	nu
CAS II	PQ	2	40	RS	36	40
	sa	da	ni	gi	ha	ni
CAS III	PQ	59		RS	20	
	sa	du		gi	hu	

Si les consonnes radicales des signes 2 et 36 diffèrent (*d* et *h*), la voyelle casuelle (*a*) reste en revanche la même. La démonstration vaut également pour les signes 59 et 20, avec la voyelle *u*. Kober parvient donc à démontrer que certains symboles du Linéaire B comptent des voyelles communes, que d'autres sont plutôt consonantiques, et que d'autres enfin montrent une association des deux, ce qu'elle résume par le schéma ci-contre.

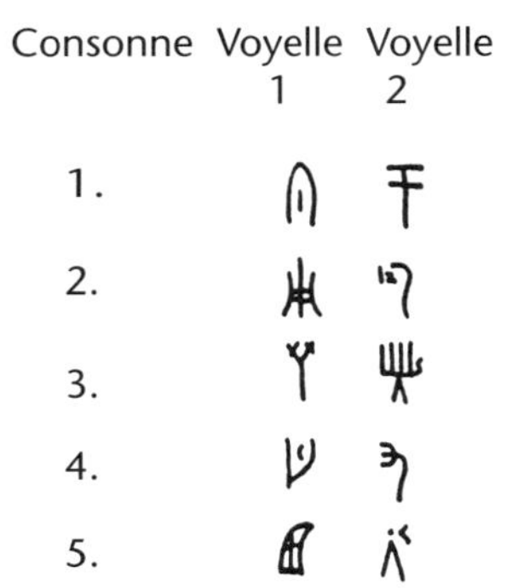

La grille syllabique d'Alice Kober

Ce modèle ouvre la voie à de nouvelles traductions de symboles. On établit des relations entre les caractères, en alignant toutes les voyelles communes sur une colonne, et les consonnes communes sur une rangée. Quand voyelle et consonne sont associées, on peut effectuer des rapprochements entre des groupes de caractères de mots différents.

Si Alice Kober n'a pu attribuer de valeurs phonétiques aux symboles, elle a cependant repéré les différences de genre parmi de nombreux signes sur des listes comptables de bétail et d'hommes. Ainsi, on désigne une femelle par des signes indexés au signe mâle.

À la fin des années 1940, Alice Kober est presque au bout de ses peines, quand un cancer l'emporte. Ses recherches serviront cependant de base à l'élucidation entière du Linéaire B.

C'est finalement Michael Ventris qui, quelques années plus tard, en vient à bout. Depuis l'enfance, Ventris montre un don certain pour les langues ; ce polyglotte parle couramment le français, l'allemand et le grec, sans oublier le polonais et le suédois. Sa première rencontre avec le Linéaire B remonte à 1936 ; alors âgé de 14 ans, le jeune Michael assiste à une conférence donnée par sir Arthur Evans.

En 1950, Ventris contacte les différents érudits travaillant sur le Linéaire B ; la plupart lui prêtent assistance. L'un d'eux est Emmett L. Bennett Jr. Officier cryptanalyste durant la Seconde Guerre mondiale, Bennett a soutenu une thèse sur l'écriture linéaire minoenne de Pylos. En 1950, il contribue à éclaircir les systèmes numériques et métriques des Linéaires A et B, et publie des classifications de signes et de symboles décisives.

En janvier 1951, Ventris fait circuler ses *Notes de travail* dans le cercle des chercheurs. Le document comporte les découvertes les plus marquantes d'Alice Kober. Ventris complète ce qu'il appelle « la grille » de l'Américaine, basée sur la relation des consonnes et des voyelles, avec de nouveaux signes présentant d'autres voyelles et d'autres consonnes en haut et sur le côté du canevas initial. En juin 1952, Ventris diffuse le numéro 20 de ses Notes de travail.

S'appuyant sur des procédés cryptanalytiques, Ventris établit des analyses statistiques de distribution des signes dans différents mots ; signe initial, médian (au centre ou à proximité) et final. À partir de ces tables de fréquence, il est en mesure de repérer les lettres presque exclusivement initiales. Il constate, en parallèle, la récurrence d'un trio de symboles en position initiale de mot ; on a une double hache, un trône et un A capital à double barre. Pour Ventris, il s'agit là de voyelles absolues, signes initiaux habituels des langues syllabiques.

Se servant des recherches de sir Arthur Evans, Ventris repère dans certains symboles du Linéaire B des consonnes et des voyelles assez proches du chypriote. S'aidant des travaux d'Alice Kober et du déchiffrement d'autres écritures, Ventris confronte différents matériaux de recherches, jusqu'à suggérer que certains signes, répétés après des symboles censés représenter des noms de personnes, véhiculent des noms de ville ou de métiers.

En comparant les symboles du Linéaire B et du chypriote, Ventris établit une relation avec les signes chypriotes *na* et *ti*. La grille de Kober, élargie par ses soins, lui permet de repérer les emplacements de la voyelle *i* et de la consonne *n*. Ventris compare alors ces données avec un symbole de nom de lieu à quatre signes. Le mot associe la consonne *n* et la voyelle *i*, pour former *ni*. Il déchiffre ensuite la voyelle initiale (*a*) de ce nom de lieu. Sur la base de cet « a... ni... » et de sa connaissance de l'histoire crétoise, il suppose qu'il tient là le nom d'Amnisos, ville crétoise. Ventris isole bientôt d'autres noms de villes crétoises. Il est également en mesure d'accorder des valeurs phonétiques à d'autres symboles, en les passant au crible de sa grille, par le jeu de croisement de voyelles et de consonnes.

Même si le Linéaire B constitue une forme archaïque de grec, Ventris, tout comme Evans d'ailleurs, ne pense pas que les Minoens aient parlé grec. Il penche plutôt pour l'étrusque, depuis le début de ses recherches. En juillet 1952, Ventris entre en collaboration avec John Chadwick, spécialiste de philologie classique à l'université de Cambridge. Dans un article publié en 1953, les deux chercheurs concluent avec une grande prudence à la filiation grecque du Linéaire B.

Ces conclusions sont vite confirmées. L'archéologue américain Carl Blegen compare en effet les découvertes de Ventris avec une tablette d'argile gravée de trois lignes, trouvée à Pylos, en 1952. Dès 1953, sur la base des travaux de Ventris et de ses prédécesseurs, Blegen parvient à déchiffrer cette tablette, dite tripode en raison du sujet traité, une coupe à trois pieds. Sans doute, le grec du Linéaire B est-il l'aîné de la langue de Platon d'un bon millénaire, mais il s'agit bien de grec.

LES GLYPHES MAYAS

L'ancienne civilisation maya s'épanouit dans le sud-est du Mexique et en Amérique centrale ; ses descendants vivent aujourd'hui encore dans le Yucatán, le Belize (ex Honduras Britannique), le Guatemala et le Honduras. Les premiers hommes de langue maya vont s'établir sur les basses terres d'Amérique centrale vers 1500 av. J.-C., mais on ne voit véritablement émerger de civilisation qu'aux alentours de 250 av. J.-C. Les hameaux disparaissent alors au profit des grandes cités, où les scribes pratiquent une forme d'écriture standardisée. L'écriture maya, produit dérivé du système hiéroglyphique, se développe vers 700 av. J.-C. ; il semble qu'elle soit l'héritage d'un peuple venu de l'ouest, les ancêtres mythiques des Mayas. Pour certains historiens, l'essor de la langue et de l'écriture mayas serait plutôt le fait d'un groupe linguistique précis, les Olmèques, présents au Mexique avant l'arrivée des Mayas.

Les supports de glyphes mayas, manuscrits et monuments, n'ont pas l'heur de convenir aux Conquistadors espagnols du XVIe siècle, qui détruisent presque entièrement toute manifestation de cette culture païenne. Seuls quatre manuscrits (les codex), rédigés sur une sorte de papier en fibre d'agave, échappent à l'Inquisition ; on retrouvera également quelques rares inscriptions, gravées sur les pierres de monuments et de temples.

En 1862, on déniche à Madrid un ouvrage extraordinaire, aussitôt traduit en français par le prêtre Charles-Étienne Brasseur de Bourbourg, et publié en 1864. Sous le titre original de *Relacion de las cosas de Yucatán* (à propos de Yucatán), le manuscrit remonte en fait à 1566 ; c'est l'œuvre de Diego de Landa, premier évêque du Yucatán qui fait montre d'une cruauté inouïe envers les Mayas, tout en manifestant par ailleurs une véritable fascination pour leur histoire. Rappelé en Espagne en 1560 pour répondre de ses actes de barbarie, il rédige, en guise de plaidoirie, son fameux ouvrage. Acquitté, il est promu évêque des Mayas en 1572 et le restera jusqu'à sa mort, en 1579.

Dans ce texte, Landa inclut une description de l'alphabet maya, ainsi qu'une évocation du calendrier. Ses conclusions sont cependant erronées, l'évêque ignorant tout de l'aspect syllabique de l'écriture maya – ce qui n'empêche pas certains de considérer cet alphabet approximatif comme la « pierre de Rosette » des glyphes mayas mais il est vrai que le document a fourni de précieuses pistes aux chercheurs.

Le traducteur de Landa, Brasseur de Bourbourg, va apporter sa propre pierre au déchiffrement de l'écriture maya. Après sa mission au Guatemala en qualité de prêtre, il publie en 1869 un important codex, lui aussi trouvé dans les archives madrilènes. En fait, deux manuscrits composent le codex de Madrid : le codex Troano et le codex Cortesia, que l'on date de 1400 environ av. J.-C. Les 56 pages du codex, illustrées recto verso d'une double feuille de figuier, font l'inventaire d'activités quotidiennes, telles que la poterie, le tissage ou la chasse. On y trouve des glyphes moins aboutis que ceux des codex dits de Paris et de Dresde (du nom des villes où ils sont découverts suite à leur transfert en Europe).

C'est par hasard, dans un recoin de la Bibliothèque nationale, que l'on met la main sur le codex de Paris. Le document, daté entre 800 et 1500 de notre ère, traite essentiellement de rituels et de cérémonies mayas. Ses 11 feuilles volantes, en écorce, sont repliées plusieurs fois sur elles-mêmes, à la manière d'un paravent, de sorte que l'on dispose de 22 pages recouvertes de séries de figures présentées en colonnes.

La même structure en paravent se retrouve dans le codex de Dresde, qui aurait été rédigé entre 1100 et 1500 de notre ère, avant la conquête du Mexique par les Espagnols. On suppose que Hernando Cortez a rapporté le document en Europe, parmi d'autres butins et pourtant, le codex disparaît de la circulation pour ne refaire surface qu'en 1739. Il se trouve dans le lot des biens d'un collectionneur privé de Vienne, vendu à la bibliothèque royale de la cour de Saxe, à Dresde.

La reliure du codex de Dresde, en peau de jaguar, atteint, une fois déroulée, près de 3,65 m. Ses 74 pages en écorce sont enduites d'une sorte de vernis blanchâtre, support favori du scribe-peintre. Les figures de divinités mayas, de symboles, d'animaux et manifestations astronomiques vont fortement contribuer au déchiffrement de l'écriture maya.

Le déchiffrement

L'élucidation des glyphes de ces codex a d'abord commencé par des interprétations aussi multiples que polémiques, s'étendant sur plusieurs années. C'est le cas, par exemple, avec l'alphabet approximatif aussi bien qu'avec l'analyse calendaire du frère Diego de Landa, qui veut que les glyphes désignent les noms des jours et des mois. L'autre pionnier du déchiffrement maya, d'origine turque, se nomme Samuel Rafinesque-Smaltz. Grand voyageur, l'homme publie dans les années 1830 son propre journal, *Atlantic Journal and Friend of Knowledge*. C'est lui qui, le premier, perce le mystère des points et des barres du système de numération maya.

Rafinesque-Smaltz suggère également de mener une analyse comparative des différents manuscrits et des inscriptions monumentales, ainsi que de la langue des descendants des Mayas. Même si les années 1800 ne voient s'imposer aucune méthodologie en la matière, l'hypothèse sera reprise au XXe siècle lorsque l'étude des 30 langues du groupe maya révélera des termes propres aux inscriptions anciennes.

Dans les années 1880, c'est au tour de Ernst Förstemann, linguiste et bibliothécaire de Dresde, de percer plus avant l'énigme maya. Il étudie le calendrier de Landa et la numération de Rafinesque-Smaltz, étude qui aboutit à la conclusion que les symboles de la cosmogonie maya ont, en fait, un sens astronomique. Förstemann arrache au codex de Dresde deux découvertes capitales : le système de numération maya est en base 20 et les calendriers portent sur des cycles de 260 jours. Le codex de Dresde renferme également des tables de calculs des cycles de la planète Vénus, des tableaux d'éclipses lunaires (néfastes chez les Mayas) et un système calendaire englobant plusieurs siècles, qui avaient rythmé le quotidien de l'empire maya. Les découvertes de Förstemann éclairent d'un jour nouveau les différents aspects de la culture de ce peuple, de son histoire et de sa langue.

En 1952, c'est de derrière le rideau de Fer que surgit une approche innovante, et inespérée, du problème. Youri V. Knorosov, chercheur soviétique, penche pour une lecture phonétique des glyphes. Le Russe n'a jamais mis les pieds en Amérique centrale, encore moins étudié ses grands sites mythiques. Il n'empêche ; pour Knorosov, l'alphabet de Landa est de nature syllabique. La corrélation phonétique partielle des glyphes mayas et de l'orthographe de certains noms espagnols va d'ailleurs dans ce sens.

Knorosov reprend en fait une hypothèse émise 76 ans plus tôt par un autre chercheur, Léon de Rosny. Dès 1876, Rosny se base en effet sur l'alphabet de Landa pour tenter de percer l'énigme du symbole représentant « dindon ».

Rosny parvient à identifier la première tranche du glyphe ; d'après un dessin similaire extrait de l'alphabet de Landa, il s'agit de *cu*. Partant de *cutz* (dindon), mot d'un groupe linguistique maya, le chercheur propose *cutz (u)* en lecture globale du glyphe. Knorosov compare à son tour le second glyphe pour « dindon » avec le premier des glyphes pour « chien ». C'est le même !

Comme le mot maya pour « chien » est *tzul*, le second glyphe pour « chien » nous donne une valeur phonétique *l*.

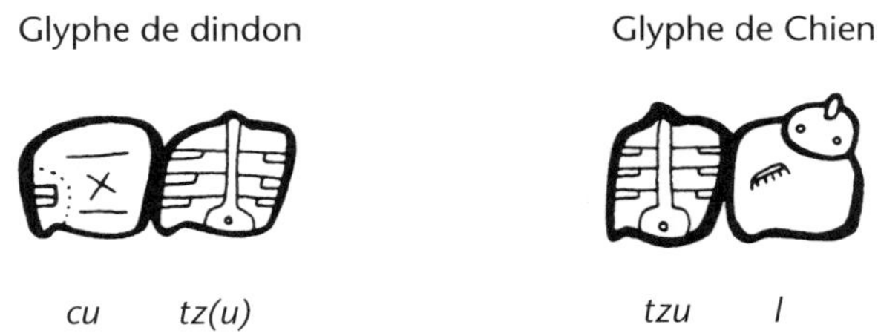

Knorosov déchiffrera d'autres symboles de la sorte. Cependant, publiés dans la seule Russie, ses travaux passent d'abord inaperçus puis ils reçoivent un accueil mitigé une fois disponibles en anglais. C'est pourtant Knorosov qui donne une nouvelle orientation aux recherches sur les glyphes mayas.

Au cours des décennies suivantes, on a le plus grand mal à isoler la signification des principaux signes et symboles additionnels des multiples combinaisons de glyphes. On se trouve face à des mots qui exploitent indifféremment idéogrammes et signes syllabiques ; de plus, l'ordre d'écriture reste aléatoire. L'art maya est ainsi mis à contribution pour percer l'énigme sémantique des pictogrammes. Dès qu'un glyphe est identifié, les épigraphistes le confrontent à un terme maya connu. Reste ensuite à bâtir sa lecture phonétique.

Les spécialistes estiment aujourd'hui à près de 85 % le nombre de glyphes déchiffrés, bien que pour la prononciation on doive se contenter d'approximation.

Écritures indéchiffrées

En dépit de la somme de connaissances acquise à travers les siècles, certaines écritures résistent encore à toute tentative de déchiffrement. Parmi les exemples les plus fascinants, on citera l'écriture protoélamite, le Linéaire A et l'étrusque, mais aussi les inscriptions des sceaux de l'Indus, du disque de Phaïstos et du manuscrit de Voynich.

PROTO-ÉLAMITE

L'élamite est une écriture semi-pictographique, dérivée de la langue d'Élam, autrefois implantée dans l'Iran occidental actuel. On la retrouve, altérée, sur les inscriptions cunéiformes de Mésopotamie. C'est en Iran et en Irak que l'on a découvert des tablettes d'argile

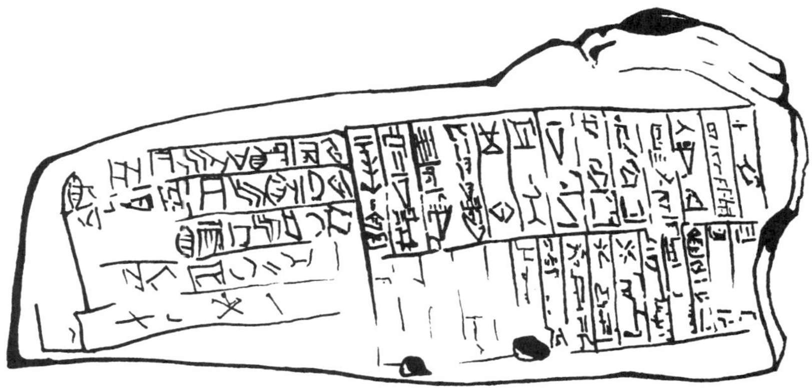

Texte bilingue : linéaire élamite (à gauche) et cunéiforme akkadien (à droite)

recouvertes de symboles protoélamites. La première trace de protoélamite remonte à environ 3000 av. J.-C. À ce jour, écriture et langue d'Élam résistent encore aux épigraphistes.

ÉCRITURE PROTO-INDIENNE SUR SCEAUX

En 1921, les fouilles de Harappa, dans le Penjab, au nord de l'Inde, mettent au jour les ruines d'une cité de briques. Les archéologues en concluent que la vallée de l'Indus (nord-ouest de l'Inde et Pakistan) a abrité aux alentours de 2800 à 1600 av. J.-C. une civilisation florissante.

Des fouilles qui suivent on acquiert bientôt la certitude que cette cité, Harappa, ainsi qu'une autre tout aussi prospère, Mohenjo-daro, n'ont alors rien à envier à l'urbanisme flamboyant de Mésopotamie et d'Égypte.

L'écriture de la vallée de l'Indus s'épanouit en même temps que Harappa ; elle sert de vecteur au commerce, à la mémoire des grands événements et à la célébration des souverains.

Linéaire, l'écriture proto-indienne recourt essentiellement à des dessins extrêmement stylisés. Les exemples dont on dispose consistent pour la plupart en brèves inscriptions sur sceaux de pierre, plus rarement sur des vases, des amulettes et des outils de bronze. Pour un certain nombre d'experts, cette écriture sert à marquer la possession, ou à enregistrer les transactions commerciales. D'autres voient dans certaines représentations graphiques de dieux et de déesses les ancêtres des divinités hindous.

Les épigraphistes s'intéressent de près aux glyphes figurant des poissons, car ils semblent n'obéir à aucune règle de style, tant leurs formes sont variées.

Sceau de la vallée de l'Indus

Idéogrammes Indus (poissons)

Ces idéogrammes sont parfois associés à des symboles planétaires ou astrologiques, probablement des représentations de constellations. Or, on sait qu'en tamoul, poisson signifie également étoile ; certains chercheurs ont donc rapproché les signes représentant des poissons de la langue tamoul, membre des langues dravidiennes (au sud de l'Inde), antérieures au sanskrit. Cette langue dravidienne (non indo-européenne) est pratiquée aujourd'hui encore par les peuples du sud de l'Inde et du Sri Lanka.

Spécialiste de l'écriture proto-indienne, Asko Parpola, a élaboré une théorie sur l'association poisson-étoile, en travaillant sur les glyphes d'un « poisson-toit » et d'une étoile noire. Il relie ces idéogrammes à des signes postérieurs, représentant Saturne sous les traits d'un personnage divin chevauchant une tortue, ou tout autre créature marine carapacée, soit un « poisson » surmonté d'un « toit ».

De récentes découvertes ont permis de jeter des ponts entre l'écriture proto-indienne et divers systèmes pictographiques antérieurs à 2500 av. J.-C. Les chercheurs rattachent le peuple de la vallée de l'Indus au groupe dravidien ; on suppose en outre que sa religion est de la même famille que celle de l'ancienne Asie occidentale et, plus tard, de l'Inde. Il semble en tous cas qu'un déchiffrement partiel de l'écriture proto-indienne soit possible. L'Inde d'aujourd'hui abonde en effet en témoignages sur la culture et la religion de la vallée de l'Indus ; de plus, des langues comme le tamoul sont sources d'informations inestimables sur les secrets du dravidien.

LINÉAIRE A

Cachet hiéroglyphique crétois

Lorsque Arthur Evans découvre le Linéaire B, il exhume en même temps deux autres écritures mystérieuses. La plus ancienne, hiéroglyphique, se développe vers 1900 av. J.-C., et n'apparaît que sur des cachets. La seconde, le Linéaire A, est formée de signes plus abstraits, gravés sur tablettes d'argiles.

Le Linéaire A, dont le plus ancien exemple remonte à 1800 av. J.-C., sert aux scribes de Crète et des îles avoisinantes, entre 1850 et 1450 avant notre ère. Antérieur au Linéaire B, le Linéaire A serait l'écriture de l'antique civilisation minoenne centrée à Cnossos, en Crète.

On s'interroge encore aujourd'hui sur les origines du peuple de Minos. Certains penchent pour une population venue de Grèce, en tous cas de la zone de la mer Égée. D'autres voient dans les Minoens les descendants des Hittites, jadis maîtres de l'Asie Mineure.

Entre 1994 et 1995, l'archéologue Wolf-Dietrich Niemeier met au jour à Milet, en Turquie, des poteries recouvertes d'inscriptions, bientôt identifiées comme relevant du Linéaire A. La découverte relance le débat. Les Minoens ont-ils étendu leur empire commercial maritime d'Asie Mineure jusqu'en Crète ? Les Crétois ont-ils colonisé certaines régions d'Asie Mineure ? Ou, plus prosaïquement, ces poteries ont-elles été rapportées en Asie Mineure par un marchand au long cours ?

Écriture en partie connue, relevant d'une langue inconnue en dépit de preuves de sa prospérité, le Linéaire A résiste encore.

Fragment de Linéaire A

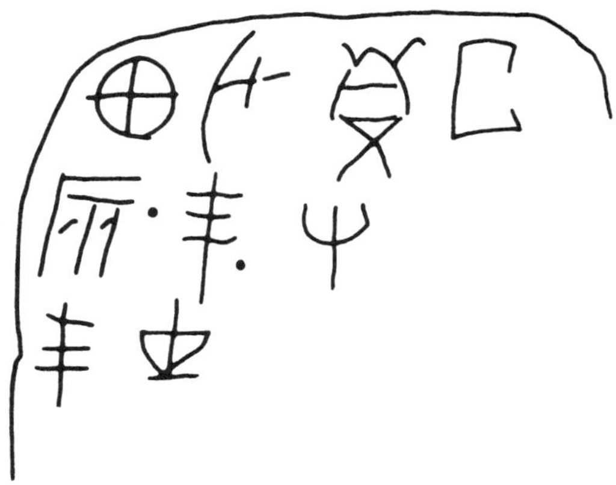

LE DISQUE DE PHAÏSTOS

En 1908, un archéologue italien, Luigi Pernier, découvre en Crète un disque d'argile. Très vite, cet objet banal pose aux épigraphistes une nouvelle énigme.

Baptisé du nom du palais minoen du sud de la Crète où il est découvert, le disque de Phaïstos suscite un grand enthousiasme. Des fouilles sur le même site ont révélé des fragments d'une tablette de Linéaire A ; de là à supputer que ce disque détient la clé du Linéaire A, le pas est vite franchi mais près d'un siècle plus tard, les inscriptions du disque de Phaïstos n'ont toujours pas été résolues.

Daté de 1700 environ av. J.-C., le disque de Phaïstos est une pièce d'argile de 16 cm de diamètre sur 1,2 cm d'épaisseur. Ses deux faces sont recouvertes de 45 symboles, reproduits 241 fois, et séparés par 61 barres verticales disposées en spirale. Ces signes, qui semblent

Le disque de Phaïstos

plus « imprimés » que gravés, représentent des hommes, des plantes, des animaux et des armes.

La mise au point de poinçons de bois ou de matrices, destinés à l'impression des caractères sur l'argile humide, exige bien plus de temps que la simple inscription de glyphes, ce qui permet de penser que ces matrices étaient réutilisables. Or, s'il existait une production en masse de ce type de disques, les chercheurs s'étonnent de ne jamais avoir découvert de copies ou d'objets similaires. Le mystère s'épaissit quand on constate que les symboles du disque de Phaïstos ne ressemblent en rien aux premiers hiéroglyphes minoens, aux écritures du Linéaire A ou du Linéaire B.

Depuis 1998, on tient néanmoins un début de solution. La proposition est le fait de jumeaux, Kevin Massey-Gillespie et Keith A. J. Massey. Les deux hommes pensent qu'une autre écriture antique détient la clé du déchiffrement du disque de Phaïstos : une civilisation prospère florissait jadis sur le site de Byblos, dans le Liban d'aujourd'hui, et de nombreux indices culturels et historiques prouvent l'existence d'échanges entre Byblos et les cités crétoises. Or, à cette époque, contemporaine du fameux disque, il existait une écriture dérivée du sémitique, l'écriture protobiblique, recourant à des graphismes similaires pour représenter hommes et armes.

D'autres chercheurs avaient déjà envisagé l'éventualité d'une parenté entre le disque de Phaïstos et l'écriture de Byblos. Dans les années 1940, Maurice Dunand et en 1970, Victor Kenna comparent eux aussi les caractéristiques des symboles en question ; Edouard Dhorme édite en 1946 le premier répertoire de valeurs consonantiques de l'écriture protobiblique.

Les signes sont imprimés de droite à gauche, et nombre de chercheurs penchent pour une lecture orientée à l'identique. Les frères Massey affirment, quant à eux, que l'orientation de l'empreinte ne détermine pas nécessairement le sens de lecture ; le modèle hiéroglyphique égyptien (l'orientation des personnages indique le sens de lecture) ne s'applique pas forcément au disque de Phaïstos. Basant toute leur analyse sur une lecture gauche-droite, les Massey voient plutôt dans ces inscriptions l'expression d'une langue annonçant le grec.

Auteurs d'une étude détaillée et rigoureuse, les deux frères ont attribué à chaque signe du disque une valeur consonantique. Souhaitons que leurs recherches aboutissent un jour au déchiffrement complet du disque de Phaïstos.

L'ÉTRUSQUE

Les Étrusques occupèrent une région du centre de l'Italie, entre l'Arno et le Tibre, de 700 à 100 av. J.-C. Finalement absorbés par l'expansion irrépressible de la machine impériale romaine, leur langue et leur culture sombrèrent dans l'oubli. Si l'on a d'abord situé leurs origines en Asie Mineure ou dans certaines zones de l'Italie septentrionale, on suppose aujourd'hui que cette civilisation était de pure souche italienne.

À la différence de nombreux peuples antiques, les Étrusques ne sont pas des bâtisseurs d'empire. Leur civilisation fleurit par une politique d'annexions et d'échanges commerciaux des plus pacifiques. Les Étrusques jouent en fait le rôle de passerelle culturelle entre les premières colonies grecques de l'Italie méridionale et les peuples de l'ouest et du nord – influence que confirment l'archéologie, la lecture de texte grecs et romains ainsi que des vestiges d'écriture.

L'alphabet ci-dessous n'est qu'un modèle ; certaines lettres ne sont pas étrusques. L'étrusque ne compte pas de consonnes occlusives (*b*, *d* ou *g*), mais l'on affecte ces signes à l'alphabet étrusque, afin de reproduire le modèle grec, support de la langue étrusque.

Malgré l'alphabet reconstitué par des chercheurs et la découverte de quelque 13 000 inscriptions sur miroirs ou pierres précieuses dans le centre de l'Italie, la langue étrusque reste un mystère. Si les épigraphistes maîtrisent la phonétique des écrits, ils ignorent en revanche la signification des mots.

Un modèle de l'alphabet étrusque

Équivalents et valeurs phonétiques

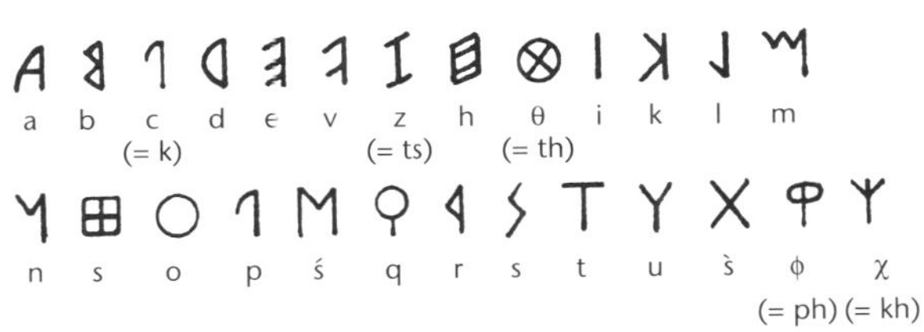

Il est vrai que l'étrusque a de quoi dérouter, en ce sens qu'il n'offre aucun lien avec une quelconque langue européenne, non plus qu'avec ces autres langues qui migrent, dès 4000 avant notre ère, depuis le centre de l'Europe pour s'imposer d'Inde en Irlande.

La stèle de Lemnos

En 1885, à Caminia, sur l'île de Lemnos, dans le nord de la mer Égée, on découvre un texte dont les symboles et la structure montrent quelques affinités avec l'étrusque. Il s'agit d'inscriptions gravées sur une stèle.

Datée du VIe siècle av. J.-C. environ, cette stèle comporte 98 symboles, correspondant à 33 mots, probablement étrusques. En 1928, des archéologues italiens, en fouilles à Lemnos, mettent au jour des séries d'inscriptions identiques, sur des fragments de poteries – découverte qui permet de considérer les inscriptions de la stèle comme relevant d'une langue courante à Lemnos. Le monument ne vient donc probablement pas d'une autre région de Méditerranée.

En 1964, on fait une autre découverte, à Pyrgi, un port situé à près de 40 km de Rome ; il s'agit de plaques funéraires bilingues, remontant à 500 av. J.-C. Un passage est rédigé en langue phénicienne, un second en script étrusque/grec, exprimant la profession de foi d'un souverain étrusque à une divinité.

Malgré ces avancées, l'étrusque garde encore ses secrets. En 1995, les plaques de Pyrgi n'ont complété le puzzle que d'un seul mot : *ci*, le nombre « trois ».

RONGORONGO

L'île de Pâques (Rapanui), dans le Pacifique Sud, et ses monumentales statues de bois voit la naissance vers l'an 400 de notre ère d'une écriture dite rongorongo (mot local désignant les chants et les récitations), inscrite sur des tablettes de bois. On ne dénombre à la disposition des épigraphistes que 21 tablettes de bois, seulement, seules rescapées de la destruction des hommes.

L'écriture rongorongo consiste en minuscules glyphes, extrêmement réguliers, d'environ 1 cm^2. Les signes principaux représentent des hommes, des animaux ou des objets fortement stylisés.

Écriture rongorongo

Ces symboles sont incisés dans le bois à l'aide d'outils divers : coquillages, éclats d'obsidienne, dents de requin ou os d'oiseau.

La grande majorité des idéogrammes est anthropomorphique. Les personnages regardent vers l'avant ou de côté, les membres écartés, tenant à la main toutes sortes d'objets, allant du bâton à la pagaie. Des représentations d'immenses yeux exorbités figurent parfois de larges macarons. On note de plus une foule de symboles zoomorphiques – poissons, lézards et surtout oiseaux.

L'orientation de l'écriture rongorongo, comme le sens de sa lecture, est de type boustrophédon (de gauche à droite, de droite à gauche) avec un retournement latéral du signe à 180°. La lecture démarre à l'angle inférieur gauche de la tablette et se poursuit de gauche à droite. En fin de ligne, le lecteur retourne la tablette pour retrouver la ligne suivante. Ce type d'écriture demande donc un travail d'inscription inversé et renversé.

C'est en ouvrant son courrier qu'un européen découvre en 1868 les tablettes de bois ; récemment convertis, les insulaires ont fait parvenir quelques gages de leur respect à Tepano Jaussen, évêque catholique de Tahiti. Parmi leurs présents, une longue tresse de cheveux, entortillée autour d'un bout de bois. En y regardant de plus près, Jaussen constate que ce bois est couvert de symboles.

Jaussen va dès lors tenter d'en apprendre un peu plus ; en mission sur l'île de Pâques, il découvre que la plupart de ces tablettes ont été détruites par les flammes, considéreés comme des reliques païennes, ou qu'elles ont été cachées pour les préserver du courroux des évangélisateurs.

Frustré, Jaussen finit pourtant par rencontrer à Tahiti un certain Metoro, originaire de l'île de Pâques, qui parvient à chanter ou lire les rares tablettes épargnées ; Jaussen qui transcrit ces mots, aboutit à près de 300 pages de notes. Cette somme de quelques centaines de hiéroglyphes devient, à sa publication, l'objet de tentatives de déchiffrement répetées – et toutes stériles.

En 1958, dans son *Grundlagen zur Entzifferung der Osterinselschrift* (Bases pour un déchiffrement de l'écriture de l'île de Pâques), l'épigraphiste allemand Thomas Barthel franchit une étape décisive. Le chercheur est parvenu à identifier deux lignes et demies d'une tablette comme symboles d'un calendrier lunaire. Son triomphe dure peu ; on apprend en effet que l'Allemand s'est contenté de reproduire le travail de Jaussen, fondé sur les chants de Metoro.

Les hypothèses sur le rongorongo se succèdent jusque dans les années 1990, tournant court pour la plupart. Malgré la nature pictographique des symboles, on se trouve en présence d'une écriture digne de ce nom. Les inscriptions rongorongo obéissent en effet à des règles strictes. Certains symboles se répètent et s'accordent sans que le hasard ait sa place. D'autres signes ne sont jamais accolés ni associés. Tous ces éléments dénotent un travail d'inscription prémédité, en aucun cas accidentel. Cependant, sans matière première renouvelée ou bilinguisme avéré et fiable, les chances de déchiffrement du rongorongo semblent bien compromises.

LE MANUSCRIT DE VOYNICH

Le manuscrit de Voynich, du nom d'un libraire américain, spécialiste des ouvrages rares, défie les déchiffreurs depuis quelques siècles déjà. Pour nombre d'experts, le manuscrit aurait été rédigé entre le XIIIe siècle et 1608, date de son rachat par Jacob de Tepenecz, directeur des jardins botaniques de l'empereur germanique Rodolphe II. Le document se perd par la suite, avant d'atterrir entre les mains de Johannes Marci, recteur de l'université de Prague qui, à son tour, communique le volume à l'un de ses anciens professeurs, Athanase Kircher, formé aux arcanes de la cryptographie, mais impuissant à percer le secret du manuscrit. Celui-ci tombe alors dans l'oubli, sur les rangées d'une bibliothèque privée ou paroissiale, avant d'être acquis par une école jésuite de Mondragone, à Frascatti, en Italie. Enfin, en 1912, un libraire du nom de Voynich acquiert le document, bien décidé à trouver son sens caché.

Voynich distribue des copies du manuscrit aux meilleurs décrypteurs. Peine perdue, le livre résiste à toutes les tentatives de lecture, de professionnels comme d'amateurs, on ignore même jusqu'à sa langue d'origine. En 1962, le document fait les gros titres de la presse new-yorkaise lorsque Hans Kraus, marchand d'ouvrages anciens,

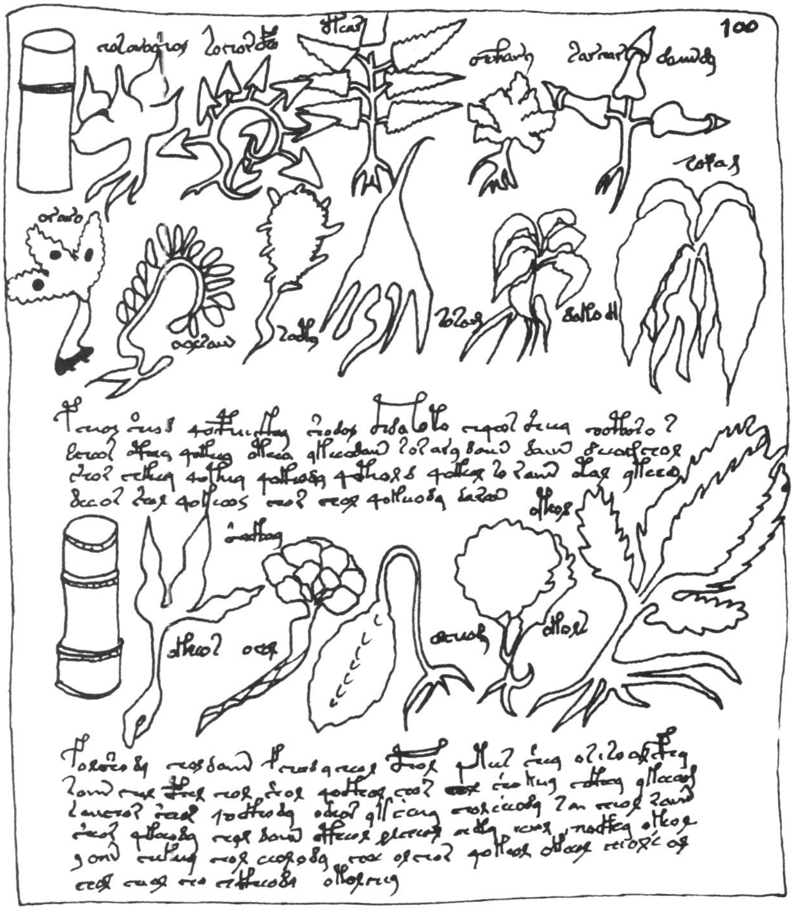

Une page du manuscrit de Voynich

s'offre le manuscrit pour quelque 24 500 dollars (environ 125 000 F) avant de tenter de le revendre pour 159 250 dollars, sans trouver preneur.

Kraus fera finalement don du document en 1969, à la bibliothèque de l'université de Yale, section manuscrits et livres rares.

Le livre mesure 15 x 23 cm et compte, selon les sources, entre 204 et 235 pages, 28 ou 31 autres manquant à l'appel. Une multitude de dessins originaux et fantasmagoriques illustrent le texte, pour résumer, semble-t-il, le contenu de chaque chapitre. À l'examen de ces dessins, les experts ont établi un sommaire : astronomie (signes du zodiaque), biologie (personnages), cosmologie (planètes et astres), monde végétal (plantes extraordinaires), pharmacopée (pots et parties de plantes) et recettes diverses (qui émaillent plusieurs paragraphes).

A priori, rien ne permet d'affirmer que ce manuscrit soit chiffré (encore que cela reste à prouver) et tout porte à croire qu'il date de la fin du Moyen Âge. Il présente des répétitions de lettres, de groupes de lettres et de mots, à terminaisons variables. En fait, une analyse récente a fait émerger deux styles bien distincts.

C'est le capitaine Prescott Currier, cryptologue de l'armée américaine et collaborateur de William Friedman qui, le premier, met cette dualité en évidence. Les deux styles, A et B, semblent indiquer que le manuscrit a été rédigé par deux auteurs au moins, ou par un seul à des périodes différentes.

Les chercheurs ont supposé que les espaces dans le texte créent des séquences et que les groupes de caractères forment bien des mots à part entière. Or, ces mots se retrouvent soit dans A et B, soit dans B seul ; en revanche, A ne montre que de très rares mots isolés. Impossible, donc, de compter sur un relevé de fréquences pour savoir si ce manuscrit est chiffré ou codé.

Comme les plaques funéraires étrusques, l'écriture en spirale du disque de Phaïstos ou les sceaux proto-indiens, le manuscrit de Voynich résiste lui aussi aux épigraphistes, mais la quête de son sens continue.

Écritures chiffrées

LES RUNES

Les runes et l'ogam s'inscrivent dans la catégorie des écritures chiffrées ; nul, en effet, n'est en mesure d'en établir l'origine exacte et de plus, chacune a vocation de secret. En vieux saxon, *runa* veut dire « magicien » ; en vieil irlandais *run* signifie « secret » ; enfin le *rune* germanique égale « secret » ou « chuchotement ». Inscriptions sur poinçons, armes, monuments funéraires et anneaux, les écritures runiques dénotent une relation au culte, s'imposant comme les empreintes de la magie et du secret. On sait que les runes servent des pratiques divinatoires, et utilisent des signes porteurs d'une connaissance hermétique.

Les inscriptions runiques remontent au IIIe siècle av. J.-C. On en découvre un peu partout, en Angleterre comme en Italie, dans les pays scandinaves comme dans les régions proches de la mer Noire. Pour certains érudits, les runes sont l'invention des Goths, ce peuple germanique qui, entre le IIIe et le Ve siècles de notre ère, soumet toutes les terres entre le Danube et l'Italie. Une autre catégorie d'experts relie plus volontiers les runes aux inscriptions des vallées alpines, dans les Alpes du sud (au nord de l'Italie). Néanmoins, la grande majorité des spécialistes s'accorde à voir dans ces symboles un dérivé de l'écriture étrusque.

L'une des principales caractéristiques du genre est son dessin angulaire, quasiment dépourvu de courbes – d'où l'hypothèse d'une écriture originelle gravée avec des bâtonnets de bois ou d'os.

L'alphabet runique

En ce qui concerne l'écriture, nous connaissons le groupe dit « futhark », du nom des six premières runes (*th* a valeur d'une seule lettre) d'un alphabet de 24 signes aux valeurs phonétiques approximatives.

Les plus anciennes inscriptions runiques présentent une orientation gauche/droite aussi bien que droite/gauche, sans distinction aucune de majuscules et de minuscules. L'alphabet runique se développe à partir d'un vieil alphabet germanique de 24 symboles, répartis en 3 groupes de 8 signes. Les lettres sont classées en séries : 1-8, 9-16 et 17-24.

Cet alphabet reste en usage de l'an 200 à l'an 750 de notre ère. Aux Vᵉ et VIᵉ siècles, les Anglo-Saxons d'Allemagne apportent les runes dans les îles britanniques, où l'alphabet va s'enrichir de nouveaux signes, qui passent à 28, puis à 33. Parallèlement, apparaissent de nouveaux mots, de nouvelles valeurs phonétiques.

La multiplication des symboles joue en faveur de l'hypothèse d'une écriture runique à destination du plus grand nombre ; sa réputation d'écriture chiffrée tiendrait au fait que l'on ignore à peu près tout des langues germaniques anciennes. Pourtant, la grande majorité des érudits attribue bien aux runes une fonction cryptographique.

Pour véhiculer le secret, une série de marques vient prendre la place des runes identifiant le groupe des signes (1 à 3) et la place du signe à l'intérieur de ce groupe (1 à 8). Intéressons-nous à deux versions chiffrées, isruna et hahalruna.

En isruna, un bref trait vertical renvoie à un groupe donné, un trait plus long à la place du signe dans le groupe. Ainsi *f*, groupe 1, lettre 1, est représentée par un trait bref et un trait plus long. La rune *m*, troisième lettre du troisième groupe, est représentée, quant à elle, par trois brefs et trois longs traits.

Le système hahalruna, système des runes en branche, n'exploite que la ligne verticale. Des traits en diagonale indiquent la position du groupe, à la gauche de la verticale ; la position au sein du groupe est révélée par des traits à droite de la même verticale. Ainsi, le chiffreur runique représente-t-il le *h*, groupe 2, première lettre, par une hampe verticale, avec deux diagonales à sa gauche et une diagonale à sa droite.

Les runes ont été mises à contribution sur les champs de bataille, comme dans le monde des affaires et l'occultisme. Un des plus fameux supports d'inscriptions runiques reste sans nul doute la pierre de Rök, en Suède, un monument de 4 m de haut, affichant quelque 700 caractères runiques et plusieurs passages chiffrés. Il semble que le recours aux runes se perde aux alentours de l'an 1200 de notre ère.

OGAM

L'écriture ogamique, pratiquée par les Celtes, appartient à l'irlandais primitif, la forme la plus ancienne de la langue irlandaise. Déjà déroutant par le caractère inhabituel de ses signes, l'ogam était en outre parfois chiffré. Des inscriptions, gravées sur pierre, ont été découvertes en Irlande méridionale, dans les comtés de Cork et de Kerry, au pays de Galles et sur l'île de Man ; elles ont été creusées entre l'an 350 et 600 de notre ère.

On ignore les raisons du recours à ce type d'écriture, mais la plupart des historiens s'accordent à lui attribuer une vocation de dissimulation. Le mot gaélique *ogham* renvoie à un discours chiffré dans lequel le nom des lettres pouvait se substituer aux lettres elles-mêmes.

En 1937, dans son ouvrage *The Secret Languages of Ireland*, R. A. Stewart Macalister avance l'hypothèse d'un ogam basé sur une restructuration phonétique de prononciations antérieures. Le chercheur relève plusieurs similitudes entre les alphabets de différents groupes linguistiques, tels les Grecs, les Romains, les druides ou les Celtes, et l'écriture ogamique comme avec le vieil irlandais.

Pour Macalister, l'ogam constitue en fait un système de transcription de la gestuelle des mains. Les séquences d'entailles obéissent aux positions des mains (la ligne de base) et des doigts (les lignes en saillie). Pour quelques historiens, ce système de communication par signes servait aux druides qui officiaient alors en Grande-Bretagne, en Irlande et en France.

Les caractères ogamiques se transcrivent à l'horizontale comme à la verticale, mais le schéma directeur de l'écriture reste le même. Comme les runes, les signes ogamiques sont répartis en quatre familles de cinq lettres chacune.

On indique l'appartenance des lettres à un groupe par des traits ou entailles (de une à cinq) disposées sur une radicale centrale. Ces traits sont indifféremment incisés autour de cette ligne radicale : au-dessus, au-dessous, perpendiculaire au-dessus et en dessous, diagonale au-dessus et en dessous. Le cinquième groupe compte des caractères accessoires, probablement des diphtongues ou des signes à valeur consonantique.

Un ouvrage du XVe siècle, le *Book of Ballymote*, sorte d'encyclopédie traitant d'histoire, de généalogie et de folklore, propose une série de procédés de chiffrement ogamique.

L'écriture ogamique tombe en désuétude vers la fin de l'an 600 de notre ère ; comme les runes. Ses origines païennes ont sans doute accéléré sa chute.

Exemples d'écriture ogamique

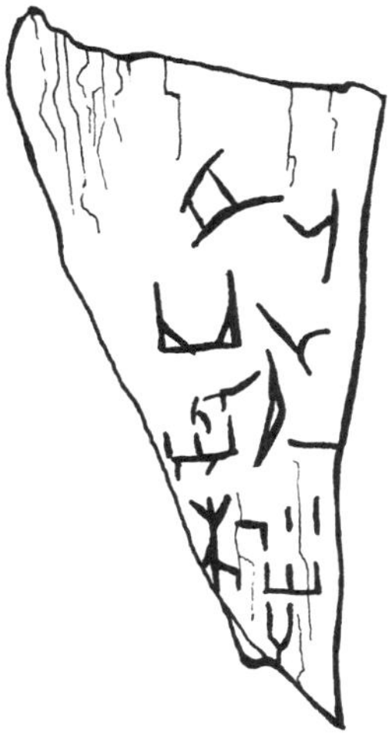

Premières gravures chinoises sur os

Écritures pictographiques modernes

Les pictogrammes sont aujourd'hui encore la base de différentes écritures, comme nous le voyons en Chine et au Japon. Ainsi, en Chine, le système d'écriture qui voit le jour aux environs de 1300 av. J. C. est toujours en usage. Les signes ont conservé la même graphie depuis les premières tailles sur os et les inscriptions sur pierre, mais naturellement, l'intervention de nouveaux outils (d'abord les pinceaux puis l'impression) a fortement influencé le dessin des caractères.

Chaque caractère chinois compte une moyenne de neuf traits ; certains traits sont porteurs de variantes, et on trouve des signes composés de 20 traits. L'écriture suit un alignement vertical en colonnes, depuis le coin supérieur droit d'une page vers le bas ; la lecture s'opère de droite à gauche.

Les caractères chinois auraient à l'origine emprunté une forme pictographique, comme le cunéiforme. On distingue alors ces signes-mots par des déterminatifs ; au cours des siècles, les graphies vont évoluer en groupes de signes syllabiques.

Pictogrammes chinois

女 femme	
子 enfant	
田 rizière	
力 force	
男 homme	

Le développement de l'écriture chinoise se différencie de l'évolution du cunéiforme et des hiéroglyphes, en ce sens qu'il n'aboutit pas à un système d'écriture phonétique. Le nombre de symboles syllabiques reste le même et l'on ne fait que mettre au point de nouveaux signes, pour répondre aux nouveaux besoins.

Les caractères pour nü, femme, et tsu, fils, aboutissent au caractère hao, amour, bonté

femme

fils

amour, bonté

À l'origine, les Chinois disposent de quelque 2 500 signes mais avec le développement du vocabulaire on atteint bientôt les 50 000 caractères. Plus précisément, il s'agit là de combinaisons de signes, conjugués pour figurer un autre mot.

On compte deux catégories de signes associés : combinés et complexes. Dans les caractères combinés, deux signes, ou plus, composent un troisième mot. Par exemple, le caractère *arbre* dessiné deux fois donnera le mot *forêt*. La combinaison des caractères *femme* et *enfant* débouche sur le caractère *amour* ou *bonté*.

Les caractères combinés ne se succèdent pas systématiquement.
Le sens est déterminé par les différentes positions du signe, supérieur, antérieur ou inférieur. De plus, il arrive qu'un seul élément du caractère combiné soit chargé de sens, l'autre ayant valeur d'indice de prononciation.

Les signes complexes sont composés d'un déterminatif, associé à d'autres symboles. Le caractère générique gagne alors en précision. Ainsi, le mot *wei*, ceinture de cuir, combiné au déterminatif *toile*, donne le caractère signifiant *rideau*. En revanche, *wei* associé au déterminatif *homme* donne *grandeur*.

On classe les caractères chinois en six catégories :

1. Les pictogrammes (*xiong xing*), soit environ 600 signes ; ils sont à l'origine de l'écriture chinoise.

2. Les images figuratives ou symboliques (*zhi shi*), représentations de l'abstraction et dérivés de mots de sens proche.

3. Les combinaisons symboliques (*hui yi*), exprimées par la répétition d'un même caractère, ou l'association de deux caractères, pour bâtir un nouveau sens. Ainsi, le caractère pour *enfant* répété deux fois signifiera-t-il *jumeaux*. La série *soleil* et *midi* donne le signe *rayonnant*.

Caractères symboliques combinés ; soleil (à gauche) et midi (au centre) donnent rayonnant (à droite)

日	月	明
soleil	midi	rayonnant

4. Les caractères inversés ou pivotés (*zhuan zhu*). Le signe *enfant* inversé donne le signe *naissance*.

5. Les particules phonétiques (*xie sheng*) ou signes phonétiques-sémantiques. Ils se composent de deux éléments, un déterminatif symbolisant le concept moteur et un caractère indiquant la prononciation. Le signe *brillant* est ainsi l'agrégat des caractères *soleil* et *lune*, auxquels on a indexé la particule phonétique de *feu*.

6. L'emprunt de caractères (*jia jie*), fonctionnant sur le même principe que la particule phonétique. Ce sont des caractères souvent ambigus ; ainsi, le caractère *zu* représente-t-il aussi bien *pied* que *suffire*.

Le dessin des caractères joue un rôle majeur en Chine. Chaque signe ayant une signification, les Chinois considèrent le caractère comme la chose signifiée elle-même, comme une entité individuelle.

LE JAPONAIS

On a longtemps polémiqué sur l'existence d'une écriture japonaise avant l'introduction de l'écriture chinoise, jusqu'à ce que le travail des archéologues mette au jour les preuves de l'influence des caractères chinois sur l'écriture japonaise. C'est au IIIe siècle av. J.-C. que les Japonais sont confrontés pour la première fois aux Chinois, une civilisation incontestablement plus éclairée, conduite par la dynastie Han. Quoique rien ne prouve qu'il y ait eu des échanges maritimes directs entre les deux peuples, c'est par le biais d'opérations marchandes menées en Corée que les deux cultures se rencontrent. D'abord réservée à l'élite de chaque nation, cette première circulation de concepts religieux et culturels prend, dès l'an 600, de notre ère une autre dimension : les Japonais finissent par se convertir à l'écriture chinoise et à adopter la fabrication du papier.

Les Japonais désignent les caractères chinois par le terme *kanji*, dérivé du mandarin *hanzi*. Ces caractères se lisent de deux façons, selon le *kun* et selon le *on* (autrement dit, à la sino-japonaise). Dans le cas d'un caractère chinois qui représente un terme japonais au sens identique, ou proche, d'un terme chinois, on parle d'idéogramme *kun*. La forme *kun* est spécifiquement japonaise, mais la forme *on* plus empreinte de chinois.

Voici une étude comparative du *kun* et du *on*, par le biais des mots « océan » et « eau de mer » (voir page ci-contre). Le terme japonais pour océan est *umi*. Ce caractère est également le signe chinois du mandarin *hai*. Le caractère *on* japonais pour « eau de mer » est *kai sui*, une lecture qui est en fait dérivée de la prononciation chinoise du caractère « eau de mer » ; on a bien là une lecture selon le *on*, sino-japonaise.

Cela dit, le même kanji peut se lire selon le *kun* (pour un seul caractère) et selon le *on* (pour plusieurs caractères).

Le japonais recours à deux graphies, pour la sémantique et pour la phonétique. Dans les textes anciens, les caractères lus selon le *kun* sont peu à peu dotés de caractères qui servent à en préciser la prononciation. À la mise en place de ce système, un millénaire plus tôt, la phonétique chinoise et japonaise avaient déjà de nombreux points communs. Les Japonais appellent cette écriture associant graphies sémantique et phonétique le système manyo-gana, littéralement « écriture phonogrammique des dix mille feuilles ». Le nom s'inspire d'une anthologie poétique, le *Manyosahu*, qui applique des caractères chinois pour la notation phonétique des consonnes et des voyelles japonaises. La langue japonaise ne compte pas de juxtaposition de consonnes, mais seulement des syllabes dites ouvertes, sur le schéma voyelle seule ou consonne plus voyelle. L'écriture japonaise recourt à des caractères chinois ayant une valeur phonétique, aussi bien qu'à des caractères sémantiques, en y adjoignant parfois le caractère de prononciation du mot japonais.

Il faudra plusieurs siècles pour stabiliser cet agrégat confus de combinaisons sémantiques et graphiques. Le système actuel est bien plus simple et fonctionnel que l'écriture essentiellement pictographique dont il découle. En fait, le japonais se sert de symboles chinois simplifiés, pour une transcription syllabique de ses mots polysyllabiques. Il met également au point des signes spécifiques, destinés à indiquer le sens de lecture des caractères, et créé des éléments phonétiques

	海	面	星
lecture kun	umi	omote	hashi
sens	océan	visage	étoile

	海水	水面下	水星
lecture on	kai sui	sui men ka	sui sei
sens	eau de mer	sous-marin	Mercure

Lecture japonaise selon le *kun* et le *on*

typiquement japonais ; il adapte les valeurs phonétiques chinoises aux syllabes japonaises et stylise les signes de prononciation, de façon que chacun corresponde à une seule valeur phonétique.

Entre le VIIIe siècle et la fin du Xe siècle, le japonais s'équipe de deux syllabaires, les systèmes *kata kana* (écriture « du côté » ou kana partiel) et *hiragana* (écriture cursive du kana, ou caractère). Le kata kana se développe comme une écriture plutôt carrée, élaborée à partir de fragments de caractères chinois ; le style sert essentiellement dans les textes « officiels », les dictionnaires et l'histoire. On recourt également au kata kana pour noter les mots étrangers, ou indiquer des spécificités comme l'italique des écritures alphabétiques.

Le système hiragana, moins rigide dans sa forme, est le résultat d'une déformation d'une écriture chinoise cursive. Plus souple, le hiragana est également plus employé que le kata kana.

Avec le début du XXe siècle, les Japonais franchissent une nouvelle étape. On orthographie les mots en lettres romaines (*romaji*) ; difficile, en effet, de traduire en code Morse l'écriture idéographique.
Ce même romaji est la langue de tous les médias japonais ; le système sert à traiter les informations internationales et à communiquer sur les marchés planétaires.

Deux syllabaires japonais :
hiragana (rangées supérieures)
et kata kana
(rangées inférieures)

a	あ	か	さ	た	な	は	ま	や	ら	わ
	ア	カ	サ	タ	ナ	ハ	マ	ヤ	ラ	ワ
i	い	き	し	ち	に	ひ	み		り	
	イ	キ	シ	チ	ニ	ヒ	ミ		リ	
u	う	く	す	つ	ぬ	ふ	む	ゆ	る	
	ウ	ク	ス	ツ	ヌ	フ	ム	ユ	ル	
e	え	け	せ	て	ね	へ	め		れ	
	エ	ケ	セ	テ	ネ	ヘ	メ		レ	
o	お	こ	そ	と	の	ほ	も	よ	ろ	を
	オ	コ	ソ	ト	ノ	ホ	モ	ヨ	ロ	ヲ

Écritures et signes destinés à des collectivités particulières

Si les langues suivent une évolution quasi « naturelle », certaines écritures sont forgées par la nécessité de servir un propos spécifique. Cette « para-écriture » véhicule toutes sortes de messages : le diktat d'un chef, le désir d'une catégorie d'individus de se démarquer ou d'en soumettre une autre, les intérêts d'un groupe religieux ou encore le besoin d'un système plus fonctionnel.

L'écriture serait l'œuvre d'une divinité ou d'un héros ; telle est en tous cas la version offerte par les anciennes légendes. Mais c'est un personnage historique bien réel, Darius le Grand, souverain de Perse entre 521 et 486 av. J.-C., qui aurait inventé le cunéiforme du vieux-perse. Plus près de nous, de nouveaux systèmes ont fleuri d'un bout à l'autre de la planète. Ainsi, en Afrique occidentale, avec le Mendé, écriture créée de toutes pièces par un tailleur musulman du nom de Kisimi Kamala, vers 1930, qui voulait ouvrir à ses frères déshérités la voie de la lecture et de l'écriture.

Au sud-ouest de la Chine, dans les années 1800, Samuel Pollard met au point une écriture — en fait un outil pédagogique destiné à un groupe non chinois, les Miao. C'est un système syllabique constitué de signes en grande partie géométriques, avec un sens de lecture gauche/droite. Les Miao refusent la prédominance culturelle chinoise, son vocabulaire et son phrasé. Pollard sert par son écriture cette volonté de se démarquer, sans oublier, en missionnaire zélé, d'intégrer à son enseignement quelques thèmes religieux. Selon les linguistes, cette écriture serait toujours en vigueur dans cette région de la Chine.

L'Amérique du Nord compte, elle, deux écritures de ce type, celle des Cree et celle des Cherokee. C'est un missionnaire méthodiste anglais, John Evans, qui profite de son séjour dans la région de la baie d'Hudson, au Canada, entre 1840 et 1846, pour mettre au point un syllabaire Cree, avec un sens de lecture gauche/droite, qui permet de prêcher la parole religieuse à un peuple adepte de multiples dialectes et de systèmes pictographiques. Grâce à son écriture Cree, le missionnaire Evans réussit des conversions en masse chez les Indiens. Les Inuits de l'île Baffin pratiquent, aujourd'hui encore, une certaine forme de Cree.

L'écriture Cherokee voit le jour en 1821, inventée par un certain Sikwaya, ou Sequoya. L'homme commence par attribuer un signe à chaque syllabe, emprunte à l'alphabet latin et combine des valeurs de son invention. Il aboutit alors à 85 signes représentant 6 voyelles,

The Cherokee script

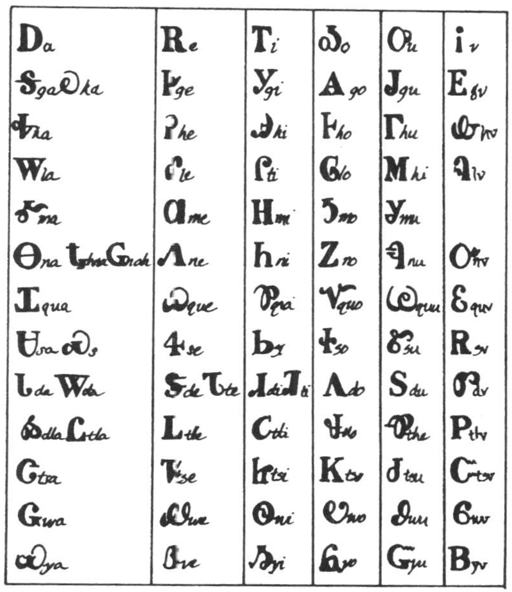

22 consonnes et près de 200 groupes phonétiques. *D* égale ainsi un *a* long ou bref ; *T* représente *i ; h* la syllabe *ni* et *P* les consonnes *t l v*.

Dans les années 1820, la plupart des membres de la nation Cherokee de Caroline du nord semble avoir adopté ce système, du moins jusqu'à ce qu'à ce que les Cherokees soient déportés en Oklahoma, dans les années 1830.

STÉNOGRAPHIE

L'exemple type de l'écriture inventée pour servir des besoins spécifiques est la sténographie, qui abrège le temps d'écriture par l'exploitation de signes ou des symboles en lieu et place des lettres et des mots conventionnels. Le procédé a connu plusieurs synonymes, tels brachygraphie (du grec *brakhus*, court) ou phonographie (transcription du son).

Jusqu'à ce que le clavier d'une sténotype accomplisse le travail automatiquement, la sténographie est resté l'outil de travail des reporters, du corps législatif, des tribunaux et du monde des affaires. En fait, la sténographie n'est pas un produit de la modernité ; elle la précède même de quelques siècles.

On distingue trois méthodes sténographiques : hiéroglyphique, orthographique et phonétique. Le premier genre est également le plus ancien. La forme orthographique consiste en une notation abrégée du mot, d'où l'orthographe traditionnelle est bannie, associée à des signes spécifiques. Enfin, dans la catégorie phonétique, c'est le son, la valeur phonétique du mot, que l'on retranscrit.

Déjà dans l'Antiquité, Égyptiens, Perses, Hébreux et Grecs disposent de plusieurs procédés d'abréviation. Pour nombre d'historiens, les balbutiements de la sténographie remontent au grec Xénophon qui, au IVe siècle av. J.-C., écrit les mémoires de Socrate. Il semble que Xénophon rédige ses notes à l'aide d'une forme rudimentaire d'écriture abrégée, à base de hiéroglyphes. À Rome, aux alentours de 58-63 av. J.-C., un affranchi du nom de Marcus Tullius Tiron signe ses fameuses *notae Tironianae* (les notes tironiennes). Secrétaire particulier de l'homme d'état et stoïcien Cicéron, Tiron met à profit son érudition et son influence pour écrire et promouvoir une sorte de dictionnaire de la sténographie. Sa technique sera enseignée dans les écoles romaines ; entre autres puissants, Jules César lui-même s'y convertira. La technique tironienne reste en vigueur jusqu'au Moyen Âge. Aux yeux de l'église, le système sert un peu trop les pratiques occultes. Il n'empêche, les scribes de la papauté commencent à se pencher sur les avantages de l'écriture abrégée et ressortent d'anciens textes sténographiés. Du coup, le procédé connaît une nouvelle faveur.

En 1588, le médecin britannique Timothy Bright publie *Characterie : An Arte of Shorte, Swifte, and Secrete Writing by Character*, qui donne la description d'un système basé sur des combinaisons de lignes, demi-cercles et cercles en remplacement des lettres de l'alphabet. Si intéressant qu'il soit, le genre n'est cependant ni facile d'accès, ni aussi rapide qu'il le devrait.

Quelque 30 ans plus tard, le traducteur anglais Thomas Shelton développe une forme de tachygraphie (du grec *takhus*, rapide, et *graphein*, écrire), dont il dévoile les bases dans son ouvrage, *Short Writing* (1620, ou 1626). La méthode de Shelton recours à près d'une dizaine de formes légèrement différentes de celles d'une écriture normale. En parallèle, des numéros sont affiliés à près de 260 mots-clés. Non content d'accroître la vitesse d'écriture, Shelton propose également un procédé cryptographique. On peut éventuellement dissimuler un mot par des points, qui viennent se substituer à certaines voyelles, ou par des consonnes, qui vont remplacer les voyelles en milieu de mots.

La méthode de Shelton trouve son application la plus fameuse dans le journal de Samuel Pepys (voir page suivante). Ce fonctionnaire britannique se met au travail en 1660 ; neuf années durant, Pepys noircit des milliers de pages, sous forme tachygraphique, agrémentant son texte de passages en latin, en grec et en d'autres langues romanes, voire de signes nuls de son invention. Si l'association sténographie/langue n'a rien d'exceptionnel, le journal appartient néanmoins aux grands classiques de la littérature pour sa valeur exceptionnelle de chronique d'un quotidien et des faits marquants d'une époque. Pourtant, le document ne sera décrypté qu'entre 1819 et 1822, par les soins d'un universitaire de Cambridge, John Smith. Ce journal assure aussitôt la célébrité des noms de Pepys et de Shelton.

En Virginie coloniale, William Byrd rédige le même type de journal, mais de manière plus occasionnelle, entre 1709 et 1741.

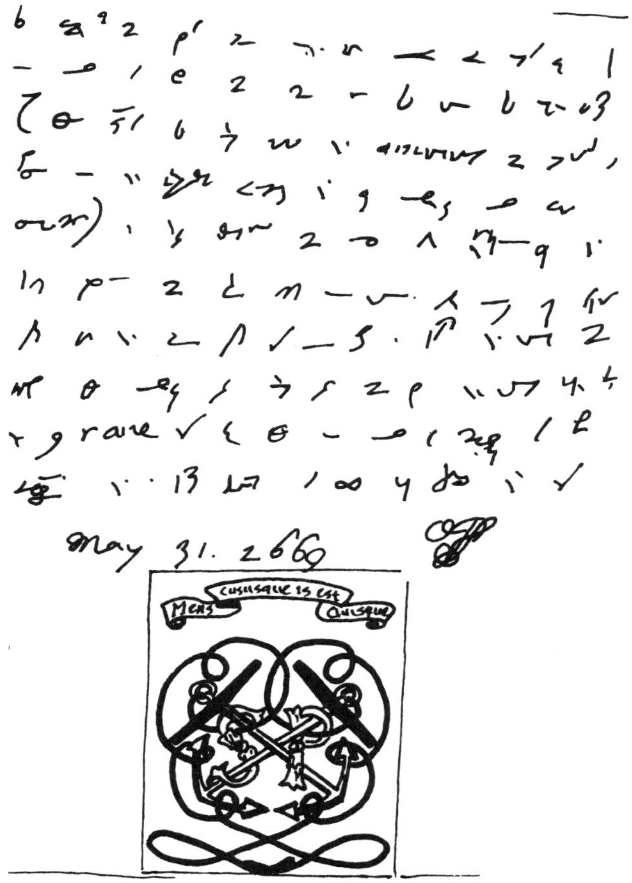

Extrait du journal de Samuel Pepys rédigé en sténographie (procédé de Shelton)

Ultérieurement, on reconnaît dans la méthode de Byrd une invention de William Mason, artiste en même temps que sténographe. Le manuel de sténographie signé par Mason, *A Pen Pluck't from an Eagle's Wing*, paraît en 1707 sous le titre *La Plume Volante*.

Tous ces systèmes sont à base orthographique ; durant des années, on a bien tenté de mettre au point un procédé d'écriture abrégée fondé sur la phonétique, mais sans réel succès. William Tiffin, en aurait, le premier, proposé un système en 1750 ; mais c'est sous l'impulsion de sir Isaac Pitman et John R Gregg, que la sténographie accomplit ses avancées les plus décisives. Auteur, en 1837, du *Stenographic Sound-Hand*, Pitman propose le premier système entièrement phonétique. Sa méthode exploite des signes-sons pour consonnes et voyelles ; les groupes usuels de deux consonnes, dits sourds ou sonores, sont désignés par des symboles soit clairs soit ombrés. Pitman recourt également à des points et des traits, des lignes droites, inclinées et ombrées, voire à des abréviations de phrases courantes. En 1852, le procédé émigre aux États-Unis dans les bagages de Benn, frère de Isaac ; quelques aménagements plus tard, dans les années 1890, les grandes entreprises de la côte est ne jurent plus que par le système Pitman.

En Irlande, Gregg est le principal rival des frères Pitman. Son best-seller, *Light-Line Phonography* (1888), fait également la promotion d'un système phonétique basé sur des symboles tels que cercles, croches et boucles. Gregg conserve le mouvement cursif de l'écriture conventionnelle, mais fait disparaître les techniques de dégradés de Pitman et abandonne les caractères placés au-dessus ou au-dessous des signes.

En 1893, Gregg débarque à son tour aux États-Unis. Bientôt, son système supplante celui de Pitman.

Avec la Première Guerre mondiale, on décide de modifier la sténographie ; on y greffe en fait quelques éléments cryptographiques, destinés à assurer la confidentialité des dépêches. Les services secrets alliés sont alors dotés de départements chargés d'étudier les systèmes allemands. La censure postale procède à un tri particulier, attentive à la moindre bizarrerie ; en cas de doute, le courrier suspect est expédié aux services de traduction et de déchiffrement.
La division du renseignement militaire américain dispose d'une section chargée de déterminer la présence éventuelle d'encre invisible ; ces hommes sont également aptes à lire différents styles sténographiques, y compris les systèmes allemands Schrey, Stolze-Schrey et Gabelsberger.

La Seconde Guerre mondiale voit les dépêches céder le pas aux transmissions radio, bien plus rapides. En fait, même à l'époque des courriers top secrets, on préfère user du micropoint plutôt que de l'écriture, même sténographique. Pour finir, l'invention de machines facilitant la dictée et la prise de notes semble avoir sonné l'arrêt de mort de la sténographie.

Trois styles de sténographie : Gregg (en haut), Pitman (au centre) et moderne (en bas) ; traduction, « l'amitié est un trésor inestimable ».

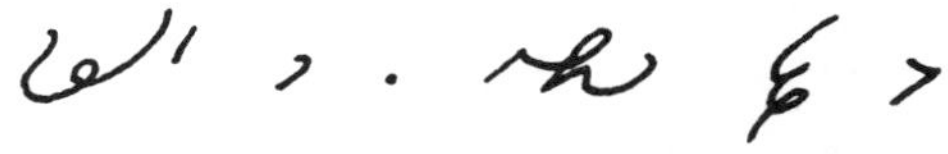

Gregg

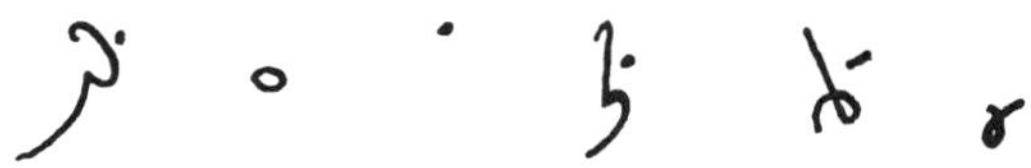

Pitman

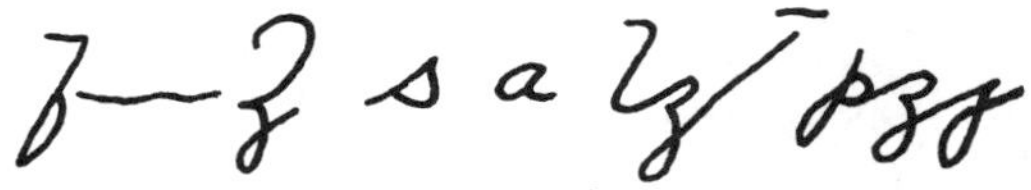

Moderne

ÉCRITURES À L'USAGE DES MALVOYANTS

Le braille

Les symboles tactiles ont ouvert aux malvoyants l'univers de la lecture. On retient essentiellement, dans ce domaine de la substitution du toucher à la vue, les systèmes signés du fameux Louis Braille et du moins connu William Moon. Braille, lui même malvoyant, met au point un procédé portant son nom ; son but est l'alphabétisation des personnes atteintes de cécité. Né à Coupvray en 1809, l'enfant Braille se blesse un jour à l'œil en jouant avec un objet pointu dérobé dans la boutique de son père, bourrelier. La blessure, mal soignée, finit par s'infecter ; bientôt, Braille est totalement aveugle. Son handicap en fait la cible privilégiée des esprits mesquins et méchants, mais l'enfant fait montre d'une volonté inaltérable, et c'est sur le même rang que ses camarades voyants qu'il poursuit ses études.

On le retrouve plus tard inscrit à l'Institut national des Aveugles, à Paris ; c'est là que Braille se donne pour objectif d'occuper un jour à son tour un poste d'enseignant. À l'époque, le seul accès à la lecture pour les aveugles se résume à de rares textes aux lettres en relief.

Frustré par l'absence d'outils de lecture dignes de ce nom, le jeune homme décide de mettre au point une méthode adaptée. Au cours de ses recherches, Braille découvre un système jadis mis au point par un officier de l'armée française.

Le capitaine Charles Barbier avait conçu ce qu'il appelait son « écriture de la nuit », ou sonographie, système de points et de traits en relief permettant aux militaires de déchiffrer les messages dans le noir. Tout à fait ingénieuse, cette méthode pêchait cependant par ses dispositions trop complexes de points et de traits, inadaptées aux cas d'urgence sur les champs de bataille.

Braille voit dans la sonographie l'amorce d'une solution. Son trait de génie est qu'il se résout à exploiter uniquement les points saillants. Il réalise que des dispositions simples faciliteraient l'apprentissage de la lecture tactile ; sur le papier, la distribution des points se prête mieux au toucher. Braille ampute donc le système Barbier de moitié ; les traits disparaissent. Il vient de créer ce que l'on connaît aujourd'hui encore sous le nom d'alphabet Braille.

À sa publication, en 1829, le système de Braille inclut des transcriptions pour la musique, les mathématiques et les sciences, domaines jusqu'alors inaccessibles aux non-voyants. Professeur à l'Institut national, il ne cessera d'améliorer son œuvre. À l'aide d'instruments banals – une règle métallique percée de fenêtres, un stylet (poinçon), une tablette et du papier – ses étudiants sont bientôt aptes à prendre des notes et à construire des paragraphes. On place le papier, de préférence rigide, entre la règle et la planchette et l'on fait glisser cette règle au fur et à mesure que l'on poinçonne dans les fenêtres pour former les ensembles de points.

L'alphabet Braille se compose d'un lot de six points saillants, dont on peut former 63 combinaisons. Pour plus de commodité, on a numéroté les six points de chaque unité de 1 à 6 :

L'unité Braille

Chaque lettre de l'alphabet est désignée par une répartition spécifique des points. La suite *A – J* est composée des points 1, 2, 4 et 5 :

Lettres A à J

Les lettres *K* à *T* ont toutes en commun le point 3 ; les lettres *U* jusqu'à *Z* sont des combinaisons de l'ensemble des six points.

Lettres K à Z

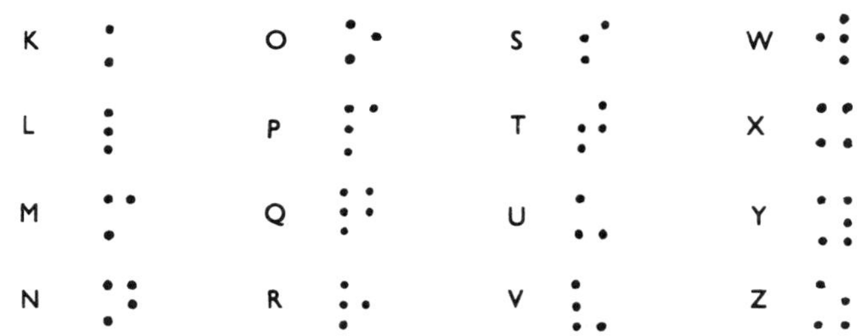

La méthode de Braille permet en outre la notation des capitales, des chiffres et de la ponctuation. Cette dernière est signalée par des points saillants, dans la partie inférieure de l'unité ; on indique une capitale par le point 6, placé juste à gauche d'un ensemble de lettres. On utilisera les points 3, 4, 5 et 6 pour former un *L* inversé, signe que le groupe de points à venir représente des chiffres. Les points de *a* à *j* servent alors à représenter les nombres de 0 à 9.

Nombres de 0 à 9

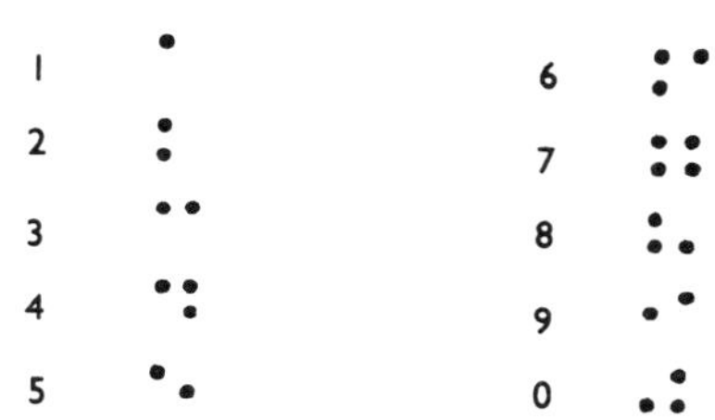

Le système Moon

William Moon naît en 1818 à Horsemonden, dans le Kent, en Angleterre et, à la différence de Braille, il vivra assez vieux pour voir ses travaux récompensés. Moon souffre de problèmes de vision dès l'âge de 4 ans ; il sait qu'à terme, c'est la cécité qui le menace ; il s'initie en conséquence à différents systèmes pour non-voyants. Lorsqu'il perd effectivement la vue, à 22 ans, il se met à la tâche en mettant au point sa propre méthode de signes en relief. Bien qu'adepte inconditionnel de Braille, il constate néanmoins que le système est plus accessible aux jeunes aveugles. Les personnes âgées, non initiées au Braille, montrent plus de difficultés à assimiler ses règles.

La solution proposée par Moon consiste en un alphabet romain, travaillé de sorte à rendre les signes plus perceptibles. Le système Moon exploite en fait les capitales en romain et leurs variantes. Normalisé dans les années 1880, le procédé Moon/Lunar intègre dès lors le système éducatif à destination des non-voyants.

LANGAGE DES SIGNES

Alphabet Moon

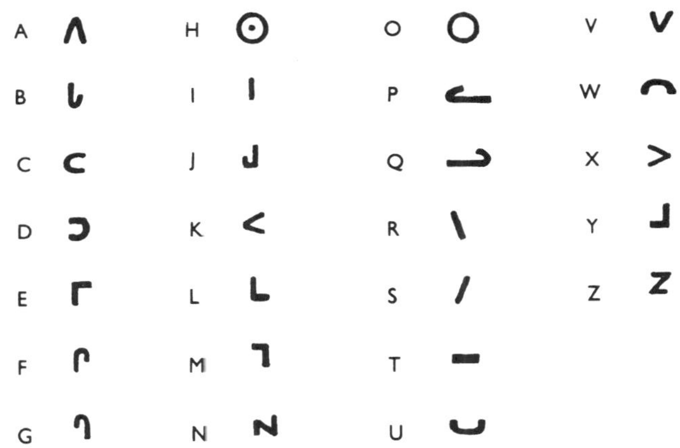

Des signes ont également été inventés pour briser le mur du silence isolant les malentendants de toute communication. L'une des premières méthodes réellement efficace en ce domaine est l'œuvre de Charles Michel de l'Épée.

Né à Versailles en 1712, l'abbé de l'Épée voyage fréquemment entre Paris et Troyes. C'est d'ailleurs en rentrant de la capitale qu'il fait halte dans la demeure d'un paroissien dont les deux filles sont sourdes de naissance. Au cours de ce séjour, l'abbé ne peut rester indifférent devant les efforts des deux enfants pour se faire comprendre : signes de mains, expressions du visage, inclinaisons de la tête, toucher… Dès lors, Épée va se consacrer à l'élaboration d'un langage des signes.

Son travail commence par l'observation de sujets sourds, sur les marchés de Paris aussi bien que sur les routes paisibles de campagne ; il s'aperçoit alors qu'aucun malentendant ne recourt en fait à des gestes types. Pour attirer l'attention des autres, Épée constate en outre que chacun émet toutes sortes de sons. Les mains jouent également un rôle capital : on pointe, croise et claque les cinq doigts de multiples façons. Pour l'abbé, il ne fait aucun doute qu'une régulation des signes et des mouvements des doigts peut être porteuse de sens. En établissant des équivalences entre ces positions et les lettres de l'alphabet, on pourrait alors exprimer des mots entiers.

Épée enseigne aussitôt son alphabet à une main aux deux filles de son paroissien qui pour la première fois de leur vie, sont en mesure de communiquer de façon méthodique. En 1755, l'abbé ouvre une école destinée aux sourds-muets ; commence alors une véritable chasse aux professeurs, tant dans le rang des religieux que des laïcs. Cet acharnement émeut le roi Louis XVI. Les deniers royaux vont permettre à la

Langage des signes de l'abbé de l'Épée

Lettres A-I

Lettres J-R

Lettres S-Z, « et »

Nombres 1-10

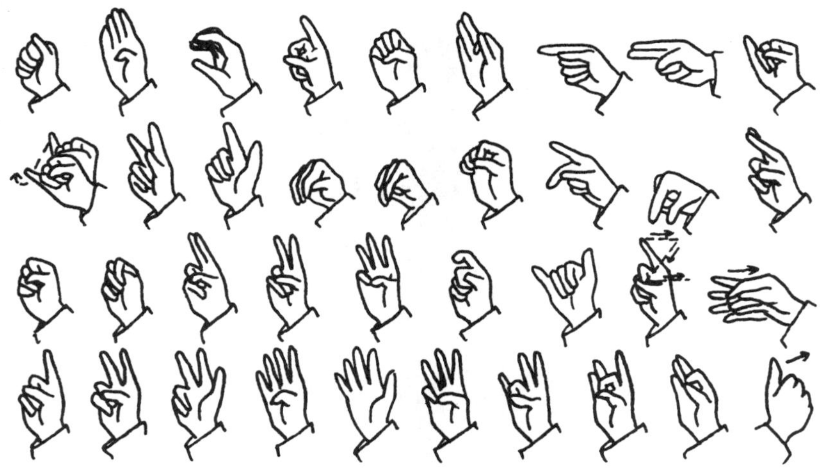

petite école de se développer, jusqu'à devenir l'une des principales institutions parisiennes.

En 1776, Épée publie un ouvrage sur le langage des signes et les règles de l'enseignement à destination des sourds-muets. Auteur également d'un dictionnaire plus élaboré sur le langage des mains, ce vrai philanthrope meurt en décembre 1789.

Le langage des signes international, reproduit à gauche, exploite des signes similaires à la gestuelle mise au point par l'abbé Épée.

Langage des signes international

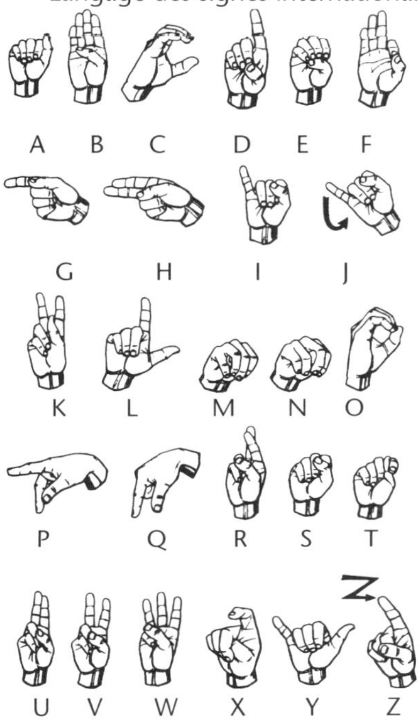

Langages inventés, internationaux et artificiels

Les langues font également l'objet d'adaptations, quand elles ne sont pas créées de toutes pièces, pour servir des desseins spécifiques. On a ainsi des produits linguistiques issus d'altérations de certaines langues, ou des produits purement artificiels, mis au point par des linguistes en quête de communication universelle.

L'argot aurait fait ses débuts en tant que langue parallèle dans la corporation des voleurs parisiens, aux alentours de 1100. Le terme argot, ou jargon (en ancien français « gazouillement »), sert depuis à désigner les discours de la criminalité autant que le vocabulaire ou les idiomes d'une communauté partageant les mêmes modes de vie et de pensées.

De la fin du XVIIIe siècle jusqu'au XIXe siècle, pickpockets et voleurs anglais de tous poils fondent et alimentent différents types d'argot à rimes ; on substitue à un mot donné une locution qui rime avec ce mot. C'est l'argot dit des Cockneys, langue de l'errance et d'activités plus ou moins licites. Dans la plupart des grandes cités du Royaume-Uni, ce jargon sert à communiquer maintes remarques secrètes, qu'elles concernent des passants ou des projets criminels. L'exercice fait bientôt fureur chez la petite noblesse qui s'en régale un moment.

Tout l'intérêt de l'argot cockney repose sur son hermétisme, sur des règles syntaxique et phonétique non conventionnelles et imperceptibles ; impossible, pour l'utilisateur lui-même, d'être assuré de la cohérence de son message. Bientôt pourtant, les créateurs de néologismes commencent à s'outrer des libertés des convertis, qui s'amusent à pousser leurs créations jusqu'à l'incohérence. Progressivement, l'argot perd de sa vitalité, pour rester l'exclusivité des pickpockets, faussaires et autres escrocs.

D'autres formes d'argots vont connaître leur heure de gloire au cours des années 1800, dont un certain jargon irlandais et l'opish. Ces argots des écoles européennes et anglaises reposent sur des principes simples, telle la greffe d'une syllabe supplémentaire ou d'un bigramme. Sur le papier, ce type de message ne peut prétendre échapper bien longtemps au déchiffreur averti. Dans la bouche d'adeptes entraînés, les deux genres, outre qu'ils font la joie des initiés, résonnent en revanche comme une langue étrangère.

La forme d'irlandais argotique consiste à ajouter le bigramme *ac* devant chaque voyelle. Ainsi, le mot *wary* (prudent) devient *wacaracy* (le *y* comptant pour une voyelle). En présence d'un mot à voyelles accolées, comme *guard*, le bigramme *ac* vient se placer devant la première voyelle, pour donner *gacuard*. On constate aujourd'hui quelques évolutions du genre, la voyelle d'un mot étant désormais précédée des syllabes *illig* ou *ag*.

L'opish procède de la même façon : les lettres *o* et *p* (d'où le nom du genre) viennent se placer après chaque consonne. Ainsi, le mot opish pour *patrol* devient *popatopropolop*. Que ce discours ait vocation de secret ou pas, il offre en tous cas un fort potentiel ludique. Difficile pour l'oreille candide de séparer l'opish de l'ivraie.

Parmi d'autres exemples de langues retravaillées, on citera le javanais et le latin macaronique. Le javanais consiste à intercaler dans les mots les syllabes *va* ou *av*. Exemple avec *chaussure* qui devient *chavaussavurave*.

Le discours macaronique introduit des mots de langue courante dans un contexte latin. Le terme est la création du poète Teofilo Folengo, auteur, en 1517, du poème « Liber Macaronices », texte d'initiation à l'art macaronique, à la confusion des formes et des sens. Le genre ne fait l'objet d'aucune règle et repose sur l'inspiration. Ainsi, *verbum* (en latin, mot) pourra être affublé du greffon *s*, et associé au mot *du* pour donner jour à l'expression absurde *du verbums*. Avec un peu d'imagination, le « macaroniqueur » poussera l'interprétation jusqu'à *du vert baume*. Du fait même de sa souplesse, de son potentiel anarchique, le macaronique ne se prête pas réellement à une communication codée.

En Angleterre existe une autre forme d'argot, dite agro. On ne manipule pas le mot anglais ; le vocabulaire agro est une création. On se sert de l'alphabet courant, en excluant le *c* et le *q*, ou en les remplaçant par la lettre *k*. On modifie la prononciation de certaines consonnes. On exprime les contraires par inversion des syllabes ; la forme plurielle se traduit simplement par la répétition du mot seul. On traite l'idée de possession en plaçant les lettres *ro* avant ou après le mot concerné. Enfin, le temps est indiqué par substitution de la première voyelle du verbe : *a* pour le présent, *e* pour le futur, *o* pour le passé.

VOCABULAIRE

house	gomo
hour	sak
list	zuk
paper	folo
week	som
with	hok
need	rajo

CONTRAIRES

bring	far
send	raf
come	kad
go	dak
here	rik
there	kir

NOMBRES

1	alta
2	boda
3	koda
4	doda
5	eta
6	foda
7	goda
8	hoda
9	ita
0	joda

PRONOMS

I/me	alk
she/her	ke
we/us	alk alk
it	ko
you	bol
they	kaka
them	keke
he/him	ka

Parallèlement aux langues anecdotiques et ludiques, l'histoire abonde en exemples où la puissance de certaines nations s'accompagne d'une suprématie linguistique, bien au-delà de leurs frontières. Plusieurs se sont essayé à élaborer une langue internationale véritablement planétaire, visant l'universalité.

C'est bien évidemment le latin qui reste la principale langue internationale de référence. Même si plus personne aujourd'hui ne s'exprime en latin, son influence persiste. Il est à la base même des langues romanes, avec des centaines de racines encore d'usage quotidien.

D'autres langues sont devenues internationales à la suite de besoins spécifiques. Dans les années 1600, le français s'impose ainsi comme la langue convenue de la diplomatie. Dans les régions méditerranéennes, une forme de discours hybride se bâtit sur un mélange de français, d'arabe, de turc, d'italien, d'espagnol et de grec. De nos jours, des langues s'établissent et s'adaptent un peu partout du fait de l'émigration des populations.

En l'absence de langue internationale, des hommes se sont essayé à en bâtir ou à en assigner certaines à un domaine particulier. C'est le cas de l'anglais, incontournable dans le monde des affaires du XXe siècle. Depuis les années 1500, les esprits savants font référence à ce qu'ils nomment les langues *a priori*. Au XVIIe siècle, des philosophes-mathématiciens comme René Descartes et Wilhelm Leibniz croient en une langue universelle, fondée sur des codes logiques. Un aval de cette qualité justifiait amplement que l'on se lance dans l'élaboration d'un langage international artificiel.

SOLRESOL

Les tentatives pour mettre au point une langue universelle ont rencontré bien des écueils, empruntant des fausses pistes, butant sur le bizarre ou flirtant avec l'étrange. En 1817, Jean-François Sudre met au point un langage artificiel, le Solresol, accessible aux seuls initiés. Ses sept tons ou syllabes basés sur le mot *solhfa* (pseudo de Sudre) sont regroupés par groupes de 5, avec variantes de structures et de période. Le vocabulaire consiste en associations de syllabes reproduisant les différentes notes de la gamme. Par exemple, le mot *sollasi* veut dire monter et *silasol*, descendre. Sudre communiquera sur ce principe musical avec ses étudiants. Bien qu'astucieuse, la méthode reste trop assujettie à la musique, qui vise plutôt le plaisir esthétique et n'est pas un système linguistique, ce qui explique la désaffection du solresol.

VOLAPÜK

L'échec du solresol prouve que tout langage artificiel se doit d'être indépendant d'une nation ou d'une activité spécifiques. De plus, le genre nécessite un vocabulaire élargi, qui intègre les éléments les plus performants des langues connues. Le volapük sera le premier à se faire à peu près accepter.

Le volapük, littéralement « langue du monde », est l'œuvre de Johann Martin Schleyer (1879). Prêtre catholique en poste à Baden, en Allemagne, Schleyer se passionne pour tout ce qui touche aux échanges commerciaux internationaux et croit fermement en l'avènement d'une humanité fraternelle. Souhaitant apporter sa pierre à ce projet, l'homme se met en devoir de créer un langage qu'il veut universel.

Son acharnement le mène sur des voies que ses prédécesseurs ont soit occultées, soit abandonnées. Schleyer met au point un alphabet universel, qui englobe les différents sons des principales langues. Il signe également un dictionnaire de vocabulaire et de grammaire basés sur les principes suivants.

1- Voyelles – a, e, i, o, u, ä, ö, ü (prononcées à l'allemande)

2- Consonnes – la plupart prononcées à l'anglaise.

3- Racines de mots – principalement latines, anglaises et allemandes.

4- Adverbes et adjectifs – indiqués par des suffixes : *-ik* (adjectif) ; *-o* (adverbe).

5- Verbes – un préfixe indique le temps ; les pronoms personnels sont intégrés comme suffixes.

Le volapük comptera d'innombrables adhérents, mais finira par tomber en désuétude. Schleyer se montre excessivement intransigeant et refuse de changer la moindre règle à son système, même si son inefficacité est avérée. De plus, la polémique fait rage dans le rang des académiciens souhaitant normaliser le volapük qui, bientôt, ne concerne plus qu'un cercle d'initiés.

ESPÉRANTO

Probablement le plus connu et le plus stable des langages artificiels. Créé en 1887 par l'oculiste polonais Ludwig L. Zamenhof – qui modèle le mot à partir du français *espérer* et de l'espagnol *esperar* – il connaît un succès retentissant, essentiellement grâce à la volonté de son inventeur de collaborer avec d'autres adeptes de langages artificiels. À l'oral, l'espéranto offre la même fluidité que son prédécesseur, le volapük. Voici les règles fondamentales de cette langue internationale :

1- Un alphabet de 28 lettres, chacune affectée d'un seul son.

2- Six lettres standards accentuées : c, g, h, j, s et u.

3- La respiration dans chaque mot se fait sur l'avant-dernière syllabe.

4- Les verbes ne se conjuguent pas sur le principe du nombre ou de la personne, indiqués par un pronom.

5- La terminaison des verbes exprime la fonction ou le temps.

6- Terminaison des substantifs en – *o*, des adverbes en – *e* et des adjectifs en – *a*.

Voici quelques mots d'espéranto :

SUBSTANTIFS

FRANÇAIS	ESPERANTO
famille	familio
mère	patrino
père	patro
fille	knabino
fils	knabo
frère	frato
sœur	fratino
parents	gepatroj
frères/sœurs	gefratroj
fils/filles	gefiloj
garçons/filles	geknaboj
enfant	infano
Monsieur	sinjoro
Madame	sinjorino
maison	domo
cuisine	kuirejo
salle à manger	mángocambro
chambre	dormocambro
pièce	cambro
jardin	gardeno
voiture	automobilo

NOMBRES

FRANÇAIS	ESPERANTO
un	unu
deux	du
trois	tri
quatre	kvar
cinq	kvin
six	ses
sept	sep
huit	ok
neuf	náu
dix	dek

MOTS FONCTIONNELS

FRANÇAIS	ESPERANTO
et	kaj
le	la
qui, quoi	kiu
de, en provenance de	de
dans	en
celui	tiu
comment	kiel
vers	al
à propos	pri
où	kie

ANNEXES

BIOGRAPHIES

Alberti, Leon Battista (1404-1472)

Fils illégitime, mais néanmoins favori, d'un riche marchand italien, Leon Alberti reste une figure emblématique de la Renaissance, un touche-à-tout de talent dans les domaines de l'art et de la musique comme de l'architecture et des belles-lettres. Au rang de ses réalisations architecturales, on retient le dessin original de la fontaine de Trévise et le palais Pitti. L'homme rédige également plusieurs traités d'architecture entre quelques recueils de poésies ou de fables.

Rien d'étonnant à ce que ce curieux de nature soit fasciné par la cryptologie ; mais à la différence d'autres érudits, qui pratiquent la chose en dilettantes, Alberti y passera maître.

Il bâtit sa renommée sur la résolution de codes toujours plus complexes. Son intérêt se porte ensuite sur la grande affaire du moment, le chiffre. Les esprits novateurs exploitent de plus en plus la transposition et la substitution dans leurs missives — un sujet d'étude fascinant pour Alberti qui met au point des notions inédites. Il rédige ainsi un essai qui analyse les fréquences de lettres dans des phrases latines et italiennes et démontre leur impact dans le déchiffrement ; cette étude passe pour le premier vrai ouvrage de cryptanalyse du monde occidental. Sous l'impulsion de ce créateur intarissable de chiffres et de codes, la cryptologie réalise un important bond en avant.

La spécialité lui est cependant essentiellement redevable du cadran chiffrant. Il s'agit de la réunion de deux disques, le plus grand mobile et le plus petit fixe, marqués des lettres de l'alphabet et de chiffres, dont on modifie l'alignement. Chaque nouvelle position du disque amène de nouvelles équivalences, ce qui inaugure la méthode de la substitution polyalphabétique, un progrès de taille pour tous les cryptologues. L'homme n'en reste pas là et complète sa trouvaille, créant ainsi le surchiffrement codique, une révolution : les chiffres inscrits sur le disque extérieur permettent de surchiffrer les groupes alphabétiques.

Alberti le visionnaire n'a pas la satisfaction de voir ses découvertes enthousiasmer ses contemporains. Il faudra attendre la fin du XIXe siècle pour que différents pays commencent à chiffrer les codes de leurs communications diplomatiques et militaires.

Bazeries, Étienne (1846-1931)

Né en 1846, dans un petit village de pêcheurs méditerranéen, Étienne Bazeries s'engage dans l'armée dès l'âge de 17 ans. Il servira la nation pendant la guerre franco-prussienne (1870-1871) et en Algérie, à la fin des années 1870.

Il semble que c'est en décryptant les messages personnels chiffrés des journaux de l'époque que Bazeries se découvre une vraie passion pour la cryptologie. En 1890, il affirme être en mesure de résoudre le principal système de chiffrement de l'armée française. Une telle prétention déchaîne la raillerie, jusqu'à ce que Bazeries tienne parole et déjoue sur sa lancée un système de remplacement — performance que sa hiérarchie ne manque pas d'enregistrer.

Bazeries a dès lors en charge différentes missions, toujours au service de l'armée : évaluation des différents systèmes cryptographiques et étude des nomenclateurs de Louis XIV et de Napoléon, résolution de cryptogrammes liés à un complot anarchiste. À cette occasion, en 1892, Bazeries parvient à démontrer que les terroristes exploitent un procédé à clé numérique (le Gronsfeld), où chaque chiffre indique le nombre de lettres que le chiffreur doit compter dans l'alphabet normal pour aller de la lettre claire à la lettre cryptographique qui lui correspond.

En 1899, Bazeries quitte l'armée pour entrer au service du ministère des Affaires étrangères en qualité de cryptanalyste. Auteur de plusieurs déchiffrements, il ne parviendra toutefois jamais à convaincre les autorités militaires des fragilités des procédés de l'état-major français. On lui doit un cryptographe cylindrique, censé garantir la sécurité des communications. C'est en fait un appareil formé d'une série de disques alphabétiques autour d'un axe. Malheureusement pour Bazeries, cette invention ne reçoit pas l'assentiment de l'armée ; il est vrai qu'un cruel rival est parvenu à déchiffrer des messages codés à l'aide de ce cylindre.

En 1901, Bazeries, amer mais lucide, rédige un recueil vindicatif sur ses détracteurs et ennemis, sans épargner la hiérarchie militaire. L'ouvrage, *Les chiffres secrets dévoilés*, sera d'ailleurs une référence dans l'histoire de la cryptologie.

La Première Guerre mondiale voit le grand retour de Bazeries, fervent patriote, qui participe au déchiffrement des codes des forces du Kaiser. L'administration française de l'époque se montre alors plus respectueuse de la cryptographie et de la cryptanalyse — une évolution que les historiens ne portent pas forcément au crédit de Bazeries. Il est probable, en effet, que certains officiers n'aient jamais voulu admettre le bien-fondé des critiques émises par celui qu'on surnomme alors « le Napoléon du chiffre ». Témoin de la victoire de la France et des alliés de la Triple Entente, Bazeries prendra sa retraite en 1924 et finira ses jours paisiblement.

Cardan, Jérôme (1501-1576)

Né à Milan en 1501, Jérôme Cardan est, semble-t-il, obsédé par la postérité. Mathématicien et médecin, il rédige pour les générations futures quelque 240 textes (131 seront publiés, 111 resteront à l'état de manuscrit).

Curieusement, aucun de ses ouvrages ne s'attaque à l'élaboration ou à la résolution de méthodes cryptographiques. En revanche, l'homme fait état de ses idées sur le sujet dans deux ouvrages scientifiques, *De subtilitate* et *De Rerum Varietate*. Le premier, imprimé en 1550, consiste en une compilation de démonstrations sur les arcanes des connaissances scientifiques du moment. Le second, publié en 1556, aborde des thèmes similaires, en les réactualisant.

Entre autres systèmes cryptographiques, Cardan fait allusion à un procédé « autoclave », dans lequel les lettres du message elles-mêmes font office de clé. L'idée fait l'effet d'une révolution. Néanmoins, ce procédé pêche du fait que la clé se retrouve à chaque nouveau mot. Du coup, on est confronté à un champ multiple de déchiffrements possibles qui entrave la compréhension du message.

Cardan préconise d'autre part plusieurs procédés cryptographiques physiques, comme l'encre invisible ou la grille, en matériau rigide (métal ou bois) où l'on a prédécoupé des fenêtres destinées à recevoir soit une lettre, soit un mot entier. Une fois la grille retirée, le chiffreur comble les espaces vides d'un texte leurre. Ces phrases, biscornues le plus souvent, suffisent parfois, malgré elles, à trahir l'existence d'un message secret ; le procédé n'en connaîtra pas moins une appréciable vogue. La grille de Cardan reste aux XVIe et XVIIe siècles un outil privilégié de la correspondance diplomatique des nations européennes. Ces quelques procédés et ses ouvrages de vulgarisation scientifique auront, quoi qu'il en soit, satisfait les rêves d'immortalité de Cardan.

Champollion, Jean-François (1790-1832)

Né le 23 décembre 1790, Champollion montre très vite un don certain pour les langues étrangères. De 1807 à 1809, il étudie les langues orientales à Paris, sous l'autorité de Sylvestre de Sacy, érudit incontournable des écritures anciennes. Dès cette époque, Champollion se voue à ce qui sera la passion de toute sa vie – le déchiffrement des hiéroglyphes.

Une fois ses études terminées, il obtient une chaire de professeur d'histoire à Grenoble, où il enseignera jusqu'en 1815. Partisan de Napoléon Bonaparte, il est écarté de l'enseignement, après l'exil de l'empereur, entre 1815 et 1817.

S'appuyant sur les découvertes du diplomate suédois J. D. Akerblad et du médecin anglais Thomas Young, Champollion entame alors sa fameuse recherche. En septembre 1822, il rédige une lettre adressée à la prestigieuse Académie de Paris. Cette « Lettre à M. Dacier » consigne le résultat de ses recherches relatives à l'alphabet des hiéroglyphes phonétiques et fait état du déchiffrement des noms des empereurs romains d'Égypte.

La lettre fait sensation et propulse Champollion dans les plus hautes sphères. Le voilà honoré du titre de maître incontesté ès hiéroglyphes. Au rang de ses innombrables découvertes, il faut mentionner la mise en évidence des différences entre le système graphique iconique et ses supports phonétiques, preuves des liens linguistiques du copte et de l'égyptien ancien. À son actif également, une grammaire et un dictionnaire égyptiens, restés inachevés.

En parallèle, Champollion s'intéressera aux richesses de divers pôles culturels, tels que Florence, Venise et Rome. Nommé conservateur du département d'égyptologie du Louvre, il conduit une expédition scientifique en Égypte de 1829 à 1830. Élu membre de l'Académie Française en 1830, il reçoit de plus la charge de la toute première chaire d'égyptologie au Collège de France.

Champollion décède en pleine gloire, à l'âge de 41 ans.

Chappe, Claude (1763-1805)

Né à Brûlon en 1763 au sein d'une famille de quatre frères, Claude Chappe est encouragé par un oncle à embrasser une carrière scientifique. Au fait des systèmes de communications comme celui de l'anglais Robert Hooke, le jeune homme se donne pour objectif de mettre au point son propre procédé de signalisation.

Chappe passera les années 1790 à tenter de promouvoir son télégraphe aérien auprès des hommes d'affaires comme des politiciens. C'est son frère aîné, Ignace Chappe, membre de l'Assemblée Législative, qui finit par dégager les fonds nécessaires à la réalisation de son projet.

La détermination de Chappe se voit enfin récompensée lorsque s'achève en 1794 la construction de la première série de tours de signalisation reliant Paris à Lille.

Le mécanisme inventé par Chappe était composé de bras articulés qui servaient d'indicateurs pour la transmission des messages. Après un temps d'expérimentation passé à coordonner le système de poulies et de câbles, on fut en mesure de faire parvenir des signaux tout du long des 200 km du trajet, ceci en une durée record d'à peu près deux minutes. Une fois la justesse des messages validée, Chappe semblait s'assurer le plus bel avenir.

Un second réseau de tours fut érigé entre Paris et Toulon. Il faut aux 116 stations 20 minutes pour véhiculer un message ; ce télégraphe aérien assoie la renommée et la fortune de son inventeur. Au cours des années suivantes, de nouvelles stations sont élevées pour relier d'autres villes, en France comme dans les pays frontaliers.

Si Chappe y gagna en honneurs et en prestige, la troupe de ses détracteurs et rivaux ne resta pas inactive. Voilà l'homme impliqué dans une série de procès coûteux ; on fit allusion à des messages erronés et on alla même jusqu'à mettre en doute la paternité de l'invention du procédé. Accablé par ces viles critiques, Chappe met fin à ses jours en 1805. Sa famille s'attachera à préserver son œuvre, jusqu'à ce que le réseau soit supplanté par le télégraphe électrique, dans les années 1850.

Driscoll, Agnès (1889-1971)

Née en 1889 dans l'Illinois, Agnès May Meyer, diplômée de l'État de l'Ohio, enseigne d'abord les mathématiques et la musique au Texas. En 1918, elle entre dans la Réserve de la marine américaine. Son goût et sa pratique des langues, des mathématiques et des statistiques la vouent tout naturellement à une carrière de cryptanalyste.

D'abord chargée de travaux de secrétariat, elle grimpe rapidement les échelons jusqu'au grade de sous-officier, la plus haute affectation ouverte aux femmes durant la Première Guerre mondiale. En juillet 1919, à la fin de son service actif, elle décroche un emploi de sténographe auprès du directeur des services secrets de la marine, à Washington. D'abord reléguée à des tâches sans envergure, sa véritable carrière démarre quand elle accepte de rallier le Département du Chiffre de Geneva, dans l'Illinois, près de Chicago.

Également connu sous le nom de Riverbank, Geneva est le lieu de résidence de William et Élisabeth Friedman, éminents cryptologues. C'est d'ailleurs à travers les recherches et les ouvrages de Friedman que Meyer aiguise son don pour la cryptanalyse.

Elle quitte l'Illinois en 1921 pour réintégrer la Navy ; là, au sein de la Code and Signal Section, elle s'impose comme une cryptanalyste de tout premier ordre. Dans cet univers machiste, et en dépit des quolibets (Agnès est surnommée « Madame X »), rien ne détourne Meyer de son travail. En 1924, elle épouse Michael Driscoll, procureur de Washington ; la surprise est grande pour ses collègues, persuadés d'avoir affaire à une célibataire endurcie. Driscoll a en charge la formation d'officiers de la marine américaine. Joseph Rochefort et Laurence Safford, entre autres, deux personnalités influentes de la cryptologie au cours de la Seconde Guerre mondiale, suivent son enseignement. En 1926, Agnès Driscoll effectue les tout premiers déchiffrements du répertoire de code japonais, surnommé Red par les cryptanalystes américains. Nouveau coup d'éclat en 1931 lorsqu'elle parvient à casser le répertoire de remplacement de Red, baptisé Blue. En 1935, elle identifie un trafic de chiffre généré par une machine, la M1. Driscoll met alors au point un procédé manuel capable de déchiffrer les messages interceptés. Travaillant sur papier millimétré à la variabilité des séquences codées, elle finit par isoler la combinaison *to-mi-mu-ra*. Elle découvre que cette séquence de bigrammes signifie « Thompson », nom fréquemment employé dans les communications des représentants japonais à l'étranger.

En 1936, sur la base de ces déchiffrements, les services secrets de la marine mettent un terme aux agissements d'espions opérant sur les deux côtes américaines. Harry Thompson, opérateur radio de la Flotte du Pacifique, et J. S. Farnsworth (ou agent K), ex-officier de la Navy, livrent en effet des informations sur l'artillerie et l'équipement américains à des agents japonais. Condamnés, les deux hommes sont incarcérés.

C'est toutefois en 1939 que Driscoll contribue de façon spectaculaire à la sécurité de son pays, en décryptant le système JN, chiffre de la marine japonaise. Le JN25 est un code désordonné d'à peu près 45 000 groupes de 5 chiffres, surchiffré par une clé additive. C'est Agnès qui mène l'attaque contre cette clé additive ; à l'automne 1939, les premiers pans du JN25 commencent à céder. L'analyse minutieuse des nombres et mots-codes sous-jacents aboutit en septembre 1940 ; dès lors, les messages JN25 sont transparents.

Ces découvertes sont inestimables pour la stratégie américaine dans le Pacifique, tout particulièrement à l'occasion des batailles navales de la mer de Corail et de Midway. Les premiers déchiffrements du JN25 serviront également de base à la pénétration de systèmes ultérieurs mis en place par la marine impériale.

À la fin de la Seconde Guerre mondiale, Agnès Driscoll entre au service de la NSA (National Security Agency) pour y rester jusqu'à sa retraite, en 1959. À partir de là, on ne sait rien des activités de cette femme remarquable qui décède, oubliée de tous, en 1971.

Evans, sir Arthur J. (1851-1941)

Né en juillet 1851 à Hertfordshire, en Angleterre, Arthur Evans, fils de l'archéologue sir John Evans, fait ses études à Harrow, lycée privé pour garçons à proximité de Londres. Il poursuivra son cursus dans les universités d'Oxford, puis de Göttingen, en Allemagne.

Son goût pour l'archéologie se précise au cours de ses années de résidence dans les Balkans. Il rejoint Oxford en 1882, où il entre au collège Brasenose en tant que chargé de cours. Nommé conservateur du musée Ashmolean d'Oxford en 1884, il occupera cette fonction jusqu'en 1908.

On connaît avant tout l'homme pour ses recherches sur la civilisation crétoise. Son intérêt pour l'histoire de l'île se manifeste au cours d'un séjour à Athènes, où il étudie des gemmes gravées semblables à celles trouvées en Crète. À cette occasion, il commence à envisager la possibilité que ces caractères gravés correspondent à une forme inconnue d'écriture.

Evans retourne en Crète en 1894, mais ses premières fouilles ne débutent qu'en mars 1900, à Knossos, où il met au jour les ruines du palais du roi Minos. Il y découvre une série de tablettes d'argiles et divers objets, et décide de s'inspirer du roi légendaire pour baptiser cette civilisation inconnue du nom de civilisation minoenne.

Evans passe 35 ans de sa vie à dégager les restes de cette culture datant de l'âge de bronze. Il classe ses découvertes en trois grandes époques, qui couvrent une période allant de 3000 av. J.-C. à 1200 av. J.-C. Il isole plusieurs étapes du travail de la céramique, témoins, selon lui, de l'évolution artistique et technique. Ses ouvrages fondamentaux sont *Scripta Minoa* et les 4 volumes du *Palais de Minos*.

L'impossibilité où il se trouve de déchiffrer l'écriture pictographique du site de Knossos, le Linéaire B, est une grande frustration, mais Evans s'essaie sans relâche à percer ce mystère. D'autres archéologues et historiens lui reprocheront plus tard de n'avoir pas publié plus tôt le résultat de ses recherches et d'avoir refusé l'accès à ses tablettes.

Il n'empêche, Evans a droit à tous les honneurs. Fait chevalier en 1911, il est de plus élu président de la Society of Antiquities, fonction qu'il occupe de 1914 à 1919 en même temps que celle de président de la British Association, de 1916 à 1919. Evans meurt en juillet 1941, près d'Oxford.

Fabyan, George (1867-1936)

L'homme est d'abord passé à la postérité pour son influence sur William et Elizabeth Friedman, futur couple vedette de la cryptologie.

Riche commerçant en textiles et philanthrope, Fabyan fonde quelques années avant la Première Guerre mondiale un centre de recherche pluridisciplinaire, dans un cadre idyllique de 200 ha, à Riverbank, près de Geneva, dans l'Illinois. Au rang de ses domaines de prédilection, l'acoustique, la chimie, la cryptologie et la génétique ; les laboratoires du domaine de Riverbank constituent une formidable communauté d'intellectuels, où sont conviés les maîtres de chaque spécialité, rémunérés pour leur recherche.

Fabyan recrute alors un certain Friedman, un généticien issu de Cornell, pour améliorer la qualité des semences et le cheptel de sa ferme. Friedman accepte et se trouve bientôt parfaitement intégré à cet environnement, mais ce sera pour se montrer davantage intéressé par les recherches cryptologiques que Fabyan mène au même moment sur les œuvres de Shakespeare.

Fabyan s'est en effet entouré d'érudits pour tenter de mettre un point final au débat qui entoure la paternité des œuvres de Shakespeare. Certains détracteurs du dramaturge anglais affirment alors que Francis Bacon serait le signataire d'une grande partie, si ce n'est de la totalité, des œuvres attribuées à Shakespeare. Beaucoup pensent que la véritable identité de l'auteur se cache sous le masque d'un chiffre parmi les pièces et les sonnets.

C'est en effectuant des agrandissements photographiques de certains passages des éditions élisabéthaines des œuvres de Shakespeare que William Friedman rencontre Elizabeth Smith. À l'occasion de ces travaux, tous deux se découvrent une double passion qu'il scelleront par leur mariage, en mai 1917.

Les États-Unis viennent alors tout juste d'entrer en guerre ; au titre d'unique centre de recherches cryptographiques, le département du chiffre de Riverbank se voit confier à l'automne 1917 divers documents par le gouvernement. Friedman étudie des interceptions de messages émanant de l'Axe et initie des officiers américains à certains aspects de la cryptologie. De son côté, Fabyan tente de s'approprier la rédaction de textes signés en fait par Friedman, en particulier d'œuvres considérées comme les fondements mêmes de la cryptologie moderne.

Après la guerre, la collaboration des deux hommes s'envenime ; Fabyan refuse en effet à Friedman la poursuite de ses recherches sur les œuvres de Shakespeare.

Le couple Friedman quitte définitivement Riverbank vers la fin de 1920. Fabyan décédera 16 ans plus tard, pour ne rester dans les mémoires que comme le révélateur des Friedman.

Friedman, Elizabeth (1892-1980)

Elizabeth Smith, originaire de Huntington, Indiana, est la cadette d'une famille de neuf enfants. C'est une jeune femme déterminée, en aucun cas traumatisée par un milieu familial perturbant, qui décroche en 1916 une licence d'anglais au Michigan's Hillsdale College. Une fois son diplôme en poche, elle entre d'abord à la Newberry Library de Chicago, avant d'être recrutée par un riche marchand en textiles, George Fabyan, qui entretient un staff de cerveaux talentueux sur son domaine de Riverbank à Geneva, dans l'Illinois.

Riverbank abrite les protégés de Fabyan, où l'on compte des spécialistes de l'acoustique, de la génétique et de grands connaisseurs des œuvres shakespeariennes. C'est cette dernière équipe qu'Elizabeth rallie, en qualité de membre du Département du Chiffre des laboratoires de Riverbank. Sans aucune formation cryptographique, la jeune femme sait néanmoins tirer avantage de sa formation universitaire et de son expérience de bibliothécaire pour exploiter au mieux les données d'autres chercheurs sur les textes élisabéthains. William Friedman, jeune généticien, participe à ces travaux en effectuant pour elle des agrandissements photographiques de certaines pages des œuvres de Shakespeare. Ils filent ainsi une idylle dans le cadre enchanteur du Riverbank et se marient en 1917.

Le projet Shakespeare est un révélateur pour William, qui se découvre une véritable passion pour la cryptologie. Lorsque l'Amérique rejoint les tranchées de la Première Guerre mondiale, il est d'ailleurs sollicité pour déchiffrer certains communiqués de l'ennemi et assurer une formation cryptologique de base aux officiers américains.

Elizabeth, de son côté, poursuit ses activités, toujours à Riverbank ; au printemps 1918, elle attend dans les affres de l'angoisse le retour de William parti en France, enrôlé dans l'Unité du Renseignement Radio de l'armée américaine. Dès son retour, le couple reprend ses recherches. Il semblerait qu'à cette époque Fabyan se soit interposé dans leurs travaux sur Shakespeare, de telle manière que les Friedman se voient dans l'impossibilité d'aboutir. La rupture est consommée fin 1920, quand le couple quitte définitivement Riverbank.

Les époux sont alors recrutés par l'armée américaine ; Élisabeth assure en outre quelques travaux de cryptanalyse pour le compte de la Navy et du département d'État. William restera fidèle à l'armée ; Elizabeth, en revanche, met son talent, à la fin des années 1920, au service des garde-côtes. Durant la Prohibition, elle déchiffre plusieurs émissions radio codées par les trafiquants d'alcool qui communiquent continûment pour coordonner leurs nombreuses opérations. Au début des années 1930, elle fait preuve d'un courage admirable, en témoignant à différents procès qui jettent en prison des contrebandiers d'alcool et des membres de réseaux de drogue.

Après la Prohibition, Elizabeth mène alors de front vie familiale et travaux de cryptanalyse, pour le compte du ministère de l'Économie et des Finances. Pendant la Seconde Guerre mondiale, elle s'engage en qualité de cryptanalyste dans les rangs de l'armée et de la marine. Plus tard, on la retrouve au service du Fonds monétaire international ; là, elle contribue à l'élaboration de son système de sécurité cryptographique du FMI, système basé sur la clé dite « aléatoire une fois ».

1957 : Elizabeth et William conjuguent leurs talents et cosignent *The Shakespearean Ciphers Examined* (Les chiffres shakespeariens à l'examen). Bien que le titre de l'ouvrage fasse allusion à la présence de chiffres dans les œuvres de Shakespeare, leur étude s'attacha à démontrer qu'aucun cryptage dans ces textes ne permettait de douter de l'authenticité de l'auteur.

Après le décès de son époux, en 1969, Elizabeth se retire pour couler des jours tranquilles jusqu'à sa mort, en 1980. Du fait des innombrables prouesses de ce couple exceptionnel, Elizabeth reste la cryptanalyste féminine la plus souvent citée.

Friedman, William (1891-1969)

Né Wolfe Friedman en 1891, en Russie, William Friedman est le fils d'émigrants roumains débarqués en Amérique en 1892. Peu de temps après l'installation de la famille à Pittsburgh, Wolfe opte pour le prénom de William. La passion du jeune garçon pour les sciences croît avec les années et c'est à l'université Cornell qu'il finit par atterrir, pour y suivre des cours de génétique. Au beau milieu de son cursus, Friedman est alors recruté par un riche marchand en textiles de l'Illinois, George Fabyan.

Friedman rallie aussitôt le domaine de Fabyan, Riverbank, à Geneva dans l'Illinois. Au cours de ses recherches sur les semences et le cheptel de la ferme, le jeune homme se révèle exceptionnellement compétent et tout à fait novateur.

C'est grâce au cheval de bataille de Fabyan, la recherche en paternité des œuvres de Shakespeare, que Friedman s'initie à la cryptologie. Il procède alors à des agrandissements photographiques d'éditions élisabéthaines de certaines œuvres destinés à faciliter les recherches d'indices cryptographiques. C'est à cette occasion qu'il rencontre Elizabeth Smith.

Le mariage a lieu en mai 1917, au moment même où Friedman devient un membre clé du département du Chiffre des laboratoires Riverbank. Dès l'entrée en guerre des États-Unis, le staff se voit confier par le gouvernement l'analyse de textes ennemis chiffrés. Auteur d'une multitude de déchiffrements, Friedman devient vite indispensable.

Sa carrière de cryptanalyste prend véritablement son envol à l'automne 1917, lorsqu'il est chargé de former des officiers de l'armée américaine aux rudiments de la cryptologie. Il rédige à cette occasion une série de 7 monographies techniques ; une huitième sera imprimée à son retour de guerre, le tout publié sous le titre de *Riverbank Publications*. Leur propos : comment reconstruire un alphabet primaire, résoudre un chiffre à clé périodique et casser un message codé par machine à chiffrer ? Ces publications accèdent aussitôt au rang de références dans la spécialité.

1917 : la *Riverbank Publication* numéro 15 est publiée sous le titre *A Method of Reconstructing the Primary Alphabet from a Single One of the Series of Secondary Alphabets*. L'alphabet primaire y est présenté comme un alphabet désordonné, semblable à celui d'un carré de Vigenère, utilisé dans les procédés de chiffrement polyalphabétiques.

La publication numéro 16 s'attaque aux chiffres à clés périodiques et aux substitutions polyalphabétiques élaborées à partir de textes interminables pour en renforcer l'hermétisme. Friedman montre comment casser ce type de chiffre à l'aide de tables de relevés de fréquences et de tables de correspondance entre unités claires et unités/alphabets cryptographiques. Se servant uniquement de ces unités, Friedman parvient, par anagrammes, à isoler dans un message des fragments de texte clair.

Entre autres écrits, Friedman signera des procédés de déchiffrement, un dictionnaire de la littérature relative à la cryptologie et des méthodes de déchiffrement de machine à chiffrer. Ces textes sont encore d'une valeur inestimable, tout autant que le fameux numéro 22 *Riverbank Publication*. Rédigé en 1920, cet essai est considéré par les historiens de la cryptographie comme le seul document véritablement décisif de la spécialité.

Sous le titre *The Index of Coincidence and its Applications in Cryptography*, le numéro 22 détaille les techniques fondamentales de la cryptanalyse. Une des méthodes avancées permet à l'analyste de reconstruire un alphabet chiffré, sans qu'il soit besoin de tâtonner sur les lettres d'un texte clair. Une seconde technique, d'une portée considérable, fait apparaître les liens entre cryptologie et mathématiques, en figurant la distribution des lettres par une courbe dont les caractéristiques peuvent s'évaluer grâce aux statistiques. C'est une révélation pour tous ceux qui voient dans la cryptologie une énigme, alors qu'elle est désormais soumise à la logique mathématique.

La même année, Friedman met au point le néologisme *cryptanalyse* pour en finir avec l'amalgame abusif qui règne entre des mots comme décoder et déchiffrer. On utilise en effet depuis des lustres les mêmes termes pour qualifier à la fois les activités du destinataire en possession du répertoire ou des clés du chiffre, et celles de l'intercepteur. La cryptanalyse définit en fait, pour la toute première fois dans l'histoire de la cryptographie, les opérations du second.

Déçus du comportement de Fabyan, les Friedman quittent Riverbank fin 1920. En janvier 1921, William reprend ses activités au bénéfice de l'armée américaine, en acceptant un contrat à durée déterminée au sein du Signal Corps ; sa mission : concevoir différentes méthodes de chiffrement. Revenu à la vie civile, il sera recruté comme employé du département de la Guerre.

En fait, tout au long de sa prestigieuse carrière, William Friedman restera partenaire de l'armée. Tandis que l'équipe de Herbert Yardley (le Cabinet noir) travaille sur les systèmes cryptographiques d'autres pays, Friedman, de son côté, poursuit ses tests et développe des instruments de chiffrement comme la M-94. À la fermeture du Cabinet noir, le Signal Corps créé le Signal Intelligence Service ; Friedman en prend la direction.

Il profite de ce bref interlude de paix pour mettre en place toute une structure qui, quoique privée de fonds, se montrera parfaitement apte à relever les défis de la Seconde Guerre mondiale. William Friedman est à la tête de l'équipe qui parvient à pénétrer les rouages de la « Machine 97 à clavier alphabétique », la machine à chiffrer des diplomates japonais. Les mécanismes de la machine nippone sont en effet reconstitués par les cryptanalystes américains sur un appareil baptisé Purple ; les informations dérobées par ce procédé sont réunies sous l'intitulé opération Magic. Par ces prouesses, entre autres, le SIS contribuera largement à assurer la victoire des Alliés.

À la reddition des Japonais, en 1945, et toujours au sein de l'armée, Friedman travaille à la réorganisation des services secrets militaires et en 1952, à la conception de la NSA. À sa retraite, en 1955, il occupe encore quelques années le rôle de consultant. L'homme décède en 1969, après avoir reçu tous les honneurs dus à son œuvre.

Hagelin, Boris (1892-1983)

Boris Hagelin naît en Russie tsariste, où son père travaille dans la région du Caucase à la gestion des intérêts pétroliers de la famille Nobel. Au cours de ses études, en Russie et en Suède, Boris va montrer des capacités exceptionnelles à l'exploitation et à la création de divers mécanismes.

En 1914, il obtient de l'Institut royal de technologie de Stockholm son diplôme d'ingénieur mécanicien, en même temps qu'il décroche son premier emploi au service de l'ASEA, l'une des principales compagnies électriques suédoise. Il passe 6 années dans l'entreprise et une autre à la Standard Oil Company, dans le New Jersey, avant que sa carrière n'amorce un virage décisif.

En 1916, son père et Emmanuel Nobel, neveu de l'inventeur de la dynamite, investissent à Stockholm dans la société Aktiebogalet Cryptograph. En 1922, le jeune Hagelin rejoint la firme, afin de veiller aux intérêts de son père. Trois ans plus tard, fort de cette expérience et de ses aptitudes, Boris se lance dans le monde des machines à chiffrer.

Hagelin a ouï dire que le haut commandement militaire suédois est tenté par l'achat de machines à chiffrer allemandes de la génération Enigma. Aussitôt, le jeune homme passe à l'action en modifiant certains mécanismes d'un appareil mis au point par Arvid Damm, cofondateur de l'Aktiebolaget. Le résultat, le modèle B-21, est doté de roues-clés à ergots dits actifs et inactifs. Les différentes dispositions des ergots sur les roues produisent un texte polyalphabétique chiffré. L'armée suédoise s'enthousiasme pour ce mécanisme et passe commande dès 1926 ; la compagnie a toutes les raisons de se montrer optimiste.

À la mort de Damm, en 1927, les Hagelin rachètent la firme, financièrement fragile, pour la restructurer à leur idée, sous le nom de Aktiebolaget Cryptoteknik. C'est Boris qui mène l'affaire ; son objectif : se consacrer à la réalisation de machines à chiffrer imprimantes. Un de ces mécanismes, la C-36, ultra compact, emballe les militaires français, qui en achètent plusieurs centaines d'exemplaires.

Le spectre de la guerre qui hante les années 1930 explique l'intérêt du monde pour la C-36 et d'autres systèmes de sécurité.

La montée du fascisme en Allemagne, en Italie et au Japon finit par alarmer les grands de ce monde, déçus de la Première Guerre mondiale ou hantés par la Dépression.

En 1936, Hagelin entre en contact avec les responsables de la cryptologie américaine pour leur présenter la C-36. À la fin des années 1930, il se rend par deux fois aux États-Unis, pour y débattre de technique et de contrats. Lorsque la guerre éclate en Europe, en septembre 1939, les Alliés se montrent extrêmement soucieux de sécurité en matière de communication. Hagelin échappera de peu au Troisième Reich en avril 1940, au cours de l'invasion de la Norvège. Entretemps, il a mis au point pour les Américains une nouvelle machine, dont il connaît cependant les limites. C'est à cette époque qu'il décide de quitter la Suède, accompagné de son épouse ; le couple va traverser l'Europe au cours d'un voyage des plus périlleux.

Dans les bagages de Hagelin et de sa femme, plans et machines en pièces détachées ; le train qui les emporte loin de Suède traverse l'épicentre nazi, Berlin. Leur périple les mène en Italie, membre de l'Axe, jusqu'à Gênes, où ils s'embarquent pour New York.

Suite à d'innombrables tests et discussions contractuelles, le projet de Hagelin est entériné par l'armée américaine, mais comme un système de chiffrement de niveau moyen à l'usage des divisions et bataillons. Baptisé Converter M-209, le modèle est distribué par dizaines de milliers d'exemplaires ; Boris Hagelin devient le premier millionnaire de la cryptologie.

Il rentre en Suède en 1944 où il s'offre une propriété, persuadé que le succès de la machine à chiffrer est terminé ; c'est l'une des rares fois de sa vie où l'homme se trompe. La Guerre froide et l'émergence des nouvelles nations du tiers-monde créent une forte demande en matière de protection des communications. Toujours basé à Stockholm, Hagelin mène sans problème ses affaires, jusqu'à ce que le gouvernement suédois décide par décret de s'approprier toutes les inventions relevant de la défense nationale. Hagelin se voit forcé d'émigrer à Zug, Suisse, en 1948. La neutralité de la Suisse offre des avantages inestimables au chef d'entreprise et à ses employés, qui vont tirer parti de la vague informatique et produire une nouvelle génération de systèmes de sécurité.

Hebern, Edward (1869-1952)

Né à Streator, dans l'Illinois, Edward Hebern grandit à l'orphelinat. Après son diplôme de fin d'études, le jeune homme, alors âgé de 19 ans, émigre à l'ouest, en Californie, où il trouve d'abord un emploi dans une scierie, puis sur un chantier de construction, dans la région de Fresno.

Hebern commence à se passionner pour la cryptographie à l'âge de 40 ans. Début 1912, il dépose les brevets de divers procédés, depuis des mécanismes de contrôle d'écriture jusqu'à des machines à écrire à clavier chiffrant. Mais sa renommée dans l'histoire de la cryptologie ne démarre véritablement que lorsqu'il s'attaque aux rotors, un progrès déterminant dans le chiffrement polyalphabétique.

Hebern se penche d'abord sur le sujet en connectant par un enchevêtrement aléatoire de fils deux machines à écrire électriques. La frappe d'une lettre du texte clair sur le clavier de la première machine déclenche via un circuit électrique l'activation d'une autre lettre sur le second clavier produisant une seconde lettre imprimée en texte chiffré. Mais le procédé ne peut engendrer qu'un chiffrement monoalphabétique, le câblage des machines à écrire restant fixe.

En 1917, Hebern dresse les plans d'un mécanisme cylindrique, ou rotor, équipé de points de contact sur ses faces et connecté de façon aléatoire à un réseau de câbles électriques au cœur même du rotor. En frappant une lettre, le courant activé circule au hasard entre les points de contact et les câbles. Le courant électrique déclenche ensuite l'activation d'un caractère chiffré sur un second clavier ou sur un tableau à témoins lumineux. Le rotor se décale alors d'un cran, modifie le schéma de chiffrement et introduit un nouvel alphabet dans le processus.

En 1918, Hebern crée le prototype de son invention. Basé sur le même concept, le système s'appuie sur la notion de rotor « intermittent » ; certains contacts sont connectés aux câbles de façon convenue, tandis que d'autres connexions restent aléatoires. Hebern expérimente en parallèle des systèmes à rotors multiples qui se décalent au fur et à mesure du cryptage. Il croit à tel point en son procédé qu'il en fait en 1921 la promotion, en le présentant comme un chiffre incassable.

Pourtant, Agnès Meyer, maître ès cryptographie de l'US Navy, parvient à en venir à bout. Loin de se montrer découragé, Hebern se déplace à Washington pour débattre de son invention. Convaincu de bénéficier du support de la marine américaine, il fonde en 1921 la société Hebern Electric Code, la première entreprise de machine à chiffrer américaine. L'homme vend ses biens pour acheter une usine implantée à Oakland, Californie.

Hebern a les yeux plus gros que ses finances ; fin 1923, il ne dispose d'aucun contrat majeur avec la marine américaine. Les actionnaires finissent par se lasser de l'immobilité de leurs investissements. C'est la curée ; enquêtes et procès se succèdent en 1926. Hebern est sanctionné par les instances économiques de Californie — une condamnation qui, même si elle est ultérieurement levée, ne permet pas à Hebern de se relever pour rassembler les fonds suffisants nécessaires au remboursement de ses investisseurs. La compagnie est déclarée en faillite et saisie.

Hebern tente un retour en montant une nouvelle société à Reno, dans le Nevada. À nouveau, entre la fin des années 1920 et le début des années 1930, la Navy acquiert quelques exemplaires de ses machines à cinq rotors, sans lui concéder toutefois un contrat à long terme.

Convaincu qu'IBM a piraté certains de ses concepts, Hebern intente un procès à la firme pour violation de brevet ; il le perd en 1941. Au cours de la Seconde Guerre mondiale, il soupçonne certains secteurs de l'armée américaine d'exploiter ses machines et d'en mettre d'autres au point à partir de ses propres conclusions sur les mécanismes à rotors, et ce sans lui verser la moindre compensation. Il traîne en 1947 l'armée, la marine et l'aviation militaire devant les juges ; le procès s'étiole de procédures en procédures des années durant.

Hebern meurt en 1952 avant d'avoir obtenu gain de cause. Ce n'est qu'en 1958 que le gouvernement américain verse enfin à la famille, à titre d'indemnités, 30 000 dollars — bien trop peu, et surtout bien trop tard, pour cet inventeur injustement considéré.

Hitt, Parker (1877-1971)

Originaire d'Indianapolis, Parker Hitt possède un talent certain pour l'ingénierie, ce qui le conduit à suivre des études d'ingénieur civil, à Purdue. C'est d'ailleurs là qu'il se trouve quand éclate la guerre hispano-américaine. On est en 1898. Engagé à Cuba, il va rester dans l'armée et y poursuivre toute sa carrière.

En 1911, au sein de la Signal School (école des transmissions) de Fort Leavenworth, au Kansas, Hitt suit avec le plus grand intérêt une série de conférences techniques durant lesquelles sont abordées entre autres thèmes, cryptographie et communications. C'est le coup de foudre ; Hitt décide de s'initier plus avant à la cryptologie et montre d'indéniables qualités de cryptanalyste. Une fois son diplôme en poche, il reste à la Signal School, cette fois en tant qu'instructeur.

Parallèlement à ses cours, Hitt étudie alors le chiffre de l'armée américaine et en conclut que le procédé a tout de la passoire. Il propose d'adopter le Playfair, chiffre britannique mais sa recommandation est repoussée. Nullement découragé, il se présente en 1914 devant ses supérieurs, une version du cylindre de Bazeries en main.

Démonstration : Hitt « déroule » les alphabets des disques du cylindre pour les transformer en bandes de papier. Ces bandes numérotées, au nombre de 25, portent deux séries d'alphabets désordonnés et sont disposées en fonction d'un nombre-clé (établi à partir des numéros de chaque bande) sur un cadre de 18 x 8 cm ; la modification du nombre-clé se répercute sur les combinaisons de lettres. On procède au chiffrement en faisant glisser ces bandes vers le haut ou vers le bas, jusqu'à aligner à l'horizontale les vingt premières lettres du texte clair. N'importe quelle autre ligne horizontale incohérente fait office de texte chiffré. Dans les années 1930 et au début des années 1940, l'armée met en service de nouvelles versions du modèle à bandes, baptisées M-138 et M-138A, qui comptent cette fois cent bandes, dont trente sont utilisées simultanément. La Navy et les départements d'État y auront recours en de nombreuses occasions.

Parker Hitt signera, outre ses travaux, un texte majeur sur la cryptanalyse. En 1916, les éditions de l'Army Service School impriment

4 000 exemplaires de son manuel, *Solution of Military Ciphers*. Cet ouvrage de 101 pages est le premier du genre à être publié aux États-Unis, où seuls de petits manifestes ont jusqu'alors vu le jour. Quoiqu'estimable, le texte de Hitt est pourtant dès sa sortie hors actualité. Les chiffres générés par le conflit mondial s'avèrent, et de loin, bien plus complexes que ce qu'il avait pu imaginer.

1917 ; l'Amérique se rallie à la Triple Entente. Hitt débarque en Europe avec tout le staff du général Pershing ; son titre, officier commandant des transmissions de la 1re armée du Corps expéditionnaire américain. Un poste qui n'a aucun rapport direct avec la cryptologie, ce qui n'empêche pas l'armée de rechercher son appui de cryptanalyste avéré à la moindre occasion.

À la fin de la guerre, Hitt est recruté par les International Communication Laboratories, la section cryptographique du géant des télécommunications, International Telephone and Telegraph. Comme beaucoup de ses confrères, Hitt restera dans l'anonymat, œuvrant pour son pays sans tambour ni trompette.

Kasiski, Friedrich (1805-1881)

Né en novembre 1805, dans une ville de Prusse Occidentale, Friedrich Kasiski s'engage à l'âge de 17 ans dans un régiment d'infanterie de la Prusse orientale.

Très vite, il sort du rang pour accéder au titre de capitaine de compagnie ; Kasiski prendra sa retraite en 1852 avec le grade de chef de bataillon. Si l'armée lui a fait découvrir la cryptologie, il faut néanmoins attendre les années 1860 pour que l'homme jette ses idées sur le papier. Son *Die Geheimschriften und die Dechiffrirkunst* (Les chiffres et l'art du déchiffrement) est publié en 1863. Sur les 95 pages de l'ouvrage, la majorité s'applique à fournir une solution au déchiffrement des substitutions polyalphabétiques à clés périodiques, problème qui obsède les cryptanalystes depuis déjà quelques siècles. Le livre, édité à Berlin, n'a rien du best-seller ; il reste cependant pour les historiens un écrit fondamental pour l'évolution de la cryptologie.

Kasiski est en effet le premier à noter que les répétitions dans un cryptogramme trahissent la périodicité de la clé. L'étude des intervalles entre ces répétitions donne accès à la longueur de la clé.

Cette approche constitue une véritable avancée pour le déchiffrement polyalphabétique.

La méthode de Kasiski permet en effet au cryptanalyste de repérer le nombre de séquences répétitives et de comptabiliser les intervalles qui les séparent pour connaître la fréquence des clés et leur longueur. Le nombre de lettres d'une clé révèle la somme des alphabets utilisés dans un chiffrement polyalphabétique. Le cryptanalyste peut dès lors trier les lettres du cryptogramme, de manière à grouper toutes celles qui ont été chiffrées avec la première lettre-clé, à constituer un second groupe avec celles chiffrées par la deuxième lettre-clé, etc. Les séries de lettres, chacune chiffrée par une seule lettre-clé, sont réorganisées selon une substitution monoalphabétique, à déchiffrer comme telle.

Déçu par le peu d'intérêt que l'on porte à ses découvertes, Kasiski préfère se consacrer à d'autres activités, dont l'anthropologie. Il prend part à des fouilles, met à jour des tombes préhistoriques et signe une foule d'articles dans des journaux spécialisés. Il meurt en 1881, sans avoir conscience du formidable apport de ses découvertes en matière de cryptologie.

Kerkhoffs, Auguste (1835-1903)

Né au mois de janvier de 1835 à Nuth, en Hollande, sous le nom à rallonge de Jean-Guillaume-Hubert-Victor-François-Alexandre-Auguste Kerkhoffs von Nieuwenhof, ce fils de bonne famille décroche ses diplômes de sciences et de lettres à l'université de Liège. Il goûte ensuite à diverses occupations où se confirme son intérêt grandissant pour les langues étrangères. Enseignant en Hollande, bientôt membre influent des sociétés littéraires de son pays, Kerkhoffs sillonne également l'Angleterre, la France et l'Allemagne, en qualité de secrétaire d'un journaliste américain. Nommé professeur au collège de Melun en 1863, il y rencontre son épouse en 1864.

C'est dans cette ville que, dix années durant, Kerkhoffs travaille sur des sujets allant de l'histoire aux mathématiques, en passant par l'archéologie. Entre 1873 et 1876, il obtient un doctorat auprès des universités de Bonn et de Tübingen. Pour financer ses études, il donne des cours particuliers et signe divers écrits.

S'il écrit, entre autres, une grammaire flamande et un manuel sur le verbe allemand, son œuvre la plus remarquable reste sans doute *La Cryptographie militaire*. Kerkhoffs enseigne l'allemand dans deux écoles parisiennes quand il noircit en 1881 les premières pages de cet ouvrage, finalement publié en 1883.

Les 64 pages de ce texte représentent un progrès fondamental pour la cryptologie. Kerkhoffs y passe en revue toutes les connaissances de la spécialité et rend compte de ses évolutions, des chiffrements mécaniques, du télégraphe et du chiffre militaire. Il propose en outre d'adopter une cryptographie de campagne fonctionnant selon des procédures simplifiées et faciles à appliquer.

Kerkhoffs est le tout premier cryptologue à dissocier système de chiffrement (tableau alphabétique ou répertoire de mots codés) et clé. Reconnaissant qu'un système de chiffrement peut toujours être cassé ou dérobé par un agent ennemi, il postule que la clé, en revanche, doit lui assurer une protection maximale.

Via *La Cryptographie militaire*, Kerkhoffs enrichit la cryptanalyse de deux outils essentiels, la superposition et la symétrie de position. La superposition correspond à une méthode de déchiffrement des substitutions polyalphabétiques ; la symétrie de position permet d'isoler les groupes déterminants de lettres chiffrées, un moyen détourné mais fiable de tenter d'identifier les caractères clairs.

Outre ces apports fondamentaux à la cryptanalyse, Kerkhoffs fait évoluer l'attirail des cryptographes. Il se fait ainsi le promoteur d'un système nommé réglette de Saint-Cyr, du nom de l'académie militaire française qui l'a inscrite à ses cours. À la différence de ses collègues, Kerkhoffs réalise alors que les fonctions polyalphabétiques de la règle sont semblables à celles opérées par le tableau alphabétique de Vigenère et le cadran chiffrant de Giovanni Porta. Cette découverte confère à la règle une nouvelle validité cryptographique et lui permet d'occuper le devant de la scène plusieurs années durant.

Enseignant de talent et pionnier de la cryptologie, Kerkhoffs contribue également à promouvoir un nouveau langage mondial, le volapük. Il ne se consolera jamais de voir aboutir ce rêve d'utopiste.

Kullback, Solomon (1907-1994)

Solomon Kullback, originaire de New York, obtient une maîtrise de mathématiques à l'université de Colombia, en 1929. Dès 1930, il est recruté par William Friedman pour intégrer le SIS (Signal Intelligence Service), organisme rattaché au Signal Corps. Sa connaissance de l'espagnol lui permet de faire ses premières armes dans la cryptanalyse.

Au cours des années 1930, le SIS met au point divers systèmes de chiffrement à destination de l'armée américaine, déchiffre les méthodes exploitées par l'étranger et poursuit ses recherches dans les différents domaines de la cryptographie. Face au développement terrifiant des forces armées japonaises et allemandes, il lui faut redoubler d'efforts pour déjouer leurs méthodes. Du fait des intérêts américains dans la zone du Pacifique, le SIS s'inquiète essentiellement du Japon dont l'empire, à la fin des années 1930, est en pleine expansion.

Solomon Kullback est l'un des membres de cette équipe de jeunes cryptanalystes qui se débat avec la langue et les procédés cryptographiques japonais. Aux côtés de William Friedman, engagés dans la même bataille, on retrouve Frank Rowlet et Abraham Sinkov. Tous ces hommes s'inspirent du travail d'Agnès Driscoll, pionnière en matière de machines à chiffrer, mais c'est essentiellement à Kullback et Rowlett que l'on doit l'effraction d'une machine japonaise, nommée « Red » par les spécialistes américains. Cette victoire est importante car elle permet de s'en prendre aux rouages d'une seconde machine (dite Purple), utilisée par la diplomatie japonaise. L'équipe de Friedman, assistée de l'OP-20-G (service cryptologique de la marine américaine), dirigée par Laurence Safford, finit par venir à bout de Purple.

Solomon joue sa partition dans l'un des déchiffrements les plus héroïques de l'histoire quand tombe, en 1940, ce fameux système de chiffrement japonais, principalement avec le support de Purple Analog, la machine à chiffrer américaine, une découverte qui allait avoir de multiples retombées sur les opérations cryptologiques et militaires tout au long de la Seconde guerre mondiale.

Kullback demeure, le temps du conflit mondial, à la tête de la section cryptanalyse du SIS. En 1945, il se retrouve intégré à l'Armed Forces Security Agency, qui disparaît en 1952 pour laisser place à la NSA (National Security Agency), dont Kullback dirige le bureau Recherche et Développement. Il prend sa retraite en 1962, mais rejoint la vie active en tant que professeur à l'université George Washington (Washington), à l'université d'État de Floride et à l'université de Stanford.

Lamphere Robert (né en 1918)

Robert Lamphere travaille au service du FBI en Alabama, avant d'être muté à New York. Après trois ans et demi de bons et loyaux services passés à chasser les contrevenants au Selective Service Act, il rejoint, en 1945, la Soviet Espionage Squad du FBI. Il jouera là un rôle déterminant, dans son enquête sur Gerhart Eisler, un Autrichien membre des services secrets soviétiques qui profitait de l'alliance signée au cours de la guerre entre la Russie et les États-Unis pour espionner les Américains.

En 1947, Robert Lamphere est nommé à la tête de la section espionnage du FBI, à Washington. Il travaille alors sur des télégrammes en partie décryptés circulant entre Moscou et différents endroits des États-Unis, comme le consulat soviétique de New York. Ces communiqués ont été récupérés en toute clandestinité par les services secrets militaires américains dès 1939.

Certains passages de ces télégrammes permettent à Lamphere de démasquer Judith Coplin, employée au ministère de la Justice. Ayant accès à des documents du bureau d'enregistrement des agents secrets étrangers, celle-ci a en effet livré des informations à un fonctionnaire russe des Nations Unies, Valentin Gubitchev. Les deux comparses sont arrêtés par le FBI et accusés d'espionnage aggravé. Le verdict de 15 ans de prison à l'encontre de Coplin est cependant annulé pour vice de forme ; Gubitchev s'en tire avec une expulsion du territoire.

Lamphere poursuit infatigablement ses recherches ; il fera des découvertes capitales. À son tableau de chasse, l'infiltration du Projet Manhattan par le physicien Klaus Fuchs, à la solde des Soviétiques. Lamphere et la section espionnage mettent à jour les liens de Fuchs avec le réseau Rosenberg, chargé exclusivement de la bombe atomique.

Lamphere quitte le FBI en 1955 ; l'homme reste pourtant très actif. On le retrouve à la Veterans Administration et, plus tard, au sein d'une importante compagnie d'assurance.

Mauborgne, Joseph (1874-1971)

En 1914, Joseph Mauborgne résout un cryptogramme chiffré en Playfair. C'est son premier coup de maître. À cette époque, le procédé (dû en fait à l'anglais Charles Wheatstone) passe pour inviolable ; Mauborgne va pourtant venir à bout du chiffre de campagne classique des Britanniques. Il assied plus encore sa réputation dans le cercle des cryptologues en exposant ses méthodes dans *An Advanced Problem in Cryptography and its Solution*, brochure de 19 pages et premier ouvrage du genre publié en 1914 par le gouvernement américain.

La cryptographie lui doit en outre d'avoir su verrouiller la méthode mise au point par Gilbert Vernam, ingénieur à l'American Telephon and Telegraph Company (AT & T). Mauborgne décèle en effet une faille dans ce système censé protéger les communications par téléimprimeur. Pour chiffrer ses messages, Vernam s'appuie sur le code Baudot et sur des bandes de papier perforées de longueurs variables.

Mauborgne va alors s'appliquer à démontrer la faiblesse du système, liée à la répétition de clé, même dans le cas de l'utilisation de boucles de bandes perforées. Or cette répétition peut être déchiffrée par superposition, procédé mis au point par Auguste Kerkhoffs. Mauborgne annule ce risque en combinant la clé aléatoire du système à bandes de Vernam avec la clé non répétitive du Signal Corps. C'est la « clé aléatoire une fois », découverte qui supprime l'éventualité d'une répétition et constitue un procédé considéré inviolable.

Mauborgne est également passé à la postérité pour son action d'officier au sein du Signal Corps. En 1937, il pousse les autorités de son pays à investir plus largement dans la cryptographie. Il met au point un programme de formation plus intense pour les équipes du SIS et les stations d'écoutes, entreprise ardue en ces temps de dépression économique. Sous son impulsion, les résultats suivent une courbe ascendante. On place également au palmarès de Mauborgne son soutien inconditionnel en faveur de William Friedman, l'un des maîtres de la cryptanalyse. C'est Friedman, avec les membres du SIS et ceux de l'OP-20-G, qui brisera les rouages de la machine à chiffrer des diplomates japonais, la fameuse Purple. Même si Mauborgne prend sa retraite en 1941, les États Unis n'en continueront pas moins d'exploiter son legs à l'occasion de la Seconde Guerre mondiale, et au-delà.

Myer, Albert (1827-1880)

Né en 1827, près de West Point, New York, Myer passe son enfance à rêver d'intégrer l'Académie militaire des États Unis, un espoir qui s'effondre à la mort de sa mère. Une tante, résidant à Buffalo, le prend alors en charge ; Myer va trouver là un emploi lucratif, qui lui permet de financer ses études. Les étés, il travaille à la New York, Albany and Buffalo Telegraph Company, tout en suivant les cours du Hobart Collège, à Geneva, New York. Sa découverte du télégraphe à cadran et des premiers modèles de télégraphe Morse décide de sa passion pour le champ de la communication.

Diplômé de Hobart en 1847, Myer s'inscrit au Buffalo Medical College. Sa thèse « Une nouvelle langue des signes pour les sourds-muets « propose de signifier les mots par touchers, inspirés du Morse, sur le visage et les mains. Son diplôme de médecin en poche, en 1851, Myer s'installe à son compte trois années durant avant de se marier, en 1854. La même année, il passe un examen d'entrée dans l'armée américaine, où il est enrôlé en qualité d'assistant chirurgien.

Ce poste l'amène à intervenir dans les régions reculées et dangereuses du territoire américain. En octobre 1854, Myer officie dans divers forts frontaliers du Texas. Il manifeste un profond respect pour les Indiens de cet État et à leur contact il s'initie à leur langue des signes.

C'est au cours de sa mission au Texas que Myer met au point la télégraphie à pavillons. Les opérateurs se servent de simples drapeaux auxquels ils appliquent divers mouvements pour véhiculer lettres et nombres. En octobre 1856, depuis Fort Duncan, au Texas, Myer écrit au secrétaire de la guerre pour lui soumettre son invention. N'obtenant aucune réponse, il décide de s'adresser en

1858 à la marine américaine ; même silence. Ce n'est qu'en février 1859 que l'armée daigne enfin se pencher sur le procédé.

On demande à Myer de transmettre des dépêches de campagne – ce qu'il fait avec l'assistance du lieutenant en second, Edward P. Alexander. D'octobre à décembre 1859, les deux hommes communiquent ainsi entre eux en différents endroits du New Jersey, de Staten Island et de Brooklyn.

Le télégraphe à pavillons reçoit enfin l'agrément de l'armée ; Myer est nommé en juin 1860 officier sémaphoriste, au rang de chef de bataillon. Son invention est brevetée en janvier 1861 et, au printemps de la même année, il reçoit l'ordre d'opérer au Nouveau Mexique. C'est à cette époque qu'un général, resté anonyme, baptise le système Myer « wigwag », au vu des mouvements des pavillons. Ce surnom supplantera le choix de Myer.

La Guerre civile offre au système de Myer toutes les opportunités. D'abord exploité avec bonheur par Alexander, passé entretemps chez les Confédérés, au cours de la première bataille du Bull Run en juillet 1861, le wigwag fonctionne bientôt dans les deux camps pour toute la durée du conflit.

Myer sait bien que ces transmissions visuelles risquent d'être interceptées par des individus avertis comme Alexander ; il met donc au point un disque chiffrant réservé au système wigwag. Ce disque permet aux opérateurs de chiffrer les lettres par des nombres. Un tel message transmis par wigwag ne peut être lu que par un destinataire équipé du même type de disque.

À mesure que l'on s'enfonce dans la guerre, Myer peaufine ses inventions, dont les signaux à disques (sorte de petites raquettes) pour les communications diurnes, ou les torches et lanternes pour la nuit. La qualité et la crédibilité de ses méthodes assurent son prestige. En mars 1863, il est nommé colonel et promu commandant du Signal Corps. Sous son autorité, le corps prend de l'étoffe ; en octobre 1863, l'effectif compte, outre Myer, 198 autres officiers et 814 hommes.

En qualité de patron du Signal Corps, Myer a la responsabilité d'une unité rattachée à l'armée, la Field Telegraph Section, qui suit les troupes du Nord et accompagne certains bâtiments de la Navy. Son travail concerne le maintien des connexions télégraphiques terrestres et de certaines liaisons côte-mer. Myer doit également prendre en charge la formation de nouvelles recrues et superviser leurs activités sur les zones d'affrontement ; il lui faut également se soucier d'économat et de gestion de matériel.

Une rivalité bureaucratique avec Anson Stager, à la tête du Military Telegraph Service du ministère de la guerre, vient pourtant contrarier la carrière de Myer. En octobre 1861, le Telegraph Service occupe le statut d'unité civile du Quartermaster Corps et adapte l'ensemble du réseau télégraphique à la stratégie défensive de l'Union. Jusqu'à la fin de la Guerre civile, ce réseau assurera les communications administratives et militaires.

Stager et Myer sont en désaccord sur l'extension des réseaux télégraphiques de campagne du Signal Corps et sur son expansion territoriale. Au plus fort de la querelle, Stager parvient à convaincre Edwin Stanton, le ministre de la guerre, qui démet Myer de ses responsabilités pour nommer à sa place l'officier suppléant du Signal Corps.

Unioniste loyal, Myer se soumet à contrecœur. On le retrouve un temps en poste à Memphis, dans le Tennessee, en tant qu'officier chargé des communications. Rattaché aux forces terrestres du général Edward Canby, Myer assiste à une opération conjuguée terre-mer où est impliqué le bâtiment de l'amiral David Farragut ; c'est la bataille de Mobile Bay, en Alabama, du 4 août 1864. Myer va profiter de cette proximité avec des représentants du haut commandement pour tenter de réintégrer son rang.

Ce n'est qu'après la guerre qu'une opportunité comptable permet à Myer de retrouver les bonnes grâces de l'état-major américain. Le montant des dépenses affichées par le Military Telegraph Service s'élève à 2 655 500 dollars ; celles du Signal Corps se limitent à 1 595 257 dollars. Cette différence de coût redore le blason du wigwag.

Encouragé par ce retour en grâce, Myer part en quête du soutien du ministère de la guerre et de hautes personnalités militaires, telles Ulysse Grant, William Sherman et Philip Sheridan. Dans l'attente d'une réponse, Myer rédige un ouvrage fondamental, *Manual of Signals*, compilation pratique des différentes méthodes de communication. Ironie du destin, c'est Stanton en personne qui informe Myer de sa réintégration à la fois au rang de colonel et au titre de commandant du Signal Corps, le 30 octobre 1866. Il a de plus la joie de voir son livre, paru en 1868, réédité en 1872, faire l'unanimité.

Nommé général de brigade en juin 1880, Myer prend sa retraite au début du mois d'août avant de quitter son P.C. de Washington. Il meurt 21 ans plus tard, à l'âge de 52 ans.

Porta, Giovanni (1535-1615)

Né à Naples, Giovanni Battista Porta est l'archétype même de l'homme de la Renaissance. Élevé par un oncle aimant, Giovanni est âgé de dix ans à peine lorsqu'il commence à rédiger des essais en latin et en italien. À peine sorti de l'adolescence, il visite différentes capitales européennes et signe son premier ouvrage, *Magia naturalis*, à 22 ans.

Porta ouvre sa résidence napolitaine à des hommes montrant la même ouverture d'esprit, réalisant en leur compagnie maintes expérimentations. Porta et ses camarades fondent la toute première société scientifique, l'Accademia Secretorum Naturae. Stimulé par cette atmosphère et poussé par sa propre curiosité, Porta signe des textes sur l'astronomie et son équivalent occulte, l'astrologie ; il rédige également des ouvrages sur l'architecture, la stimulation de la mémoire et la réfraction de la lumière. De temps à autre, il se fait auteur de comédies comme de tragédies. Il reprend un peu plus tard son *Magia naturalis*, qui comptera à terme 20 volumes ; on y trouve des recettes pour la fabrication d'encres invisibles et divers procédés de stéganographie.

C'est un autre ouvrage qui l'élève en 1563 au panthéon de la cryptologie. *De Furtivis Literarum Notis* comprend quatre livres où sont détaillées toutes les connaissances cryptographiques de l'époque, ainsi que les méthodes de déchiffrement et les caractéristiques linguistiques indispensables au cryptanalyste. Au sommaire également, la première présentation des procédés de transposition et de substitution. Porta innove enfin en préconisant l'emploi de clé de chiffrement consistant en mots interminables ou hors de propos, destinés à désorienter l'intercepteur.

En parallèle, Porta conçoit un cadran chiffrant, constitué de deux disques, le premier, fixe, porteur d'un alphabet ordonné et le second, mobile, marqué de symboles. Tout aussi remarquable est son tableau qui permet de représenter deux lettres par un seul et même symbole, situé à l'intersection de la colonne d'une lettre et de la ligne d'une autre ; le tout premier système bigrammatique vient de voir le jour.

Si Porta ne crée aucun autre procédé de substitution polyalphabétique, il œuvre en revanche pour le futur de la cryptanalyse en compilant les méthodes classiques signées Alberti, Belaso et Trithème. Il est de plus le premier auteur européen à proposer une solution de déchiffrement de la substitution monoalphabétique sans division de mots (caractéristique qui avait jusqu'alors facilité la tâche des cryptanalystes).

Porta va également innover avec la méthode dite du mot probable. Dans une dépêche censée traiter de commerce, on peut logiquement présupposer la présence de termes comme marché, offre, négociation, proposition ou accord. La connaissance du vocabulaire et de certaines structures de phrase doit donc permettre aux cryptanalystes de les isoler et d'identifier les autres mots associés.

À l'actif du prodige napolitain, on trouve aussi diverses méthodes de déchiffrement de substitutions polyalphabétiques proposées à la première publication du *De Furtivis* et dans un additif à l'édition de 1602. Porta semble avoir été le premier à remarquer que des lettres alphabétiquement ordonnées dans un mot, comme *s t u* dans le terme latin *studium*, débouchaient, en cas de substitution, sur la répétition de lettres ou de symboles. Le postulat est tout aussi valable en cas d'inversion de lettres, mais toujours dans un ordre alphabétique, comme avec les lettres *p o n* dans *pondus*. Porta découvre également que la répétition de caractères en clair génère la répétition de caractères chiffrés dans la substitution polyalphabétique. Enfin, il parvient presque à découvrir que les répétitions d'un texte chiffré révèlent la périodicité de la clé ; il faudra cependant attendre 1863 pour qu'un officier de l'armée prussienne, Friedrich Kasiski, établisse définitivement cette loi.

Pour les historiens spécialisés, Porta reste le maître de la cryptologie de la Renaissance. Ses multiples recherches en font l'égal de tous les grands penseurs de l'époque.

Rawlinson, sir Henry Creswicke (1810-1895)

Sir Henry Rawlinson naît à Chadlington, en Oxfordshire, en 1810. Le jeune garçon fait son éducation à Warrington et à Ealing.

Rawlinson n'a que 17 ans quand, comme beaucoup de ses camarades, il choisit d'accomplir son service militaire auprès de l'East Indian Company. D'abord simple cadet, il sert en Inde (1827-1833), puis en Perse (1833-1839) et, enfin, en Afghanistan (1838-1842), où il se distingue par sa bravoure durant la guerre de 1842. Rawlinson met à profit ses nombreux périples pour s'initier à différentes langues telles l'hindoustani, l'arabe et le persan moderne.

Nommé chef d'escadron en 1833, Rawlinson accède bientôt au rang de conseiller militaire auprès du frère du Shah. Tout en participant à la réorganisation de l'armée perse, il s'intéresse de près aux monuments antiques du pays. Au cours d'une traversée des monts Zagros, en Perse occidentale, on lui fait découvrir près de Béhistun (aujourd'hui Bisitun, en Iran) les inscriptions relatives à Darius le Grand. Sculptés à flanc de montagne, ces caractères cunéiformes appartiennent à trois langues, le perse antique, l'élamite et le babylonien.

Dès 1835, Rawlinson entame une vie de labeur acharné et périlleux pour tenter de venir à bout de ces inscriptions. Assisté d'un jeune kurde, tout aussi aventureux, il applique des moules de papier mâché sur des séries de symboles ; le travail prendra dix longues années. En 1846, il parvient à traduire la partie gravée en perse antique. Les efforts conjugués d'autres épigraphistes et archéologues dénouent bientôt la signification de l'ensemble des caractères.

En même temps, la carrière de Rawlinson progresse. En 1843, il travaille en qualité de délégué politique en Turquie ottomane ; il occupe ensuite de 1843 à 1844 le poste de consul britannique à Bagdad avant d'y être nommé en 1851, consul général. De plus, il reçoit du British Museum le droit de poursuivre les fouilles assyriennes et babyloniennes entamées par le fameux archéologue Henry Austen Layard.

Rawlinson rentre en Angleterre en 1855, où il est aussitôt fait chevalier et propulsé à la tête de l'East India Company. L'homme sera également membre du Parlement (1858 et 1865-1868), nommé baronet en 1891 et élu président de la Royal Asiatic Society (1878-1881) et de la Royal Geographic Society (1871, 1874). Ses ouvrages les plus marquants restent *Persian Cuneiform Inscription at Behistun* (1846-1851) et *Outline of the History of Assyria* (1852). Rawlinson meurt en mars 1895.

Rossignol, Antoine (1600-1682)

On sait peu de chose sur les premières années d'Antoine Rossignol, né en 1600 à Albi, dans le sud de la France ; l'homme allait pourtant devenir le premier cryptologue professionnel de France.

Sa carrière débute en 1628, à l'occasion des affrontements religieux opposant huguenots et catholiques. La ville huguenote de Réalmont est alors assiégée par les troupes d'Henri II de Bourbon, quand un messager protestant est capturé. On trouve l'individu en possession d'une dépêche chiffrée, apparemment destinée aux huguenots de l'extérieur. Henri II apprend qu'un résident d'Albi, situé à quelques kilomètres de Réalmont, montre une habileté certaine en matière de déchiffrement.

La dépêche est aussitôt expédiée à Rossignol, qui déchiffre le message sans la moindre difficulté : les huguenots manquent en fait cruellement de munitions. En fin stratège, Henri II renvoie la dépêche et sa traduction aux protestants assiégés qui, voyant leur talon d'Achille exposé, ne tardent pas à capituler.

Rossignol devient la plaie des huguenots ; coup sur coup, il déchiffre leurs dépêches lors des sièges de La Rochelle et de Hesdin. À cette époque, il est au service du tout puissant cardinal de Richelieu. Bientôt favori du roi Louis XIII, Rossignol se fait bâtir un château à proximité de Paris.

On le retrouve par la suite tout aussi influent, sous Louis XIV cette fois, et auprès du cardinal Mazarin, successeur de Richelieu. Outre ses travaux de déchiffrement, Rossignol améliore la sécurité des méthodes de chiffrement de son pays. Il met ainsi le doigt sur les carences du nomenclateur, le principal procédé du moment. Les mots clairs et les mots codés correspondants y sont alors rangés par ordre alphabétique ou numérique. Rossignol parvient à démontrer que la disposition convenue de certains groupes codiques facilite grandement la tâche du déchiffreur. Il met au point le nomenclateur à deux parties ; d'un côté, la partie chiffrante avec des groupes codiques classés de façon aléatoire et un vocabulaire rangé par ordre alphabétique, de l'autre, la partie déchiffrante avec des groupes codiques ordonnés et les unités claires correspondantes désordonnées.

Rossignol qui se marie sur le tard (45 ans) mène une vie aisée, entouré d'amis, et jouit d'une réputation de grand ordonnateur de banquets. De son vivant, des poèmes chanteront ses louanges ; il connaîtra tous les honneurs. Dans les années 1700, son fils et l'un de ses petits-fils se feront à leur tour un nom dans la spécialité. Cet esprit exceptionnel inspirera plus tard d'autres hommes, fondateurs du premier Cabinet Noir.

Safford, Laurence (1893-1973)

Originaire du Massachusetts, Laurence Safford, diplômé de l'Académie navale des États-Unis, est nommé enseigne de vaisseau en 1916. Après avoir servi en Chine, il se retrouve en charge du bureau des recherches cryptologiques de la Code and Signal Section (1924), dans le service de l'unité des communications navales. À la tête d'une équipe plus que modeste, Safford s'acquitte de sa tâche dans le bureau 1621 de l'ancien bâtiment du ministère de la marine, à Washington.

Sous les conseils d'Agnès Driscoll, Safford se décide à mettre en application ses propres aptitudes en mathématiques et en mécanique. Dans les années 1920, le bureau des services secrets de la marine (ONI) s'arrange pour prendre des photos des codes conservés au consulat japonais de New York. Après déchiffrement, on classe les données sous le nom de code Red, nom inspiré par la couleur de la reliure du document. Dès lors, Safford et le lieutenant Joseph Rochefort édifient un service digne de ce nom, constitué d'un staff parfaitement formé (surnommé le *On the Roof Gang*), et déploient un réseau de postes d'écoutes dans les principales zones d'activité de la marine américaine.

Parallèlement à ces évolutions, le service et l'équipe de Safford assument, à la fin des années 1920, un nouveau titre, l'OP-20-G. *OP* renvoie à OPNAV (Office of the Chief of Naval Operations),

20 à la vingtième division de l'OPNAV et *G*, enfin, désigne la Communications Security Section. L'OP-20-G sera également connu sous le nom de Station Negat. Cependant, le développement du service s'accompagne nécessairement d'un partage des responsabilités ; des rivalités personnelles pour le contrôle du renseignement ne tardent pas à se manifester.

De sujets sensibles, cryptanalyse et répartition des documents secrets deviennent de vrais motifs de querelles au début des années 1930 entre l'ONI et l'OP-20-G et, à la fin des années 1930, entre l'OP-20-G et la division des renseignements de la marine, conduite par le vice-amiral Richmond K. Turner. Ce litige sévit encore quand Safford et l'OP-20-G s'essayent, en partenariat avec William Friedman et l'équipe du SIS, à casser le code diplomatique japonais Purple. Le SIS, unité de l'armée, met alors au point le procédé Purple Analog et réalise des déchiffrements regroupés sous le nom opération Magic.

Malheureusement, l'ensemble des solutions produites par Purple et leurs implications sur d'éventuelles actions japonaises ne sont pas transmises au haut commandement de Pearl Harbor. C'est alors Safford qui va focaliser toute la rancœur de l'état-major ; il faut bien un bouc émissaire au désastre du 7 décembre 1941. Des auditions devant la commission d'enquête du Congrès, en 1946, on se rappellera longtemps de Safford comme de l'homme qui croyait qu'un signe annonciateur de conflit (Winds code) avait été intercepté et aurait pu être transmis au quartier général hawaïen.

Safford tentera de survivre, mais sa carrière semble définitivement brisée. Après la guerre, il sera nommé directeur adjoint des communications navales, section recherche cryptographique — un poste qu'il occupe jusqu'en 1949. Plus tard, il officie en tant que premier assistant du directeur de l'Armed Forces Security Agency, puis comme assistant spécial rattaché à la direction de la section sécurité de la division des communications navales. Il prend finalement sa retraite le 2 mars 1953.

La réputation de l'homme reste entachée par la tragédie de Pearl Harbor ; cependant, on ne peut occulter l'œuvre déterminante de Laurence Safford au service du renseignement naval, quand la marine américaine en avait un besoin vital.

Trithème, Jean (1462-1516)

Harcelé par son beau-père qui juge ridicule son attrait pour les sciences, Jean Trithème ne se laisse pas démonter et s'en va poursuivre ses études à l'université de Heidelberg. C'est encore très jeune qu'il rejoint l'ordre des Bénédictins, en Allemagne. De cet esprit fertile naissent sermons, récits historiques et biographies ; ce talent lui vaut d'ailleurs le titre de « Père de la Bibliographie ». Insatiable, Trithème se jette également dans l'étude des sciences occultes et s'aventure sur le terrain de l'alchimie. C'est dans cette atmosphère de mysticisme et de pseudoscience que se forge son intérêt pour la cryptologie.

En 1499, Jean entame une série de volumes intitulés *Steganographia* (Dissimulation de messages). Dans les premiers chapitres de l'ouvrage, Trithème passe en revue des méthodes de substitution voyelle/consonne et propose l'application cryptographique de mots nuls et incohérents. Ce texte va rester sous sa forme manuscrite durant plus d'un siècle ; la censure ne badine pas avec des sujets comme la magie, le surnaturel et les puissances occultes. Finalement écité en 1606, l'ouvrage est aussitôt classé à l'index catholique des Livres interdits.

Trithème participe effectivement à l'avancée de la cryptologie avec sa *Polygraphia*, ouvrage publié par l'un de ses proches en 1518, une année et demi après la mort de l'auteur. Riche de six livres, *La Polygraphie* de Trithème se compose essentiellement de colonnes de mots latins ; chacun de ces mots représente la lettre claire qui lui est opposée. L'ouvrage contient également le tout premier tableau carré (*tabula recta*) de la cryptographie, base même de la substitution polyalphabétique. Trithème invente de plus la clé périodique, qui exploite la totalité des alphabets de chiffrements en boucle.

En tant qu'auteur et érudit, Trithème a largement contribué à la compréhension des techniques d'écritures secrètes. C'est sur l'ensemble de son œuvre que d'autres talents se sont épanouis ; entre autres, Leon Battista Alberti, de Florence, et Giovanni Porta, de Naples.

Ventris, Michael G. F. (1922-1956)

Né dans le Herdfordshire, en Angleterre, Michael Ventris se passionne dès son plus jeune âge pour l'Antiquité. Déjà formé au grec et au latin, il se consacre plus tard à l'apprentissage du français et de l'allemand, du polonais et du suédois.

Auditeur assidu d'une série de conférences tenues par sir Arthur Evans, Michael devient obsédé par le déchiffrement du Linéaire B, inscription découverte par l'archéologue anglais à Knossos, en Crète. À 18 ans, il rédige un article où il avance un possible rapport entre le Linéaire B et l'étrusque ; il reçoit l'aval de l'*American Journal of Archeology*.

Ventris montre également un talent honorable pour l'architecture, activité qu'il choisit d'abord de cultiver au détriment du déchiffrement, moins gratifiant. La Seconde Guerre mondiale met un terme à ses études ; ce n'est qu'après avoir fort honorablement servi sous la bannière de la Royal Air Force qu'il obtient son diplôme d'architecte. Dès 1949, il se voue enfin à plein temps au Linéaire B.

S'appuyant sur des articles signés par le professeur américain Alice Kober, Ventris met au point une grille de voyelles et de consonnes déterminante pour la poursuite de ses recherches.
Il fait ainsi part à d'autres passionnés de ses notes de travail. En 1952, interviewé par une radio britannique, Ventris émet pour la toute première fois la possibilité que le Linéaire B soit une forme archaïque de grec.

Le mois suivant, en collaboration avec John Chadwick, un linguiste de Cambridge féru de grec, Ventris décide de creuser plus avant ses découvertes. Ce travail aboutit en 1953 à la publication d'un article, « Evidence for Greek Dialect in the Mycenaean Archives ». L'ouvrage des deux chercheurs, *Documents in Mycenaean Greek*, paraît quelques semaines seulement après l'accident de voiture qui coûte la vie à Ventris, en septembre 1956, près de Hatfield.

Vigenère, Blaise de (1523-1596)

Les origines modestes de Vigenère, né en avril 1523 dans le petit village de Saint-Pourçain, au nord-ouest de Vichy, ne vont en rien handicaper la course de son fabuleux destin.

Jusqu'à l'adolescence, presque rien à signaler. On retrouve la trace de Blaise jeune homme, en Allemagne en 1521, quand il est appointé secrétaire au service de la Diète de Worms, tenue par l'Église catholique. Par cet emploi, Blaise est amené à fréquenter représentants cléricaux, ambassadeurs et émissaires. Plus tard, sous la protection du duc de Nevers, il embrasse la carrière de diplomate. C'est en mission à Rome qu'il connaît ses premiers émois cryptographiques ; très vite, il se voue à l'étude et à la pratique de la cryptologie.

À 47 ans, Vigenère quitte le milieu de la diplomatie pour se plonger dans ses écrits. Il rédige différents textes, dont le *Traicté des Comètes*, qui brise le mythe de la boule de feu infligée aux pécheurs par un Dieu outragé.

Bien qu'il publie en 1585 un *Traicté des chiffres* qui fait date, Vigenère considère apparemment la cryptologie comme une pure perte de temps et un gaspillage d'intelligence. Écrit après ses noces avec une femme beaucoup plus jeune, le *Traicté* consiste en un amalgame de thèmes aussi divers que le chiffre, l'alchimie ou la magie. Il y aborde également les différents procédés de substitutions polyalphabétiques de l'époque.

À l'image de ses prédécesseurs, Leon Battista Alberti et Jean Trithème, Vigenère préconise l'emploi du tableau pour la substitution polyalphabétique – un tableau carré, semblable à la « tabula recta » de Trithème, mais bordé d'alphabets désordonnés. Vigenère améliore sur sa lancée le procédé autoclave de Girolamo Cardano. On lui doit ainsi la clé principale apériodique. Il met également au point un procédé autoclave à clé principale, qui utilise le texte chiffré lui-même pour crypter le reste du message.

Le *Traicté*, comme le développement des clés, contribue au progrès de la cryptologie, même si clés principales et autoclaves tombent dans l'oubli pendant quelques décennies. Il faudra attendre la fin du XIXe siècle pour que d'autres esprits concrétisent les idées proposées par Vigenère 300 ans plus tôt. Entretemps, on ne s'est pas privé de critiquer un procédé beaucoup moins fiable, mis au point par le même Vigenère, bâti sur des clés courtes et périodiques et un tableau à alphabet ordonné, mais sans les variantes recommandées alors par l'auteur.

Wheatstone, sir Charles (1802-1875)

De sa naissance, en février 1802, à l'âge adulte, Charles Wheatstone demeure dans sa ville natale, Gloucester, en Angleterre, où il accomplit ses études sur les bancs d'une école privée.

Fasciné par l'univers du son, il monte à 21 ans une affaire d'instruments à cordes, à Londres. Les spécialistes commencent à s'intéresser à lui lorsqu'il procède à des expériences sur les mouvements générés par les harmoniques et à des observations sur les vibrations de surfaces. Il signe également quelques articles sur la phonétique et d'hypothétiques mécanismes acoustiques.

Dès 1834, il s'aventure en d'autres sphères, en qualité de professeur de philosophie expérimentale au Collège Royal de Londres. D'un naturel plutôt solitaire, professeur peu assidu, son statut d'enseignant lui permet néanmoins de trouver le temps de s'intéresser de plus près à l'ésotérisme. Il va à cette époque inventer le stéréoscope, instrument d'optique où l'observation de deux images prises sous un angle légèrement différent donne une impression de profondeur et de relief.

Wheatstone se plonge également dans la mesure de la vitesse du courant électrique, recherches qui vont jouer dans ses études sur le télégraphe. En partenariat avec l'inventeur William F. Cooke, il conçoit un genre de télégraphe électrique à cadran, équipé d'aiguilles mobiles qui se déplacent sur les différentes lettres de l'alphabet ; cette invention annonce le télégraphe de Samuel Morse. Les historiens débattent encore de la commodité ou de l'utilité de ce mécanisme face à celui de Morse qui, avec ses points/traits ultra pratiques, fait la gloire des signaux électriques. Plus tard, Wheatstone et Cooke mettront au point le télégraphe à indicateur automatique de lettres.

On connaît le fameux « pont de Wheatstone », cet instrument servant à mesurer la résistance électrique ; en fait, il s'agit là d'une invention qui date de 1833, dont l'auteur est Samuel H. Christie. Vers 1843, c'est Wheatstone qui, se faisant le promoteur de l'engin, s'en voit abusivement attribuer la paternité. Ironie du destin, la même mésaventure allait lui arriver en cryptologie.

Une des distractions de sir Charles consistait à déchiffrer dans les journaux le courrier du cœur. Du milieu à la fin des années 1800, ces messages personnels servent aux amants contrariés, forcés de communiquer à mots couverts. Cet exercice lui fait toucher du doigt les carences des procédés de la substitution simple de lettre et de nombre. Wheatstone se met ainsi au travail.

En 1854, il conçoit un procédé de chiffrement polygraphique manuel, le tout premier système bigrammatique de l'histoire. C'est le baron Lyon Playfair, ami de Wheatstone, qui se charge d'en vanter les mérites aux autorités britanniques, d'où le nom de procédé Playfair. Wheatstone échouera à convaincre l'état-major d'exploiter le procédé à l'occasion de la guerre de Crimée ; en revanche, le système fera des merveilles en Afrique du Sud, durant la guerre des Boers, et au cours des deux guerres mondiales.

Esprit exceptionnellement fertile, Wheatstone met au point un nouveau mécanisme, le Cryptographe, présenté pour la première fois à l'Exposition universelle de Paris en 1867. Le cryptographe comprend deux disques, le premier, extérieur, affichant l'alphabet clair, l'autre, intérieur, marqué de l'alphabet cryptographique ; deux aiguilles, semblables à celles d'une montre, reliées par un engrenage, se déplacent sur ces alphabets. Le procédé semble conjuguer simplicité, maniabilité et fiabilité, mais ne chiffre que lettre à lettre — ce qui ne constitue pas un handicap pour le cryptanalyste averti.

En bon scientifique, Wheatstone reprend ses recherches ; les honneurs suivent. Déjà membre de la Royal Society, il est admis au sein de nombreuses organisations scientifiques européennes. Fait chevalier en 1868, il est nommé docteur honoris causa de Cambridge et Oxford. Auteur d'écrits essentiels, il rédige en outre une foule de papiers pour des périodiques spécialisés.

Yardley, Herbert (1889-1958)

S'il n'est pas aussi brillant que certains de ses contemporains, tels William Friedman aux États-Unis ou Georges Painvin en France, Yardley ne manque pourtant pas de charme. Voilà un personnage atypique de la spécialité, ce qui ne l'empêche pas d'être à l'origine de quelques-unes des évolutions majeures dans le domaine des codes, du chiffre et de la cryptanalyse américaine.

Né à Worthington, dans l'Indiana, Yardley occupe d'abord un emploi de télégraphiste avant d'être recruté comme chiffreur au département d'État. Là, il est le témoin enthousiaste du développement de la communication dans le monde des affaires et de la diplomatie.

Pour les États-Unis, l'époque est à l'offensive industrielle. On recherche sans cesse de nouveaux marchés, de nouvelles alliances ; dans cette quête, les échanges supposés privés entre ambassades ne sont en fait guère protégés. C'est dans ce contexte que Yardley s'amuse à déchiffrer des codes du département d'État ; aussitôt, il acquiert une réputation d'expert.

Lorsque les États-Unis s'engagent dans la Première Guerre mondiale, Yardley convainc ses supérieurs de le nommer à la tête de la MI-8 (Military Intelligence Division), la nouvelle section cryptologie du service de renseignements américain. Son énergie et ses compétences parviennent à imposer la MI-8 comme une structure indispensable ; ses missions sont la création de codes de campagne, le déchiffrement de chiffres étrangers, la mise au point d'encres invisibles et de produits chimiques réactifs. Yardley reste au service de la MI-8 jusqu'à l'armistice de 1918 ; il s'installe alors en France, pour gérer la section cryptologie des délégations américaines à la Conférence de la paix.

En 1919, de retour au bureau du chiffre du département d'État, il décide de tout tenter pour maintenir dans cette paix fragile un département cryptologie digne de ce nom, malgré les compressions de budget. Il se consacre tout entier à cette cause, qu'il gagne en 1919, avec la mise en place d'une nouvelle organisation alimentée conjointement par le département d'État et le ministère de la Guerre. Pour des raisons budgétaires, on décide d'installer l'équipe et son matériel à New York ; bientôt, l'organisme prend le nom d'*American Black Chamber* (Cabinet noir américain).

C'est alors que l'organisation va connaître ses plus grandes victoires, avec le déchiffrement des télégrammes japonais. Une fois les problèmes de langue surmontés, Yardley et son équipe arrivent à la conclusion que les Japonais communiquent via une forme simplifiée de l'écriture idéographique, dite *kata kana*. En découlent des révélations déterminantes, dont l'une influe sur le cours d'une conférence pour le désarmement naval, qui débute à Washington, en novembre 1921. C'est en effet, le déchiffrement de dépêches diplomatiques japonaises qui permet aux négociateurs américains d'imposer leurs arguments. Le Traité des cinq puissances (qui compte également la Grande-Bretagne, la France et l'Italie) fait finalement état d'un tonnage supérieur en faveur des États-Unis face au Japon, le grand rival du Pacifique.

Néanmoins, malgré ce coup d'éclat et d'autres encore (on parle du déchiffrement de quelque 45 000 télégrammes étrangers), des coupes drastiques dans le budget, conjuguées à la politique isolationniste des États-Unis mènent inexorablement, en octobre 1929, à la fermeture du cabinet.

Amer et ruiné par la Dépression, Yardley décide de publier ses mémoires, *The American Black Chamber*. Sorti en 1931, et parallèlement édité dans les colonnes du *Saturday Evening Post*, l'ouvrage est un succès commercial ; il déclenche en outre une véritable onde de choc, aux États-Unis comme à l'étranger. Le Japon est traumatisé par ses révélations ; les cryptographes nippons réagissent en renforçant la sécurité de leurs communications. William Friedman du Signal Corps et d'autres responsables du gouvernement américain sont offusqués.

Yardley réagit aux critiques par des articles où il explique que son livre avait pour seule intention d'alerter les États-Unis sur la nécessité de renforcer ses propres systèmes de chiffrement. Rejeté par la majorité de ses confrères, Yardley se consacre à la littérature ; deux romans voient le jour, *The Red Sun of Nippon* (Le Soleil rouge du Japon) et *The Blonde Countess* (La Comtesse blonde). Aucun de ces livres n'aura autant de succès que ses mémoires, même si le second fait en 1935 l'objet d'une adaptation sur grand écran, sous le titre de « Rendez-vous ».

Avec l'argent des ventes en librairie et les revenus du film, Yardley se lance dans des opérations immobilières près de New York.

Quand son affaire capote, il fait ses valises pour la Chine, où Tchang Kaï Chek le recrute en tant que cryptanalyste. Le territoire chinois subit alors l'invasion des forces japonaises. Entre 1938 et 1940, Yardley met autant de zèle à pratiquer la cryptographie qu'à fréquenter les tables de jeu ; l'amateur de poker accumule en outre les liaisons galantes.

Yardley quitte la Chine en 1940 ; propriétaire malheureux d'un restaurant, il est ensuite recruté par le département canadien des affaires étrangères (section cryptanalyse), puis par le bureau de la concurrence et de la consommation, à Washington. Il s'essaye une nouvelle fois à la littérature en 1957 avec *The Education of a Poker Player* qui connaît un net succès, et meurt au mois d'août 1958.

Au-delà de ses révélations, toujours sujettes à polémiques, Herbert Yardley reste le grand vulgarisateur de la cryptologie ; seul l'écrivain Edgar Allan Poe, cryptologue amateur, avait auparavant œuvré en ce sens.

GLOSSAIRE

Algorithme Suite finie de règles opératoires appliquées à un message traduit sous forme numérique, en vue de son chiffrement ou de son déchiffrement.

Alignement Ordre ou séquence de placement des unités claires dans les cellules d'un tableau de transposition.

Alphabet de chiffrement Alphabet dont chaque lettre équivaut à une lettre de l'alphabet standard ; désigne aussi l'alphabet particulier résultant d'un procédé de chiffrement.

Anagrammatisation Méthode utilisée par les cryptanalystes pour déchiffrer un cryptogramme chiffré par un alphabet de substitution. Il s'agit, après interprétation des relevés de fréquences, d'aligner les lettres du cryptogramme sous celles d'un alphabet standard, jusqu'à pouvoir déduire, par comparaison de positions de lettres, les équivalences entres les unités de l'alphabet de chiffrement et les unités claires de l'alphabet standard.

Anthropomorphisme Tendance à attribuer aux divinités, objets naturels et animaux des caractères propres à l'homme.

Argot Vocabulaire et habitudes de langage propres à un groupe social (argot du milieu, par exemple), ou à un groupe d'individus réunis par la même profession.

ASCII Acronyme de *American Standard Code for Information Interchange* (code américain standard pour l'échange d'informations) ; code largement utilisé qui transcrit en nombres binaires, lettres, chiffres, ponctuations et signes diacritiques.

Authentification Procédé de vérification de l'identité de l'expéditeur ou du destinataire, aussi bien que de la validité du contenu d'une communication.

Autoclave Nom donné aux premiers procédés basés sur le changement des paramètres de chiffrement (clé) pour chaque message envoyé. Représente un niveau de sécurité accru dans l'échange, par rapport aux méthodes se contentant d'utiliser une même clé pour plusieurs messages.

Bigrammatique Procédé basé sur le chiffrement simultané de deux lettres (bigramme), le résultat de l'opération dépendant à la fois de l'une et de l'autre. Le procédé Playfair est un exemple de chiffrement bigrammatique.

Bigramme (du Grec *bi* « deux » et *gramma* « ce qui est écrit »). Paire de lettres. Les bigrammes offrent une multitude de combinaisons possibles utilisées dans différentes méthodes de chiffrement ou de déchiffrement. On emploie parfois le terme synonyme de digramme.

Bilitère Constitué de deux lettres. Le terme bilitère peut faire référence à l'usage d'une paire de lettres pour chiffrer un message, ou à l'utilisation de deux types de caractères dans un seul et même système de chiffrement.

Binaire Composé de deux éléments ou, en langage informatique, qui ne comporte que deux états ; généralement représenté par des séquences combinant le zéro et l'unité.

Bit Contraction de *binary digit*, nombre binaire (0 ou 1). En informatique, unité élémentaire d'information.

Boustrophédon Écriture primitive dont les lignes allaient de gauche à droite et de droite à gauche, sans interruption.

Câblogramme Télégramme transmis par câble, à l'échelle nationale ou internationale. Dans les transactions d'affaires, les câblogrammes faisant appel aux codes commerciaux relèvent en quelque sorte de la cryptographie.

Cadran chiffrant Cadran, ou disque, utilisé pour mettre au point des alphabets, des séries de chiffres ou de symboles destinés au cryptage ou au décryptage.

Cellule Unité rectangulaire ou case, qui compose les figures géométriques utilisées dans certains systèmes de chiffrement à base de symbole (chiffre des francs-maçons) ou dans les procédés dits de transposition (ex. transposition simple à tableau).

Certificat Document d'identité électronique signé par une autorité émettrice, ou autorité de certification, attestant du lien entre une identité et la clé publique qui lui est associée. Un certificat peut également mentionner une date d'expiration ou un numéro de série, par exemple.

Chiffre (ou chiffrement) (de l'arabe *sifr* « vide ») Méthode de dissimulation dont l'unité première est la lettre. Selon les procédés utilisés, on remplace les lettres du message (texte clair ou libellé) par d'autres lettres (substitution) ou on en altère l'ordre (transposition), soit lettre à lettre, soit par paires (bigrammes), voire plus (polygrammes).

Chiffre incassable (ou inviolable) Tout système cryptographique dit à sécurité inconditionnelle ; méthode du « chiffrement à clé aléatoire une fois », par exemple.

Chiffré Résultat de l'application d'une méthode de chiffrement à un texte donné (le texte clair ou libellé).

Chiffrement par blocs Système qui consiste à découper un message en blocs (de lettres ou de chiffres) de longueurs constantes, auxquels on applique, bloc à bloc, un algorithme de chiffrement avant transmission.

Clair Toute communication échangée sans avoir subi un quelconque procédé de codage ou de chiffrement est dite « en clair » ou « en langage clair ».

Clé Ensemble de modes opératoires mis en œuvre pour le chiffrement ou le déchiffrement de communications secrètes, et toutes les variantes des paramètres d'un code ou d'une méthode de chiffrement. Dans la cryptographie symétrique traditionnelle, une même clé partagée par l'expéditeur et le destinataire sert à la fois au chiffrement et au déchiffrement. Les systèmes dits à clés publiques, apparus dans les années 1970, recourent au concept de chiffrement asymétrique ou à double clé ; dans la paire de clés utilisées, on distingue la clé publique et la clé privée, ou secrète, à usage exclusif.

Clé additive Chiffre, ou série de chiffres, utilisé pour surchiffrer, par addition, un code déjà chiffré, en vue d'une meilleure protection.

Code Avant d'être secret, le code est une convention de communication, un système structuré de signes et de symboles destinés à représenter et à transmettre une information. Ainsi ont été officiellement édictés des codes appropriés, dans le domaine du travail par exemple (code de commerce) et en matière de signalisation audio et visuelle (code la route, code des signaux, etc.)

Code binaire Système de représentation utilisant des combinaisons de deux symboles, comme « un » et « zéro » ou « vrai » et « faux ».

Code camouflé Code dissimulé dans un message en apparence anodin. Tout comme l'emploi de nulles, de procédés géométriques ou de jargon, le camouflage fait partie de l'arsenal des solutions linguistiques visant à masquer une communication.

Code désordonné Code dans lequel les unités claires, lettres ou chiffres, sont classées par ordre alphabétique ou numérique, alors que les unités cryptographiques équivalentes (groupe codique) sont classées selon un ordre incohérent. Plus élaboré qu'un code ordonné, son déchiffrement fait appel à un répertoire ou table supplémentaire (partie déchiffrante), où les groupes codiques sont à leur tour ordonnés alphabétiquement ou numériquement. Dans le cas d'échanges amicaux, émetteur et récepteur partagent répertoire de chiffrement et de déchiffrement.

Code numérique Code composé de nombres qui, de la même façon que les mots de code, se substituent aux mots en clair d'un message.

Code ordonné Code dans lequel les unités claires, lettres ou chiffres, tout comme les unités cryptographiques équivalentes (groupe codique), sont classées en ordre alphabétique ou numérique.

Codé Résultat du codage d'un message donné (le texte clair ou libellé). À première vue, rien ne différencie un cryptogramme obtenu par codage d'un cryptogramme obtenu par chiffrement ; cependant, de par sa nature, un code permet de dissimuler de façon plus sûre le libellé d'un message.

Code surchiffré (ou énicode) Message codé obtenu suite au chiffrement (par transposition ou substitution) d'un texte déjà codé (placode). Ce procédé, visant à assurer une double protection, est connu sous le nom de surchiffrement. Les groupes codiques du placode sont parfois surchiffrés à l'aide de chiffres.

Coder (du latin *codex* « tronc d'arbre » au sens initial, « tablette, recueil ») Dissimuler le sens d'un message en remplaçant les mots et/ou les phrases du libellé par d'autres mots, des nombres, voire des syllabes.
La substitution codique s'attache à découper le texte clair (ou libellé) en entités linguistiques (syllabes, mots, expressions, voire phrases entières), alors que le chiffrement transpose ou substitue le texte clair lettre à lettre ou par paire de lettres (bigramme).

COMINT Acronyme de *communications intelligence* ou renseignement sur les communications ; une des principales branches du SIGINT ou renseignement d'origine électromagnétique.
Les activités du COMINT regroupent l'interception des messages, la localisation des sites émetteurs ennemis, l'analyse des différents types de communication, le déchiffrement et le décodage.

Compactage Procédé consistant à réduire la longueur ou la taille d'un message chiffré, en vue d'augmenter sa vitesse de transmission ou de diminuer les risques de déchiffrement par une tierce personne. Ainsi, un caractère sur cinq, ou toute marque de ponctuation, peut-il être éliminé du message, dit alors compacté ou compressé.

Compartimentage À l'origine, terme s'appliquant aux listes et à la classification des codes relatifs à la sécurité d'un gouvernement. Le compartimentage restreint l'accès à des informations susceptibles de mettre en cause la sûreté d'un État.
Relevant de la plus haute confidentialité et classés secret-défense, ces noms de code dissimulent un réseau structuré de sous-divisions, ramifiées à l'intérieur d'un même groupe.

COMSEC Acronyme américain de *communications security* ou sécurité des communications. Une des principales divisions actives de la NSA ou *National Security Agency*, organisme de renseignement nord-américain. Les activités du COMSEC regroupent la stéganographie (dissimulation de l'existence même d'un message), la sécurité et la protection du trafic (altérations ou interruptions passagères des communications) et la cryptographie (chiffrement, codage, mise au point de la sécurisation téléphonique et autres mécanismes assurant la confidentialité des transmissions).

Confidentialité des transmissions Concerne la sécurité des communications relevant du domaine électronique ; proche de la stéganographie, la confidentialité vise au maintien du secret d'informations, cryptées ou non, véhiculées par le biais de circuits électriques.

Cryptage Terme générique pour désigner les méthodes de chiffrement ou de codage.

Cryptanalyse (du grec *kruptós* « secret, caché » et *analusis* « résolution, décomposition ») Ensemble de techniques mises en œuvre pour intercepter et décrypter un message chiffré par les cryptanalystes (individus tiers auxquels il n'était pas destiné)

Cryptanalyste Tierce personne qui s'applique à décrypter un message codé ou chiffré sans connaître la méthode de cryptage ni la (ou les) clé(s) utilisées.

Cryptoeidographie (du grec *eidos* « forme » et *graphia* « écriture ») Technique de brouillage des images par distorsion, en modifiant les ondes électromagnétiques, ou par simples altérations optiques.

Cryptogramme (du grec *kruptós* « caché » et *gramma* « écrit » ou « dessiné ») Texte codé ou chiffré.

Cryptographe Mécanisme actionné manuellement, destiné à crypter ou décrypter un message.

Cryptographie (du grec *kruptós* « secret, caché » et *graphia* « écriture ») Ensemble des procédés visant à dissimuler le sens d'un texte clair, au moyen de chiffres (chiffrement) ou de codes (codage).

Cryptographie à double clé Également connue sous le nom de cryptographie asymétrique ou à clé publique. Système de chiffrement à haute sécurité, basé sur l'utilisation de deux clés liées par une relation mathématique. La première des clés, dite publique, largement diffusée par l'expéditeur, permet essentiellement au destinataire de chiffrer ses messages ; la seconde clé, dite privée ou secrète, est généralement utilisée par l'expéditeur pour déchiffrer en retour les messages chiffrés avec la clé publique.

Cryptographie à symboles Système cryptographique qui remplace le texte clair par des symboles, tels que dessins, signes écrits ou imprimés.

Cryptologie (du grec *kruptós* « secret, caché » et *logos* « discours » ou *logia* « théorie ») Science recouvrant l'ensemble des méthodes utilisées en vue de la dissimulation d'un message (cryptographie) et de sa résolution par le destinataire choisi (décodage et déchiffrement), ainsi que les procédés pouvant être mis en œuvre par une tierce personne pour décrypter ce même message (cryptanalyse).

Cryptophonie Ensemble des techniques mises en œuvre pour garantir la protection des communications orales ; brouillage de la voix au moyen d'appareils de sécurisation téléphonique, transformations de la bande de fréquence, digitalisation de la parole, etc.

Déchiffrer Traduire en clair un message chiffré ; le destinataire du message s'y emploie à l'aide de la clé appropriée. De son côté, le cryptanalyste (ou la partie adverse) tente de décrypter ou de « casser » le système de chiffrement utilisé, sans en connaître la clé.

Décoder Traduire en langage clair un message formulé en code. Le destinataire s'applique, à l'aide d'une liste ou d'un répertoire, à retrouver les équivalents des unités cryptographiques (lettres ou mots). La partie adverse tente de parvenir au même résultat en ayant recours à la cryptanalyse ; dans ce cas, les termes résoudre, décrypter ou rétablir sont synonymes.

Digramme (du grec *di* « deux fois » et *gramma* « ce qui est écrit ») Paire de lettres d'un texte clair utilisée comme unité de chiffrement (*voir* bigramme).

ELINT Acronyme de *electronics intelligence* ou renseignement électronique, une des branches principales du renseignement d'origine électromagnétique. Au sein d'ELINT sont regroupées les divisions RADINT (renseignement radar) et TELINT (renseignement et télémesures).

Les activités de ces services, comme leur acronyme le laisse entendre, regroupent l'écoute des émissions radar et l'interception des données de télémesures échangées entre missiles et drones, mais également la mise en place de contre-mesures, comme le brouillage des radars ennemis ou l'émission de faux échos radar.

Empreinte En informatique, résultat d'une fonction de hachage appliquée à un message. L'empreinte obtenue, plus courte et de longueur fixée, est un condensé du message original.

Expansion Procédé cryptographique qui consiste à dilater le texte clair par ajout d'espaces ou de syllabes dépourvues de sens, dans le but de fausser le nombre exact de lettres, de nombres ou de caractères du message. Technique souvent associée aux procédés de cryptage par blocs ou à la transposition.

Figures géométriques Ensemble des configurations utilisées pour aligner, transposer ou substituer les lettres d'un alphabet à d'autres lettres ou chiffres ; fait également référence aux figures irrégulières employées dans la cryptologie à symboles.

Fréquence Dans le domaine du déchiffrement et du décodage, la fréquence fait référence à la répétition d'une lettre ou d'un chiffre dans un texte crypté. Pour le cryptanalyste, constitue une indication essentielle, sachant que chaque langue ou langage obéit à des schémas particuliers régissant l'association de lettres (voyelles, consonnes et syllabes) par bigrammes, trigrammes, etc. Dans le domaine de l'électromagnétisme ou de l'acoustique, la fréquence (mesurée en hertz) représente le nombre de vibrations par seconde passant en un point donné.

Grille Feuille (de papier ou de métal) constituée de fenêtres prédécoupées. Posée sur un texte chiffré (bâti avec la même grille) elle permet de relever les lettres apparentes et de reconstituer le texte clair.

HF/DF (ou Huff-Duff) Nom donné au dispositif mis en place par les Britanniques au cours de la Seconde Guerre mondiale pour localiser les sous-marins allemands. Basé sur l'utilisation de radiogoniomètres, appareils permettant de déterminer précisément l'angle et la direction d'un signal radioélectrique en haute-fréquence et, donc, la position du poste émetteur.

Homophones Ensemble des unités cryptographiques (lettre, chiffre, ou parfois groupe de lettres ou de chiffres d'un alphabet de chiffrement) se substituant à une seule et même lettre ou unité claire. Ainsi, l'unité claire *a* pourra être remplacée par les unités cryptographiques *1*, *m*, ou *n*, mais aussi bien par *12*, *13* ou *14*.

HUMINT Acronyme de *human intelligence* ou renseignement de source humaine. Ensemble d'informations d'origine humaine, par opposition aux données brutes obtenues par le biais de méthodes relevant strictement de la technologie.

Idéogramme (du grec *idea* « idée » et *gramma* « ce qui est écrit ») Signe graphique (écrit) qui représente le sens d'un mot concret ou abstrait, non les sons qui le composent. On emploie plus rarement le terme d'idéographe.

Jargon Langage ou vocabulaire propre à un groupe, une profession ou une activité, difficilement compréhensible pour le profane. Sans faire appel à des symboles ou à des transpositions de lettres, l'hermétisme du jargon se résume à l'emploi d'un ou de mots spécifiques, au sein d'un énoncé construit de façon intelligible.

Kata kana Forme d'écriture simplifiée et syllabique de l'écriture idéographique, mise au point par les Japonais.

Logogramme (du grec *logos* « discours » et *gramma* « ce qui est écrit »). Terme érudit pour désigner un signe représentant un mot. Il existe deux types de logogrammes ; sémantiques, ils évoquent la forme de ce qu'ils indiquent ; phonétiques, ils sont liés au phonétisme du mot (syllabes, etc.) Synonyme des termes idéogramme et idéographe.

Machine à chiffrer Mécanisme destiné à crypter ou décrypter un message. Longtemps synonyme de cryptographe, le terme reste réservé à des dispositifs élaborés, mécaniques dans un premier temps, puis électromécaniques et, enfin, électroniques.

Mot-clé (ou clé littérale) Mot faisant office de clé dans un système cryptographique. Un mot-clé est choisi d'après sa longueur et l'absence de lettres répétitives. Les lettres d'un mot-clé peuvent être numérotées, chaque chiffre correspondant à l'emplacement de la lettre qu'il désigne dans un alphabet donné. Ainsi, prenant comme référence l'alphabet classique, le mot-clé *vigile* peut-il être représenté par la clé numérique *22 9 7 9 125*. Dans les méthodes de chiffrement à tableaux, la clé numérique facilite les arrangements ou les décalages de groupes de lettres du texte clair, relevés en colonnes selon l'ordre défini par cette même clé.

Mot de code En général, mot qui en masque un autre ; aussi, tout mot faisant office de signal, comme en témoigne le jargon des opérations militaires du « Jour J ».

Nom de code Nom visant à dissimuler l'identité d'une personne, les caractéristiques d'un objet, comme une arme secrète, ou la teneur d'une stratégie.

Nombre-clé (ou clé numérique) Série de chiffres utilisée comme une clé pour les opérations de chiffrement ou de déchiffrement. Un nombre-clé permet entre autres d'établir la disposition des lettres d'un alphabet de chiffrement. Ainsi, le nombre-clé 8 indiquera-t-il un décalage de 8 entre la première lettre de l'alphabet standard et celle de l'alphabet de chiffrement.

Nomenclateur (du latin *nomem* « nom » et *calator* « celui qui appelle ») Liste de syllabes de mots et de noms composant un répertoire assimilable à un code, accompagné d'un alphabet de chiffrement. Ce dernier, pour une lettre claire donnée, pouvait offrir de multiples substitutions possibles ou homophones. Ce procédé domina l'histoire de la cryptographie entre le XVe siècle et le milieu du XIXe siècle.

Nulle Lettre, chiffre ou symbole dépourvu de signification, inséré dans un alphabet de chiffrement ou un répertoire.
Une nulle peut servir à compléter une unité cryptographique irrégulière,

par exemple une paire dans une série de bigrammes. L'emploi de nulles, en perturbant les schémas syntaxiques des phrases, les longueurs des mots et la fréquence des syllabes, rend plus complexe le travail de déchiffrement d'une tierce personne.

Octet Séquence de huit bits. Unité de base en informatique, utilisée pour le calcul ou le stockage.

Permutation Forme de transposition dans laquelle les symboles ou les lettres perdent leur position, mais conservent leur identité.

Phrase-clé Phrase utilisée comme clé.

Pictogramme (du latin *pictus* « peint » et du grec *graphein* « écrire »)
Dessin, ou signe très schématique, dont la signification est évidente.
Un pictogramme peut tout aussi bien représenter un mot ou un son.
On emploie plus rarement le terme de pictographe.

Placode (ou code en clair) Code mis à jour après décodage de l'énicode, code crypté obtenu par surchiffrement.

Polyphone Seule et même unité cryptographique (lettre) se substituant à plusieurs unités claires (généralement des groupes de bigrammes ou de trigrammes).
Ainsi le polyphone *q* pourra représenter l'unité claire *x* dans une première partie du message, aussi bien que l'unité claire *y* ou *z* dans la suite du même message.

Puce Circuit intégré logé sur un minuscule carré de silicium, ou tout autre matériau semi-conducteur, composé de millions de transistors et de composants électroniques.

Rébus (du latin *res* « chose ») Suite combinant dessins, symboles, chiffres et lettres qui, par homophonie, évoquent un mot ou une phrase.

Répertoire Liste de termes (mots, syllabes, noms propres, etc.) appartenant à un code ou livre utilisé pour le codage et le décodage de messages.

Sécurité des transmissions Regroupe toutes les activités dont le rôle majeur vise à assurer la protection des transmissions et la sécurité des communications : stéganographie, sécurité du trafic, cryptographie, sécurité électronique (changement régulier des fréquences radar par exemple) et mise en place de contre-contre-mesures électroniques (annulation du brouillage radar ennemi par exemple).

Sécurité électronique Une des branches principales de la sécurité des transmissions visant à contrecarrer les agissements du renseignement électronique de nations adverses.
Changement de fréquences radar et mise en place de contre-contre-mesures (annulation du brouillage radar ennemi par exemple) font ainsi partie de la panoplie des moyens de défense tactiques mis à sa disposition.

Sémagramme (du grec *sêma* « signe » et *gramma* « écrire ou dessiner »)
Procédé stéganographique où le message caché est composé à partir d'une combinaison d'objets, d'images ou de symboles, non de lettres ou de chiffres.

Sémaphore (du grec *sêma* « signe » et *pherein* « porter » ou *phero* « transporter ») Système de transmission à distance, basé sur l'utilisation de drapeaux ou d'un dispositif équipé de bras mobiles, permettant d'échanger des informations au moyen de signaux conventionnels.

SIGINT Acronyme de *signals intelligence* ou renseignement d'origine électromagnétique. Au sens large, l'appellation recouvre l'ensemble des procédés mis en œuvre pour recueillir ce type de renseignements : interception, localisation de signal, analyse de trafic (fréquence, origine et destination), cryptanalyse, reconnaissance électronique (écoute des émissions radar) et mise en place de contre-mesures (brouillage et émission de faux échos radar).

Signature électronique Équivalent électronique d'une signature manuscrite, se présentant sous la forme d'un court message numérique chiffré par la clé secrète de l'émetteur. Le destinataire déchiffre la signature avec la clé publique fournie par l'émetteur, prouvant ainsi son identité.

Stéganographie (du grec *steganos* « couvert » et *graphein* « écrire ») À l'origine, tout procédé visant à dissimuler l'existence même d'un message, qu'il soit ou non codé ou chiffré.

Substitution En cryptographie, méthode consistant à remplacer, sans en bouleverser l'ordre, les lettres ou les mots d'un texte clair par d'autres lettres, des chiffres, voire des symboles.

Substitution monoalphabétique (ou simple) Méthode de chiffrement faisant appel à un seul alphabet de chiffrement pour crypter les unités claires d'un message.

Substitution polyalphabétique (ou à double clé) Méthode de chiffrement faisant appel à plusieurs alphabets de chiffrement. Plus performant et plus ardu à déchiffrer que la substitution simple (ou monoalphabétique), ce procédé élargit le champ d'action de l'opérateur en lui offrant un choix plus vaste d'unités de chiffrement, combinables à volonté.

Substitution polygrammatique Procédé basé sur le chiffrement simultané de deux lettres (substitution bigrammatique), voire plus. La substitution polygrammatique nécessitait le recours à des tables d'équivalences d'un maniement peu pratique ; vers 1929, la mise au point d'un chiffrement algébrique permit d'attribuer des valeurs numériques aux unités obtenues, en découpant le texte clair et les clés en trigrammes (ensemble de trois lettres). Une fois chiffré, chaque trigramme forme une unité cryptographique unique qui ne tolère aucune modification, sous peine de fausser le cryptogramme tout entier.

Surchiffrement En cryptographie, procédé visant à assurer une protection supplémentaire à un texte chiffré ou codé en lui faisant subir une transposition (dans le cas de chiffres) ou une substitution (dans le cas de chiffres ou de lettres). Le résultat de l'opération permet d'obtenir un code surchiffré.

Tableau de relevé de fréquence Tableau utilisé par les briseurs de codes et les déchiffreurs pour analyser la fréquence de certaines unités cryptographiques (lettres ou combinaisons de lettres) dans un texte crypté.

Tables de chiffrement Listes de lettres (alphabets) utilisées à des fins de chiffrement.

Tables de fréquence Listes utilisées par les cryptanalystes, répertoriant la fréquence (exprimée en pourcentage) des lettres, bigrammes, syllabes et mots de différentes langues.

Télémesure (ou télémétrie) (du grec *têle* « loin », « au loin, à distance » et *metron* « mesure ») Ensemble de données et de paramètres transmis par les missiles aux stations de suivi au sol. Pour l'ennemi, ces informations constituent la cible privilégiée des services du renseignement électronique.

Texte clair (ou libellé) Message avant codage ou chiffrement ou après décodage ou déchiffrement.

Transposition En cryptographie, méthode consistant à bouleverser l'ordre établi des lettres ou des mots d'un texte clair. La permutation est une forme de transposition.

Trigramme Ensemble de trois lettres.

Variantes Lettres (au moins deux, voire plus) susceptibles de représenter des lettres du texte clair.

BIBLIOGRAPHIE

EN FRANÇAIS :

Bazeries, Étienne. *Les Chiffres secrets dévoilés*, Librairie Charpentier et Fasquelle, Paris, 1901.

Bertrand, Gustave, *Enigma*, Plon, Paris, 1973.

Calvet, Louis-Jean, *Histoire de l'écriture*, Hachette Littératures, Plon, 1996.

Calvet, Louis-Jean, *L'Écriture chinoise*, Paris, PUF, 1970.

Carré, Patrice, *Du tam-tam au satellite*, coll. « Explora », Presses Pocket, 1991.

Chacornac, Paul, *Grandeur et adversité de Jean Trithème*, Éditions traditionnelles, Paris, 1963.

Churchill, Winston, *La Crise mondiale*, Payot, 1928-1939.

Churchill, Winston, *Mémoires*, Plon, Paris, 1932.

Farago, Ladislas, *La Clef du chiffre*, Stock, Paris, 1967.

Février, James, *Histoire de l'écriture*, « Grande Bibliothèque Payot », Éditions Payot & Rivages, Paris, 1995.

Givierge, Marcel. *Cours de cryptographie*, Berger-Levrault, Paris, 1925.

Kahn, David, *La Guerre des Codes Secrets, des hiéroglyphes à l'ordinateur*, Inter-Éditions, Paris, 1980.

Kramer, Samuel Noah, *L'Histoire commence à Sumer*, Arthaud, 1957, édition revue et corrigée en 1975.

Léopold, Éric et Lhoste, Serge, *La Sécurité informatique,* coll. « Que sais-je » n° 3460 PUF, 1999.

Locard, Edmond. *Traité de criminalistique, 6*. « Les Correspondances secrètes » 831–931 et « Cryptographie à l'aide des objets » 901–3. Lyon, Joannès Desvignes, 1937.

Lord, Walter, *Midway, l'incroyable victoire*, Robert Laffont, Paris, 1969.

McPherson, James M., *La Guerre de Sécession* (1861-1865), Coll. « Bouquins », Robert Laffont, 1991.

Muller, André, *Le Décryptement*, coll. « Que sais-je » n° 2112, PUF, 1983.

Muller, André, *Les Écritures secrètes. Le Chiffre*, coll. « Que sais-je » n° 4 PUF, 1971.

Olivier, Jean-Pierre, *Le Disque de Phaïstos*, École française d'Athènes, 1992.

Schellenberg, Walter, *Le Chef du contre-espionnage nazi parle*, Julliard, Paris, 1957.

Schneier, Bruce, *Cryptographie appliquée*, International Thomson Publishing, France, Paris, 1997.

Serres, Michel, et Farouki, Nayla, *Le Trésor, Dictionnaire des Sciences*, Flammarion, 1997.

Singh, Simon, *Histoire des codes secrets*, J.-C. Lattès, 1999.

Stern, Jacques, *La Science du secret*, Odile Jacob, 1998.

Stinson, Douglas, *Cryptographie, théorie et pratique*, International Thomson Publishing, France, Paris, 1997.

Theobald, R. A., *Le Secret de Pearl Harbor*, Paris, 1955.

Tuchman, Barbara, *Le Secret de la grande guerre*, Fayard, Paris, 1965.

Tully, Andrew, *Les Super-Espions*, Cercle du nouveau livre d'histoire, Paris, 1970.

Yardley, Herbert O., *Le Cabinet noir américain*, Nouvelle revue critique, Paris, 1935.

AUTRES LANGUES :

Abernethy, Thomas Perkins. *The Burr Conspiracy*. New York : Oxford University Press, 1954.

Allen, Col. Robert S. *Lucky Forward*. New York : Vanguard Press, 1947.

Allen, Thomas B. *War Games*. New York : McGraw-Hill, 1987.

Andrews, Carol. *The Rosetta Stone*. Chicago : Ares Publishing, 1986.

Bahn, Paul, and Jean Vertut. *Images of the Ice Age*. New York : Facts on File, 1988.

Bakeless, John. *Turncoats, Traitors and Heroes*. Philadelphia : J. B. Lippincott Company, 1959.

Bamford, James. *The Puzzle Palace*. Boston : Houghton Mifflin, 1982.

Barker, Wayne, ed. *The History of Codes and Ciphers in the United States Prior to WWI*. Laguna Hills, CA : Aegean Park Press, 1978.

———. *The History of Codes and Ciphers in the United States during the Period Between the World Wars, Part II, 1930–39*. Laguna Hills, CA : Aegean Park Press, 1989.

Barnes, Howard R. *Report of Code Compilation Section, General Headquarters, American Expeditionary Forces, December 1917–November 1918*. Washington, DC : GPO, 1935.

Basham, A. L. *The Wonder That Was India*. New York : Grove Press, 1959.

Bates, David Homer. *Lincoln in the Telegraph Office*. New York : Century, 1907.

Bearden, Bill, ed. *The Bluejacket's Manual*, 20th ed. Annapolis : U.S. Naval Institute Press, 1978.

Beker, Henry, and Fred Piper. *Cipher Systems*. New York : John Wiley, 1982.

Bennett, Ralph. *Ultra in the West : The Normandy Campaign, 1944–45*. Londres : Hutchinson, 1979.

Bernikow, Louise. *Abel*. New York : Trident Press, 1970.

Beymer, William G. *On Hazardous Service : Scouts and Spies of the North and South*. New York : Harper & Bros., 1912.

Billeter, Jean-François. *The Chinese Art of Writing*. New York : International Publications, Inc., 1990.

Bittner, William. *Poe : A Biography*. Boston : Little, Brown & Co., 1962.

Boatner, Mark M., III. *Encyclopedia of the American Revolution*. New York : McKay, 1974.

Bond, Raymond T. *Famous Stories of Code and Cipher*. New York : Rinehart, 1947.

Bonfonte, Larissa. *Etruscan*. Berkeley and Los Angeles : University of California Press, 1990.

Bowers, William M. *The Bifid Cipher*, Practical Cryptanalysis 2. American Cryptogram Association, 1960.

———. *The Trifid Cipher*, Practical Cryptanalysis 3. American Cryptogram Association, 1961.

Boyd, Carl. *Hitler's Japanese Confidant : General Oshima Hiroshi and MAGIC Intelligence, 1941–1945*. Lawrence, Kansas : University Press of Kansas, 1993.

Bright, Charles. *Submarine Telegraphs : Their History, Construction, and Working*. Londres : Crosby Lockwood & Son, 1898.

Broome, Capt. Jack E. *Make a Signal !* Londres : Putnam, 1955.

Burton, Sir Richard. *Kama-sutra*. New York : E. P. Dutton & Co., 1962.

Catton, Bruce. *Glory Road*. New York : Doubleday & Co., 1952.

Cave Brown, Anthony. *Bodyguard of Lies*. New York : Harper & Row, 1975.

Chadwick, John. *Linear B and Related Scripts*. Berkeley and Los Angeles : University of California Press, 1987.

Chant, Christopher. *The Encyclopedia of Codenames of World War II*. New York : Methuen, 1988.

Claiborne, Robert. *The Birth of Writing*. Alexandria, VA : Time-Life Books, 1974.

Coe, Michael. *Breaking the Maya Code*. New York : Thames and Hudson, 1992.

Coggins, Jack. *Flashes and Flags : The Story of Signalling*. New York : Dodd, Mead & Company, 1963.

Cohen, Frederick B. *Protection and Privacy on the Information Superhighway*. New York : John Wiley & Sons, 1995.

Cook, B. F. *Greek Inscriptions*. Berkeley and Los Angeles : University of California Press, 1987.

Cookridge, E. H. (pseud.). *Spy Trade*. New York : Walker, 1971.

Corbett, Julian S. *Fighting Instructions, 1530–1816*. Londres : Naval Records Society, 1905 ; rééd., Londres : Conway Maritime Press, 1971.

———. *Signals and Instructions, 1776 to 1794*. Londres : Naval Records Society, 1909 ; rééd., Londres : Conway Maritime Press, 1971.

Costello, John. *The Pacific War*. New York : Rawson, Wade, 1981.

———. *Mask of Treachery*. New York : William Morrow, 1988.

Coulmas, Florian. *The Writing Systems of the World*. Malden, MA : Blackwell Publishers, 1989.

Cresswell, John. *Teach Yourself Esperanto*. New York : David McKay Co., 1968.

Currey, Cecil B. *Code Number 72 : Ben Franklin : Patriot or Spy ?* Englewood Cliffs, NJ : Prentice-Hall, 1972.

Dallin, David. *Soviet Espionage*. New Haven, CT : Yale University Press, 1955.

Davies, D. W., and W. L. Price. *Security for Computer Networks*. New York : John Wiley, 1984.

Davies, W. V. *Egyptian Hieroglyphs*. Berkeley and Los Angeles : University of California Press, 1987.

Deacon, Richard. *The Chinese Secret Service*. New York : Taplinger Publishing, 1974.

Deavours, Cipher A., et Louis Kruh. *Machine Cryptography and Modern Cryptanalysis*. Dedham, MA : Artech House, 1985.

DeFrancis, John. *The Chinese Language : Fact and Fancy*. Honolulu : University of Hawaii Press, 1984.

de Toledano, Ralph. *The Greatest Plot in History*. New York : Duell, Sloan and Pearce, 1963.

Donovan, James B. *Strangers on a Bridge : The Case of Colonel Abel*. New York : Atheneum, 1964.

Donovan, Robert J. *Tumultuous Years*. New York : W. W. Norton & Co., 1982.

Dorwart, Jeffery M. *The Office of Naval Intelligence : The Birth of America's First Intelligence Agency, 1865–1918*. Annapolis, MD : U.S. Naval Institute Press, 1979.

———. *Conflict of Duty : The U.S. Navy's Intelligence Dilemma, 1919–1945*. Annapolis, MD : U.S. Naval Institute Press, 1983.

Doyle, Arthur Conan. *A Treasury of Sherlock Holmes*. New York : Hanover House, 1955.

Dupuy, Ernest R. and Trevor N. Dupuy. *The Encyclopedia of Military History*. New York : Harper & Row, 1970.

Erickson, John. *The Soviet High Command : A Military-Political History, 1918–1941*. Londres : Macmillan, 1962.

Fagan, M. D., ed. *A History of Engineering and Science in the Bell System : National Service in War and Peace (1925–1975)*. Murray Hill, NJ : Bell Laboratories, 1978.

Farago, Ladislas. *The Broken Seal : « Operation Magic » and the Secret Road to Pearl Harbor*. New York : Random House, 1967.

———. *The Game of the Foxes : The Untold Story of German Espionage in the United States and Great Britain During World War II*. New York : David McKay Co., 1971.

Faulk, Odie B. *The Geronimo Campaign*. New York : Oxford University Press, 1969.

Fea, Allan. *Secret Chambers and Hiding-Places*. Londres : S. H. Bousfield, 1901.

Flexner, James T. *The Traitor and the Spy : Benedict Arnold and John André*. New York : Harcourt, Brace, 1953.

Folliot, Denise. *Marie Antoinette*. New York : Harper & Row, 1957.

Foote, Alexander. *Handbook for Spies*. Garden City, NY : Doubleday, 1949.

Frank, Thomas, and Edward Weisband, eds. *Secrecy and Foreign Policy*. New York : Oxford University Press, 1974.

Friedman, William F. *American Army Field Codes in the American Expeditionary Forces during the First World War*. Washington, DC : GPO, 1942.

———. *Cryptography and Cryptanalysis Articles*, 2 vols. Laguna Hills, CA : Aegean Park Press, 1976. Reprinted from « The Use of Codes and Ciphers in the World War and Lessons to Be Learned Therefrom. » *Articles on Cryptography and Cryptanalysis*. Signal Corps Bulletin (Washington, DC : GPO, 1942).

——— *Elementary Military Cryptography*. Laguna Hills, CA : Aegean Park Press, 1976.

———. *History of the Use of Codes*. Laguna Hills, CA : Aegean Park Press, 1977. Rééd. à partir de *Report on the History of the Use of Codes and Code Language, the International Telegraph Regulations Pertaining Thereto, and the Bearing of This History on the Cortina Report*. International Radiotelegraph Conference of Washington, 1927, Delegation of the United States of America (Washington, DC : GPO, 1928).

———. *Military Cryptanalysis II*. Laguna Hills, CA : Aegean Park Press, 1984.

——— *Solving German Codes in World War I*. Laguna Hills, CA : Aegean Park Press, 1997.

Friedman, William F., and Elizebeth Friedman. *The Shakespearean Ciphers Examined : An Analysis of Cryptographic Systems Used as Evidence That Some Author Other Than William Shakespeare Wrote the Plays Commonly Attributed to Him*. Cambridge : Cambridge University Press, 1957.

Friedman, William, F. and Charles J. Mendelsohn. *The Zimmermann Telegram of January 16, 1917 and Its Cryptographic Background*. Laguna Hills, CA : Aegean Park Press, 1976.

Gaines, Helen F. *Cryptanalysis : A Study of Ciphers and Their Solution*. New York : Dover Publications, 1956.

Gardner, Martin, ed. *Oddities and Curiosities*. New York : Dover Publications, 1957.

Gauer, Albertine. *A History of Writing*. 3d ed. New York : Cross River Press, 1992.

Gibson, Hugh, ed. *The Ciano Diaries, 1939–1943*. Garden City, NY : Doubleday and Hudson, 1992.

Givierge, Marcel. *Cours de cryptographie*. Paris : Berger-Levrault, 1925. Traduit sous le titre *Course in Cryptography* by John B. Hurt, Washington, DC : GPO, 1934. Rééd. Aegean Park Press, Laguna Hills, CA, 1978.

Glover, Beaird. *Secret Ciphers of the 1876 Presidential Election*. Laguna Hills, CA : Aegean Park Press, 1991.

Gould, Robert. *The History of Freemasonry throughout the World* New York : Charles Scribner, 1936.

Greene, Franklin. *Chronosemic Signals*. Washington, DC : GPO, 1864.

Groves, Leslie R. *Now It Can Be Told, The Story of the Manhattan Project*. New York : Harper and Row, 1962.

Gyldén, Yves. *The Contribution of the Cryptographic Bureaus in the World War*. Laguna Hills, CA : Aegean Park Press, 1978. Traduit de *Chifferbyraernas Insatser I Världskriget Till Lands* (Stockholm, 1931).

Hamming, Richard W. *Coding and Information Theory*. 2d éd. New York : Prentice-Hall, 1986.

Handlin, Oscar, ed. *Eli Whitney and the Birth of American Technology*. Boston : Little, Brown & Co., 1956.

Harris, Roy. *The Origin of Writing*. Rééd., Herndon, VA : Thoemmes Press, 1996.

Hinz, Walter. *The Lost World of Elam : Recreation of a Vanished Civilization*. New York : New York University Press, 1972.

Hitt, Parker. *Manual for the Solution of Military Ciphers*. Laguna Hills, CA : Aegean Park Press, 1976.

Hoehling, A. A. *Women Who Spied*. New York : Dodd, Mead & Co., 1967.

Holmes, W. J. *Double-Edged Secrets : U.S. Naval Intelligence Operations in the Pacific during World War II*. Annapolis, MD : Naval Institute Press, 1979.

Holzmann, Gerard J. and Björn Pehrson. *The Early History of Data Networks*. Los Alamitos, CA : IEEE Computer Society Press, 1995.

Horan, James D. *Confederate Agent : A Discovery in History*. New York : Crown, 1954.

Howe, Russell W. *Mata Hari*. New York : Dodd, Mead, 1986.

Howeth, Capt. Linwood S. *History of Communications-Electronics in the United States Navy*. Washington : DC : GPO, 1963.

Hoy, Hugh C. *40 O.B., or How the War Was Won*. Londres : Hutchinson, 1935.

Hutchinson, William T. and William M. Rachal, eds. *Papers of James Madison*. Chicago : University of Chicago Press, 1969.

Ind, Allison. *A Short History of Espionage*. New York : David McKay Co., 1963.

James, William. *The Codebreakers of Room 40*. New York : St. Martin's Press, 1956.

Jenks, Capt. Robert W. *The Brachial Telegraph*. New York : Henry Sanders & Co., 1852.

Johnson, Brian. *The Secret War*. Londres : British Broadcasting Corporation, 1978.

Kahn, David. *The Codebreakers : The Story of Secret Writing*. New York : Macmillan, 1967.

———. *Hitler's Spies : German Military Intelligence in World War II*. New York : Macmillan, 1978.

———. *Kahn on Codes*. New York : Macmillan, 1984.

Keegan, John. *The Price of Admiralty, The Evolution of Naval Warfare*. Londres : Penguin Books, 1988.

Keiser, Bernhard E., et Eugene Strange. *Digital Telephony and Network Integration*. New York : Van Nostrand Reinhold, 1985.

Kennen, George F. *Memoirs, 1923–1950*. Boston : Little, Brown, & Co., 1967.

Kessler, Ronald. *Moscow Station : How the KGB Penetrated the American Embassy*. New York : Charles Scribner's Sons, 1989.

Koch, Edward. *Cryptography or Cipher Writing*. 2d éd. Belleville, IL : Buechler Publishing, 1942.

Konheim, Alan G. *Cryptography : A Primer*. New York : John Wiley, 1981.

Koop, Theodore F. *Weapon of Silence*. Chicago : University of Chicago Press, 1946.

Krivitsky, Walter J. *In Stalin's Secret Service*. Frederick, MD : University Publications of America, 1985.

Ladd, James, Keith Melton, and Captain Peter Mason. *Clandestine Warfare*. Londres : Blandford Press, 1988.

Laffin, John. *Codes and Ciphers*. New York : Abelard-Schuman, 1964.

Lampalla, Princess de. *Secret Memoirs of the Royal Family of France during the Revolution*. Vol. 2. Londres : H.S. Nichols, 1895.

Lamphere, Robert J., and Tom Schachtman. *The FBI-KGB War : A Special Agent's Story*. New York : Random House, 1986.

Lange, André, et E. A. Soudart. *Treatise on Cryptography*. Laguna Hills, CA : Aegean Park Press, 1981.

Layton, Edwin T., with Roger Pineau and John Costello. *« And I Was There » : Pearl Harbor and Midway—Breaking the Secrets*. New York : William Morrow, 1985.

Levitt, B. K., M. K. Simon, J. K. Omura and R.A. Scholtz. *Spread Spectrum Communications Handbook*. 2d rev. éd. New York : McGraw-Hill, 1994.

Lewin, Ronald. *Ultra Goes to War : The First Account of World War II's Greatest Secret Based on Official Documents*. New York : McGraw-Hill, 1978.

Lewis, Spencer. *Rosicrucian*. San José, CA : The Rosicrucian Press Ltd., 1929.

Lindsey, Robert. *The Falcon and the Snowman*. New York : Simon & Schuster, 1979.

Macalister, R. A. Stewart. *The Secret Languages of Ireland*. Cambridge : Cambridge University Press, 1937.

Macintyre, Donald. *The Battle of the Atlantic*. New York : Macmillan, 1961.

Marland, E. A. *Early Electrical Communication*. New York : Abelard-Schuman, 1964.

Mead, Peter. *The Eye in the Air*. Londres : Her Majesty's Stationery Office, 1983.

Meister, Dr. Aloys. *Die Anfänge der Modernen Diplomatischen Geheimschrift*. Paderborn : Ferdinand Schoningh, 1902.

———. *Die Geheimschrift im Dienste der Päpstlichen Kurie*. Paderborn, Allemagne : Ferdinand Schoningh, 1906.

Menezes, Alfred J., Paul C. van Oorschot and Scott A. Vanstone. *Handbook of Applied Cryptography*. New York : CRC Press, 1997.

Meyer, Carl H.,et Stephen M. Matyas. *Cryptography : A New Dimension in Computer Data Security*. New York : John Wiley, 1982.

Moore, Dan Tyler, and Martha Waller. *Cloak and Cipher*. Indianapolis : Bobbs-Merrill, 1962.

Mosley, Leonard. *The Cat and the Mice*. New York : Harper & Brothers, 1958.

Murphy, John. *Book of Pidgin English*. New York : AMS Press, 1949.

Myer, Albert J. A. *Manual of Signals*. New York : D. Van Nostrand, 1868.

Nalder, Maj. Gen. R. F. H. *The Royal Corps of Signals*. Londres : Royal Signals Institution, 1958

Nanovic, John (Henry Lysing, pseud.).*Secret Writing : An Introduction to Cryptograms, Ciphers and Codes*. David Kemp & Company, 1936, rééd. New York : Dover Publications, 1974.

Newbold, William R. *The Cipher of Roger Bacon*. Philadelphia : University of Pennsylvania Press, 1928.

Noggle, Burl. *Teapot Dome : Oil and Politics in the 1920s*. Baton Rouge : Louisiana State University Press, 1962.

Norman, Bruce. *Secret Warfare*. Washington, DC : Acropolis Books, 1973.

Ore, Oystein. *Cardano, The Gambling Scholar*. With a translation from the Latin of Cardano's *Book on Games of Chance* by Sidney Henry Gould. Princeton, NJ : Princeton University Press, 1953.

O'Toole, G. J. A. *The Spanish War : An American Epic, 1898*. New York : W. W. Norton and Co, 1984.

———. *The Encyclopedia of American Intelligence and Espionage : From the Revolutionary War to the Present*. New York : Facts on File, 1988.

Parker, Donn B. *Fighting Computer Crime*. New York : Charles Scribner's Sons, 1983.

Parpola, Asko. *Deciphering the Indus Script*. Cambridge and New York : Cambridge University Press, 1994.

Peckham, Howard H. « British Secret Writing in the Revolution. » *Quarterly Review of the Michigan Alumnus* 44 (winter 1938) : 126–31.

Pei, Mario. *One Language for the World*. New York : Devin-Adair Co., 1958.

Pennypacker, Morton. *General Washington's Spies on Long Island and in New York*. Brooklyn : Long Island Historical Society, 1939.

Perrault, Gilles. *The Red Orchestra*. Translated by Peter Wiles. New York : Simon & Schuster, 1969.

Persico, Joseph E. *Piercing the Reich : The Penetration of Nazi Germany by American Secret Agents during World War II*. New York : Viking Press, 1979.

Pitt, Barrie, and the editors of Time-Life Books. *World War II : The Battle of the Atlantic*. Alexandria, VA : Time-Life Books, 1980.

Plaidy, Jean. *Mary Queen of Scots*. New York : G. P. Putnam, 1975.

Plum, William R. *The Military Telegraph During the Civil War in the United States*. 2 vols. Chicago : Jansen, McClurg, 1882.

Pope, Maurice. *The Story of Decipherment : From Egyptian Hieroglyphic to Linear B*. Londres : Thames and Hudson, 1975.

Postgate, J. N. *Early Mesopotamia : Society and Economy at the Dawn of History*. New York : Routledge, 1992.

Prados, John. *Combined Fleet Decoded : The Secret History of American Intelligence and the Japanese Navy in World War II*. New York : Random House, 1995.

Prange, Gordon W., with Donald M. Goldstein and Katherine V. Dillon. *At Dawn We Slept : The Untold Story of Pearl Harbor*. New York : McGraw-Hill, 1981.

Preble, Rear Adm. George Henry, USN. *History of the Flag of the United States of America*. 3d ed. Boston : James R. Osgood & Co., 1882.

Preston, Keith, trans. *De Furtivis Literarum Notis* by Giovanni Porta (1563). Fabyan Collection, Library of Congress.

Price, Derek J. *John Baptista Porta's Natural Magick*. New York : Basic Books, 1957.

Rachlis, Eugene. *They Came to Kill : The Story of Eight Nazi Saboteurs in America*. New York : Random House, 1961.

Raines, Rebecca Robbins. *Getting the Message Through : A Branch History of the U.S. Army Signal Corps*. Washington, DC : U.S. Army Center of Military History, 1996.

Richelson, Jeffrey T. *The U.S. Intelligence Community*. Cambridge, MA : Ballinger, 1985.

Robinson, Andrew. *The Story of Writing : Alphabets, Hieroglyphs, and Pictograms*. Londres : Thames and Hudson, 1995.

Robison, S. S., et Mary L. Robison. *A History of Naval Tactics from 1530 to 1930*. Annapolis, MD : U.S. Naval Institute, 1942.

Roskill, S. W. *The War at Sea : 1939–1945*. Londres : Her Majesty's Stationery Office, 1954.

Ross, Ishbel. *Rebel Rose : Life of Rose O'Neal Greenhow, Confederate Spy*. New York : Harper & Brothers, 1954.

Rowan, Richard W., and Robert Derndorfer. *The Story of Secret Service*. New York : Elsevier-Dutton, 1956.

Russell, Francis, et les éditeurs de Time-Life Books. *World War II : The Secret War*. Alexandria, VA : Time-Life Books, 1981.

Ryan, Cornelius. *The Longest Day : June 6, 1944*. New York : Simon & Schuster, 1959.

Sacco, Luigi. *Manual of Cryptography*. Trad. de *Manuale di Crittographia* (Rome, 1936). Laguna Hills CA : Aegean Park Press, 1977.

Sarton, George. *Six Wings : Men of Science in the Renaissance*. Bloomington : Indiana University Press, 1957.

Schachner, Nathan. *Aaron Burr : A Biography*. New York : Frederick Stokes Co., 1937.

Scott, Adm. Sir Percy. *Fifty Years in the Royal Navy*. New York : George H. Doran Co., 1919.

Senner, Wayne M., ed. *The Origins of Writing*. Lincoln : University of Nebraska Press, 1989.

Simkins, Peter. *Air Fighting, 1914–1918*. Londres : Imperial War Museum, 1978.

Smith, Laurence Dwight. *Cryptography : The Science of Secret Writing*. New York : Dover Publications, 1955.

Smith, Whitney. *Flags : Through the Ages and Across the World*. New York : McGraw-Hill Book Co., 1975.

——— *The Flag Book of the United States*. New York : William Morrow and Co., 1970.

Spector, Ronald H. *Eagle Against the Sun : The American War with Japan*. New York : Free Press, 1985.

———. *Listening to the Enemy*. Wilmington, DE : Scholarly Resources, 1988.

Stallings, William. *Data and Computer Communications*. New York : Macmillan, 1985.

Sterling, Comdr. Yates, USN. *Fundamentals of Naval Service*. Philadelphia : J. B. Lippincott Co., 1917.

Stern, Philip Van Doren. *Secret Missions of the Civil War*. New York : Crown, 1959.

Stevenson, William. *A Man Called Intrepid*. New York : Harcourt Brace Jovanovich, 1976.

Still, Alfred. *Communication through the Ages*. New York : Murray Hill Books, Inc., 1946.

Thayer, Charles W. *Diplomat*. New York : Harper & Brothers, 1959.

Thompson, George Raynor, and Dixie R. Harris. *The Signal Corps : The Outcome (Mid-1943 through 1945)*. United States Army in World War II : The Technical Series. Washington, DC : GPO, 1966.

Thompson, George Raynor, Dixie R. Harris, Pauline Oakes, and Dulany Terrett. *The Signal Corps : The Test (December 1941 to July 1943)*. United States Army in World War II : The Technical Series. Washington, DC : GPO, 1957.

Thompson, James W., et Saul K. Padover. *Secret Diplomacy : Espionage and Cryptography*. New York : F. Ungar, 1963.

Thompson, Robert L. *Wiring a Continent*. Princeton, NJ : Princeton University Press, 1947.

Thorndike, Lynn. *A History of Magic and Experimental Science*. New York : Columbia University Press, 1926–1958.

Thorne, J. O., ed. *Chambers's Biographical Dictionary*. New York : St Martin's Press, 1969.

Time-Life Books. *Understanding Computers : Computer Basics*. Alexandria, VA : Time-Life Books, 1985.

———. *Understanding Computers : Military Frontier*, Alexandria, VA : Time-Life Books, 1988.

———. *Understanding Computers : Computer Security*. Alexandria, VA : Time-Life Books, 1988.

Tomkins, William. *Indian Sign Language*. New York : Dover Publications, 1968.

Tuchman, Barbara W. *The Zimmermann Telegram*. New York : Viking Press, 1958.

———. *The Guns of August*. New York : Macmillan, 1962.

U.S. Army Military History Institute. *Traditions of the Signal Corps*. Washington, DC : GPO, 1959.

Van Doren, Carl. *Secret History of the American Revolution*. New York : Viking Press, 1941.

Very, Edward W. « Signals, Marine. » In *A Naval Encyclopedia*. Philadelphia : G. R. Hammersly & Co., 1881.

Voorhis, Harold V. B. « Masonic Alphabets. » In *A History of Royal Arch Masonry*. Vol. 3. Lexington, KY : Royal Arch Masons, 1956.

Walker, C. B. F. *Cuneiform*. Berkeley and Los Angeles : University of California Press, 1989.

Way, Peter. *Undercover Codes and Ciphers*. Londres : Aldus Books, 1977.

Weber, Ralph E. *United States Diplomatic Codes and Ciphers, 1975–1938*. Chicago : Precedent Publishing, 1979.

———. *Masked Dispatches : Cryptograms and Cryptology in American History, 1775–1900*. Ft. Meade, MD : NSA's Center for Cryptologic History, 1993.

Welchman, Gordon. *The Hut Six Story : Breaking the Enigma Codes*. New York : McGraw Hill, 1982.

Wellman, Paul I. *The Indian Wars of the West*. 2 vols. New York : Doubleday and Co., 1954.

Whitehead, Don. *The FBI Story : A Report to the People*. New York : Random House, 1956.

Willoughby, Maj. Gen. Charles A. *Shanghai Conspiracy : The Sorge Spy Ring*. New York : E. P. Dutton & Co., 1952.

Willoughby, Malcolm F. *Rum War at Sea*. Washington, DC : GPO, 1964.

Wilson, George. *The Old Telegraphs*. Chichester, England : Phillimore, 1976.

Wise, David. *Molehunt : The Secret Search for Traitors That Shattered the CIA*. New York : Random House, 1992.

Wolfe, Jack M. *A First Course in Cryptanalysis*. Rev. 3 vols. Brooklyn : Brooklyn College Press, 1943.

Woods, David L., ed. *A History of Tactical Communication Techniques*. Orlando, FL : Martin-Marietta Corporation, 1965.

———. *Signalling and Communicating at Sea*. 2 vols. New York : Arno Press, 1985.

Wright, Louis B., and Marion Tinling, eds. *The Secret Diary of William Byrd of Westover 1709–1712*. Richmond, VA : Dietz Press, 1941.

Wright, Peter, with Paul Greengrass. *Spycatcher : The Candid Autobiography of a Senior Intelligence Officer*. Harrisonburg, VA : Donnelley & Sons, 1987.

Wrixon, Fred B. *Codes, Ciphers, and Secret Languages*. New York : Crown Publishers, 1989.

———. *Codes and Ciphers*. New York : Simon & Schuster, 1992.

Yardley, Herbert. *The American Black Chamber*. Indianapolis : Bobbs-Merrill, 1931.

Yates, Frances A. *Giordano Bruno and the Hermetic Tradition*. Chicago : University of Chicago Press, 1964.

Zauzich, Karl-Theodor. *Discovering Egyptian Hieroglyphs : A Practical Guide*. New York : Thames and Hudson, 1992.

PÉRIODIQUES :

Attansio, C. R., et R. J. Phillips. « Penetrating an Operating System : A Study of VM/370 Integrity. » *IBM Systems Journal* 15, n° 1 (1976) : 46.

Août, David. « Cryptography and Exploitation of Chinese Manual Cryptosystems, Part I : The Encoding Problem. » *Cryptologia* 13, n° 4 (Octobre 1989) : 289–302.

———. « Cryptography and Exploitation of Chinese Manual Cryptosystems, Part II : The Encrypting Problem. » *Cryptologia* 14, n° 1 (Janvier 1990) : 61–78.

Beard, William W. « YIYKAEJRGZQSYWX. » *U.S. Naval Institute Proceedings* 44, n° 8 (1918).

Bowers, William M. « F. Delastelle—Cryptologist. » *The Cryptogram* 30 (Mars-Avril 1963) : 79–82, 85.

———. *Cryptogram,* 30 (Mai–Juin, 1963) : 101, 106–9.

———. « Major F. W. Kasiski—Cryptologist. » *Cryptogram* 31 (Janvier–Février 1964) : 53–54, 58–60.

Broadhurst, George. « Some Others and Myself. » *Saturday Evening Post* 199 (Octobre 23, 1926) : 42.

Chase, Pliny Earle. « Mathematical Holocryptic Cyphers. » *Mathematical Monthly* I (Mars 1859) : 194–96.

Church, Hayden. « A Sherlock Holmes of Secret War Codes. » *New York Times Magazine* (Novembre 8, 1931) : 17.

Cohan, Capt. Leon. « Uniform Signal System. » *Marine Corps Gazette* (Juin 1966) : 27.

Culenaere, N. A. « Cryptophotography. » *International Criminal Police Review* 102 (Novembre 1956) : 284–90.

Davies, Donald W. « The Early Models of the Siemens and Halske T52 Cipher Machine. » *Cryptologia*, n° 3 (Juillet 1983) : 235–53.

———. « Charles Wheatstone's Cryptograph and Pletts's Cipher Machine. » *Cryptologia* 9, n° 2 (Avril 1985) : 155–61.

Field, Alexander J. « French Optical Telegraphy, 1793–1855: Hardware, Software, Administration. » *Technology and Culture* 35, n° 2 (Avril 1994) : 315–347.

Fishel, Edwin C. « The Mythology of Civil War Intelligence. » *Civil War History* 10, n° 4 (Décembre 1964) : 344–67.

Friedman, William F. « Edgar Allan Poe, Cryptographer. » *American Literature* 8 (Novembre 1936) : 266–80.

Friedman, William F., and Charles Mendelsohn. « Notes on Code Words. » *American Mathematical Monthly* (Août–Septembre 1932) : 394–409.

Givierge, Marcel. « Questions de Chiffre. » Parts 1 and 2. *Revue Militaire Français*, Juin 1, 1924, 398–417; Juillet 1, 1924, 59–78. Translated as « Problems of Code » in *Articles on Cryptography and Cryptanalysis*. Reprinted from the *Signal Corps Bulletin* (Washington, DC : GPO, 1942).

Hardie, Bradford. « The Potus-Prime Connection. » *Cryptologia* 11, n° 1 (Janvier 1987) : 40–46.

Helmick, Leah Stock. « Key Woman of the T-Men. » *Reader's Digest* (Septembre 1937) : 51–55.

Hendricks, Dewayne and David R. Hughes. « Spread-Spectrum Radio. » *Scientific American 278* (Avril 1998) : 94–96.

Hill, Lester. « Cryptography in an Algebraic Alphabet. » *The American Mathematical Monthly* 36 (Juin–Juillet 1929) : 306–12.

———. « Concerning Certain Linear Transformation Apparatus of Cryptography. » *American Mathematical Monthly* 38 (Mars 1931) : 135–54.

Hoover, J. Edgar. « The Enemy's Masterpiece of Espionage. » *Reader's Digest* 48 (Avril 1946) : 1–6.

Kahn, David. « Cryptology and the Origins of Spread Spectrum. » *IEEE Spectrum* (Septembre 1984) : 70–80.

———. « The Wreck of the Magdeburg. » *MHQ : The Quarterly Journal of Military History* 2, n° 2 (Hiver 1990) : 97–103.

———. « Pearl Harbor and the Inadequacy of Cryptanalysis. » *Cryptologia* 15, n° 4 (1991) : 273–94.

Kapany, Narinder S. « Picture Tube. » *Time* (Décembre 3, 1956) : 69–70.

———. « Fiber Optics. » *Scientific American* (Novembre 1960) : 72–81.

Keegan, John. « Jutland. » *MHQ : The Quarterly Journal of Military History* 1, n° 2 (Hiver 1989) : 110–12.

Knight, Mary. « The Secret War of Censors vs. Spies. » *Reader's Digest* 48 (Mars 1946) : 79–83.

Kober, Alice. « The 'Adze' Tablets from Knossos, » *American Journal of Archeology* 48 (Janvier–Mars 1944) : 64 :75.

———. « Evidence of Inflection in the 'Chariot' Tablets from Knossos. » *American Journal of Archeology* 49 (Avril–Juin 1945) : 143–151.

———. « Inflection in Linear Class B : 1—Declension. » *American Journal of Archeology* 50 (Avril–Juin 1946) : 268–276.

———. « The Minoan Scripts : Fact and Fancy. » *American Journal of Archeology* 42 (Janvier–Mars 1948) : 82–103.

Koenig, Duane. « Telegraphs and Telegrams in Revolutionary France. » *Scientific Monthly* 59 (Décembre 1944) :431–37.

Kolodin, Irving. « What is the Enigma ? » *Saturday Review* 36 (Février 28, 1953) : 53–55, 71.

Kruh, Louis. « The Genesis of the Jefferson/Bazeries Cipher Device. » *Cryptologia* 5, n° 4 (1981) : 193–208.

———. « The Mystery of Decius Wadsworth's Cipher Device. » *Cryptologia* 6, no 3 (Juillet 1982) : 238–247.

Kruh, Louis, and Cipher Deavours. « The Typex Cryptograph. » *Cryptologia* 7, n° 2 (Avril 1983) : 145–165.

Leighton, Albert C., and Stephen M. Matyas. « The Search for the Key Book to Nicholas Trist's Book Ciphers. » *Cryptologia* 7 (Octobre 1983) : 297–314.

Levine, Jack. « Some Elementary Cryptoanalysis of Algebraic Cryptography. » *American Mathematical Monthly* 68 (Mai 1961) : 411–18.

Levy, Steven. « Scared Bitless. » *Newsweek*, Juin 10, 1996: 49, 50, 55.

Littlefield, Jack. « Melancholy Notes on a Cablegram Code Book. » *New Yorker*, Juillet 28, 1934.

Matthews, W. « Samuel Pepys, Tachygraphist. » *Modern Language Review* 29 (Octobre 1934) : 397–404.

McKay, Herbert C. « Notes from a Laboratory. » *American Photography 60* (Novembre 1946) : 38–40, 50.

———. « Stereo Photography. » *U.S. Camera* 13 (Octobre 1950) : 16.

McCracken, Lt. A. R. USN. « Signalling in the British Navy, 1800. » *Proceedings of the United States Naval Institute* 58 (Janvier 1932) :47–48.

Mead, Hilary. « Captain Frederick Marryat, Royal Navy. » In *Proceedings of the United States Naval Institute*. Annapolis : U.S. Naval Institute, 1933.

Mead, Comdr. Hillary P., RN. « The Story of the Semaphore. » Parts 1 and 2. *Mariner's Mirror* (Janvier 1933) : 331–33; (Janvier 1934) : 93–104.

———. « The History of the International Code. » In *Proceedings* Annapolis : U.S. Naval Institute, 1934.

___________. « The Admiralty Telegraphs and Semaphores. » *Mariner's Mirror*. 24 (Avril 1938) : 184–203.

Mendelsohn, Charles J. « Cardano on Cryptography. » *Scripta Mathematica* 6 (Octobre 1939) : 157–68.

———. « Blaise de Vigenère and the 'Chiffre Carré.' » *Proceedings of the American Philosophical Society* 82 (Mars 22, 1940ˆ) : 103–29.

Morris, C. Brent. « Fraternal Cryptography : Cryptographic Practices of American Fraternal Organizations. » *Cryptologia* 7, n° 1 (Janvier 1983) : 27–36.

Morris, Robert. « The Hagelin Cipher Machine (M-209). » *Cryptologia* 2, n° 3 (Juillet 1978) : 267–89.

Niblack, Albert. « Proposed Day, Night and Fog Signals for the Navy with Brief Description of the Ardois Night System. » *Proceedings of the United States Naval Institute*. Annapolis : U.S. Naval Institute, 1891.

Paltsits, Victor Hugo. « The Use of Invisible Ink for Secret Writing during the American Revolution. » *Bulletin* (New York Public Library) 39 (Mai 1935) : 361–64.

Post, Melville D. « German War Ciphers. » *Everybody's Magazine* 38 (Juin 1918) : 28–34.

Seideman, Tony. « Bar Codes Sweep the World. » *American Heritage of Invention and Technology* 8, n° 4 (spring 1993): 56–64.

Simmons, Gustavus J. « Cryptology : The Mathematics of Secure Communication. » *Mathematical Intelligencer* 1, n° 4 (1979) : 233–46.

___________. « Scanning the Issues on Cryptology. » *Proceedings of the IEEE* 76, n° 5 (Mai 1988).

Smith, David E. « John Wallis as a Cryptographer. » *Bulletin of the American Mathematical Society* 24 (1917) : 83–96.

Smith, Richard A. « Business Espionage. » *Fortune* 53 (Mai 1956) : 118–26.

Tanaka, Jennifer. « Drowning in Data. » *Newsweek*. Avril 28, 1997: 85.

Thomas, Evan. « Inside the Mind of a Spy. » *Newsweek*, Juillet 7, 1997: 34, 35.

Thomas, Evan, and Gregory L. Vistica. « The Spy Who Sold Out. » *Newsweek* Décembre 2, 1996: 35.

Vogel, Donald S. « Inside a KGB Cipher. » *Cryptologia* 14, n° 1 (1990) : 37–51.

ARCHIVES ET SOURCES NON PUBLIÉES :

Data Encryption Standard. Federal Information Processing Standards. Publication 46–1. U.S. Department of Commerce. National Bureau of Standards. January 1988.

Eberhart and Taschner. « Criminal Codes and Ciphers, » *FBI Bulletin*, January 1985.

Friedman, Elizebeth. « History of Work in Cryptanalysis, April 1927–June 1930. » Washington, DC, National Archives, Record Group 26.

The General Signal Book of the United States Navy. Washington, DC : GPO, 1898.

The History of Army Strip Cipher Devices. U.S. War Department. Army Security Agency, 1948.

Influence of U.S. Cryptologic Organizations on the Digital Computer Industry. May 1977. National Security Agency.

Instructions for Using the Cipher Device M-94. U.S. War Department. Washington, DC : GPO, 1922.

« Interservice Instructions for Ground/Air Recognition and Identification 1943. » The War Office, England. November 1943.

National Intelligence Reorganization and Reform Act of 1978. Senate Bill (s. 2525). U.S. Congress, Washington, DC.

O'Neill, E. F., ed. *A History of Engineering and Science in the Bell System-Transmission Technology, 1925–1975*. AT&T Bell Laboratories, 1985.

« Pioneers in U.S. Cryptology. » Part 1 (1987) : 9–11, and Part 2 (1987) : 12–14. History and Publications Division. National Security Agency, Ft. George Meade, MD.

Record Group 59. Department of State Decimal File 411/421/424/ Record Group 457. SRH Histories : SRH 20, SRH 044, SRH 355. National Archives, Washington, DC.

VENONA Historical Monographs. n° 1–5. National Security Agency, Ft. George Meade, MD, 1995, 1996.

Woods, David L. « The Evolution of Visual Signals on Land and Sea. » Ph.D. Dissertation. Ohio State University, 1976.

SITES INTERNET :

• Cryptographie — Définitions

http://www.dmi.ens.fr/equipes/grec/Recherche/Crypto/intro/def.htlm

• Histoire de la Cryptographie

http://titan.glo.be/ts/index.htlm

• L'aventure des écritures

http://www.bnf.fr./web-bnf/pedagos/dossier.htlm

• Le monde du Renseignement

Retrouvez tous les articles publiés dans Le *Monde du Renseignement* depuis 1992 (accès payant pour l'intégralité des textes) : veille technologique, actualité des services de renseignement dans le monde.

http://www.intelligenceonline.fr

• Les médias Chronologie

http://www.malexism.com/medias/chronologie.htlm

• Les techniques de cryptographie

http://web2.cnam.fr/cours/crypto/cryptographie.htlm

INDEX

A-3, 473
Abel, Rudolf, 125, 126, 480
Acrostiches, 493
ADFGVX, 79, 243-247
ADFGX, 79, 243-247
Affaire XYZ, 48, 330
Agro (argot), 588
Alberti, Leon Battista, 29, 213-214, 474, 595-596
Alexander, Edward, 59, 60
Algorithme de chiffrement RSA, 138, 295-296, 303
Alphabet bilitère de Bacon, 484-485
Alphabet de Culper-Tallmadge, 329
American Black Chamber, The, 91-92, 626
Ames, Aldrich, 134
André, John, 41, 334-335
Anthropo-télégraphe, 410
Ardois, 434-435
Argot, 587
Arnold, Benedict, 41, 42, 49, 334-335
Arrangements lumineux, 432
ASCII, 292, 385-386, 478
Authentification, 296-300
Babington, Anthony, 31, 32, 33
Bacon, sir Francis, 484-485
Bancroft, Edward, 39
Bauer, Hans, 526-528
Bazeries, Étienne, 253-254, 256, 257, 596
B-Dienst, 96, 97, 379
Bell, Alexander Graham, 466, 503
Berg, code électrique, 433
Bible, 19, 20, 21
Blanchir, 478-479
Bletchley Park, 88, 89, 103, 276
Bolton, Francis, 57
Bolton, John, 446
Bombe (*Bomba*), 89, 90, 117
Bourdonnais, Mahe de la, 402
Boyce, Christopher, 128
Boyd, Belle, 65
Braille, alphabet, 580-581
Braille, Louis, 580-581
Brasseur de Bourbourg, Charles-Étienne, 541-542
Brigade Légère britannique, 57-58
Briser un code, 389-393
Bull Run, bataille de, 60-64, 612
Bureau 40, 72-73, 74, 75, 76, 354

Burr, Aaron, 49, 50, 51, 52
Byrd, William, 570
Cabinet noir américain, 78, 79, 80, 92, 626
Cabinet noir, 29, 38, 482, 618
Cadran chiffrant d'Alberti, 213-214, 248, 253, 587,
Cadran chiffrant, 214-215, 226-227, 253, 615
Cardan, Jérome, (Cardano, Girolamo), 29, 489, 597-598
Carré de Vigenère, 63, 217-220, 223-226, 318, 622-623
Carthage, 517
César, Jules, 23, 426
Champollion, Jean-François, 530-532, 590-591
Chappe, Claude, 50, 426, 450-452, 453, 599
Charlemagne, 183
Charles Ier, 33, 34, 35
Chase, Pliny Earl, 236-237
Cherokee, écriture, 567-568
Chiffre de Beaufort, 224-226
Chiffre de Gronsfeld, 223-224
Chiffre de Jules César, 23, 179-181, 630
Chiffre de Monroe, 332, 342
Chiffre de Stager, 56, 57
Chiffre de Vernam, 280-283
Chiffre des nihilistes, 208-210, 487-488
Chiffre du zodiaque, 184,
Chiffre Green, 352-354
Chiffre Knock, 202-203
Chiffre Vic, 290
Chiffrement à deux carrés, 229
Chiffrement à quatre carrés, 231-232
Chiffrement algébrique, 232-266
Chiffrement par décalage, 179-181
Chiffrement par fractionnement, 236-247
Chiffrement par substitution aléatoire, 182-190
Chiffrement polygrammatique, 226-232
Chiffrement tomogrammique de Félix Marie Delastelle, 242-243
Chiffrement trigrammatique, 232
Chiffrements alphanumériques, 194-199
Chiffrements avec phrase-clé, 181-182
Chiffrements par alignement, 145, 147-162
Chiffrements par nulles, 469, 492-496
Chiffrements par substitution, 24, 178-247
Chiffrements par transposition, 136, 141, 144-178, 321
Chiffres de *The Shadow*, 189-190, 197-199
Chiffres incassables, 280-290
Chiffres, 22, 37, 46, 141-320
Chinois, écriture, 480, 569-571
Chronogrammes, 493
Church, Benjamin, 40
Churchill, Winston, 73, 88, 89, 120, 365, 463
CIA, 115, 121, 122, 123, 124, 125, 506

Clé, 139, 142, 220
Clés-blocs une fois, 285-289
Clewberg, Abraham, 453-454
Clinton, sir Henry, 41, 42, 43, 490
Code à barres, 383-384
Code Acme, 370-371
Code BAMS, 90, 378
Code Baudot, 103, 280-283, 371, 610
Code Black, 102, 103, 377-378
Code Brown, 376-377
Code de l'officier en chef du Signal Corps (vers 1871), 345-346
Code de première ligne, 355-360
Code de signalisation par panneaux, 470-471
Code de tranchées américain, *American Trench Code*, 355-360
Code des navires de commerce, 378-379
Code des séries J, 379-380, 499
Code Doll, 502
Code du Département d'État A-1, 375-376
Code du Département d'État de 1867, 341-345
Code du Département d'État de 1877, 347-351
Code du Département d'État de 1899, 351-352
Code du Service radio américain n° 1, 365-366
Code génétique, 387-389
Code Grey, 86
Code international de signalisation, 406, 407, 421, 463
Code Morse, 52, 63, 322, 397, 420, 441, 442, 444, 445, 446, 448, 465-466, 467, 468, 507
Code postal américain, ou code zip, 384
Code Q, 372-374
Code Red, 86, 277-278, 347, 592, 609, 619
Code Slater, 347, 368
Code téléphonique, 362-363
Codes commerciaux, 367-374
Codes de campagne, série des lacs : *Champlain*, 78, 363
Codes de campagne, série des lacs : *Huron*, 78, 364-365
Codes de campagne, série des lacs : *Osage*, 78
Codes de campagne, série des lacs : *Seneca*, 78
Codes de campagne, série des rivières : *Allegheny*, 78, 362
Codes de campagne, série des rivières : *Colorado*, 78, 362, 363
Codes de campagne, série des rivières : *Hudson*, 78
Codes de campagne, série des rivières : *Mohawk*, 78, 361-362
Codes de campagne, série des rivières : *Potomac*, 78, 360-361
Codes de campagne, série des rivières : *Suwanee*, 78, 361
Codes de campagne, série des rivières : *Wabash*, 78, 361
Codes désordonnés, 323, 338-341
Codes et sécurité bancaire, 386-387

Codes ordonnés, 323, 338-341
Codes, 321-393
Codex de Dresde, 542-543
Codex de Madrid, 542
Codex de Paris, 542
Colomb, Phillip, 57, 446-447
Colossus, 103, 104, 248, 276-277
Congreve, sir William, 436
Converter M-209, 259-263
Conz, code électrique, 433
Copek, 85, 86
Copte, 531-532
Corps Expéditionnaire américain, 74, 498
Corsaires, 403-404
Coston, Benjamin, 437
Coston, feux de, 437-438
Cree, écriture, 567-568
Cromwell, Olivier, 34
Cryptanalyse, 21, 28, 36, 69, 77, 132, 308-319
Cryptographe cylindrique, 253-254
Cryptographe de Wheaststone, 248, 250-252
Cryptographes, 248-307
Cryptographie à clé publique, 127, 294-295
Cryptographie et informatique, 291-307
Cryptographie quantique, 303-307
Cryptographie, 36, 51, 80, 469
Cryptologie, 17, 21, 23, 47, 115, 126, 607, 625
Cryptophonie, 503
Cryptophotographie, 487-490
Cunéiforme, 18, 528-535, 616-617
Cushman, Pauline, 65
Cylindre chiffrant, 47
Dasch, George, 476
Data Encryption Standard (DES), 126, 127, 292-293, 468
De Meritens, code électrique, 433
Deuxième Guerre mondiale, 87-120, 136, 227, 248, 257, 269, 278, 291, 368, 375-382, 473, 474, 481, 476, 496, 501-503, 506, 592
Disque de Phaïstos, 557-559
Disques, 212-214, 417, 458, 612
Doolittle, James, 92, 93
Driscoll, Agnès, 98, 370, 600, 608, 619
Ducretet, code électrique, 423
Dumas, Charles William, 39, 40, 185-186
Edgers, Dorothy, 93-94
Edgeworth, Richard, 452-454
Edison, Thomas, 433
Égypte, 17, 25, 395, 518, 538-532
Élection américaine de 1876, 337-338
Élisabeth 1re, 30, 31, 32, 185, 401, 494
Encoches, bâtons témoins, 310, 513-514
Encre invisible, 40, 483-486
Énée le Tacticien, 22, 413, 414, 481, 483
Eniac, 291

Enigma, 88, 90, 91, 104, 263, 270-275, 276, 278, 601
Épée, Charles Michel de l', 576-577
Esperanto, 590-591
Ethernet, 508
Étrusques, 551-552, 621
Evans, sir Arthur J., 534, 540, 548, 602
Ewing, sir Alfred, 72, 75
Expédition Jowaki, 444, 466
Fabyan, George, 603
FBI, 122, 124, 125, 128, 290, 472, 490, 506
Fersen, Axel, 45, 46, 47, 222-223
Feux de signalisation Aldis, 448
Feux de Very, 439-442
Figueroa, Garcia Silva, 523
Förstemann, Ernest, 543
Fortitude, 105
France, 45-48
Francs-maçons, 29, 30, 193-194
Franklin, Benjamin, 28, 39, 40, 195-196
Fréquence, 309, 671-672
Friedman, William, 82, 83, 92, 93, 142, 255, 266, 267, 279, 308, 318-319, 592, 595, 606-607
Friedman, Elizabeth, 255, 604, 606
Fullerphone, 468
Funkspiel, subterfuge radio, 98, 472-473
Fusée de Congreve, 436, 437
Garde-côtes, 93
Gélatine, durcissement, 478
Génération de clés, 300-303
Glyphes mayas, 549-552
Gorgo, 480
Gouzenko, Igor, 111
Grecs, 395, 400, 480, 530, 534-541, 621
Greene, Franklin, 438-439
Greenhow, Rose, 63, 64, 186
Gregg, John, 570-572
Grilles, 39, 479, 498-500
Grotefend, Georg, 524-525
Guerre de Crimée, 55-58
Guerre de Sécession, 58-67, 201, 414-415, 418, 432, 437-439, 612
Guerre froide, 110-125, 389, 474
Hachage, 297-300
Hagelin, Boris, 258, 259, 609-610
Hall, William, 76, 354-355
Hamilton, Alexander, 50, 51
HASP, 118
Haswell, John, 347-348, 351
Hayes, Rutherford, 67, 68
Hayhanen, Reino, 125, 126, 290
Hebern, Edward, 258, 263, 264, 266, 611
Héliographe, 67
Hérodote, 23, 479, 480
Hiéroglyphes, 17, 18, 518, 536-540, 598
Hill, Lester, 232-236
Hincks, Edward, 526-527
Hiragana, 566
Hitt, Parker, 255-257, 613
Hittite et cunéiforme, 540-541
Hooke, Robert, 449-450, 591

Hrozny, Bedrich, 533
Idéogrammes, 480, 510-513
Indiens d'Amérique, 66, 67, 132
Infrarouge, 448-449, 486, 505-506
Instrument de Pletts, 248, 254-255
Instrument de Wadsworth, 249-250
Internet, 296, 505, 508
Japon, 85-87
Japonais, 76, 92, 571-574
Jargon, 479, 505-509
Jaussen, Tepano, 553
Jefferson, Thomas, 27, 48, 49, 50, 248-249, 429, 485
Jellicoe, sir John, 70
Jenks, système de signalisation, 412
Jewels, 121, 123
JN25, 92, 93, 98, 99, 108, 380-381, 593
Jour J, 104, 105, 503
Kabinets-Kanzlei, 38
Kasiski, Friedrich, 313-315, 614
Kasolowski, code électrique, 433
Kata kana, 83, 84, 85, 566, 626
Kempenfelt, Richard, 404-405
Kerckhoffs, August, 316-317, 615
KGB, 119, 120, 122, 123
Knorosov, Yuri, 544
Kober, Alice, 536-539, 621
Kullback, Solomon, 617
Lamphere, Robert, 113, 618
Landa, Diego de, 541-543
Langage des signes, 19, 583
Lanternes de Preble, 419
Large spectre, 514-516
Laser, 449, 512-513
Latin macaronique, 579
Lee, Andrew, 119
Lew, Elizabeth Van, 65, 201-202
Linéaire A, 556-557
Linéaire B, 541-548
Livres et codes, 39, 63, 332-338
Louis XIV, 36
Louis XVI, 45, 46, 47
M-94, 257-258
Macaronique, 579
Machine à chiffrer 97 à clavier alphabétique, 92, 106, 278-280
Machine à chiffrer à rotors électriques, 258, 263-280
Machine à chiffrer électrique (ECM), 86, 87, 264-266, 266-269
Machine à chiffrer électronique Mark II, 266-269
Machine à chiffrer électronique, 477
Machines à chiffrer, 248-307
Madison, James, 47, 330-332
Magdeburg, 68, 69
Magic, 87, 104, 106, 108, 136, 619
Manuscrit de Voynich, 562-564
Marconi, Guglielmo, 467
Marie Stuart, reine d'Écosse, 30, 33, 185
Marie-Antoinette, 44, 45, 46, 222-223
Marryat, Frederick, 405
Massari, code électrique, 433
Massey, Keith, 550-551

Massey-Gillespie, Kevin, 550-551
Mata-Hari, 77
Mauborgne, Joseph, 87, 257, 283-284, 619
Mer de Corail, bataille de la, 94, 96
Mésopotamie, 18, 514, 520
MI-8, 80, 625
Micropoints, 477, 479-481
Midway, bataille de, 95, 96, 97
Modulation par impulsions codées, 505, 506
Moon, système éducatif pour mal-voyants, 575-576
Moon, William, 575-576
Mordecai, A., 436
Morse, Samuel, 54, 465
Morse, télégraphe, 54, 465-466
Mot-clé, 44, 142, 217-223
Münter, Frederick, 524
Murray, George, 454-456
Myer, Albert, 59, 60, 345, 377, 414-420, 437, 439, 441, 466, 620
Napoléon 1er, 52, 53, 54, 457, 529
New York Tribune, 68
Niblack, Albert, 433, 463
Nicholson, Harold, 124, 125
Nicolas Ier, 55, 56, 458
Niebuhr, Carsten, 524
Nimitz, Chester, 93, 94, 96
Nombre-clé, 132
Nomenclateur. 24, 31, 46, 47, 51, 145, 322, 326-332, 618
NSA, *National Security Agency*, 115, 121, 132, 136, 137, 294, 505, 593, 600. 609
Nulles, 143, 501-504
Obélisque de Philae, 531
Obturateur de Murray, 454-456
Obturateur, projecteur et, 446, 448
Ogam, 567-569
On the Roof Gang, 84, 91, 500, 619
OP-20-G, 92, 93, 94, 95, 279, 380, 499, 609, 619
Opish, 578-579
Orchestre rouge, réseau, 97, 98, 99, 100
Otan, 111, 114, 270, 407
Painvin, George, 79, 245, 625
Parleurs de codes des tribus indiennes, 367, 381
Pasley, Charles, 460
Patterson, Robert, 485-486
Pearl Harbor, 90, 91, 92, 93, 95, 501, 619
Penn, sir William, 402
Pepys, Samuel, 570, 571
Pictogrammes des Indiens d'Amérique, 510-513
Pictogrammes, 510-513, 522, 561-566
Pierre de Rosette, 529-532
Pitman, sir Isaac, 570-572
Pitts, Earl, 135
Poe, Edgar Allan, 181, 182, 187-188
Polybe, 23, 200-201, 424-425
Popham, sir Home, 405, 466-457
Porta, Giovanni, 29, 145, 214, 484, 623
Première Guerre mondiale, 67-

75, 227, 243, 354-367, 368, 421, 469, 455, 482, 493, 497, 501
Prinsep, James, 519
Procédé Playfair, 53, 94, 217-219, 240, 610, 624
Protoécriture, 517-523
Proto-élamite, 553
Purple Analog, 91, 93, 248, 278-280, 609, 619
Purple, 91, 93, 94, 95, 104, 248, 611, 619
Radio, 98, 457-459
Radiogoniométrie, 98
Radiotéléphone, 470
Rafinesque-Smaltz, Constantine, 543
Rail Fence, chiffrement par, 149-151
Rawlinson, Henry, 526-527, 625
Rebecca, 101
Rébus, 515-516
Réflecteurs et flashs, 426, 442-449
Réglette Saint-Cyr, 252-253, 316
Renaissance, 23-29, 326, 396
Renseignement d'origine électromagnétique (SIGINT), 87, 291, 474-478
Renseignement électronique, 475, 476
Renseignement et télémétrie, 476
Renseignement radar, 476
Répertoire, 322, 338-377
Réseau Lucy, 100
Révolution américaine, 37-43, 328-329, 427, 484, 485, 490
Reynold-Chauvancy, Charles de, 413
Rohan, chevalier de, 185-186
Romaji, 566
Rommel, Erwin, 107, 108, 109, 110, 378
Rongorongo, 560-562
Rosicrucien, 25, 26, 27, 192-193
Rossignol, Antoine, 35, 36, 37, 327, 626
Rössler, Rudolph, 100
Rotor, 91, 92, 258, 602-604
Rotors à roues à picots, 258-263
Runes, 564-567
Sacy, Silvestre de, 530
Safford, Lawrence, 87, 267, 279, 592, 609, 627
Sceaux de l'Indus, 553-556
Schleyer, Johann Martin, 583
Scott, sir Percy, 447
Scytale, 21, 144
Sebold, William, 472
Sécurité des communications, 104, 475
Sécurité des transmissions, 474-478, 510-516
Sécurité électronique, 475, 476
Sémagramme, 479, 481, 491-497
Sémagrammes dans l'écriture, 493-497
Sémaphore à deux bras de Popham, 456-457
Sémaphore à deux drapeaux, 461-464
Sémaphore de l'US Navy, 462-463

Sémaphore, 50, 397, 422, 449-464
Seward, William, 342
Shelton, Thomas, 570
Sherlock Holmes, 188-189, 495
SIGABA, 269-270, 278
Signalisation à deux drapeaux, 415, 422
Signalisation à opérateur unique, 410
Signalisation maritime par pavillons, 400-409
Signaux à main, 388-390
Signaux à mains et à bras, 398-400, 409-422
Signaux à pavillon unique, 401-402, 414, 421
Signaux d'atterrissage sur les porte-avions, 423
Signaux de détresse de Reynold, 423-424
Signaux de fumée, 445
Signaux de Swaim, 418-419
Signaux lumineux constants, 423-435
Signaux lumineux, 88, 423-449
Signaux pyrotechniques et chronosémiques, 435-442
Signaux, 59, 60, 395-478
Signaux, feu, 22, 396, 423, 426
Signaux, torches 397, 417, 427
Signes accessoires de l'alphabet, 485-486
SIGSALY, 473-474
Smith, George, 534
Solresol, 589
Sorge, Richard, 98, 99
Station Cast, 79, 86
Station Hypo, 79, 86, 92, 95
Station Negat, 70, 86, 92, 95
Stéganographie, 22, 476-480
Sténographie, 479-573
Substitution monoalphabétique à représentations multiples, 200-210
Substitution monoalphabétique, 42, 178-211
Substitution polyalphabétique, 44, 86, 211-247, 621
Substitution polyalphabétique, chiffrements par, 313-319, 606
Substitution, 141-323
Système à bandes M-138, 103, 255-257, 605
Système à bandes M-138A, 82, 255-257, 605
Système à disques de Dietz, 421
Systèmes de brouillage, 503-505
Systèmes de signalisation mécaniques, 449-461
Table de chiffrement, 207-208
Tableau à un et deux indices par rangée et colonne, 210-211
Tabula recta de Trithème, 215-217
Tallmadge, Benjamin, 42, 328-329, 484
Teapot Dome, 77, 78
Télégramme Zimmermann, 75, 76, 354-355
Télegraphe à drapeau, 57, 397, 612
Télégraphe de Cooke et Wheatstone, 464, 624

Télégraphe de Popham, système mécanique 459-460
Télégraphe électrique, 63, 65, 66, 322, 397, 459, 464-466
Télégraphe, sans fil, 467
Télégraphe, terre-mer, 457-458
Télégraphie nautique polyglotte, 413, 461
Téléimprimeur, procédé de Murray, 103, 371-372
Télémétrie ou télémesure, 476
Téléphone, 397, 466-467, 503
Thompson, Benjamin, 39, 485
Thucydide, 21, 144
Tilden, Samuel, 67, 68, 69, 337
Torches de Missiessey, 430
Traité des cinq puissances, 79
Transmissions flash, 513-514
Transposition de mots, chiffrement par, 144-177
Transpositions à tableaux, chiffrement par, 162-168
Transpositions géométriques, chiffrement par, 146-162, 191-193
Transpositions par alignements, chiffrement par, 147-161
Trevanion, sir John, 494-495
Trist, Nicolas, 335-336
Trithème, Jean, 29, 215, 216, 629
Turco-irlandais, jargon, 578-579
Turing, Alan, 84, 276
Typex ou Type X, 273-275
US Army, 89, 259, 415, 459, 463, 466, 468, 600
US Navy, 89, 90-97, 257, 433, 448, 468
Ultra, 83, 84, 91, 104, 108, 126
Ventris, Michael, 539-541, 621-630
Vernam, Gilbert, 270, 280-283, 506, 610
Very, Edward, 439-442
Victoria, Maria de, 485
Vigenère, Blaise de, 29, 217, 253, 280, 631
Volapük, 589-590
Voynich, Wilfred, 562-564
Walker, John, 120
Wallis, sir John, 34, 35, 36
Walsingham, Francis, 30, 31, 32
Ward, William, 432
Washington, George, 28, 42, 43, 44, 47, 474
Wheatstone, Charles, 55, 227, 250, 464, 632
Wigwag, 59, 62, 416, 418, 420, 432, 462, 463, 612
Winds Code, jargon, 500, 619
World Wibe Web, 293
Yamamoto, Isoroku, 96, 108, 109
Yardley, Herbert, 80, 81, 85, 89, 634
Young, Thomas, 530-532, 590
Yurchenko, Vitaly, 123, 124
Zamenhof, Ludwig, 583